Paul Britton

Das Profil der Mörder

Paul Britton

Das Profil der Mörder

Die spektakuläre
Erfolgsmethode des britischen
Kriminalpsychologen

Aus dem Englischen
von Giuliana Broggi Beckmann

Econ

Der Titel der englischen Originalausgabe: The Jigsaw Man
Originalverlag: Bantam Press – a division of Transworld Publishers Ltd.
Übersetzt von: Giuliana Broggi Beckmann

Die Deutsche Bibliothek – CIP Einheitsaufnahme

Britton, Paul:
Das Profil der Mörder: Die spektakuläre Erfolgsmethode des britischen Kriminalpsychologen / Paul Britton. Aus dem Engl. von Giuliana Broggi Beckmann. – Düsseldorf; München: ECON, 1998
Einheitssacht.: The jigsaw man <dt.>
ISBN 3-430-11564-7

Sonderausgabe 2000

Der Econ Verlag ist ein Unternehmen
der Econ Ullstein List Verlag GmbH & Co. KG, München.

Gesetzt aus der Sabon, Linotype
Satz: Josefine Urban – KompetenzCenter, Düsseldorf
Druck und Bindearbeiten: Bercker, Graphischer Betrieb, Kevelaer
Papier: Papierfabrik Schleipen GmbH, Bad Dürkheim
Printed in Germany
ISBN 3-430-11564-7

Ich widme dieses Buch denen, die mein Leben besonders beeinflußt haben:

- den Opfern der Verbrechen, bei denen ich ermittelt habe, und deren Angst und Leid vielleicht nie aufhören werden;
- den Polizeibeamten im Einsatz, die versuchen müssen, während ihrer Arbeit die eigenen, persönlichen Empfindungen hintanzustellen und zu Hause ganz normale Familienmitglieder sein müssen;
- und Marylin. Sie ist immer für mich dagewesen und wird es hoffentlich in Zukunft immer sein. Auch sie wird stark von meiner Arbeit berührt.

... treffen wir uns
Und forschen dieser blut'gen Untat nach,
Den Grund zu sehn. Uns schütteln Furcht und Zweifel;
Ich steh in Gottes großer Hand, und so
Kämpf ich entgegen dem geheimen Plan ...

William Shakespeare, *Macbeth*, Zweiter Akt, Zweite Szene

1

Am Morgen des 22. November 1983, einem Dienstag, schaute ich aus dem Fenster meines Büros über die Terrasse und den ungepflegten Garten hinweg auf die Felder und sah eine merkwürdige Prozession. Aus dem Wäldchen tauchten Dutzende Männer hervor und bewegten sich in einer dichten Reihe ganz langsam vorwärts. Vor ihren Gesichtern blähten sich Wolken kondensierten Dampfs wie Sprechblasen, die sich mit jedem Atemzug auflösten und neu bildeten.

In dieser Menschenkette blieb hin und wieder jemand stehen und ging in die Hocke. Dann warteten die anderen und beugten sich ein wenig tiefer zu dem gefrorenen Gras und Matsch. Obwohl sie gegen die Kälte eingemummt waren, konnte ich auf ihren Gesichtern keinerlei Wärme oder Freude an ihrer Aufgabe erkennen.

»Was tun die da? Wer sind sie?« fragte Anne Chalmers, die zum Sekretariat der psychologischen Abteilung gehörte.

»Scheinen Polizisten zu sein«, erwiderte ich.

»Mmm.«

Sie wurde still. Wir blickten zusammen aus dem Fenster und fragten uns, was die Polizei wohl vor unsere Tore geführt haben mochte: zum Carlton Hayes Psychiatric Hospital in Narborough, Leicestershire.

Das große Krankenhausgebäude aus der Zeit Edwards VII. war das beherrschende Wahrzeichen der ganzen Umgebung. Es ragte zwischen einigen malerischen Dörfern in den östlichen Midlands inmitten von Ackerland empor. Als es zwischen 1905 und 1907 als Heil- und Irrenanstalt der Grafschaft errichtet wurde, muß die Anreise von den umliegenden Marktgemeinden mit der Kutsche oder zu Pferde wie eine Reise ins Niemandsland angemutet haben. Damals befand sich das gesamte angrenzende landwirtschaftliche Nutzland im Besitz des Krankenhauses, und es wurde von den Patienten bestellt, so daß die Anstalt praktisch autark war. Dennoch vermochte sie das Image des Verrückten, das allen Nervenkliniken anhängt und den Einheimischen, insbesondere aber Kindern Angst einflößt, nie abzuschütteln. Möglicherweise war dies auch der Grund, warum das Leicestershire and Rutland Lunatic Asylum 1938 in Carlton Hayes Psychiatric Hospital umbenannt wurde.

Dabei war Carlton Hayes keineswegs ein einschüchternder oder furchterregender Ort. Nach dem Passieren des Haupttors wurde der Besucher gleich von einem Gefühl der Weite und friedlichen Ruhe beeindruckt – nach dem Pförtnerhaus führte die Straße in einem großen Bogen an Parkplatz, Rasenplatz für Bowling, Cricketfeld und Blumenbeeten vorbei zu den Hauptgebäuden aus rotem Backstein mit ihren steilen Schieferdächern und den beiden mächtigen Ziegelschornsteinen, die meilenweit zu sehen waren.

Ich erinnerte mich an meinen ersten Besuch dort vor fünf Jahren, als ich mich um ein Praktikum in klinischer Psychologie bewarb. Beim Anblick von Carlton Hayes wurde ich ganz verzagt, obwohl ich schon ein halbes Jahr lang als unbezahlter Lernarzt gearbeitet hatte. Die breiten Steinstufen, die schweren Eichenholztüren, der Empfang, der Flur des Verwaltungstraktes hätten zu einem ehrwürdigen Rathaus gepaßt. Die Fußböden hallten, die Eichentüren hingen an schweren Angeln, und die blanken, abgenutzten Messinggriffe zeigten die jahrzehntelange Benutzung.

An den Wänden des Sitzungssaals hingen Gemälde früherer Direktoren mit Koteletten und gestärkten Kragen. In den Anfängen brauchten wir bei den Sitzungen unserer Abteilung nur ein Tischende. Später expandierte der Bereich so stark, daß alle Plätze besetzt waren.

Ich habe meine Stelle im Oktober 1978 angetreten und mich in den folgenden drei Jahren mit einem breiten Spektrum von Patienten und psychologischen Problemen beschäftigt. Ein großer Teil meiner Arbeit hatte mit ambulanten Patienten im Woodlands Day Hospital zu tun, einem prächtigen Landhaus, das ungefähr vierhundert Meter vom Hauptkomplex des Krankenhauses entfernt lag. Ich arbeitete auch auf der Intensivstation – es war eine kleine Abteilung mit vier Krankenzimmern, wo Patienten einige Monate lang intensiv behandelt wurden, bevor sie entlassen oder in die Stationen für einen Langzeitaufenthalt überwiesen wurden.

Die meisten stationär behandelten Patienten brauchten Langzeitbetreuung. Sie gehörten entweder zur Geriatrie, weil sie unter geistiger Verwirrtheit oder Depressionen litten. Oder es waren jüngere Menschen mit schweren psychiatrischen Krankheiten wie etwa Schizophrenie. Zum Besuch der Station, wo die Patienten, die unter Altersschwachsinn litten, betreut wurden, hatte ich nur selten Anlaß. Ich werde jedoch nie den schier überwältigenden Gestank dieser Krankensäle im hinteren Gebäude vergessen. Es war, als ob mit den Jahrzehnten Urin in das Gemäuer eingesikkert wäre, so daß ihn kein noch so hartnäckiges Schrubben und Bohnern mehr vertreiben konnte.

Zum Glück befand sich die psychologische Abteilung abseits des Hauptkomplexes in The Rosings, dem ehemaligen Wohnhaus eines Chefarzts. In dem zweigeschossigen Backsteingebäude gab es ein großes Erkerfenster mit Blick auf eine kleine Terrasse, wo wir oft in der Mittagspause bei einer Flasche Wein aßen und die Hasen auf Futtersuche in den Feldern beobachteten.

Diesmal schlurften jedoch schwerere Füße über die eisige Erde der langen, schmalen Streifen Ackerland. Den ganzen Tag über zogen die Polizisten kreuz und quer über die Felder, um sich zwischendurch immer wieder zu intensiven Diskussionen unter den Bäumen zu versammeln. Da ich in The Rosings isoliert war, erfuhr ich den Grund ihrer Suche erst am Nachmittag.

»Es geht um ein Mädchen«, sagte eine sichtlich bestürzte Anne Chambers. »Sie ist ermordet worden.«

»Ermordet? Wo?«

»Ein Pfleger hat sie heute morgen auf dem Weg zur Arbeit gefunden. Sie lag direkt neben dem Black Pad.«

Obwohl ich auf dem Weg zur Arbeit tagtäglich an seiner Einmündung vorbeikam, hatte ich diesen mit schwarzer Asche bestreuten Fußweg nie benutzt. Er verlief an der Grenze von Carlton Hayes entlang und bildete eine Abkürzung zwischen dem Dorf Narborough im Süden und dem nördlich gelegenen Enderby. Ein Spaziergang von ungefähr fünfzehn Minuten.

»Und wer ist sie? Wissen Sie's?« fragte ich.

»Ein Mädchen von hier. Ein Teenager.«

Mir kam plötzlich meine eigene Tochter Emma in den Sinn, die sich etwa um diese Zeit auf dem Heimweg von der Schule befinden mußte und dann vor dem Dunkelwerden mit unserem Golden Retriever Jess über die Felder rennen würde. Ich war ein überaus besorgter Vater, und Emma war schon seit frühester Kindheit stets allein von der Schule nach Hause gegangen.

»Wer kann so was bloß tun?« fragte Anne, die immer aufgeregter wurde.

Sie werden bestimmt annehmen, daß es jemand von hier war, dachte ich im stillen. Es wäre eine ganz natürliche Reaktion – aber die falsche. Carlton Hayes beherbergte keine gewalttätigen oder gefährlichen Patienten; die meisten waren so alt und gebrechlich, daß sie nicht einmal allein zur Toilette gehen konnten. Und die kritischen, bedenklichen Patienten waren uns genauestens bekannt. Hier im Woodlands Day Hospital behandelten wir lediglich neurotische und ängstliche Menschen, die mit den Wechselfällen des Lebens nicht zu Rande kamen und von ihnen dann manchmal überwältigt wurden. Sie waren nicht ernstlich aggressiv oder gewalttätig.

An diesem Abend sah ich mir im Fernsehen die Frühnachrichten an.

»Die Kriminalpolizei ermittelt im Fall des Mordes an einem fünfzehnjährigen Schulmädchen, dessen nur zum Teil bekleidete Leiche heute morgen neben einem Fußweg in der Nähe des Dorfes Narborough auf dem Gelände des Carlon Hayes Psychiatric Hospital aufgefunden wurde.

Lynda Mann, ein junges Mädchen von dort, das zuletzt am Montag gegen 19.30 Uhr lebend gesehen wurde, ist heute morgen neben dem als The Black Pad bekannten Weg entdeckt worden. Die Umgebung der Fundstelle wurde sofort von Ermittlungsbeamten abgeriegelt, die den letzten Aktivitäten des Mädchens nachspürten. Eine Todesursache wurde nicht bekanntgegeben.«

Ein Foto zeigte ein zierliches, dunkelhaariges Mädchen mit einem scheuen Lächeln, das den Eindruck machte, als ob es für seine Kleider nicht groß genug wäre.

Ich war im November 1983 von der Gesundheitsbehörde der Grafschaft Leicestershire eben erst zum ranghöchsten klinischen Psychologen ernannt worden und mit meinem Büro in die neu eröffnete Abteilung für Geisteskrankheiten im Leicester General Hospital umgezogen, kam aber noch immer nach Carlton Hayes, um in The Rosings ambulante Patienten und in The Woodlands Tagespatienten zu betreuen.

Ganz wie ich erwartet hatte, wurde Carlton Hayes sehr bald zum Brennpunkt der polizeilichen Ermittlungen. Daß die Detectives sich in meiner unmittelbaren Nachbarschaft einrichten würden, kam allerdings unerwartet. Ein leerstehender Trakt von The Rosings wurde zum Hauptquartier, wo die Mordkommission sich mit Aktenschränken, weißen Wandtafeln und Karteikarten einrichtete.

Wie werden sie ihn wohl möblieren? fragte ich mich. Als wir wenig Jahre zuvor in The Rosings eingezogen waren, hatten wir elementarste Einrichtungsgegenstände wie Stühle und Lampen erbetteln, ausborgen und am Ende stehlen müssen. Die Krankenhausverwaltung hatte uns praktisch nichts zur Verfügung gestellt. Dabei hatte ich beim Blick durch ein verschlossenes Fenster im unbenutzten Teil von The Rosings unter einer Staubschicht alles erspäht, was wir brauchten.

»Könnten wir etwas davon haben?« hatte ich bei der Verwaltung nachgefragt.

»Nun ja, nein ... tja, die Sachen sind alle schon vergeben ...«

»Und wohin kommen sie?«

»Also, das kann ich nicht sagen.«

Jetzt reicht's, dachte ich. Zu unserer Abteilung zählten vier Psychologen, drei Männer und eine Frau. Wir waren ungefähr gleichaltrig und alle miteinander scharf darauf, etwas zu erreichen.

»Wir sitzen im selben Boot«, stellte ich fest, als wir uns auf den Plan einigten. »Uns fehlen Möbel, Teppiche, Teekessel und Besteck.«

»Das ist aber doch Diebstahl«, wandte Russel nervös ein.

»Ganz und gar nicht«, versicherte ich ihm, »wir betreiben lediglich die Neuzuordnung von Ressourcen im Sinne einer Nutzenoptimierung.«

Russel sagte: »Da knacken wir also keine Schlösser oder schlagen Fenster ein ... Ich meine, mit so etwas möchte ich wirklich nicht ...«

»Überlaß das mal ganz mir.«

Ich holte eine Leiter aus dem Obstgarten, trug sie nach oben und stieß die Dachbodenluke auf. Unterm Dach war es stockdunkel, so daß ich mich mit aller Vorsicht fortbewegte und auf den Tragbalken zu halten bemühte, damit ich nicht durch die Decke stürzte.

Ich fand eine weitere Luke, brach sie auf und ließ die Leiter in den ungenutzten Teil des Gebäudes hinab, der sich, was nicht mehr benutzte Möbelstücke, Lampen, Couchtische, Porzellan, Besteck und sogar Gardinen betraf, als wahre Wunderhöhle entpuppte. Durch den Haupteingang dieses Trakts konnten wir mit unseren Schätzen nicht hinaus, er war mit einem Vorhängeschloß abgesperrt. Ich entdeckte dann jedoch an der rückwärtigen Wand ein breites Schiebefenster mit Blick auf den Garten. Dieses Fenster habe ich entriegelt und die Sachen nach außen durchgereicht. Wir unternahmen im Laufe der folgenden Woche noch vier oder fünf weitere Expeditionen, bis wir alles Notwendige beisammenhatten. Das heißt, alles bis auf die Teppiche.

Etliche schöne Teppiche lagen ungenutzt in einem anderen Teil der Anstalt herum, im früheren Wohnquartier der Krankenschwestern, das wir daraufhin zur Bereinigung unseres Problems aufsuchten. Diesmal war die Sache wesentlich heikler und erforderte ein beherzteres Vorgehen. Wir kamen einstimmig zu der Überzeugung, daß drei Männer und eine Frau es eigentlich schaffen müßten, zwei fünf Meter lange Teppiche am hellichten Tag durch ein belebtes Krankenhaus zu tragen, sofern wir nur genügend Zuversicht ausstrahlten und uns niemand anhalten und Fragen stellen würde.

Es klappte tatsächlich, und ich residierte – trotz der weißen Wandkacheln, die dem Raum das Aussehen eines Pissoirs gaben – in einem recht behaglichen Büro. Die Sachen hat nie jemand vermißt oder auch nur erwähnt. Als die Polizei nebenan ihre Arbeit aufnahm, konnte ich allerdings ein paar Gewissensbisse doch nicht ersticken.

Während der folgenden Wochen wurden die Ermittlungen im Fall Lynda Mann zum festen Bestandteil meines Lebens – beim Lesen der Lokalzeitungen, in den Fernsehnachrichten, durch die zahlreichen Aufrufe und Plakataktionen, mit denen die Öffentlichkeit um Informationen und Unterstützung gebeten wurde. Die Sonderkommission von nebenan ging Dutzenden von Hinweisen nach und durchforstete auf der Suche nach eventuellen Zusammenhängen mit vergangenen Verbrechen und Tätern auch die lokalen Akten und Archive der letzten Jahrzehnte. Im Pavillon des zum Krankenhaus gehörenden Cricketfelds ließen sich zwei weitere Polizeigruppen nieder. Ein Team konzentrierte sich auf Erkundigungen von Haus zu Haus in den Dörfern der Umgebung, während das andere in den Anstaltsarchiven nach verdächtigen ambulanten Patienten und Tagespatienten forschte, die in den vergangenen fünf Jahren in Carlton Hayes betreut worden waren.

Obwohl etliche Theorien entwickelt und mehrere Verdächtige gesucht wurden, war die Sonderkommission einer Festnahme von Lyndas Mörder bis Weihnachten anscheinend keinen Schritt nähergekommen. Polizeibeamte erboten sich freiwillig, die Ermittlungszentrale über die Feiertage besetzt zu halten, und der *Leicester Mercury* forderte seine Leser in einer Schlagzeile auf: »Bitte helfen Sie mit, diesen Irren aufzuspüren.«

Ich erinnere mich, daß mir Wochen später, als ich auf dem Weg zu einer Besprechung im Woodlands Day Hospital die Forest Road entlangging, plötzlich einfiel, wieviel Zeit seit dem Mord bereits verstrichen war. Als ich zum Black Pad hinübersah, flatterten die Überbleibsel des schwarz-gelben Absperrbands der Polizei wie vergessener Weihnachtsschmuck an dem Eisengeländer.

Warum haben sie niemanden gefaßt? fragte ich mich. Haben sie überhaupt verstanden, was damals geschehen ist?

Ich begann darüber nachzudenken, wie ein Psychologe den Fall wohl anpacken würde – das mag an den Haaren herbeigeholt scheinen, doch in der Psychologie geht es schließlich darum, die Motive und die Zwänge zu begreifen, die uns konkret zu unseren Handlungen veranlassen. Da gab es viele Fragen, die die Polizei normalerweise vielleicht nicht berücksichtigen, die ich jedoch bestimmt stellen würde.

Auf diesem einsamen Fußweg, in Kälte und Dunkelheit, waren zwei Menschen sich begegnet, und einer von ihnen war gestorben. Zwischen den beiden mußte – und sei es ganz kurz und gewaltsam – eine soziale Interaktion stattgefunden haben. Diese beiden Menschen hatten jeweils eine Familie, Freunde, eine ganz eigene Lebensgeschichte. Was sie zueinander gesagt und wie sie reagiert hatten, war durch ihre unverwechselbare Identität und die Faktoren bestimmt worden, die ihre Persönlichkeit geformt hatten.

Unterschiedliche Menschen reagieren in der gleichen Situation verschieden. Wenn man zum Beispiel mit drei jungen Frauen durch dieselben Straßen, in dieselben Geschäfte, Restaurants oder Pubs geht, könnte jede die Umgebung anders wahrnehmen. Die eine könnte Menschen sehen, die lachen und Spaß haben und sie für potentielle Freunde halten. Die andere kann dieselben Personen beobachten und glauben, daß sie ihr feindlich gesonnen sind oder sich möglicherweise über sie lustig machen. Die dritte Frau hat eine ganz realistische Auffassung und hält diese Unbekannten für weder gut noch böse, sondern für Leute, die einfach ihrem eigenen Leben nachgehen.

Diese drei Frauen sind aus ganz unterschiedlichen Gründen auch unterschiedlich gekleidet, und nicht etwa nur deshalb, weil ihnen jeweils ein bestimmter Stil gut steht. Stellen Sie sich einmal vor, daß die erste Frau Aufmerksamkeit erregen möchte. Sie hat es gern, daß man sie anschaut, und zieht sich deshalb auffällig an. Die zweite Frau sucht genau das zu vermeiden – sie will nicht auffallen und kleidet sich daher zurückhaltender und konservativer. Die dritte Frau aber wählt ihre Kleidung so, wie es ihr selbst gefällt und so, daß sie sich darin wohl fühlt.

Jede der drei Frauen ist anders und wird wahrscheinlich auf ähnliche Situationen auf andere Weise reagieren. Nichts geschieht einfach so. Jeder von uns ist das Produkt seiner Vergangenheit. Als Lynda Mann an diesem Montagabend über den Black Pad ging, trug sie in sich alles mit, was ihre Person geprägt hatte, und diese Dinge bestimmten ihre Reaktion, als sie ihrem Mörder gegenüberstand. Ist sie weggerannt? Ist sie zornig geworden? Verhielt sie sich passiv?

Und nach eben diesem Maßstab wußte ich auch, daß ihr Mörder mehr war als eine Karikatur oder ein Bösewicht aus einem Comic strip. Auch er hatte ein volles Leben, das seine Persönlichkeit und seine Handlungen geprägt hatte. Was ging in seinem Kopf vor, als er Lynda sah, fragte ich mich. Was hatte er wahrgenommen? Warum hatte er ausgerechnet sie ausgesucht? Was dachte er von Frauen im allgemeinen, wenn er einem jungen Mädchen so etwas antun konnte? Mußte man ihn für einen eher intelligenten Menschen halten? Welche Art von Beruf mochte er haben?

Der Wind zerrte an meinen Hosenaufschlägen und trieb das Laub über den Boden und gegen das Metallgeländer. Ich wandte mich ab und schritt davon. Der Mörder von Lynda Mann war immer noch frei, irgendwo da draußen ging er durch die Straßen, aß zu Mittag, duschte, schlief und trank wahrscheinlich ein Bier in seiner Stammkneipe.

Nach wenigen Metern waren meine Gedanken an Lynda beiseite gedrängt, weil ich über meine Besprechung nachdenken mußte. Das alles ging mich doch gar nichts an, dachte ich. Es ist nicht Aufgabe von Psychologen, Mörder fassen zu helfen. Das gehörte zu den grausamen Pflichten der Polizei, die ich darum nicht beneidete.

Zwei Wochen später, am 2. Februar 1984, gab der Coroner Lyndas Leiche zur Bestattung frei, und sie wurde auf dem Friedhof der Kirche All Saints zur letzten Ruhe gebettet. Ihr Grabstein trägt die Inschrift:

LYNDA ROSE MARIE MANN
Von uns gegangen am 21. November 1983
im Alter von 15 Jahren.
Wir hatten keine Zeit, Adieu zu sagen,
aber du bist nur einen Gedanken weit entfernt.

2

Es gab da kein singuläres Ereignis, kein Schlüsselerlebnis, das mich überzeugte, Psychologe zu werden. Die Leute suchen in ihrem Leben oft nach den auslösenden Momenten, doch Entscheidungen oder Entschlüsse sind unweigerlich stets die Kulmination vieler kleiner Ereignisse und Einflüsse, die ineinander münden oder willkürlich zusammenfallen.

Als Junge hatte ich keinerlei Interesse zu verstehen, wie technische Dinge funktionieren. Ich nahm keine alten Wecker auseinander und wunderte mich auch nicht darüber, wie das Radio in der Küche meiner Mutter eigentlich seine Töne von sich gab. Dampfmaschinen, Modellflugzeuge oder die technischen Experimente, die wir in der Schule durchführten, ließen mich kalt.

Als ich mir später – für 39 Pfund Sterling – mein erstes Auto kaufte, einen alten Lieferwagen ohne zweiten Gang, war mein Wissen darüber, was die Räder antrieb, erbärmlich dünn. Ich erinnere mich an die erste große Ausfahrt mit meiner Frau Marylin zum Besuch ihrer Großmutter in Wales. Die Höchstgeschwindigkeit des Lieferwagens betrug rund 95 Stundenkilometer, mit denen wir im Hochgefühl unserer neu entdeckten Mobilität auf der Landstraße entlangzockelten.

Wir waren auf der Old Road kurz hinter Chepstow, als mir auffiel, daß die Höchstgeschwindigkeit abzusinken begonnen hatte. Selbst mit durchgetretenem Gaspedal vermochte ich den Lieferwagen nicht mehr über sechzig Stundenkilometer zu kitzeln. Als sie unter vierzig absackte, hielt ich den Zeitpunkt für gekommen, eine Werkstatt aufzusuchen. Ich hatte zunächst angenommen, daß es sich um ein Benzinproblem handeln könnte. Möglicherweise war die Höchstgeschwindigkeit ja vom Benzinstand abhängig – je weniger Benzin im Tank, um so niedriger die Geschwindigkeit.

Ein ziemlich gelangweilt dreinschauender Mechaniker, dem eine dicke Haarsträhne ins Gesicht hing, kletterte aus der Unterbodengrube, wischte sich die Hände an einem Lumpen ab und schlenderte über den Vorhof zum Lieferwagen. Ich erklärte ihm das Problem, wobei ich mir Mühe gab, den Eindruck eines Mannes zu erwecken, der sich mit Verbrennungsmotoren bestens auskannte.

»Wie steht's mit dem Öl?« fragte er.

»Öl? Ach so, nein, daran liegt's nicht, denke ich. Quietschen tut der Motor nicht. Hast du vielleicht Quietschen gehört, Marylin?«

Sie schüttelte den Kopf.

Der Mechaniker warf mir einen seltsamen Blick zu und bat Marylin, die Motorhaube zu öffnen. Ich schaute ihm über die Schulter, als er mit diversen Kabeln herumhantierte und die Batterie überprüfte. Dann zog er den Ölmeßstab heraus.

»Schauen Sie sich das mal an«, sagte er und hielt den glitzernden Stab in die Höhe.

»Kommt mir sehr sauber vor«, gab ich zum besten.

»Sauber? Hör'n Sie mal, Freundchen, Sie haben kein Öl.«

»Ist das ein Problem?«

Ich erwähne diese Episode nicht nur als Beispiel für meine Unwissenheit in mechanischen Dingen, sondern auch als Gegenindiz für meine wahren Interessen. Während Maschinen mich nicht im geringsten interessierten, war ich absolut fasziniert von Menschen und der Wirkungsweise von Körper und Verstand: Warum tun wir das, was wir tun, und warum werden die Leute so, wie sie sind?

Ein großer Teil der Antworten liegt in unserer Vergangenheit begründet. Meine begann im Mai 1946, ein Jahr nach dem Ende des Zweiten Weltkriegs. Ich bin in Royal Leamington Spa geboren und großgeworden. Ein ziemlich großartig klingender Name für eine Stadt, deren Glanz seit einem Jahrhundert verblichen war. Viele der Gästehäuser und Hotels aus viktorianischer Zeit, die einst die Großen und Reichen beherbergt hatten, die wegen der Heilquellen kamen, waren seither zu Wohnhäusern und Pensionen umgebaut worden.

Ich kann mich nicht erinnern, einen Vater gehabt zu haben – als ich das Alter erreichte, da man dergleichen registriert, war er längst fort. Später habe ich Geschichten über ihn gehört, die nicht immer schmeichelhaft waren. Ich habe sie aber nie aus seiner Sicht vernommen. Meine erste Erinnerung betrifft den für unbewohnbar erklärten Kellerraum in Leamington, in dem ich aufwuchs. Ich weiß nicht, warum er für unbewohnbar deklariert worden war; vielleicht wegen der aufsteigenden Feuchtigkeit in den Wänden oder weil sich das Fundament abgesenkt hatte; meine Mutter hat den Raum jedenfalls so makellos sauber gehalten, daß man vom Fußboden hätte essen können.

Als fromme Katholikin ging sie Sonntag für Sonntag mit meinem jüngeren Bruder Anthony und mir in St. Peter zur Messe, um Gott für die Unterstützung zu danken, die sie als alleinerziehende Mutter von der Kirche bekam.

Wochentags ging sie verschiedenen Jobs nach. Mir ist vor allem ihre Tätigkeit als Hilfskrankenschwester in einem Altenheim in Erinnerung geblieben. Sie ist mir unvergeßlich wegen eines Heimbewohners, der mir uralt vorkam und Blower hieß. Ich war ihm zum ersten Mal während der Schulferien begegnet, als meine Mutter ihm eines Tages sein Mittagessen brachte. Er roch nach Tabak und alten Teeblättern, saß in Pantoffeln und Morgenmantel auf seinem Zimmer und schien durch ein unsichtbares Fenster in die Weite zu schauen. Er muß um die achtzig oder neunzig Jahre alt gewesen sein. Ich war etwa sieben.

»Wie heißt du?« fragte er mich.

»Paul, Sir.«

»Magst du Piraten, Paul?«

»Ich kenne keine Piraten.«

»Was? Keinen einzigen Piraten!? Und wie steht's mit Entdekkern?«

Ich schüttelte den Kopf.

Er sog Luft durch die Zähne und schaute an mir vorbei, als ob er unser Gespräch mitten im Satz einfach vergessen hätte. Ein paar Tage später kam meine Mutter dann aber mit drei Büchern nach Hause.

»Die sind von Mr. Blower«, sagte sie.

Es waren die ersten richtigen Bücher in unserem Haushalt, und ich habe sie wieder und wieder gelesen. Ich besitze sie heute noch – *Lost in the Wilds of Canada* von Eleanor Stredder, *Die Schweizer Familie Robinson* und *Die Schatzinsel* von Robert Louis Stevenson.

Mit ihnen hat wohl meine lebenslängliche Leseleidenschaft angefangen. Mr. Blower hat mir weiterhin Bücher geschickt, bis er eines Tages schließlich gar nichts mehr schicken konnte. Als ich das notwendige Alter erreichte, wurde ich Mitglied der städtischen Bücherei. Inzwischen waren wir nach Lillington umgezogen, einem aufstrebenden Dorf just außerhalb von Leamington, das bald darauf eingemeindet wurde.

Zwischen Lillington und Leamington liegen die Campion Hills, die zum Spielplatz meiner Kindheit wurden. Auf dem Hügelkamm stand eine einzelne Eiche, und aus ihrer großen Astgabel konnte ich über die ganze Stadt hinwegschauen, bis nach Warwick hin, dem rund acht Kilometer entfernten Verwaltungszentrum unserer Grafschaft. Die dicke Eiche war für mich als Kind ein Zauberort und, je nach Spiel, Schloß, Piratenschiff oder Kavalleriefort.

Ich empfand unsere Familie nicht als arm oder unterprivilegiert. Ich fand es auch nicht besonders ungewöhnlich, keinen Vater zu haben, dafür hatte der Krieg gesorgt. Aus diesem Grund reagierte ich auf das Erscheinen eines Stiefvaters mit einer gewissen Zwiespältigkeit. Ich war damals zwölf Jahre alt und sah in meinem Leben keine große Lücke, die er nun plötzlich füllen würde.

Er war ein Russe, der im Krieg seine Frau und zwei Töchter verloren hatte, und ein erklärter Antikommunist. Am Krieg hatte er als Major der Roten Armee teilgenommen, und danach hatte er auf der Flucht vor dem Stalin-Regime seine Heimat verlassen. Er war – zu Fuß – bis in die Schweiz gekommen und schließlich in Warwickshire gelandet, wo er als Techniker bei der Ford Motor Company arbeitete.

Seine Lesefähigkeit im Englischen war begrenzt – was ihn frustrierte –, aber sprechen konnte er es ziemlich gut. Er wirkte trotzdem fürchterlich deplaziert. Er war gebildet, stammte vermutlich aus einer reichen Familie, war technisch äußerst versiert, hatte im Krieg Soldaten kommandiert und befand sich nun, gesellschaftlich wie im Beruf, unter Menschen aus völlig anderen Verhältnissen. Wegen seiner Intelligenz und seines früheren Ranges schien er selbst unter anderen osteuropäischen Emigranten isoliert.

Es war im Grunde Glücksache, ob jemand in den katholischen Schulen unserer Region eine gute Bildung erhielt. Die Grundschule hatte ein breites Einzugsgebiet und rekrutierte Kinder aus allen sozialen Schichten von wohlhabenden Familien bis zu den untersten Proleten. Sie war eine harte und bildungsmäßig gesehen schwache Schule, wo die Kinder eine Klasse nach der anderen durchliefen und der Unterricht ebensosehr der Kinderverwahrung wie der Wissensvermittlung diente.

Ich verlor sämtliche Fingernägel, bevor ich dreizehn war. Das hat jedoch überraschenderweise nichts mit den Rabauken in meiner Klasse zu tun. Verantwortlich dafür war Mr. Adams, ein Lehrer, dem es ein perverses Vergnügen bereitete, jemandem Schmerzen zuzufügen. Seine Lieblingsform der Bestrafung bestand darin, einen Schüler die Hände auf das Pult legen zu lassen und ihm dann mit einem gut sechzig Zentimeter langen Holzknüppel genau auf die Fingernägel zu schlagen.

Das war keine Behandlung, die speziell mir galt. Die Sache ging so weit, daß in der Klasse schließlich jeder Junge ohne das verräterische Stigma der schwarz angelaufenen Fingernägel als Liebling des Lehrers galt.

Ein anderer Grundschullehrer pflegte den Rechtschreibunterricht dadurch effizienter zu gestalten, daß er uns mit ausgestreckten Händen aufstehen ließ und für jeden falschen Buchstaben mit der scharfen Kante eines Lineals eins auf die Finger gab. Wegen der Angst, die er erzeugte, ist meine Orthographie bis heute nicht so gut, wie sie eigentlich sein könnte.

Das beklagenswerte Bildungsniveau wurde durch die Ungerechtigkeiten des englischen Erziehungssystems noch verschlimmert. Die Schüler mußten sich mit elf Jahren einer Prüfung unterziehen – den sogenannten Eleven Plus Exams –, die darüber entschieden, ob sie aufs Gymnasium oder eine Kombination aus Real- und Hauptschule geschickt würden. Ersteres eröffnete die Möglichkeit eines Universitätsstudiums, letztere bereitete die Schüler fürs gewöhnliche Leben vor.

Ich weiß nicht, wie diese Prüfungen an anderen Schulen durchgeführt wurden, doch meine Klasse wurde praktisch nach Kindern aus wohlbetuchten Familien und weniger gutgestellten Sprößlingen aufgeteilt. Weil Gymnasiasten Schuluniformen tragen mußten und man bei diesen Kindern kulturelle Interessen voraussetzte, galten nur Kinder aus reichen Familien als für die höhere Schulbildung hinreichend ausgestattet.

Diese Kinder wurden dann nach dem Unterricht dabehalten, um sie für die Aufnahmeprüfung an weiterführenden Schulen vorzubereiten. Die anderen, so wie ich, wurden sich selbst überlassen. Die zur einen Gruppe gehörigen Schüler haben die Prüfung erwartungsgemäß allesamt bestanden, während wir anderen nur völlig verwirrt auf den Testbogen schauten.

Somit war über meine Zukunft entschieden. Ich wurde in die

Hauptschule geschickt. Für mich würde es weder so etwas wie mittlere Reife noch Abitur geben. Ich sollte aufs praktische Leben vorbereitet werden. Die Wahrheit kam mir brutal zu Bewußtsein, als ich eines Tages vorn in einem Klassenraum stand, eine offene Schranktür bemerkte, hineinlugte und Glaskolben, Reagenzgläser, Bunsenbrenner und Stative sah, die mir allesamt ein Rätsel waren.

Ich hielt ein Reagenzglas in die Höhe und fragte den Lehrer: »Was ist das?«

»Stell's wieder weg«, sagte er. »So was wirst du nie brauchen.«

Obwohl ich mich nicht über meine Vergangenheit beklagen möchte, bin ich doch der Meinung, daß jegliches System, das im Alter von elf Jahren über den Bildungsweg eines Menschen entscheidet, als ein großes Verbrechen an der Jugend angesehen werden muß.

Schon beim Schulabschluß war mir klar, daß ich an der Universität studieren wollte, obwohl ich nicht so recht wußte, wie ich das bewerkstelligen könnte – außer daß ich mir vornahm, Geld zu sparen und schließlich meine mittlere Reife und das Abitur zu machen. Daheim stieß mein Gedanke an Weiterbildung eher auf Unverständnis. Meine Mutter war in einem kleinen Dorf in Irland großgeworden und hatte sehr elementare und geradlinige Prioritäten im Leben, zu denen ein Studium mit Sicherheit nicht gehörte. Gelehrten gegenüber empfand sie Angst und eine übertriebene Hochachtung.

Wann ich mich entschloß, zur Polizei zu gehen, weiß ich nicht mehr. Möglicherweise hatte es bei uns ein paar Bobbys gegeben, die mich beeindruckten. Obwohl ich einmal vom Polizeikommissar zusammengestaucht wurde, weil ich in einer alten Straßenlampe einen Gasglühstrumpf kaputtgemacht hatte, kann ich mich nicht erinnern, daß es in Leamington während meiner Kindheit irgendein Verbrechen gegeben hätte. Das ist das Positive an meinen Kindheitserinnerungen. Die Leute schlossen weder ihre Häuser noch ihre Autos ab. Mütter ließen ihre Babys im Kinderwagen draußen vor den Geschäften stehen, und die Kinder gingen zu Fuß zur Schule. Verbrechen waren eine Sache, die in Krimis vorkam oder anderen Menschen zustieß.

Wie die meisten von uns nahm auch ich an, daß echte Schurken leicht erkennbar seien. Conan Doyle und Charles Dickens hatten ihr Bild für mich geprägt – außergewöhnliche Gestalten wie

Moriarty und Bill Sykes. Selbstverständlich ist das in der realen Welt keineswegs so einfach.

Den Zeitpunkt, als mir aufging, daß menschliche Schlechtigkeit einem nicht unverkennbar ins Gesicht geschrieben ist wie eine Narbe oder eine Tätowierung, vermag ich genau zu benennen. Ich war als Polizeischüler der Grafschaft Warwickshire in Leamington stationiert, als am Dienstag, dem 8. August 1963, fünfzehn maskierte Männer in den frühen Morgenstunden den Nachtzug von Glasgow nach London an der Bridego Bridge in der Nähe von Leighton Buzzard anhielten und 2 631 684 Pfund Sterling stahlen. Dieser große Eisenbahnraub erregte weltweit Aufmerksamkeit.

Für die Polizei und deren Vorstellung von öffentlicher Sicherheit war es wie ein Eimer kalten Wassers, das man über den Kopf kriegt. Die ganze Dienststelle stand zeitweilig unter Schock. Man dachte: Zugüberfälle sind etwas aus dem Wilden Westen, so etwas gibt es doch nicht bei uns. Man verstand es als Affront und reagierte empört, vor allem, als die Presse das Ganze dann als einen Raub à la Robin Hood darstellte – das Geld gehörte niemandem, es wäre sowieso vernichtet worden, und die Diebe hatten sich eben einfach bedient; viel Glück, Freunde. Leider war aber der Lokführer Jack Mills schlimm zusammengeschlagen worden, und die Öffentlichkeit mochte den Coup noch so romantisch sehen – auf die Gewalttat reagierte die Polizei sehr empfindlich.

Ich war bloß Polizeischüler und spielte im Rahmen dieser Ereignisse kaum eine Rolle, doch ich erinnere mich noch, daß das Telexgerät ununterbrochen ratterte und daß Polizeimeister, die ihre Schreibtische seit zehn Jahren nicht mehr verlassen hatten, plötzlich unterwegs waren. Als ein paar Tage später die ersten Fotos der Gesuchten veröffentlicht wurden, betrachtete ich die Gesichter von Bruce Reynolds, Charlie Wilson und Jimmy White und dachte dabei: Die sehen ja so normal aus. Die hätten im Nachbarhaus wohnen oder der Vater eines Freundes sein können, örtliche Geschäftsleute, Taxifahrer, Schullehrer ... aber doch keine Zugräuber.

Ich fragte mich erstaunt: »Was ist diesen so alltäglich aussehenden Männern zugestoßen, daß sie zu dem wurden, was sie jetzt sind? Wie ist es bei ihnen zu dieser Entwicklung gekommen? Welche anderen Alternativen haben sie gehabt?«

Bei den Gebrüdern Kray war es genauso. Ich erinnere mich an

Fotos von Ron und Reggie aus früheren Zeiten, als sie Sportwagen fuhren und in East London mit Filmstars und berühmten Persönlichkeiten in Saus und Braus lebten. Sie wirkten wie ganz normale Erfolgsmenschen. Finster und böse sah man sie erst viel später, als die Auswahl der veröffentlichten Fotos spezifischer wurde und die Öffentlichkeit von den mörderischen Umtrieben der Krays erfuhr.

Als Polizeischüler gehörte es zu meinen Aufgaben, für die Häftlinge in den Zellen Mahlzeiten vom Café nebenan zu holen. Ich klopfte dann an die Metalltür und reichte das Tablett durch den Schlitz.

»Hallo, Paul«, sagte eines Abends eine vertraute Stimme.

Es war ein Schulkamerad, der ein paar Klassen über mir gewesen war. Nun hatte man ihn eingesperrt. Was ist mit ihm passiert? überlegte ich. Warum ist er so anders geworden als ich?

Ich habe die Polizei bereits nach einem Jahr verlassen, doch diese Fragen sind geblieben und möglicherweise mit ein Grund, warum ich Psychologe geworden bin. Zunächst übernahm ich jedoch unzählige Jobs – mehr, als ich mich erinnern oder hier aufzählen könnte –, die mit allen Zwischenstufen vom Ladenverkäufer bis zum Geschäftsführer reichten.

Ich wohnte weiterhin daheim, genoß aber die Freiheit eigenen Geldes. Als ich mir – gegen den Wusch meines Stiefvaters – meine ersten Jeans kaufte, bedeutete das für mich mehr als eine modische Entscheidung. Denn ich hatte mir das Geld und das Recht verdient, selbst zu entscheiden, was ich anziehen wollte.

Ich ging gelegentlich tanzen und erinnere mich besonders an eine Veranstaltung Ende 1963 im Locarno Ballroom in Coventry. Einer jungen Dame war offenbar sehr daran gelegen, den ganzen Abend mit mir zu tanzen, so daß ich der Band oder ihrem ziemlich seltsamen, linkischen Sänger, der dauernd von der Bühne sprang und durch den Saal rannte, nicht viel Beachtung schenkte. Es waren Mick Jagger und die Rolling Stones.

Einige Wochen später überredete mich ein alter Schulkamerad, am 27. Dezember an einem Ball im Court School Dancing in Leamington teilzunehmen, wo Woody Allen und die Challengers spielten. Ich war nicht sonderlich interessiert, doch er borgte mir ein Jackett, und so zockelte ich mit.

Drinnen war es laut und gedrängt voll, aber zwei Mädchen ragten unter den übrigen heraus. Mit der einen – sie war Krankenschwester geworden – war ich zur Schule gegangen; ihre Freundin kannte ich nicht. Sie war groß und schlank, hatte dunkelbraunes Haar und trug ein Trägerkleid im Schottenmuster mit Gürtel und eine langärmelige weiße Bluse. Ich konnte den Blick nicht von ihr lassen, und sie errötete, als ich sie um einen Tanz bat.

Nach dem Ball begleitete ich sie nach Hause. Sie wohnte auf der anderen Seite der Stadt. Es war eine sternklare Nacht, und die Hecken funkelten vor Frost. Am Haustor gab sie mir einen überaus keuschen Kuß auf die Wange, und ich sagte mir auf dem zehn Kilometer weiten Heimweg mit jedem Schritt aufs neue, daß ich das Mädchen gefunden hatte, das ich heiraten würde.

Die Hochzeit fand im folgenden Juni – 1966 – statt. Unsere Flitterwochen verbrachten wir in Tenby an der walisischen Küste. Wir fuhren mit der Eisenbahn und wohnten in einer kleinen Pension. Dann bezogen wir eine Mietwohnung im ersten Stock eines viktorianischen Hauses in Leamington. Marylin arbeitete als Arzthelferin im Warnford Hospital, und ich wechselte weiterhin von Job zu Job. Eine Zeitlang war ich sogar in einem Spielkasino in Birmingham als Croupier tätig, bis ein Polizist mir riet, daß das kein vernünftiger Beruf für einen jungen Mann sei.

Als im Jahr darauf Emma zur Welt kam – und zwei Jahre später Ian –, besaßen wir, mit Hypothek, ein kleines Reihenhaus, das wir beide wundervoll fanden. Alle Träume von einem Universitätsstudium waren auf Eis gelegt, weil ich manchmal zwei Jobs gleichzeitig hatte, damit wir zurechtkamen. Unterdessen kümmerte Marylin sich um den gesamten Haushalt. Ich zeichnete mich – nicht sehr ehrenhaft – dadurch aus, daß ich in der ganzen Zeit, als unsere beiden Sprößlinge Babys waren, nur zweimal nachts aufwachte. Wenn ich erst einmal schlafe, reißt mich praktisch nichts mehr aus dem Schlummer.

Im Herbst 1972 war ich als Sachbearbeiter in der Exportabteilung bei Automotive Products tätig, einem internationalen Hersteller für Autoersatzteile, dem größten Arbeitgeber unserer Stadt. Ich hatte die Aufgabe, zu gewährleisten, daß die mir zugeteilten Kunden die Teile zur Verfügung hatten, wenn sie gebraucht wurden. Das war eindeutig keine Karriere, und mir wurde rasch klar, daß wir eine zukunftsträchtige Entscheidung treffen müßten. Ich sah die typische Tretmühle des Angestellten vor mir, der nie echte Verantwortung übernimmt und bloß darauf hofft, nach vierzig Jahren Arbeit genug beisammen zu haben, damit es für den Ruhestand reicht. Ich hatte alle möglichen Tätigkeiten ausgeübt; manche waren anstrengend, andere anspruchsvoll, aber keine einzige befriedigend gewesen, und ich wußte, daß ich einen Beruf finden mußte, der mich faszinierte und motivierte; etwas, das ich für den Rest meines Lebens machen wollte.

Mit Rückhalt bei Marylin schrieb ich mich mit dem Ziel, zur Uni zu gehen, bei einer weiterführenden Abendschule ein. Das hieß, nach der täglichen Arbeit heimkommen, einen Happen essen und anschließend nach Thornbank radeln, dem regionalen College of Further Education, wo der Unterricht um 19 Uhr begann. Um 21.30 Uhr war ich wieder zu Hause, machte mich an meine Hausaufgaben und ging dann um Mitternacht oder auch um eins zu Bett.

Ich machte die mittlere Reife im Sommer 1973 und begann gleich danach ans Abitur zu denken. Bedauerlicherweise gab es in Thornbank in meinen Fächern keine Abendkurse. Aber ich war schon zu weit gekommen, um jetzt aufzugeben. Ich wollte studieren, wollte mein Leben verändern – warum also nicht gleich damit anfangen? fragte ich mich. Ich machte in der Firma einen Termin mit einem leitenden Angestellten, erklärte ihm, daß ich tagsüber das College besuchen wollte und bat ihn um Nachtarbeit.

Ich übernahm das Nachtbüro und arbeitete viermal wöchentlich von 8 Uhr abends bis 8 Uhr früh. Ich hatte es mir so gedacht, tagsüber zur Schule zu gehen, vor der Arbeit ein paar Stunden zu ruhen und mich an den Wochenenden auszuschlafen. Es würde ja, wie ich meinte, schlimmstenfalls ein Jahr dauern. Als ich dann aber nach meinem Gespräch in der Firma zur Einschreibung nach Thornbank fuhr, mußte ich feststellen, daß die zur Vorbereitung auf das Abitur erforderlichen Kurse über zwei Jahre verteilt waren.

Dagegen war einfach nichts zu machen. Ich bat um eine Aufstellung der notwendigen Lehrbücher, ging wieder nach Hause und lernte im Selbstunterricht. Wenn ich mein Ziel, das Studium im Oktober 1974 aufzunehmen, erreichen wollte, blieben mir bis zur Abiturprüfung sieben bis acht Monate Zeit.

Im Januar wurde mir in Oxford ein vorläufiger Studienplatz für Jura und in Birmingham einer für Medizin angeboten. In beiden Fällen hätte ich mit meiner Familie umziehen müssen – und das bedeutete: Hauskauf mit neuer Hypothek, ohne daß ich einen Job haben würde. Aus dieser Perspektive stellte sich die nur zwanzig Kilometer von uns entfernte Universität Warwick am Rande von Coventry als eine attraktivere Alternative dar. Falls man mich dort aufnehmen würde.

»Was kann ich für Sie tun?« fragte die Sekretärin und blickte von ihrer Schreibmaschine auf. Sie hatte langes, glattes Haar und einen absolut perfekten geraden Pony.

»Ich suche Dr. Samuals, den für Zulassungen zuständigen Studienleiter«, sagte ich.

»Er macht jetzt vermutlich gerade seine morgendliche Kaffeepause, aber Sie können ja mal in seinem Büro nachsehen. Auf diesem Flur links, die dritte Tür.«

Sie schaute mir nach, als ich das Zimmer verließ. Ich kam mir irgendwie komisch vor. Offenbar war ich auf dem ganzen Universitätsgelände der einzige Mensch, der einen Anzug trug.

An der betreffenden Tür blieb ich stehen, holte tief Luft und klopfte. Keine Antwort.

»Sie suchen Jim?« Von irgendwoher war ein kleiner, kahlköpfiger Mann aufgetaucht. »Er trinkt gerade seinen Kaffee. Ich werde ihn holen.«

»Kein Problem, wirklich. Ich warte«, sagte ich.

»Aber nein, der macht schon lang genug Pause.« Und er verschwand so rasch, wie er gekommen war.

Ich fühlte mich überhaupt nicht müde, obwohl ich bei Automotive Products die Nacht durchgearbeitet hatte. Dafür war dieser Tag einfach zu wichtig. Ich war um acht Uhr nach Hause gekommen, gerade rechtzeitig fürs Frühstück und um Emma zum Schulgang zu verabschieden. Anschließend hatte ich gebadet, mich rasiert, die Schuhe geputzt, meinen Anzug angezogen und den Bus erwischt, der mich zum Stadtrand von Coventry brachte.

Auf dem Flur kam ein Mann auf mich zu, der anscheinend in meinem Alter oder nur wenig älter war und frisch gebügelte Hosen und einen spitz ausgeschnittenen Pullover trug. Ich glaubte, seine Gedanken lesen zu können: Wer ist denn der Kerl? Kenne ich nicht. Für einen Studenten ist er zu alt, und außerdem trägt er einen Anzug.

»Kann ich etwas für Sie tun?«

»Ich heiße Paul Britton. Ich würde mich gern für Ihren Kurs einschreiben.«

Er machte einen etwas perplexen Eindruck. »Ach so. Ich verstehe«, sagte er. »Also, dann kommen Sie besser mit.«

Ich war noch nie im Zimmer eines Wissenschaftlers gewesen, doch so hätte ich es mir vorstellen können. Dort gab es einen abgenutzten Schreibtisch, ein paar Stühle, eine große Tafel und in den Wandregalen Hunderte von Büchern.

»Haben Sie einen formellen Antrag gestellt?« fragte er.

»Ach so. Nein.«

»Nun ja, das ist sonst eigentlich üblich. Andernfalls würden Dutzende von Leuten vor meiner Tür Schlange stehen müssen.«

»Entschuldigung, ich dachte ...«

Er musterte mich leicht amüsiert. »Na schön, nun sind Sie da. Warum wollen Sie was über Management wissen?«

Auf diese Frage war ich vorbereitet. Sie mußte ja kommen. Ich erklärte ihm also, daß ich Psychologe werden wolle und das Fach Management in Warwick eine gute Chance sei, weil es sich zu einem Drittel auf Verhaltensforschung konzentrierte. Im übrigen hätte ich auf diesem Gebiet viel praktische Erfahrung, und schließlich sei die Universität meinem Wohnsitz nah genug, daß ich wegen des Studiums nicht mit meiner Familie umziehen müsse. Er hörte mir zu, stellte gelegentlich Fragen und neigte den Kopf zur Seite, als ob er Angst hätte, etwas zu verpassen.

»Sie sind ein bißchen älter als der durchschnittliche Student, Mr. Britton«, sagte er. Es war nicht als Kritik gemeint.

»Ich bin 27 Jahre alt und verheiratet. Ich habe zwei Kinder. Und eine Hypothek abzuzahlen.«

»Sehr beachtlich! Trotzdem, mir ist nicht ganz klar, wieso Sie zu mir gekommen sind. Das ist hier nicht der übliche Weg.«

»Es schien einfach wichtig herzukommen und mit demjenigen zu sprechen, der hier entscheidet ... dem wichtigsten Mann.«

Er lachte lauthals los, und ich fühlte mich schon entspannter.

»Ich bin hartes Arbeiten gewohnt. Ich arbeite seit zehn Jahren vollberuflich – alles mögliche. Ich habe auf der Abendschule soeben die mittlere Reife gemacht und lerne jetzt fürs Abitur.«

»Der Kurs dauert zwei Jahre. Aber Sie wollen Ihr Studium bei uns schon im Oktober aufnehmen.«

»Ich habe mich für die Prüfungen im Mai angemeldet.«

»In ganzen vier Monaten?« Die Skepsis in seiner Stimme war unüberhörbar.

»Ich weiß. Ich kann es aber nicht hinausschieben. Ich bin älter als die anderen Studienbewerber. Mir bleibt nicht viel Zeit. Ich muß eine Familie ernähren.«

Er beugte sich vor. »Eben deshalb muß ich Ihnen die nächste Frage stellen. Wie werden Sie ein dreijähriges Ganztagsstudium finanziell bewältigen, Mr. Britton?«

»Ich hoffe auf ein Stipendium.«

»Und wenn Sie keines bekommen?«

»Diese Eventualität habe ich mit meiner Familie besprochen. Das Studium ist unsere größte Chance. Irgendwie werden wir es schon schaffen.«

Dr. Samuals lehnte sich im Stuhl zurück. Er sprach mit Bedacht.

»Für diese Fächer werden hier in Warwick ziemlich hohe Standards im Rechnen verlangt. Wie gut sind Sie in Mathematik?«

»Bei der mittleren Reife war ich darin Klassenbester.«

»Wir setzen aber normalerweise Abiturnoten voraus.«

Ich verlor den Mut.

»Also gut, dann wollen wir mal sehen, ja?« Er trat an eine große Wandtafel, nahm ein Stück Kreide und zeichnete ein Achsenkreuz, dessen Schenkel er mit einem ›x‹ und einem ›y‹ markierte. Darunter schrieb er eine algebraische Gleichung. »Können Sie den Verlauf dieser Gleichung in der Graphik eintragen?«

Verdammt, dachte ich. Ich kannte die Formel, war jedoch zu nervös, um die Werte im Detail zu berechnen, so daß ich statt dessen die klassische Gleichungskurve mit dem Finger in den Staub der Tafel zeichnete.

Er lächelte. »Richtig. Obwohl sie eigentlich etwa einen Zentimeter tiefer beginnen sollte.«

Er kehrte zum Schreibtisch zurück, faltete die Hände und preßte sie gegen die Lippen. Das lange Schweigen wurde unbehaglich.

Schließlich ergriff er das Wort. »Wenn ich an Ihrer Stelle wäre, würde ich mich im Abitur auf einen Abschluß im Fach Wirtschaftswissenschaften konzentrieren. Dafür bleiben Ihnen nur wenige Monate, aber für den Fall, daß Sie mit der Note D oder besser abschneiden, werden wir Ihnen einen Studienplatz garantieren.«

Ich hätte vor Freude am liebsten einen Luftsprung getan.

»Sie wissen gar nicht, was das für mich bedeutet«, sagte ich.
Er lachte erneut. »Komischerweise weiß ich das sehr wohl.«

In den folgenden vier Monaten nutzte ich jeden freien Augenblick zum Lernen. Dann beschäftigte mich jedoch eine viel größere Sorge. Bei Ian wurde ein schwächendes Hüftleiden diagnostiziert, das furchtbare Schmerzen verursachte und ihn am Laufen hinderte, so daß er überallhin getragen oder im Kinderwagen gefahren werden mußte. Die Schmierung in seinen Hüftgelenken war unzureichend; das führte zur Erosion von Kugel und Gelenkpfanne.

Er wurde von orthopädischen Chirurgen und Fachärzten untersucht, die am Ende beschlossen, ihn ins Krankenhaus einzuliefern und in einen Streckverband zu legen. Marylin machte Emma morgens für die Schule fertig und ging anschließend zum Krankenhaus. Ich kam direkt von der Arbeit, um tagsüber bei Ian zu sein. So ging das über viele Wochen. Es war eine schlimme Zeit.

Während all das vor sich ging, schaffte ich es trotzdem, an den Prüfungen teilzunehmen. Dann kam die Zeit des Wartens auf die Ergebnisse, die darüber entscheiden würden, ob das ganze harte Arbeiten und das Sichaufopfern der Familie sich gelohnt hatte.

Es war Mitte August, ich wartete noch immer und war ins Krankenhaus gegangen, um bei Ian zu sein. Später kam Marylin nach, und wir verbrachten dort fast den ganzen Tag zusammen. Wir kannten mittlerweile fast alle Krankenschwestern, und spät am Abend erkundigte sich eine von ihnen nach meinem Beruf.

»Ich werde vielleicht die Universität besuchen«, sagte ich. »Es hängt nur davon ab, ob ...«

»Ach ja, die Prüfungsergebnisse!« sagte Marylin. »Sie sind heute morgen mit der Post gekommen. Ich hatte es total vergessen.«

Ich schaute sie an und traute mich kaum zu fragen.

Sie lächelte. »Du hast eine Eins.«

Selbst mit einem Stipendium mußten wir während der folgenden drei Jahre sehr sparsam leben. Glücklicherweise hatte ich eine Frau geheiratet, die selbst bei einem ziemlich leeren Speiseschrank erstaunliche Mahlzeiten zu bereiten verstand. Ohne ihre Fürsorge und Unterstützung hätte ich das Studium kaum bis zum Ende durchgehalten.

Ich hatte außerdem das Glück, daß binnen eines Monats nach

Beginn meines Studiums an der Universität Warwick ein eigener Fachbereich Psychologie gegründet wurde und ich mich sofort umschreiben konnte. Ich brauchte nicht lang, um zu begreifen, daß ich meine künftige Berufs- und Lebensaufgabe gefunden hatte – die Psychologie gab mir die Möglichkeit, nicht nur meine eigene Wißbegierde zu befriedigen, sondern auch das Leben anderer Menschen wieder ins Lot zu bringen.

Der menschliche Geist ist zum großen Teil noch immer unerforscht. Seine Grenzen sind so weit gesteckt, daß sie alles umfassen, was wir tun und sagen; unser Verständnis von allem, was in der Welt geschehen ist und noch geschehen wird. Wie ist es möglich, daß drei bis vier Pfund grauer Masse in unserem Kopf all das zu erzeugen vermögen, was wir zu wissen und zu verstehen glauben? Als Mozart seine Symphonien schrieb, als Michelangelo die Sixtinische Kapelle ausmalte, als Hitler den Befehl zur »Endlösung« gab, wenn eine halbwüchsige Mutter ihr Baby in einer Mülltonne aussetzt, wenn das Opfer einer verbrecherischen Tat sich vor Angst nicht aus der Wohnung wagt, wenn ein Ehepaar junge Mädchen foltert und mordet ... es spielt gar keine Rolle, wie bedeutsam das Ereignis oder die Äußerung ist, alles geht auf irgendeinen Aspekt von menschlichem Verhalten und Interaktion zurück – auf jene drei oder vier Pfund farbloser Matsche, die das Gehirn ausmachen.

Stellen Sie sich ein Fischernetz vor, das aus Hunderten von Schnüren mit Tausenden von Verbindungsknoten geflochten ist. Jeder einzelne Knoten könnte interessant sein, aber wenn Sie versuchen, ihn anzuheben, bewegen sich alle anderen mit. Sie alle sind miteinander verknüpft, und man kann einen einzelnen Knoten nicht wirklich verstehen, solange man nicht auch die Grundzüge der Knoten ringsum erfaßt hat. Das ist es, was die Psychologie so faszinierend macht. Es ist, als hätte man eine begehbare dreidimensionale Landkarte.

Nach drei Jahren voller Vorlesungen, Aufgaben und nächtens verfaßten schriftlichen Arbeiten schloß ich mein Studium mit der Note Eins ab und nahm ein Forschungsstipendium an der Universität Leicester an. Meine Untersuchungen dort hatten mit der Messung von Phobien zu tun, insbesondere mit der Angst vor Spinnen; zu ihrer Erforschung errichtete ich komplizierte Labyrinthe für Testpersonen und Spinnen.

Der Umzug von Leamington ins rund sechzig Kilometer entfernte Leicester war uns nicht leichtgefallen. Marylin und die Kinder empfanden ihn wie einen Wechsel auf die andere Seite der Welt, und sie hatten fürchterliches Heimweh. Ian war inzwischen sieben Jahre alt und konnte dank langer Bettruhe und Pflege jetzt richtig gehen und laufen, obwohl es noch Jahre dauern sollte, bis sein Gelenkleiden ganz geheilt war. Wir hatten ihm erklärt, daß er dort neue Freunde finden würde, und am Tag des Umzugs in unser neues Haus in Market Harborough, 25 Kilometer außerhalb von Leicester, ging Ian nach draußen, stellte sich an den Straßenrand und teilte uns mit, daß er nicht heimkommen würde, bis er einen Freund gefunden hätte.

Sein Anblick rührte uns zu Tränen. Am Ende sagte die gegenüber wohnende Frau zu ihrem Sohn: »Nun geh und red mit dem Kleinen. Er steht ja schon eine Ewigkeit da.«

Ian hatte einen Freund gefunden.

Kurz nachdem ich meinen ersten akademischen Grad erworben hatte, nahm ich bei der Leicester Health Authority, dem größten Gesundheitsamt des Landes, eine unbezahlte Stelle als klinischer Psychologe in Ausbildung an. Im klinischen Bereich zu arbeiten, war mein langfristiges Ziel gewesen, und als mir neun Monate später eine bezahlte Ganztagsstellung angeboten wurde, sagte ich zu.

Nach Abschluß der Ausbildung gehörte es zu meinen Routineaufgaben, Menschen zu untersuchen und zu behandeln, die durch unglückliche Ereignisse in ihrem Leben seelische Schäden davongetragen hatten. Dazu gehörten etwa Personen, die unter wiederkehrenden Alpträumen oder akuten Angstzuständen litten; andere hatten sexuelle Probleme, Persönlichkeits- oder Schlafstörungen; manche litten unter einem Waschzwang oder waren unfähig, das Haus zu verlassen, um einen Brief auf die Post zu bringen. Es gab auch Patienten mit psychosomatischen Beschwerden, die sich für gelähmt hielten oder glaubten, exotische Krankheiten und Leiden zu haben, die kein Arzt hatte diagnostizieren können.

Keine dieser Störungen ist belanglos oder trivial, denn sie beeinträchtigen die Lebensqualität der Menschen und können Beziehungen und Familien zerstören. Ich erinnere mich an einen achtjährigen Jungen, der eines Tages zu mir in die Praxis kam und mir einen Kugelschreiber überreichte, den er ganz offensichtlich von seinem Taschengeld gekauft hatte.

»Das ist ein Dankeschön, weil Sie meiner Mutter geholfen haben«, sagte er nervös und huschte an ihre Seite zurück. Seine Mutter war sechs Jahre lang außerstande gewesen, das Haus zu verlassen, um einkaufen oder mit ihm im Park spazieren zu gehen. Es hatte monatelanger Therapie bedurfte, aber nun war sie von ihrer Platzangst geheilt.

In einem anderen Fall wurde eine junge Frau Mitte Zwanzig von ihrem Hausarzt an mich überwiesen. Martha litt unter Ängsten, die ihre Ehe stark belasteten. Ihr Mann und sie wünschten sich unbedingt ein Kind. Sie hatte es jedoch bisher nicht geschafft, schwanger zu werden und hatte, wie sich dann herausstellte, nie wirklich menstruiert. Dazu kamen noch ernsthafte Hörschwierigkeiten, die ihr äußerst peinlich waren.

Ich versuchte, Marthas Nervosität zu lindern, doch umsonst: Ihr ganzes Wesen verriet einen tiefen Mangel an Selbstwertgefühl und Selbstvertrauen, und die völlig normale Geschichte, die sie von sich erzählte, stand in eklatanter Weise im Widerspruch zu dem, was mir ihre Stimme, ihr Verhalten und ihre Körpersprache verrieten. Ihre Worte erzählten mir *eine* Geschichte, doch ihr Körper strafte diese Version Lügen.

Ich berichtete ihr, daß gelegentlich Menschen beim ersten Mal ängstlich und verstört zu mir kamen, weil sie sich aufgrund von Dingen, die sie im Fernsehen oder im Kino gesehen hatten, eine falsche Vorstellung davon machten, was nun geschehen würde.

»Sie bereiten sich tagelang auf den Besuch bei mir vor und versuchen vorauszuplanen, was sie mir sagen wollen, doch in dem Moment, wenn sie meine Praxis betreten, können sie sich an nichts erinnern und kommen sich einfach dumm vor«, erzählte ich ihr. »Und wenn wir dann über Aspekte ihres Lebens zu sprechen beginnen, die ihnen sehr unangenehm sind, werden sie ganz nervös und verlegen. Was merkwürdig ist, weil ich sie ja persönlich gar nicht kenne. Ich weiß, daß es schwerfällt. Aber es ist wie beim Fallschirmspringen; man steht vor der Luke des Flugzeugs und man muß den letzten Schritt tun.«

Ich erklärte weiter, daß sich unter solchen Umständen oft herausstellt, daß das problematische Ereignis lange zurückliegt, daß es sich ereignete, als sie sehr viel jünger waren. Möglicherweise hatte ein Erwachsener sie zu etwas gezwungen, das sie sehr durcheinanderbrachte, und sie wissen nicht, wie sie es zur Sprache bringen können. Manchmal haben sie völlig zu Unrecht das Gefühl, daß es irgendwie ihre eigene Schuld ist.

Während meiner Ausführungen begann Martha plötzlich zu weinen und brach schließlich schluchzend zusammen. Sie erzählte mir, wie sie in der Kindheit durch Hörprobleme gehandikapt gewesen war, die schließlich dazu geführt hatten, daß man sie auf eine Sonderschule für Gehörlose schickte. In dieser Schule war sie von einem Mitglied des Lehrkörpers regelmäßig sexuell mißbraucht worden. Die Mißhandlungen hatten vor ihrer Pubertät begonnen und sich über eine Reihe von Jahren hinweg fortgesetzt.

Da die extrem schüchterne Martha darüber mit niemandem hatte sprechen können, hatte sie die ihr angetane Brutalität verinnerlicht und sich selbst die Schuld gegeben. Ich führte sie durch ihre schmerzhafte Erinnerung und erklärte ihr, wer dafür wirklich verantwortlich war. Während meiner Ausführungen konnte ich beobachten, wie ihre Schuldgefühle schwanden und eine andere Person zum Vorschein kam.

Als Martha die ambulante Klinik verließ, versprach sie, in Kontakt zu bleiben. Am gleichen Abend hatte sie zum ersten Mal im Leben eine Menstruation. Sie wurde innerhalb weniger Wochen schwanger und hat inzwischen drei Kindern das Leben geschenkt.

Das ist der Grund, warum ich klinischer Psychologe hatte werden wollen – um Menschen wie Martha zu helfen. Das Ziel all meiner Bemühungen und Träume war Wirklichkeit geworden. Es gab kein Gefühl der Enttäuschung, kein banges Fragen: Und nun? Ich hatte einen Beruf, der mich forderte und motivierte, einen Beruf, der die Zukunft meiner Familie sichern und obendrein das Leid anderer Menschen heilen konnte.

3

Als Anfang 1984 ein Anruf von Detective Superintendent David Baker kam, nahm ich als erstes an, daß einer meiner Patienten in Schwierigkeiten geraten sei. Der Chef der Kriminalpolizei von Leicestershire stellte sich höflich vor und erklärte dann, daß ein Kollege ihn auf mich hingewiesen habe.

Ich schwieg und dachte angestrengt nach.

»Sie haben uns schon einmal geholfen«, half er nach und erwähnte den Namen des betreffenden Beamten.

»Ach, das«, sagte ich und erinnerte mich an den Fall: Da hatte sich eine junge Frau auf höchst problematische Weise in einen Polizisten vernarrt.

»Mit Psychologie kenne ich mich, offen gesagt, nicht aus«, gestand Baker. »Verstehen Sie, ich bin ... ich bin Polizist ... « Er ließ die Feststellung ausklingen.

Er will bestimmt auf etwas hinaus, dachte ich.

»Habe ich recht mit der Vermutung, daß Ihre Arbeit einen Einblick in die Motive und die persönliche Entwicklung von Menschen erlaubt?«

»Ja, in sehr groben Umrissen schon«, erwiderte ich zurückhaltend.

»Also, ich stecke gerade in ziemlich schwierigen Mordermittlungen. Ob sie wohl auf ein Gespräch zu mir kommen könnten? Ich würde Ihre Hilfe zu schätzen wissen.«

Ich war ratlos. Was hätte ich überhaupt zu einer Ermittlung beizutragen? Mein Wissen von der Arbeit der Polizei rührte aus der Zeit als Polizeischüler und von der Lektüre der Sherlock-Holmes-Geschichten in meiner Jugend her. Dann mußte ich plötzlich an Lynda Mann denken. Ich hielt inne.

»Selbstverständlich«, sagte ich. »Wäre es Ihnen morgen recht?«

»Sie sollten aber gut frühstücken, bevor Sie kommen«, sagte er ziemlich geheimnisvoll. »Sie werden nämlich mittags keinen Hunger haben.«

Bakers Büro im Polizeipräsidium an der London Road in Leicester war voll von Andenken aus seiner 27jährigen Dienstzeit. An den Wänden hingen Wimpel und Fotos; auf seinem Schreibtisch stand eine zierliche Waage, wie sie von Drogendealern benutzt wird. Baker war Ende Vierzig, nicht groß, aber ziemlich stämmig, mit spärlichem Haar und einem nahezu cherubinischen Gesicht. Er hielt sich fast militärisch und bevorzugte perfekt gebügelte dunkelblaue Nadelstreifenanzüge. Er saß an seinem Schreibtisch und hatte die Jacke an.

»Für das, worum ich Sie bitten möchte, gibt es keine festen Spielregeln«, begann er wie jemand, der sich bewußt war, daß sein Vorschlag albern klingen könnte. »Angenommen, ich zeige Ihnen den Schauplatz des Verbrechens, der seit der Tat so gut wie unverändert ist – wäre es Ihnen dann möglich, mir einiges zur Person des Mörders zu sagen?«

Ich holte tief Luft und mußte wieder an Lynda Mann denken.

»Ja. Es hängt allerdings davon ab, was Sie mir zeigen können.«

Seine Anspannung ließ kaum merklich nach. »Haben Sie vom Tod der Caroline Osborne gehört?«

Ich war überrascht. »Nein, tut mir leid...«

»Ihre Leiche wurde letzten August im hüfthohen Gras der Aylestone Meadows in Leicester gefunden, unmittelbar neben dem Grand Union Canal. Die Tat wies einige höchst rätselhafte Aspekte auf.«

Ich nickte.

Bei seinen weiteren Ausführungen wirkte Baker ein wenig unschlüssig, als wisse er nicht so recht, wie er die Sache angehen sollte. Das vorausgegangene Jahr – 1983 – war für die Kriminalpolizei von Leicestershire ein böses Jahr gewesen, das ihr drei ungelöste Mordfälle beschert hatte. Im Juli war auf einem Rasenstreifen in der Nähe von Twycross Zoo die Leiche der fünfjährigen Caroline Hogg gefunden worden, die seit zehn Tagen im Edinburgher Viertel Portobello vermißt wurde. Im selben Monat war in Leicester eine Pudelfriseuse namens Caroline Osborne umgebracht worden, als sie gerade ihre Hunde ausführte. Und danach kam der Mord an Lynda Mann.

Die 33jährige Caroline Osborne hatte seit sieben Jahren in einem Reiheneckhaus an der Danvers Road gewohnt und gearbeitet. In den vorderen Räumen des Hauses führte sie ihren Tiersalon. Die Wohnräume lagen nach hinten und im ersten Stock. An ihrem Todestag hatte sie den Salon um sechs Uhr abends verlassen, um in Aylestone Meadows spazierenzugehen. Das ist ein großer Grüngürtel mit Sportplätzen, Schrebergärten, Ödland und Wanderwegen. Sie nahm ihre schwarze Labradorhündin Tammy mit und den gleichnamigen scheckigen Labradormischling der Nachbarin. Sie ließ die beiden Tiere frei laufen.

Am späteren Abend war Carolines Hündin – allein – dem ortsansässigen John Douglas über den Weg gelaufen, der Tammy sofort erkannte und bemerkte, daß sie im Wasser gewesen war. Er nahm sie mit heim und gab ihr den Befehl, nach Hause zu laufen. Drei Stunden später hörten in der Danvers Road Nachbarn Tammy laut heulen und riefen bei der Polizei an.

Eine nächtliche Suchfahndung nach Caroline verlief ergebnislos. Die Suche wurde am Samstagmorgen wieder aufgenommen. Um 10.30 Uhr entdeckte ein Hundeführer der Polizei im hüfthohen Gras ihre völlig bekleidete Leiche.

»Es gibt da mehrere beunruhigende Momente«, sagte Baker und zog ein paar als »Eigentum des Chief Constable« gekennzeichnete Ringbücher hervor. »Sie war an Händen und Füßen mit Bindfaden gefesselt. Sie hatte fünf Stichwunden im Hals und zwei in der Brust, davon eine ins Herz. Es gab keinerlei Anzeichen von Raubüberfall oder von sexueller Belästigung, und wir haben die Tatwaffe nicht gefunden ...«

Er machte eine Pause. »Wir haben allerdings dies hier entdeckt ...«

Neben der Leiche war ein Stück Papier sichergestellt worden, das die Zeichnung eines Pentagramms innerhalb eines Kreises zeigte – ein Symbol, das häufig mit satanistischen Ritualen und Schwarzer Magie in Verbindung gebracht wird.

»Wir vermuten, daß es der Täter zurückgelassen hat«, erklärte ein sichtlich beunruhigter Baker.

Er öffnete das erste Dossier und fragte: »Haben Sie schon einmal Tatortfotos zu Gesicht bekommen, Paul?«

Ich schüttelte den Kopf.

»Leider kein angenehmer Anblick.«

Die ersten Seiten enthielten Aufnahmen, die die Umgebung des Kanals und des Treidelpfads zeigten. Dann rückten die Bilder zunehmend die Leiche ins Blickfeld, die unter allen nur erdenklichen

Winkeln fotografiert worden war. Es war entsetzlich. Ich empfand den dringenden Wunsch, die Fotos beiseite zu legen, das Album zuzuklappen und fortzugehen. So etwas hatte ich noch nie gesehen.

Ich hatte keine Ahnung gehabt, was Stichwunden einem Körper antun, wie Gliedmaßen sich bei einem gewaltsamen Tode oft in unnatürlichen Winkeln strecken oder daß sich bei all dem Blut nur schwer feststellen ließ, was eigentlich geschehen war.

Caroline war auch in sämtlichen Phasen der Autopsie fotografiert worden, und beim Aufschlagen der nächsten Akte fiel mir sofort der Unterschied zwischen dem Opfer am Schauplatz des Verbrechens und – gewaschen, gewogen und geputzt – in der Aufbewahrung für den Pathologen auf, wo es, bis auf diese schrecklichen klaffenden Löcher, wie eine mehr oder weniger vollkommene Statue aussah – wie ein Kunstwerk, das von einem Vandalen geschändet worden war.

Ich zwang mich hinzuschauen, um mich darauf zu konzentrieren, was Caroline zugestoßen war. Es war essentiell wichtig zu erkennen, wie die Wunden über den Körper verteilt und wie sie gruppiert waren. Ich begann mir, fast unbewußt, Fragen zu stellen. Was für ein Messer hatte der Täter benutzt? War er Rechtshänder? (Das trifft für 95 Prozent aller Menschen zu.) Wenn ja, ließe sich dann möglicherweise feststellen, ob er vor oder hinter Caroline gestanden hatte, als er auf sie einzustechen anfing? Wann hatte er sie gefesselt? Wie lange war sie bei Bewußtsein gewesen? Wie rasch war der Tod eingetreten?

Die Antworten auf diese Fragen waren von Bedeutung, weil sie für die viel größere Frage nach dem Tatmotiv wichtig waren. Was hatte der Täter mit der Ermordung Carolines erreichen wollen? Ein fehlgeschlagener Raubüberfall hat ganz andere Implikationen als ein sexuell motivierter Mord.

Schließlich schlug ich die Alben zu, lehnte mich zurück und suchte mich innerlich von den Bildern zu befreien.

»Was für eine Frau war Caroline?« fragte ich Baker.

Er schob einen Schnappschuß über den Tisch, auf dem sie, dynamisch und lebendig, in die Kamera lächelte, und begann mit den gewohnheitsmäßigen Angaben über Größe, Gewicht, Haarfarbe, Teint... Ich unterbrach ihn. »Nein. Wie ist sie als *Mensch* gewesen?«

»Ach so. Verstehe ... Nun ja ... Sie war gesund, fleißig, intelligent ... Eine Karrierefrau wohl. Sie hat auf jeden Fall viel Zeit auf ihr Geschäft verwandt. Von ihrem Mann lebte sie seit achtzehn Monaten getrennt, die beiden wollten sich scheiden lassen. Er lebt unten in Südengland. Er kommt für die Tat nicht in Frage. Ein Doppelleben geführt oder sich Liebhaber gehalten hatte sie nach unseren Erkenntnissen nicht. Auch keine gesellschaftlichen Interessen.«

»Und sie ist an jenem Abend von niemandem gesehen worden?«

Baker schüttelte den Kopf. »Nach unserer Einschätzung hielten sich zu dieser Zeit ungefähr zweihundert Leute in der Gegend von Aylestone Meadows auf. Rund hundertzwanzig haben sich bei uns gemeldet, von denen sich keiner erinnern kann, Caroline auf dem Treidelpfad beobachtet zu haben. Wir haben auch bei den Firmen nachgefragt, die auf dem Kanal Barkassen und Hausboote an Urlauber vermieten ... Nichts.«

Baker konnte seine Frustration nicht verbergen. Es war eine der umfangreichsten Ermittlungen, die in Leicestershire je durchgeführt worden waren. Man hatte über 15 000 Personen befragt, manche bis zu siebzehnmal, und achtzig Männer wegen dringender Verdachtsmomente vorübergehend in Polizeihaft genommen.

»Kann ich Sie zurückrufen?« fragte ich zum Schluß unserer Unterredung. »Ich möchte darüber nachdenken.«

»Selbstverständlich«, sagte er und schüttelte mir die Hand.

»Wäre es möglich, daß ich einen Teil der Unterlagen mitnehme?«

»Sagen Sie mir, was Sie brauchen.«

Als ich nach Hause kam, spürte Marylin sofort, daß da etwas nicht stimmte. Ich wollte nicht über den Fall reden, und beim Abendessen ließ mein legendärer Appetit mich im Stich.

Als ich mich während der folgenden drei Tage mit den Einzelheiten von Carolines Tod befaßte, versank ich im Schmerz. Im Fall von Lynda Mann hatte ich nur theoretisch überlegt, welche Fragen ich stellen würde; diesmal war es Realität. Was konnte ich der Polizei über Carolines Mörder mitteilen? Daß es sich nicht um eine spontane Tat handelte, war offensichtlich – die Fesseln und das Messer waren eigens mitgebracht worden, ebenso die Zeichnung des Pentagramms. Das deutete auf ein gewisses Maß an Planung und Absicht.

Es handelte sich auch nicht um den Fall eines Mannes, der einer attraktiven Frau begegnet, erregt und von ihr zurückgewiesen wird und daraufhin voller Wut auf sie einsticht, bevor er wegläuft. Caroline war kampfunfähig gemacht, gefesselt und dann angegriffen worden. Trotz dieser Elemente, die kontrolliertes Handeln verrieten, war aber ein Mangel an ausgereifter Überlegung deutlich. Warum hatte der Täter einen solch öffentlichen, jedermann zugänglichen Ort und eine so geschäftige Zeit gewählt? Er hätte sehr viel mehr erreichen können, wenn er eine abgelegenere, ruhigere Stelle gewählt hätte. Dann hätte er die Sache besser unter Kontrolle gehabt, hätte die Fesseln kunstvoller anlegen und seine Lust steigern können. So aber war die Ermordung binnen weniger Minuten vorbei gewesen.

Dieses Moment von Opportunismus ließ vermuten, daß der Mörder Caroline unbekannt war, wenngleich er sie möglicherweise kannte. Vielleicht hatte er sie auf Spaziergängen mit ihren Hunden gesehen oder er war als Kunde in ihrem Geschäft gewesen.

Was das Tatmotiv betraf, so gab es für mich keine Zweifel, daß es sexueller Natur war, obschon nicht in der Weise, die wir gewöhnlich mit einer Vergewaltigung oder mit sexueller Gewaltanwendung assoziieren. Hier gab es Hinweise auf eine extremere Form von fehlgeleiteter Sexualität. Meine Tätigkeit an der Klinik für sexuelle Funktionsstörungen im Leicester General Hospital hatte mir zu einem tieferen Verständnis dafür verholfen, daß die sexuelle Funktionsfähigkeit mit anderen Aspekten verknüpft und vermengt sein kann.

Wenn Männer oder Frauen feststellen, daß sie außerstande sind, eine sexuelle Intimität einzugehen, die von beiden Partnern als wohltuend empfunden wird, dann ist es ja nicht so, daß der Geschlechtstrieb einfach verschwindet. Sie entwickeln dann mitunter einen so ausgeprägten Fetischismus und so lebhafte Phantasien, daß sie die Fähigkeit verlieren, Geschlechtsverkehr zu haben oder zu genießen, ohne daß real oder in ihren Vorstellungen ein ganz spezifischer Faktor – zum Beispiel bestimmte Arten von Pornographie, Unterwäsche, Schuhe, ritualisierte Verhaltensweisen – präsent ist.

Manche Leute sind schließlich derart auf solche Dinge fixiert, daß der Geschlechtsakt selbst immer unwichtiger und belangloser wird, so daß sogar ihre Gedanken beim Masturbieren sich mehr und mehr auf diese Fetische und lebhaften Phantasien richten. Dann kann es so weit kommen, daß eine Frau für den Mann keine eifrige Partnerin bei einem Akt aus beidseitigem Einverständnis mehr darstellt, sondern statt dessen zum entpersönlichten Vehikel seiner Lust wird.

Der Mord an Caroline war Ausdruck einer zutiefst gestörten Sexualität. Fesselung, Beherrschung und Wahl des Opfers wiesen auf einen Täter hin, dessen sexuelles Verlangen sich mit Zorn und Machtbedürfnis vermischt hatte. Statt um irgendeine Form des Sexualkontakts zu kreisen, die von beiden Partnern bejaht und gewollt wird, mußten die Phantasien des Killers von extremer sexueller Aggression gegen Frauen geprägt sein und ziemlich genau die Ereignisse widerspiegeln, die sich in Aylestone Meadows zugetragen hatten. Er würde die Szene im voraus in Gedanken geprobt haben – würde von einer Frau phantasiert haben, die gefangen, gewaltsam festgehalten, gefesselt, dominiert, verstümmelt und mit einem Messer getötet wurde.

Wie aber war er zu einem derartigen Menschen geworden?

Ein Gefühl der Bitterkeit und Wut gegen Frauen setzt oft schon früh im Leben ein, zum Beispiel wenn ein einsamer und sexuell unreifer junger Mann entdeckt, daß ihm die nötige Gewandtheit fehlt, um Mädchen für sich zu interessieren. Er sieht andere Burschen und junge Männer Erfolg bei den Frauen haben, doch ihm selbst bleibt das versagt.

Aus einem Gefühl des Verletzt- und Abgewiesenseins heraus mag er beginnen, die Schuld für seine Einsamkeit und sexuelle Frustration auf die Frauen zu schieben. Das kann mit der Zeit zu einer wachsenden Wut und Verbitterung führen, die unter Umständen die Sexualität verbiegt. Statt Phantasien über beidseitig befriedigende Geschlechtserlebnisse zu verfolgen, könnte er Sinneslust durch Masturbation schließlich mit grober sexueller Gewalt assoziieren. In seinen Phantasien kann er Frauen seinen Willen aufzwingen und – noch wichtiger – für das bestrafen, was sie ihm nach eigenem Ermessen angetan haben.

Das neben der Leiche gefundene Pentagramm war der springende Punkt. Der Mord an Caroline war kein Ritualopfer gewesen. Das Diagramm war vorher gezeichnet und dort zurückgelassen worden, damit die Tat nach einem regulären rituellen Sexualopfer an eine satanische oder sonstige Leitfigur der Schwarzen Magie aussah. Auf diese Weise rationalisierte der Killer seine kraß devianten Gelüste, eine Frau unter seine Kontrolle zu bringen, zu foltern und zu ermorden. Es verlieh seinem Handeln zumindest eine scheinbare Zielsetzung. Wenn das Motiv wirklich Teufelskult oder Menschenopfer gewesen wäre, hätte es meines Erachtens viel mehr Anzeichen der komplexen Vorbereitung, Erniedrigung und Theatralik geben müssen, die bei den Schwarzen Künsten dazugehört.

Ich machte eine Aufstellung der psychologischen Merkmale, die ich aus dem Material zu folgern vermochte. »Das Fehlen von letzter Perfektion oder von Erfahrung in der Durchführung des Mordes weist auf einen sehr jungen Mann zwischen fünfzehn und Anfang Zwanzig«, notierte ich. »Wahrscheinlich ist er sehr allein und sexuell unreif – mit wenigen vorherigen Freundinnen, falls er überhaupt je eine hatte. Er wird sich Beziehungen gewünscht haben, besitzt aber nicht das nötige gesellschaftliche Geschick, sie anzuknüpfen oder aufrechtzuerhalten.«

Zweiter Punkt: »Er lebt vermutlich bei seinen Eltern oder einem Elternteil« – ein unter jungen Männern mit geringer Gesellschaftsfähigkeit und mangelndem sexuellen Selbstvertrauen häufiger Befund.

Ein weiteres häufiges Merkmal betraf die wahrscheinliche berufliche Tätigkeit. Bei seiner Unfähigkeit, sich sprachlich auszudrücken, wird solch ein Mann es schwerhaben, sich in einer Position als Manager oder höherer Angestellter zu halten. Ich notierte deshalb: »Es ist recht wahrscheinlich, daß er als Arbeiter in einer Stellung tätig ist, die handwerkliche Geschicklichkeit erfordert und eventuell Vertrautheit mit scharfen Messern voraussetzt.« Der Bezug zu Messern war durch sein Werk an Carolines Körper angezeigt worden.

»Er ist körperlich stark und sportlich«, hielt ich weiter fest – das ergab sich aus der Art, wie er sein Opfer überwältigt und gefesselt hatte sowie aus der Kraft, mit der ihr die Messerwunden zugefügt worden waren. »Er könnte Caroline zumindest vom Sehen gekannt haben, und sie mag eine Rolle in seinen diversen Masturbationsphantasien gespielt haben.

Er ist hier zu Hause. Er kennt die Umgebung und wohnt oder wohnte ganz in der Nähe – wenn nicht zum gegenwärtigen Zeitpunkt, dann in jüngster Vergangenheit.« Damit war erklärt, wie es ihm gelingen konnte, Caroline zu ermorden und anschließend so rasch aus Aylestone Meadows zu verschwinden, daß keiner der Menschen, die sich in der weiteren Umgebung aufhielten, irgend etwas Verdächtiges oder Ungewöhnliches bemerkt hatte. Um das zu bewerkstelligen, mußte er sich am Tatort gut auskennen.

An einem warmen Sommerabend, noch bei Tageslicht im Freien zuzuschlagen, bedeutete andererseits erhebliche Risiken – er war jedoch so erregt gewesen, daß er bereit war, das Risiko einzugehen.

»Seine sexuellen Gewaltphantasien dürften durch pornographische Zeitschriften, Bücher, Poster und Videos genährt werden, die zum Teil Gewalttätigkeit und satanistische Themen darstellen«, schrieb ich weiter. »Wenn Sie ihn aufspüren und die Wohnung durchsuchen, werden Sie dafür wie auch für ein ausgeprägtes Interesse an Messern reichlich Belege finden.«

Die Tatsache, daß die Mordwaffe nicht am Tatort gefunden worden war, konnte bedeuten, daß der Killer sich der Möglichkeiten der kriminalistischen Ermittlungstechnik bewußt war. Sie ließ sich aber auch als Indiz dafür werten, daß er das Messer als wertvolles Besitzstück betrachtete, das man nicht einfach so wegwarf; statt dessen würde er es ganz in seiner Nähe behalten haben.

Als ich meine Überlegungen mit David Baker in seinem Büro Punkt für Punkt besprach, spürte ich, daß er nicht so recht wußte, wie er reagieren sollte. Er war dankbar, konnte aber nicht verstehen, wie es möglich war, daß ich aus den Fotos und den Informationen über den Fall, die seine Kollegen und er monatelang unter die Lupe genommen hatten, plötzlich so viel herauslesen konnte. Wieviel Gewicht sollte er meinen Schlußfolgerungen zumessen? Unseres Wissens war bisher noch nie ein Psychologe gebeten worden, sich auf diese Weise an Mordermittlungen zu beteiligen – es war Neuland, es gab keine Landkarten, und ich war ein Führer, der Spuren folgte, die David nicht zu sehen vermochte.

Es sollten Wochen, dann Monate vergehen, und als ich nichts mehr von Baker hörte, nahm ich an, daß mein Gastspiel beendet war. Es gab keine Möglichkeit herauszufinden, ob ich eine Hilfe gewesen war oder nicht. Ich wandte mich einfach wieder meiner klinischen Arbeit zu.

Vierzehn Monate später – am Montag, dem 29. April 1985 – fiel mir auf dem Heimweg von der Arbeit ein Zeitungsplakat ins Auge: KRANKENSCHWESTER, 21, AUF WANDERWEG ERMORDET. Amanda Weedon war eine von uns gewesen; sie hatte eben erst die Ausbildung abgeschlossen, als staatlich registrierte

Schwester am Groby Road Hospital im Nordwesten von Leicester gearbeitet und vorgehabt, in Kürze zu heiraten.

Am gleichen Abend rief David Baker bei mir an, und am nächsten Morgen saß ich zu einer weiteren Lagebesprechung erneut in seinem Büro.

Ein halbwüchsiges Mädchen hatte Amandas Leiche am Samstag um 16.15 Uhr unter einer Hecke neben einem von Bäumen überschatteten Weg zwischen dem Groby Road Hospital und dem Friedhof von Gilroes entdeckt. An dem Weg stand nur wenige Meter weiter ein Backsteingebäude, The Chantry, eine offene psychiatrische Anstalt, wo Patienten vor ihrer Rückkehr in die Gesellschaft für eine Zeitlang Zwischenstation machten. Ein Mitglied des Personals hatte beobachtet, wie um die Tatzeit eine »dunkle, verschwommene Gestalt« auf dem Fußweg lauerte.

Wie Caroline Osborne hatte auch Amanda mehrere Stichwunden, und es gab wiederum keines der üblichen Merkmale eines Sexualmords. Die Polizei dachte zuerst, daß sie es mit einem kleinen Straßenräuber zu tun hätte, der seinen Überfall vermasselt hatte, denn aus Amandas brauner Handtasche waren das Portemonnaie mit 20 Pfund und ihre Kreditkarte verschwunden.

Sie hatte das Geld am Morgen abgehoben und war mit ihrem Verlobten Clifford Eversfield einkaufen gegangen. Gegen Mittag hatten die beiden sich getrennt. Als Amanda angegriffen wurde, stand Clifford als Manager des örtlichen Fußballvereins Epworth auf der Seitenlinie und schaute einem Match zu. Er erfuhr die Nachricht, als er am Samstagabend ins Schwesternheim kam, um Amanda zu einer Party abzuholen.

Nach dem Mittagessen hatte Amanda zu Fuß eine Freundin in Beaumont Leys besucht. Sie hatte sich dort gegen 15.15 Uhr verabschiedet und unterwegs bei Martins Zeitungsladen an der Fletcher Mall eine Glückwunschkarte gekauft. Der Verkäufer erinnerte sich an sie.

Um 15.45 Uhr brach sie bei Schneeschauern und eisigem Wind zur Rückkehr ins Krankenhaus auf, für die man von dort zwischen 17 und 22 Minuten braucht; den Fußweg mußte sie ungefähr um 16 Uhr erreicht haben. Eine Viertelstunde später wurde ihre Leiche gefunden. Die Glückwunschkarte lag neben ihr.

»Da gibt es lediglich eine halbe Stunde, die aufgeklärt werden muß«, stellte Baker mit einem unverkennbaren Unterton von Dringlichkeit fest.

»Ich brauche Informationen über Amanda.«

»Wir sind noch nicht weit«, bemerkte er und griff nach einem Schnellhefter. »Die Familie kommt aus Burton-on-the-Wolds, 17 Kilometer von hier. Der Vater ist pensioniert ... hat bei Rolls-Royce gearbeitet ... Amanda ist das jüngste von drei Kindern ... die einzige Tochter ... sie hat immer Krankenschwester werden wollen ... viel mehr wissen wir nicht.« Baker las laut weiter vor. »Am Freitag hat sie wegen der Hochzeitseinladungen dreimal mit ihrer Mutter telefoniert. Sie wollte am 27. Juli heiraten.«

Baker wirkte beinahe kleinlaut, als er mir ein Album mit Fotos vom Tatort über den Tisch schob. Ich holte tief Luft. Es war sofort klar, daß die Anordnung der Messerstiche an den ersten Mord erinnerte; sie waren hauptsächlich auf Hals und Schultern gerichtet gewesen. Auch diesmal kein Hinweis auf ein Sittlichkeitsdelikt, obwohl ich keinen Zweifel hegte, daß das Verbrechen ein sexuelles Motiv hatte. Das Muster war deckungsgleich. Es gab Unterschiede, doch sie wurden zahlenmäßig bei weitem von den Ähnlichkeiten überwogen.

»Sie haben mit dem Mann zu tun, der auch Caroline Osborne ermordet hat.«

Baker nickte zustimmend.

»Der Angriff erfolgte plötzlich, er war weniger geplant. Er ist ein größeres Risiko eingegangen ...«

»Und das heißt?«

»Nun ja, es deutet auf eine gewisse Enthemmung, was zu der Vermutung Anlaß gibt, daß er sich entweder in einem Zustand größerer Erregung befand oder seine Krankheit fortgeschritten ist. Er hatte – anders als bei Caroline – diesmal keinen hinausgezögerten interpersonellen Kontakt mit seinem Opfer. Das läßt darauf schließen, daß er unreif ist; andernfalls hätte es eine größere Raffinesse gegeben. Sexualtäter pflegen mit jedem neuen Mord ihre Techniken zu verfeinern und ihre Machtkontrolle über die Opfer zu steigern. Dieser Killer ist dagegen ein größeres Risiko eingegangen und hat sich sogar weniger Zeit gelassen. Er hat auch nicht versucht, das Opfer zu fesseln. Und es gibt keinerlei Symbolik am Rande.«

»Und das heißt ...?« fragte Baker.

»Es macht es viel weniger wahrscheinlich, daß er Amanda gekannt hat.«

»Er hat also wahllos zugeschlagen?«

»Nun, das nicht ... nicht ganz. Ich glaube nicht, daß sie ein rein zufälliges Opfer war.«

Baker zog eine Braue hoch.

»Es wäre durchaus möglich, daß auf dem Fußweg ein Dutzend Frauen entlanggegangen sind und er sie alle ignoriert hat. Da gab es etwas, das Amanda heraushob; sie hat seine Aufmerksamkeit genau im Moment höchster Erregung geweckt. Vielleicht sah sie wie jemand aus, den er kannte; oder es war die Art, wie sie sich das Haar gebunden hatte; oder ein Kleidungsstück.«

Der Friedhof von Gilroes erstreckt sich über Dutzend Morgen Land; er dominierte die Luftaufnahme des Verbrechensschauplatzes, die Baker mir gab. Es war eine Gegend, in der sich gern Drogensüchtige trafen, wie er mir erklärte; die Polizei suche das Terrain in der Hoffnung ab, Amandas Handtasche zu finden.

Dann bemerkte er, fast nebenbei, daß auf diesem Friedhof Caroline Osborne begraben sei. Für einen Augenblick trafen sich unsere Blicke, und mir war klar, daß wir uns die gleiche Frage stellten: Hatte der Mörder ihr Grab besucht?

Der Friedhof ist riesig, so daß dort mit hoher Wahrscheinlichkeit alle Verstorbenen der Umgebung ihre letzte Ruhestätte finden würden. Falls es da, so überlegte ich weiter, einen Zusammenhang gab, so wäre er vermutlich komplexer Natur; andererseits wäre ein Besuch bei Carolines Grab genau das, was seine sexuelle Erregung noch hätte steigern können. Es war durchaus denkbar, daß er, mit einem Messer in der Tasche, den Friedhof in diesem Zustand verlassen hatte und auf Amanda Weedon gestoßen war.

Aus der Bevölkerung hatte es drei Hinweise auf einen Mann oder Männer gegeben, der oder die zwischen 15.15 und 16.30 Uhr in der Gegend beobachtet worden waren. Ein Hinweis betraf einen Mann, der den Fußweg um 16.05 Uhr verlassen hatte. Es handelte sich um einen großgewachsenen Weißen, der warme Wollkleidung trug; sie war entweder khakifarben oder olivgrün.

Laut Baker arbeitete sich das Einsatzkommando durch die enorme Liste von Verdächtigen, die nach Carolines Tod verhört worden waren, und suchte außerdem in den regionalen Archiven nach aktenkundigen Exhibitionisten und Sextätern aus der Umgebung. Meine psychologischen Hinweise, so erklärte er, könnten ihnen zumindest am Anfang helfen, ihre Ressourcen zu bündeln und sich auf eine weit kleinere Gruppe von Verdächtigen mit den entsprechenden Merkmalen zu konzentrieren.

Wir kamen überein, uns nach ein paar Tagen wieder zusammenzusetzen, und ich fuhr vom Polizeipräsidium zum Leicester General Hospital, wo die Arbeit bei der Staatlichen Gesundheitsbehörde auf mich wartete.

Paul Kenneth Bostock, 19 Jahre alt, wohnhaft in Beaumont Leys in Leicester, 183 cm groß und 95 Kilo schwer, entsprach zweifelsohne der Schilderung des Unbekannten, der auf dem Fußweg beobachtet worden war.

Seine Großmutter hatte ihn darin bestärkt, zur Polizei zu gehen, um sich von der Liste der Verdächtigen zu eliminieren. Am Mittwochnachmittag – vier Tage nach dem zweiten Mord – betrat er die Polizeistation an der Blackbird Road. Er war nervös und widersprach sich mehrmals, als er seine Bewegungen am vorausgegangenen Samstag erläuterte.

Er war bereits nach dem ersten Mord dreimal verhört worden, hatte jedoch ein anscheinend zufriedenstellendes Alibi geliefert. Er wohnte nicht weit vom Tatort beider Morde entfernt in Blakesley Walk, Beaumont Leys, bei seinen Eltern. Vor acht Monaten hatten die Bostocks in der Walton Street gelebt – gleich um die Ecke vom Tiersalon Caroline Osbornes, wo sie ihre beiden Hunde hatten pflegen lassen.

Bostock machte den Eindruck eines sanftmütigen Hünen und war ein beliebter Mitarbeiter in seiner Firma – einem Fleischwarenhersteller; er hatte beruflich also ganz offensichtlich mit Messern zu tun. Er war ein Fitneß-Fanatiker, der vor und nach der Arbeit joggte und radelte und sich in der Garage seiner Großmutter ein Fitneß-Studio eingerichtet hatte.

Er hatte in der Jugendmannschaft von West Leicester Rugby gespielt – seine Größe machte ihn zum geborenen Stürmer –, sich später für Kampfsport interessiert und dazu an Dienstag- und Freitagabenden in einem Sportzentrum des Leicester Working Men's Club trainiert. Zum Training erschien er stets mit sauberem, frisch gebügeltem Übungsanzug, sprach jedoch nur selten mit irgend jemandem.

»Er war immer ruhig und gelassen«, berichtete der Kampfsportschüler Colin Underwood der Lokalzeitung: »Es kommt ja vor, daß man einen Wutanfall kriegt, wenn einem wer versehentlich weh tut. Bei Paul aber nie. Der hatte sich immer in der Hand und akzeptierte so etwas als Teil des Spiels.«

Baker rief mich später am Abend an und erzählte mir von dem Verdächtigen.

»Er entspricht absolut der Beschreibung, die Sie uns geliefert haben. Wir bekommen einen Hausdurchsuchungsbefehl für die Wohnung.«

»Denken Sie dran, was ich Ihnen nach dem Mord an Caroline gesagt habe«, meinte ich. »Wenn er der Richtige ist, werden Sie Messer, Pornographisches und einen Haufen Zeugs zu Schwarzer Magie finden.«

Baker hatte es keineswegs vergessen. »Hören Sie. Ich habe noch eine Bitte. In Anbetracht Ihrer Erklärungen zu den Tatmotiven sähe ich es gern, daß Sie mit ein paar von den übrigen Jungs sprechen, vor allem mit den Beamten, die die Verhöre durchführen. Damit sie verstehen, mit was für einem Menschen sie es zu tun haben.«

»Und wann hatten Sie gedacht?«

»Jetzt gleich. So läuft die Arbeit bei der Polizei nun mal.«

Während der Fahrt zur Polizeistation an der Blackbird Road fragte ich mich, warum einer der ranghöchsten Polizeioffiziere unserer Grafschaft fürs Verhör einer verdächtigen Person wohl einen Psychologen eher niederer Stellung um Hilfe bitten sollte. Solche Vernehmungen gehören zum Kern der Polizeitätigkeit, und meine Kenntnis der entsprechenden Methoden war gering.

Während ich am Stadtrand von Leicester durch den Kreisverkehr kroch, begann ich das Problem im Lichte meiner klinischen Arbeit zu reflektieren. Wenn ich Paul Bostock wegen eines Gutachtens in meinem Sprechzimmer zu beurteilen hätte, würde die erste Aufgabe darin bestehen, seine Vorgeschichte zu erfahren, und dazu müßte ich erst einmal einen psychischen Kontakt mit ihm herstellen. Schließlich ist nicht jeder Mensch darauf erpicht, seine Vergangenheit nochmals zu durchleben, damit seine tiefsten Geheimnisse ans Tageslicht kommen. Manche kämpfen dagegen an oder haben die Ereignisse, die den Kern ihrer Probleme ausmachen, total verdrängt. Zur Überwindung solcher Widerstände bedarf es einer besonderen Gesprächsstrategie, die den Schleier langsam lüftet.

Das war alles, was ich nach meinem Dafürhalten der Polizei anzubieten hatte, zusammen mit einem Verständnis der psychosexuellen Verhaltensmuster des Killers sowie der Natur seiner Devianz und seiner sexuellen Phantasien.

Auf der Polizeistation wurde ich in ein großes Zimmer geführt, wo entspannt und locker ein halbes Dutzend Polizisten saßen; manche hatten die Ärmel hochgekrempelt, die Jacken über den Stuhl geworfen und die Ellbogen auf den Tisch gestützt. Einige von ihnen hatte ich schon kennengelernt, war aber trotzdem befangen, als Baker uns einander vorstellte und mir erklärte, die Jungs seien von der Genauigkeit meiner Angaben »unheimlich beeindruckt«. Obwohl ich ja als Außenseiter hereinkam, war hier von verletzten Egos nichts zu spüren. Es war ein Zeichen ihrer Bewunderung und ihrer Achtung für David Baker: Wenn er mich für o.k. hielt, war ich auch für sie o.k.

Jedermann im Raum war überzeugt, daß sie mit Bostock den Richtigen erwischt hatten, speziell nach der Durchsuchung seines Elternhauses. In seinem Schlafzimmer war – neben anderen Waffen wie Säbeln, Gewehren und Kung-Fu-Sternen – eine ganze Kollektion von Messern gefunden worden. Die Wände waren mit Postern und – teilweise von ihm selbst fabrizierten – Zeichnungen vollgekleistert, die unter anderem schwarzmagische Symbole und sadomasochistische Szenen zeigten, in denen halbnackte Frauen gefesselt und gefoltert wurden. Eines der Symbole war identisch mit dem neben Caroline Osbornes Leiche gefundenen Pentagramm. Außerdem hatten die Ermittlungsbeamten stapelweise gewaltverherrlichende Comics und Magazine gefunden.

Baker erklärte mir, wie wichtig es war, daß bei den Ermittlungen keine losen Enden übrigblieben. Die Polizei konnte es sich nach einem so großen Einsatz nicht leisten, daß ein Schuldiger früher oder später freikam, nur weil etwas übersehen worden war oder man nicht die korrekten Verfahrensregeln eingehalten hatte. Andererseits, sagte er, sei es genauso wichtig, daß kein Unschuldiger durch Tricks oder Druck zu einem falschen Geständnis veranlaßt werde.

Als das Reden schließlich an mir war, beschrieb ich zunächst das Wesen sexueller Funktionsstörungen und sexueller Verirrungen, so wie ich es Baker schon erklärt hatte. Ich umriß die Muster, nach denen Menschen sich zu dem entwickeln, was sie werden, und die psychologischen Schutzmechanismen, die sie aufbauen, damit sie sich nicht so sehen müssen, wie sie eigentlich sind.

»Berichten Sie mir über die ersten Verhöre«, bat ich.

»Na ja, Männchen macht er nicht gerade«, sagte Hauptkommissar Ian Leacy schroff. »Am Anfang konnte ich mir nicht darüber klarwerden, ob er ein Scheißtrottel oder ein Genie ist. Und jetzt? Na ja, ich glaube nicht, daß er sich absichtlich sperrt, aber wann immer wir uns den entscheidenden Fragen nähern, sagt er gar nichts mehr oder ›Nein‹ oder: ›Daran kann ich mich nicht mehr erinnern.‹«

»Wie ist er eigentlich? Wie führt er sich auf?«

»Er ist nicht anmaßend oder aggressiv, falls Sie das meinen. Er betont, daß er gern helfen würde. Er erkundigt sich immer wieder nach seinem Papa und seiner Mama. Um ehrlich zu sein, ich glaube, er hat Angst.«

Ich dachte darüber nach. »O.k., es ist möglich, daß er einen Blackout hat und sich tatsächlich nicht erinnern kann, was ich aber bezweifle. Er weiß, was er getan hat. Er ist nicht der Typ, der ein einziges Mal ausrastet und einen Mord begeht – er hat dort draußen zweimal getötet. Andererseits ist er bereits einmal verhört worden und hat es geschafft, nicht entlarvt zu werden. Das heißt, daß er ein gewisses Maß an Fassade und Image aufgebaut hat, was es ihm schwerer macht, uns nun eine andere Geschichte zu erzählen.«

Jetzt kam es darauf an, eine Strategie zu entwickeln, ohne dabei irgend jemandem auf die Füße zu treten. »Ich habe absolut keine Ahnung, wie man Verhöre führt. Da sind Sie die Fachleute. Ich gehe allein von meinem Wissen darüber aus, wie der menschliche Verstand arbeitet. Nach Ihren Berichten zu urteilen, wird dieser Mann sich nicht als triumphierender Verfechter sadistischer Perversionen zu erkennen geben. Es ist ihm lange Zeit gelungen, ungeschoren davonzukommen, ohne die Menschen seiner Umgebung auf sich aufmerksam zu machen. Daraus kann man schließen, daß er sich im gewöhnlichen gesellschaftlichen Rahmen mit größtem Entsetzen gegen diese Art von Verhalten ausspricht.

Er gehört nicht zu denen, die einfach dasitzen und sich im stillen denken: ›Ich weiß genau, wer ich bin und was ich getan habe, und ich werde diesen Leuten kein Wort davon erzählen.‹ Er *kann* womöglich nicht zugeben, was er diesen beiden Frauen angetan hat und warum. Er kann das Gefühl der Schande und die Verurteilung nicht ertragen, die er vor allem seitens seiner Angehörigen befürchtet und schreckt deshalb davor zurück, über das Geschehene zu sprechen.«

»Und wie gehen wir nun vor?«

»Was das allerwichtigste ist – Sie müssen permanent weiter ermitteln und sich gründlichst vorbereiten. Die Verhörenden müssen alles wissen, was es über das Delikt, die Opfer und den Verdächtigen zu wissen gibt. Sie müssen es ihm leichtmachen, mit Ihnen zu reden, und ihn so behandeln, als ob er Ihnen wirklich erzählen möchte, was geschehen ist, und es nur gefühlsmäßig als schwierig empfindet. Behandeln Sie ihn nicht so, als ob sie über ihn urteilten. Begegnen Sie ihm nicht herausfordernd oder feindselig. Zeigen Sie keine Abscheu.«

Ich begann, eine Strategie darzulegen, die jener glich, die ich in meinem Sprechzimmer bei Patienten anwandte, die davor zurückschreckten, Vorkommnisse aus ihrer Vergangenheit preiszugeben.

»Stellen Sie sich's einmal so vor, daß die Wahrheit in der Mitte einer Reihe von konzentrischen Kreisen liegt. Sie können nicht direkt aufs Wesentliche zugehen – der Verdächtige wird es nicht zulassen. Also fangen Sie von ganz weit her an und reden über seine Familie, Kindheit, Schulferien und Freunde. Gewöhnen Sie ihn daran, ganz detailliert über diese Dinge zu sprechen, damit Sie dann später, wenn Sie den Morden nahekommen, nicht plötzlich von allgemeinen Themen auf konkrete Details umschalten müssen. Solch ein abrupter Wechsel würde ihn aus dem Konzept bringen.

Dabei bildet sich ein positiver Kontakt aus, und er wird sich im Gespräch mit Ihnen schließlich wohl fühlen. Er sieht sich nicht mehr gefährdet. Er weiß immer noch, daß es Konsequenzen gibt, aber er glaubt nicht, daß Sie sich gegen ihn wenden und ihn als Bestie oder Ungeheuer beschimpfen werden. Er begreift, daß Sie verstehen möchten, was geschehen ist und wie es dazu kam.

Wenn er keine Probleme mehr hat, über die Einzelheiten seiner Beziehungen und Empfindungen zu sprechen, führen Sie ihn einen Schritt weiter. Dann bringen Sie ihn immer näher zu der Woche, dem Tag und der Stunde, als Caroline Osborne ermordet wurde.

Wenn Sie zu nahe kommen, wird er Ihnen sagen: ›Ich weiß es nicht‹, oder: ›Ich war nicht dabei‹, oder: ›Ich kann mich nicht erinnern.‹ Sie können dagegen angehen, doch dann wird er Sie jedoch nur noch stärker zurückdrängen. Geben Sie Ruh, gönnen Sie sich eine Pause, kommen Sie später wieder darauf zurück. Diesmal machen Sie einen kleinen Schritt zurück, indem Sie ihn auf schon vertrauten, alten Gebieten wandern lassen, bevor Sie wieder zur

Sache kommen. Sie müssen ihn in allen Details durch den Tag begleiten – wann sind Sie fortgegangen? Sind Sie nach rechts oder links abgebogen? Hatten Sie vielleicht die Hände in den Taschen?

Anschließend lassen Sie ihn die Geschichte weitererzählen, und Sie werden sehen, daß er ein bißchen weitergeht und zugibt: ›Doch, es kann sein, daß ich sie auf dem Treidelpfad gesehen habe.‹

Schauen Sie nicht überrascht drein. Sagen Sie auf keinen Fall: ›He, Moment mal, das haben Sie aber bisher immer bestritten.‹ Erwidern Sie statt dessen: ›O.K., prima. Wo genau hat sie gestanden? Wie war sie angezogen?‹

Und so fahren Sie fort, bis Sie einen weiteren Punkt erreichen, wo er sich nicht erinnert oder nichts weiß. Bedrängen Sie ihn nicht. Machen Sie wieder einen Schritt zurück und verwenden Sie wieder genau das gleiche Verfahren wie beim letzten Mal. Sagen Sie nicht: ›Also, das bringt uns nicht weiter, das ist eine Sackgasse‹, sondern sagen Sie zu ihm: ›Na toll, heute sind wir gut vorangekommen, machen wir jetzt eine Pause.‹«

Es war auch sehr wichtig, daß die Interviewer Bostock das Wesen devianter Sexualität erklärten. Sie mußten ihm begreiflich machen, daß er damit nicht alleinstand, daß andere Menschen Verständnis hatten. Ich fuhr fort: »Sagen Sie ihm, daß Sie wissen, wie schwer es für ihn ist, daß Sie aber schon ähnliche Dinge gehört haben und er nicht der erste ist, der solche Gefühle hat, auch wenn er Mühe hat, sie zu verstehen.«

Je näher sie der Wahrheit kämen, um so höher würden die Barrieren werden, bis am Ende ein Punkt erreicht war, wo eine davon unversehens nachgeben und das Gespräch direkt aufs Wesentliche kommen würde. Das geschieht dann sehr rasch, weil endlich alles mit einem Gefühl der Erleichterung herausströmt. »Unterbrechen Sie ihn nicht, lassen Sie ihn frei sprechen. Später können Sie ihn dann noch einmal zurückführen und ihm spezifische, beweisrelevante Fragen stellen.

Nachdem Sie diesen Punkt erschöpft haben, können Sie jene Aspekte seiner Aussage in Frage stellen, die unwahr klingen. Vielleicht sagt er: ›Ich war dort, ich habe mit ihr gesprochen, ich habe sie getötet, aber die Sachen, von denen Sie reden, die habe ich nicht getan, so nicht.‹

Jetzt dürfen Sie mehr auf Konfrontationskurs gehen und ihn stärker herausfordern. Er wird nicht bereit sein, die sadistischen oder grausamen Handlungen zu erwähnen – er will nicht, daß sie jemand erfährt –, aber Sie benötigen genaue Details.«

Während der folgenden Tage hörte ich mir die Tonbandprotokolle der Vernehmungen an und analysierte die Fragen und Antworten. Nach und nach wurden alle Barrieren überwunden, und Paul Bostock nach Aylestone Meadows zurückgeführt, an jenen warmen Sommerabend des Jahres 1983, als er Caroline Osborne begegnete, und später dann zu dem bitterkalten Nachmittag, als er vor dem Friedhof von Gilroes Amanda Weedon erblickte. Wie sich herausstellte, hatte er an jenem Tag das Grab Carolines besucht und beim Fortgehen die junge Krankenschwester gesehen. Warum hatte er sie gewählt?

»Weil sie rote Schuhe anhatte«, sagte er.

Im Juni 1986 bekannte er sich im Leicester Crown Court beider Morde schuldig. Er wurde zu lebenslänglicher Freiheitsstrafe verurteilt. Sein Rechtsanwalt gab mehrere Briefe frei, die sein Klient einer Freundin geschrieben hatte, während er im Gefängnis saß und auf seinen Prozeß wartete. In einem davon hieß es:

Ich habe in diesen wenigen Augenblicken nicht nur all das zerstört, was ich zu sein versucht habe, sondern ich habe das Leben der Familien meiner Opfer, das Leben meiner eigenen Familie und das Leben, das ich für uns beide geplant hatte, ruiniert.

Die Qual, die Erkenntnis meiner Schuld bedeutet, daß ich meinen Eltern nicht in die Augen schauen kann, daß ich Dir nicht in die Augen schauen kann, daß ich mir selber und den Ermittlungsbeamten nicht in die Augen schauen kann. Wenn es etwas gäbe, das meine Taten rückgängig machen könnte, dann würde ich es tun.

Als der Prozeß stattfand, waren wir in ein neues Haus in einem winzigen Dorf in Leicestershire umgezogen, wo es sehr ländlich war. Man konnte binnen weniger Minuten in jeder Richtung Felder, Wälder, Hecken und Flüsse erreichen. Einige meiner besten Gedanken sind mir dort auf langen Spaziergängen gekommen, wenn ich Jess von der Leine ließ und beobachtete, wie das Tageslicht verdämmerte.

Unser Haus war ziemlich neu und modern und bot genügend Platz für ein Büro – ein nützliches Extra, als ich noch nicht wußte, wie mein beruflicher Werdegang beim National Health Service sich entwickeln würde.

Der Fall Bostock war eine einmalige Ausnahme gewesen, glaubte ich, doch er hatte die Antwort auf meine Fragen über die möglichen Vorteile einer psychologischen Betrachtungsweise bei der Analyse von Verbrechen geliefert. Sie ließ sich ganz offensichtlich dazu nutzen, die Zahl der potentiell Verdächtigen einzuschränken, so daß die Ermittler ihre Ressourcen effektiver einzusetzen vermochten. Die Aussage, daß der Täter männlich und zwischen fünfzehn und Anfang Zwanzig war, führte zu einer drastischen Verringerung der Zahl von potentiell verdächtigen Personen. Die Erkenntnis, daß er unverheiratet war, bei seinen Eltern wohnte und sich in der Umgebung genauestens auskannte, reduzierte diese Zahl ein weiteres Mal. Danach war es möglich, das Blickfeld noch mehr zu verengen – mit dem Hinweis auf seine manuelle Berufstätigkeit, seine sportliche Betätigung und seine Vertrautheit mit Messern.

Den Namen und die Adresse von Paul Bostock hatte ich der Polizei zwar nicht sagen können, doch ich hatte einiges darüber gewußt, wie er lebte, was in seinem Kopf vor sich ging und was ihn motivierte.

4

Der wichtigste Teil meiner Arbeit hatte stets in der Begutachtung und Behandlung von Menschen bestanden, die durch unglückliche Ereignisse in ihrem Leben seelischen Schaden erlitten hatten – ich hatte eher mit Opfern zu tun als mit Tätern. 1968 war ich schließlich von morgens bis abends mit Patienten beschäftigt; jede Stunde kam ein neuer an die Reihe. Da mag es wohl nicht weiter erstaunen, daß das Ausmaß der fachlichen Herausforderung mit der Zeit nachließ, obgleich mir das Leid dieser Menschen auch weiterhin naheging.

Etwa zu dieser Zeit merkte ich, daß meine klinische Tätigkeit eine ausgeprägtere forensische (verbrechensbezogene) Richtung zu nehmen begann. Es gab nichts, was diese Veränderung eindeutig markiert hätte, aber mein Sprechzimmer schien sich mit einer stetig wachsenden Zahl von Patienten zu füllen, die Verbrechen begangen hatten oder nahe daran waren, und die Zahl der Opfer nahm gleichfalls zu.

Angefangen hatte das mit gelegentlichen Überweisungen, die auf meine Tätigkeit in der ambulanten Abteilung für sexuelle Störungen im Leicester General Hospital zurückzuführen waren. Da schrieb mir dann beispielsweise ein praktischer Arzt unserer Stadt: »Lieber Paul, ich habe einen Patienten, der offenbar fast alle Kriterien für einen verzögerten Samenerguß erfüllt. Leider klagt er jedoch auch darüber, daß er sich sexuell zu den Kindern seiner Schwester hingezogen fühlt. Er behauptet, daß bisher nichts passiert sei, aber ich wäre Dir natürlich sehr dankbar, wenn Du einen baldigen Termin mit ihm vereinbaren könntest.«

Andere Fälle betrafen gerichtliche Überweisungen von Tätern, denen beispielsweise Exhibitionismus, Ladendiebstahl oder kriminelle Sachbeschädigung vorgeworfen wurde. Dahinter mochte ein Verteidiger auf der Suche nach irgendeinem strafmildernden Umstand stehen, oder ein Richter, der zu begreifen suchte, womit er es eigentlich zu tun hatte, bevor er das Urteil fällte. Es gab da aber auch Menschen, die sich selbst sexuell verletzt hatten, und andere, die beunruhigende Triebregungen verspürten und Hilfe suchten, bevor es dazu kam, daß sie diesen Impulsen nachgaben.

Die Arbeit mit forensischen Patienten erfordert eine vollkommen andere Einstellung als bei anderen Fällen, weil man – statt eine natürliche Affinität mit einem in Schwierigkeiten befindlichen Menschen zu empfinden – zunächst einmal die Vorstellung überwinden muß, daß die Person, die einem da gegenübersitzt, möglicherweise den Drang verspürt, entsetzliche Dinge zu tun. Statt automatisch einem Menschen in Not helfen zu wollen, möchte man sie instinktiv erst mal hart anfassen.

Während dieses Sommers hörte ich, daß die Leitung des Regional Forensic Psychology Service vakant geworden war. Aus diesem Anlaß dachte ich zum ersten Mal gründlich darüber nach, wie stark ich mich eigentlich in diese Richtung begeben wollte. Es bedeutete mit Sicherheit eine höhere Position und Bezahlung, aber auch einen Abschied von dem breiten Spektrum der klinischen Arbeit, das mir so viel Freude bereitete.

Es bedeutete, eine stationäre Ganztagsbehandlung für Personen vom unattraktivsten Ende des klinischen Spektrums zu bieten – vor meiner Tür würden die gefährlichsten, verkommensten und verkorkstesten Gemüter im gesamten Gesundheitssystem landen. Wollte ich wirklich mein ganzes Arbeitsleben damit verbringen, in ihre entsetzlichen Verbrechen einzutauchen und den Schmerz ihrer Opfer zu teilen?

Ich dachte über das alles lange Zeit nach und saß viele Abende mit Marylin am Küchentisch, um die ganze Sache mit ihr zu besprechen. Was die Frage noch komplizierter machte, war mein Ehrgeiz, mich neben der klinischen Psychologie auf Arbeitspsychologie zu spezialisieren, ein Gebiet, das auch Aspekte wie Berufsstreß, Teamwork und geschäftliche Risikofaktoren umfaßte. Diese Ausweitung meiner Tätigkeit schien mir ganz natürlich, da ich ja, bevor ich Psychologe geworden war, in Industrie und Handel gearbeitet hatte.

Ich konnte jedoch nicht abstreiten, daß mich das kriminelle Bewußtsein faszinierte. Was veranlaßte jemanden zu dem Wunsch, eine Frau zu schlagen oder ein Kind zu vergewaltigen? Was waren die auslösenden Momente, die aus dem einen Menschen einen destruktiven Gewalttäter und aus dem anderen ein fürsorglich denkendes und handelndes, gewissenhaftes Mitglied der Gesellschaft machten?

Ich wußte, daß ich Menschen helfen könnte. Wenn ich zum Beispiel einen Sexualverbrecher in einem frühen Stadium seiner Entwicklung behandeln könnte, würde es vielleicht Dutzenden von Menschen erspart bleiben, ihm zum Opfer zu fallen. Und, was genauso wichtig wäre: Ich könnte Opfer behandeln und dadurch Schaden gutmachen und sie von ihrem Leid befreien. Das *mußte* doch ein lohnendes Engagement sein.

Ich hatte mein Bewerbungsgespräch für die Stelle im Juli; sie war im September anzutreten. In der Zwischenzeit setzte ich meine klinische Arbeit fort und bereitete mich auf ein Teilzeitstudium der Arbeitspsychologie an der Universität Sheffield vor.

Es war mittlerweile zweieinhalb Jahre her, daß Lynda Mann in der Nähe des Carlton Hayes Hospital ermordet worden war. Auf dem Weg zur Behandlung eines Patienten kam ich gelegentlich nach wie vor an The Black Pad vorbei. Das Verbrechen war nie aufgeklärt worden; es gab jedoch regelmäßig – normalerweise am Jahrestag ihres Todes – erneute Aufrufe mit der Bitte um Hinweise. Und dann – es war Freitag, der 1. August 1986, ich war in Market Harborough in einem Eckgeschäft Milch holen gegangen – sah ich die Titelseite des *Leicester Mercury.*

SUCHE NACH VERMISSTEM SCHULMÄDCHEN
Leitende Ermittlungsbeamte und uniformierte Polizisten mit Spürhunden haben sich in der Umgebung von Narborough einer umfangreichen Suchaktion nach einem 15jährigen Mädchen angeschlossen, das gestern abend verschwunden ist – nicht weit von der Stelle, wo vor drei Jahren ein anderes Schulmädchen ermordet wurde.

Dawn Amanda Asworth, wohnhaft in der Mill Lane, Enderby, wird seit ihrem Besuch bei Bekannten in Narborough am gestrigen Nachmittag vermißt. Sie verließ deren Haus in der Carlton Avenue, Narborough, um 16.30 Uhr und ist seither spurlos verschwunden.

Gegen Mittag des folgenden Tages wurde Dawn Asworth' Leiche neben einem Fußweg gefunden, der östlich von Carlton Hayes Hospital verläuft und von den Einheimischen Ten Pound Lane genannt wird. Dawn hatte, genau wie Lynda, die örtliche Lutterworth Grammar School besucht.

Dieser zweite Mordfall beherrschte während der ganzen folgenden Woche die Schlagzeilen der regionalen wie der überregionalen Presse. Da ich überaus beschäftigt war, bekam ich nur gelegentlich Informationen aus Rundfunk und Zeitungen mit, war mir aber der Angst bewußt, die die Bevölkerung ergriffen hatte.

Diesmal kam die Polizei rasch zu einer Verhaftung; sie faßte einen 17jährigen Jugendlichen aus Narborough. Er war im Carlton Hayes Hospital als Essensträger beschäftigt und arbeitete in der großen Kantine, die Patienten und Angestellte mit Mahlzeiten versorgte. Er wurde am 11. August des Mordes an Dawn Asworth beschuldigt und kam in Untersuchungshaft.

Wenige Tage später landete ein Brief der Local Health Authority auf meiner Haustürmatte – mein Anstellungsvertrag als neuer Leiter des Regionalen Amts für Gerichtsmedizinische Psychologie. Da gab es allerdings doch einen Haken. Die Gesundheitsbehörde war der Meinung, daß ich die zusätzliche Verantwortung nicht bei gleichzeitigem Fortbildungsstudium an der Universität übernehmen könnte. Ich hatte damit gerechnet, für mein Studium an der Universität Sheffield finanzielle Unterstützung zu erhalten; nun aber wurde mir bedeutet, daß eine solche Förderung nicht erfolgen würde. Wenn ich das Studium um ein Jahr hinausschieben und mich zunächst ganz auf meine neue Aufgabe konzentrieren würde, ließen die entsprechenden Mittel sich zu einem zukünftigen Zeitpunkt eventuell finden.

Ich hatte eine Entscheidung zu treffen. Sollte ich an meinen Plänen festhalten – und jetzt selbst für die Kosten aufkommen – und damit möglicherweise die da oben vergrätzen? Oder sollte ich der Universität absagen und darauf hoffen, im nächsten Jahr wieder einen Studienplatz zu bekommen? Mich begannen Zweifel zu plagen, ob ich die neue Stelle, das eigene Büro, die Laufbahn als forensischer Psychologe denn wirklich wollte.

Am 1. September bog ich kurz vor neun Uhr auf den Parkplatz der Arnold Lodge in Leicester ein und besah mir meine neue Arbeitsstätte. Das ziemlich kompakte braune Backsteingebäude war zweistöckig und von einem fünf Meter hohen Maschendrahtzaun umgeben. Die meisten Fenster hatten Spiegelglas und konnten nicht ganz geöffnet werden.

Es war ein regionaler Sicherheitstrakt, der etwa 24 Patienten beherbergte, aber früher oder später auf 60 Betten erweitert werden sollte. Zaun und Kontrollraum ließen sofort erkennen, daß die Insassen – zumindest kurzfristig und üblicherweise für maximal zwei Jahre – hier interniert bleiben sollten. *So* sicher wirkte das Gebäude andererseits auch wieder nicht. Auf was lasse ich mich da bloß ein? dachte ich.

Der vorherrschende Eindruck drinnen war Finsternis. Die Dekken kamen mir bedrückend niedrig vor; das dunkle, gebeizte Holz der Innenausstattung zog sie förmlich herunter. Sämtliche Türen hatten Schlösser, und der zentrale Überwachungsraum war elektrisch so verdrahtet, daß er auf »Vorfälle« an jeder beliebigen Stelle des Komplexes reagierte.

Es war so ganz anders als die lichten, luftigen Flure des Leicester General Hospital. Hier würde ich bei jedem Schritt von Überwachungskameras beobachtet werden. Man vergißt oft, daß das Personal viel mehr Zeit in den geschlossenen Anstalten verbringt als die meisten Insassen.

Die meisten Männer und Frauen in Arnold Lodge waren zwischen 18 und 40 Jahren alt. Manche hatten schreckliche Dinge getan oder das Potential dazu – Brandstifter, Kinderschänder, Vergewaltiger, Sadisten, Mörder ... Es waren junge, physisch gesunde Menschen; ich konnte die in dem Trakt vorhandene Energie geradezu spüren, aber eben nicht als etwas Positives, sondern als eine Kraft, vor der man sich hüten mußte.

Unter meinen neuen Patienten befand sich eine Frau Mitte Zwanzig, die ein Einkaufszentrum in Brand gesteckt hatte; ein 21jähriger Mann, der seinem Vater die Kehle durchzuschneiden versucht hatte; ein Mann, der seine kleine Tochter für ein Kind des Teufels hielt und glaubte, ihre Augen und ihren Leib verstümmeln und sie dann erwürgen zu müssen; ein weiterer Mann mit sadistischen Phantasien, der seine Ex-Freundin gefesselt, gefoltert und anschließend umgebracht hatte.

Diese Art von Leuten war gerichtlich verurteilt oder nach den Bestimmungen des Mental Health Act zwangseingewiesen worden. Einige von ihnen hatte man ins Zuchthaus oder ein Gefängnishospital wie Rampton in Nottinghamshire gesteckt und dann später im Zug der Bemühungen um ihre Resozialisierung zur weiteren Behandlung durch Fachpsychologen nach Arnold Lodge überstellt. Nun war es an uns, darüber zu entscheiden, ob sie noch immer eine Gefahr für die Gesellschaft darstellten; Patienten mit einer Vorgeschichte von ganz besonderer Gewalttätigkeit durften allerdings nur mit Zustimmung des Innenministers entlassen werden.

Täter, die als ernste und unmittelbare Gefahr betrachtet, doch nach wie vor für behandelbar angesehen wurden, kamen im allgemeinen in eine Klinik mit einem Hochsicherheitstrakt. Wir in Arnold Lodge nahmen Leute auf, die entweder ein schweres Risiko darstellten oder ein akutes, aber nicht beides zugleich. Die Idee dahinter war, daß ein entflohener Insasse im einen Fall zwar sehr gefährlich werden konnte, doch das nur unter sehr speziellen Umständen; im anderen – umgekehrten – Fall würde er zwar ein unmittelbares Risiko bilden, aber keine ernsthafte Bedrohung für die Gemeinschaft.

Viele Patienten waren vom Gericht direkt nach Arnold Lodge geschickt worden; das geschah immer unter der Bedingung, daß sie die notwendigen Voraussetzungen des Risikomanagements erfüllten und daß ihre psychologischen Schwierigkeiten im Rahmen des bei uns angesetzten Zeitraums zu behandeln waren. Andere kamen aus normalen Gefängnissen zu uns, weil sie während der Haft Probleme entwickelt hatten. Es gab aber auch Polikliniken für Täter und Verbrechensopfer, die von niedergelassenen Ärzten, manchmal auch von Rechtsanwälten und häufiger von klinischen Psychologen des National Health Service überwiesen wurden, die nicht willens waren, Möchtegern-Gruseltäter in ihre Obhut und Pflege zu nehmen.

Ich war für die kompletten Grafschaften Leicestershire, Nottinghamshire, Derbyshire, Lincolnshire und South Yorkshire zuständig – ein Gebiet von rund 15 000 Quadratkilometern. Während der ersten Monate – also bis ich die übrigen Stellen besetzt hatte – bestand die gesamte Dienststelle für forensische Psychologie für eine Bevölkerung von über fünf Millionen Menschen allein aus mir. Für eine Fahrt nach Barnsley oder nach Lincoln brauchte ich zwei Stunden. Dort traf ich dann mit einem praktischen Arzt, Bewährungshelfer oder Psychologen zusammen – ich mußte ja die Verantwortlichen und die Hintergründe der Überweisungen kennenlernen –, und dann ging's wieder zurück.

Nichts hätte mich auf die Unerbittlichkeit und Schwere dieser Tätigkeit vorbereiten können. Jeder Tag brachte neue Fassungslosigkeit und Trauer mit sich, bis mein langsam wachsender beruflicher Schutzpanzer dick genug war, um mich selbst gegen die schlimmsten Details zu wappnen. Und dennoch hatten die Täter häufig genug eine Lebensgeschichte, die erkennen ließ, daß letztlich auch sie Opfer darstellten, die in ihren entscheidenden Entwicklungsjahren sexuell mißbraucht, vernachlässigt oder mißhandelt worden waren. Wenn ich ihnen helfen wollte, mußte ich verstehen, was geschehen war und warum.

Am 22. November – fast drei Monate nach Dienstantritt – rief mich ein Lokaljournalist vom *Leicester Mercury* an und wollte wissen, ob ich ihm die Persönlichkeitsmerkmale des Menschen nennen könnte, der Lynda Mann und Dawn Asworth umgebracht hatte.

»Haben Sie denn keine Nachrichten gehört? Er ist freigesprochen worden. Auf Grund dieses neuartigen Bluttests – des genetischen Fingerabdrucks.«

Ich war etwas überrascht und erklärte, daß ich dazu keinen Kommentar abgeben könne. Ich hatte noch nie etwas von genetischen Fingerabdrücken oder DNS-Tests gehört. Das Verfahren war erstaunlicherweise nur ein paar Kilometer von meinem Büro entfernt entwickelt worden. Dr. Alec Jeffreys, ein junger Wissenschaftler an der Universität Leicester, hatte sich gefragt, ob es möglich sei, die genetischen Unterschiede zwischen Menschen zu untersuchen, indem man ihre DNS isolierte. Jede Zelle enthält den Gesamtentwurf des menschlichen Körpers als kodierte Informationen in Form von DNS (Desoxyribonukleinsäure), die in als Gene bezeichneten Gruppen angeordnet sind. Jeffreys stellte folgende Überlegungen an: Die Gene regulieren die Vererbung. Wenn es ihm gelänge, DNS-Material von einer Zelle abzusondern und bildlich darzustellen, müßte es sich folglich als individualspezifisch erweisen. Außer eineiigen Zwillingen würde es auf der ganzen Erde keine zwei Personen mit identischen DNS-Mustern geben.

Diese Technologie bot der Medizin, Wissenschaft und Justiz enorme Möglichkeiten; bis damals, im Jahre 1986, war sie jedoch meist nur bei Streitfällen um Vaterschafts- und Immigrationsfragen genutzt worden. Das änderte sich mit dem 21. November, als der Essensträger von Carlon Hayes der erste angebliche Mörder wurde, der auf Grund genetischer Fingerabdrücke freigelassen wurde. Alec Jeffrey, der erst Mitte Dreißig war, sollte bald ein sehr berühmter Mann werden.

Für die Kriminalpolizei von Leicestershire bedeutete diese Entwicklung eine Public-Relations-Katastrophe. Der Mörder von zwei Schulmädchen war noch immer auf freiem Fuß, und ein unschuldiger Teenager hatte über drei Monate im Gefängnis gesessen! Auf der anschließenden Pressekonferenz wurde David Baker in die Mangel genommen. Die Verhaftung sei keineswegs ein »grober Irrtum« gewesen, betonte er; der Junge sei nach einem auf Band festgehaltenen und im Beisein eines Anwalts durchgeführten Verhör des Mordes beschuldigt worden. »Er ist für bestimmte Aspekte dieses Mordes nicht verantwortlich.«

»Ist er als Verdächtiger gänzlich eliminiert worden?« wollte ein Journalist wissen.

»Gänzlich eliminiert worden ist überhaupt niemand.«

Lynda Mann war fast in Sichtweite meines Büros ermordet worden, und ich kann mich erinnern, daß ich darüber nachgedacht habe, welcher Mensch so eine Tat verübt haben könnte. Drei Jahre später, nach der Ermordung eines zweiten Mädchens, gab David Baker mir Gelegenheit, diese Frage ernsthaft zu stellen. Der Anruf war kurz und bündig; mit Einzelheiten hielt er zurück. Er mißtraute Krankenhaus-Telefonzentralen und bat um ein Gespräch unter vier Augen.

Leicestershire hatte inzwischen ein neues Polizeipräsidium bekommen; es war eigens für diesen Zweck gebaut und stand auf einem großen Areal außerhalb der Stadt nur ein paar Meilen von Narborough entfernt. Die Eingangshalle wirkte wie das Foyer eines Autobahnhotels. Ich ging durch verwinkelte Korridore und fand schließlich Bakers Büro; es war größer als das alte, aber ziemlich spärlich möbliert. Die Erinnerungsstücke an vergangene Einsätze hatten entweder den Umzug nicht überstanden oder waren noch nicht ausgepackt worden.

Er stellte mir Kriminalkommissar Tony Painter vor – einen hochgewachsenen, durchtrainierten Mann mit romanischen Gesichtszügen und Fliegerbrille, der dem Dialekt nach aus dieser Gegend stammte. Er hatte fast das Alter und die Erfahrung von Baker; man gewann den Eindruck, daß sie Seite an Seite von der Pike auf gedient und Karriere gemacht hatten. Baker war der ruhigere von beiden, aber kein bißchen weniger bestimmt.

»Wir haben Probleme, Paul«, sagte er und rieb sich das Kinn. »Wir waren fest davon überzeugt, daß wir einen Mörder gefaßt hatten. Wir hatten ein Geständnis; wir hatten Augenzeugen, die ihn am Tatort gesehen hatten; er wußte Details über Dawns Tod, die wir nie publik gemacht haben. Wir hatten Anklage gegen ihn erhoben. Und dann liest sein Vater irgendsoeinen blöden Zeitschriftenartikel über genetische Tests und kommt mit der Forderung, daß wir sie auch bei seinem Jungen anwenden.« Er machte eine Pause und hob den Kopf. »Ich nehme an, Sie kennen Dr. Alec Jeffreys?«

Ich schüttelte den Kopf.

Er fuhr fort. »Nun ja ... macht nichts ... Er führt also einen Test durch, von dem wir noch nie gehört hatten, kommt zurück und erklärt uns: ›Sie haben den Falschen.‹ Und das Ergebnis läßt sich nicht anfechten. Wie soll man eine brandneue Wissenschaft anfechten? Es gibt ja niemanden sonst auf der Welt, der irgendwas davon versteht.«

Die Frage hing während des anschließenden kurzen Schweigens schwer im Raum.

Baker: »Ich möchte wissen, was wir falsch gemacht haben.«

»Und was genau erwarten Sie da von *mir*?«

»Aus meiner Sicht waren die Ermittlungen fehlerfrei. Ich möchte Sie aber darum bitten, die Verhöre des Essensträgers zu überprüfen. Ich möchte wissen, ob *wir* ihm die Informationen, die er preisgegeben hat, auf irgendeine Weise während der Vernehmungen vermittelt haben. Waren die Verhöre schikanös? Haben wir ihn unter Druck gesetzt? Sind seine Geständnisse und Eingeständnisse etwa darauf zurückzuführen? Wie hat er die Dinge, die er wußte, erfahren?«

Painter erläuterte, daß es etwa vierzehn Tonbänder von Verhören gab, die über mehrere Tage hinweg in der Polizeistation Wigston durchgeführt worden waren. Während der meisten Sitzungen war ein Anwalt zugegen gewesen.

»Aber das hat für uns nicht erste Priorität...«, unterbrach ihn Baker. »Viele Leute hier draußen haben Angst... Eltern, die nicht wissen, ob es sicher ist, wenn ihre Kinder von der Schule zu Fuß allein nach Hause kommen...«

»Gerade haben wir den Typ noch am Schlafittchen«, sagte Painter, »und im nächsten Moment stehen wir wieder im Wald.«

»Mit dem Endergebnis«, fügte Baker an, »daß jetzt immer noch ein Doppelmörder frei herumläuft. Bitte helfen Sie uns, ihn zu fassen.«

Weil ich diesmal besser vorbereitet war, wußte ich genau, was ich von ihm brauchte. »Das bedeutet: Wir müssen noch einmal ganz von vorn anfangen und die gesamten Ermittlungen überprüfen.«

Baker sagte: »Fein, was immer Sie wollen. Da gibt es nichts zu verheimlichen.«

Die Ermittlungen im Mordfall Dawn Ashworth hatte Tony Painter geleitet. Er ging sie vom ersten Tag an noch einmal mit mir durch.

Dawn hatte in den Schulferien einen Teilzeitjob bei einem Zeitungshändler an der Mill Lane in Enderby gehabt und den Laden am 31. Juli um 15.30 Uhr verlassen. Laut Aussage einer Freundin war sie »den ganzen Nachmittag ganz aufgeregt, weil sie am Samstag mit ihren Eltern nach Hunstanton in Urlaub fahren würde«.

Daheim erklärte sie ihrer Mutter, daß sie zum Tee bei Schulfreundinnen nach Narborough wolle und erst um 19 Uhr wieder zurück sein werde, weil sie anschließend noch zur Geburtstagsfeier eines kleinen Jungen müsse, auf den sie als Babysitter aufpaßte. Sie schaute dann sogar noch einmal bei dem Zeitungshändler vorbei, um als zusätzliches Geschenk eine Schachtel Smarties zu kaufen.

Dawn verließ das Geschäft um 16 Uhr in Richtung Narborough. Sie war 1,57 Meter groß und trug eine Zahnspange. Sie hatte dunkelbraunes, halblanges glattes Haar. Sie trug einen weißen, halblangen Rock, ein ärmelloses weißes Top mit Rollkragen und darüber ein ebenfalls ärmelloses buntes Top sowie eine Jeansjacke. Es war bekannt, daß sie an Geld nur zehn Pfund bei sich hatte.

Der kürzeste Weg zu den Wohnungen ihrer beiden Freundinnen führte über den Ten Pound Lane – halb Feld-, halb Fußweg –, der vom Sportfeld der Brockington School in Enderby über die Felder östlich vom Carlton Hayes Hospital verlief, bis er schließlich in Narborough an der Straße von Leicester nach Coventry endete.

Westlich, fast parallel zum Ten Pound Lane, lag die Autobahn M 1, die Narborough am östlichen Ende schnitt und dann in der Nähe des Sportfelds in nördlicher Richtung durch Enderby führte.

Auf dem Weg zum Tend Pound Lane hatte Dawn die Wahl gehabt, sich entweder nach links zu wenden, die Autobahn auf der

Fußgängerbrücke zu überqueren und dann einem Pfad zur King Edward Avenue zu folgen oder nach rechts abzubiegen und den kürzeren Weg zum Ten Pound Lane zu nehmen.

In Narborough besuchte Dawn mehrere Freundinnen. Zum letzten Mal gesehen wurde sie von Mrs. Valerie Allsop, der Mutter einer an der Carlton Avenue wohnenden Schulfreundin. Sie hatte Dawn nach ihrem Aufbruch am Fenster zur Straße vorbeigehen sehen.

Auf dem Heimweg nahm Dawn dann anscheinend denselben Weg, den sie gekommen war. Ein Autofahrer sah sie um 16.40 Uhr die King Edward Avenue in Richtung auf das Tor am Eingang zum Ten Pound Lane überqueren.

Ihre halbnackte Leiche wurde von der Polizei am Samstag gegen Mittag auf einem Feldstück direkt neben dem Fußweg gefunden. Sie war fast vollständig unter darübergehäuften Gräsern, Nesseln, Zweigen, Ästen und Blättern verborgen.

Painter öffnete das erste Album mit Aufnahmen vom Tatort. Nach dem Wegräumen des Laubwerks war sichtbar geworden, daß Dawn mit bis zur Brust hochgezogenen Knien auf ihrer linken Seite lag. Unterhalb der Taille war sie nackt, aber ihr Schlüpfer hing um den rechten Knöchel und die weißen Schuhe saßen noch an den Füßen. Der BH war über die Brüste hochgeschoben, und über den linken Oberschenkel war eine getrocknete Blutspur verschmiert. Sie hatte mitten im Sommer ziemlich lang auf dem Acker gelegen, und die Insekten hatten sie als erste entdeckt. Obschon ihre Augen geschlossen waren, wurden die Lider und Höhlen von einem cremigen weißen Schleim markiert, den sie auf ihrem Weg hinterlassen hatten.

Ich wollte den Blick abwenden. Ich verspürte das Bedürfnis, dem jungen Mädchen einen Rest von Anstand zu belassen und die Kamera wegzudrehen. Ich holte tief Luft, blätterte um und registrierte die vielen kleinen Kratzer, Insektenstiche und Nesselröten auf ihrem Körper.

Painter wandte sich dem Obduktionsbericht der Pathologie zu und erläuterte die wichtigen Details. Dawn hatte zwei Hautabschürfungen an der oberen linken Stirn, eine Schwellung an der linken Wange und vom linken Auge bis zum Unterkiefer einen Bluterguß. Das Mundinnere zeigte einen durch die Zahnspange verursachten Schnitt, und es gab weitere Schürfwunden an Gesicht, Brust und Nacken. Einige dieser Verletzungen waren nach

Auffassung des Pathologen beim Bewegen und Verstecken der Leiche entstanden.

Sie war mit bloßen Händen stranguliert worden, und möglicherweise hatte sie vor dem Ansetzen des Würgegriffs – bei dem der Angreifer eventuell von hinten einen Unterarm gegen ihren Kehlkopf gepreßt hatte – ein Handkantenschlag getroffen.

Dawn – eine Jungfrau – war brutal vergewaltigt worden. Der Pathologe berichtete: »Angesichts des Ausmaßes der Schwellung am Kehlkopf muß ich annehmen, daß der sexuelle Angriff nach der Strangulierung stattfand, und das heißt: beim oder nach dem Tode.«

Das war ein wichtiger Hinweis, obwohl ich Tony Painter darüber erst später informieren wollte. Das Timing der Penetration kann nämlich oft Aufschlüsse über die Motive des Mörders liefern. Es gibt einen wesentlichen Unterschied zwischen den psychologischen Mechanismen eines Vergewaltigers, der in Panik gerät und sein Opfer umbringt, damit seine Identität unerkannt bleibt, und denen eines Mannes, der ein perverses Vergnügen daran findet, sein Opfer im Augenblick des Todes oder nach dem Tode zu mißbrauchen.

Die Sonderkommission hatte ihr Augenmerk anfänglich auf einen jungen Mann gerichtet, der beim Flüchten aus der Umgebung des Tatorts gesehen worden war. Eine Autofahrerin hatte scharf bremsen müssen, um den Mann nicht zu überfahren, als er am fraglichen Donnerstag gegen 17.30 Uhr unter der Autobahnbrücke an der King Edward Avenue über die Straße von Leicester nach Coventry rannte. Dreißig Minuten früher hatte ein Arbeiter der Heizkörperfabrik Marston Radiators auf der anderen Seite der sechsspurigen Autobahn zwei Schreie gehört, die aus der Richtung kamen, wo Dawn gefunden wurde. Man suchte nach einem Liebespaar, das um ungefähr 16.35 Uhr in einem nahe gelegenen Feld beim Schmusen beobachtet worden war; und zwei voneinander unabhängige Zeugen – darunter ein heimischer Landwirt – meldeten, sie hätten gegen 17.30 Uhr auf einer Böschung an der King Edward Avenue einen Mann gesehen, der sich dort ins Gras und die Hecken geduckt hatte.

»Und dann war da der Essensträger«, sagte Painter. »Vier verschiedene Augenzeugen gaben zu Protokoll, daß sie in der Nähe der M1-Autobahnbrücke zwischen 16.30 Uhr und 17.30 Uhr sein abgestelltes Motorrad gesehen hatten, und außerdem war ein

Mann mit einem sehr auffälligen roten Sturzhelm wie dem des Essensträgers beobachtet worden.«

»Wie haben Sie ihn aufgegabelt?« fragte ich.

»Am Sonntagabend kam in Enderby ein Bursche, der ein Motorrad schob, auf einen von unseren Jungs am Kontrollpunkt Mill Lane zu und behauptete, am Dienstagnachmittag Dawn unterwegs zum Ten Pound Lane gesehen zu haben. Der Polizist notierte seinen Namen, und wir gingen der Sache nach und haben dann zwei Tage später mit ihm gesprochen. Das war der Essensträger.«

Painter machte mich auf mehrere Aussagen aufmerksam. Ein anderer Angestellter von Carlton Hayes war an dem Tag, als Dawn vermißt wurde, aus den Ferien zurückgekommen. Am Tag danach, also am Freitag, besuchte ihn der Essensträger, der ihm erzählte, daß Dawns Leiche »in einer Hecke nahe dem Tor bei der Autobahnbrücke« gefunden worden sei.

»Wir haben sie aber doch erst vierzehn Stunden später gefunden«, bemerkte Painter fassungslos. »Woher wußte er von der Pforte, die vom Ten Pound Lane wegführt und zu Fuß nur zehn Minuten von der Brücke über die M1 entfernt ist?«

Außerdem hatte der Essensträger am Samstag um 13.45 Uhr einem anderen Einheimischen erzählt, daß Dawns Leiche gefunden sei. Und sie war tatsächlich gefunden worden – weniger als zwei Stunden zuvor –, aber die Nachricht war noch gar nicht bekanntgegeben worden. Wie konnte er das also wissen?

»Eine Woche nach dem Mord haben wir ihn zur Vernehmung abgeholt.«

»Und?«

»Er hat gewisse Dinge zugegeben, war aber ziemlich inkonsequent. Hat etwas ausgesagt und es dann im nächsten Atemzug abgestritten, oder in Rätseln gesprochen und jemand anders beschuldigt. Er räumte ein, sich mit Dawn zusammen auf dem Fußweg befunden zu haben, beschrieb, wie er sie attackiert hatte und erwähnte Einzelheiten über das Versteck der Leiche. Und der Junge mag ja eine noch so blühende Phantasie haben, das kann mir egal sein – er hätte sich das alles unmöglich so zutreffend ausdenken können.«

Painter zitierte noch einige andere Aussagen, die sich auf die sexuellen Vorlieben des 17jährigen bezogen, der die Aufmerksamkeit der Polizei anscheinend schon früher auf sich gezogen hatte, weil er auf einem Bahndamm analen Geschlechtsverkehr mit einer 14jährigen Freundin praktiziert hatte. In einem anderen Fall hatte er gestanden, ein neunjähriges Mädchen betatscht zu haben; das war von Zeugen bestätigt worden.

Die Polizei hatte offensichtlich nach erhärtenden Fakten gesucht und allem Anschein nach einen auf Indizien begründeten Zusammenhang zwischen dem Essensträger und dem analen Gewaltakt gegen Dawn Ashworth hergestellt.

Painter sagte: »Sie werden verstehen, was ich meine, wenn Sie die Tonbänder hören. Er hat es gestanden, er hat es bestritten, gestanden und wieder bestritten und schließlich erklärt: ›Ich verlange einen Bluttest. Ich war's nicht.‹«

Ich erlaubte mir eine Frage: »Haben die genetischen Fingerabdrücke einen Zusammenhang zwischen beiden Mordfällen hergestellt?«

»Das ist die einzige gute Nachricht – wir fahnden nach ein und demselben Mann.«

Ich dachte schweigend über die Implikationen dieser Feststellung nach. Wenn es um ein und denselben Mann ging, dann hatte er bereits zweimal getötet. Was konnte ihn daran hindern, so fragte ich mich, ein weiteres Mal zuzuschlagen?

Painter fuhr mich zum Schauplatz des Verbrechens. Wir parkten an der King Edward Avenue beim Ten Pound Lane. Nachdem wir uns in der mobilen Einsatzzentrale, einem Wohnwagen, gemeldet hatten, gingen wir eine Betonrampe hoch, die zu einem Tor führte, das den Eingang zum Ten Pound Lane bildete. Schwaches Sonnenlicht schien durch die Rotdornsträucher zu beiden Seiten des Fußwegs. Es war in diesem Jahr spät Herbst geworden, und zwischen den Brombeersträuchern und den dichten Büschen war noch immer viel Grün zu sehen.

Nach etwa vierhundert Metern wurde der Fußweg allmählich schmaler; die Hecken schlossen sich zu einer grünbauchigen engen Schlucht, die hier und da durch Feldtore zu angrenzenden Wiesen und Äckern unterbrochen wurden.

»Sie können die Stellen erkennen, wo während der Fahndung stark gelichtet wurde«, sagte Painter, und sein Atem wurde noch schwerer. »An einigen Stellen erreichten die Brennesseln und die Brombeersträucher Schulterhöhe.«

»Und um welche Zeit ist sie hier gewesen?« fragte ich.

»Ein Autofahrer sah sie um 16.40 Uhr auf der King Edward Avenue auf das Farmtor zugehen. Von dort bis hierher würde sie zehn Minuten gebraucht haben.«

Es war so viel Gestrüpp weggeräumt worden, daß man sich das Aussehen des Tatorts an jenem Nachmittag nur schwer vorzustellen vermochte; dennoch war klar auszumachen, daß es sich hier um einen abgelegenen und isolierten Fleck gehandelt hatte. Der erste Kontakt mußte auf dem Fußweg stattgefunden haben, und er begann mit einem Wortaustausch – einer Unterhaltung oder einer Drohung; eventuell auch nur mit einem Blick. Was dann geschah, hing von Dawns Reaktion ab – den nächsten Schritt hätte sie eventuell beeinflussen können –, aber ich wußte zu wenig über sie, um ihr Verhalten einschätzen zu können.

Wahrscheinlich war sie auf dem Fußweg gestorben und ihre Leiche dann über oder durch ein nahe gelegenes Feldtor in eine Wiesenecke geschafft worden. Das Gras war ziemlich hoch, weil der Bauer beim Mähen mit dem Traktor in das von der Hecke gebildete Knie nicht hineinkommen konnte.

Am Torpfosten lehnte ein vertrockneter Blumenstrauß. Die Familie Ashworth sei, so erklärte Painter, vollkommen verstört von dem Mord und bringe weiterhin Blumen, um den Tatort zu kennzeichnen.

»Wie soll man aufhören, wenn man erst mal damit angefangen hat?« fragte er. »Sagt man sich einfach: ›Also, ab heute laß ich's bleiben‹? Wie wird man aber mit den Schuldgefühlen fertig, weil man's nicht mehr tut?«

Wir öffneten das Vorhängeschloß und drückten das Tor auf; es ächzte in verrosteten Angeln. Um das aufzumachen, brauchte man beide Hände, überlegte ich, und das hieß, daß Dawn wahrscheinlich darübergehoben worden war. Ich spürte die Unebenheit unter meinen Füßen und registrierte die Brennesselsträucher und Brombeerhecken. All das half, mir eine Vorstellung von dem zu machen, was hier geschehen war.

Wir gingen in Richtung Enderby weiter den Ten Pound Lane hinunter, und an der Stelle, wo der Fußweg sich gabelte und auf der einen Seite zur Fußgängerbrücke über die M1, auf der anderen Seite zum Sportplatz führte, merkte ich auf. Wie exponiert ist der Tatort? fragte ich mich. Ist es möglich, einen Wagen an der M1 zu parken, dem Fußweg zu folgen, einen Mord zu begehen und sich unbemerkt davonzumachen?

Fünf Felder weiter, am westlichen Rand des Krankenhausgeländes, war Lynda Mann ums Leben gekommen. Wir parkten am Woodlands Day Hospital und gingen über die Forest Road auf den Eingang von The Black Pad zu.

Nach einigen Schritten auf dem schwarzen Aschenpfad warf ich einen Blick durch den eisernen Zaun in die kleine Waldschneise, wo Lyndas Leiche gefunden worden war. Inzwischen hatte man hier Straßenlampen aufgestellt; aber an jenem kalten Novemberabend des Jahres 1983 war es sehr dunkel und still gewesen.

Auch damals war es ein junges Mädchen gewesen, das auf dem Fußweg angesprochen wurde. Anschließend war sie durch einen Torgang getragen und ein paar Meter weiter unter den Birken und Stechpalmen ermordet worden. Genau wie Dawn wurde auch sie mit leicht geöffneten Beinen entdeckt und hatte auch sie auf einem Ast gelegen. Ich wußte nicht, was das zu bedeuten hatte. Falls es überhaupt eine Bedeutung hatte.

Die Autopsie hatte bei Lynda Abschürfungen an Wange und Kinn sowie schwere Quetschungen an Schlüsselbein und oberem Brustkorb festgestellt. Painter nahm an, daß der Mörder auf ihr gekniet hatte, als er den Schal um ihren Hals zuzog. Es gab keine Anzeichen einer Penetration von Vagina oder Anus, aber man hatte in ihrem Schamhaar eingetrocknete Samenspuren entdeckt. »Es gab den Versuch von Geschlechtsverkehr und eine vorzeitige Ejakulation«, lautete die Schlußfolgerung, die der Pathologe des Innenministeriums gezogen hatte.

Während des Abendessens versuchte ich, die Erinnerungen des Tages zu verdrängen und von gewöhnlichen häuslichen Dingen zu reden. Nach dem Abwaschen und Wegräumen des Geschirrs half ich Ian bei seinen Hausaufgaben. Danach zog ich mich in mein Arbeitszimmer zurück und schloß die Tür hinter mir ab. Tony Painter hatte mir Kopien von Aussagen, Pathologieberichten, Karten und Luftaufnahmen mitgegeben.

Ich mußte den Vorfall jetzt genau rekonstruieren – nicht nur aus dem Blickwinkel der Opfer, sondern auch dem des Täters. Der Fall Osborne/Weedon hatte mir Selbstvertrauen geschenkt und ermöglicht, ein Raster zu entwickeln. Es galt vier Fragen zu beantworten: Was war wie wem zugestoßen und warum?

Das sind die gleichen Fragen, die sich, insbesondere bei der

Betreuung von Opfern, auch bei meiner klinischen Tätigkeit stellen, allerdings auf eine etwas andere Art. In meinem Sprechzimmer habe ich Menschen vor mir, die beschädigt sind oder Qualen leiden, und ich muß herausfinden, wer sie im psychologischen Sinne sind und wie sie in ihren jetzigen Zustand hineingerieten. In diesem Fall gab es allerdings kein Opfer, das mir am Tisch gegenübersaß, und ich mußte mich gänzlich darauf verlassen, daß andere Menschen mir etwas über Lynda und Dawn erzählten.

Am schmerzlichsten ist es allemal, sich mit der dritten Frage zu befassen, jener nach der Persönlichkeit der Betroffenen, und je mehr ich über sie erfuhr – von ihren Stärken, Schwächen, Lieben, Haßvorstellungen und Ängsten –, desto mehr litt ich, weil sie mir näherkamen. So muß es Polizisten ergehen, dachte ich, und man reagiert naheliegenderweise darauf mit der Neigung, das von sich wegzuschieben und sich einfach nur auf die Person – ganz gleich, wer sie ist – zu konzentrieren, die das Verbrechen begangen hat. So etwas konnte ich mir aber nicht leisten. Die Strenge, mit der ich die ersten drei Fragen beantworte, hat dramatische Auswirkungen auf die Beantwortung der vierten. Ich muß mir gewissermaßen vorstellen, daß dieser Mann mir im Sprechzimmer gegenübersitzt und ich eine einseitige Befragung durchführe. Wenn ich genau weiß, aus welchem Motiv heraus er eine Frau umgebracht hat, dann kann ich ein präzises Modell für die Funktionsweise seiner Persönlichkeit entwickeln. Danach vermag ich mich vom Delikt her rückwärts durch sein Leben zu arbeiten und mir ein Bild von seiner Familie, seinen Freunden, seinen Beziehungen und seinem Werdegang zu machen.

Was für eine Art von Beziehung hatte er als Kind zu seiner Mutter und seinem Vater? Wie sah die heute aus? Wie kam er in der Grundschule und im Gymnasium voran? War er durchschnittlich intelligent? Überdurchschnittlich? Oder unterdurchschnittlich? Was besagt die Tatsache, daß er sich an einer ganz bestimmten Frau vergangen hat, über seine Empfindungen, Wahrnehmungen und Vorstellungen zu Frauen ganz allgemein? Ob er wohl viele Freundinnen gehabt hat? Hat er zur Zeit eine? Was könnte er beruflich wohl machen? Hat er irgendeine qualifizierte Ausbildung, oder ist er Hilfsarbeiter? Verfügt er über ein ausreichend entwickeltes Sozialverhalten, um eine Stelle über lange Zeit zu behalten?

Sexuell deviante Menschen wie dieser Mann und wie Paul Bostock sind keine unbekannte Größe. Sie sind überall im Land und in der ganzen Welt zu finden – in Gefängnissen, Spezialkliniken, regionalen geschlossenen Anstalten und gelegentlich auch in Tageskliniken. Obwohl ich gerade erst seit drei Monaten als forensischer Kliniker tätig war, hatte ich bereits die Vorgeschichten von einem halben Dutzend Männern aufgenommen, die über das Vergewaltigen und Ermorden junger Frauen phantasierten. Meine klinische Erfahrung wuchs stetig, und ich hatte Zugang zu wissenschaftlichen Zeitschriften, Falldemonstrationen, Büchern und Forschungsberichten von Psychologen und Fachleuten des In- und Auslands, die ähnliche Interviews durchgeführt hatten.

Dies war die Basis, auf die ich zurückgriff, als ich mich hinsetzte und in das Bewußtsein des Mörders von Narborough schaute.

Zwei Tage später saß ich mit etlichen Seiten voller handschriftlicher Notizen wieder in Bakers Büro.

»Er ist entweder ein Einheimischer, oder er kennt sich gut in der Umgebung aus«, erklärte ich. Darauf deutete seine Fähigkeit hin, nach den Delikten rasch zu verschwinden, ohne die Aufmerksamkeit von möglichen Augenzeugen auf sich zu ziehen. Niemand hatte eine Beschreibung zu liefern vermocht, die genau genug war, um den Mörder zu identifizieren oder entsprechende Hinweise aus der Bevölkerung hervorzurufen.

»Alles deutet auf einen Einzeltäter hin. Sexualpsychopathen jagen selten in Rudeln. Und es wäre einer einzelnen Person möglich gewesen, die Leichen fortzuschaffen.« Andererseits hielt ich ihn nicht für einen klassischen Einzelgänger oder für jemanden, der durch eine auffällige Besonderheit Verdacht erregt. Sonst hätte ihn jemand aus den umliegenden Dörfern als einen seltsamen Burschen erwähnt, der bei Frauen Unbehagen verursachte oder sich merkwürdig benahm.

Das alles verwies stark auf einen eher älteren und im Umgang sicheren Mann, der deshalb weniger Aufmerksamkeit erregte; jemanden, der möglicherweise verheiratet war oder eine feste Beziehung hatte. Solch ein Mann hatte sich besser im Griff und hätte die Ruhe behalten, als er bei Von-Haus-zu-Haus-Befragungen mit den Verbrechen konfrontiert worden war.

»Er könnte also eine Frau oder Freundin haben?« fragte Painter.

»Ich erwähne das nur, weil Sie einen Mann, der eine feste Beziehung hat, deshalb noch nicht als Täter ausschließen sollten. Er hat sich jedesmal lang genug unter Kontrolle gehabt, um seine Chancen, nicht gefaßt zu werden, zu maximieren. Er ist vorsichtig und geht planmäßig vor. Solche Personen sind eher dazu fähig, eine Beziehung aufzubauen.

Sie müssen sich außerdem fragen, wie es ihm gelungen ist, seine Stelle zu behalten und sein Geheimnis zu wahren, ohne Verdacht zu erregen, obwohl er doch in einer engen Dorfgemeinschaft lebt. Er kennt seine Nachbarn, sie kennen ihn, aber er fällt nicht auf. Sie müssen sich fragen: ›Wie ist das möglich?‹ Es ist ein erneutes Indiz dafür, daß er schon älter ist und eventuell in einer festen Beziehung mit einer Frau lebt.«

»Also könnte seine Familie ihn schützen?« wollte Baker wissen.

»Nein, das bezweifle ich. Es mag sein, daß gewisse Aspekte seines Verhaltens den ihm nahestehenden Menschen unangenehm sind. Ich bezweifle aber, daß sie wissen, daß er ein Sexualverbrecher ist.«

»Wie alt ist er?« fragte Baker.

»Mindestens Ende Zwanzig.«

»Und clever?«

»Im Hinblick auf das hohe Maß an Vorsicht und Planung würde ich auf eine normale Intelligenz tippen.« Das zeigte sich an der Leichtigkeit, mit der er sich der Teenager an Stellen bemächtigte, die seinen Zwecken entsprachen, und dann verschwand.

»Sie haben es mit einem sexuellen Psychopathen zu tun, und seine spezielle Abartigkeit wird wahrscheinlich von Phantasievorstellungen angetrieben, so wie es auch bei Paul Bostock der Fall war. Er erlebt von Zeit zu Zeit einen wachsenden Drang nach sexueller Macht und Beherrschung. Diesen Drang muß er durch Aggression ausdrücken, durch die Beherrschung, Vergewaltigung und Ermordung einer Frau. Wenn Sie in Ihre Akten schauen, werden Sie feststellen, daß dieser Mann darin vorkommt, möglicherweise aufgrund eher banaler Sittlichkeitsdelikte.«

Ich merkte, daß David Baker damit Probleme hatte. Der Sprung von einem Mann, der einer Frau seinen steifen Penis zeigt, zu einem Vergewaltiger und Mörder war ihm zu groß; mir war jedoch bekannt, daß der gleiche unwiderstehliche Trieb beide treiben konnte und daß das eine sich zum anderen steigern kann.

Ich hatte Exhibitionisten im klinischen Rahmen interviewt, und was sie als Gründe für ihr Verhalten angaben, klang völlig rational; wenn man ihre Vergangenheit auspackte, kamen dann jedoch ganz andere Elemente zum Vorschein. Für Männer ist der visuelle Stimulus äußerst wichtig; das ist auch der Grund, weshalb es pornographische Zeitschriften voller nackter Frauen gibt. Manche Exhibitionisten nehmen irrtümlicherweise an, daß der Anblick eines nackten steifen Gliedes auf eine Frau ähnlich stimulierend wirkt und daß sie dadurch sinnlich so erregt wird, daß sie mit ihnen schlafen wird. Andere Täter entblößen sich, weil der Anblick einer realen Frau viel besser ist als ein Bild in einer Zeitschrift – da tun sich Möglichkeiten auf. Manchmal gibt es auch ein Element von Aggression oder Rache – sie haben in früheren Jahren etwas Unangenehmes erlebt, sie wurden von einer Frau abgewiesen oder verspottet, und da wollen sie nun schockieren, Angst machen und dominieren.

Alle diese Gründe können sich miteinander vermischen, so daß man nicht einfach einen Strang herausnehmen und behaupten kann: ›Da haben wir die Erklärung.‹ Das wäre irreführend.

Es gibt viele Ebenen von deviantem Verhalten. Wenn man sie auf der Achse eines Diagramms aufzeichnen würde, so wäre unweigerlich ein stetiger Anstieg zu beobachten. Da beginnt einer mit geringfügigen Vergehen und geht auf der Stufenleiter Schritt für Schritt weiter. Die Morde an Lynda und Dawn kamen nicht aus heiterem Himmel. Ihr Mörder fing mit kleineren Delikten an und steigerte sich stufenweise.

»Es kann also durchaus sein«, fragte Painter, »daß er vorher bereits vergewaltigt, aber nicht unbedingt auch schon getötet hat?«

»Ja. Es werden aber nicht alle Vergewaltigungen angezeigt oder entdeckt«, gab ich zu bedenken.

»Und er wird wahrscheinlich wieder töten?«

»Ja. Wenn der Drang stark genug wird. Der Mann ist keineswegs keusch und abstinent. Er braucht Sex und will Sex haben. Trotzdem lag zwischen den beiden Delikten eine Zeitspanne von drei Jahren, und in diesem Zeitraum hat er wahrscheinlich in einer anderen Beziehung Sex erlebt. Er hat möglicherweise mit seiner Frau oder mit einer Freundin wöchentlich mehrmals Geschlechtsverkehr, aber das reicht ihm nicht. Seine Sexualität hat noch eine andere Seite, die befriedigt werden muß.«

Der tätliche Angriff war in den zwei Fällen sehr ähnlich; Painter hob jedoch die Unterschiede hervor und fragte, warum es bei

Lynda keine anale Handlung und keinen Versuch gegeben habe, die Leiche zu verstecken.

»Ein Mörder handelt nicht immer auf die gleiche Weise. Manchmal liegt es daran, daß andere Umstände vorliegen und eine Wiederholung ausschließen; oder daran, daß ein Opfer etwas sagt oder tut, was den Gang der Ereignisse ändert. Außerdem ist der Killer in der Zeit seit dem ersten Mord selbstsicherer geworden, und das hat Einfluß auf sein Handeln. Darüber möchte ich noch ein wenig mehr reflektieren. Aus psychologischer Sicht müssen die vaginalen und analen Gewalttaten getrennt werden, weil sie nämlich – einmal vorausgesetzt, daß in beiden Fällen keine Verwirrung über die Genitalien herrschte – als separate Taten gedacht waren und ihre Reihenfolge mir unklar ist.«

»Wäre es möglich, daß er die beiden Mädchen gekannt hat?« frage Baker.

»Ja – oder daß er von ihnen wußte.«

»Gibt es irgendeinen besonderen Grund, warum er gerade sie ausgewählt hat?«

Die gleiche Frage hatte ich mir am Abend zuvor gestellt und zwei Schnappschüsse der beiden Mädchen nebeneinander in mein Bücherregal gestellt. Sie waren beide auf eine kindliche Art hübsch, ließen sich aber eindeutig auch von jemandem, der eher an Frauen als an Kindern interessiert war, aus einer sexuellen Perspektive wahrnehmen.

Dieses Raubtier in Menschengestalt war ausgezogen, um nach einem Opfer zu suchen, das ganz bestimmte Kriterien erfüllte. Es mußte alt genug sein, um den Täter sexuell zu reizen, aber für ihn auch unbedrohlich sein, damit es ihn nicht auf eine Art und Weise angreifen oder lächerlich machen würde, die ihm den Spaß verdorben hätte. Lynda und Dawn waren perfekte Opfer – alt genug, um sexuell attraktiv zu sein, aber auch jung genug, um unsicher und weltfremd zu sein. Eben deswegen hatte er gerade sie ausgewählt.

Nachdem ich meine Ausführungen beendet hatte, tranken wir noch einen Kaffee miteinander, und Painter informierte mich über die neuesten Entwicklungen. Seit der Haftentlassung des Essensträgers waren im Einsatzzentrum auf der Polizeistation Wigston über tausend Hinweise aus der Bevölkerung eingegangen. Für die Jagd nach dem Doppelmörder waren fünfzig Polizeibeamte eingesetzt, die sich auf Dawn Ashworth konzentrierten, weil ihr Tod noch frisch im Bewußtsein der Öffentlichkeit war.

Die Leitung der Truppe, die von Haus zu Haus ging und nach Verdächtigen suchte, lag bei den zwei Kriminalinspektoren Derek Pearce und Mick Thomas. Sie begannen noch einmal von vorn, verhörten verdächtige Personen und fragten alle Zeugen, ob sie sich nicht noch an ein kleines bißchen mehr erinnern könnten. Unterdessen bereitete der *Leicester Mercury* eine vierseitige Sonderausgabe mit sämtlichen bekannten Fakten über die Mordfälle vor. Sie wurde von eigens abgestellten Polizisten allen Haushalten in Narborough, Enderby und Littlethorpe persönlich zugestellt.

Am 18. Dezember strahlte *Crimewatch UK* auf BBC1 eine Rekonstruktion des Mordes aus, die sich auf den Jungen konzentrierte, der um 17.30 Uhr beim Fortrennen vom Ten Pound Lane gesehen worden war. Das Programm wurde von 13 Millionen Menschen gesehen, und danach riefen 60 Zuschauer an, manche Anrufe kamen aus so weit entfernten Gebieten wie London und Nordirland. Die Jagd ging weiter.

Unterdessen hatte ich damit begonnen, mir die polizeilichen Vernehmungen des Essensträgers anzuhören. Auf dem ersten Tonband beantwortete der Siebzehnjährige die Fragen sicher und selbstbewußt, wenn auch mit leiser Stimme. Er habe Dawn seit ungefähr drei Wochen gekannt, er habe sie auf Spaziergängen durchs Dorf gesehen, sagte er. An jenem Donnerstag, dem 31. Juli, habe er seinen freien Tag gehabt und bis zehn oder elf Uhr geschlafen. Am Nachmittag sei er mit seinem Motorrad auf der King Edward Avenue in Richtung Narborough gefahren und habe Dawn in der Nähe der Autobahnbrücke gesehen, als sie zum Torbogen des Ten Pound Lane ging.

»Woher wußten Sie, daß es Dawn war?«

»Wegen ihrer Frisur und wegen ihres Gangs. Daran habe ich Dawn erkannt.«

»Kennen Sie sie sehr gut?«

»Nur vom Ansehen. Mehr nicht.«

»Was hatte sie an?«

»So einen weißen Rock und eine gelbe oder weiße Jacke. Ich dachte, ich will mal anhalten und mit ihr reden und sie fragen, wo sie hinwill und so. Dann habe ich mir gesagt, daß ich unbedingt nach Hause und mich um das Motoröl kümmern müßte, weil es mir vielleicht bald ausgehen könnte. Es hatte ziemlich heftig zu tropfen angefangen, tropf, tropf tropf, und da bin ich also einfach heimgefahren.«

Als man ihm von dem unter der Brücke abgestellten Motorrad und dem Jungen berichtete, der mit einem Motorradhelm auf dem Kopf gesehen worden war, stritt der Essensträger ab; das sei nicht er gewesen.

»Wenn Sie angehalten und mit ihr geplaudert haben, dann sagen Sie uns das um Himmels willen. Es bringt Sie nämlich in ein schlimmes Licht, wenn Sie Lügen erzählen – selbst wenn Sie mit dem Mord nichts zu tun haben. Ich glaube, Sie haben angehalten und das Motorrad unter der Brücke abgestellt. Es kann gut sein, daß Sie mit ihr gesprochen haben ...«

»Doch. Jetzt kann ich mich erinnern«, sagte der Essensträger.

»Sie haben unter der Brücke angehalten, nicht wahr?«

»Ich habe mich unters Motorrad gelegt und nachgesehen, ob es Öl verloren hat.«

»Was haben Sie zu ihr gesagt?«

»Ich hab' sie bloß auf das Tor zukommen sehen.«

Die Fragen gingen hin und her, ohne viel voranzubringen. In einem Moment sagte der Junge, er sei zum Ten Pound Lane gegangen; dann behauptete er, das sei am Tag vorher gewesen.

Schließlich kam der Polizist direkt zur Sache. »Die Frage ist die: Hatten Sie die Absicht, sie zu töten?«

»Nein.«

»Was ist denn passiert?«

»Also: Ich hab' sie den Pfad hoch gehen gesehn. Bin auf die Seite gefahren und von meinem Hobel gestiegen. Hab' sie angesprochen. Ich habe sie gefragt, ob sie wüßte, wo Queenie und Michael wären. Sie sagte: ›Das weiß ich nicht.‹ Ich sagte: ›Wo willst du hin?‹ Sie sagte: ›Ich geh' nach Hause.‹ Ich hab' sie die halbe Strecke begleitet und dann gesagt: ›Alles in Ordnung?‹ Sie sagte: ›Ja.‹ Also habe ich mich umgedreht, um wieder zurückzugehen. Bin direkt auf mein Motorrad gestiegen und gleich nach Hause gefahren.«

Und wieder einmal verlief die Vernehmung im Sande. Der Verdächtige wurde unruhig und aufgeregt und machte geltend, daß er sich nicht erinnern könne und nur beschuldigt werden würde.

Bei der nächsten Vernehmung wurde er nach seinem Geschlechtsleben gefragt, und er gab zu, mit einem 14jährigen Mädchen regelmäßig auf einem Bahndamm in der Umgebung Sex zu haben. Ein- oder zweimal »bin ich vielleicht abgerutscht und in ihren Hintern reingegangen, ich weiß es aber nicht«, sagte er. Dann nahm er alles zurück und bestritt jede vorherige sexuelle Erfahrung; nicht einmal masturbiert wollte er haben.

Bis dahin hatte er kein Detail erwähnt, das nur der Mörder selbst gewußt haben könnte. Die unzusammenhängenden Antworten und ständigen Richtungswechsel deuteten jedoch darauf hin, daß er von unterdurchschnittlicher Intelligenz war.

Auf die Frage, wieso er gewußt hätte, daß die Leiche gefunden worden war, gab er zur Antwort, daß er das von Dawns älterem Bruder erfahren habe. Dawn hatte aber keinen älteren Bruder. Er bestritt auch, dem betreffenden Polizisten am Sonntagabend begegnet zu sein und behauptete, das habe der Polizist nur erfunden, um ›ihn in Schwierigkeiten zu bringen‹.

Manchmal schien er auf völlig andere Fragen zu antworten, als ihm gestellt wurden.

Ich wechselte das Band und erkannte die Stimme von Tony Painter. Er zeigte dem Jungen ein Foto von Dawn Ashworth. »Ich glaube, daß Sie dafür verantwortlich waren.«

Detective Sergeant Dawe sagte: »Ich glaube nicht, daß Sie sie absichtlich getötet haben.«

»Ich kann mich nicht erinnern. Wahrscheinlich bin ich echt ausgerastet und weiß es nicht.«

»Mochten Sie sie gern?« fragte Dawe.

»Doch, ein bißchen schon, aber ich kann mich nicht mehr erinnern.«

»Schildern Sie mir genau, was geschehen ist«, sagte Painter.

»Sie war am Boden, und ich fing an, meine Hände auf ihr Oberteil zu legen. Da hat sie sich nicht gewehrt, bis ich meine Hände unter ihren Rock schob. Also, ich bin an ihr hoch und habe ihr den Hintern gestreichelt. Und sie kam mir entgegen und stieß mich ein bißchen an. Ich habe sie weiter betatscht, und sie hat sich gewehrt, aber ich drückte sie runter. Dann hat sich mir der Kopf gedreht, so als ob ich betrunken wäre. Ich konnte mich an nichts mehr erinnern, bis ich am Weglaufen war ... Ich bin einfach verrückt geworden. Ich konnte nichts dagegen machen. Dawn sagte, sie würde niemandem was davon erzählen. Es war, als ob mich wer anders in der Gewalt hätte. Ich bin einfach wahnsinnig geworden. So, als ob ein anderer in mir war und mir befahl, das zu tun. Ich wollte es nicht tun. Irgendwer hat mich gezwungen, es zu tun. Hat gemacht, daß meine Arme und Beine drauflos gingen.

Erst hat sie mich machen lassen, aber dann ging sie nieder. Sie hat sich gewehrt, und ich kriegte Mattscheibe. Ich glaube nicht, daß ich das war, der das getan hat. Aber als ich fertig war und aufstand, bin ich weggerannt.«

Gleich darauf stritt er alles ab und wurde ganz bestürzt. »Ich habe sie überhaupt nicht angefaßt. Warum soll ich die Schuld dafür kriegen? Ich habe nicht mal mit Dawn gesprochen...«

Am Freitagmorgen wurden die Vernehmungen fortgesetzt. Als er Dawn verlassen habe, sei sie am Leben gewesen, behauptete er. Er habe nur die Nerven verloren.

»Was haben Sie getan, damit sie stillgehalten hat?«

»Das war, glaube ich, als ich mich auf sie legte.«

»Wo waren da Ihre Hände?«

»Auf ihren Armen.«

»Und als Sie auf ihr lagen – was haben Sie da gemacht?«

»Einfach mit ihr Spaß gemacht. Ich hab' ihr gesagt: ›Ich lasse dich nicht weggehen.‹ Da hat sie einfach gelacht. Ist richtig auf mir rumgekrabbelt.«

»Und was haben Sie dann getan?«

»Ich bin bis zu ihrem Gesicht hoch und hab auf ihrer Brust gesessen. Das war der entscheidende Moment. Ich saß ihr auf der Brust.«

»War das, bevor Sie ihr weh getan hatten oder danach?«

»Das war vorher.«

»Wie war Ihnen zumute, als sie sich nicht mehr bewegte?«

»Weiß ich nicht.«

»Nun kommen Sie schon. Erzählen Sie uns mehr.«

»Als ich merkte, daß sie nicht mehr ... O Scheiße, habe ich da gedacht, o mein Gott! Ich bin einfach aufgestanden und auf dem Pfad zurückgegangen. Ich dachte, sie hätte einen Herzanfall gekriegt oder so.«

»Wo hat das alles stattgefunden?«

»In der Nähe der Hecke am Graben. Ich kann mich nicht erinnern, weil ich weiß, daß ich es nicht gewesen bin. Darum kann ich mich nicht mit Sicherheit erinnern.«

Während einer späteren Vernehmung versuchte er, sich an mehr zu erinnern.

»Na ja, ich kam so weit, ihr meine Hände auf die Brust zu legen. Dann habe ich ihr unter den Rock gefaßt. Sie hat gesagt: ›Nein‹. Ich habe gedrückt. Sie fing an zu schreien. Ich habe ihr meine Hand über den Mund gelegt, damit sie aufhörte ... Dann lag sie still. Ich hab ihr bloß meine Hand richtig fest auf die Nase und den Mund gepreßt. Sie ist erstickt. Das ist alles in meinem Gedächtnis. Ich konnte sie nicht liegenlassen, wo sie war, und deshalb habe ich sie versteckt.«

»Wie haben Sie sie versteckt?«

»Mit einer Menge Dornenzweige unter einer Hecke.«

»Wie haben Sie sie zurückgelassen? In welcher Körperstellung?«

»Auf der Brust.«

»Wie? Auf dem Bauch, auf der Seite, auf dem Rücken liegend?«

»Auf der Seite.«

Bei weiterem Befragen erläuterte er, wie er Dawn die Finger um die Kehle gedrückt hatte, damit es so aussah, als ob sie erwürgt worden sei. Dann zog er ihr den Schlüpfer aus und hatte mit ihr Geschlechtsverkehr. Anschließend hob er sie über den Zaun und versteckte ihre Leiche.

Im Laufe der nächsten Vernehmungen wurde der Essensträger wiederholt nach den Einzelheiten befragt – wie er sich Dawn genähert und sie tätlich angegriffen hatte.

»Wie haben Sie sie zu Boden geworfen?«

»Ich habe meine Füße hinter sie gestellt und sie gestoßen.«

»Vor einigen Minuten haben Sie behauptet, daß Sie da bereits durchs Tor hindurch und auf dem Feld gewesen seien.«

»Das war ein Irrtum, echt.«

»Wo haben Sie all das getan? Auf dem Fußweg oder auf dem Feld?«

»Im Torrahmen.«

»Wenn Sie sagen, daß Sie ihr den Schlüpfer ausgezogen haben – haben Sie ihn ihr gleich sofort ausgezogen?«

»Ja.«

»Was haben Sie mit dem Schlüpfer gemacht?«

»Weiß ich nicht. Einfach weggeschmissen.«

»Aber Sie haben doch gerade geschildert, wie Sie ihn ihr wieder angezogen haben.«

»Ich habe ihr alles wieder angezogen. Den Rock. Den BH. Die Bluse. Alles festgesteckt und das war's ...«

»In welcher Weise waren Sie grob zu ihr?«

»Weiß ich nicht.«

»Sagen Sie mir's einfach.«

»Ich habe sie geschlagen.«

»Womit haben Sie sie geschlagen?«

»Damit.« Er hob die Faust.

»Wohin?«

»Ins Gesicht. Hierhin, in die Kinngegend.«

»In die Kinngegend?«

»Glaube ich schon, jawohl. Ich habe sie auf den Mund geschlagen.«

»Haben Sie noch etwas anderes getan?«

»Ich habe sie bloß dreimal geschlagen.«

»Geschah das, bevor Sie sich an ihr vergingen?«

»Ja.«

»War das, weil sie nicht wollte?«

»Ja.«

Gegen Ende der Vernehmung wurde der Essensträger gebeten, noch einmal zu erklären, warum er Dawn ermordet hatte.

»... sie geriet in Panik, und da habe ich mir gedacht: Wenn ich sie leben lasse, wird sie's ihrer Mum und ihrem Dad erzählen, und dann sitze ich in der Tinte. Also habe ich ihr meine Hand über den Mund gelegt und sie mit der andern Hand befingert. Ich habe ihr den Schlüpfer ausgezogen und hatte Sex mit ihr und begrub sie und das ist alles, woran ich mich erinnern kann. Ich bin gleich auf dem Weg zurückgegangen.«

Auf den ersten Blick klangen die Geständnisse des Teenagers überzeugend und schlüssig; doch seine Antworten waren durch ständiges Leugnen und viele Kehrtwendungen unterbrochen. Gleichzeitig machte er mir nicht den Eindruck, vorsätzlich täuschen oder sich eine Verteidigung zurechtlegen zu wollen; der Essensträger redete einfach – oft ziellos – drauflos.

Ich konnte verstehen, warum David Baker besorgt war. Der Teenager besaß – aus welchem Grunde auch immer – bemerkenswerte Kenntnisse über den Ort, die Verletzungen und die Vorgehensweise beim Verstecken von Dawns Leiche – Details, die größtenteils nie publik gemacht worden waren.

Es gab vier Möglichkeiten. Erstens: Der Essensträger hatte einfach alles erfunden, und durch einen erstaunlichen Zufall waren seine Phantastereien oder Lügen so richtig gewesen, daß es zur Mordanklage führte. Zweitens: Die Polizei hatte ihm diese Details unwissentlich vermittelt. Drittens: Er war Partner eines Mordes mit zwei Tätern, hatte aber kein Sperma oder forensisches

Beweismaterial am Schauplatz hinterlassen. Und viertens: Er war Augenzeuge des Geschehens gewesen.

Die erste Option war einfach zu weit hergeholt. Falls er eine Menge unzutreffender Einzelheiten erwähnt und darunter auch einige wenige Details geliefert hätte, die sich als richtig erwiesen, dann hätte ich diese Möglichkeit wahrscheinlich für eher bedenkenswert gehalten.

Nach dem Abhören der Tonbänder war mir ebenso klar, daß die Polizei ihm keine Informationen geliefert hatte, und trotz ihrer offensichtlichen Frustration wegen seiner sprunghaften, unberechenbaren Antworten gab es auch keinerlei Anzeichen dafür, daß sie ihn unter Druck gesetzt oder eingeschüchtert hatten.

Meine psychologische Analyse der beiden Verbrechen hatte einen Einzeltäter nahegelegt; damit war die Möglichkeit ausgeklammert, daß der Essensträger Teilhaber am Mord war. So blieb denn nur die vierte Alternative: War er Augenzeuge der Tat gewesen, oder hatte er die Leiche später zufällig entdeckt? Es war an der Zeit, Ten Pound Lane ein weiteres Mal in Augenschein zu nehmen.

Ich parkte meinen Wagen abseits der King Edward Avenue und schritt Dawns letzten Gang auf dem zerfurchten Feldweg noch einmal ab. Diesmal hatte ich daran gedacht, meine Gummistiefel mitzubringen, obwohl mir der Hang auf Grund ihres zusätzlichen Gewichts steiler vorkam. Ich ging die ganze Strecke ab und wandte mich dann nach rechts in Richtung der Fußgängerbrücke über die Autobahn. Gelegentlich blieb ich stehen und drehte mich um, um den Gesichtskreis zu überprüfen und mich zu vergewissern, wo das Tor und ein ganz bestimmter Teil des Fußwegs aus dem Blickfeld verschwand. Doch wer sich an diesem Nachmittag auf dem Fußweg aufgehalten hätte, der hätte auch sehen können, was geschah.

Näher bei der Fußgängerbrücke stellte ich mich in den Winkel eines Feldes und blickte zum Ten Pound Lane hinüber. Von meinem höhergelegenen Standort aus konnte ich die Stelle, wo Dawns Leiche gefunden worden war, wie auch die Stelle, wo der Mörder sie höchstwahrscheinlich angesprochen hatte, deutlich sehen. Jemand, der hinter der Hecke kauerte oder darin saß, könnte das Geschehen durchaus heimlich beobachtet haben.

Warum würde er aber behaupten, sie angefaßt zu haben? Und wäre sein Aussichtspunkt nah genug gewesen für die Beobachtung, daß Dawn der Schlüpfer ausgezogen und sie auf der Seite liegend zurückgelassen worden war?

Das waren Fragen, auf welche die Tonbänder keine Antwort geben konnten.

Ein paar Tage vor Weihnachten erstattete ich David Baker und Tony Painter Bericht. Ich war mir nicht sicher, ob ich ihnen – aus ihrer Sicht – gute oder schlechte Nachrichten brachte. Bevor ich meine Arbeit aufnahm, waren sie ziemlich zuversichtlich gewesen, daß die Vernehmungsbeamten die Erinnerungen des Essensträgers nicht beeinflußt und ihn nicht unter Druck gesetzt hatten.

»Ist dieser Junge unschuldig, oder ist er ein Mittäter?« fragte Baker.

»So eindeutig sind die Dinge nicht«, erwiderte ich. »Jedenfalls wurde er während der Vernehmungen weder mit Informationen gespeist noch unter Druck gesetzt, um ein falsches Geständnis abzugeben – falls Sie das meinen.«

»Dann muß er also dort gewesen sein?«

»Durchaus denkbar. Ich glaube, daß er möglicherweise beobachtet hat, was dort vorging.«

»Herrjemine!« Painter schüttelte den Kopf.

»Das erklärt auch die Unterschiede bei seinen Aussagen zu Dawn Ashworth und Lynda Mann. Bei der einen war er bemerkenswert genau, und bei der anderen schien er gar nichts zu wissen. Daraus läßt sich folgern, daß er an dem ersten Mord nicht beteiligt war.«

Baker nickte und schob seinen Stuhl zurück. »Also müssen wir weiter nach dem Mörder suchen.«

»Das fürchte ich auch.«

Er stand auf. »Na schön, wir machen der Sache jetzt ein Ende, ein für allemal. Wenn die moderne Technologie diesen Jungen für unschuldig befinden kann, dann soll die Technologie uns auch zeigen, wer der wahre Täter ist.«

»Was wollen Sie damit sagen?«

»Wir werden den Mann finden, der das Sperma vergossen hat.«

Baker erklärte, er habe Erlaubnis bekommen, mit allen in Narborough, Enderby und Littlethorpe wohnhaften Männern freiwillige Bluttests durchzuführen. Die Altersgruppe würde sämtliche Männer umfassen, die zum Zeitpunkt von Lyndas Ermordung zwischen 14 und 34 Jahren alt waren; außerdem sollten alle Männer ohne Alibi berücksichtigt werden, die während der vorausgegangenen fünf Jahre in einem dieser drei Dörfer gelebt oder gearbeitet hatten oder in irgendeiner anderen Beziehung dazu standen, einschließlich der Patienten des Carlton Hayes Hospital.

Auf die Kühnheit des Plans war ich nicht vorbereitet. Vor dem Fall Bostock hatte niemand bei Ermittlungen je einen Psychologen hinzugezogen und beauftragt, das Profil eines Mörders zu entwickeln, doch Baker hatte sich für solch eine Chance aufgeschlossen gezeigt und Pionierarbeit geleistet. Nun unternahm er eine einzigartige Aktion, um die DNS von Tausenden Menschen testen zu lassen.

»Das muß selbstverständlich auf freiwilliger Basis durchgeführt werden«, betonte Baker. »Wir schicken allen Männern einen Brief, in dem wir sie bitten, Blut- und Speichelproben abzugeben, damit wir sie bei unseren Ermittlungen ausschließen können.«

Das könnte klappen, dachte ich, als ich die Konsequenzen erwog. Die Sache war brillant durchdacht. Wir alle waren der Überzeugung, daß ein Einheimischer oder jemand, der in den letzten Jahren hier gelebt hatte, der Mörder war. Die meisten Männer würden bereitwillig mitmachen und sich damit automatisch aus den Ermittlungen eliminieren. Wer sich weigerte, würde einer genaueren Überprüfung unterzogen werden, und die Zahl der möglichen Verdächtigen wäre drastisch reduziert.

»Und was ist, wenn nun jemand für ihn den Test macht?« dachte ich laut.

»Wir werden einen Identitätsnachweis verlangen. Das schließt die Möglichkeit einer Panne nicht aus, wird aber hoffentlich reichen.«

»Falls jemand den Test an seiner Statt machen sollte«, sagte ich, »wird es herauskommen. Er wird es auf die Dauer nicht für sich behalten können. Schon gar nicht, wenn die Tests in den Nachrichten bleiben.«

Am 2. Janur 1987 wurde die Sache publik. Der *Leicester Mercury* brachte die Schlagzeile: MÖRDERSUCHE: BLUT-TESTS FÜR 2 000. Die überregionale Presse griff sie rasch auf. Aus London reisten Journalisten an, um über die Operation zu berichten, denen sich bald Reporter aus aller Welt anschließen sollten.

Es wurden zwei Testlokale eingerichtet, in Enderby in der Danemill School und in Narborough im Blaby District Council. Danach wurden Briefe an alle in den drei Dörfern ansässigen Männer geschickt, die zwischen dem 1. Januar 1953 und dem 1. Januar 1970 geboren waren. Die Testlokale waren an drei Tagen in der Woche jeweils morgens und abends geöffnet.

Die Blut- und Speichelproben wurden von Polizeiärzten abgenommen und beim Labor des East Midlands Forensic Center in Huntingdon und bei der zentralen Forschungsstelle des Innenministeriums eingesandt.

Die erste Probe wurde am 5. Januar abgenommen. Bis Ende des Monats hatten sich 1 000 Männer den Tests unterzogen. Die Laboratorien gaben sich Mühe, Schritt zu halten, kamen jedoch bald in Verzug. Die »zweimonatige Operation« erwies sich allmählich als ernsthaft fehlkalkuliert. Sie würde um Monate länger dauern und riesige Kosten verursachen.

Als Positivum war die Tatsache zu verzeichnen, daß sich neunzig Prozent der Briefempfänger meldeten. Die Männer reagierten aus einem echten, freiwilligen Engagement heraus, denn es bestand ja keinerlei gesetzliche Notwendigkeit – ein Zeichen, wie stark den Gemeinden an der Festnahme des Mörders gelegen war. Alle Männer, die auf die Briefe nicht geantwortet hatten, wurden genauer unter die Lupe genommen; zu Beginn waren allerdings viele Beamte der Mordkommission auf der Jagd nach Männern, die aus der Umgebung verzogen waren, kreuz und quer im ganzen Land unterwegs.

In den Medien bekamen die Tests den Namen »The Bloodings« – ein Ausdruck aus dem Jagdwesen für die Gepflogenheit, der Meute unmittelbar vor der Jagd einen Vorgeschmack von Blut zu geben. Meine Mitarbeit an dem Fall war beendet; ich erfuhr aber gelegentlich Neues aus Zeitungen und Fernsehberichten. Ich wußte: Mit den wachsenden Kosten der Operation gerieten Baker und sein Team zunehmend unter Druck.

Unter den Tausenden von Männern, die im Laufe der Ermittlungen verhört und protokolliert wurden, befand sich auch Colin Pitchfork, ein 55jähriger Bäcker, der einige Wochen nach dem Fund von Lynda Manns Leiche aus Leicester nach Littlethorpe in eine neue Wohnsiedlung umgezogen war.

Als man ihn über den Abend, als Lynda verschwunden war, befragte, sagte Pitchfork, daß er seine Frau Carole um 18 Uhr in Leicester bei einer Abendschule abgesetzt habe und dann nach Hause gefahren sei, um den drei Monate alten Sohn zu hüten, bis er Carole nach Unterrichtsschluß um 21 Uhr wieder abholte. Das hieß: Er war für den entscheidenden Zeitraum ohne Alibi. Weil er aber zur Zeit des Mordes nicht in der Umgebung wohnte und es für unwahrscheinlich gehalten wurde, daß der Mörder ein Baby mitgenommen hatte, wurde er nicht als vorrangig Verdächtiger eingestuft.

Es waren Tausende von Namen im Computer gespeichert. Jeder einzelne Name bekam eine Klassifizierung und wurde unter verschiedenen Kategorien aufgeführt – nach Alter, Adresse, kriminellem Hintergrund, Alibi und der Art der Verbindung zur Region, beispielsweise ob er zum Besuch von Verwandten oder zu einem Krankenhaustermin angereist war.

Die Verwendung von Computern bei strafrechtlichen Ermittlungen war in England noch relativ neu, so daß es große Mühe machte, Namen und bedeutsame Fakten mit Kreuz- und Querverweisen zu versehen und festzustellen, ob sie im Rahmen der Ermittlungen mehrfach auftauchten. Aus diesem Grunde erregte Pitchfork keine Aufmerksamkeit, obwohl sein Name schließlich in drei verschiedenen Registern erschien: auf der Einwohnerliste, der Liste von Männern mit früheren Sittlichkeitsdelikten und der Liste der ambulant behandelten Patienten von Carlton Hayes; nach dort hatte ihn 1980 ein Richter wegen Erregung öffentlichen Ärgernisses überwiesen.

Er arbeitete seit seinem 16. Lebensjahr bei der Hampshires Bakery in Leicester und hatte mit neunzehn seine künftige Frau Carole kennengelernt, als beide freiwillig im Dr. Barnados Children's Home in Leicester mithalfen. Nach der Geburt des Sohnes im August 1983 wollte Carole unbedingt aus der Stadt wegziehen und entschied sich für Littlethorpe, weil ihr Vater in Narborough wohnte.

Im Januar 1987 wurde eine Aufforderung zum Bluttest an Pitchfork geschickt, der, als er sich nicht meldete, zwei Wochen später eine Mahnung folgte. Bevor diese Säumnis irgendeine gründlichere Überprüfung auslöste, ließ er sich am Dienstag, dem 27. Januar, abends in der Danemill School eine Blut- und Speichelprobe abnehmen. Er wies sich mit Reisepaß und Führerschein aus.

Nach geraumer Zeit traf in dem Haus in Haybarn Close ein Schreiben mit der Bestätigung ein, daß das Ergebnis von Colin Pitchforks Testuntersuchung negativ sei; und damit war er bei den Mordermittlungen als Verdächtiger ausgeschieden.

Bis April hatte die Mordkommission fast 4 000 Männern und Jungen Blut und Speichelproben abgenommen; die Resultate ließen allerdings auf sich warten. Die Resonanzrate lag – weit über Erwartung – bei 98 Prozent, doch die Liste der möglichen Probenspender wuchs noch immer an, und die Kosten kletterten in die Höhe.

Die Operation wurde während des Sommers fortgesetzt. Mobile Testeinheiten besuchten Wohnsiedlungen und Fabriken, doch unterdessen wurde die Sonderkommission bereits verkleinert, und in der Presse wurden Fragen laut, ob das Ganze nicht vielleicht eine kostspielige Verschwendung von polizeilichen Ressourcen und von Steuermitteln gewesen sei.

David Baker hatte einen Durchbruch verdient, und der kam am 1. August, als ein 24jähriger Gehilfe der Hampshires Bakery namens Ian Kelly in einem Pub in Leicester mit Arbeitskollegen beisammen war und ein bißchen trank und das Gespräch auf Colin Pitchfork kam.

»Colin hat mich diesen Bluttest für ihn machen lassen«, sagte Kelly.

»Was für einen Test?«

»Den Test für die Mordermittlungen.«

Kelly erzählte, daß Pitchfork ihn sich geschnappt und ihm eine Lügengeschichte aufgetischt hatte – er habe den Test schon für jemand anders gemacht, einen Freund, der in jüngeren Jahren Schwierigkeiten bekommen hatte, weil er als Exhibitionist erwischt worden war. Pitchfork erklärte, daß er selbst zum Zeitpunkt des ersten Mordes nicht im Dorf gewohnt habe und deswegen davon ausgegangen sei, daß die Polizei sich nicht die Mühe machen würde, ihn zu testen.

Sechs Wochen später erwähnte ein leitender Angestellter der Bäckerei, der das Gespräch mitgehört hatte, die Geschichte gegenüber einem Ortspolizisten. Die Information wurde an die Mordkommission weitergeleitet und ein Vergleich der Unterschriften Pitchforks vom polizeilichen Hausbesuch und beim Bluttest gemacht – sie stimmten nicht überein.

Kelly wurde am Samstag, dem 19. September, in seiner Wohnung verhaftet; er brach sofort zusammen und gestand, an Stelle von Pitchfork eine Blutprobe abgegeben zu haben. Kelly erläuterte, wie Colin das eigene Foto aus seinem Reisepaß herausgeschnitten und durch eines von Kelly ersetzt und ihn dann zu der Schule gefahren und draußen gewartet hatte, während die Proben abgenommen wurden.

Während Kelly wegen Verabredung zur Rechtsbehinderung angeklagt wurde, trafen bei dem Haus in Hayborn Close Polizeibeamte ein und nahmen Colin Pitchfork um 17.45 Uhr in Haft. Ein Polizist las ihm seine Rechte vor und fragte anschließend: »Warum ausgerechnet Dawn Ashworth?«

Der Bäcker zuckte mit den Schultern. »Weil es eine Gelegenheit war. Sie war da, und ich war da.«

Da ich bei den Ermittlungen, an denen ich mitarbeite, keine offizielle Funktion habe, ist es keineswegs ungewöhnlich, daß ich das Endergebnis nicht erfahre. In diesem Fall habe ich erst Monate später von den Einzelheiten der Verhaftung und Vernehmung Pitchforks gehört. David Baker lud mich zu einem Diner der Polizeioffiziere von Leicestershire ein – einer Art Betriebsausflug für die hohen Tiere, der mehrmals jährlich stattfindet.

Pitchforks Geständnis wurde als »eiskalt« bezeichnet; er habe keinerlei Anzeichen von Reue gezeigt. Er hatte seine Frau am 21. November 1983 zum College gebracht und war anschließend in der Gegend herumgefahren – auf der Suche nach Mädchen, vor denen er sich entblößen konnte. Der kleine Sohn lag in einer Säuglingstragetasche auf dem Rücksitz. Pitchfork fuhr von Leicester nach Narborough und bog dann auf die Forest Road neben Carlton Hayes ein.

Er fuhr an Lynda vorbei, die zu Fuß in Richtung Enderby ging, und stellte sein Auto dann in der Zufahrt des Woodlands Day Hospital ab. Er wartete unter einer Straßenlampe, als Lynda näherkam. Als er sich entblößte, hatte er damit gerechnet, daß sie in Richtung Enderby weglaufen würde; statt dessen rannte Lynda aber wieder auf The Black Pad zu und zurück in die Dunkelheit.

Pitchfork gestand: »Das ist genau der Punkt, den ich beim Exhibitionismus nicht verstehe. Es kommt in hundert Fällen einmal vor, da stößt man auf ein Mädchen, das den Kopf verliert und schreit, und muß blitzschnell verschwinden. Aber alle anderen gehn an dir vorbei. Gehn einfach an dir vorbei und ignorieren dich. Doch sie hat sich umgedreht und ist auf einen dunklen Fußweg gerannt. Sie hat sich selbst in die Klemme gebracht ... ihre beiden großen Fehler waren einmal, auf den Weg zu rennen, und dann zu sagen: ›Und Ihre Frau?‹ Sie hatte meinen Ehering gesehen.«

Lynda, so erzählte er, hatte versucht, ihn zu überreden, sie nicht zu vergewaltigen. Sie zog sich zum Teil aus, sie hatte viel zu große Angst, um zu schreien oder sich zu wehren. Pitchfork behauptete, er sei voll in sie eingedrungen und wütend geworden, weil sie Andeutungen machte, daß er vorzeitig ejakuliert habe. Er berichtete außerdem, daß er mit dem Erwürgen angefangen habe, als er noch in ihr war – was durch die faktischen Befunde nicht bestätigt wurde, wahrscheinlich jedoch ein wichtiger Aspekt seiner Phantasievorstellungen war.

Dawn Ashworth war Pitchfork aufgefallen, als er mit dem Motorrad unterwegs war, um Zutaten für einen Kuchen einzukaufen. Sie hatte gerade die King Edward Avenue überquert und betrat den Ten Pound Lane. Er stelle sein Motorrad ab und ging ihr nach.

»Kein Mensch hat mich bemerkt. Sie haben eine Menge andere Leute gesehen, nehm' ich mal an, aber mich nicht. Obwohl es heller Tag war. Ich trug Jeans, Pullover und einen dunkelgrünen Parka aus Nylon.«

Er folgte ihr auf dem Weg und rannte, um sie einzuholen. Er machte kehrt, drückte Dawn zum Feldtor, legte ihr eine Hand über den Mund und schob sie aufs Feld. Das Tor war offen.

Pitchfork ignorierte ihr Flehen, sie nicht zu vergewaltigen. Anschließend setzte sie sich auf und sagte: »Sind Sie fertig? Darf ich jetzt gehen? Ich werde niemandem etwas sagen. Bitte. Ehrlich. Gehn Sie einfach weg, und lassen Sie mich in Ruhe. Bitte.«

Dann erwürgte er sie, indem er ihr von hinten den Unterarm auf die Kehle preßte.

Ganz gleich, wie die Fragen gestellt wurden – während der Vernehmungen bestritt Pitchfork eisern, Dawn vergewaltigt zu haben. Er schilderte seine Gewalttat mit allen Details, bestand aber darauf, daß er sie nach dem Tod nicht angefaßt und sich auch wenig Mühe gegeben habe, ihre Leiche zu verstecken. Diese beiden Behauptungen deckten sich nicht mit dem Zustand, in dem Dawn gefunden wurde, und auch nicht mit den Verletzungen, die sie erlitten hatte. Für Baker waren die Widersprüchlichkeiten ein Rätsel geblieben, und da gibt es auch heute noch Fragezeichen, doch an diesem Abend hob er glücklich und zufrieden sein Glas, um die Verhaftung des Mannes zu feiern, den er während der ganzen Ermittlung »Chummy« genannt hatte.

Ich hatte mir gewünscht, die Methoden der polizeilichen Ermittlungstätigkeit zu erlernen oder zumindest einen Überblick darüber zu gewinnen; Baker hatte ihn mir verschafft, und das auf brillante Weise. Ich glaube, niemand sonst hätte das Gebiet derart anschaulich darstellen und so verständlich erklären können. Dennoch mußte er in einem Punkt Abbitte tun.

»Es gab da einen Ratschlag von Ihnen, den ich nicht ausreichend gewürdigt habe«, sagte er. »Sie hatten mir erklärt, daß der Mörder in der Vergangenheit geringfügige Sittlichkeitsdelikte begangen haben müßte. Ich hab' das nicht ernst genommen. Aber Sie hatten recht.«

5

Im August 1988 traf in der Zentrale von Pedigree Pet Foods Ltd. in Melton Mowbray, Leicester, ein maschinenschriftlicher Brief ein, der an den Geschäftsführer, Mr. John Simmens, adressiert und an einer Dose Hundefutter befestigt war, die äußerlich nicht anders aussah als die Millionen anderer solcher Dosen, die Jahr für Jahr in den Geschäften verkauft werden, oder jene, die in meiner eigenen Speisekammer gestapelt sind.

Dieses ist eine Aufforderung an Pedigree Pet Foods, pro Jahr 100 000 Pfund Sterling zu zahlen und damit zu verhüten, daß die Produkte der Firma mit toxischen Substanzen versetzt werden.

Der Inhalt der Begleitdose mit »Pedigree Chum« ist mit toxischen Chemikalien untermischt worden. Diese Chemikalien wurden für diesen Zweck ausgesucht, weil sie farb- und geruchlos sowie hochgiftig sind und sich von einem Haustierhalter vor dem Füttern praktisch nicht feststellen lassen.

Wenn die Zahlung seitens der Firma Pedigree Pet Foods of Mars Limited ausbleibt, wird eine große Anzahl ähnlich kontaminierter Dosen in Einzelhandelsregalen in ganz Großbritannien auftauchen.

Zunächst wird lediglich »Pedigree Chum«-Hundefutter vergiftet. Wenn der Verkauf dieses Produkts gesunken ist, wird, falls die Zahlung nicht eingegangen ist, ein weiteres Produkt sabotiert. Dieses Verfahren wird so lange wiederholt, bis die Zahlung schließlich erfolgt oder Ihr Unternehmen am Ende ist. Sein Schicksal wird dann anderen Herstellern von Heimtiernahrung ein warnendes Beispiel sein ...

Obwohl ich es damals nicht wußte, ist fast jede bedeutende Hersteller- und Einzelhandelsfirma gelegentlichen bösen Briefen oder krassen Versuchen finanzieller Erpressung ausgesetzt. Entlassene

Angestellte, erboste Kunden, unterdrückte Lieferanten, neidische Konkurrenzfirmen – es gibt viele Motive, doch selten sind die Drohungen ernst zu nehmen.

Diesmal war das mitgeschickte Produkt aber aufgeschnitten, mit Gift versetzt und so wieder versiegelt worden, daß das Etikett die Schnittstelle verdeckte. Das Ganze war so geschickt ausgeführt worden und so gut getarnt, daß niemand Verdacht geschöpft hätte.

Der Erpresserbrief kündigte an, daß landesweit täglich in fünf Supermärkten kontaminierte Dosen plaziert und die Medien mit verschlüsselten Anrufen darüber informiert werden würden. Es sollten insgesamt 500 000 Pfund in Raten von 100 000 Pfund auf Konten bei mehreren, noch zu nennenden Bausparkassen überwiesen werden.

»Falls Ihr Unternehmen zu den Zahlungen bereit ist, wird es unter den privaten Kleinanzeigen des ›Daily Telegraph‹ eine Anzeige mit dem Text schalten: ›Sandra, herzlichen Glückwunsch, mein Schatz. Ich liebe dich, John‹«, hieß es in dem Brief.

»Sandra und John« sollten von Pedigree als Decknamen verwendet werden, während der Erpresser in allen Briefen und Anrufen »Romeo und Julia« benutzen wollte. Er setzte eine Frist: den 1. Dezember 1988.

Ich war gerade beim Rasenmähen, als David Baker anrief, und reagierte bedrückt. Ich hatte Baker wirklich gern, doch schon sein Name rief Vorstellungen von brutalen Verbrechen in mir wach. Bei aller Hilfsbereitschaft konnte ich nicht behaupten, daß mir solche Engagements auch nur das kleinste bißchen Spaß machten, außer dem Ende, wenn ich das Ganze dann vergessen durfte.

Möglicherweise spürte Baker meine innere Unruhe, weil er nämlich gleich erwähnte, daß diesmal niemand umgebracht oder vergewaltigt worden sei. Dennoch, das Dringliche der Angelegenheit klang in seiner Stimme durch. Ich traf ihn am nächsten Morgen in seinem Büro.

»Drei Fragen, Paul«, sagte er, während er unter den Papieren auf seinem Schreibtisch nach einer Kopie des Erpresserbriefs suchte. »Erstens: Ist das ernst zu nehmen? Zweitens: Was können Sie uns über die Person sagen, die das verbrochen hat? Drittens: Welche Optionen stehen uns offen?«

Am Tisch mir gegenüber saß neben Baker, Ian Leacy und Detective Inspector Tim Garner der für Verbrechensbekämpfung zuständige Assistant Chief Constable Malcolm Cairns. Ich war von der Interaktion der Polizeioffiziere fasziniert. Die Polizei hat eine zwar flexible, doch ausgesprochen autoritäre Hierarchie. Man kann gleich beim Eintreten sofort erkennen, wer im Raum der ranghöchste Offizier ist, weil er von allen übrigen mit Sir, Boss oder Guv [Kurzform für Governor] angeredet wird.

In diesem Fall war Malcolm Cairns als Assistant Chief Constable Bakers Vorgesetzter, doch mehr Stratege und Administrator als ein besonders erfahrener Kriminalpolizist. Er hatte weder Bakers Einblick noch sein Know-how; trotzdem mußte ihm der Eindruck vermittelt werden, daß er die Konferenz leitete. Es war eine heikle Angelegenheit.

Die Anwesenheit von Cairns signalisierte automatisch, daß es hier um einen besonderen Fall ging, was mich eigenartig berührte, da es hier doch keinen Toten gab und kein Mörder auf freiem Fuße war. Dann aber wurde mir bewußt, daß bei einem Mordfall die Vorstellung überwiegt, das Schlimmste sei bereits passiert – das Verbrechen ist schon begangen und muß nun aufgeklärt werden –, wohingegen der Erpressungsversuch eine Dringlichkeit besaß, weil er fortgesetzt wurde.

Baker schob mir den Erpresserbrief über den Tisch. Ich analysierte Sprache und Satzbau. Es gibt Techniken, mit denen man das Niveau der Schreib- und Lesefähigkeit des Verfassers einschätzen kann; das Layout und der Aufbau eines Textes lassen Rückschlüsse darauf zu, ob der Schreiber aus einem bestimmten Umfeld kommt, weil sie einen spezifischen Stil reflektieren – so, wie beispielsweise ich feststellen muß, daß sich meine Privatbriefe allmählich wie juristische Dokumente lesen, wenn ich gerade an einer Serie von psychologischen Gerichtsgutachten sitze.

»Ist das ein Spinner oder ein gefährlicher Verrückter?« fragte Cairns. »Sollten wir die Drohung ernst nehmen?«

In Anbetracht der Durchdachtheit des Briefes konnte ich an dem Schreiber absolut nichts »Verrücktes« entdecken. Es gab keinerlei Anzeichen von psychologischer Wirrheit; von Fanatismus, wie er sich im Zusammenhang mit gewissen politischen oder antikapitalistischen Themen und Tönen äußert; von klangassoziativem Schreiben, bei dem anstatt des Sinnzusammenhangs eines Satzes das vorausgegangene Wort den Reiz für das Folgewort auslöst. Wenn psychisch kranke Menschen etwas schreiben, kommt es, je nach Art und Schwere der Erkrankung, häufig vor, daß sie mit einem bestimmten Argument beginnen, das dann verlorengeht, weil beim Weiterschreiben das nächste Wort oder der nächste Satzteil nur noch durch das unmittelbar Vorausgegangene determiniert wird.

»Angesichts der Größe des Unternehmens ist die Summe angemessen und realistisch«, sagte ich, als ich die Forderung von 500 000 Pfund sah. »Weder lächerlich hoch noch so klein, daß der Planungsaufwand und das damit verbundene Risiko unsinnig wäre. Was wissen Sie über das Papier?«

»Eine Sorte, die überall erhältlich ist. Der Brief wurde fotokopiert. Ich glaube daher nicht, daß wir Fingerabdrücke finden. Die Marke der verwendeten Schreibmaschine werden wir in wenigen Tagen wissen.«

All das deutete darauf hin, daß der Erpresser eine Kenntnis des polizeilichen Ermittlungsverfahrens besaß. Er hatte auch recherchiert; denn der Brief war namentlich an John Simmens gerichtet und nicht einfach an einen »leitenden Manager« oder »den Geschäftsführer«.

Die vergiftete Dose befand sich noch im Polizeilabor; es war jedoch unwahrscheinlich, daß der Giftstoff im Laufe des Produktionsprozesses beigemischt worden war. Nein, das Produkt war gekauft und dann von jemandem verfälscht worden, der wußte, wie man mit einem Lötkolben umgeht und ein Etikett ablöst oder über Dampf entfernt. Das Ganze enthielt die unmißverständliche Botschaft: »Dies ist kein Spiel, ich meine es ernst, Sie sind gewarnt worden.«

Ich nahm eine Kopie des Briefes und meine Notizen mit und versprach, mir über die Sache Gedanken zu machen. Da gab es nicht viele Anhaltspunkte, doch die Chance, daß ich mehr erfahren würde, wenn der Erpresser seine Drohungen wahr machte.

Geheimhaltung war natürlich essentiell. Ich erwähnte die Drohung gegenüber niemandem, nicht einmal vor Marylin, obwohl das peinlich wurde, als sie mich dabei ertappte, wie ich in der Speisekammer »Pedigree Chum«-Konserven aus den Regalen nahm.

»Was machst du da?«

»Ach, nichts von Bedeutung.«

»Also, was ist los?«

»Wir wechseln einfach mal eine Zeitlang die Marke. Das ist alles. Kein Problem.«

Zwei Tage später führte ich im Polizeipräsidium von Leicester die psychologischen Erkennungsmerkmale des Erpressers auf. Intellektuell war er normal oder überdurchschnittlich, er hatte Oberschulbildung, wahrscheinlich aber nicht studiert. Das ließ sich aus dem Aufbau des Briefes und der verwendeten Sprache klar und deutlich ablesen.

Das Unterfangen ließ Sorgfalt und Vorplanung sowie Hartnäkkigkeit erkennen. Da hatte sich jemand die Zeit genommen, mit dem Aufschneiden und Wiederversiegeln der Dose zu experimentieren, bis es genau klappte. Das deutete auf einen reiferen Mann hin – jemanden, der für das erforderliche Planen und Recherchieren die nötige Geduld besaß; jemanden, der etwas von kriminalistischen Methoden verstand.

Alle die Autorenschaft betreffenden Aspekte deuteten darauf hin, daß es sich nicht um Gruppenarbeit handelte: Vokabular und Aufbau hatten eine Einheitlichkeit, die die Mitarbeit mehrerer Personen am Text eigentlich ausschloß. Im übrigen wird eine solche Operation um so riskanter, je mehr Personen daran beteiligt sind.

»Das Hauptmotiv ist Habgier. Soviel ist klar. Mag sein, daß er an dem Spiel auch seinen Spaß hat. Aber ausschmücken oder unnötig komplizieren tut er nichts.«

Im Anschluß an meine Ausführungen fragte mich Baker, ob ich bereit wäre, dem Krisenmanagement-Team als Strategieberater anzugehören. Das war ein bedeutender weiterer Schritt. Als ich fünf Jahre zuvor das erste psychologische Gutachten für Baker erstellt hatte – eine Persönlichkeitsanalyse des Mörders von Caroline Osborne –, ging es ihm lediglich darum zu verstehen, mit wem er es zu tun hatte. Nun wurde anerkannt, daß ein psychologisches Gutachten mehr zu leisten vermochte, als aufzudekken, was für ein Mensch jemand war – daß es für eine Vorhersage der nächsten Schritte dieses Menschen hilfreich sein konnte.

Anschließend wurde das Krisenmanagement-Team der Firma Pedigree hereingeholt. Der äußerst weltgewandte, höfliche John Simmens saß in der Mitte, flankiert von einem PR-Direktor, der uns alle reihum beflissen mit Handschlag begrüßte, und einem

Juristen der Konzernleitung, der potentiell sicher am meisten zu sagen hatte.

Mir wurde gleich zu Beginn klar, daß Pedigree andere Prioritäten verfolgte als die Polizei. Für Baker und sein Team bestand das Allerwichtigste darin, die Bevölkerung zu schützen und den Erpresser zu fassen. Den Unternehmensvertretern lag selbstverständlich auch daran, die Bevölkerung vor Schaden zu bewahren. Darüber hinaus waren sie aber auch dem Aufsichtsrat und den Aktionären verantwortlich. Für sie lag der Gedanke an die wirtschaftlichen Konsequenzen stets dicht unter der Oberfläche.

Pedigree war eine Tochtergesellschaft des multinationalen Mars-Konzerns mit Konzernzentrale in den USA. Pedigree verfügte aber trotzdem über hinreichenden Handlungsfreiraum, um Entscheidungen zu treffen und rasch zu handeln, ohne in ausgedehnten Diskussionen mit der amerikanischen Zentrale steckenzubleiben. Das machte es leichter, eine Strategie umzusetzen und notfalls den eingeschlagenen Kurs abzuändern.

»Müssen wir die Drohung ernst nehmen?« fragte Simmens und kam damit gleich zum entscheidenden Punkt.

»Ja, sie ist ernst gemeint.«

»O.k. Was können wir tun?«

»Nun, da gibt es mehrere Möglichkeiten. Erste Priorität hat jedoch die Sorge, daß niemand Schaden nimmt.«

»Einverstanden«, sagte Simmens, »und wir wollen auch nicht, daß unsere Kunden in Panik ausbrechen.«

»Und deshalb brauchen wir eine Strategie«, folgerte Baker.

Simmens fragte, ob eine Wahrscheinlichkeit bestünde, daß der Erpresser verschwinde, wenn seine Forderungen einfach nicht beachtet würden.

»Ich glaube nicht«, antwortete ich.

»Von unserem Standpunkt aus wäre das im übrigen ein unzureichendes Ergebnis«, erklärte Baker. »Es läuft draußen jemand frei herum, der eine schwere Straftat begangen hat. Da stellt sich, falls er hier aufgeben sollte, doch die Frage: Wo wird er wieder auftauchen?«

Das Gespräch wandte sich dem Thema der Sicherheit und der möglichen Mittel zu, mit denen sich vermeiden ließ, daß eine vergiftete Dose im Verkauf landete. Pedigree und die Polizei hatten bereits mit den großen Einzelhandelsverbänden Kontakt aufgenommen, um Sicherheitsvorkehrungen für große Supermärkte zu erörtern. Leider gibt es da einen Konflikt zwischen dem Gesichtspunkt der Sicherheit und dem Wunsch, die Läden für den Einkauf attraktiv zu machen. Man kann ein Markenprodukt nicht unterm Ladentisch verstecken und dann erwarten, daß die Leute es verlangen – sie würden mißtrauisch werden.

»Nur mal angenommen«, sagte Simmens, »wir nehmen alle Dosen mit ›Pedigree Chum‹ aus den Regalen. Vielleicht ist ja auch nichts drin. Und was machen wir dann?«

Der PR-Mann schüttelte den Kopf. »Wir investieren jährlich Millionen, um unsere Produktmarken auf dem Markt durchzusetzen. Wir sind in einem extrem wettbewerbsbetonten Markt tätig, wo Kundenvertrauen und -treue essentiell sind. Wir könnten mit einem Schlag um Jahre zurückgeworfen werden. Wenn unser Produkt aus den Regalen geräumt wird, gehen die Kunden zu einer anderen Marke über. Sie haben ein langes Gedächtnis.«

»Es hat sowieso keinen Zweck, das Produkt aus den Regalen zu räumen«, wandte ich ein. »Falls Sie das tun, wird der Erpresser sich nämlich einfach ein anderes Markenprodukt von Ihnen vornehmen. So können Sie nicht gewinnen. Damit würden Sie seiner Erpressung nur Erfüllungshilfe leisten.«

Sie schienen erleichtert.

Der Jurist machte auf die möglichen Konsequenzen aufmerksam. »Falls er seine Drohungen wahrmacht und einer unserer Kunden seinen Hund verliert, werden wir einen Rückschlag erleben, weil wir Schweigen gewahrt haben.«

»Das ist genau der Grund, warum Sie das wirtschaftliche Risiko gegen das Risiko einer Vergiftung abwägen und dann eine Strategie entwickeln müssen, die alle Gesichtspunkte ausbalanciert«, sagte ich. »Wir müssen diesen Mann irgendwie daran hindern, seine Drohung wahrzumachen und ihn gleichzeitig aus seinem Versteck locken, damit die Polizei ihn fassen kann. Und dazu müssen wir mit ihm Kontakt herstellen und verhandeln.«

Es war ein Gedanke, der ihnen sichtliches Unbehagen verursachte.

»Momentan hat er die Spielinitiative. Sie müssen sich so verhalten, daß er auf dem Feld bleibt und ihn ganz langsam einkreisen. Geben Sie ihm zu verstehen, daß Sie kooperieren, daß es da aber Grenzen gibt – Einschränkungen, die nicht Sie treffen, sondern Dinge, die außerhalb Ihrer Kontrolle liegen. Sie werden seine Erwartungen nur herunterschrauben können, indem Sie seine

Forderungen lediglich in einer bestimmten Weise auf einem bestimmten Niveau erfüllen.«

»Die Polizei tritt mit ihm in Verbindung?«

»Nein. Ihr Unternehmen nimmt Verbindung mit ihm auf. Der Erpresser wird nicht erfahren, daß die Polizei eingeschaltet ist.«

Als der Jurist hörte, daß Geld bezahlt werden sollte, äußerte er Besorgnis, weil damit für die Zukunft ein gefährlicher Präzedenzfall geschaffen würde.

»Es liegt an Ihnen und der Polizei zu entscheiden, ob Sie etwas zahlen oder nicht. Wenn Sie es ablehnen, total ablehnen, müssen Sie damit rechnen, daß der Mann seine Drohung irgendwie erfüllt. Die Entscheidung liegt in Ihrer Hand.

Ich schlage vor, daß Sie eine begrenzte Summe zahlen, eine Summe, die gerade groß genug ist, damit er das Spiel fortsetzt und seine Drohungen nicht wahrmacht. Sie dürfen seine Forderungen aber nicht zur Gänze erfüllen; Sie spielen zwar mit, aber Sie tun nicht haargenau, was er möchte. Sie werden bedauern, da gibt es Schwierigkeiten, aber Sie möchten ja helfen ... so in diese Richtung.

Momentan hat er das Heft mehr oder weniger in der Hand, aber wir können es ihm nach und nach entwinden, solange wir es schaffen, daß er weiter mitspielt.«

»Und wie sollen wir das machen?« fragte Simmens.

»Sie machen gar nichts«, sagte Baker. »Das tun wir für Sie. Wir schalten die Anzeige in der Zeitung, und dann warten wir ab. Ich möchte einige meiner Leute zu Pedigree abstellen, damit sie dort eine bestimmte Telefonnummer betreuen. Wir wollen erreichen, daß der Mann anruft.«

Am 31. August erschien unter der Rubrik Persönliche Anzeigen im *Daily Telegraph* folgende Botschaft: *»Sandra, alles Gute zum Geburtstag, meine Liebe. Wollen helfen. Sollten miteinander reden, wähle 0674*******. Alles Liebe, John.«*

Es traf ein zweiter Brief ein. Diesmal gab er eine Liste mit Konten bei den Bausparkassen Halifax, Abbey National und Nationwide bekannt. Alle waren innerhalb von zwei Monaten ab September 1986 auf die Namen von John und Sandra Norman eröffnet worden. Die entsprechenden Sparbücher, Bankomatkarten und persönlichen Geheimnummern (PIN) waren an eine Briefkastenadresse im Westlondoner Stadtteil Hammersmith geschickt worden.

Damit kam eine völlig neue Größe ins Spiel. Es gab buchstäblich Tausende von Geldautomaten im Land, wo Kunden von jedem ihrer Konten pro Tag bis zu 300 Pfund abheben konnten.

Der Erpresser konnte das Geld also nach und nach an Tausenden über das ganze Land verstreuten Orten abheben. Er konnte damit auch jemand anderen beauftragen – möglicherweise eine ganze Gruppe von Leuten. Die Weiterungen waren enorm. Der gefährlichste Moment für einen Erpresser kommt normalerweise bei der Geldübergabe – an jenem spezifischen Punkt in Raum und Zeit, wo er seine Deckung verläßt, um zu kassieren. Diesmal würde es Tausende von Übergabestellen geben – wie sollte die Polizei sie alle im Auge behalten? Der Plan war brillant ausgedacht.

Als David Baker mir das detailliert auseinanderlegte, war ihm Besorgnis anzumerken. Seine vorhergehenden Überlegungen hatten weitgehend auf der Annahme gefußt, daß man den Mann fassen würde, wenn er sich das Geld holen kam.

Einen positiven Aspekt hatte die Sache jedoch. Riesensummen lassen sich nicht so einfach aus dem Geldautomaten ziehen. Wer auf diese Weise 500 000 Pfund abheben will, muß buchstäblich Zehntausende von Malen zum Automaten gehen. Und jedesmal, wenn der Erpresser seinen PIN-Code eingab, würde der Computer uns die genaue Orts- und Zeitangabe liefern. Wir konnten gewissermaßen seine Spur verfolgen und schauen, ob sich aus seinen Ortsbewegungen ein Muster ergab.

Der Mann hatte ein gewisses Verständnis der Methoden verraten, mit denen die Polizei an ihre Informationen kommt. Er wußte, daß sie Konten überwachen und an Beschreibungen der Personen interessiert sein konnte, die sie eröffnet hatten. Also erledigte er alles per Post und setzte nie den Fuß in eine Bankfiliale, wo er es riskiert hätte, von einer Überwachungskamera aufgenommen zu werden. Er kannte sich auch mit Briefkastenadressen aus und wußte, daß niemand je registriert, wer da kommt und geht, oder man dort Dinge auch von anderen abholen lassen kann. Er hatte während seiner zweijährigen Vorplanung ein komplettes System von Sackgassen geschaffen. Es war faszinierend, aber auch unheimlich frustrierend.

»Wir sind schon einmal auf etwas Ähnliches gestoßen«, erklärte Baker.

»Wo?«

»In Norfolk. Da hatte jemand den Truthahnfarmer Bernard Matthews um 50 000 Pfund zu erpressen versucht und ein fast identisches Zahlungsverfahren benutzt – Konten unter falschen Namen bei Bausparkassen, Deckadressen, der ganze Hokuspokus. Die Überwachung wurde ein Alptraum.«

»Und?«

»Er war nicht vorsichtig genug. Ging immer wieder zu den gleichen Bankautomaten. Auf die Weise haben wir ihn gefaßt.«

»Und wo ist er jetzt?«

»Im Kasten. Sechs Jahre hat er gekriegt.«

Meine nächste Frage nahm Baker vorweg. »Soweit uns bekannt ist, hat er für sich allein gearbeitet«, sagte er und fügte dann noch hinzu: »Der Strafrichter verweigerte die Freigabe von Einzelheiten des Erpressungsplans zur Veröffentlichung, weil, wie er sagte, der Plan so raffiniert war ...«

»Was bedeutet, daß unabhängig von ihm ein anderer auf die gleiche Idee gekommen ist, ohne daß jemand die Details von damals herausgefunden hat.«

»Genau.«

Die bei der Firma Pedigree postierten Unterhändler der Polizei suchten Zeit zu gewinnen, indem sie alles verlangsamten und sich für die Verzögerungen entschuldigten. Sie machten keine Konzessionen, forderten den Erpresser aber auch nicht heraus. Sie benutzten Ausdrucksweisen wie: »Ja, wir verstehen Ihre Lage, aber Sie müssen auch unsere verstehen. Wir nehmen Ihre Forderungen ernst, wirklich, aber wir können eine so große Summe wie 100 000 Pfund nicht einfach so auf diese Konten überweisen; so etwas verursacht Nachfragen – vom Finanzamt, in unserer Buchhaltung, beim Konzernvorstand. Wir müssen diese Sache im stillen abwickeln, verstehen Sie. Wir müssen vorsichtig sein.«

Es wurden weitere Botschaften gewechselt und am 28. Oktober die erste von fünf überwachten Zahlungen auf »Norman«-Konten ausgeführt. Im Laufe der folgenden sieben Wochen wurden 56 000 Pfund deponiert, die Polizei hatte jedoch dafür gesorgt, daß die meisten Konten blockiert wurden, so daß nur von zwei Anlagekonten bei der Halifax Building Society Geld abgehoben werden konnte. Das Gleichgewicht der Kräfte begann sich unmerklich zu verschieben.

Pedigree bestritt selbstverständlich, irgend etwas von den

Schwierigkeiten mit den Konten zu wissen, und erklärte dem Erpresser, daß es sich um einen Irrtum seitens der Bausparkasse handeln müsse. Er könne ja schließlich nicht erwarten, daß man bei der Bausparkasse anrief und sich nach den Gründen für die Kontensperre erkundigte – der Erpressungsversuch sollte doch geheimgehalten werden.

In der Zwischenzeit bereitete die Kriminalpolizei von Leicestershire eine der umfassendsten geheimen Überwachungsaktionen vor, die England je gesehen hatte. Sie lief unter dem Kodenamen »Roach«; an ihr nahmen Hunderte Polizisten von etlichen regionalen Kripo-Einsatzkommandos teil, die Geldautomaten in Halifax-Filialen im Auge behielten. Selbst mit einer so großen Spezialeinheit ließen sich aber nicht sämtliche Automaten überwachen.

Gleichzeitig wurde der Hauptcomputer der Bausparkasse so programmiert, daß er die Bearbeitung von Bargeldabrufen verlangsamte und die Polizei alarmierte, sobald die entsprechenden Geheimnummern eingegeben wurden.

Eine Woche nach der ersten Überweisung durch Pedigree wurden südlich von London in Reading 300 Pfund abgehoben. Danach erfolgten fast täglich Abhebungen über Automaten, die so weit nördlich wie in Glasgow, so weit südlich wie in Exeter und so weit westlich wie im walisischen Aberystwyth standen. Die meisten davon wurden abends nach 23 Uhr getätigt.

»Er wird keinen Automaten zweimal benützen«, meinte Baker enttäuscht, doch ohne Überraschung. Die Aussichten auf eine rasche Verhaftung sanken. Es gab allerdings auch positive Indizien: Bisher war keine vergiftete Ware aufgetaucht, und der Erpresser ging mit jeder weiteren Geldabhebung das Risiko ein, von einem Überwachungssystem aufgegriffen zu werden.

Die geographische Streuung der Abhebungen führte zu Fragen, ob es sich eher um die Arbeit einer Gang als eines Einzeltäters handelte. Wäre eine Person für sich allein imstande, ein solch großes Gebiet abzudecken?

Auf der Landkarte von England, die ich daheim in meinem Büro aufgehängt hatte, zeichnete ich den Ort jeder neuen Abhebung ein. Bald begann ein interessantes Schema hervorzutreten. Der Erpresser hob an aufeinanderfolgenden Tagen Geld ab in Orten wie beispielsweise Dalston, Aberystwyth und Bristol. Das sah fast nach einer Rundreise aus, die ihn möglicherweise wieder nach London zurückführte, wo eine beträchtliche Zahl von Abhebungen gemacht wurden. Nach einer Betrachtung des Autobahnnetzes kam ich zu dem Schluß, daß die Abhebungen durchaus von einer einzigen Person durchgeführt werden könnten, die – falls dem tatsächlich so wäre – wahrscheinlich in der Nähe von London lebte, obwohl nicht genügend Details vorlagen, um sofort die genaue Lokalität festzustellen.

Was wußte ich sonst noch über den Erpresser? Es handelte sich nicht um die Tat eines jungen Mannes; das war kein Verbrechen eines 23jährigen. Nein, er war ein völlig reifer Erwachsener, der imstande war, sich eine Sache gründlich zu überlegen und Geduld zu haben; er hatte zwei Jahre darauf verwendet, seinen Plan in die Tat umzusetzen, und einem 23jährigen können zwei Jahre wie eine Ewigkeit vorkommen.

Es stand ihm frei, über Nacht zu reisen – folglich arbeitete er nicht von neun Uhr morgens bis nachmittags um fünf in einem Büro; weil er sich sonst nämlich krankschreiben lassen oder frei nehmen müßte; das aber erregt Aufmerksamkeit. Höchstwahrscheinlich ist er entweder arbeitslos, pensioniert oder Schichtarbeiter. Er ist wahrscheinlich unverheiratet oder alleinlebend, sonst gäbe es nämlich zu viele Fragen danach, wo er sich nachts herumtreibt und woher das Geld kommt.

Die Spurensuche war diesmal etwas völlig anderes als in meiner bisherigen Zusammenarbeit mit der Polizei. Diesmal war kein Tatort zu analysieren, waren die Vorfälle nicht das grausige Erzeugnis eines perversen Geistes oder eines sexuell Abnormalen. Dieser Täter suchte keine emotionale oder sexuelle Befriedigung; sein Motiv war Habgier.

Jeder Dieb, Bankräuber, Entführer, Veruntreuer, Vergewaltiger, Terrorist oder mutwillige Zerstörer ist eine einmalige Person. Ob im Guten oder Bösen, es gibt keine zwei Menschen, die einander gleich sind; bei jedem Interview, das ich durchführe, bei jedem Fall, zu dem die Polizei mich hinzuzieht, muß ich versuchen, im meinem eigenen Sprechzimmer oder im tiefsten Kern eines Verbrechens mich einem gänzlich neuen Menschen anzunähern.

In mancher Hinsicht ist es leichter, wenn man es mit Leuten zu tun hat, die durch Habgier oder Rache motiviert sind, weil sie leichter zu verstehen sind; sie sind der Mehrheit von uns ähnlicher. Wir können ihre Motive verstehen, haben aber Mühe zu begreifen, wie ein sadistischer Psychopath einen Mitmenschen vergewaltigen oder verstümmeln kann.

Wir alle wissen von Leuten, die ihre Steuererklärung frisieren oder bei verlorenem Gepäck überhöhte Angaben machen, bezeichnen dergleichen jedoch keineswegs mit bösen Begriffen wie Betrug oder Gaunerei. Statt dessen empfindet man es fast schon als faires Spiel, die Regierung oder eine Versicherungsgesellschaft zu übervorteilen. Überlegen Sie sich nur einmal folgendes: Falls irgend jemand eine todsichere und absolut unverdächtige Methode entdecken würde, die staatliche Lotterie so zu manipulieren, daß eine bestimmte Zahlenreihe herauskommt – wie viele von uns würden da nicht versucht sein? Für Habgier haben wir Verständnis.

Wenn der Stand der Halifax-Konten sich neigte, wurden die Drohungen jedesmal aggressiver und schriller. Am 6. Dezember rief ein frustrierter Erpresser, der die Entschuldigungen satt hatte, bei einem Supermarkt in Basildon, Essex, an. Es war eine männliche Stimme, die einen Büroangestellten informierte, daß sich in den Regalen eine kontaminierte Dose »Pedigree Chum« befinde.

Die Dose war geöffnet, mit zerbrochenen Rasierklingen gespickt, wieder versiegelt und ins Regal zurückgestellt worden. Glücklicherweise war sie deutlich als »Vergiftet« gekennzeichnet.

Es gab vor Weihnachten noch zwei weitere Kontaminierungen in Supermärkten, einmal in Royston, Hertfordshire, und zum zweiten in Heyford Hill bei Oxford. Die Geschäfte und die Polizei wurden auch diesmal telefonisch gewarnt.

Das fand ich interessant. Bei Erpressungsversuchen, die sich in die Länge ziehen, wird der Täter häufig des Wartens und Verhandelns müde und möchte einfach verschwinden, oder er wird schlampig und macht einen Fehler. Wenn er langsam die Oberhand verliert, kann er sich weniger mächtig vorkommen, als er es sich zunächst vorgestellt hat, und beschließen, auszusteigen. Davon war bei unserem Freund nicht das mindeste zu erkennen. Es hatte fast den Anschein, als ob dieser Erpresser die verschiedenen Szenarien in Frage stellte: Wenn die Polizei meinte, ihn durchschaut zu haben, drehte er die Flamme jedesmal noch ein bißchen höher.

»Das ist ein Aspekt seines Kampfes darum, das Heft in der Hand zu behalten«, erklärte ich auf einer schwierigen Krisenmanagement-Sitzung.

»Sie haben aber doch behauptet, daß wir mit unserer Strategie weitere Kontaminierungen verhindern würden«, warf der PR-Mann von Pedigree ein.

»Das ist uns ja bislang auch gelungen. Dieser Kerl hatte die Eskalation von Anfang an in allen Schritten vorbereitet. Er weiß, daß Pedigree auf die angedrohte wirtschaftliche Gefahr reagiert. Er ist überzeugt, daß er Sie zermürben kann und daß Sie ihm dann alles geben werden, was er verlangt.«

John Simmens machte einen niedergeschlagenen Eindruck. Mir wurde klar, daß sie erschöpft waren.

»Am Ende wird er sich ein neues Opfer suchen«, sagte ich. »Wenn er frustriert ist, weil er's nicht schafft, an große Geldsummen zu kommen, und wenn er das Herumreisen im Land satt hat, wird er sich ein neues Ziel suchen. Momentan denkt er sich jedoch: ›Der Plan klappt, damit krieg' ich sie alle.‹«

Kurz vor Weihnachten wurden die Einsätze noch erhöht. Der Erpresser forderte die sofortige Auszahlung der gesamten Summe von 500 000 Pfund; andernfalls würde er die Medien über die vergiftete Tiernahrung in den Regalen englischer Supermärkte benachrichtigen. Da wurde den Pedigree-Managern erstmals bewußt, was für ein Sturm sich um ihr Unternehmen zusammenbraute. Sollten sie damit an die Öffentlichkeit gehen oder Stillschweigen bewahren? Sollten sie die geforderte Summe auszahlen oder die Konten weiterhin tröpfchenweise auffüllen?

Ich tat mein Bestes, damit sie die Ruhe behielten. »Das hätte er doch schon immer tun können; es stand ganz in seinem Belieben. Hier geht es um ein kalkuliertes Manöver. Meiner Meinung nach sollten Sie den Kontakt zu ihm nicht abbrechen. Er wird seine Drohung nicht wahrmachen – außer Sie erklären ihm: ›Vergiß es, du kriegst gar nichts.‹ In dem Moment könnte es sein, daß er Ernst macht. Und zwar ohne telefonische Vorankündigung.

Wenn Sie das Produkt nicht vom Markt nehmen und nicht an die Öffentlichkeit gehen, wird er annehmen, daß er die Sache noch immer im Griff hat, und auf Zahlungen drängen.«

Das Unternehmen behielt die Nerven.

Unterdessen gingen die täglichen Abhebungen weiter, und der Hauptcomputer der Bausparkasse registrierte alle. Innerhalb Londons fanden die meisten Abhebungen nördlich der Themse statt und zogen sich vom West End bis zu Städten wie Gillingham und Southend im Einzugsgebiet der Grafschaft Essex. Nach einer gründlichen Analyse kam ich zu dem Schluß, daß der Erpresser wahrscheinlich im Zentrum dieses Gebiets wohnte, und führte deshalb eine einfache mathematische Berechnung der Punkte durch, wo er Geld abgehoben hatte. Dabei kam ich zu dem Ergebnis, daß er etwas östlich von London, in der Nähe von Hornchurch ansässig sein müßte.

Die Operation Roach erwies sich als kostspielig. Selbst bei einem großen Team von Polizisten, die in Zweiergruppen arbeiteten, ließ sich nicht einmal die Hälfte der Geldautomaten gleichzeitig abdecken. In Anbetracht des Schemas der Abhebungen wurden nur die Halifax-Filialen im Süden Englands an zwei Tagen der Woche, montags und donnerstags, vom Ende der Öffnungszeit bis 1 Uhr früh beobachtet.

Die Aktion wurde im Januar und Februar fortgesetzt, und die Kosten beliefen sich auf schätzungsweise 1 Million Pfund pro Woche, doch der Erpresser schien uns immer einen Schritt voraus zu sein. Es war wirklich bemerkenswert: Er hob einfach nie Geld bei Automaten ab, die unter Überwachung standen. Wann und wo immer die Polizei aktiv wurde, hielt er jedesmal still. Warum?

Wieso war es der größten und aufwendigsten Überwachungsaktion, die England je gesehen hatte, nicht gelungen, auch nur einen einzigen Hinweis auf seine Identität zu finden? Da war doch etwas faul. Nur war ich anscheinend der einzige, dem das auffiel.

Anfang März hatte die Lösegeldforderung die Summe von 1 250 000 Pfund erreicht, und die Zahl der Vergiftungen war auf vierzehn gestiegen – jedesmal war eine Warnung vorausgegangen. Inzwischen hatte der Erpresser über 18 000 Pfund abgehoben, und das Geld auf seinen Konten ging wieder einmal zur Neige. Es gab jedoch keine neuen Drohungen oder Kontaminierungen. Er meldete sich nicht mehr.

David Baker und sein Team betrachteten diese Entwicklung wohl mit gemischten Gefühlen. Sie empfanden eine große Befriedigung, weil sie den Erpresser in Schach gehalten hatten, während ihm eine für Konzernmaßstäbe nur sehr geringe Geldsumme ausgehändigt worden war. Obendrein war das Unternehmen beschützt worden. Man hatte, in der Tat, alle Ziele erreicht, bis auf das eine – den verantwortlichen Mann zu fassen.

Ihm blieben nunmehr zwei Alternativen: seine Kampagne einzustellen oder ein neues Opfer zu finden.

Am 12. März trat etwas ein, das ihn eventuell zu einem Entschluß veranlaßt hat. Gegen den Rat der Leicestershire Police enthüllte eine überregionale Zeitung die Tatsache, daß ein namentlich nicht genannter Hersteller von Heimtiernahrung Zielscheibe einer geheimgehaltenen Erpressung gewesen war. Der Zeitungsbericht brachte auch Einzelheiten über die geheime Überwachungs- und Fahndungsaktion.

Damit hatte der Erpresser die Bestätigung, daß die Polizei von Anfang an eingeweiht gewesen war.

David Baker und Malcolm Cairns waren erbost, daß irgendwer die Geschichte einem Journalisten zugespielt hatte. Die lang andauernde Geheimaktion war nun praktisch gestorben, und der Erpresser würde sich eine neue Zielscheibe suchen müssen.

Genau das tat er nur zehn Tage später. Und es gab wohl nur ein einziges Erzeugnis, bei dem die Kontaminierung mit Sicherheit eine noch größere Wirkung auf die Herzen und das Bewußtsein der Verbraucher zeitigen würde als bei Tierfutter, und eben dieses Produkt beschloß er zu vergiften – Babynahrung.

Es war H. J. Heinz Co Ltd., einer der weltweit größten Nahrungsmittelhersteller, der eine schriftliche Aufforderung zur Zahlung von 300 000 Pfund erhielt; andernfalls »würde das Unternehmen unweigerlich ruiniert sein, nachdem die gesamte Produktpalette mit extrem gefährlichen Substanzen angegriffen und von der Öffentlichkeit boykottiert werden wird. Bevor wir mit ihm fertig sind, wird es zahlreiche Opfer geben.« Er verlangte wiederum eine Antwort über den *Daily Telegraph*.

Am gleichen Tag traf mit der Post auf einer Polizeistation in Leicester ein Glas Babynahrung von Heinz ein, dessen Inhalt mit Ätznatrium versetzt war. In dem Begleitschreiben hieß es: »Diesmal werden wir sicherstellen müssen, daß irgend jemand das Produkt kauft. Falls Ihnen dann ein Opfer nicht genug ist, werden wir erneut handeln.«

Die Aufgabe, im neuen Erpressungsfall zu ermitteln, fiel dem South East England Regional Crime Squad zu, das von New Scotland Yard aus arbeitet und sich unverzüglich mit der Kriminalpolizei von Leicestershire in Verbindung setzte.

David Baker rief bei mir an. »Er ist wieder aufgetaucht und hat eine neue Zielscheibe gefunden – Heinz. Wir fahren zu einer Besprechung nach Scotland Yard. Ich hätte Sie gern dabei.«

Am nächsten Morgen nahmen wir – Baker, Malcolm, Cairns, Tim Garner und ich – einen Frühzug nach London, frühstückten im Speisewagen und sprachen über strategische Probleme. Cairns war besorgt, daß die Metropolitan Police in London versuchen würde, die Ermittlungen an sich zu ziehen. Es ist normalerweise so, daß dem Team, das einen Fall als erstes bearbeitet hat, die Führungsrolle zukommt, wenn die Ermittlungen später über eine Polizeiregion hinausgehen.

»Die Met wird sich die Sache schnappen wollen«, sagte er und schluckte ein Stück Toast herunter. »Das können wir aber nicht zulassen. Das ist unsere Ermittlung – über diesen Kerl wissen wir einfach am meisten. Da sollten wir auch die führende Kraft sein.«

»Hauptsache ist, daß wir ihn zu fassen kriegen«, erinnerte ihn Baker.

»Ja, ja, natürlich, ich will aber nicht, daß uns der Fall weggeschnappt wird. Hier bei uns hat's angefangen. Also müßte die Leitung der Ermittlungen bei uns liegen.«

Ich spürte, daß es hier um Prestigefragen und um den Eindruck ging, daß die Londoner Polizei sich im Vergleich mit den »Holzköpfen« vom Lande stets als die vorrangige und beste betrachtete.

So kämpferisch es unterwegs aber auch geklungen hatte, nach unserer Ankunft im Konferenzraum war binnen weniger Sekunden klar, wer das Sagen hatte. Wir wurden von Commander Malcolm Campbell und Detective Superintendent David Tucker erwartet; sie saßen bereits, und zwar am Kopf des Tisches, was uns klar zu verstehen gab, daß wir uns auf ihrem Terrain befanden; es war ihre Ermittlung, und sie hatten dementsprechend alles vorbereitet.

Ich saß neben Cairns und Baker am Tischende. Die Vertreter der Unternehmen Heinz und Pedigree nahmen einander gegenüber seitlich Platz; beide waren mit juristischen Beratern, Marketingleuten und dezidierten PR-Personen erschienen. Am Kopf des Tisches saß noch ein junger, intelligenter, tadellos gekleideter, aufmerksamer Mann, der jedoch kein Wort sagte. Er gehörte, wie ich später erfuhr, zur Sicherheitsfirma Controlled Risks, die sich auf Antiterrormaßnahmen, Geiselverhandlungen und Personenschutz spezialisiert hatte. Er war von Heinz als Berater hinzugezogen worden.

Der Konferenzraum hatte zur einen Seite hin eine Fensterflucht mit Blick auf umliegende Dächer; die Aussicht war allerdings durch einen Glasüberzug zum Schutz gegen Explosionen ein wenig getrübt. Es war erst zwei Wochen her, daß Sicherheitseinheiten ein Attentat von Terroristen auf das Leben der Premierministerin vereitelt hatten, als sie ein geheimes Sprengstofflager in der Nähe von Scarborough aufdeckten, wo Mrs. Thatcher zu einer Vorstandssitzung der Konservativen Partei erwartet wurde.

Commander Campbell machte die Anwesenden miteinander bekannt und bat Baker um einen kompletten Bericht über die Operation der Kriminalpolizei von Leicestershire. Daß die Vertreter von Pedigree wesentlich entspannter wirkten als die extrem vorsichtigen Heinz-Mitarbeiter, war begreiflich. Wann immer Fragen zu geschäftlichen Angelegenheiten, früheren Erpressungsversuchen oder Sicherheitsmaßnahmen aufkamen, legten die Geschäftsleute, und hier insbesondere die Heinz-Manager, ziemliche Zurückhaltung an den Tag.

Es wurde mir bewußt, daß hier im Raum zwei verschiedene Spannungsfelder existierten – zum einen zwischen den Polizeioffizieren an den gegenüberliegenden Enden des Tisches und zum zweiten das noch sehr interessantere Mißtrauen zwischen den beiden sich gegenübersitzenden Firmen. Ich kam mir vor wie bei einer Gruppentherapie. Da stimmte etwas nicht, aber niemand wollte darüber reden.

Schließlich hatte ich die Nase voll. »Entschuldigung. Bin ich der einzige, der es merkt, oder ist allen hier klar, daß wir ein Problem haben? Es gibt hier irgendeinen kritischen Punkt – ich habe keine Ahnung, worum es dabei geht –, aber wenn wir den nicht ausräumen, verschwenden wir nur unsere Zeit.«

Am Tisch herrschte Schweigen.

John Simmens ergriff das Wort. »Er hat recht.« Er musterte sein Gegenüber von Heinz. »Das Problem liegt darin, daß meine Muttergesellschaft mit Heinz auf vielen wichtigen Gebieten in Konkurrenz steht. Ich kann hier nicht einfach vertrauliche Unternehmensinformationen auf den Tisch legen, die für einen unserer größten Konkurrenten von Nutzen sein könnten.«

Die Heinz-Ecke kam in Bewegung. »Wir haben ähnliche Bedenken.«

Ein schockierter Campbell hätte offensichtlich am liebsten ein paar Herren kräftig zusammengestaucht, beherrschte sich dann aber doch. »Gentlemen, wir haben es hier mit einer äußerst ernsthaften Straftat zu tun. Diese Leute hier haben so etwas schon einmal durchgemacht«, er deutete mit einer Handbewegung zum Pedigree-Team, »und die Sache ist sehr gut gelaufen; sie kennen diesen Mann, so gut ihn überhaupt ein Mensch zu kennen vermag. Jetzt droht er damit, Babys zu vergiften, und bei allem Verständnis für die Empfindsamkeiten zwischen rivalisierenden Konzernen kann ich eine Behinderung der laufenden Ermittlungen unter keinen Umständen hinnehmen – weil hier nämlich menschliches Leben in Gefahr ist. Falls hier etwas schiefgeht, werden wir für den Tod von Kleinkindern verantwortlich sein, und falls Sie mir nicht völlige Kooperation zusichern, werden Sie dafür einen Teil der Verantwortung zu tragen haben.«

Man rechnet normalerweise damit, daß eine solch ernste Mahnung ihre prompte Wirkung tut; hier saßen jedoch Männer, die es bis ins Topmanagement multinationaler Konzerne geschafft hatten – dezidierte, intelligente, analytisch denkende, äußerst motivierte Leute, für die das Einschätzen von Risiken im geschäftlichen Sinne zur täglichen Routine gehörte. Diese Herren mußten erst einmal überzeugt werden, daß wir übrigen Gesprächsteilnehmer am Tisch da keine Überreaktionen auf einen bloßen Papiertiger zeigten. Nach ihrer Auffassung konnte die Polizei leicht sagen: »Räumen Sie die Regale leer. Halten Sie eine Pressekonferenz. Legen Sie das hart erarbeitete geheime Wissen Ihrer Konzerne frei auf den Tisch.« Falls wir unrecht hätten, würden jedoch Tausende Arbeitsplätze gefährdet werden und Millionenumsätze verlorengehen.

Es fiel mir zu, den toten Punkt zu überwinden. Während der folgenden Stunden wurde dann eine Kompromißlösung gefunden. Glücklicherweise waren die Unternehmen durch Spitzenkräfte vertreten, so daß Entscheidungen hier und jetzt gefällt werden konnten. Zu guter Letzt einigte man sich auf ein Gentleman's Agreement, daß beide Unternehmen alles Geschäftswissen und alle Ressourcen, die den Ermittlungen dienlich sein könnten, zur gemeinsamen Verfügung beisteuern würden; umgekehrt versicherten sie sich gegenseitig, daß von diesem Material nichts zum Gewinnen von geschäftlichen Vorteilen verwendet werden sollte.

Zum Schluß kehrte die Diskussion noch einmal zum eigentlichen Problem zurück. Ich war den Heinz-Managern unbekannt. Ich, ein Psychologe vom National Health Service, erklärte ihnen, daß sie die Drohung ernst nehmen müßten – warum sollten sie mir glauben? Sie wurden schließlich von Controlled Risks beraten und hatten vermutlich schon viele Erpressungsversuche hinter sich, die wohl meist auf Spinner zurückgingen oder von vornherein lachhaft waren.

Aber Sicherheitsberater bekommen ihre Tausende Pfunde wöchentlich einzig und allein zu dem Zweck, ihren Klienten und seine Interessen zu schützen. Ich war darum gebeten worden, eine Gesamtschau zu versuchen, weil ich eben keinen derartigen Auftrag- und Brötchengeber hatte.

Ich ging die verschiedenen Alternativen durch und machte den Vorschlag, daß hier ähnliche Taktiken angewandt werden sollten wie beim letzten Mal; wir sollten dem Erpresser gerade genug zahlen, um ihn am Weiterspielen zu halten, während wir ihm die Initiative zu entreißen versuchten. Und wir wußten bereits viel mehr über ihn als beim letzten Mal – sein mutmaßliches Alter, die Wohngegend, seine Vorgehensweise.

Die Konferenz endete gegen 18 Uhr. Die Manager gingen langsam zum Lift. Obwohl sie kooperierten, konnte ich mir nicht vorstellen, daß sie sich zusammen auf ein Glas Bier in die nächstgelegene Kneipe begeben würden. Sie wurden wahrscheinlich unten von einem Chauffeur erwartet und wegeskamotiert.

Commander Campbell lud uns in sein Büro ein, öffnete ein Schränkchen und nahm ein halbes Dutzend Gläser und eine Flasche überaus erfreulichen Whisky heraus. Wir saßen nach dem langen, anstrengenden Tag schweigend da und genossen unsere Drinks.

Ich hatte noch eine Information, die ich in Gegenwart der Heinz- und Pedigree-Manager nicht hatte aussprechen können.

»Reden Sie sich's von der Seele«, sagte Campbell, lehnte sich zurück und stellte sich das Whiskyglas auf die Brust.

»Es betrifft unseren Freund. Ich glaube, daß er Polizist ist oder war.«

Das Schweigen gewann eine ganz neue Bedeutung. Tucker schüttelte den Kopf.

Ich sprach weiter. »Sein ganzes Verhalten deutet auf eine detaillierte Kenntnis polizeilicher Ermittlungsmethoden hin – wie man Konten überwacht, Telefonanrufe zurückverfolgt, herausfindet, wo ein Produkt gekauft wurde. Er verwendet eine handelsübliche Papiersorte, schickt die Briefe in Fotokopie, hat nicht die Faser einer Spur hinterlassen. Noch gravierender: Wenn eine umfassende Überwachungsaktion durchgeführt wird, verschwindet er jedesmal von der Bildfläche. Es macht beinahe den Eindruck, als ob er wüßte, an welchen Tagen welche Automaten überwacht werden. Wie könnte er das aber wissen?

Der einzige andere uns bekannte Erpressungsversuch, bei dem zum Kassieren des Geldes Bankautomaten benutzt worden sind, wurde vom Strafrichter geheimgehalten, um zu verhüten, daß die Tat Nachahmer fand. Nun wäre es denkbar, daß unser Freund ganz durch Zufall auf die gleiche Idee gekommen ist – oder daß er, als Polizist, Gelegenheit hatte, die Details des früheren Verbrechens in Erfahrung zu bringen.«

Ich konnte sehen, daß sie nicht völlig überzeugt waren. Innerhalb der Polizeikräfte herrscht eine sehr starke Loyalität; da kann es nicht leichtfallen, die Möglichkeit zu akzeptieren oder auch nur ernsthaft in Erwägung zu ziehen, daß einer die Seiten gewechselt hat. Es sprach sehr für Campbell, daß er mich aufforderte, weiterzureden und ihm meine Theorie näher zu erläutern.

»In irgendeiner Phase seines Lebens hat er der Londoner Polizei angehört, und das nicht bloß als einfacher Wachtmeister«, fuhr ich fort. »Er zeigt ein profundes Wissen über Verbrechen und Verbrechensaufklärung. Er macht das Ganze aus finanziellen Gründen, aber andererseits macht es ihm auch echten Spaß, den Plan zu entwickeln und umzusetzen. Es ist beinah schon eine künstlerische Art von Selbstverwirklichung.

Er ist hartnäckig – im Polizeidienst ist ihm der Erfolg jedoch versagt geblieben. Er hat geglaubt, Karriere machen zu können, kam aber beruflich nicht voran, und dafür gibt er seinen Vorgesetzten die Schuld. Mit der Durchführung dieser Operation auf Landesebene beweist er einfach, wie tüchtig er als Polizist hätte sein können.

Er weiß, daß es für ihn kein Zurück gibt – weil die Polizei eingeschaltet worden ist. Er weiß, daß eine umfassende Fahndungsaktion im Gange ist; er weiß, daß er sehr vorsichtig sein muß, weil er auf Grund seiner Erfahrungen bei der Polizei versteht, daß es nur eines einzigen Fadens bedarf, um ihn zu verfolgen und aufzuspüren.

Er hat jedoch gar nicht die Absicht, sich fangen zu lassen. Er wird eine fantastische Serie von Straftaten gegen die größten Konzerne der Welt planen und durchführen, und die wird ihn berühmt machen. Seinen Namen wird nie wer erfahren, aber bei seinen alten Kollegen und Vorgesetzten wird er unvergessen bleiben als Meisterverbrecher mit der leichten Hand, der nirgends Spuren hinterließ.

In Anbetracht seiner Mobilität würde ich vermuten, daß er möglicherweise pensioniert, vom Dienst suspendiert oder im Krankenstand ist; er weiß anscheinend so gut über alles Bescheid, was bei der Polizei läuft, daß Sie auf jeden Fall nach einem Täter suchen sollten, der einen Insider-Kontakt hat.«

»Großer Gott«, sagte eine Stimme ganz in meiner Nähe. Campbells Miene war ausdruckslos.

Ich war überzeugt, daß ich recht hatte – alle Fakten deuteten in diese Richtung. Es war jedoch ein extrem peinliches Szenario, das zudem aus einer unerwarteten Ecke kam.

Während wir noch sprachen, stand in den Supermarkt-Regalen bereits kontaminierte Ware. Bei Chelmsford in Essex verbrannte sich eine Bäuerin beim Öffnen eines Glases Babynahrung, das sie am 8. April in einem Sainsbury-Supermarkt im nahe gelegenen Raleigh gekauft hatte, das Gesicht und die Finger mit Natriumhydroxid (Ätznatron). Wie sich dann bei Labortests herausstellte, enthielt der Inhalt das 27fache der für ein Kleinkind tödlichen Dosis sowie zwei Messingreißzwecken. Im Glas befand sich ein Aufkleber mit der eingeprägten Botschaft: »GIFT. Noch drei weitere, ungekennzeichnete Gläser in diesem Geschäft.«

Zwei Tage später fütterte Helen Coppock aus Cowley, Oxford, ihre neun Monate alte Tochter mit Joghurt. Sie berichtete der Polizei: »Bei einem Blick ins Glas sah ich drinnen etwas, das nach Metallspänen aussah. Als ich dann Victoria anschaute, schien sie mir irgendwas zu kauen. Ich drückte ihren Mund auf und entdeckte auf ihrer Zunge etwas, das wie ein Metallsplitter aussah, und sich dann als Stück von einer Rasierklinge entpuppte.«

Victoria blutete der Mund, und sie wurde ins Krankenhaus gebracht. Auf der Unfallstation entdeckte Mrs. Coppock beim Warten in dem Glas eine Botschaft: »Gift außerdem in Bohnen und Suppen von Heinz.«

In den Supermarktfilialen, wo diese Produkte gekauft worden waren, räumte Heinz sofort die Regale. Falls das Unternehmen die Ernsthaftigkeit der erpresserischen Drohung zunächst in Zweifel gezogen hatte, so waren solche Zweifel nun wirklich verflogen.

Es wurde eine zweite Konferenz aller beteiligten Parteien einberufen, diesmal im Polizeipräsidium von Leicestershire. Mir ist davon in besonderer Erinnerung die Weigerung des Heinz-Konzerns geblieben, die Strategie zu übernehmen, die bei Pedigree von Erfolg gekrönt gewesen war. Der Konzern war ungeduldig; ihm mißfiel die Aussicht, mit dem Erpresser über Monate Katz und Maus spielen zu müssen – eine Variation des Leitspruchs: »Auf Verhandlungen mit Terroristen lassen wir uns nicht ein.«

Ich wurde wieder und wieder gefragt: »Wie ernst meint er das? Was macht er, wenn wir seine Forderungen nicht erfüllen?«

Bis dahin war jede gegen Pedigree und Heinz gerichtete Kontamination durch eine warnende Mitteilung und durch Telefonanrufe angekündigt worden, wodurch die Geschäfte Gelegenheit zum Eingreifen hatten.

»Wird das immer der Fall sein?« wurde ich gefragt. »Oder muß man damit rechnen, daß er weiter geht?«

Ich konnte die Frustration der Männer am Konferenztisch förmlich spüren. »Ja«, erwiderte ich. »Sein Verhalten stellt eine unmittelbare Reaktion auf Ihr Verhalten dar. Falls Sie beschließen sollten, es auf eine Kraftprobe mit ihm ankommen zu lassen und ihm nichts zu zahlen, wird er das so deuten, daß Sie ihm keine Alternative lassen. Bei seinem Ehrgefühl und aufgrund der Anstrengungen, die er in das Vorhaben investiert hat, wird es ihm unmöglich sein, gar nichts zu unternehmen.«

Ich riet zur gleichen Strategie wie zuvor. Anscheinend war Heinz jedoch unerbittlich: Man war nicht zu Verhandlungen bereit.

»Dann müssen Sie damit an die Öffentlichkeit gehen«, erklärte ich. »Wenn sie ihm einen Schlag ins Gesicht versetzen und er seine Drohung wahrmacht, wird zuerst ein Kind sterben, dann ein zweites... Und wie stehen Sie dann da? Der Mann wird keine Zeit verlieren.«

Die Polizisten waren meiner Meinung. Ihre vordringlichste Sorge mußte der öffentlichen Sicherheit gelten, obschon keiner von ihnen die schädlichen Folgen auf die leichte Schulter nahm, die Heinz im Falle eines Publikwerdens der Erpressung zu spüren bekommen würde. Das Management-Team des Konzerns vertrat einen sehr unterschiedlichen Standpunkt. Sie kannten das Marktgeschehen und wußten um die potentiellen Verluste, die in die Millionen gehen konnten.

»Das würde für uns ein gewaltiges Risiko bedeuten. Da müßten wir uns ganz sicher sein.«

»Ich *bin* mir ganz sicher«, gab ich zurück.

Die Presse hatten bereits über einige Fälle von Kontaminierung berichtet, aber behauptet, daß zwischen ihnen kein Zusammenhang bestünde. Daß es sich um eine Erpressungskampagne handelte, machte erst am Mittwoch, dem 26. April, Schlagzeilen: ERPRESSUNGSTERROR MIT BABYNAHRUNG, meldete die *Daily Mail*, während der *Evening Standard* trompetete: WEITERE GEFÄHRLICHE GLÄSER ENTDECKT.

Aus »operationstechnischen Gründen« gab Scotland Yard nur ein Minimum an Informationen frei; die Bekanntgabe löste jedoch eine Welle von Vergiftungsmeldungen aus. Am gleichen Nachmittag erklärte der parlamentarische Staatssekretär des Innenministeriums, John Patten, vor dem Unterhaus, daß »britische Konsumenten dem Risiko einer neuartigen, furchterregenden Gefahr ausgesetzt sind, einem ›Terrorismus gegen Konsumenten‹ ... Es fällt schwer, sich die verderbten Geister vorzustellen, die dazu imstande sind, einen so teuflischen Angriff auf schutzlose Babys zu planen.«

Der Heinz-Geschäftsführer John Hinch rief die Mütter zu besonderer Wachsamkeit auf und kündete an, sein Unternehmen werde Produkte nur in solchen Geschäften entfernen und durch frische Ware ersetzen, wo eine Kontaminierung gemeldet würde.

»Produkte vom Markt zu nehmen, bedeutet keine Lösung des Problems. Dieser Mann wäre imstande, morgen, am übernächsten Tag oder im nächsten Monat wiederzukommen und das gleiche Spiel von neuem zu beginnen.«

Es war untypisch für mich, aber diesmal verfolgte ich die Entwicklung in der Presse und in den abendlichen Fernsehnachrichten. Sie nahm mit zunehmender Eskalation beinahe surreale Züge an. Die Zahl der gemeldeten Kontaminationen stieg binnen 24 Stunden auf vierzig Fälle, die nicht nur Heinz betrafen, sondern auch die Konkurrenzfirma Cow & Gate. Bis zum Wochenende waren die Berichtsfälle auf 300 geklettert und drei Personen wegen unnützer Inanspruchnahme polizeilicher Zeit und Mittel verhaftet worden.

Nach Auffassung der Polizei war der Erpresser nur für zwei dieser Fälle verantwortlich – er hatte sie beide klar und deutlich angekündigt –, während der Rest auf Nachahmer, Schwindler oder falschen Alarm zurückging. Bedauerlicherweise gab es Leute, die aus der Panik Kapital zu schlagen versuchten und hofften, Geld erpressen, berühmt werden oder Versicherungsprämien kassieren zu können. Das hatte den beiden Firmen und den polizeilichen Ermittlungsteams schon im Vorfeld erhebliche Sorgen bereitet, war aber als unvermeidlicher Preis dafür akzeptiert worden, daß die Öffentlichkeit gewarnt wurde.

Die Unternehmen Heinz und Cow & Gate setzten eine Belohnung von 100 000 Pfund aus; das Innenministerium berief eine Krisensitzung zum Ausarbeiten der weiteren Strategie ein, zu der auch die Polizei und die Hersteller eingeladen wurden. Daran nahmen ferner Beamte des Landwirtschaftsministeriums sowie der Ministerien für Gesundheit und Soziales teil.

Eine Einzelhandelskette nach der andern faßte den Beschluß, Heinz-Produkte aus ihren Regalen zu entfernen, weil sie das mit dem Verkauf verbundene Risiko nicht eingehen wollte. Das Unternehmen selbst blieb standhaft und plante, sämtliche Gläser aus einer Produktion durch Behälter zu ersetzen, die gegen Manipulation gesichert waren. Die Umstellung kostete Zeit und Millionen von Pfund.

Die Polizei geriet unterdessen ins Kreuzfeuer von Eltern- und Verbraucherverbänden, die an der verzögerten Information der Öffentlichkeit Kritik übten. Die Empörung wuchs noch, als publik wurde, daß die Polizei dem Erpresser bereits sieben Monate lang nachspürte.

Aus den USA flog eine Gruppe von Heinz-Managern ein, um das weitere Vorgehen des Unternehmens in diesem Fall festzulegen. Ted Smyth, Leiter der Abteilung für Konzernangelegenheiten, stieg in Heathrow aus seiner Concorde und geißelte Menschen, die Babynahrung vergifteten, als »Schlägertypen und Terroristen«. Er gab das Versprechen ab, daß Heinz garantiert kein Geld an die Erpresser zahlen würde: »Ich bin absolut empört und angewidert«, verkündete er. »Diese Leute greifen die verwundbarsten Schichten unserer Gesellschaft an – Kleinkinder.«

Die Welle der Nachahmungsdelikte und schlechten Scherze weitete sich über ganz Europa aus; ähnliche Fälle wurden sogar aus Australien und Amerika berichtet. In Illinois entfernten drei Supermärkte Heinz-Produkte aus ihren Regalen, nachdem eine Babysitterin gemeldet hatte, daß sie in zwei Gläsern Stecknadeln gefunden habe. Laut Presseberichten hatte das Unternehmen allein in einer einzigen Woche 25 Millionen Pfund eingebüßt, und die ersten gegen Manipulation gesicherten Gläser würden trotz größter Anstrengungen nicht vor dem 15. Mai in den Supermärkten eintreffen. Späteren Berichten zufolge hatten die Geschäftsführer dem US-Vorstand sogar einen Plan zur Schließung der gesamten britischen Heinz-Produktion unterbreitet, die 5 000 Menschen beschäftigt. Diese Arbeitsplätze sind nur dank einer politischen Intervention gerettet worden.

Heinz blieb bei seiner Weigerung, durch Rückruf der Waren oder Zahlung eines Lösegeldes »nachzugeben«. Der verärgerte Erpresser machte daraufhin anonyme Anrufe bei Supermärkten, Polizeistationen und Presse, in denen er, um die Panik zu steigern, weitere Vergiftungen ankündigte. Seine Briefe wurden noch bedrohlicher.

»Sie müßten mittlerweile wissen, daß wir nicht bluffen. Was uns betrifft, wird der Tod eines Kleinkindes bloß eine weitere Zahl für die Statistik sein, aber dann werden wir wenigstens nicht mehr ignoriert.« Ein anderes Schreiben warnte: »Babys werden nicht in der Lage sein, ihren Eltern mitzuteilen, daß das Produkt einen anderen als den gewohnten Geschmack hat. Außerdem ist ihr Organismus weniger widerstandsfähig.«

Gleichzeitig stiegen die Forderungen; statt einer einmaligen Zahlung von 300 000 Pfund verlangte der Erpresser jetzt Zahlungen über fünf Jahre, die sich auf 1,2 Millionen Pfund summierten.

Bis Ende Juni war bekannt, daß er kontaminierte Dosen und Gläser in die Regale von Supermärkten in Luton, Tunbridge Wells, Rayleigh, Basildon, Oxford, Croydon und Royston geschmuggelt hatte. In allen Fällen waren das betreffende Geschäft und die Polizei am Ort telefonisch unterrichtet worden; trotzdem hätte eine Frau beinahe eine Dose Minestrone gegessen, der mehr als die fünffache Menge der für Erwachsene tödlichen Dosis Ätznatron beigemischt war.

Schließlich akzeptierte das Unternehmen doch eine Änderung seiner Taktik. Wie vom Erpresser verlangt, wurden bei den Bausparkassen Woolwich und National Provincial acht Konten auf den Namen von Ian und Nina Fox eröffnet. Die Bankomatkarten und PIN-Zahlen sollten an mehrere Deckadressen in Südlondon geschickt werden.

Diese Adressen wurden von der South East London Regional Crime Squad im Rahmen einer Operation mit dem Kodenamen Stab, zu der auch die längste Nachrichtensperre gehörte, die Scotland Yard je verlangt hatte, rund um die Uhr observiert. Der Erpresser holte seine Post nicht ab; als er sich dann am 5. September erneut mit Heinz in Verbindung setzte, stellte sich heraus, daß die ganze Operation effektiv aufgeflogen war.

Der Erpresser gab sich als eine andere Person aus; um sich den Anschein eines ungebildeten Informanten zu verleihen, hatte er seinen Brief mit absichtlichen Rechtschreibfehlern gespickt – so buchstabierte er beispielsweise »Zyanid« mit einem »S«. Der »Informant« schrieb, daß ihm die Identität des Erpressers bekannt sei, er sie aber nicht ohne weiteres preisgeben könne, weil der fragliche Mann ein »korrupter Bulle« sei. Den Namen würde er nur nennen, wenn das Unternehmen ihm 50 000 Pfund zahle.

Der Brief erwähnte vertrauliche Einzelheiten der polizeilichen Fahndungsarbeit, verwies auf die »Operation Stab« und nannte die daran beteiligten höchsten Polizeioffiziere.

Damit stand nun zweifelsfrei fest, daß der Erpresser über Insider-Informationen verfügte. Es war sogar denkbar, daß er mit einem Polizisten unter einer Decke steckte, der dem innersten Kern der Ermittler nahestand.

In einer bislang beispiellosen Maßnahme startete Scotland Yard eine geheime »Operation innerhalb der Operation«, um die undichten Stellen zu stopfen. Die Leitung dieser »wasserdichten« Ermittlungen übernahm Deputy Assistant Commissioner Simon Crawshaw, der Chef der Abteilung Kapitalverbrechen. Er bezog ein geheimes Hauptquartier außerhalb von Scotland Yard und nahm drei vertrauenswürdige Polizeioffiziere mit, die offiziell wegen dringender Familienangelegenheiten oder aus Krankheitsgründen beurlaubt wurden; weitere vierzig Beamte wurden von der Staatssicherheitspolizei rekrutiert.

De facto gab es jetzt also zwei Ermittlungsteams, aber der Erpresser wußte hoffentlich nur von einem.

Mittlerweile hatte Heinz 19 000 Pfund auf zwei Bausparkassenkonten überwiesen, die der »Informant« angegeben hatte. Anfang September setzten tägliche Abhebungen ein. Fünf Wochen später gingen die Kontenguthaben rapide zur Neige, und die Polizei war einer Identifizierung des Gesuchten noch immer keinen Schritt nähergekommen.

Es war Mitte Oktober – am dreizehnten, einem Freitag –, als Deputy Assistant Commissioner Crawshaw in seiner Verzweiflung eine Überwachungsoperation mit dem Decknamen Agincourt aufzog. Er wählte 15 Geldautomaten der Woolwich-Bausparkasse in und um London aus und ließ sie außerhalb der Geschäftszeit permanent überwachen. Die Teams aus Beamten der Staatssicherheitspolizei hatten Anweisung, in der Nähe der Automaten zu bleiben, sich selbst aber nicht blicken zu lassen. Wenn der Erpresser seine Bankomatkarten einschob, würde ein Computer die Transaktion registrieren und die Einsatzzentrale alarmieren, die daraufhin per Funk dem entsprechenden Überwachungsteam Anweisung geben sollte, anzurücken.

Trotz aller Technologie gingen die Abhebungen weiter, und es waren bereits 14 000 Pfund ausgezahlt, als der Erpresser am frühen Morgen des 20. Oktober bei der Woolwich-Filiale in Enfield seine 56. Geldentnahme tätigte.

Bei der Polizeioperation hatte es in dieser Nacht Schwierigkeiten gegeben – ein durchgetrenntes Elektrokabel hatte im Großraum London sämtliche Geldautomaten lahmgelegt. Crawshaw und Detective Chief Superintendent Pat Fleming beschlossen, die Überwachung dennoch fortzusetzen. Kurz nach Mitternacht fiel zwei Sicherheitspolizisten, die in der Nähe des Woolwich-Geldautomaten im Nordlondoner Stadtteil Enfield Posten bezogen hatten, ein stämmiger, graubärtiger Mann auf, der seinen Wagen in der Nähe parkte.

Er näherte sich dem Geldautomaten, stellte fest, daß er außer Betrieb war, und kehrte zu seinem Wagen zurück.

Warum trägt er einen Sturzhelm? fragte sich einer der beiden Polizisten. Dann rückten sie an.

Auf ihren Anruf erwiderte der Mann: »Kein Problem, Leute. Ich weiß, worum es hier geht, aber ich bin unschuldig.« Dann fiel er in Ohnmacht.

Am Tag darauf verkündeten die Schlagzeilen, daß der Alptraum vorbei war.

»VERHAFTUNG IM NAHRUNGSGIFTFALL – Ex-Polizist wegen Erpressungskomplott verhört«, trompetete die *Daily Mail*. »Ex-Kripomann wurde wegen vergifteter Nahrung verhaftet«, verkündete der *Daily Telegraph*.

Im folgenden hieß es: »Ein ehemaliger Polizist wurde gestern wegen versuchter Erpressung der Nahrungsmittelhersteller Heinz und Pedigree um 1,5 Millionen Pfund und Kontaminierung ihrer Produkte verhaftet.

Der Betreffende gehörte früher jener Einheit der Londoner Kriminalpolizei an, die seit August letzten Jahres in diesem Erpressungsfall ermittelt. Er ist den Polizisten, die ihn in Enfield, im Nordosten Londons verhafteten, wohlbekannt und stand vor der Pensionierung aus gesundheitlichen Gründen eine Zeitlang unter dem Befehl von Detective Chief Superintendent Patrick Fleming, der für die Ermittlungen in diesem Erpressungsfall verantwortlich ist.«

Rodney Whitchelo, 43, wurde zur Vernehmung auf die Polizeistation Paddington Green gebracht. In seiner Brieftasche wurden die zur Erpressung benutzten Bankomatkarten gefunden. Bei einer Durchsuchung seiner Wohnung kamen Unterlagen, die sich auf die fraglichen Konten bezogen, eine Spritze, ein Bohrer und Ätznatron zum Vorschein. Er war, wie ich vorhergesagt hatte, wohnhaft in Hornchurch, Essex.

Whitchelo verweigerte vom ersten Moment an jede Zusammenarbeit; angesichts seiner Kenntnis polizeilicher Vernehmungsmethoden und Vorgehensweisen mußten die Polizeibeamten sicherstellen, daß sämtliche losen Enden verfolgt und miteinander verknüpft wurden. Allmählich kam Leben und Biographie des »Babynahrungs-Erpressers« ans Licht.

Er wurde 1947 in Hackney geboren, machte die mittlere Reife und bereitete sich am Hackney College in den Fächern Chemie, Physik und Mathematik auf das Abitur vor, verließ das College aber nach der Hälfte der Lehrkurse. Im Jahr 1967 fand er Anstellung bei der Elektronik-Firma Plessey, wo er es bis 1976 zum Elektronik-Techniker der Gehaltsstufe 1 brachte.

Im Alter von 29 Jahren suchte er eine neue Herausforderung, trat in den Dienst der Metropolitan Police Force und erwies sich als beeindruckender Rekrut; die Polizeischule Hendon schloß er als Jahrgangsbester ab und bestand schon bald darauf die Prüfungen für den Dienst als Polizeisergeant. Als Kriminalbeamter auf der Polizeistation Gerald Road war er an den Ermittlungen beteiligt, die aufklären sollten, wie es Michael Fagan hatte gelingen können, im Buckingham-Palast einzubrechen und unbehelligt bis ins Schlafzimmer der Königin vorzudringen.

Für seine Polizeilaufbahn bedeutete das einen fliegenden Start; bald danach wurde er zur Regional Crim Squad in Barkingside im östlichen London versetzt. Dort kam er zu seinem Bedauern nicht so recht weiter. Whitchelo hielt sich selbst für besser als die meisten Vorgesetzten und glaubte, daß seine weitere Karriere behindert wurde, weil er kein Freimaurer war.

Im Juli 1986 besuchte er einen Fortbildungskurs zum Erlernen moderner polizeilicher Überwachungsmethoden; zum Programm gehörte auch das Fallstudium des Erpressungsversuchs des 23jährigen Mikrobiologen und erfolglosen Geschäftsmanns William Frary an dem Geflügelzüchter Bernard Matthews.

Auf diesem Wege hatte Whitchelo von der früheren Erpressung gehört. Sie war in all ihren Details vor ihm ausgebreitet worden, einschließlich des Fehlers, den Frary begangen hatte, indem er sein Netz nicht weit genug spannte, als er sich daranmachte, das Lösegeld von den Bausparkassenkonten abzuheben. Frarys Plan lieferte die Anregung; Whitchelo wußte, wie er sich verbessern ließ. Er würde mehr Konten eröffnen, die Abhebungen im ganzen Land tätigen und sich mit Hilfe seiner Kumpel in der Regional Crime Squad hinsichtlich der polizeilichen Ermittlungen auf dem laufenden halten.

Er kehrte heim, nach Hornchurch, Essex, und machte sich daran, unter falschen Namen Konten bei Bausparkassen zu eröffnen. Zwei Jahre später, im August 1988, schickte er den ersten Brief an John Simmens beim Unternehmen Pedigree; zu diesem Zeitpunkt diente er noch als Detective Sergeant. Im Oktober ließ er sich aus gesundheitlichen Gründen pensionieren und verschaffte sich so die Freiheit, zum Geldabheben durchs ganze Land zu reisen.

Unterdessen verkehrte er in den gleichen Pubs wie seine Kumpel bei der Polizei und nahm an ihrer Weihnachtsfeier teil. Dann und wann schaute er in den Amtsstuben der Regional Crime Squad vorbei und warf einen Blick auf die Schautafeln für die Operation Roach. Bei einer Gelegenheit saß Whitchelo auf einen Plausch im Fond des Wagens von zwei alten Freunden, die zur Überwachung des Geldautomaten einer Bausparkassenfiliale abgeordnet waren.

Sein Versuch, das perfekte Verbrechen zu begehen, hatte ihm gerade mal eben 32 000 Pfund von den 3,75 Millionen eingebracht, die er alles in allem gefordert hatte. Insgesamt konnten ihm 17 Kontaminationen nachgewiesen werden.

Ich hörte nichts mehr von der Ermittlungseinheit, bis ich kurz vor Mitte 1990 in Arnold Lodge Besuch bekam. Der hohe Polizeioffizier teilte mir mit, daß der Prozeß näherrücke und die Anklage die letzten Details ihrer Beweisführung gegen Whitchelo unter Dach und Fach bringe.

»In Anbetracht der Genauigkeit, mit der Sie in Ihren Gutachten die Persönlichkeit des Täters beschrieben und sein Tatverhalten erfaßt haben, ist der Staatsanwalt der Meinung, daß es äußerst nützlich wäre, wenn Sie aussagen würden«, erklärte er. »Wir möchten Sie bitten zu erläutern, wie Sie zu Ihrem Täterprofil gekommen sind.«

Der Polizeioffizier hatte eine beträchtliche Menge an Beweismaterial mitgebracht, das zum großen Teil in Whitchelos Wohnung gefunden worden war. Abgesehen von fallrelevanten Unterlagen gab es auch Briefe an Frauen, die auf die Kontaktanzeigen geantwortet hatten, mit denen er in Sexpostillen und SM-Magazinen inserierte. Dominanzspiele erregten ihn, und er war ständig auf der Suche nach gleichgesinnten Damen.

Er wohnte zwar bei seiner verwitweten Mutter, kam aber seiner sexuellen Liaisons wegen viel und weit herum; einige der Orte, wo er bei Bankautomaten von Bausparkassen Geld abgehoben hatte, deckten sich mit Zielen, an die ihn diese Ausflüge geführt hatten.

Es gab noch andere Feststellungen, die meine ursprüngliche Schlußfolgerung bestätigten, denen zufolge der Erpresser eine Neigung zum Bizarren und Bombastischen besitzen mußte. Einer ehemaligen Freundin hatte er erzählt, er habe den Geheimauftrag, die IRA zu unterwandern. Außerdem hatte er über Anzeigen in Bondage-Magazinen einen Club für sadomasochistische Brieffreundschaften ins Leben gerufen, der jedoch bald wieder einging, weil nicht genügend Frauen beitreten mochten.

In diesen Zusammenhang gehört auch die Aussage des mit ihm befreundeten Journalisten George Webber, eines ehemaligen Nachtredakteurs der Nachrichtenredaktion des *Daily Mirror.* Er berichtete von einem Vorschlag Whitchelos, gemeinsam ein Buch über das perfekte Verbrechen zu schreiben. Einige der bereits abgeschlossenen Kapitel enthielten detaillierte Ausführungen über Deckadressen und die Nutzung von Bausparkassenkonten bei Erpressungen. Webber hatte keine Ahnung, daß diese Informationen der Realität entstammten.

Nichts von dem, was ich da las, überraschte mich; das alles trug nur die letzten Zwischentöne zu meinem Bild von Rodney

Whitchelo bei. Ich hatte nie ein Foto von ihm gesehen und nie seine Stimme gehört, doch ich wußte, was in seinem Kopf vorging.

Trotzdem verursachte der Gedanke, vor Gericht gegen ihn auszusagen, mir Unbehagen, weil ich nicht glaubte, daß ich der Sache der Anklage damit nützen könnte. Ich erklärte: »Als ich sein psychologisches Persönlichkeitsprofil erstellte, sprach ich in allgemeinen Begriffen von der Person des Täters – ich könnte Ihnen weder sein Geburtsdatum noch seine Augenfarbe nennen und wüßte auch nicht, ob er gute Zähne hat. Da ging es um starke Wahrscheinlichkeiten, nicht um absolute Angaben. Lassen Sie mich ein Beispiel anführen. Wenn man mich nach dem Grad der Wahrscheinlichkeit fragen würde, mit dem ich – sagen wir mal – meine Überzeugung vertrat, daß der Täter ein Polizist war, so müßte ich antworten: Neunzig Prozent. Das führt automatisch zur nächsten Frage: Räumen Sie damit, Mr. Britton, aber nicht eine mindestens zehnprozentige Wahrscheinlichkeit ein, daß er etwas anderes als Polizist war?

Sie sehen also, Ihre Argumentation wird davon keineswegs erhärtet. Wenn der Staatsanwalt mich als Zeugen haben will, dann werde ich aussagen, aber meiner Ansicht nach läuft die Sache doch auf folgendes hinaus: Entweder Sie haben konkrete Beweise gegen den Mann, oder Sie haben keine. Nichts von dem, was ich aussagen kann, hilft Ihnen da irgendwie weiter.«

Der Polizeioffizier fuhr nach London zurück und rief mich ein paar Tage später an, um mir mitzuteilen, daß der Oberstaatsanwalt sich meiner Auffassung angeschlossen habe. Ich war erleichtert, weil mir nichts daran lag, meine Teilnahme an den Ermittlungen publik zu machen. Bislang war meine Arbeit für die Polizei absolut vertraulich gewesen. Von dieser Nebentätigkeit wußten nicht einmal meine Vorgesetzten bei der Leicestershire Health Authority, obwohl die Zeit nahte, da sich das ändern mußte.

Nach einem drei Monate langen Prozeß im Londoner Old Bailey wurde Whitchelo der sechsfachen Erpressung, der Drohung, Kunden des Unternehmens Heinz zu vergiften, und in zwei Anklagepunkten der Kontaminierung von »Pedigree Chum«-Dosen für schuldig befunden. Er wurde zu 17 Jahren Gefängnis verurteilt.

Die Auswirkung seiner Verbrechen wird jedoch die Länge seiner Haftstrafe bei weitem überdauern. Mit dieser Auswirkung kommt jeder von uns beim Einkaufen in einem Supermarkt in Berührung. Tausende von Nahrungsprodukten werden inzwischen in speziellen, gegen Manipulation sicheren Schrumpffolien verpackt. Für jedes Glas, jede Dose Babynahrung, Marmelade, Suppe, Sauce usw., die wir kaufen, zahlen wir heute zwei bis drei Pence mehr.

Der Fall Whitchelow hat aber auch zu veränderten Bedingungen für die Eröffnung von Bank- und Bausparkassenkonten geführt. Die Polizei war auch nachträglich noch schockiert über die Leichtigkeit, mit der Whitchelow seinen Plan unter Verwendung falscher Namen in die Tat hatte umsetzen können, ohne je die Filiale eines Geldinstituts betreten zu müssen, und forderte schärfere Kontrollmechanismen bei Kontoeröffnungen.

Die Ermittler der Kriminalpolizei, die im Handumdrehen zu Experten für die Abläufe von Computertransaktionen im Bankensystem geworden waren, waren nicht minder entsetzt über die damit gebotenen Möglichkeiten zu Betrug und Erpressung. Man traf sich auf höchster Ebene mit Finanzexperten, um über Konsequenzen und mögliche Kontrollmechanismen zu beraten.

Bei mir zu Hause kehrte »Pedigree Chum« wieder ins Speisekammerregal zurück. Jess zeigte keinerlei Anzeichen, daß ihr etwas gefehlt hatte.

6

Es hat im Laufe der Geschichte immer wieder Theorien und Untersuchungen mit dem Ziel gegeben, die Denkweise des Verbrechers zu definieren und zu begreifen. Im Rückblick erscheinen uns manche davon recht abstrus. Der französische Gefängnischirurg Lauverne machte Gipsabdrücke von den Köpfen seiner Patienten, um die Existenz »degenerierter« Schädelmerkmale zu beweisen, und Professor Cesare Lombroso, ein italienischer Arzt, entwickelte einen ganzen Satz seltsamer Meßinstrumente, mit denen er seine Theorien stützen wollte, wonach verschiedene Arten von Kriminellen ganz spezifische »Gesichter« besaßen. So hatten beispielsweise Mörder vorstehende Kiefer, breite Backenknochen, dichtes dunkles Haar, spärlichen Bartwuchs und einen blassen Teint.

Die moderne Erforschung des »kriminellen Menschen« beruht auf exakteren wissenschaftlichen Grundlagen. Die forensische Psychologie ist ein Fachgebiet, das sich aus zwei separaten Strängen entwickelt hat – einerseits aus dem Gefängnisbereich, wo Psychologen über viele Jahre hinweg sowohl mit einzelnen Gefangenen gearbeitet als auch nach den effektivsten Methoden, ein Gefängnis zu führen, gesucht haben; andererseits aus der Arbeit in Spezialkliniken und regionalen Sicherheitsanstalten, wo Menschen, die infolge von geistiger Abnormalität straffällig geworden sind, inhaftiert, begutachtet und behandelt werden.

Diese Aufgabe – klinische Gespräche mit Menschen zu führen, sie zu begutachten und zu behandeln – hat stets den entscheidenden Teil meiner Arbeit ausgemacht, doch es wurde mir bald bewußt, wie wichtig es war, ein Verständnis der allgemeineren psychologischen Aspekte von Tat und Täter zu gewinnen. Was konnte jemanden veranlassen, einen Mitmenschen zu entführen, vergewaltigen, töten, foltern oder mißbrauchen?

Als ich David Baker zum ersten Mal die psychologischen Charakteristika schilderte, die, wie sich später erwies, auf Paul Bostock und Colin Pitchford zutrafen, erwuchsen meine Analysen aus einem Verständnis von Sexualstörungen wie von sexuell abnormen Persönlichkeitsbildern. Ich verdankte dieses Verständnis der einschlägigen psychologischen Fachliteratur und meiner eigenen, unmittelbaren klinischen Erfahrung. In der allgemeinen Bevölkerung sind Sexualpsychopathen relativ selten; in unseren Gefängnissen, Spezialkliniken und regionalen Sicherheitsanstalten gibt es jedoch recht viele solcher Menschen. Manche machen Jagd auf Kinder; andere verfolgen und vergewaltigen Frauen; einige wenige haben es auf Männer abgesehen. Manche haben Morde zu verantworten. Glücklicherweise werden viele von ihnen in einem frühen Stadium ihrer »Laufbahn« erkannt, ehe sie größeren Schaden angerichtet haben. Mit jeder Festnahme solcher Menschen wächst unser Wissen über deren Lebenshintergründe, Psychopathologie und vor allem Motivierung.

Ihre Lebensgeschichte wird im Rahmen gründlicher klinischer Gespräche analysiert – Kindheit, Schulbildung, Berufstätigkeit, Wohnverhältnisse, Hobbys, Sexualität, Beziehungen und wiederkehrende anstoßerregende Verhaltensweisen werden immer und immer wieder sondiert. Natürlich lügen diese Menschen, und zwar nicht nur gegenüber dem Kliniker; sie belügen auch sich selbst. Da gibt es nichts, was man unbesehen glauben kann; die Tatsachen müssen von nachträglichen verstandesmäßigen Rechtfertigungen getrennt werden. Ihre Darstellung der Ereignisse und Verhältnisse wird mit anderen Informationsquellen wie Verwandten, Sozialarbeitern, Lehrern, Freunden sowie gerichtlichen und medizinischen Unterlagen gegengecheckt und nochmals gegengecheckt. Es handelt sich um eine fortwährende Auseinandersetzung, die zu verlieren wir uns nicht leisten können.

In diesem Prozeß tritt schließlich eine Folge von Bildern hervor, die eine Person zu verschiedenen Zeitpunkten ihres Lebens zeigen. Diese Persönlichkeitsstrukturen und -motivationen werden dann mit denen anderer Menschen verglichen, die vielleicht noch keinen Mord begangen haben mögen, aber viele der gleichen Charakteristika zeigen. Es werden auch Vergleiche mit gewöhnlichen Männern und Frauen angestellt, die sich auf eine normale Weise entwickelt haben, damit wir feststellen können, durch welche Faktoren sie sich von Psychopathen unterscheiden. Dank einer minutiösen Erforschung der Details gewinnen wir für unsere Arbeit eine noch umfangreichere Datenbank.

Es war dieses Wissen, das meine Schlußfolgerungen untermauerte, als ich mich zum ersten Mal daranmachte, ein psychologisches Persönlichkeitsprofil zu erarbeiten. Es gibt Tausende von devianten Persönlichkeitsstrukturen von je individueller Besonderheit, doch viele der Kernelemente gleichen sich. Es ist, als würde man sich ganz verschiedene Häuser ansehen und dabei doch wissen, daß jedes ein Badezimmer, eine Küche und ein Wohnzimmer haben wird.

Wenn man das Persönlichkeitsdiagramm eines Täters erstellt, werden diesem Wissensfundament die Details der Straftat gegenübergestellt. Jeder Aspekt des Verbrechens – Ort, Timing, die Waffe, das Opfer, die Grausamkeit des Angriffs, das Maß an Planung – besagt etwas über die verantwortliche Person. Das Entscheidende sind die Details. Wenn man sie übersieht, ist man verloren; wenn man nicht versteht, worauf man da schaut, wird man es sowieso nicht erkennen. Es ist wie bei der Besichtigung eines altägyptischen Grabraums: Man sieht, daß die Wände voller Hieroglyphen sind. Wenn man die Sprache, die Syntax und die Grammatik kennt, vermag man die Botschaften zu lesen und mehr über die Menschen erfahren, die das Grab erbaut haben. Doch wer die Schrift nicht zu lesen vermag, für den sind die Reliefs einfach bloß schöne Bilder an der Wand und ohne jede Bedeutung; oder, schlimmer noch, er wird sie falsch deuten und zu völlig unsinnigen Schlüssen kommen.

Vielleicht ist der Vergleich mit einem Puzzle noch besser und klarer. Nehmen wir beispielsweise die vier Fragen, die ich mir zu Beginn jeder Ermittlung stelle – was ist geschehen, wie ist es geschehen, wer war das Opfer, und warum ist das geschehen? Erst wenn ich die Antworten darauf gefunden habe, kann ich die wichtigste Frage überhaupt in Angriff nehmen – wer war verantwortlich?

Um die Antworten zu finden, muß ich mich durch eine riesige Menge von Informationen arbeiten und entscheiden, auf welche Teile ich mich verlassen kann, welche weniger zuverlässig sind, und welche außer acht gelassen werden können. Es ist ganz so, als ob man mit mehreren Puzzles gleichzeitig beschäftigt wäre. Eines davon wird mir sagen, was geschehen ist; ein anderes wird mir zeigen, wie es geschehen ist; ein drittes gibt mir Aufschluß über das Opfer, und das vierte verrät mir die wahrscheinliche Motivation des Täters. Wenn alle Puzzles zusammengesetzt sind, wird jedes zu einem entscheidenden Baustein eines viel größeren Puzzles, das mir beim Bestimmen der psychologischen Merkmale des Täters helfen wird.

Obwohl ich bis 1990 in mehreren Fällen als Berater tätig gewesen war, interessierte mich die historische Entwicklung des Persönlichkeitsprofils von Straftätern kaum. Ich hatte mit meiner klinischen und fachärztlichen Tätigkeit mehr als genug zu tun und wenig Zeit oder Neigung zu verfolgen, was sich auf anderen Gebieten tat. Meine Arbeit für die Polizei hatte ich in der Freizeit und ohne Bezahlung geleistet, mit einer einzigen Bedingung: daß ich anonym blieb.

Das änderte sich mit der völlig unerwarteten Einladung zur Teilnahme an einer Konferenz des Innenministeriums unter der Leitung von John Stevens, eines Volljuristen, der innerhalb der Association of Chief Police Officers (ACPO), Abteilung Crime, der Kommission für Straftäter-Profile vorstand. John besaß persönliche Erfahrung im Klären von schweren Gewaltverbrechen; zu seiner Position in der ACPO war er nach einer Tätigkeit im Criminal Investigation Department aufgestiegen, wo er etliche Jahre als Detective Chief Superintendent bei der Metropolitan Police in London gedient hatte.

Die ACPO ist eine der mächtigsten Organisationen im britischen Polizeiwesen, da in ihr die ranghöchsten Offiziere der rund vierzig Polizeikräfte in England, Schottland, Wales und Nordirland zusammenkommen.

Ich nahm die Einladung an und saß dann mit verschiedenen hohen Polizeioffizieren, Staatsbeamten, Psychologen und Psychiatern an einem Tisch zusammen. Die Konferenz war einberufen worden, um Zukunft und Chancen der »Straftäterprofile« zu erörtern. Auf diesem Gebiet hatten, unabhängig von mir, einige andere Psychologen gearbeitet, und man hatte erkannt, daß die ersten Ergebnisse vielversprechend schienen und daß es an der Zeit war, sich darüber klarzuwerden, wie es jetzt weitergehen sollte.

Die Teilnehmer stellten sich vor und gaben – manche selbstbewußter als andere – eine persönliche Stellungnahme zu dem Thema ab. Zum Schluß der Zusammenkunft wurde dann beschlossen, daß für die Zukunft eine Strategie zur Förderung des Verständnisses und Gebrauchs von Persönlichkeitsdiagrammen bei der Fahndung nach Straftätern entwickelt werden sollte.

Danach herrschte Funkstille. Ich hörte davon erst wieder Anfang 1991, als mich Detective Superintendent Ian Johnston von der Police Requirements Support Unit (PRSU) anrief. Die PRSU – sie war ursprünglich als eine Art Verbindungsstelle zwischen dem Innenministerium und der Polizei gegründet worden, um zu gewährleisten, daß die Polizei mit den notwendigen Ressourcen ausgestattet wurde – hatte inzwischen auch eine Rolle auf dem Gebiet von Forschung und Entwicklung übernommen, so daß sie Fortschritte in Ausbildung, Ausrüstung und Technologien für den Gesetzesvollzug in aller Welt verfolgte. Zu den Gebieten, die das Augenmerk der PRSU erregt hatte, gehörte auch die Entwicklung von Täterprofilen.

Johnston wollte mich besuchen und mit mir reden. Wir trafen uns schließlich im Anschluß an meine reguläre Vorlesung über forensisch-klinische Psychologie vor Studenten des dritten Studienjahrs in einem alten Professorenbüro der Universität Leicester. Johnston erwies sich als ein eminent pragmatischer und unterhaltsamer Mann – der Inbegriff des hartgesottenen, Rugby spielenden walisischen Polizisten. Er hatte einen Haarschnitt wie ein College-Junge, einen stämmigen Körper und auf der Nase eine Brille mit Plastikfassung, die ihn beinahe aussehen ließ wie Superman in seiner Verkleidung als Clark Kent.

Er näherte sich dem Grund seines Besuches auf Zehenspitzen, bis er endlich damit herausrückte, daß die PRSU vorhatte, das Thema Straftäterprofile zu erforschen und zu bewerten, und er sich mit mir darüber unterhalten wollte, wie er diesen Plan umsetzen könne. Er wünschte insbesondere allen einschlägigen Entwicklungen der letzten Jahre nachzugehen, um zu sehen, ob sich diese Untersuchungen als für die Polizeiarbeit nützlich erwiesen hatten.

Wir plauderten ganz allgemein über das Problem, bis ich plötzlich von ihm erfuhr, daß das Innenministerium vor einigen Jahren eine bedeutende Summe für den Aufbau einer Datenbank bereitgestellt hatte, die Informationen über Sexualmorde, Vergewaltigungen und die Sorte von Mensch speichern sollte, die dergleichen verübten. Ziel war die Einrichtung eines Informationsdienstes, über den die Polizei aus dem ganzen Land mit dem Projekt in

Kontakt treten und Persönlichkeitsprofile von Straftätern bekommen konnte, die auf der Datenbank fußten.

Das Geld hatte zur Einrichtung der Offender Profiling Research Unit am Psychologischen Institut der Universität Surrey geführt; ihr Leiter war Dr. David Canter. Ich hatte im Innenministerium Canters Bekanntschaft gemacht und von seiner einschlägigen Arbeit für die Kriminalpolizei von Surrey gehört – insbesondere im Fall des als »Eisenbahnvergewaltiger« bekannten John Francis Duffy, der bis zu seiner Festnahme im Jahre 1987 drei Frauen ermordet und mindestens zwanzig weitere vergewaltigt hatte.

Seit ihrer Gründung war die Offender Profiling Research Unit angeblich an über fünfzig Ermittlungen in Fällen von Vergewaltigung und Mord beteiligt und für die Festnahme eines Dutzends gefährlicher Verbrecher mitverantwortlich gewesen. Laut Johnston war dieser Erfolg aber nicht überprüft worden, und als Geldgeber des Projekts wollte das Innenministerium sichergehen, daß die Investition sich lohnte.

Nun läßt sich der Erfolg eines Täterprofils logischerweise am einfachsten dadurch messen, daß man es mit dem Ausgang des Falles vergleicht. Wie genau ist es? Hat es dazu geführt, daß der Täter verhaftet und angeklagt wurde? Hat es die Richtung der Ermittlungen positiv beeinflußt?

Johnston war da ganz meiner Meinung, hatte aber leider Mühe, an die Profile der Projektstelle in Surrey heranzukommen. Aus diesem Grund wollte er die Sache statt dessen aus der umgekehrten Richtung anpacken, indem er den Polizeikräften des Landes einen Fragebogen zusandte, um ihre Erfahrungen mit dem Erstellen von Persönlichkeitsprofilen zu eruieren.

»Wenn ich einen Fragebogen entwerfen und Ihnen zuschicken würde – ob Sie dann wohl einen kritischen Blick darauf werfen?« bat er.

»Selbstverständlich«, sagte ich und nahm an, daß ihn das einige Zeit kosten würde. Überraschenderweise traf der Fragebogen schon zwei Tage später bei mir ein.

Nachdem ich dazu Stellung genommen hatte, hörte ich im Laufe des folgenden Jahres regelmäßig von Johnston; die Anrufe betrafen eine Reihe unterschiedlichster Probleme. Seine Analyse der Nützlichkeit von Persönlichkeitsprofilen schien nicht recht voranzukommen, und er bat mich um eine Begutachtung von verschiedenen Forschungsvorschlägen und von externen Studien, die für die PRSU gemacht worden waren, darunter auch Untersuchungen über Streß- und Krankheitsraten in der Polizei und über die Auswirkungen von Katastrophen wie dem terroristischen Flugzeugattentat über Lockerbie und dem Brand auf der Piper-Alpha-Ölbohrinsel auf das Personal der Notdienste.

Ungefähr zu dieser Zeit führte eine erneute organisatorische Revision im Innenministerium zur Gründung der Police Research Group, die schließlich zahlreiche Forschungs- und Entwicklungsbereiche übernehmen sollte, die zuvor von der PRSU betreut worden waren. Während der Umstellung erhielt ich den Anruf eines hohen Beamten aus dem Innenministerium, der mir mitteilte, das Ministerium wünsche eine formelle Studie über den Einsatz von Persönlichkeitsprofilen in der polizeilichen Ermittlungsarbeit.

In einer herrlichen Mischung aus Diplomaten-Speak voller Nebensätze und Vorbehaltsklauseln tat er mir kund, daß der Gesamtkomplex einer externen, unabhängigen Begutachtung unterzogen werden müsse, weil die Regierung ersucht worden sei, eine weitere beträchtliche Summe in die Entwicklung von Persönlichkeitsprofilen für Fahndungszwecke zu investieren; wenngleich es der Regierung nicht möglich gewesen sei festzustellen, ob die bereits getätigten Investitionen sich gelohnt hätten.

Er suchte mich in Leicester auf und wollte wissen, wie eine solche Untersuchung nach meiner Auffassung durchgeführt werden müsse. Im Laufe einer langen Unterhaltung führte ich die dazu erforderlichen Qualitätskontrollen auf. Geraume Zeit später rief er mich an und fragte: »Würden Sie diese Untersuchung übernehmen?«

Damit hatte ich nicht gerechnet.

»Was halten Sie von der Untersuchung?« hakte er nach.

»Ich halte den Gedanken für sehr lohnenswert.«

»Dann kommen Sie nach London, damit wir darüber sprechen.«

Ich glaube, daß sie sich aus mehreren Gründen für mich entschieden hatten. Es war wichtig, daß ich an keinem der zuvor finanzierten Projekte beteiligt gewesen war und meine Persönlichkeitsprofile für die polizeilichen Ermittlungen ohne Bezahlung erarbeitet hatte – damit stand außer Frage, daß ich kein finanzielles Interesse an den künftigen Entwicklungen hatte. Zugleich hatte sich meine eigene Arbeit in diesem Bereich als wirkungsvoll erwiesen.

In London traf ich mich mit der Chefin der Police Research Group, Dr. Gloria Laycock, die als Psychologin viele Jahre lang im Gefängnisdienst gearbeitet hatte. Die Untersuchung sollte verschiedene Aspekte berücksichtigen. Zum einen sollte sie die Perspektive von Benutzern reflektieren – was erwartete die Polizei von einem Persönlichkeitsprofil? Das hieß: Man müßte hochrangige Offiziere wie John Stevens befragen, die über die strategische Ausrichtung der Polizei entscheiden, und ebenso leitende aktive Kriminalbeamte im ganzen Land.

Die Untersuchung sollte aber auch das Produkt selbst unter die Lupe nehmen, damit klar wurde, was es bisher an Leistungen gebracht hatte. Als wie akkurat und nützlich hatten sich vorliegende Persönlichkeitsprofile erwiesen, wenn man sie im nachhinein mit den Endergebnissen der Fälle verglich? Zugleich war es wichtig zu erfahren, welche Arbeit anderswo schon geleistet worden war, etwa vom FBI in Amerika und von der Polizei europäischer Länder.

»Wie lange werden Sie dafür brauchen? Was schätzen Sie?« fragte Dr. Laycock.

»Zwei Jahre.«

Sie zuckte zusammen. »Zwei Jahre – das ist unmöglich. Die Untersuchung muß wesentlich früher fertig sein. Wir können Ihnen höchstens 75 Tage geben.«

»Ausgeschlossen«, wandte ich ein. »Denken Sie nur einmal an all die Leute, die wir zu interviewen haben, und an die ganze Literatur, die konsultiert werden muß – nicht nur hier in England, sondern auch im Ausland.«

Dr. Laycock begriff durchaus, wie umfangreich die Arbeit war, hielt aber dagegen, daß solch ein kritischer Bericht seit langem überfällig sei und ihr jetzt einfach abverlangt werde. »Wir sind nicht sonderlich glücklich mit dem, was wir da sehen, und brauchen ganz schnell ein paar Vorschläge zur Lösung der Probleme.«

»Bei Ihren zeitlichen Vorstellungen würden Sie nur einen sehr flüchtigen Einblick bekommen können«, gab ich zu bedenken.

»Das weiß ich. Aber liefern Sie uns einen Überblick, damit wir ein paar Entscheidungen treffen können.«

Das Innenministerium wünschte einen Bericht auf der Basis von nur 75 Tagen Arbeit. Ich hatte aber auch eine Ganztagsstelle und außerdem eine steigende Anzahl von Ersuchen der Polizei, sie bei konkreten Ermittlungsverfahren zu unterstützen. Das bedeutete: Ich müßte die erforderliche Zeit aus meinem Jahresurlaub herausquetschen und im übrigen die Wochenenden und öffentlichen Feiertage nutzen. Am Ende benötigte ich für den Bericht ein Jahr, und in diesem Zeitraum habe ich viele Personen und die meisten Institutionen interviewt, die zum Thema Täterprofil Wichtiges zu sagen hatten.

Der Fragebogen, den Ian Johnston ursprünglich an Polizeipräsidenten und Kripochefs hatte verschicken wollen, erwies sich jetzt als entscheidende Hilfe beim Ausfindigmachen von Psychologen und Psychiatern, die in wichtigen Ermittlungsfällen mit der Polizei zusammengearbeitet hatten. Den Kriminalbeamten wurde die Frage gestellt, warum sie einen Psychologen zum Erstellen eines Persönlichkeitsprofils hinzugezogen hatten. Worin bestanden die Besonderheiten des Falles? Wie zutreffend war das Profil gewesen?

Zur gleichen Zeit interviewte ich klinische Psychologen, die in Fachbereichen forschten, welche für die Arbeit mit Täterprofilen relevant waren, und verfolgte Projekte wie CATCHEM, die landesweit größte vollständige Datenbank, die sich mit Morden, Entführungen und vermißten Kindern befaßte. Sie war im Gefolge der Hogg-, Maxwell- und Harper-Morde eingerichtet worden – drei Schulmädchen, die aus verschiedenen Grafschaften entführt, aber von demselben Mann umgebracht worden waren. Die Datenbank entstand 1986 in Derbyshire und speicherte Details von Straftaten gegen Kinder, die bis zum Jahr 1961 zurückreichten; mir wurde klar, daß sie – sinnvoll erweitert – bei der zukünftigen Arbeit mit Täterprofilen eine wichtige Rolle spielen würde.

Ian Johnston und Detective Inspector Jon Dawson knüpften die Verbindungen und trafen die Arrangements für meine Begegnungen mit hohen Polizeioffizieren und ausgewählten Kriminalisten im ganzen Land. Ich reiste Tausende von Kilometern, aber beim Studium der polizeilichen Ermittlungsarbeit waren diese beiden meine wichtigsten Führer.

Das Bild, das sich dabei herausschälte, war eine Überraschung. Die Meinungen gingen weit auseinander. Einige erfahrene Ermittler reagierten mit unverhohlener Feindseligkeit und erklärten, Täterprofile seien »nichts als ein Haufen psychologischer Bockmist«, den sie nie wieder einsetzen würden. Andere zeigten sich beeindruckt und konnten echte Vorteile für die Praxis erkennen.

Das Ausmaß an schlechten Erfahrungen war besorgniserregend. Als ich meine Untersuchung begann, hatte ich damit gerechnet, auf das eine oder andere Täterprofil zu stoßen, das sich im nachhinein als unzureichend herausgestellt hatte, doch nun entdeckte ich erstmals, wieviel potentiellen Schaden die Sache anrichten konnte, und das erschreckte mich. Polizeioffiziere berichteten mir von Persönlichkeitsprofilen, die derart unrichtig waren, daß sie – wenn man sich darauf verlassen hätte – die Fahnder in gravierender Weise in die Irre geleitet haben würden. Bei einem Mordfall oder einer Vergewaltigung hätte das dazu führen können, daß noch ein weiterer Mensch umgebracht oder geschändet wurde.

Mit zunehmenden Daten wurde das Bild keineswegs besser. Statt sich als bedeutender Fortschritt im polizeilichen Instrumentarium zu erweisen, riskierte der Einsatz von Täterprofilen, sich in England als totgeborenes Kind herauszustellen.

Die moderne Methode der Fahndung mit Persönlichkeitsprofilen begann in den USA beim FBI; ohne Berücksichtigung der Arbeit, die auf diesem Gebiet jenseits des Atlantiks geleistet worden war, ließ sich ein internationaler Überblick daher unmöglich zusammenstellen.

Zur FBI-Legende gehört folgende Anekdote über die Anfänge: New York City war über zehn Jahre lang von einem »verrückten Bombenleger« terrorisiert worden, der höhnische Briefe an Zeitungen geschickt und herausragende Wahrzeichen der Stadt in die Luft gejagt hatte. Im Jahre 1956 unternahm der amerikanische Psychiater Dr. James A. Brussel eine Überprüfung der Tatorte, der Botschaften des Bombenlegers und sonstiger Informationen und empfahl der Polizei anschließend, nach einem unverheirateten osteuropäischen Immigranten mittleren Alters zu fahnden, der römisch-katholisch sei und in einer Stadt des Staates Connecticut bei seiner Mutter wohne; der Mann sei beispielhaft ordentlich, hasse seinen Vater und werde bei seiner Verhaftung einen korrekt zugeknöpften, zweireihigen Anzug tragen.

Als George Metsky verhaftet wurde, trug er tatsächlich einen zweireihigen Anzug mit vorschriftsmäßig zugeknöpftem Jackett. Er entsprach beinahe vollkommen dem Täterprofil – nur daß er statt mit seiner Mutter mit seinen zwei unverheirateten Schwestern zusammenlebte.

Auf die Frage, wie ihm so etwas habe gelingen können, erklärte Brussel, daß er Leute normalerweise in dem Bemühen untersuche, ihre künftigen Reaktionen vorauszusagen. Diesmal habe er die Methode umgekehrt und durch Untersuchungen der Taten herauszufinden versucht, was für ein Mensch der Täter sein könne.

Trotz derart großer Anfangslorbeeren fiel der Einsatz von Täterprofilen während der 60er Jahre in Ungnade, fand dann aber wieder Beachtung, als sich in den 70ern das Gesicht der Schwerkriminalität in Amerika zu wandeln begann, die Mordrate hochschnellte und eine wachsende Zahl der Gewalttaten von Menschen begangen wurde, die in keinerlei Beziehung zum Opfer standen.

Zu Beginn der 70er Jahre hatte das FBI in Quantico, Virginia, eine neue Akademie gegründet, zu der auch ein kleines Institut für Verhaltensforschung gehörte. Die dort tätigen FBI-Offiziere waren in erster Linie mit Lehren beschäftigt, aber von Zeit zu Zeit analysierten sie auch Gewaltverbrechen und erarbeiteten »Profile« der mutmaßlichen Täter.

Keiner dieser Dozenten war ausgebildeter Psychologe, obschon einige von ihnen die einschlägige Fachliteratur studiert hatten, und wie viele Ermittler verließen sie sich in hohem Maße auf ihr detektivisches Können und die Kenntnis früherer Fälle. Diese verhaltensorientierte Einstellung hatte dann binnen eines Jahrzehnts zur Gründung des FBI-eigenen National Center for the Analysis of Violent Crime (NVAVC) und des Violent Criminal Apprehension Program (VICAP) geführt.

Letzteres ist ein Berichtssystem, bei dem die Verbrechen in einem 16seitigen Fragebogen zusammengefaßt sind, der von den Detektiven der Mordkommission ausgefüllt wird. Vorrangiges Ziel dieses Projekts war es, ungelöste, die Grenzen einzelner Bundesstaaten überschreitende Mordfälle miteinander in Verbindung zu bringen, doch das System wurde rasch einem zentralen Instrument für das Entwickeln von Täterprofilen.

Weil dem FBI erfahrene Psychologen fehlten, die durchs Land reisten, um Tatorte zu untersuchen, nutzte es die von der örtlichen Polizei gesammelten Details, um Verbrechen nach recht weitgefaßten Kategorien zu klassifizieren und Täterprofile zu entwerfen. Obwohl ein großer Teil dieser Arbeit computerisiert worden war, stützte sie sich nach wie vor in hohem Maße auf das Brainstorming erfahrener FBI-Agenten und auf psychologische Hintergrundforschungen. Dieses Verfahren hatte sich als effektiv erwiesen und die Erfolgsrate war höher als irgendwo sonst auf der Welt.

Als ich die Arbeit an der Untersuchung begann, galt einer meiner ersten Besuche dem Leiter der Offender Profiling Research Unit in Surrey, Dr. David Canter. Ich benötigte von ihm Material, um den Erfolg seiner Datenbank und der auf ihrer Grundlage entwickelten Täterprofile zu überprüfen. Dem Innenministerium war es irgendwie nicht gelungen, an diese Daten heranzukommen; ich ging jedoch davon aus, daß Canter und alle Beteiligten ein Interesse daran hatten, mit mir zusammenzuarbeiten und zu gewährleisten, daß die Bestandsaufnahme gelang.

Ich besuchte ihn mehrere Male und ließ ihn wissen, daß ich mich auf seine Kooperation und seine aktive Teilnahme freue. Bei einem anschließenden Gespräch erklärte Canter mir dann jedoch, daß er es nicht als zweckdienlich betrachtete, wenn die Diagramme seines Instituts in die Untersuchung einbezogen würden; er sei mit der Bewertungsmethode nicht einverstanden. Ich war erstaunt. Wie sollte man Täterprofile denn sonst beurteilen? Gab es dafür andere Kriterien als Genauigkeit und Nutzwert?

Am Entwickeln von Persönlichkeitsprofilen im Rahmen laufender Ermittlungen sei er im Grunde gar nicht interessiert, ließ er mich daraufhin wissen, und er könne überhaupt nicht verstehen, warum immer wieder Polizisten mit dieser Bitte zu ihm kämen. Ich regte an, daß das eventuell etwas mit dem Namen zu tun haben könne, den er seinem Projekt gegeben hatte.

Die Untersuchung kam voran, bis ich am Ende nur noch auf das Material der Offender Profiling Research Unit wartete. Es wäre undenkbar gewesen, meine Arbeit ohne die Daten eines Instituts abzuschließen, das vom Innenministerium selbst finanziert und eigens dazu gegründet worden war, die Polizei mit Täterprofilen zu versorgen.

Das alles gipfelte in einer harten Auseinandersetzung im Hauptquartier der Polizei von Sussex, in deren Verlauf sich Canter schließlich bereit erklärte, Kopien seiner Täterprofile bereitzustellen. Er stellte außerdem klar, daß keines davon von der Datenbank für Sexualmorde und Vergewaltigungen erstellt worden war, die als wissenschaftliches Fundament seiner Arbeit mit Persönlichkeitsprofilen galt. Statt dessen hatten er und sein Team Brainstorming-Sitzungen abgehalten und mit Ideen herumjongliert, bis man sich über die Merkmale des Täters einig wurde. Just diese Methode hatte Canter bei einem früheren Gespräch als nicht sonderlich fruchtbar abgelehnt, wenn ich ihn denn recht verstanden hatte.

Am Ende erhielt ich 36 der zugesagten 50 Persönlichkeitsprofile des Surrey-Projekts, und die Resultate waren wirklich enttäuschend. Eine gewisse Vorstellung von der zu erwartenden Qualität hatte ich ja bereits dank der von den einzelnen Polizeikräften ausgefüllten Fragebogen bekommen. Es gab kam kaum Indizien dafür, daß die Profile zutreffend gewesen waren oder zu Festnahmen geführt hatten. Zwei Fälle waren von den Leuten in Surrey als Beispiele für erfolgreiche Arbeit herausgestellt worden. Im ersten Fall – es ging um eine Serie von Vergewaltigungen – wäre die Fahndung nach Darstellung leitender Polizeibeamter ernstlich behindert oder in eine falsche Richtung geführt worden, wenn das Team nach Maßgabe des Täterprofils vorgegangen wäre. Sie machten insbesondere auf die Tatsache aufmerksam, daß da zwei verschiedene Täter am Werk gewesen waren, was der Autor des Gutachtens jedoch nicht erkannt hatte; der Sachverhalt stellte sich erst durch zu einem späteren Zeitpunkt der Ermittlungen gewonnene neue Erkenntnisse heraus und führte dann wiederum zur Erstellung eines berichtigten und erweiterten Persönlichkeitsprofils. Außerdem lag die Gegend, wo der einzelne Täter dem Gutachten zufolge wohnen sollte – und die Polizei ihn folglich zu suchen hatte – exakt am entgegengesetzten Ende des Fahndungsbereichs. Andere Aspekte des Profils stellten nach Meinung der Beamten lediglich Wiederholungen der von den Fahndern gelieferten Informationen dar.

Im zweiten Fall – dem Mord an einer Prostituierten – war das Profil dem Bericht eines hohen Kriminalbeamten zufolge in den meisten Details falsch gewesen. So hatte es unter anderem einen männlichen Einzeltäter nahegelegt (es stellte sich heraus, daß es drei gewesen waren); es hatte eine spontane, unvorbereitete, impulsive Straftat suggeriert (sie war geplant gewesen); es hatte vorhergesagt, daß der Täter durch einen Ausbruch plötzlicher Gewalttätigkeit oder einen damit zusammenhängenden Verlust von Selbstbeherrschung die Aufmerksamkeit der Polizei erregen würde (er tat es nicht); es verwies auf einen eventuell geistesgestörten Täter (waren sie alle drei nicht); es gab einen mindestens anderthalb Kilometer vom Tatort entfernten Wohnort des Täters an (alle drei wohnten nur einen Katzensprung von der Stelle entfernt); und es sagte voraus, daß der Täter große Reue über seine Tat zeigen und sie gestehen würde, wenn man ihn »fest anspreche« (es gab keinerlei Anzeichen von Reue bei den drei Verhafteten, die während der Verhöre auch kein Geständnis ablegten).

Nach diesen Resultaten war so gut wie klar, daß das Institut in Surrey keine weiteren Regierungsmittel für seine Übungen im Erstellen von Täterprofilen mehr erhalten würde; der Studiengang »Kriminalpsychologie« ist allerdings dort nach wie vor gefragt.

Ich trug mein Gutachten im Juni 1992 einem kleinen Kreis hoher Beamter im Innenministerium und anschließend der entsprechenden Kommission des ACPO vor. Es war keineswegs überraschend, daß viele Leute das Gefühl hatten, im Stich gelassen zu werden, weil der Bericht so vernichtend ausfiel; ich riet ihnen jedoch, über den oberflächlichen Eindruck und die Enttäuschung hinwegzusehen, dann würden sie Gold finden.

Sie sollten sich an anderswo geleisteter Arbeit orientieren, vor allem bei CATCHEM und in Broadmoor und, was das Methodologische betraf, in Cambridge. Die Holländer hatten experimentell mit einer Adaptierung des FBI-Systems an ein europäisches Umfeld begonnen; es gab ferner fundierte Belege für ein erfolgreiches Arbeiten einzelner Psychologen im National Health Service und an englischen Universitäten, die mit der Entwicklung von Täterprofilen zu tun hatten. Auf Grund all dieser soliden, kontinuierlichen und positiven Quellen ließ sich für Persönlichkeitsprofile eine Zukunft erkennen; es bedurfte nur einer wesentlich besseren Methode zur Erfolgsmessung und zu ihrer Weiterentwicklung.

Ich machte diesbezüglich eine Reihe von offiziellen Empfehlungen und nannte als wichtigste Voraussetzung, daß ein Service-Institut für Täterprofile künftig zur Gänze im Besitz und unter dem Kommando der Polizei stehen müsse. Seiner Leitung dürfe niemand angehören, der damit finanzielle oder reputationsfördernde Interessen verbinde. Im übrigen müsse jedes Täterprofil nach Abschluß der Ermittlungen auf seine Richtigkeit überprüft werden; bei mangelnder Genauigkeit müsse seine Herkunft sorgsam gecheckt werden.

Ich entwarf ein Modell, einschließlich eines von der Polizei unterhaltenen computerbasierten Unterstützungssystems, das an den Prinzipien der künstlichen Intelligenz orientiert war und am Ende einen großen Teil der Routinearbeit übernehmen könnte, indem es ein Verbrechen nach bestimmten Faktoren analysierte und aus dem Resultat konkrete Schlußfolgerungen zog. Ich hielt es für äußerst unwahrscheinlich, daß erfahrene Spezialisten für Persönlichkeitsprofile in der Verbrechensanalyse je durch Computer ersetzt werden könnten, doch ein derartiges Programm konnte den Ermittlern viel Zeit ersparen und ihnen als erste Orientierungshilfe dienen.

Nach einem gründlichen Studium der von der Polizei verwendeten Ermittlungsmethoden hatte ich im übrigen keinen Zweifel, daß die Beamten lernen konnten, wie man am Tatort eines Verbrechens nach psychologisch relevanten Hinweisen sucht. Eine wichtige Erkenntnis aus meinen Gesprächen mit hohen Polizeioffizieren bestand darin, daß viele trotz ihrer Probleme mit der Genauigkeit mancher Profile von dem neuen Schwung begeistert waren, den sie ihre Ermittlungen verliehen hatten. Die Polizisten hatten eine neue Perspektive gewonnen, die sie bei ihren künftigen Ermittlungen den Schauplatz eines Verbrechens mit anderen Augen ansehen lassen würde.

Ich erklärte zusammenfassend, es sei das klare Ziel meiner Empfehlungen, Großbritannien binnen zwei oder drei Jahren zum führenden Zentrum für die Fahndung mit Hilfe von Täterprofilen zu machen.

Sämtliche Empfehlungen wurden nach minimalen Diskussionen mit einem Gefühl echter Aufregung angenommen.

7

Millgarth Police Station in Leeds sieht aus wie ein riesiger roter Backsteinbauklotz, den jemand in der Mitte des vergangenen Jahrhunderts dort zufällig fallengelassen hat. Er paßt überhaupt nicht zu den proletarischen Reihenhäusern, Werkstätten und Garagen der Umgebung, die das ältere Leeds darstellen.

Die Polizeistation hat den größten Raum einer Einsatzzentrale, den ich je gesehen habe, ein riesiges Großraumbüro, das in die Abteilungen Haus-zu-Haus-Ermittlungen, Fahrzeugnachforschungen, nachrichtendienstliche Informationen, bekannte Komplizen und die übrigen Spezialbereiche unterteilt ist, die bei großen Ermittlungsfällen eine Rolle spielen, der Öffentlichkeit jedoch selten bekannt werden.

Detective Chief Superintendent Bob Taylor führte mich herum. Er war ein Bär von einem Mann, durch und durch solid; mit seinem dunklen Haar und buschigen Schnurrbart wirkte er wie ein keltischer Krieger. Ich war ihm vorher nie begegnet; ich weiß nicht, wie er von mir gehört oder meine Telefonnummer bekommen hatte.

Er schaute mir direkt in die Augen an und nannte die Dinge ganz offen beim Namen. »Ich habe eine äußerst schwierige und komplizierte Mordermittlung durchzuführen. Um die Wahrheit zu sagen: Sie ist ein wahrer Alptraum, weil nirgends eine Logik erkennbar ist. Überall nur offene Fragen.«

Er machte eine Pause und zuckte mit den Achseln. »Haben Sie vom Mord an Julie Dart gelesen?«

Ich schüttelte den Kopf.

»Nun ja, aus Operationsgründen haben wir mit Details vorsichtshalber zurückgehalten. Lassen Sie mich den Fall in großen Zügen umreißen. Am 9. Juli (1991) ist Julie aus Leeds verschwunden. Zehn Tage später haben wir ihre Leiche ungefähr 135 Kilometer von hier auf einem Feld in der Nähe von Grantham gefunden. Sie wurde mit einem Hammer oder einem Ziegelstein totgeschlagen.«

»Wie lange war sie schon tot?« fragte ich.

»Acht, vielleicht auch neun Tage.« Er trommelte mit den Fingern auf einer ungeöffneten Zigarettenschachtel. »Erlauben Sie, daß ich ganz am Anfang anfange.«

Wie Taylor berichtete, hatte Julie sich zwei Tage vor ihrem Verschwinden mit ihrem Freund so heftig gestritten, daß beide in den frühen Morgenstunden im St. James's Hospital in Leeds aufgenommen wurden. Julie hatte Kopf- und Gesichtsverletzungen; Dominic Murray, ihr Freund, einen gebrochenen Knöchel. Sie verließen das Krankenhaus, gegen ärztlichen Rat, sieben Stunden später.

Die 18jährige Julie lebte normalerweise bei ihrer Mutter in deren Sozialwohnung in Oakwood, Leeds, verbrachte allerdings viel Zeit in Dominics Wohnung im St. Wilfrid's Estate in Gipton. Den Nachbarn zufolge hatten die beiden eine stürmische Beziehung, die nach einer offenen Schlägerei am nächsten Tag oft in eine öffentliche Liebesbekundung umschlug.

Sie verließ Dominics Wohnung am 9. Juli um 19.45 Uhr mit der Erklärung, zur Arbeit im Leeds General Infirmary zu gehen, wo sie wöchentlich einige Nächte als Laborassistentin tätig war.

»Nur hat sie dort eben nicht gearbeitet«, sagte Taylor. »Wir haben es mehrmals überprüft. In dem Krankenhaus kennt sie überhaupt keiner.«

»Wohin ist sie denn gegangen?«

»Gute Frage.«

Taylor reichte mir einen Brief in einem durchsichtigen Plastikumschlag. »Drei Tage später traf das hier in Dominics Wohnung ein. Wir sind uns zu neunzig Prozent sicher, daß es Julies Handschrift ist.«

Hallo Dominic,

bitte hilf mir. Ich bin entführt und bis nächsten Montagabend als persönliche Sicherheit festgehalten worden gewesen (sic). Bitte geh gleich und sag's meiner Mum. Liebe Dich ja so, Dominic.

Mum soll sofort die Polizei anrufen und mir helfen. Ich habe nichts gegessen, aber man hat mir Essen angeboten. Mir ist ein bißchen übel, aber ich trinke zwei Tassen Tee am Tag. Mum – Dominic, helft mir.

(Der nächste Absatz, der die Telefonnummer ihrer Mutter an-

gab, war dann anscheinend in einer anderen Handschrift. Der Brief endete:)

Liebe Grüße an alle,
Julie

Die Handschrift wirkte ziemlich unreif; manche Wendungen schienen allerdings gar nicht dem Wenigen zu entsprechen, was ich über das Mädchen erfahren hatte. Ich fand es unwahrscheinlich, daß Julie so einen Ausdruck wie »persönliche Sicherheit« verwenden würde. Aber der nächste Satz – »Liebe Dich so, Dominic« – klang wie ein Zusatz von ihr und ließ vermuten, daß sie zumindest für einen Teil des Briefes Worte niedergeschrieben hatte, die ihr diktiert wurden.

Der ungemein saubere Aufbau des Textes hatte es möglich gemacht, in nur drei Absätzen eine beachtliche Menge von Informationen und Anweisungen zu vermitteln; was jedoch fehlte, war ein Grund, warum der Brief geschickt wurde. Es gab keine Lösegeldforderung an Julies Familie. Statt dessen wurde ihre Mutter angewiesen, die Polizei zu verständigen. Warum würde ein Entführer die Einschaltung der Polizei wünschen?

Taylor hielt einen zweiten, diesmal getippten, Brief in der Hand.

»Er traf am gleichen Tag ein, am 12. Juli, und war adressiert an ›Leeds City Police‹. Beide Briefe waren am Vortag in Huntingdon, Cambridgeshire, eingeworfen worden.«

Auf dem Kuvert war ein Wort – »Presidium« – falsch geschrieben, und Taylor wies darauf hin, daß es auch keine »Leeds City Police« gab.

Eine junge Prostiuierte wurde letzte Nacht aus dem Gebiet von Chapeltown entführt und wird nur dann wieder unverletzt freigelassen, wenn folgende Bedingungen erfüllt werden. Falls sie aber nicht erfüllt werden, wird man die Geisel nie wieder sehn und in einem großen Kaufhaus (nicht unbedingt in Leeds) am 5. Juli um 17 Uhr eine Brandbombe explodieren:

1. Eine Summe von 140 000 (einhundertvierzigtausend) Pfund in bar ausgezahlt.

2. 5 000 Pfund werden auf zwei Bankkontos eingezahlt, zwei Bankomatkarten mit Geheimzahlen zugestellt, und von den Bankkonten können mindestens 200 Pfund am Tag abgehohben werden.

Am kommenden Dienstag, den 16. Juli, wird eine Polizistin mit dem Geld zum Bahnhof New Street in Birmingham fahren und im Warteraum auf Bahnsteig 8 an der Mercury Telefonzelle auf einen Telefonanruf warten. Sie muß einen hellblauen Rock tragen und das Geld in einer Umhängetasche haben.

Sie muß um 18 Uhr da sein und den Anruf um 19 Uhr erwarten, dann wird sie die Ortsangabe für den nächsten Telefonanruf erhalten. (Nachdem sie den Anruf bekommen hat, muß sie auf der A38M Aston Schnellstraße nach Norden die Stadt verlassen, um dann auf die Autobahn M6 in südlicher Richtung zu fahren, diese Information wird angegeben, damit sie sich in der Stadt nicht verfährt.) Sie muß genug Benzin für mindestens 350 Kilometer im Tank haben und einen Füller und einen Block darf sie bei sich haben, aber kein Radio oder Funkgerät.

Alle Telefonbotschaften sind vorher aufgenommen, eine Kommunizierung oder Antwort wird nicht möglich sein. Es werden keine Verhandlungen Aufgenommen. Jede Veröffentlichung oder sichtliche Polizeiaktion wird verursachen, daß es keine weiteren Mitteilungen gibt.

Die Gelder müssen in gleichgroßen Mengen von gebrauchten 50/20/10-Pfundscheinen gebracht und die Bankkarten per Filzstift mit den Geheimnummern beschriftet sein. Das Geld muß in Polyäthylen von mindestens 120 Mikrometer eingewickelt sein, dann mit Paketklebeband die Bankkarten angeklebt dann das Paket in braunes Papier verpackt und mit einet Nylonschnur mit einen geschlungenen Griffgebunden. Das ganze Paket nicht größer als 350 mm x 350 mm x 90 mm.

Wenn das Geld angekommen ist, wird Leeds ungefähr um Mitternacht einen Anruf mit dem Namen und der Addresse vom Kaufhaus mit der Brandbombe kriegen und fünf Stunden sollte reichlich Zeit sein, um in das Kaufhaus zu kommen. Die Geisel wird nur befreit, wenn das ganze Geld von den Konten abgehoben ist.

Die Geisel wird gut genährt und versorgt, in einem Haus, das dazu gemietet wurde, sie wird 24 Stunden täglich überwacht von Infrarot-Detektoren, die direkt am Stromnetz angeschlossen sind. Wenn das Geld abgehoben ist, werden Sie die Adresse der Geisel bekommen. BEVOR SIE DAS HAUS BETRETEN, MUSS DER STROM VON DRAUSSEN AUSGESCHALTET WERDEN, bevor Sie die Tür öffnen, sonst wird jede Bewegung die Detektoren auslösen.

Es darf kein Versuch unternommen werden, der Polizistin zu folgen, und wenn sie auf den sehr ruhigen Straßen gefolgt wird, die leicht kontrolliert werden können, sind Flugzeuge zu hören.

Am Dienstag wird die Polizistin die ganze Zeit die einzigen Pakete mit sich tragen. Sie wird es wegen Telefonbotschaften zu mehreren Telefonzellen bringen. In einer Zelle wird eine kleine Plastikschachtel mit einer kleinen grünen Leuchtdiode sein, die wo brennt. Diese muß abgeholt werden und über die Instrumentenschalter auf dem Armaturenbrett des Autos gestellt und muß durch die Windschutzscheibe sichtbar sein, diese Schachtel wird auch eine große rote LED (Antimanipulation) und eine große gelbe LED (Senderdetektor) haben, falls eine von diesen beiden aufleuchtet, dann werden keine weiteren Botschaften mehr empfangen werden. Das Geldpaket muß, wie ich sagte, die ganze Zeit über getragen werden und an einem Zielort muß es an eine Art Hundeleine angeklickt werden, die von einem Baum hängen wird, das Seil darf nicht runtergezogen werden. Die Polizistin muß dann zu dem Wagen zurückgehen, der umgefähr 300 Meter von diesem Punkt weg steht, in 60 Sekunden, und dann 800 Meter weiterfahren, bevor sie die Plastikschachtel mit den LEDs wegnimmt.

Das Geld wird von jemand geholt, der nicht zum Verfasser gehört, aber er wird die einzige Person sein, die jeden Dienstag ein paar Stunden an diesem »Liebespfad« parkt, seine Begleiterin wird als Geisel gehalten, bis das Geld von ihm abgeholt sein wird, er wird ein Funksprechgerät haben, damit ich ihn führen kann. Wenn etwas schief get, werden diese zwei Geiseln nicht verletzt.

Diese Aktion ist seit einiger Zeit geplant, aber eine kleine Pistole und Munition brauchte länger als vorgesehen. Wenn etwas schief geht oder wenn die Polizei nicht in der Lage ist, die Forderungen zu erfüllen, dann wird die Geisel nie mehr gesehen, plus das Kaufhaus wird mit der Brandbombe explodiert, die Aktion wird von vorn anfangen, das nächste mal wird ein Angestellter von sagen wir den Strom-/ Gas-/ Wasser Werken genommen, sie während der Arbeitszeit zu entführen wird die Werke dazu bringen, das Lösegeld zu zahlen.

Es darf keine Veröffentlichung geschehen, bevor das Geld empfangen worden ist, dann darf eine Presseerklärung abgegeben werden, aber mit Erwähnung, das keine Zahlungen gemacht wurden.

Die extra 5 000 Pfund dürfen nicht mit dem Hauptgeld zusammen sein, weil das Hauptpaket für eine ganze Weile vergraben wird, damit die fortlaufende Nummerierung in Geldautomaten nicht aufgespürt werden kann.

Auf wenigen Seiten war eine große Menge an Informationen und komplizierte Reihe von Anweisungen zusammengefaßt worden. Der Verfasser hatte sich ganz offensichtlich große Mühe gegeben, es seltsamerweise jedoch trotzdem geschafft, den Umschlag mit der falschen Adresse zu versehen, und er hatte viele Rechtschreib- und Grammatikfehler gemacht. Waren sie fabriziert oder echt?

»Die angegebenen Maße für das Geldpaket...«

»... stimmen haargenau«, sagte Taylor.

»Und die Anweisungen zum Verlassen Birminghams?«

»Vollkommen richtig.«

Welche bemerkenswerte Details! dachte ich. Nur: Irgendwie paßte keins davon zu einem unverblümten Erpressungsversuch, und um den handelte es sich doch. Warum sollte der Erpresser ausgerechnet der Polizei eine Lösegeldforderung zusenden und genau die Personen, die gegen das Verbrechen ermitteln mußten, zum primären Opfer machen? Und warum diese ungewöhnliche Summe – im Vergleich zu der Zeit, den Anstrengungen und vor allem dem Risiko, das er beim Abholen eingehen würde, waren 140 000 Pfund fast eine Lappalie.

Julies Angehörige und ihr Freund versicherten, sie sei keine Prostituierte. Binnen 24 Stunden hatte die Polizei aber eine Verbindung Julies mit Chapeltown, dem Rotlichtviertel von Leeds, entdeckt, und mehrere der Polizei bekannte Prostituierte sagten aus, Julie in der Nacht ihres Verschwindens gesehen zu haben.

Ich fragte Taylor, was denn an jenem Dienstag geschehen sei. Wie er mir erklärte, hatte eine Polizistin am Bahnhof New Street in Birmingham auf den Anruf gewartet. Das Telefon hatte geklingelt; als sie abnahm, hatte jedoch niemand geantwortet. Drei Tage später wurde Julies Leiche entdeckt.

»Demnach müssen die ersten zwei Briefe«, dachte ich laut, »abgeschickt worden sein, als sie schon tot war.«

Taylor nickte.

Ich betrachtete die Fotos von Julies Leiche, so wie sie in ein Laken gewickelt unter einem Baum gefunden worden war. Die Wiese war über einen Feldweg zu erreichen, der auf die Fernstraße A 1, die Great North Road, zulief; sie lag ein paar hundert Meter davon entfernt. Das einzige sonst bemerkenswerte Indiz war eine grasüberwachsene, stillgelegte Bahnlinie, die nicht weit von dem Baum vorbeiführte, wo die Leiche gefunden wurde.

Der Obduktionsbericht erwähnte keine Anzeichen von Notzucht. Zwei Verletzungen am Hinterkopf stammten von einem schweren stumpfen Gegenstand, möglicherweise einem Hammer, der einen Schädelbruch verursacht hatte. Eine Reihe von Prellungen am rechten Fußknöchel deuteten auf eine Fesselung mit einem Seil oder einer Kette hin. Julie war schon mindestens eine Woche tot gewesen. Der schnelle Verfall der Leiche zeigte an, daß die Tote in einem Behälter ohne Luftzufuhr aufbewahrt worden und warmer Temperatur ausgesetzt gewesen war.

Julie war ein attraktives Mädchen gewesen – 1,73 Meter groß, braune Augen, schulterlanges lockiges braunes Haar, das gewöhnlich hinten gebunden war. Sie hatte ein besonderes Merkmal, einen angeschlagenen oberen Vorderzahn. Als sie das letztemal gesehen wurde, trug sie eine schwarz/malvenfarbene Kostümjacke, Wildlederschuhe und eine schwarze Umhängetasche.

»Wie lange war sie schon Prostituierte gewesen?« fragte ich.

»Noch nicht lange und wahrscheinlich nur teilzeitmäßig. Es gab weder Vorstrafen noch Verwarnungen.«

Sie hatte auch die Angewohnheit gehabt, unterschiedliche Namen zu benutzen, sich manchmal mit dem Mädchennamen ihrer Mutter »Atkins« oder mit dem Familiennamen ihres unehelichen Vaters »Hill« zu nennen. In der Schule war sie eine vielversprechende Sportlerin gewesen und hatte Dutzende von Medaillen und Urkunden gewonnen. Das Wettlaufen setzte sie nach dem Schulabgang mit 16 Jahren fort, als sie eine Stelle als Verkäuferin bei einem Filialgeschäft bekam. Laut ihren Freundinnen schätzte sie Karaoke-Abende, ging gern aus und war in den Pubs und Klubs im Stadtzentrum von Leeds wohlbekannt.

Drei Tage nach dem Fund der Leiche war in der Polizeistation Millgarth ein weiterer Brief eingetroffen:

Keine Worte werden je mein Bedauern ausdrücken können, daß Julie Dart ermordet werden mußte, aber ich hatte ja vor den möglichen Folgen gewarnt, falls etwas schief ginge. Zum Zeitpunkt dieses Briefs ist noch nichts in der Presse gewesen, aber wenn Sie die Leiche nicht in den nächsten Tagen finden, werde ich wegen des Orts Kontakt aufnehmen mit Ihnen. Sie muß heute anderswo hingebracht werden, sie scheint sich nämlich zu zersetzen.

Sie wurde nicht vergewaltigt oder sexuell mißbraucht oder überhaupt verletzt, bis sie den Tod fand. Sie wurde gefesselt und kriegte ein paar Schläge auf den Hinterkopf, damit sie bewußtlos wurde, danach wurde sie erwürgt. Sie hat überhaupt nich gesehn, was auf sie zukam, sie hat gar kein Schmerz gespürt und nichts davon mitgekriegt.

Die Brandbombe wurde nicht gezündet, wie es versprochen war, weil nämlich das Material um den Sprengstoff herum beim Transport beschädigt worden sein muß und furchtbar stank und die Bombe daher nicht gelegt werden konnte. Das Möbelgeschäft Owens in Coventry sollte die Zielscheibe sein.

Ich habe anscheinend den Fehler gemacht, daß ich die Stimme am andern Ende der Leitung nicht kannte ... Ich habe noch immer vor, diese Kampagne durchzuführen, bis ich die Gelder kriege, ganz egal wie viele Leute leiden müssen. Ich werde meine Brandbombe in ungefähr zwei Wochen demonstrieren.

Ich stelle noch die gleichen Geldforderungen wie vorher, unter den gleichen Bedingungen. Wenn Sie schlimmen Feuerschaden oder das Leben von weiteren Prostituirten verhüten wollen, schalten Sie eine Anzeige in der Zeitung SUN für Samstag, in der Spalte für persönliche Anzeigen, dann wird ein Anruf erfolgen in der Telefonzelle auf dem Bahnhof Leicester Forest East Bahnsteig Richtung Nord, in der Zelle, die der Telefonzelle des R.A.C. (Royal Automobile Club) am nächsten steht. Am kommenden Dienstag um 20.30 Uhr. Kurier soll die gleiche Polizistin sein wie beim letztenmal (ich nehme an, daß selbstverständlich sie das war, die auf dem Bahnhof New Street in Birmingham war) und wenn sie den Anruf beantwortet, muß sie sagen »Hier spricht Julie«. Sie wird noch mal Anweisungen bekommen, ein bißchen klarer das nächstemal. Wenn sie die Anweisungen nicht mitbekommt, wird gleich danach ein Wiederholruf kommen, den muß sie ein zweiten mal abnehmen, wenn sie den ersten bekommen hat, weil nur eine Wiederholung erlaubt wird. Falls alle Telefonzellen besetzt sind, wird der Anruf so früh wie möglich stattfinden. Die Botschaften sind wie beim letztenmal vorher aufgenommen, diesmal von einer Geisel, die am Montagabend im Rotlichtviertel einer anderen Stadt aufgegriffen wird.

Die Anzeige in der Sun soll lauten: »Versuchen wir es noch mal um Julies willen«. Wenn am Samstag, den 27. oder Samstag am 3. August keine Botschaft gesehn wird, wird die Brandbombe definitief am Dienstag, den 6. August eingesetzt. Es werden keine Prostituirten gefangengehalten, bis die Botschaft hier angekommen ist oder bis die Brandbombe ohne Reaktion bleibt.

Ein Pathologe des Innenministeriums führte unverzüglich eine Nachuntersuchung der Leiche durch und entdeckte um den Hals herum eine Druckstelle, die darauf hindeutete, daß er abgeschnürt worden war. Der Tod war durch Ersticken erfolgt – eine Tatsache, die nur der Mörder selbst hatte wissen können.

Nach diesem Brief begannen die Regional Crime Squad und die Mordkommission mit der Planung einer großangelegten Fahndungsoperation. Sie schalteten die verlangte Anzeige am Samstag, dem 27. Juli, in der *Sun*. Sie löste einen vierten Brief aus, der in York abgeschickt wurde und am Dienstagmorgen in einer Postsortierstelle in Leeds gefunden wurde.

Diesmal war der Brief mit der Hand in Großbuchstaben geschrieben worden, wobei sich der Verfasser offensichtlich Mühe gegeben hatte, seine Handschrift unkenntlich zu machen; möglicherweise hatte er den Stift nicht mit der gewohnten Hand geführt. Der Brief enthielt die endgültigen Einzelheiten für die an diesem Abend angesetzte Ablieferung des Lösegelds.

Eine Polizistin sollte bei der Tankstelle Leicester Forest East auf der Autobahn M1 um 20.30 Uhr auf einen Anruf warten. Sie sollte mit »Julie« antworten und die Marke und Farbe ihres Wagens nennen. Daraufhin würde ihr der Ort angegeben, wo während der vergangenen zwei Tage eine andere »Prostituierten-Geisel« entführt worden war. Anschließend sollte die Polizistin die vom Band abgespielten Anweisungen zu der Stelle des nächsten Anrufs befolgen.

Außerdem, so schrieb der Erpresser, würde von einem Liebespfad ein junges Pärchen entführt und während der Ablieferung des Lösegeldes ebenfalls als Geiseln gehalten werden. Zum Abholen des Geldes würde die männliche Geisel geschickt, um die Absichten eines eventuell dort auf ihn selbst wartenden Scharfschützen der Polizei zu durchkreuzen.

Danach artete der Brief in eine weitschweifige, einseitige Erörterung der möglichen Ausgänge des Plans aus; der Erpresser nannte allerdings bei jeder Alternative den Grund für seine Überzeugung, daß der Plan doch gelingen würde. Er lieferte der Polizei eine Demonstration seiner Schlauheit und der Gründlichkeit, mit der er an absolut alles gedacht hatte. Er gab ihr zu verstehen, daß sie sich den Einsatz von Straßensperren, Abhörgeräten, Hubschraubern, Observation über Satelliten, Markierungsfarben und Sendern schenken könne – er hatte einfach alles bereits in seinen Plänen vorweggenommen.

Er ging sehr pointiert und kritisch auf die Schlagzeilen ein, die er in den Zeitungen gelesen hatte:

Julie ist nicht zu Tode geprügelt worden (Jim Oldfield, Daily Mirror), sie wurde mit drei oder vier Schlägen auf den Hinterkopf bewußtlos gemacht und dann erwürgt. Sie hat überhaupt nichts gespürt.

Die Polizeioperation setzte an diesem Abend um 20.31 Uhr ein, als das Telefon auf der Autobahntankstelle läutete. Sie geriet jedoch sofort wieder ins Stocken, als die Polizistin die auf Band aufgenommene Botschaft nicht zu hören vermochte.

Als Bob Taylor mich schließlich über den neuesten Stand der Ermittlungen informiert hatte, hatte er allem Anschein nach dringend eine Zigarette nötig. Der Frust war ihm anzumerken. Er wußte einfach nicht, ob er es mit einem Killer zu tun hatte, der versuchte, sich den Tod eines Mädchens finanziell zunutze zu machen; ob es sich um einen Erpresser handelte, der versehentlich seine Geisel getötet hatte; oder ob es hier um eine Gaunermasche ging, an der Julie beteiligt gewesen und die dann bös danebengegangen war. Da reimte sich vieles nicht zusammen.

Mir gefiel Taylors Direktheit. Wir verabredeten, uns in einigen Tagen erneut zu treffen.

An den folgenden zwei Abenden vertiefte ich mich zu Hause in die Einzelheiten von Julies Tod und der Erpresserbriefe. Man spricht oft von einem »Zwischen-den-Zeilen-Lesen«; für meine Analyse kam es nun jedoch darauf an, den Text völlig zu vergessen und mich in das Bewußtsein von Julies Mörder hineinzuversetzen. Um ihn zu verstehen, mußte ich die Welt mit seinen Augen sehen und die Laute hören können, die er hörte, selbst wenn das bedeutete, die Schreie einer entsetzten jungen Geisel zu hören.

Julie war im Prostituiertengewerbe offensichtlich relativ neu. Sie war wegen ihrer Unerfahrenheit möglicherweise gefährdeter, weil sie die gezielte sexuelle Gewalt und den Haß noch nicht kennengelernt hatte, mit denen Frauen auf dem regulären Strich fertig werden müssen.

Sie hatte am 9. Juli Dominics Wohnung verlassen und war ins Stadtzentrum von Leeds gefahren, wo sie am Spencer Place eine Adresse mit zwei anderen Prostituierten teilte. An diesem Abend gingen sie zusammen ihrem Gewerbe nach und sprachen auf der Straße Männer an, bis die zwei Julie etwa eine halbe Stunde vor Mitternacht allein zurückließen.

Wenn sich in Leeds die Pubs leeren und die Kundschaft spärlicher wird, sind nachts nur mehr wenige Prostituierte auf der Straße. Ganz abgesehen vom mangelnden Geschäft ist es für die Mädchen einfach gefährlicher, weil sie sich nicht mehr gegenseitig im Auge behalten können. Aus irgendeinem Grund – sei es Unerfahrenheit, seien es fällige Schulden, sei es der Wunsch, etwas auf die hohe Kante zu legen, bevor sie irgendeinen normalen Job annahm – wollte Julie weiterarbeiten.

Während dieser Nacht hatte sie jemand von weitem beobachtet und sich gefragt: Ob sie die Richtige sein könnte? Es war nicht das erstemal, daß er auf Pirsch gegangen war und auf das richtige Opfer gewartet hatte. Sie mußte allein sein, damit niemand sehen würde, wie sie zu ihm in den Wagen stieg.

Eine Prostituierte entsprach seinen Absichten, weil sie leichter zu bekommen und anonymer war als die meisten anderen Frauen. Ihr Verschwinden würde weniger schlagzeilenträchtig sein als beispielsweise die Entführung eines Schulmädchens, dessen Eltern auf seine Rückkehr warten. Dutzende, möglicherweise Hunderte von Frauen, die als Prostituierte arbeiten, verschwinden für Tage oder gar Wochen aus ihrem gewohnten Rotlichtviertel, nur um dann in einem anderen Revier wieder aufzutauchen – aus geschäftlichen Gründen, aus Angst oder aus einer bloßen Laune heraus. Einige davon – bei weitem zu viele – kommen nie wieder zum Vorschein, und wenn doch, müssen sie in die immer dicker werdende Akte »Ungelöste Prostituiertenmorde« eingetragen werden.

Julie entsprach den Absichten ihres Mörders, weil er keine Schlagzeilen machen und kein Lösegeld von ihrer Familie erpressen wollte; sie interessierte ihn nicht als Mensch, als Person; er benötigte sie nur als leicht zu handhabende Geisel.

Er hielt neben ihr an, und sie lehnte sich ins Fenster seines Wagens und nannte einen Preis. Sie hatte ganz in der Nähe ein Zimmer, aber er wollte es lieber im Wagen machen. Das kostet mehr, erklärte sie ihm, als sie auf den Beifahrersitz rutschte. Der Vorgang hätte sich natürlich auch gewaltsamer abspielen können, weil er die Kraft besaß, Julie ins Auto zu zerren und rasch kampfunfähig zu machen; andererseits wäre er damit aber das Risiko eingegangen, Aufmerksamkeit zu erregen. Das war jedoch nicht geschehen.

Höchstwahrscheinlich fesselte er sie an Händen und Füßen und brachte sie dann an einen entsprechend vorbereiteten Ort. Er hatte vor, sie am Leben zu halten, wenigstens bis sie ihrem Freund einen Brief geschrieben hatte. Der andere Brief, der mit der Lösegeldforderung, war im voraus verfaßt worden; er brauchte nur noch in einen Briefkasten geworfen werden.

Aber warum die Forderung an die Polizei stellen? Warum komplizierte Anweisungen geben und die Bedingung stellen, daß dir niemand folgen oder Radios oder Wanzen benutzen darf, wenn die Leute, die man erpreßt, gar keine andere Option haben als genau das Gegenteil zu tun?

Mir wurde die Antwort klar. Sein Hauptmotiv war keineswegs Geld. Die akribische Detailgenauigkeit und ausgefuchste Verschleierungstaktik verwiesen auf einen Mann, dem es darum ging, die Polizei herauszufordern, indem er sie provozierte, ein Spiel mit ihm zu spielen. Seine Briefe wirkten wie ein Wunschzettel von Forderungen, wenn er spezifizierte, wie das Geld eingewickelt, wie dick das Plastikmaterial und welche Maße das Geldpaket haben sollte. Warum so penibel genau sein? Ist das etwa von Bedeutung? Nur dann, wenn man jemanden unter seine Kontrolle bringen will, wenn man den Gegner zwingen will, durch möglichst viele Reifen zu springen.

Die Forderung, daß zusätzliche 5 000 Pfund auf Bankkonten deponiert werden sollten, war lediglich Teil des Spiels. Er wußte, daß Abhebungen verfolgt werden konnten – das Ganze war nur eine Botschaft an die Polizei: »Spürt mich doch auf, wenn ihr könnt.«

So ähnlich mußte man auch den Gesamtbetrag verstehen: Im Hinblick auf das, was er geplant hatte, waren 145.000 Pfund eine zu geringe Summe. Wenn er ein oder zwei Millionen Pfund gefordert hätte, wären Planung und Risiko vielleicht angemessen und lohnend gewesen. Ansonsten gab es für sein Verhalten nur noch eine Erklärung: Daß er in eben dieser Höhe Schulden hatte, etwa eine Hypothek oder ein geschäftliches Darlehen, die jetzt zurückzuzahlen waren. Oder er glaubte, eine Summe in genau dieser Höhe aufgrund einer ihm in der Vergangenheit zugefügten Ungerechtigkeit verloren zu haben.

Der Erpresser war sich der eigenen Klugheit bewußt und verlangte von der Polizei einen Respektbeweis. Möglicherweise hatten sie ihn zuvor nicht respektiert und wie Abschaum oder einen Kleinkriminellen behandelt – jetzt würde er es denen aber zeigen. Er würde der Welt beweisen, daß er viel besser war als das, was die Zufälle des Lebens aus ihm gemacht hatten. Alle Mißerfolge und Enttäuschungen würden vergessen und die Leute beeindruckt sein. Er hatte ja vielleicht keinen tollen Universitätsabschluß oder akademischen Titel, aber er hatte Köpfchen und war viel zu clever, als daß man ihn fassen würde.

Die Briefe enthielten keinerlei Fingerzeig, daß er die Selbstbeherrschung verloren hätte oder zornig war, wohl aber klare Anzeichen seiner stillen Wut. Er mußte lange gebraucht haben, um das alles zu planen – und er hatte seine Tat Stunde um Stunde genossen.

Wahrscheinlich hatte er Julie bis zum nächsten Morgen am Leben gelassen, überlegte ich, und das hieß: Er hatte einen Ort gebraucht, wo er sie festhalten konnte – eine Garage, einen Keller oder eine Werkstatt –, wo er nicht gestört werden würde. Aber umbringen mußte er sie schließlich, denn er wollte unbedingt von der Polizei ernst genommen werden, und um das zu erreichen, mußte er ein absolut deutliches Zeichen setzen, daß es für ihn, nachdem er einmal gemordet hatte, keine Grenze zu weiteren Greueltaten mehr geben würde.

Es war kein Sexualmord. Wahrscheinlich war er nur daran interessiert, seine Tat mit höchster Präzision durchzuführen. Doch war ihm ganz offensichtlich sehr daran gelegen, daß man ihn nicht für einen kaltblütigen Mörder hielt – weshalb er in seinem dritten Brief auch keine genüßliche Schadenfreude zum Ausdruck gab.

Statt dessen schrieb er kühl: »Keine Worte werden je mein Bedauern ausdrücken können, daß Julie Dart ermordet werden mußte ...«, womit er nur betonte, wie gefühllos er die Tat durchgeführt hatte. Es war alles eine Frage bewußter Imagebildung. Er wünschte als ein Profi angesehen zu werden, als ein gerissener Gauner, den die Öffentlichkeit bewunderte und die Polizei fürchtete.

Ich trug mein Persönlichkeitsprofil dem zuständigen Ermittlerteam vor, das aus rund einem Dutzend ranghohen Polizisten bestand. Der Chief war Tom Cook. Wir füllten den ganzen Konferenzraum auf der Polizeistation von Millgarth aus und saßen an einem großen Tisch. Die Sitzung begann damit, daß jeder Polizist von der aktuellen Situation in seinen Verantwortungsbereich und vom Status quo seiner Ermittlungen berichtete. Einige Polizisten hatten über Gespräche mit Angehörigen und Freunden Julies versucht, ihre letzten Aktivitäten zu verfolgen. Andere waren mit der Frage, ob jemand Julie an dem fraglichen Dienstag gesehen hätte, von Haustür zu Haustür gegangen. Außerdem hatten verschiedene Kriminalbeamte in Hotels und Pensionen des Umkreis von Huntingdon alle möglichen Erkundigungen eingeholt.

Parallel dazu wurden die Briefe des Täters genauestens unter die Lupe genommen – die Marke des Briefpapiers, wo dieses wohl verkauft worden war, die verwendete Schreibmaschine (eine alte Olivetti mit einem defekten ›f‹). Auch wurden sämtliche Personen überprüft, die die Briefe berührt hatten – bis hin zu den Postangestellten, die die Briefkastenleerung bzw. die Postverteilung vorgenommen hatten. Ihnen allen wurden Fingerabdrücke abgenommen, um so am Ende die Abdrücke des Erpressers eventuell herauszufinden.

Eine Spur resultierte aus dem ungewöhnlichen Wäschereikennzeichen auf dem Bettlaken, in das Julies Leiche eingewickelt war. Das Schild hatte den Aufdruck ›MA 143‹. Dieser war Ende der vierziger Jahre angebracht worden und konnte einem Geschäft in der Mosley Avenue in Coventry zugeordnet werden, das bis vor zwanzig Jahren eine Wäscherei gewesen war.

Der zweite Erpresserbrief, der in Leeds abgestempelt worden war, brachte einen weiteren potentiellen Hinweis. Die erstklassige Briefmarke mit dem Kopf eines Teddybären war ziemlich selten und nur in einer Geschenkpackung mit insgesamt zehn verschiedenen Marken ausgegeben worden. Es war denkbar, daß sich die Personen herausfinden ließen, die solche Briefmarken erworben hatten.

Bob Taylor stellte mich dem leitenden Komitee vor und erklärte, daß alle zunächst aufmerksam zuhören möchten und anschließend Fragen stellen könnten.

»Der gesuchte Mann ist Ende Vierzig oder Anfang Fünfzig«, sagte ich und warf einen Blick auf meine Notizen. »Die Methodik und der Ton der Briefe verraten eine Reife, die bei einem jüngeren Täter nicht anzutreffen wäre.

Er besitzt eine überdurchschnittliche Intelligenz, die einer Hochschulreife entspricht, seine formale Bildung geht aber nicht über die Grundschule hinaus – eine Vermutung, die durch Vokabular und Sprachform nahegelegt wird.

Es ist sehr wahrscheinlich, daß er sich nach dem Verlassen der Schule eigenständig weitergebildet hat, eventuell durch den Besuch einiger formaler Kurse. Er wird mit Elektrotechnik und Maschinen vertraut sein, möglicherweise beruflich, seine theoretischen Kenntnisse sind jedoch wesentlich ausgeprägter als seine Fähigkeiten in der praktischen Nutzung.

Er ist kein leitender Angestellter eines großen Unternehmens – dafür fehlt den Briefen der entsprechende konzeptionelle Entwurf und die sprachliche Komplexität. Sie wurden von jemandem geschrieben, dem die Tastatur einer Schreibmaschine vertraut ist, der aber wahrscheinlich nur mit zwei Fingern tippt.

Man darf davon ausgehen, daß er verheiratet war, aber nicht imstande ist, eine Ehe über längere Zeit aufrechtzuerhalten.

Er ist ein sehr guter Planer, schauen Sie nur einmal, wie sorgsam er alles durchdacht hat. Er hat die Tat vorbereitet, dafür hat er Zeit gebraucht, es war keine spontane Sache, und wahrscheinlich hat er seinen Plan zum großen Teil geprobt.

Er ist vermutlich vorbestraft, dann aber wegen Eigentumsdelikten, Betrügereien und dergleichen«, fuhr ich fort. »Seine Pläne sind ziemlich fehlerfrei, und er besitzt offensichtlich einiges Wissen über Polizeimethoden, was darauf schließen läßt, daß er bereits einschlägige Erfahrungen besitzt, obwohl ich keine Hinweise zu erkennen vermag, daß er schon einmal einen Mord begangen hat.«

Ein Vorschlag, den ich machte, ging dahin, jeden zu überprüfen, der einen persönlichen oder familiären Groll gegen die frühere Leeds City Police hegte.

»Diese Person könnte die Verantwortung für die eigenen Probleme auf die Polizei projizieren«, erläuterte ich. »Sie werden Ihre Nachforschungen recht weit in die Vergangenheit ausdehnen müssen, weil Rachegedanken lange Zeit köcheln können, bevor sie den Siedepunkt erreichen. Dieser Mann oder seine Familie wären zur gegebenen Zeit mit der Polizei in Kontakt gewesen, um Rechenschaft zu verlangen. Was bedeutet, daß sich irgendwo eine schriftliche Unterlage einer Beschwerde befinden müßte – das sollte die Suche reduzieren.«

Gleichzeitig warnte ich davor, diesem Strang der Ermittlungen zu viel Gewicht zu geben. Man mußte ihn verfolgen, aber was mich stutzig machte, waren die Schreibfehler und die veraltete Adresse beim ersten Brief an die Polizei.

»Diese Details sind dem planenden Bewußtsein dieses Mannes wahrscheinlich nicht entgangen. Es ist mit ziemlicher Sicherheit so, daß er Sie in Sackgassen führen will und daß er sich hinter einer Unzahl von Deckmänteln und Ablenkungsmanövern versteckt. Und genau hier wird er sich übernehmen und uns Gelegenheit geben, seine Taktik gegen ihn selbst zu wenden – und dann werden wir ihn finden.«

Damit hatte ich einen Punkt erreicht, der aus meiner Sicht ganz besonders bedeutsam war. »Julie Darts Ermordung war von vornherein beschlossene Sache. Dieser Mann will unbedingt von der Polizei ernst genommen werden. Um dieses Ziel zu erreichen, mußte er sie umbringen. Und er wird, falls nötig, weiter morden, bis er das Gefühl hat, daß er Ihre Aufmerksamkeit gewonnen hat.«

Es war von größter Wichtigkeit, diesen Punkt zu begreifen. Julie war nicht wegen einer vermasselten Entführung oder bei einem Fluchtversuch gestorben, wie es zwei immer wieder diskutierte Theorien propagierten. Ihr Mörder wollte eine Auseinandersetzung, einen Wettkampf, er dachte sich Spielchen aus und stellte Herausforderungen. Er wollte von der Polizei als Gegner geschätzt und in hohem Maße geachtet werden. Und deshalb waren seine Pläne und Forderungen gründlich und vor allem so gestaltet, daß sie Eindruck machten.

»Er ist primär ein Spieler, und dieses Spiel ist für ihn das Aufregendste und Hinreißendste, was er je gemacht hat, sein schönster Akt von Selbstverwirklichung«, sagte ich. »Er spielt jetzt auf einer Leinwand, wo ihm das ganze Land zuschaut, und die Intensität seiner Empfindungen von Zufriedenheit, Macht und Lust läßt sich nur schwer vermitteln. Er ist absolut süchtig. Selbst wenn er davon einen Moment lang befriedigt ist, wird ihn das

Verlangen danach von neuem packen, er wird es wieder machen – er wird damit einfach nie mehr aufhören können.«

Ob ich eine Ahnung hätte, wo der Erpresser sein Revier habe, fragte Tom Cook. Ein Studium der zeitlichen Abfolge und der Landkarten hatte ein großes Dreieck zu erkennen geben, bei dem Leeds, Birmingham und Huntingdon die Spitzen bildeten. Er kannte Leeds gut genug, um Julie ausfindig zu machen und zu entführen, ohne bemerkt zu werden; er hatte die ersten zwei Briefe in Huntingdon abgeschickt, und für den ersten Lösegeldanruf hatte er ein ganz bestimmtes Telefon im Herzen des Bahnhofs von Birmingham ausgesucht. Alle wichtigen Standorte waren miteinander durch Straßen und Eisenbahnen gut verbunden.

»Er hat starke geographische Bezüge zu den West Midlands, und ich nehme an, daß er irgendwo innerhalb des Dreiecks wohnt«, sagte ich. »Wenn Sie unbedingt darauf bestehen, daß ich meinen Hals riskiere, würde ich die rechte Ecke des Triangels für den Wohnsitz vorschlagen, ein bißchen mehr in der Nähe der Stelle, wo Julies Leiche gefunden wurde.«

Als ich endete, machten wir eine Pause. Ich fragte mich, was die Polizei von alldem hielt. Einige waren gegenüber dem Täterprofil wahrscheinlich skeptisch, andere unschlüssig – auch wenn sie es nicht zeigten. Die nächste Phase der Strategiediskussion würde heikler sein; da mußte ich mich vorsehen, daß ich niemandem auf die Füße trat oder zu verstehen gab, daß die Ermittlungen in die falsche Richtung gingen.

Meiner Auffassung nach hatte die Polizei fünf Optionen:

1. Weiter in alle bereits existierenden Richtungen zu ermitteln, aber die Drohungen des Erpressers zu ignorieren und sich zu weigern zu verhandeln. Nicht sehr klug. Er hatte Julie getötet, um die Aufmerksamkeit der Polizei zu erregen, und für mich gab es gar keinen Zweifel, daß es im ganzen Land zu Prostituiertenmorden kommen würde, falls sie ihn ignorieren würden.

2. Eine große Pressekampagne zu lancieren, alle Details publik machen und hoffen, daß irgendwo dort draußen ihn jemand identifizieren könnte. Eine sehr geringe Wahrscheinlichkeit, die in noch stärkerem Maße dazu führen konnte, daß er für einige Monate untertauchte. Dann würde er jedoch wieder auftauchen und möglicherweise von neuem töten, um wieder auf sich aufmerksam zu machen.

3. Auf seine Forderungen einzugehen, das Lösegeld zu zahlen

und anzunehmen, daß er dann einfach verschwindet. Eine für die Polizei undenkbare Option.

4. Ein falsches Persönlichkeitsprofil zu verbreiten, das beispielsweise suggerierte, der Erpresser sei ein Psychopath mit niedriger Intelligenzstufe und sexuell unreif. Obwohl ich diese Alternative der Vollständigkeit halber als eine Möglichkeit, wieder mit dem Erpresser Kontakt zu finden, in meine Liste aufnahm, ließ ich sie unberücksichtigt, weil sie zu riskant war; sie konnte ihn genausogut zu neuen Morden anstacheln, nur um die Polizei zu bestrafen, weil sie ihn beleidigt hatte.

Blieb also die Option fünf – das Spiel mitzuspielen. Falls das Leitungskomitee akzeptierte, daß es ihm eigentlich nicht so sehr um das Geld, sondern um den Wettkampf an sich ging, dann müßte dieser Aspekt das zentrale Motiv werden, an dem sich die ganze Ermittlungstätigkeit ausrichtete.

Indem wir diesen Mann, soweit das überhaupt möglich war, zu unseren Bedingungen aufs Spielfeld locken und bei jedem neuen Schritt die ihm offenstehenden Optionen richtig erkennen würden, könnte es uns gelingen, sein Spielbedürfnis zu befriedigen und sein Verhalten allmählich so zu lenken, so daß er keine neuen Morde mehr beging. Gleichzeitig könnten wir ihn auf einen Punkt zubewegen, wo er schließlich genügend Informationen über sich selbst preisgeben oder in einem übersteigerten Selbstbewußtsein seine Vorsicht fallenlassen und einen Fehler machen würde, welcher der Polizei den Weg zu ihm zeigte.

Genauso wie bei Rodney Whitchelo stieg mit neuem Kontakt unsere Chance, ihn zu fassen, und jeder Brief enthüllte uns etwas Neues. Wir mußte ihm das Gefühl geben, daß er gewinnen könnte, und alles tun, um ihn dann zu besiegen.

Die letzte Alternative – die fünfte Option – wurde tatsächlich angenommen. Wir begannen den nächsten Kontakt zu planen und uns auf die unvermeidlichen Forderungen vorzubereiten. Das Team mußte im vorhinein für jede durch ihn herbeigeführte Situation gewappnet sein, statt abzuwarten und instinktiv zu reagieren, nachdem sie eingetreten war. Zu dieser Strategie gehörte auch die überlegte Wahl und Ausbildung eines Kuriers. Eine gigantische Fahndungsaktion, an der Hunderte von Polizisten und Spezialisten beteiligt waren, würde für kurze Zeit auf den Schultern einer einzigen Polizistin ruhen. Sie mußte in dieser Phase das Gewicht der gesamten Operation tragen, und da mußten wir sicher sein, daß sie mit einem derartigen Druck fertig werden und mit dem Unerwarteten zurechtkommen konnte.

Solche Außendienstoperationen werden von der Regional Crime Squad koordiniert; in diesem Fall war es die in Wakefield stationierte Einheit Nr. 3. Ein höherer Polizeioffizier besuchte mich in Baverstock House, Lincoln, wo ich ein- oder zweimal monatlich eine Klinik für ambulante Patienten betreute. Wir diskutierten die notwendigen Charakteristika eines erfolgreichen Kuriers/Unterhändlers – er oder sie mußte klug, geistig sehr flexibel und in der Lage sein, mit rasch wechselnden Situationen klarzukommen. Sie mußte Stehkraft besitzen und durfte sich selbst dann, wenn sie sich völlig isoliert und einem berechnenden, extrem verschlagenen Killer ausgeliefert fühlte, keiner lähmenden Angst überlassen.

Der Erpresser würde sie mit Worten, mit dem Klang seiner Stimme und mit seinem Sprechtempo bewußt zu kontrollieren und einzuschüchtern versuchen, vielleicht sogar über einen direkteren, physischen Kontakt.

»Man muß endlos mit ihr proben«, betonte ich. »Ganz egal, wie sicher sie zu sein vorgibt, so etwas hat sie noch nie durchgemacht. Wenn dieser Mann mit ihr spricht, wird alles in ihr erstarren.«

Ein paar Tage später machte mich der Polizeioffizier mit einer Kriminalbeamtin Ende Zwanzig bekannt, die mir bei der Begrüßung offen in die Augen schaute. Anna – es ist nicht ihr wahrer Name – hatte solide polizeiliche Erfahrung, aber noch nie als Lösegeldkurier gearbeitet. Es gab eine ungeklärte Frage, die ihre äußere Erscheinung betraf. Der Erpresser hatte verlangt, daß die Polizei die gleiche Beamtin wie beim erstenmal einsetzen sollte. Würde er den Wechsel erkennen? Das hing ganz davon an, wie nah er der ersten Botin gekommen war. Wie würde er reagieren, falls er die Täuschung entdeckte? Vielleicht ein weiteres Menschenleben beenden oder ein Geschäft in Brand stecken. Wie konnte wir das verhindern? Ich dachte darüber nach und schlug eine Deckgeschichte vor. Wir wollten ihm mitteilen, daß die erste Polizistin krankgeschrieben worden war, weil ihr der Streß über den Kopf gewachsen war. Es würde sein Bedürfnis befriedigen, die Dinge im Griff zu haben und anderen Menschen Angst einzujagen.

Anna saß in meinem Raum in Baverstock House und hörte zu, als ich ihr schilderte, auf welche Weise der Erpresser sie zu manipulieren versuchen würde. Anschließend forderte ich sie auf, den Hörer eines Telefons in der Nähe abzuheben, während ich außer Sichtweite hinter ihr stand.

»Hallo, hier spricht Julie«, sagte sie ein wenig unsicher.

»Schalt dein Radio ab – SOFORT!« schrie ich mit dem ganzen Haß und der Autorität des Erpressers.

Sie schreckte zurück. »Ich ... ich habe keinen Sender mit.«

»Beleidig mich nicht«, stieß ich hervor. »Ich habe einen Radiodetektor bei der Telefonzelle versteckt. Ich weiß, daß dein Sender eingeschaltet ist. Stell ihn ab!«

Es folgte eine lange Pause; Anna überdachte unser vorausgegangenes Briefing. »Hören Sie, wir versuchen doch zu tun, was Sie wünschen, ehrlich, aber warum, bitte, müssen Sie sich so ...«

»Hier stelle ich die Fragen, verdammt noch mal. Stell deinen Sender ab!«

»O.K., O.K., ich mach's ja schon.«

Anna ließ erkennen, daß sie das Radio nicht abstellen würde, weil sie erwartete, daß der angebliche Radiodetektor des Erpressers ein Bluff war. Falls er tatsächlich über ein solches Gerät verfügen sollte, würde sie sich damit herausreden, sie hätte in ihrer Panik den falschen Knopf gedrückt.

»Und jetzt probieren Sie es mal anders herum«, sagte ich zu ihr. »Fordern Sie ihn nicht heraus, gehen Sie nicht auf Konfrontation, auch wenn er noch so droht, spottet und Sie beschimpft – stellen Sie einen Rapport her, lassen Sie ihn echt denken, daß Sie sich nach seinen Wünschen zu richten versuchen. Beachten Sie jedoch eins: Er muß kapieren, daß Sie nur eine Botin sind, daß er von Ihnen keine grundsätzlichen Zugeständnisse erwarten darf. Geben Sie ihm zu verstehen, daß Sie persönlich vielleicht seinen Forderungen folgen würden, aber nur ein kleines Rädchen im großen Getriebe sind. Nutzen Sie Ihre Verwundbarkeit, um sein Machtbedürfnis zu befriedigen.«

Ich stand wiederum hinter Anna, als sie den Hörer abnahm.

»Schrauben Sie die Birne im Kofferraum heraus«, verlangte ich, »dann warten Sie maximal zwanzig Sekunden, und gehen Sie hinter den Busch neben dem Kiosk. Dort steigen Sie in den dort parkenden blauen Ford und fahren sofort los, geradeaus. Sie biegen in die erste Straße links ab, fahren genau Tempo 60 und halten zweieinhalb Kilometer weiter an der Telefonzelle auf Ihrer Straßenseite. Gehen Sie in die Telefonzelle und warten Sie dort auf meinen Anruf. Ich habe alles genau zeitlich abgestimmt. Wenn Sie nicht binnen sechs Minuten da sind, weiß ich, daß Sie die Sache nicht ernst genug nehmen. Ach ja, was Ihre Beschatter und Hilfstruppen angeht – die müssen Sie loswerden, sonst wird sowieso alles abgeblasen. FERTIG LOS!« schrie ich.

»Das kann ich nicht tun«, sagte Anna. »Das ist eine Entscheidung, die nicht in meiner Hand liegt.«

»Nein«, sagte ich, »noch mal von vorn. Nicht einfach ablehnen – liefern Sie ihm eine Begründung.«

»Ich möchte ja gern tun, was Sie wünschen, aber ich kann nicht, die Birne läßt sich nicht drehen.«

»Ich will keine Entschuldigungen.«

»Ich weiß, daß Sie es sehr ernst meinen, aber ich habe Angst, daß ich es nicht schaffe, rechtzeitig dort anzukommen.«

»Wenn Sie nicht gleich anfangen, wird heut abend noch eine Frau sterben, und das ist dann Ihre Schuld, und nicht meine – ob sie lebt oder stirbt, hängt nur davon ab, wie Sie sich jetzt verhalten.«

Das Gespräch ging weiter, wir übten und verfeinerten Annas Antworten immer und immer wieder, bis sie imstande war, mit einer breiten Palette von Drohungen, Forderungen und Tricks zurechtzukommen. Ich war schließlich überzeugt, daß wenn diese Phase der Operation danebenging, der Grund nicht ein Zusammenbruch der Botin sein würde.

Am Dienstagabend – am 6. August – war es dann wieder soweit. Anna wartete an der Telefonzelle in Leicester Forest East. Eine Stunde nach dem angesagten Termin wurden alle Einheiten abgezogen. Der Erpresser hatte keinen Kontakt aufgenommen.

Zwei Tage später wurde ein weiterer Brief, diesmal mit einem Poststempel aus Nottingham, bei der Sortierstelle entdeckt. Ich bekam ihn von Bob Taylor gefaxt.

Betr.: Julie

Habe es Dienstagabend nicht geschafft, weil im Rotlichtbezirk von Huddersfield keine geeignete Geisel war, außerdem sind unsre jungen Pärchen montagabends nicht unten am Liebespfad, und letztere sind wichtiger als die Prostituirte, weil eine Prostiuirte jederzeit eliminiert werden kann, wenn die Polizei nicht koope-

riert. Aber ein anderes geeignetes Liebespärchen muß ausfindig gemacht werden, nur muß der Termin verschoben werden auf Mittwoch. Weil das nun so ist, wird ein Anruf in der gewohnten Zelle Mittwoch 14. August um 20.15 (nicht 20.30) kommen. Die extra fünfzehn Minuten sind nötig wegen Ortsänderung.

Diesmal braucht Ihre Polizistin auch ein Messer, Fabrikat Stanley, mit scharfer Klinge. Diesmal wird sie nicht zu der Zelle fahren, wo eine steht. Es ist das letzte Mal, daß Sie an der gewohnten Stelle einen Anruf bekommen, wenn was schiefgeht, wird Ihnen nicht die Stelle des Brandkörpers oder die Fundstelle der Prostituirtenleiche mitgeteilt, immerhin haben Sie die Leiche von Julie innerhalb von 24 Stunden gefunden. Ich hatte vorgehabt, ihre Leiche zu verstecken, bis das Ganze vorbei war, aber sie tat mir leid, sie wurde nur umgebracht, weil sie gesehen hatte, wo sie sich befand, aber die zweite Prostituirte muß diesmal 24 Stunden verwahrt werden, da sollte es also keine Probleme geben, falls nichts schiefgeht.

Außerdem brauche ich die Telefonnummer, wo ich Ihnen den Ort des Brandsatzes melden soll, diese Telefonnummer muß in der zweiten und nicht in der ersten Telefonzelle in Leicester mitgeteilt werden.

Er entschuldigte sich noch einmal wegen des verpatzten Termins – es war fast wie ein Wink: »Wenn Sie ein offenes Spiel mit mir spielen, werde auch ich mit offenen Karten spielen.« Er wollte von der Polizei als ehrenhafter Gegner bewundert werden. Da war auch diesmal wieder ein Haufen Angaben eingestreut, die in die Irre führten – ein Messer der Marke Stanley? Er brauchte eine Viertelstunde mehr? Die Sache mit den Pärchen am Liebespfad an anderen Wochentagen und die Terminänderung? Es war, als ob er eine Prise Salz und einen Schuß Pfeffer zuviel in die Suppe gegeben hätte. Er wollte sie unbedingt am Köcheln halten.

Die Operation begann erneut, wie angewiesen, am Mittwoch, den 14. August, und diesmal kam der Telefonanruf, um 20.16 Uhr. Der Erpresser teilte mit, daß er eine andere Geisel namens Sarah Davis oder Davies genommen habe, eine Prostituierte aus Ipswich, und gab Anna die Anweisung, die Autobahn M1 in nördlicher Richtung zu fahren und dann auf die A638 in Richtung Wakefield zu fahren, wo sie nach 200 Metern auf der rechten Straßenseite bei einer Bushaltestelle eine weitere Telefonzelle erreichen würde. Er gab ihr neunzig Minuten Zeit.

In der Einsatzzentrale überschlugen sich die Kriminalbeamten, um abzuklären, ob eine Frau in Ipswish oder Umgebung als vermißt gemeldet wurde. Anna wurde von einem Konvoi ungekennzeichneter Polizeiwagen bis zum nächsten Kontaktpunkt beschattet, wo sie feststellte, daß 200 Meter nach der Autobahnabfahrt keine Telefonzelle existierte. Es gab zwei andere in Frage kommende Zellen in der Nähe, und man faßte den raschen Beschluß, eine zweite Polizistin ins Feld zu schicken, damit beide Telefone besetzt waren.

Es war nicht Anna, die den Anruf erhielt, sondern die andere Polizistin, die jedoch beim Abnehmen des Hörers entdecken mußte, daß die Gabel klemmte und, während sie die Gabel verzweifelt zu lösen suchte, die Stimme des Erpressers sagen hörte, daß er in einer halben Stunde wieder anrufen würde. Es erfolgte aber kein weiterer Anruf, um 22.30 Uhr wurde der Einsatz abgeblasen.

Bob Taylor konnte seinen Ärger und seine Enttäuschung nicht unterdrücken, als er mir von dem Verlauf der Operation berichtete. Er schimpfte über British Telecom, und er schimpfte über den Erpresser. Er hatte die Befürchtung, daß die Polizei wegen der klemmenden Gabel – wegen eines bloßen technischen Fehlers – mit dem Mord an einer weiteren Frau bestraft werden würde.

Bei Rücksprachen mit der Polizei in Ipswich stellte sich heraus, daß dort niemand als vermißt gemeldet worden war und daß die Straße, wo die Entführung angeblich stattgefunden hatte, gar nicht existierte. Trotzdem wurden alle Kripochefs in ganz England und Wales per Telex von der Möglichkeit einer neuerlichen Geiselnahme in Kenntnis gesetzt.

Am späteren Morgen dieses 15. August bemerkte ein Straßenreiniger auf der Autobahn M1 südlich der Ausfahrt 37 in der Nähe einer nicht mehr benutzten Eisenbahnbrücke, die über die Fahrbahnen führte, einen weißen Ziegelstein. An den Ziegel war ein braunes Kuvert geheftet, und daneben lag eine silberfarbene Dose mit zwei roten Lampen, von denen eine brannte.

Die Polizei von South Yorkshire wußte nichts von der Erpressungsaktion und rief aus Angst, daß es sich da um eine Bombe handeln könne, eine Entschärfungseinheit der Armee auf den Plan, die das suspekte Paket mit Hilfe eines ferngesteuerten Roboters zerstörte. Das Kuvert überstand die Aktion; es enthielt eine schablonierte Botschaft, die die Polizei anwies, sich zu einer etwas weiter gelegenen Fußgängerbrücke über die Autobahn zu begeben, wo ein zweiter weiß gestrichener Ziegelstein entdeckt wurde, aber kein Brief.

Obwohl noch Mosaiksteinchen fehlten, begann sich aus dem bisherigen Verlauf der Geldübergabe ein Bild zu ergeben. Der Erpresser hatte vorgehabt, den Kurier unter die Fußgängerbrücke zu leiten. Dort würde er dann von oben ein Seil herunterlassen, und der Kurier würde das Geldpaket mit dem Karabinerhaken dranklinken. Daraufhin würde er das Paket hochziehen und das Weite suchen, möglicherweise über die stillgelegte Bahnlinie.

Da gab es einen Zusammenhang mit der Eisenbahn, der mein Interesse weckte. Im ersten Brief mit Forderungen kam der New Street-Bahnhof vor, Julies Leiche war in der Nähe einer stillgelegten Gleisstrecke abgeladen worden, und bei der neuerlichen Lösegeldaktion gab es einen Bezug zum ebenfalls stillgelegten Dove Valley Trail. Im übrigen waren alle Briefe aus Städten abgeschickt worden, die durch das Eisenbahnnetz verbunden waren, und häufig in Briefkästen eingeworfen worden, die nur wenige hundert Meter vom Bahnhof entfernt waren.

Ich stellte mir die Frage: Wie häufig würden Steinchen, die man auf eine Landkarte fallen ließe, in der Nähe einer stillgelegten Eisenbahnlinie oder -brücke landen? So etwas könnte vorkommen, gewiß: aber bestimmt nicht dreimal bei drei Versuchen. Folglich spielten im Leben und Denken dieses Mannes Eisenbahnen eine große Rolle. Nicht, daß er unbedingt bei der Eisenbahn arbeiten mußte, aber da gab es ein mehr als nur vorübergehendes Interesse.

Sechs Tage nach der gescheiterten Geldübergabe traf ein siebter Brief ein; er war am 19. August in Grantham eingeworfen worden, mit Rechtschreib- und Grammatikfehlern übersät und zeigte, wie gerissen und manipulativ der Verfasser sein konnte.

Es sei tatsächlich keine Prostituierte aus Ipswich entführt worden. Vielmehr, behauptete er, sei das Ganze nur ein Trick gewesen, um zu sehen, wie die Polizei reagieren und kontern würde. Er sammle bloß Informationen zur Vorbereitung einer späteren, größeren Lösegeldforderung.

Er schrieb:

Jetzt ist es mit dem Spielen vorbei. Über Crimewatch U.K. werde ich das Meiste erfaren, als was ich wissen wollte. Worum es mir aber wirklich gieng, war das Paket. Ich hatte kein Geld im Paket erwartet, aber Forkerungen getroffen für die Wanze, die drin sein würde. Damit sie nicht funktionierte. Ich wollte ein Stück vom Typ haben, den die Polizei benützen würde...

Sie müssen Ihre Papire zu den Akten legen, bis ich es das nächstemal versuche. Das war der Zwek vom Ganzen. Sie wissen doch, ich habe in Ipwsitch niemand entführt und keine Bombe nicht depponiert. Brauchte ich gar nicht mehr, nach Julies unglücklichem Tod hab ich mir gesagt würden Sie bei alles kooperiren.

Für Ihre Akten wurde Julie am Dienstag am 9. Juli um halb zwölf nachts aufgegabelt, es war gleich hinter der Roundhey Road und sie hatte Jeans an, und nicht einen Rock. Ich glaube, ich habe letztesmal erwähnt, wann sie gestorben ist und warum. Der Grund warum die Leiche so schnell verweest war weil sie zwei Tage in einem Gewächshaus in einer Abfalltonne aufbewahrt war... Es war eine Tonne mit Rädern, um sie dahin zu transportieren, wo Ihr sie gefunden habt, aber das wissen Sie schon wegen der Spuren.

Der Brief breitete ziemlich lang aus, wie die Botschaften gelegt worden und wie klug der ganze Plan gewesen war; doch alles, was er schrieb, mußte in Frage gestellt werden. Es gehörte zu seiner Verschleierungstaktik – gerade um uns über seine wahren Absichten zu täuschen –, zwischen die Lügen ein paar wahre Details zu mischen. Im übrigen lieferte der Brief die Bestätigung dafür, daß Julie Dart weniger durch einen unglücklichen Zufall gestorben war, als weil er damit etwas demonstrieren wollte, obwohl er weiterhin versuchte, die Sache so zurechtzurücken, daß seine Motivierung einen weniger brutalen Eindruck machte.

Am 21. August wurden die erpresserischen Drohungen schließlich publik. Die *Yorkshire Evening Post* brachte auf der ersten Seiten die Schlagzeile: ZAHLT ODER ICH TÖTE WIEDER.

Die Leitungskommission der Ermittlungen hatte sich entschieden, an die Öffentlichkeit zu gehen, weil auf einem der Briefumschläge bei einem Graphittest der Durchdruck einer Nachricht des Erpressers sichtbar geworden war. Der Umschlag hatte vermutlich unter dem Blatt Papier gelegen, auf das die Worte notiert worden waren: »Mavis, bin Dienstag nicht zuhaus, Phil.«

Es war unmöglich herauszubekommen, ob das nun echt oder zur Irreführung fabriziert worden war; Bob Taylor ging damit jedoch in der Hoffnung an die Öffentlichkeit, daß jemand in der Bevölkerung die Namen erkennen und die Polizei verständigen würde. Es lieferte dreißig neue Spuren, denen nachgegangen werden mußte.

Inzwischen war der Erpresser untergetaucht, doch mir war klar, daß er sich wieder zeigen würde. Er liebte dieses Spiel viel zu sehr, um es sterben zu lassen. Im Laufe des Septembers bekam ich regelmäßig Anrufe von Taylor oder von einem seiner Ermittlungsbeamten. Einmal stieß ich in Market Harborough sogar zufällig auf zwei Ermittler, die gerade einem bestimmten Pkw nachforschten.

Es wurden mehrere neue Hinweise verfolgt, darunter auch die Mitteilung, daß an einem Liebespfad in Barnsley ein fragwürdiger roter Suzuki beobachtet worden war. Die Ermittler gingen auch der Herkunft der weißgestrichenen Ziegel nach, die auf der Lösegeldroute als Wegzeichen verwendet worden waren; die Spur führte zu einer längst stillgelegten Ziegelei.

Das Schweigen wurde dann am 15. Oktober gebrochen, als am Londoner Bahnhof Euston ein an die British Rail gerichtetes Briefkuvert eintraf, das einen zweiten Umschlag mit der Aufschrift enthielt: »Nur zu Händen eines Vorstandsmitglieds«.

Falls wir nicht ein Zahlung von 200 000 Pfund in bar erhalten, werden wir die Entgleisung eines Schnellzugs verursachen, entweder des D.T.V. auf der Ostküstenstrecke 225 oder des D.T.V eines Gegentakts an der Westküste. Dafür ist jeweils eine Hochgeschwindigkeitsstrecke ausgesucht worden und bereits einiges Material nahbei versteckt worden; untenstehend eine Zeichnung unserer Absicht.

Es ist uns äußerst ernst mit der Vorgehensweise für den Fall, daß Sie diesen Brief unbeachtet lassen oder daß kein Geld gezahlt wird. Wir rechnen damit, daß Sie die Polizei anrufen werden, aber jede Veröffentlichung oder erkennbare Polizeiaktion wird dazu führen, daß wir nicht wieder in Verbindung treten. Wenn Sie diesen Brief ignorieren, werden sie erfahren können, wie ernst wir es meinen.

Sollten Sie außerdem so tun, als ob sie unseren Forderungen zustimmen, aber kein Geld zahlen, so wird uns das noch wütender machen als wenn Sie den Brief nicht beachten würden ...

Im weiteren gab das Schreiben Anweisung über die zu verwendenden Banknoten und wie sie gebündelt und dann in einem unverschlossenen Koffer verpackt werden sollten. British Rail sollte eine Anzeige in der Rubrik »Persönliches« des *London Evening Standard* vom kommenden Montag mit dem Text aufgeben: »Der Zug ist abfahrbereit.«

Zwei Tage danach – Mittwoch, den 23. Oktober – sollten zwei weibliche Eisenbahnangestellte mit dem Geld nach Crewe zum dortigen Bahnhof fahren, wo die eine die ganze Zeit über im Pkw bleiben sollte, während die andere ungefähr um 19 Uhr auf einen Anruf zu warten hatte.

Sie sollte antworten: »Hier spricht Amanda« und den Namen des Bahnhofs erfahren, zu dem sie dann fahren und wo sie auf weitere Anweisungen warten mußte.

Die Telefonbeantworterin muß einen Rock und Schuhe mit Absätzen tragen, wir wollen keine Olympischen Sprinterinnen in Traininganzügen, die Frau sollte einen guten Straßenatlas und einen guten Orientierungssinn für Straßen haben ...

Anmerkung. Als Sicherheit gegen einen Polizeihinterhalt haben wir einen Trumpf in der Hand, den werden wir ausspielen, wenn das Geld abgeholt wird. Das werden Sie später erfahren. Aber Eure Weiber werden überhaupt nicht verletzt, wenn sie nicht die Heldinnen spielen. Bei der Geldübergabe wird eine Schußwaffe auf sie gerichtet sein, sie wird aber niemand sehen.

Der Brief wurde zunächst von der British Rail Transport-Polizei untersucht und dann an Scotland Yard weitergegeben. Dort übernahm ein alter Bekannter aus der Zeit der Ermittlungen im Erpressungsfall der Heinz-Babynahrung, DCS Pat Fleming, das Kommando; er hatte zu entscheiden, ob es sich um eine echte Drohung handelte und wie man reagieren sollte. Er hatte zu diesem Zeitpunkt keine Ahnung, daß die Polizei von West Yorkshire einen Killer und Erpresser verfolgte.

Mittlerweile hatte auch Bob Taylor einen Brief bekommen, der diesmal adressiert war an den »Polizeipräsidenten der Polizei von West Yorkshire, Millgate, Leeds«. Die Falschschreibung von

»Millgarth« sollte später noch zu einem sehr wichtigen Beweisstück werden.

Betr. Julie (ohne Haar)

Da Sie mir so gar nicht auf den Fersen sind, ist der Zeitpunkt gekommen, meine 140. 000 Pfund von Ihnen einzusammeln. Ich kriege auch keine höhere Strafe, für 2 Morde, und an Prostituirte ist leicht ranzukommen, aber weil Sie diesmal wissen, daß ich es ernstmeine, und weil ich das Aufgabeln perfäktionirt habe, brauche ich keine aufzugabeln vor Montag. Das Geld sollte genausosein wie letztesmal.

Mitt. 21 Okt. wird die gleiche Polizistin um 20 Uhr in der Telefonzelle auf Bahnsteig 3 (ganz am Ende) im Bahnhof von Carlisle sein und auf Botschaft (Bandaufnahme) um ca. 21.15 Uhr warten.

Ich bin sicher, daß Sie das Geld abliefern, weil sie das Leben von Polizistin oder Prostituirten nicht riskieren werden ...

Binnen weniger Tage hatten Scotland Yard und die Mordkommission in Leeds die Verbindung hergestellt. Ich stellte einen Vergleich der Briefe an, und trotz seiner Bemühungen, diese Tatsache zu verschleiern, bestand für mich keinerlei Zweifel, daß die Briefe vom gleichen Verfasser geschrieben worden waren. Dafür gab es mehrere Hinweise – die schlechte Grammatik, die in Großbuchstaben geschriebenen Adressen, die relativ niedrigen Lösegeldforderungen, die Verwendung von Bahnhöfen und die Wunschliste mit präzisen Anweisungen, wie das Geld gebündelt und verpackt sein sollte. Die Übereinstimmungen überwogen die abweichenden Momente bei weitem.

Der zweite Brief nannte ein inkorrektes Datum – »Mittw. 21. Okt.« – für die Ablieferung des Lösegeldes. Der Mittwoch fiel auf den 23. Oktober, lag also zwei Tage später – das gleiche Datum wie für die von British Rail geforderte Geldübergabe. War das nun ein absichtlicher Irrtum oder – was wahrscheinlicher schien – ein Versuch des Erpressers, die Ressourcen der Polizei zu überdehnen, indem er sie dazu zwang, zwei verschiedene, rund 250 Kilometer auseinanderliegende Überwachungsoperationen gleichzeitig durchzuführen? Dann würden Hunderte von Beamten aus unterschiedlichen regionalen Polizeieinheiten demselben Mann nachspüren und Gefahr laufen, sich in dem daraus entstehenden Chaos gegenseitig zu verhaften.

Ich wies auf eine dritte Möglichkeit hin – daß er weder den einen noch den anderen Kurier anrufen würde. Vielleicht wollte er sich ja einfach nur amüsiert zurücklehnen und sich an dem Gedanken erfreuen, daß Enthusiasmus und Entschlossenheit der Polizei mit jeder neuen Gelegenheit, bei der sie frustriert und enttäuscht wurde, geringer werden mußten.

Der an British Rail gerichtete Drohbrief enthielt eine Skizze, die zeigte, wie der Hochgeschwindigkeitszug mittels zweier im Boden verankerter massiver Stahlträger zum Entgleisen gebracht werden sollte. Ein Experte bestätigte, daß sich mit einer derartigen Konstruktion ein Schnellzug tatsächlich von den Schienen heben ließ, so daß er mit einer Geschwindigkeit von mehr als 170 Stundenkilometern durch die Luft sausen würde – in diesem Fall würden Todesfälle und Verletzungen fast unvermeidlich sein.

Pat Fleming traf dann einen mutigen Entschluß, und entschied, die Forderungen des Erpressers nicht zu erfüllen. Er wollte Zeit gewinnen und mit dem Täter (so hoffte er jedenfalls) über die Presse kommunizieren. Zur angegebenen Zeit antwortete die Polizistin Susan Wooley im Bahnhof von Crewe auf den Anruf; doch anstatt zu sagen, »Hier spricht Amanda,« gab sie sich als Pendlerin aus, die zufällig das Telefon läuten gehört und den Hörer abgenommen hatte. Unterdessen wartete Anna im Bahnhof von Carlisle vergeblich auf einen Anruf und die Überwachungsaktion wurde abgeblasen.

Am 28. Oktober traf im Londoner Bahnhof Euston ein zweiter Brief ein.

Glückwunsch, Sie haben sich für eine Vergeltungsaktion qualifiziert. Innerhalb von ungefähr einer Woche wird eine kleine Strafe verhängt: der Stromabnehmer einer Elektrolok wird entfernt und so mit ein bißchen Glück ein Teil der Strecke außer Betrieb gesetzt. Noch ist keine passende Stelle gefunden, aber die Suche ist im Gange. Dabei handelt es sich um die kleine Lektion, die ich zu Beginn geben wollte, um unsere Entschlossenheit unter Beweis zu stellen.

Fünf Tage danach entdeckte ein Gleiskontrolleur von British Rail auf der West Coast-Hauptstrecke in Wolverhampton unter einer Eisenbahnbrücke nicht weit weg vom Dorf Millmeece entfernt mehrere Blöcke Sandstein. Auf einem Block standen die Worte

»An dem Vorstandsvorsitzenden von BR«. Eine gründliche Untersuchung ergab, daß Löcher in den Sandstein gebohrt worden waren und daß er zunächst an Seilen und Drähten von der Brücke heruntergehangen hatte.

Das Ganze war ein Hinterhalt, dazu entworfen, den Stromabnehmer eines Zugs zu zerstören, also jene Vorrichtung, die sich von der Lokomotive zur Oberleitung streckt. Der Schaden würde den Zug günstigstenfalls innerhalb von ein paar hundert Metern zum Stehen bringen; schlimmstenfalls würde er die Hochspannungskabel herunterholen und die Reisenden der Gefahr aussetzen, durch einen elektrischen Schlag getötet zu werden. Der Anschlag war diesmal gescheitert, weil der durch den Zug erzeugte Luftzug die von der Brücke herunterhängenden Blöcke wahrscheinlich zur Seite gedrückt hatte, so daß sie auf die Geleise stürzten.

Nichtsdestoweniger hatte der Erpresser erneut sein Wissen über Eisenbahnen und sein Zerstörungspotential unter Beweis gestellt. Er war keineswegs ein bloßer Eisenbahnfan mit einem schlechten Charakter; das Bahnsystem war wie ein Gerippe, das unter all seinen Plänen klapperte.

Seit dem Mord an Julie waren fast vier Monate vergangen, und die Polizei wußte, daß sie mindestens zweimal nahe daran gewesen war, den Täter zu fassen. Bis er sein Spiel von neuem begann, konnte sie nichts weiter tun als alle Hinweise zu verfolgen und das Beweismaterial zu sammeln, das ihr eines Tages vielleicht helfen würde, diesen Mann zu überführen.

8

Nach einem gewohnt ruhigen Weihnachtsfest, währenddessen es selten zu schneien drohte und der Nebel auf den Hügeln um Market Harborough sich nie lichtete, kehrte ich zu meiner Arbeit in Arnold Lodge zurück. Es war am 24. Januar, und ich hatte Sprechstunde in einem alten Pförtnerhaus, das einen kleinen Außenposten der forensischen Abteilung bildete, als meine Sekretärin Diane die Sitzung unterbrach.

»Ein Detective Chief Superintendent Mike Jenkins von der Kriminalpolizei von West Midlands bittet um sofortigen Rückruf. Es ist dringend.«

Mein Tagebucheintrag für diesen Nachmittag lautet: »West Midlands – eine Krisensituation.«

Jenkins berichtete mir, daß die junge Immobilienmaklerin Stephanie Slater entführt worden und eine briefliche Lösegeldforderung eingetroffen sei. Während er sprach, trat mir sofort das Bild der toten, in ein Laken gewickelten Julie Dart auf einem schlammigen Feld vor Augen. Er ist wieder da, dachte ich.

Obwohl ich Stephanie nicht kannte, stellte ich mir auf der ganzen Fahrt nach Birmingham eine junge Frau vor, die irgendwo – wahrscheinlich erschöpft, möglicherweise verletzt und mit Sicherheit von Angst und Fassungslosigkeit übermannt – gefangengehalten wurde. Es erfüllte mich mit einem so starken Gefühl von Dringlichkeit, wie ich es noch in keinem meiner bisherigen Fälle erlebt hatte. Ein Menschenleben war in unmittelbarer Gefahr, und es hing ganz von der Art ab, wie die Polizei reagierte, ob Stephanie überleben würde oder nicht.

Ich erreichte Lloyd House in Birmingham um 17.30 Uhr, wo ich von Jenkins – einem Polizisten der alten Schule, der auf dem harten Weg nach oben gekommen war – und dem für Kriminalität zuständigen Assistant Chief Constable Phil Thomas empfangen wurde. Thomas war einer der Polizeioffiziere, die ich im Rahmen meiner Untersuchung für das Innenministerium interviewt hatte; ich hatte ihn als riesigen, klugen Mann kennengelernt, dessen Stimme voll seinem Körperbau entsprach. In der Zwischenzeit hatte er sich irgendeiner Halsoperation unterziehen müssen, und sein Ton hatte viel von seiner Autorität verloren.

Sie skizzierten die Situation. Die 22jährige Stephanie hatte das Büro des Immobilienmaklers Shipway in Great Barr zwei Tage zuvor um 10.30 Uhr verlassen, um einem Mann ein Haus mit vier Zimmern in der nahe gelegenen Turnberry Road zu zeigen. Der Kunde hatte sich als Mr. R. Southwall aus Wakefield ausgegeben, als er vor einer Woche wegen eines Hauskaufs anrief und im Maklerbüro vorbeikam, um die Unterlagen von 20 leerstehenden Objekten abzuholen.

Bevor Stephanie eintraf, hatten einige Nachbarn jemanden neben der Tür des leerstehenden Hauses warten gesehen; sie beschrieben ihn als einen Mann in den Vierzigern, etwa 1,70 Meter groß, mit dunklem Haar, das bis zum Kragen fiel, und einer Brille à la Michael Caine mit schwarzem Gestell. Eine halbe Stunde später hatte ein Nachbar auf einem Weg hinter dem Haus einen knallroten Lieferwagen bemerkt; ein Seitenfenster annoncierte Reparaturdienste für »VERSTOPFTE UND DEFEKTE ABFLUSSROHRE«.

Am Mittag nahm eine andere Angestellte bei Shipways, Sylvia Baker, einen Anruf für Kevin Watts, den Geschäftsführer, entgegen. Es war eine männliche Stimme, die mitteilte, daß Stephanie entführt worden sei und daß mit der Post des folgenden Tages ein Brief mit einer Lösegeldforderung eintreffen werde. Der Anrufer schloß mit einer Warnung: »Wenn Sie die Polizei verständigen, wird sie sterben.«

Das Maklerbüro fand rasch heraus, daß es unter der angegebenen Adresse keinen Mr. Southwall gab und daß es sich bei der angegebenen Telefonnummer um die Nummer einer Telefonzelle an der Fernstraße A 1 in Nottinghamshire handelte. Man fand Stephanies Wagen vor dem leeren Haus und drinnen an der Wand des Flurs im ersten Stock einen kleinen Blutfleck.

»Gehen wir zur Einsatzzentrale«, schlug Jenkins vor. »Da können Sie sich die Stadtpläne und die Fotos vom Tatort ansehen. Und Sie können auch mit den Jungs vor Ort sprechen.«

Wir fuhren in einem schnellen Wagen ohne Polizeikennzeichen vom hellbeleuchteten Stadtzentrum durch ein Durcheinander aus Wohn- und Geschäftsstraßen zu einem kleinen, übervollen Parkplatz hinter dem zweistöckigen Gebäude der Polizeistation in Nechels Green. Die Jalousien waren heruntergelassen; drinnen brannte überall Licht. Jeder Raum des Gebäudes war für eine bestimmte Aufgabe des Sondereinsatzes bestimmt und entsprechend beschriftet – Büro für Spezialinformationen, Instruktionsraum, Melderaum usw. – wie sie eben bei einer großen Ermittlungsaktion anfallen.

Jenkins machte mich mit den am Einsatz beteiligten leitenden Kriminalbeamten bekannt und reichte mir dann ein fotokopiertes Blatt. »Wir haben den Brief mit der Lösegeldforderung und eine Tonbandkassette in der Sortierstelle abgefangen«, teilte er mir mit.

Die Rechtschreib- und Grammatikfehler waren wiederum eindeutig die typischen Fehler des Entführers.

Ihr Angestellter ist entführt worden. Er wird gegen ein Lösegeld von 175 000 Pfund freigelassen. Mit ein bißchen Glück sollte er O.K. und unverletzt sein. Als Beweis dafür werden Sie morgen oder so ein Tonband mit einer Mitteilung von ihm bekommen. Er wird an Freitag 31. Januar 1992 freigelassen, vorausgesetzt daß:

1. bis Mittwoch 29. Januar das Lösegeld von 175 000 Pfund bezahlt ist; eine Verlängerung dieser Frist wird nicht zugestanden.

2. die Polizei in keiner Art informiert wird, bis er freigelassen worden ist...

Das Geld muß in einer Reisetasche gebracht werden, in genau folgenden Mengen: 75 000 Pfund in gebrauchten 50-Pfundnoten, 75 000 Pfund in gebrauchten 20-Pfundnoten, 25 000 Pfund in gebrauchten 10-Pfundnoten, das macht 31 Pakete zu je 250 Scheinen.

Kevin Watts (wenn nicht die Geisel) muß die Person sein, die alle Nachrichten erhält und das Geld zu dem angegebenen Ort bringt. Und vergessen Sie bitte nicht, daß alle Mitteilungen vorher aufgenommen worden sind und daß keine Kommunikation oder Verhandlungen stattfinden können.

SIE SIND GEWARNT. SEIN LEBEN LIEGT IN IHRER HAND.

Die unbeschriftete Audiokassette wurde in ein Gerät auf dem Schreibtisch geschoben. Stephanies Stimme füllte den Raum; sie klang besorgt, aber nicht ängstlich. Sie sagte eine vom Entführer vorbereitete Mitteilung auf. In der dann folgenden Stille konnte ich die Fragen an mich fast hören, bevor sie laut gestellt wurden. Ich brauchte jedoch erst einmal eine Weile Ruhe, um nach dem Menschen hinter den Zeilen zu suchen, bevor ich auf die Fragen antworten konnte.

Ich wußte, daß mit jeder Stunde, die verstrich, das Risiko für Stephanie wuchs und die Wahrung der Nachrichtensperre schwieriger wurde. Trotzdem durfte ich nichts übereilen. Durch die Erfahrung anderer waren mir bereits die Konsequenzen klargeworden, die daraus erwachsen konnten, der Polizei einen so weit von der Wahrheit abweichenden Rat zu geben, daß sie in der völlig falschen Richtung suchte. In diesem Moment hätte schon ein kleiner Fehler die Ermordung Stephanies zur Folge haben können.

Da ich solches Risiko nicht eingehen wollte, machte ich mich an eine gründliche Prüfung des Briefes; ich war überzeugt, daß der Verfasser sich nicht nur durch die Form des Geschriebenen, sondern auch im Aufbau des Verbrechens selbst verraten würde. Ich mußte seine Methode in möglichst vielen Details erfassen und sie auf den Hintergrund unseres psychologischen Wissens von Persönlichkeit und Motivation projizieren. Ich brauchte mehrere Stunden dazu, ging die zeitliche Abfolge immer wieder von neuem durch, doch am Ende war ich mir sicher. Diesem Geist war ich schon einmal begegnet. Der Täter war derselbe Mann, der Julie Dart ermordet und British Rail zu erpressen versucht hatte.

Der Brief zeigte das gleiche Ausmaß an Planung, Intelligenz und arrogantem Ton, ähnliche orthographische und grammatische Fehler und in der geforderten Verpackung des Lösegelds eine vergleichbare Vorsicht. Die Entführung war ganz zweifellos über einen längeren Zeitraum vorbereitet und mit einer Fülle von Verhaltensbesonderheiten penibel geplant worden. Die Andeutung, daß die Entführung eigentlich einem Angestellten – einem Mann und nicht einer Frau – gegolten hätte, war ein Verschleierungsmanöver, das allerdings nicht gut genug durchdacht war. Sie stand im Widerspruch mit den übrigen angegebenen Planmomenten, so auch zu dem Faktum, daß Stephanie – wie vor ihr Julie – gezwungen worden war, eine Mitteilung zu schicken, um die Entführung zu bestätigen.

»Sie sind sich sicher, daß es sich um den gleichen Mann handelt?« fragte Jenkins.

»So gut wie sicher. Ich würde sagen: zu über 95 Prozent.«

»Meint er seine Drohungen ernst?«

»Sehr ernst.«

»Wird er Stephanie umbringen?«

»Falls er es für notwendig hält, ja. Julie Dart hat er umgebracht, nur um das zu beweisen, und diesmal ist er bereits ein größeres Risiko eingegangen als damals. Er hat sich zu erkennen gegeben, als er den Hausbesichtigungstermin bei Shipways machte.«

»Könnte Stephanie schon tot sein?«

»Nein, er wird versuchen, sie am Leben zu halten, als Beweis, daß sie lebt; um eine weitere Nachricht zu übermitteln.«

»Soll das heißen«, fragte Thomas, »daß er am Ende vorhat, sie umzubringen?«

»Das hängt von Ihrem Verhalten und von Stephanie ab. Er weiß, daß die Polizei sich einschalten wird, und er weiß, daß Stephanie ihn identifizieren können wird.«

Sehr viel, so erklärte ich, hinge davon ab, wie Stephanie auf ihren Entführer reagierte. Manche Menschen werden äußerst unterwürfig, wenn sie unter Schock stehen; falls Stephanie ihm passiv und respektvoll begegnet sei, so habe ihm das möglicherweise gefallen, und es sei daher unter Umständen weniger wahrscheinlich, daß er ihr Schaden zufüge.

Das waren jedoch nur vorläufige Aussagen; ich mußte sehr viel mehr über Stephanie erfahren, um ihr Verhalten zuverlässiger vorauszusagen und festzustellen, ob er sie aus einem ganz bestimmten Grund als Geisel ausgewählt hatte.

Obwohl jedermann darauf versessen schien, den Entführer zu erwischen, hatten zwei Prioritäten generell Vorrang – Stephanie am Leben zu erhalten und sie wohlbehalten zurückzubekommen.

Als ich Marylin telefonisch informierte, daß ich aus Arbeitsgründen zum Abendessen nicht nach Hause kommen könne, durfte ich ihr wegen der Nachrichtensperre nicht mitteilen, was vorgefallen war.

»Und wie wirst du dich ernähren?« wollte sie wissen.

»Irgendwie wird's schon gehen«, antwortete ich mit einem Blick auf einen Teller mit unappetitlichen Butterbroten.

»Und wann seh' ich dich wieder?«

»Ich ruf' dich an.«

Während der nächsten Tage lernte ich die Einsatzzentrale sehr gut kennen, weil ich bis spätabends blieb. Mein Hauptkontakt war Superintendent Tom Farr, der mich über die verschiedenen Spuren, denen man folgte, auf dem laufenden hielt.

Am Sonntagnachmittag erhielt Stephanies Vater zu Hause einen Anruf. Seine Tochter teilte ihm in einer auf Tonband aufgenommenen Nachricht mit, sie sei unverletzt, und sie erwähnte das Ergebnis eines Fußballspiels, das am Vortag stattgefunden hatte. Danach sagte sie: »Ich möchte, daß du weißt, daß ich dich liebe. Ich darf nicht zuviel sagen, doch wie immer auch die Sache ausgeht, ich werde dich immer liebhaben. Paß auf meine Katze auf.«

Es waren nur mehr vier Tage bis zum Termin der Lösegeldzahlung. Jetzt ging es darum, was die Polizei unternehmen sollte. Das Geld war glücklicherweise von Shipways Muttergesellschaft Royal Life Estates bereitgestellt worden; es gab jedoch nach wie vor ungelöste Fragen. Da das Leben einer jungen Frau auf dem Spiel stand, waren Heldentaten kein Thema; sie hätten ihre persönliche Sicherheit gefährdet. Die Polizei würde Kevin Watts bei der Lösegeldzahlung folgen, die Falle stellen und den Erpresser dann zu seinem und Stephanies Versteck folgen.

Es gab einen Vorschlag, das Lösegeld mit einen Peilsender zu verwanzen, doch die Polizei konnte unmöglich wissen, ob das angebliche technische Wissen des Entführers und die angekündigte Verwendung von Instrumenten zur Ausschaltung solcher Vorrichtungen ein Bluff waren oder nicht. Es war das Risiko nicht wert. Bei weiteren Vorschlägen ging es unter anderem darum, an Stelle von Kevin Watts einen Geheimagenten zu schicken oder in seinem Auto Detektive zu verstecken. Diese Vorschläge wurden einer nach dem anderen ausgeschlossen.

Auf der Basis meiner Kenntnisse vom Planen und einschlägigen Wissen dieses Mannes war es möglich, daß er zum Verhandeln für den Fall eines Gefaßtwerdens eine Trumpfkarte vorbereitete, etwa die Behauptung, daß Stephanie nur eine begrenzte Luftzufuhr oder keine warmen Kleidung besäße. Dagegen stand allerdings meine Überzeugung, daß er viel zu großspurig und selbstsicher war, um dic Möglichkeit, daß er gefaßt werden könnte, auch nur in Erwägung zu ziehen.

Man kam überein, daß Kevin Watts zur Ablieferung des Lösegelds allein fahren sollte. Er würde mit einem Sender verdrahtet werden, und über fünfzig Funker des Royal Corps of Signals würden ihn Schritt für Schritt aus der Luft und auf dem Boden verfolgen.

Thomas wollte von mir wissen, was der Kurier zu erwarten hätte. Da waren mehrere Szenarien denkbar, am wahrscheinlichsten jedoch die, daß der Erpresser ihm eine komplizierte Folge von Anweisungen geben und ihn über Umwege von einer Telefonzelle zur nächsten führen würde, um auf diese Weise die Polizei bis an ihre Grenze zu belasten.

Daraufhin würde eine von zwei Alternativen eintreten – entweder würde der Erpresser im Lauf dieses Prozesses in der Hoffnung eingreifen, die Polizei zu überrumpeln, oder er würde sie über lange Zeit auf Trab halten und über eine beträchtliche räumliche Entfernung hin und her jagen. In der Umgebung von Birmingham und den West Midlands herrschte gewöhnlich starker Verkehr, so daß die Fahrzeiten sich im voraus immer schwer berechnen ließen. Aus diesem Grund nahm ich an, daß er die zweite Alternative wählen würde – die Langzeitvariante.

Als ich seine letzten Bewegungen anhand der Landkarte analysierte, kam ich zu dem Schluß, daß er die Ablieferung des Lösegeldes in den nördlichen Teil des Dreiecks verlegen würde, der nicht so dicht bevölkert war. Sobald er den Eindruck gewönne, daß die Polizei sich hatte einwickeln lassen und im Sinne seines Planes von einer Telefonzelle zur nächsten eilte, würde er zwischen zwei Instruktionsfolgen plötzlich eingreifen. Er würde eine Umleitung erzwingen, eine Straße blockieren oder dafür sorgen, daß Kevin mit seinem Wagen an der Straßenseite hielt.

Ich erinnere mich an meine letzten Worte: »Achten Sie ganz besonders auf Eisenbahnbrücken und stillgelegte Streckengeleise.«

Am Mittwoch, den 29. Januar um 15.35 Uhr nahm Kevin Watts im Maklerbüro Shipways den Hörer ab. Er fuhr mit dem Lösegeld in einer Reisetasche im Kofferraum seines Wagens auf die Autobahn M6 Richtung Norden, die an Manchester vorbeiführt, und nahm dann die A57 zum Bahnhof von Glossop, das 24 Kilometer östlich von Manchester liegt. Durch einen Anruf um 19 Uhr bekam er Anweisung, sich zu einem nahe gelegenen Kiosk zu begeben, wo angeblich ein Kuvert unters Regal geklebt worden war.

Ich war zu Hause, doch meine Gedanken weilten bei Kevin auf seiner einsamen Fahrt. Er hatte die Möglichkeit, mit der Polizei des Raums Birmingham per Funksprechgerät zu reden und ihr die erhaltenen Anweisungen zu übermitteln, die dann zu den verschiedenen Wagen und Motorradfahrern weitergegeben wurden, die ihm diskret folgten.

Es gab jedoch ein Problem. Inzwischen war Nebel aufgezogen und wurde von Minute zu Minute dichter. Auf der Fahrt über fremde Nebenstraßen mußte Kevin seine Geschwindigkeit auf ein Schneckentempo reduzieren. Er hatte Mühe, die unterschiedlichen Telefonzellen zu finden, wo er jedesmal neue Instruktionen erhielt, die ihn schließlich auf einen abgelegene Landweg der Pennines-Berge in der Nähe von Oxspring in South Yorkshire führten.

Wegen des Nebels brach der Funkkontakt allmählich ab; Kevin konnte nur hoffen, daß die Polizei ihn hören konnte, wenn er die verschiedenen Mitteilungen des Erpressers weitergab. Die Sichtweite betrug weniger als fünf Meter, als er, den Anweisungen folgend, bei einem rot-weißen Verkehrspylon anhielt und das Lösegeld in eine Reisetasche umfüllte, die dort auf ihn wartete. Die in der Reisetasche liegende Nachricht dirigierte ihn zu einer weiteren Telefonzelle; das war allerdings nur ein Trick.

Etwa hundert Meter weiter sah Kevin mitten auf der Straße einen weiteren Pylon und ein großes Pappschild:

HALT
60 Sek. maximal.
Auf Wand bei (4) – Zeichen › Holztablett › Tablettsensor drinnen nicht bewegen › Geld & Tasche auf Tablett legen falls Summer nicht tönt, Geld dort liegen lassen › Pylon vor dem Wagen entfernen und fahren › Geld wird nicht abgeholt, bevor Sie fort sind

Kevin ließ das Geld auf einem Holztablett auf der Brüstung einer Brücke zurück, fuhr los und versuchte noch immer verzweifelt, Funkkontakt mit der Polizei herzustellen. Die ihn beschattenden Polizeiwagen konnten von der Ablieferung des Lösegeld überhaupt nichts wissen. Als sie die Brücke erreichten, fanden sie dort nur noch den Verkehrspylon, eine hingesprayte ›4‹ und eine dünne Sandschicht auf der Brüstung, wo das Tablett gestanden hatte.

Der Entführer, der sich neun Meter tiefer auf einem stillgelegten Gleis versteckt hatte, brauchte nur ein Seil zu ziehen, das an dem Tablett befestigt war, und das Geld fiel hinunter. Dann flüchtete er auf einem Motorrad entlang des Bahndamms. Die komplizierte, vierstündige Überwachungsaktion war eine einzige Katastrophe gewesen.

Was würde Stephanie Slater widerfahren?

Vier Stunden danach hörte ein 32jähriger Lackierer, der mit seiner Frau und seinen zwei Kindern in Great Barr an der Bowstoke Road lebte, einen Wagen vor seinem Haus anhalten und den Motor aufheulen. Als er aus dem Schlafzimmerfenster schaute, sah er einen zinnoberroten ›Mini Metro‹ und drinnen einen Mann und eine Frau. Die Frau stieg aus und torkelte die Straße hoch; sie wirkte betrunken und verwirrt.

Wenige Minuten später öffnete Warren Slater die Tür seines Hauses, und Stephanie taumelte ihm in die Arme.

Am Morgen bekam ich einen Anruf und wurde über den Verlauf der Geldübergabe informiert. Die anfängliche Panik und Schockreaktion über das Entkommen des Erpressers war inzwischen verflogen, weil Stephanie wohlbehalten und sicher daheim war. Die Polizei war vor Freude ganz aus dem Häuschen; ich teilte ihr Gefühl der Erleichterung. Als ich dann jedoch erfuhr, auf welche Weise der Erpresser sich das Lösegeld geholt hatte, habe ich mich selbst verwünscht und mir geschworen, auf meiner Anwesenheit im Kontrollraum zu bestehen, falls sich so etwas je wiederholen sollte.

Der Nebel war nicht vorhersehbar gewesen. Ich wußte aber von diesem Mann, daß Brücken und stillgelegte Bahnlinien bei seinen Planungen eine wichtige Rolle spielten. Wäre ich dagewesen, hätte ich der Polizei den Vorschlag gemacht, jeden neuen Komplex von Anweisungen mit Landkarten zu vergleichen, auf denen ersichtlich war, ob sich in der Nähe der angegebenen Lokalitäten Eisenbahnbrücken und stillgelegte Schienenwege befanden. Die hätten dann von Überwachungsteams kontrolliert und der Entführer vielleicht trotz Nebel gefaßt werden können.

Jetzt kam es darauf an, von Stephanie alle Einzelheiten ihrer Zeit in Gefangenschaft zu erfahren. Psychologen verwenden häufig die Technik des sogenannten »kognitiven Interviewens«, das darauf abzielt, die befragte Person allmählich zum Tatort zurückzuführen und sie die Ereignisse in unterschiedlichen Abfolgen schildern zu lassen, um auf diese Weise kleinste Details von Seh-, Hör-, Geruchs- und Tasteindrücken zu erfahren.

Ich wurde nicht gebeten, Stephanie zu interviewen, hatte diese Technik aber einige Monate zuvor bei einem zwölfjährigen Mädchen angewandt, das auf dem Heimweg von der Schule entführt und brutal vergewaltigt worden war.

Die Kriminalpolizei von Leicestershire hatte mich für die Fahndung um ein Täterprofil gebeten, doch Theresas ursprüngliche Aussage erlaubte keine sicheren Schlußfolgerungen; sie enthielt nicht genügend Informationen. Ich mußte möglichst viel über ihren Entführer, sein Fahrzeug, die Fahrt, seine Worte und die Ereignisse in Erfahrung bringen.

Aber wie? Theresa war offensichtlich traumatisiert, und die Interessen der Ermittlung durften nicht über der Rücksicht auf ihr persönliches Wohl stehen. Andererseits war es diesem Perversen zuzutrauen, daß er ein weiteres Mädchen angriff und vielleicht sogar umbrachte.

Ihre Eltern waren über das richtige Vorgehen uneins. Die Mutter sah, wie Theresa litt, und drang darauf, daß man sie in Ruhe ließ; der Vater sah in ihr große Kraft und wollte alles tun, damit der Täter gefaßt wurde. Sie kamen schließlich überein voranzumachen, und ich beschloß, Theresa bei sich daheim zu befragen, um ihr zumindest ein Gefühl von Sicherheit zu geben.

Meine Methode kombinierte kognitives Interviewen mit Tiefenentspannung. Als Theresa mit geschlossenen Augen und den Händen im Schoß auf dem Sofa lag, erläuterte ich, daß ich sie zu dem Vorfall zurückführen würde; daß ich wüßte, wie weh es ihr tun würde, aber alles versuchen wolle, damit sie nicht noch mehr Schmerz erleiden müsse.

»Falls ich dich nach etwas frage, was dich aufregt oder ängstigt, dann heb bitte die Finger deiner linken Hand, ungefähr so« – ich zeigte es ihr – »dann werde ich eine Pause machen und dir etwas Zeit lassen. Falls ich zu schnell vorgehe oder du dich verwirrt fühlst, dann solltest du die Finger der rechten Hand heben, und ich werde die Sachen langsamer mit dir durchgehen.«

Wir übten eine Zeitlang Entspannen und Vergegenwärtigen, bis sie das Gefühl bekam, daß sie das Interview unter Kontrolle hatte. Es lief nicht so, daß ich sie aufgefordert hätte: »Also, nun sei ein braves Mädchen und sag mir, was der böse Mann dir getan hat.« Vielmehr gingen wir die Sache gemeinsam an, indem wir den Schmerz ein wenig überwanden, die Hürden umschifften und Erinnerungen, die sie zu verdrängen gesucht hatte, Stück um Stück wieder zusammenfügten.

Wir traten diese Reise zusammen an. Den ersten Fischzug überließ ich ganz ihr allein, ohne sie auch nur einmal zu unterbrechen. Unerfahrene Interviewer sind versucht, sich zu früh mit Fragen und Bitten um weitere Details in den Erzählfluß hineinzudrängen. Weil Theresa frei und ungehindert das ganze Terrain der Geschichte umreißen konnte, stießen wir auf Informationen, die beim direkten Befragen ausgeklammert worden waren. Ich half lediglich sanft nach, wenn sie vor Streß erstarrte. »Es ist völlig in Ordnung, Angst zu haben. Da würden doch alle Angst haben. Ruh dich einen Moment aus, bevor du weiter erzählst.«

Als später dann detailliertere Aspekte ans Licht geholt wurden, wurde ihr schreckliches Erleben vor meinen Augen noch einmal lebendig. Ihr waren die Augen verbunden worden, aber so ungeschickt, daß sie unter dem Tuch durchsehen konnte.

»Du hast gesagt, daß er dir weh getan hat, als der Wagen anhielt und er zum Kofferraum kam. Könntest du versuchen zu erzählen, auf welche Art er dir weh getan hat?«

»Mit einer Hand hat er meinen Bauch festgehalten und gerieben und meinen Hintern gedrückt und ... und dann ... hat ... er ...« Sie brach ab, hatte alle vier Finger der linken Hand in die Höhe gestreckt. Ihr kleiner Körper wurde ganz steif. Ich konnte sehen, daß ihr Herz raste.

»Theresa, du bist jetzt zu Hause in Sicherheit. Mummy und Daddy sind in der Küche. Sie werden nicht zulassen, daß dir jemand weh tut. Mach die Augen zu und ruh dich einfach ein Weilchen aus. Wenn's dir besser geht, hebst du wieder deine Finger. Wir machen weiter, wann es dir recht ist. Aber heute werde ich dich nicht noch einmal bitten, dich zu erinnern, was der Mann dir getan hat. Ich möchte nur, daß du unter der Augenbinde durchschaust und mir von seinen Händen erzählst. Waren das glatte und zarte Hände? Waren sie kratzig und grob? Oder etwas in der Mitte dazwischen?«

Sie beruhigte sich. Die Zeit verstrich. Ich war mir nicht sicher, ob sie alles verdrängt und sich von mir abgeschnitten hatte. Dann sagte sie plötzlich ganz ruhig: »Es waren weiche Hände mit rötlichbraunen Haaren auf dem Handrücken.«

»Schau bitte ganz genau hin. Hatte er irgendwelche Ringe an

den Fingern?« Ich hatte nur den Ton meiner Stimme, um sie zu beruhigen und konnte lediglich darauf achten, daß ich am anderen Ende des Zimmers war, um die Angst zu reduzieren, die die physische Nähe eines Mannes so bald nach ihrer traumatischen Erfahrung in ihr auslösen konnte. Ich durfte aber auch keinerlei Hinweis geben, der ihre Antwort beeinflussen konnte. Nur wenn ich sie dort zwischen dem sensorischen Neu-Durchleben ihrer Qual und dem sicheren Schutz ihres Zuhauses zu halten vermochte, bestand eine Chance; andernfalls würde die Gelegenheit verlorengehen und das erneute Durchleiden ihres Ungemachs umsonst sein. Wieder eine lange Zeit des Wartens.

»Ja. So einen wie Daddys.«

Langsam wurde das Geschehene in seiner Abfolge und seinen Details viel detaillierter. Am Ende konnte sie das Knirschen der Reifen auf dem Kiesweg hören. Durch einen Spalt im Kofferraum konnte sie eine Reihe von Straßenlampen sehen und sie in Relation zu Wartezeiten vor Ampeln und einer abgelegenen kleinen Straße in Hörweite des Autobahnverkehrs setzten. Sie war imstande, eine Beschreibung der Rücklichter am Wagen zu geben; damit reduzierte sich die Zahl der in Frage kommenden Automarken beträchtlich. Schließlich entwickelte sich ihre Beschreibung des Täters so weit, daß seine bevorzugte Hand, seine Augen, die untere Gesichtshälfte, sein Vokabular erfaßt wurden und sein Akzent sich genauer lokalisieren ließ.

Eine solche Detailfülle mußte auch von Stephanie Slater eruiert werden. Falls sie sein Gesicht nicht gesehen hatte – hatte sie seine Hände gesehen? Wie lang hatte die Fahrt gedauert? Waren die Straßen kurvenreich oder gerade gewesen? Eine äußerlich so unbedeutende Einzelheit wie das Zeitzeichen eines Radiosenders oder die Modulation eines gesprochenen Wortes konnten sich als ausschlaggebendes Indiz erweisen.

Während der folgenden Woche brachten mir Polizeikuriere auf Motorrädern fast täglich Unterlagen nach Hause. Stephanie erwies sich bei den Interviews als brillant; sie konnte sich an den behaarten Handrücken ihres Entführers und an seine auffällige Aussprache der Buchstaben K und T an Wortenden erinnern. Obwohl ihr die Augen die ganze Zeit über verbunden gewesen waren, wußte sie, daß das Telefon ihres Gefängnisses eine altmodische Wählscheibe besaß und daß ein Radio dort auf den Sender

BBC eingestellt gewesen war. Die Haustürklingel klang wie eine Registrierkasse.

Da sie sich mit ihrem Angreifer zur Hausbesichtigung getroffen und ihn deshalb gesehen hatte, war sie zudem in der Lage, einem Zeichner der Polizei eine brauchbare Beschreibung seiner äußeren Erscheinung und seiner Kleidung zu liefern. Auf der Brusttasche seines Dufflecoat-ähnlichen Mantels befand sich ein Eisenbahnmotiv.

Sie war attackiert worden, als sie ihm das Bad im Obergeschoß zeigte. Sie hatte sich umgedreht und in seiner einen Hand ein Messer und in der andern eine gespitzte Feile gesehen. »Ich bin in Panik geraten und habe geschrien. Es ging alles sehr schnell. Es war furchtbar, ich habe einfach immer nur laut geschrien«, berichtete sie.

Er drückte sie in die Badewanne, fesselte ihr die Hände, setzte ihr eine schwarze Plastikbrille auf, damit sie nichts sehen konnte, band ihr ein Seil um den Hals und führte sie wie einen Hund nach unten und zu seinem Wagen, dessen Beifahrersitz ganz tief nach hinten zurückgelehnt war.

Bei der Ankunft am Reiseziel – eventuell nach Anbruch der Dunkelheit – wurde sie aus dem Wagen geholt, in ein Gebäude geführt und an einen Stuhl gefesselt. Nachdem der Entführer Stephanie mit Pommes frites gefüttert hatte, mußte sie in von ihm bereitgestellte Kleidungsstücke wechseln. Anschließend legte er ihr an Beinen und Händen Handschellen an, die durch Ketten gesichert waren.

»Hoffentlich leidest du nicht unter Klaustrophobie, weil du jetzt nämlich in eine Kiste kommst«, sagte er und sorgte dann dafür, daß sie in einen sargähnlichen Container schlüpfte. Der Behälter war äußerst eng gewesen, und sie hatte sich auf die Seite drehen müssen, um den Boden zu erreichen. Der Entführer hatte behauptet, daß sich oben auf der Kiste Felssteine befänden, die auf sie fallen würden, falls sie nicht stillhielte. Außerdem habe er an den Seiten ringsum Elektroden angebracht, so daß sie bei einem Fluchtversuch durch einen Stromschlag getötet würde.

Diese Kiste war für die folgenden sieben Tagen Stephanies Gefängnis gewesen.

Beim Lesen der Interviewmitschriften war ich mir ziemlich sicher, daß Stephanie auf Grund von zwei Punkten am Leben geblieben war. Dieser Mann entsprach mitnichten dem Bild eines skrupellosen Verbrechers, das er uns vermitteln wollte; in der Presse war er als kaltblütiger Killer dargestellt worden, und das war ihm gar nicht recht. Zweitens war Stephanie unter der Schockwirkung der Ereignisse passiv und nachgiebig geworden. Das machte sie noch attraktiver für einen Mann, dem es einen Kitzel verschaffte, wenn er die Situation im Griff hatte. Ich bin überzeugt, daß ohne diese beiden Faktoren eine weitere Leiche auf einem Feld abgeladen worden wäre.

Tom Cook wollte nach Stephanies Rückkehr von mir wissen, ob sie sich weiterhin in Gefahr befand oder ob der Entführer eventuell noch einmal mit Shipways Kontakt aufnehmen würde. Dafür bestand nach meiner Auffassung einige Aussicht: Stephanie war für ihn wichtig geworden, und wir durften nie sein Hauptmotiv vergessen. Er würde wiederkehren, selbst wenn er sich ein Weilchen ruhig verhalten sollte, weil das Spiel ihm viel zuviel Spaß machte.

Nach Aufhebung der Nachrichtensperre gab es für die Polizei peinliche Schlagzeilen. Ich war von der Reaktion der Medien und von ihrer Kritik überrascht. Immerhin befand Stephanie sich in Sicherheit, und das hatte stets erste Priorität gehabt.

Auf einer Pressekonferenz in Birmingham gab Assistant Chief Commissioner Tom Cook, bei dem die Gesamtverantwortung für die Doppelermittlungen lag, den Zusammenhang dieser Entführung mit dem Mord an Julie Dart bekannt. Er erwähnte ein paar der Ähnlichkeiten zwischen den beiden Verbrechen und wies darauf hin, daß es diesem Mann nicht in erster Linie um das Geld gegangen sei.

Als Cook von den Journalisten mit weiteren Fragen bedrängt wurde, erklärte er: »Also, da müssen wir sehen, was Paul Britton uns zu sagen hat.«

Es war das erstemal, daß mein Name in Verbindung mit einer kriminalpolizeilichen Ermittlung öffentlich erwähnt wurde. Es löste prompt große Neugier aus, und Cook merkte, daß er da einen Fehler gemacht hatte. Angesichts der unmittelbar darauf einsetzenden Fragen ließ sich die Indiskretion offensichtlich nicht mehr aus der Welt schaffen.

Am Nachmittag rief mich eine für Öffentlichkeitsarbeit zuständige Beamtin an, um sich zu entschuldigen. »Es tut uns furchtbar leid«, sagte sie. »Wir haben auf der Pressekonferenz einen Fehler gemacht.«

Die Journalisten brauchten nicht lang, um mich aufzuspüren. Am gleichen Abend begannen die Anrufe, und sie wollten gar nicht wieder aufhören. Die Fahndungspraxis mit Hilfe von Persönlichkeitsprofilen entwickelte sich zu einer neuen Facette der heißesten Story des Jahres; meine sorgsam gehütete Anonymität war dahin.

Ich lehnte alle Anfragen nach einem Kommentar oder Interview höflich ab. »Vielleicht später einmal, wenn der Täter gefaßt und verurteilt ist«, erwiderte ich in der Hoffnung, die Journalisten abzuschütteln. Unterdessen wurde ich in der Presse als Held dargestellt, der seine Geisteskräfte mit einem Wahnsinnigen maß. Ich zuckte zusammen und stellte die Zeitungslektüre ein.

Dank Stephanies erstaunlicher Erinnerungsfähigkeiten gewannen die Ermittlungen neuen Schwung. Die Polizei zog die Schlinge enger um den Entführer zusammen. Es wurde ein außergewöhnlich gutes Phantombild angefertigt, und zur Not besaß die Polizei Tonbandaufnahmen mit der Stimme des Mörders.

Auf der Rückfahrt nach Birmingham waren Stephanie zwar die Augen verbunden gewesen, doch sie hatte mit ihrem Entführer gesprochen, der laut die Meilen gezählt und ihr Bescheid gesagt hatte, als sie dem Zielort nahe waren. Auf der Basis dieser Angaben und der benötigten Zeitspanne hatte die Polizei das Terrain des Täters auf ein kleines Dreieck von Fernstraßen in Lincolnshire reduziert. Ein Ermittlungsteam zog in ein kleines Hotel gleich hinter der Grenze von Nottinghamshire und war zum raschen Eingreifen bereit.

Am 7. Februar kam auf der Polizeistation Millgarth in Leeds ein aus dem Umkreis von Sheffield aufgegebener Brief an, der in Kopie auch an die Polizei der West Midlands, an Mrs. Lynn Dart, die *News of the World*, die *Sun*, Yorkshire TV und das BBC-Fernsehen geschickt worden war.

Der dreiseitige Text las sich wie ein um Milde bittendes Plädoyer oder ein Ansatz zur Verteidigung eines Mörders.

Die Fakten.

Ich, der Entfürer von Stephanie Slater, bin nicht der Mörder von Julie Dart. Es ist unmöglich, daß es eine tatsächliche Beziehung zwischen beiden Fällen gibt.

Ich bin auch nicht die Pärson, die so idiotisch war und B.R. (British Rail) erpressen wollte. Die Ideeh kam von einer ähnlichen Idee, die ich mit einem andern besprochen hatte. Ich glaube inzwischen, daß der andere vielleicht mein Textverarbeitungssystem benutzte, um seine Forderungen zu stellen. Der Grund für das plötzliche aufhören der Kommunikationen zwischen B.R. und dem andern war der, daß ich eingegriffen habe, als ich mit Entsetzen vernam, daß er meine Ideehn gebrauchen wollte, um die Lösegelder zu holen.

Es hätte mir selbst nützen können zuzulassen, daß die Polizei weiterhin glaubt, daß die Fälle alle zusammenhängen, aber meine Sorge gilt Stephanie und ihre Eltern und ihre Gefühle, nachdem sie jetzt die Zeitungsartikel gelesen haben. Ich hab Stephanie ein paar Sachen fest versprochen und mein Ehrenwort gegeben und alle gehalten, es gibt nur eine Ausnahme. Zu den Versprechen gehörte: 1) ich hatte vorher noch keinen Mord begangen, 2) Wenn sie die Augenbinde nicht abnimmt, würde sie freigelassen und ihr nichts getan, damals nicht und in Zukunft nicht...

Meine einzige Befriedigung liegt darin, daß ich das Verbrechen extrem erfolgreich ausdenken, begehen und zuende bringen konnte. Ich bin beschämt, bestürzt und tief empört wegen meine Behandlung von Stephanie und wegen den Schmerz, den ich ihren Eltern verursacht habe... meine Augen sind noch immer voll Tränen. Ich wache in der Nacht echt weinend auf, mit ein bißchen Glück wird Stephanie bald drüber wegkommen. Und ich? Ich glaube nicht, daß ich je drüber wegkomme.

Es tut mir leid Stephanie, Es tut mir leid Mr und Mrs Slater...

Der Brief endete mit einer unverfrorenen Feststellung: »Dieser Fall wird nie vor Gericht kommen. Ich habe nämlich Eventualitätspläne für den Fall, daß die Polizei mir auf den Fersen sein sollte.«

Er fühlte sich bedroht; das war klar. Das Phantombild hatte ihm einen Schreck eingejagt; plötzlich fürchtete er um seine Freiheit. Er wollte nicht wegen Mordes angeklagt werden, doch selbst sein Plädoyer auf Unschuld enthielt belastendes Material dafür, daß er Julies Mörder war. Im Brief an die Polizei von West Yorkshire hatte er »Millgate« statt »Millgarth« geschrieben – es war genau der gleiche Fehler, der in dem Brief aufgetreten war, der im vorausgegangenen Oktober nach Leeds geschickt worden war und »Betr. Julie (ohne Haar)« begann.

Es gab auch Ähnlichkeiten bei den Grammatik- und Rechtschreibfehlern.

Er fühlte sich gejagt, und er täuschte Reue vor, so als ob er ein Plädoyer zu seiner Verteidigung aufbaute. Er hatte nicht damit gerechnet, daß Stephanies Entführung eine solche große öffentliche Beachtung finden und daß die Ermittler ihn mit dem Mord an Julie Dart in Verbindung bringen würden.

Der Druck, unter dem er stand, war weiterhin unverkennbar. Am 20. Februar rief er bei Shipways an und bat um ein Gespräch mit Sylvia Baker. Als sie seine Stimme hörte, drückte sie auf den Knopf, der die Polizeistation Nechells Green benachrichtigte.

Der Entführer sagte: »Ich bin der Mann, der Stephanie entführt hat. Stephanie und Sie sind die einzigen Personen, die mich identifizieren können. Stephanie wird es nicht tun, weil sie genau weiß, was dann passieren würde. Verstehen Sie mich?«

Für den Abend des gleichen Tages war bei *Crimewatch UK* und den Spätnachrichten des Fernsehsenders ITV eine Abspielung der Bandaufnahme mit der Stimme des Entführers geplant. Damit würde sie von über fünfzehn Millionen TV-Zuschauern gehört werden, die außerdem Details über seine wahrscheinliche Wohngegend und Automarke erfahren sollten.

Für die erwartete Flut von Anrufen standen in drei eigens dafür eingerichteten Einsatzzentralen fünfzig Telefonleitungen zur Verfügung. Zu den eintreffenden Reaktionen zählte auch eine Nachricht von Susan Oake aus Keighley, West Yorkshire, die das Programm auf Video aufgezeichnet und sich dann nach ihrer Heimkehr am späten Abend angesehen hatte.

Sie rief an, weil sie überzeugt war, die Stimme des Entführers erkannt zu haben. Es war die Stimme ihres Ex-Ehemanns Michael Sams, der in Newark eine Reparaturwerkstatt für Elektro-Werkzeug betrieb.

Diese Nachricht wurde der Polizeistation Bingham gefaxt. Am folgenden Morgen setzte eine Überwachungsoperation ein. Erkundigungen ergaben, daß Sams einen orangeroten Austin Metro besaß, Vorstrafen wegen Irreführung und Betrugs hatte und ein ausgesprochener Eisenbahnfan war. Es gab da nur einen gravierenden Punkt, der nicht so recht zum 51jährigen Sams als mutmaßlichen Täter paßte – er hatte bloß ein Bein.

Am 21. Februar betraten kurz vor Mittag vier Polizisten seine Werkstatt; schon nach einem flüchtigen Blick wurde ihnen klar, daß sie den Richtigen vor sich hatten.

Das Bild, das sich von Michael Sams ergab, entsprach auf nahezu vollkommene Weise dem Persönlichkeitsdiagramm, das ich viele Monate zuvor entworfen hatte. Er war genau der Typ, der es *beinahe*, aber dann doch nicht geschafft hatte. In seiner Jugend war er ein vielversprechender Sportler gewesen; wegen Krebs hatte er sich ein Bein amputieren lassen müssen. Er hatte dreimal geheiratet, und alle drei Ehen waren genauso gescheitert wie seine zahlreichen geschäftlichen Unternehmungen: Wenn sich ein Erfolg abzeichnete, zerstörte er die eigenen Anstrengungen jedesmal durch eine dumme Entscheidung.

Er war ein intelligenter, manuell geschickter Mensch und hatte drei Jahre bei der Handelsmarine gedient, bevor er die unterschiedlichsten Jobs annahm wie beispielsweise das Installieren von Fahrstühlen und Zentralheizungsanlagen. Im April 1978 wurde er zu neun Monaten Freiheitsentzug verurteilt, weil er einen MG Midget gestohlen, umlackiert und mit einem falschen Kennzeichen versehen hatte. Der Krebs wurde im Gefängnis diagnostiziert; die Chirurgen nahmen ihm das rechte Bein unterhalb des Knies ab.

Er entwickelte Ressentiments gegen sein Schicksal und war fest überzeugt, daß er zu Höherem begabt war. Wer trug die Schuld an seinen Mißerfolgen? Ganz bestimmt nicht er selbst. Als das Geld knapp wurde und seine dritte Ehe in Schwierigkeiten geraten war, nahm er sich vor, seine Talente unter Beweis zu stellen.

Nach seiner Verhaftung wurde Sams auf die Polizeistation von Newark gebracht. Weil er die Entführung von Stephanie bereitwillig gestand, entschied Tom Cook, daß ihn zuerst die Polizei der West Midlands verhören sollte; danach war es an West Yorkshire, ihn zum Mord an Julie Dart zu vernehmen.

In der Zwischenzeit räumten die Experten der Spurensicherung seine Werkstatt aus; was sie entdeckten, sollte später die wesentlichen Beweise für die Verbindung des Verdächtigten mit allen drei Verbrechen liefern. Fasern aus der marineblauen Hose, die er bei seiner Verhaftung trug, waren identisch mit denen, die im Erpressungsbrief an British Rail gefunden wurden. Fasern aus der Werkstatt stellten außerdem eine Verbindung zu dem Seil und dem

Laken her, mit denen Julies Leiche eingewickelt worden war, und das verdünnte Blut auf einer alten Gardine stammte nahezu sicher von ihr.

Es war von Anfang an klar, daß Sams das Spiel nicht aufgegeben hatte. Die Verschleierungsmanöver, die Lügen, die falschen Spuren und die Übertreibungen waren unübersehbar, als er die vernehmenden Beamten mal in die eine, mal in die andere Richtung lenkte. Er nutzte jede Unklarheit in der Argumentation der Polizei aus und spielte mit ihren Schwächen; er erfand Szenarien mit einem Komplizen, der angeblich 20 000 Pfund erhalten hatte.

Hätte ich es denn sonst überhaupt tun können? fragte Sams herausfordernd und deutete auf sein künstliches Bein. Er behauptete, daß sein Motorroller sich in dem Austin Metro gar nicht unterbringen ließ und daß er die vielen Banknoten des Lösegelds in der gegebenen Zeit überhaupt nicht hätte zurücklassen können. Den Namen des angeblichen Komplizen wollte er selbstverständlich nicht nennen; es war eindeutig wieder so ein Trick, um Verwirrung zu stiften und die Polizei zur Verzweiflung zu treiben.

Er spielte sogar Spielchen im Spiel, indem er Zahlen auf Papierfetzen kritzelte und dann dafür sorgte, daß die Polizei sie auch fand. Anschließend wurde er dann stundenlang danach befragt, ob diese Zahlen Hinweise auf Landkarten darstellten, die sich auf das vergrabene Lösegeld bezogen. Sams lächelte nur und schwieg.

Als er schließlich zur Polizeistation Millgarth transferiert wurde, waren Bob Taylor und sein Team sich über die ihnen bevorstehenden Schwierigkeiten bei den Verhören im Zusammenhang mit dem Mord an Julie Dart völlig im klaren. Taylor bat mich darum, die Videobänder aus Birmingham zu studieren und zu überlegen, ob ich ihm eine Strategie für Sams' Verhör empfehlen könne. Taylor hatte nur drei Tage, bis er Sams erneut dem Haftrichter vorführen mußte.

Ich fuhr abends hin, aß mit Bob Taylor und dem Vernehmungsteam zusammen in der Polizeikantine und trank aus großen Bechern mit dem Wappen von West Yorkshire unzählige kleine Schlucke Tee. Unser Gespräch wandte sich dem Thema zu, wie groß die Wahrscheinlichkeit sei, daß Sams seinen Mord an Julie gestehen würde.

»Er wird kein Geständnis abgeben«, erklärte ich, »jedenfalls nicht, bevor er für schuldig erklärt worden ist. Er spielt noch immer sein Spiel und hält sich für klüger als Sie.«

Meine Aussage löste keine Überraschung aus. Anschließend setzten wir uns in einem kleinen, stickigen Raum zusammen, der mit Video- und Abhörgeräten sowie sonstiger Technik vollgepfropft war. Irgend jemand schob eine Kassette vom Verhör in Birmingham ein, und Michael Sams flimmerte auf den Schirm. Ich kannte ihn seit langem, doch sein Gesicht sah ich nun zum ersten Mal.

Das Videobild zeigte ihn im Verhörraum; leger saß er da, ohne Jacke im weißen Hemd mit offenem Kragen. Er wirkte weder besonders selbstsicher noch ängstlich. Der Schock über die Verhaftung war ihm noch anzumerken – er hatte geglaubt, daß die Polizei nicht imstande sei, ihn zu fassen, aber das war ein Irrtum gewesen.

Das blasse Gesicht war ziemlich ausdruckslos, doch seine gesamte Körperhaltung entsprach dem Bemühen, Dinge zurückzuhalten, statt sie voll auszubreiten. Er bestritt konsequent, Julie Dart ermordet oder British Rail erpreßt zu haben. Ich erkannte, daß er alles tat, um sich eine geistige Freizone zu schaffen, damit er wieder die Kontrolle über das Spiel gewinnen konnte.

Sams wollte nicht als kaltblütiger, berechnender Killer gesehen werden; er wollte als geistig brillanter und erfolgreicher Ganove gelten, wie Cary Grant in *Über den Dächern von Nizza.* Deshalb gab es für ihn nur eine Möglichkeit, die böse Tat zu erklären, nämlich jemand anderen dafür verantwortlich zu machen.

Den vernehmenden Polizeibeamten bereitete das freilich Schwierigkeiten. Wie sollten sie jemandem entgegentreten, der die Schuld ständig einem Komplizen zu geben versuchte?

»Sie müssen verstehen, daß es sich dabei um eine Fiktion handelt«, erwiderte ich. »Sie können ihm diese Fiktion jedoch getrost lassen, weil Sie auf diese Weise trotzdem alle Einzelheiten herauskriegen werden, die einzig und allein dem Menschen bekannt sein können, der Julie Dart ermordet hat. Wenn Sie diese Einzelheiten wissen, können Sie darangehen, die Komplizentheorie zu demolieren.

Er wird niemals zugeben, daß er lügt. Aber er wird Ihnen unwissentlich alle Details liefern, die Sie brauchen, um ihn vor Gericht zu bringen. Dann können die darüber befinden, woher dieser Mann sein ganzes intimes Wissen hat.«

Ich machte sie darauf aufmerksam, daß Sams das Verhör dadurch unter seine Kontrolle zu bringen versuchen werde, daß er einerseits die Entführung Stephanie Slaters gestehen und Reue zeigen, andererseits aber kategorisch bestreiten werde, irgendetwas mit Julies Ermordung zu tun zu haben. Man müsse ihn bei der Stange halten, aber ohne aggressiv oder wütend zu werden.

»Sams braucht Anerkennung. Er muß den Eindruck gewinnen, daß die Leute auf der anderen Seite des Tisches die Intelligenz besitzen, das Spiel zu begreifen und mitzuspielen. Wenn er glaubt, daß Sie seiner würdig sind, wird er viel offener werden; wenn er das Gefühl hat, daß Sie nicht von sich überzeugt sind oder das Verhör bloß mechanisch, pro forma durchführen, wird er nicht mitmachen.«

Das alles konnte nur bei gründlichster Vorbereitung gelingen. Die Vorbereitung war *der* maßgebliche Einzelfaktor, der entscheiden würde, ob Sams sich selbst überführen würde oder nicht. Die vernehmenden Polizisten bedurften einer gründlichen Kenntnis des Verbrechens und der Ermittlungen; sie durften sich auf das Verhör nicht nur in groben, großen Zügen vorbereiten, sondern mußten die Fragen, die sie dann tatsächlich stellten, aufs genaueste vorher ausarbeiten und für jede seiner wahrscheinlichen Antworten weitere Fragen parat haben und so weiter und so fort. Sie mußten Details sammeln, die ein Netz bildeten, in dem der Verdächtige sich schließlich selbst verstricken würde.

In der Zwischenzeit gingen Spurensicherungs-Experten allen noch offenen Indizienfragen nach. Sie rekonstruierten den Tathergang und drehten Filme, die zeigten, daß sowohl der Motorroller als auch die große Tonne auf Rädern, die zum Transport von Julies Leiche benutzt worden war, in den Kofferraum von Sams' Austin paßten. Außerdem entdeckten sie Farbspuren, die bestätigten, daß sich der Roller tatsächlich in dem Wagen befunden hatte.

Teppichreste an dem Seil, mit dem Julies Leiche verschnürt worden war, paßten zu den Proben des Bodenbelags in Sams' Werkstatt, und umgekehrt waren Fasern des Seils in der Farbe und im mikroskopischen Bild »nicht unterscheidbar« von solchen, die in der Werkstatt gefunden wurden.

Sams hatte seine letzten Briefe an die Polizei und Shipways auf einem Textverarbeitungssystem geschrieben statt auf seiner alten Olivetti-Schreibmaschine. Er hatte die Dateien zwar gelöscht, dabei aber übersehen, daß sie sich aus einem »Zwischenbereich«

des Speichers wieder zurückrufen ließen. Außerdem hatte er versucht, sich für den Tag, an dem Julie verschwunden war, ein Alibi zu verschaffen, indem er behauptete, damals auf einem Rangierbahnhof in der Nähe von Nottingham die Nummern der Lokomotiven notiert zu haben. Zur Bekräftigung führte er Fotos an, die er zu diesem Zeitpunkt gemacht haben wollte, doch ein Vergleich mit den Dienstplänen der Eisenbahn ergab, daß die Züge, die er aufgenommen hatte, am fraglichen Tag überhaupt nicht auf diesem Bahnhof gewesen waren.

Drei Tage nach seiner Überstellung nach Leeds wurde Michael Sams offiziell der Entführung und Ermordung von Julie Dart angeklagt. Ein letztes Rätsel blieb ungelöst: Wo hatte er das Lösegeld versteckt?

9

Am Morgen des 28. Juli 1992 fand ich auf meinem Schreibtisch eine Mitteilung vor: »Paul Britton, bitte Superintendent John Bassett bei Polizeistation Wimbledon anrufen.« Darunter hatte meine Sekretärin Diane geschrieben: »Hat das zu bedeuten, daß ich Ihre morgigen Termine annullieren muß?«

Ich steckte den Zettel in meine Jackentasche und beklagte mein übervolles Leben. Wie sollte ich für eine Reise nach London noch Zeit finden? Da hatte sich doch schon meine Alltagsarbeit beim National Health Service dermaßen angestaut, daß ich sie nur über vier oder fünf Wochenenden abarbeiten könnte. Außerdem hatte ich zwei Gerichtsgutachten für die Staatsanwaltschaft fertigzustellen, ein Rechtsanwalt wartete auf das psychologische Gutachten über einen Klienten, und eine überaus verstörte junge Frau brauchte dringend Behandlung.

›Wenn du etwas erledigt haben möchtest, dann vertrau es einem vielbeschäftigten Mann an‹, sagt der Volksmund. Ich mußte versuchen, irgendwie noch ein paar Stunden aus meinen Tagen herauszuquetschen.

Was mir auf Anhieb an John Bassett auffiel, waren seine leise, ruhige Stimme und sein freundlicher Gesichtsausdruck. Sein Haar war schon vor langer Zeit silbern geworden, und einzig die buschigen Augenbrauen waren noch schwarz. Typischerweise trug er einen dunklen Anzug und ein schlichtes weißes Hemd mit einer breiten geblümten Krawatte, die aussah, als er hätte er sie möglicherweise als Geschenk zum Vatertag bekommen.

Die Einsatzzentrale der Polizei von Wimbledon war kaum größer als ein durchschnittliches Wohnzimmer und war vollgestopft mit Telexgeräten, Telefonen und Computerterminals. An den Wänden hingen weiße Schautafeln mit den Namen der Ermittlungsbeamten und Computercodes, die anzeigten, welchen Spuren nachgegangen wurde. Unweit davon hing eine Karte mit der bildlichen Darstellung des Wimbledon-Common-Parks, die mit gelben Klebzetteln übersät war.

Bei Mordermittlungen sind normalerweise die ersten 72 Stunden entscheidend; falls der Täter aber ein Fremder oder die Planung besonders kompliziert ist, wird die Fahndung unweigerlich schwieriger. In diesem Fall dauerte sie bereits dreizehn Tage an, doch in dem Raum war noch eine erstaunlich starkes Engagement zu spüren. Schmutzige Kaffeetassen, volle Aschenbecher und Verpackungen von Sandwiches aus der Imbißbude um die Ecke machten sich den Platz streitig. Hier schien es niemanden nach Hause zu drängen.

Bassett begleitete mich über einen Flur. Er blieb gerade stehen, um sich eine Tasse Tee mitzunehmen, als hinter ihm Detective Chief Inspector Mick Wickerson auftauchte. Wickerson war jünger und sein Gesicht weniger von Sorgen gekennzeichnet. Er hatte zu den ersten Polizisten gehört, die den Tatort erreichten, und würde ihn so schnell nicht wieder vergessen. Es gibt Leichen, deren Anblick sich für immer ins Gedächtnis brennt.

John Bassett stellte seine Tasse ab und lehnte sich an einen Schreibtisch. Wickerson nahm auf einem Stuhl am Fenster Platz.

»Das Opfer war eine 23jährige Frau namens Rachel Nickell«, sagte Bassett, während er mit seiner Krawatte herumspielte. »Ein außergewöhnlich schönes Mädchen, das auf fürchterliche Weise ermordet wurde. Eine solche Reaktion der Öffentlichkeit wie diesmal habe ich noch nie erlebt. Ich bin überrascht, daß Sie nichts darüber gelesen haben.

Rachel wohnte mit ihrem Freund André Hanscombe zusammen in einer Dreizimmerwohnung in Elmfield Mansions, Balham. Er arbeitet als Motorradkurier in der Londoner City und fuhr am Mittwoch, den 15. Juli um 8.30 Uhr zur Arbeit.

Rachel verließ die Wohnung eine Viertelstunde später für einen Spaziergang mit Sohn Alex und Hund im Wimbledon Common.« Er schaute Wickerson an. »Wie alt ist der Kleine?«

»Kaum zwei Jahre.«

Bassett schob eine Landkarte über den Tisch. »Die Allmende besteht aus rund tausend Morgen Wiesen und Wald. Sie ist ein öffentlicher Park, wo man spazierengeht, Golf spielt, Picknicks macht, reitet und so weiter.«

»Sie war eine attraktive Frau«, sagte Bassett nachdenklich, fast wie im Selbstgespräch. »Sie benützte Wimbledon Common erst seit kurzem für ihre Spaziergänge, weil sie auf Clapham Common und in Tooting Bec, die näher lagen, von Männern belästigt worden war. Sie dachte, daß Wimbledon sicherer wäre.« Die Ironie in seiner Stimme war unüberhörbar. »Sie ging dort etwa viermal wöchentlich hin, damit Alex an der frischen Luft spielen konnte und der Hund Bewegung hatte. Sie trug an dem fraglichen Morgen Jeans, ein graues T-Shirt und braune Schuhe.«

Er deutete mit einem Schreibstift auf eine Windmühle am Ostrand des Parks. »Hier hatte sie ihren silberfarbenen Volvo kurz vor 10 Uhr geparkt. Von einem bestimmten Punkt an ist sie auf diesem Weg entlanggegangen. Es gibt einen Zeugen, der Rachel und Alex um genau 10.20 Uhr zwischen dem Parkplatz und Windmill Wood gesehen hat. Dort hat dann der Angriff stattgefunden – rund 450 Meter vom Parkplatz entfernt, an der Stelle, wo der Weg durch ein leicht bewaldetes Gebiet führt. Nicht, daß er dort wirklich im Verborgenen verläuft, doch von weitem ist er nicht zu sehen.

Die Leiche wurde ungefähr vier Meter abseits des Parks aufgefunden ...«

Mick Wickerson unterbrach. »Er ist Amok gelaufen ... er muß geglaubt haben, ihr fast den Kopf abgeschlagen zu haben. Was ist das für ein ...?« Er sprach den Satz nicht zu Ende.

Bassett betrachtete die Fotos. »Wie Sie sehen, hat er keinen Versuch unternommen, die Leiche zu verstecken. Sie wurde vom nächsten Spaziergänger entdeckt, der den Weg entlangkam.«

»Und was ist mit dem kleinen Jungen?«

»Er wurde nicht verletzt«, erwiderte Bassett, »aber wir vermuten, daß er den Angriff miterlebt hat. Er hat praktisch nicht mehr gesprochen, seit er um 10.35 Uhr entdeckt wurde. Er versuchte gerade, seine Mutter aufzuwecken.«

»Er wird Hilfe brauchen«, sagte ich.

»Ja. Bekommt er schon.«

Mir wurde ein Ringheft mit Fotos über den Tisch geschoben. Die Farbabzüge bildeten eine Serie von Weitwinkelaufnahmen, die mit Fotos vom Wäldchen aus größerer Entfernung begannen. Rachels Leiche war da kaum zu sehen – nur als ein Tupfen von Weiß zwischen den Bäumen; es hätte auch eine weggeworfene Tragetasche sein können.

Schließlich rückte das Objektiv ganz dicht heran und zeigte sie aus jedem nur erdenklichen Winkel – eine Methode, die keinerlei

Würde oder Intimsphäre respektieren konnte. Rachel Nickell wurde tot und nackt von der Kamera eingefangen. Ganz gleich, was dann später unternommen wurde, um ihre Würde wiederherzustellen – während der nächsten Tage oder Woche war sie bei den Ermittlungen das wichtigste Beweisstück.

Ich war mit dem Verfahren vertraut. Da wurde jeder Quadratzentimeter fotografiert, abgekratzt oder aufgeschnitten. Körperflüssigkeiten, Dreck unter den Nägeln, Schamhaare wurden in Plastik oder Glas versiegelt und dann in der Beweiskette von Hand zu Hand weitergereicht, vom Pathologen zum Labor zur Staatsanwaltschaft zum Gericht und zur Geschworenenbank. Ein gewaltsamer Tod wird zu einem extrem öffentlichen Ereignis.

»Was ist das?« Ich deutete auf eine Nahaufnahme von Rachels Gesicht. Auf ihrer rechten Schläfe lag ein gefaltetes Stückchen Papier.

»Ich hatte gehofft, das von Ihnen zu erfahren«, sagte Bassett. »Es ist eine Bankmitteilung mit der Geheimnummer für Rachels Konto. Sie hat sie möglicherweise bei sich getragen; nur ist uns schleierhaft, wie sie ausgerechnet dort gelandet ist. Wir haben keine Ahnung, was es zu bedeuten hat.«

Es war kein Sinn darin zu erkennen. Auch wenn das Stückchen Papier während des Kampfes aus Rachels Jeans gefallen sein sollte – wie war es auf ihr Gesicht gekommen? Daß es rein zufällig dorthin geflattert war, schien fast unmöglich; dafür war der Angriff zu rasch und brutal erfolgt. Dahinter mußte Absicht stecken. Aber welche und warum?

»Die Spurensicherung hat nichts gefunden, was dem Labor weiterhelfen könnte«, erklärte Bassett. »Kein Blut, kein Sperma, keinen Speichel, kein Haar ... gar nichts. Wahrscheinlich war die Mordwaffe ein Messer mit einseitiger Schneide und einem Handgriff aus Messing, das in einer Scheide steckte. Wir haben es nicht gefunden.«

»Das heißt, er hat keine Spuren von sich hinterlassen?«

Darauf antwortete Wickerson. »Es gab einen Schuhabdruck in dem Matsch, der wichtig sein könnte; außerdem einige interessante Zeugenaussagen. Zur Tatzeit haben sich ungefähr hundert Personen in der weiteren Umgebung aufgehalten. Wir sind dabei, alle zu überprüfen. Bisher haben wir die Aussagen von zwei Leuten, die sich erinnern, einen Mann gesehen zu haben, der sich ungefähr fünfzig Meter vom Tatort entfernt die Hände in einem Bach wusch.«

»Erzählen Sie mir von ihm?«

»Es war am Curling Pond«, sagte er und zeigte auf die Karte. »Der Mann ist zwischen zwanzig und dreißig Jahre alt, vielleicht 1,75 Meter groß, hat kurzes braunes Haar...«

Ich schnitt ihm das Wort ab. »Ersparen Sie sich die Körpermerkmale, die gehören in Ihr Ressort. Ich möchte wissen, was für einen Eindruck er machte. Ist er gerannt? Hatte er Angst? Wirkte er besorgt?«

»Aufgeregt, würde ich sagen«, erwiderte Bassett. »Er trug eine Tasche und wusch sich die Hände. Ein anderer Zeuge hat einen Mann zu einer Sozialbausiedlung in Norstead Place in Wandsworth laufen sehen. Seine Personenbeschreibung deckt sich nicht mit der ersten – vielleicht war es ein Jogger.«

»Erzählen Sie mir etwas über die Fußabdrücke?«

»Wir haben nur einen Abdruck auf dem Weg abgenommen«, sagte Wickerson.

»Haben Sie Abdrücke, die zu Rachel oder Alex passen?«

»Nein.«

»Und anderswo? Auf der Wiese? Gibt es Fußspuren, die von dem Fußweg bis zur Leiche führen? Spuren, die auf den Fotos nicht zu erkennen sind?«

Wickerson schüttelte den Kopf.

»O.K. Sie sagten vorhin, Alex sei nicht verletzt worden. Keine Prellungen oder Kratzer...«

»Er war völlig verdreckt. Wir glauben, daß er vielleicht zu Boden gestoßen wurde.«

Ich blätterte durch die Obduktionsunterlagen.

»Der Sauhund hat uns nicht mal 'nen Furz hinterlassen!« schimpfte Bassett.

»Totale Fehlanzeige!« sekundierte sein Kollege.

Ich verstand ihr Dilemma. Sie hatten es mit einem Mörder zu tun, der ihnen kaum Spuren, dafür aber ein Verbrechen hinterlassen hatte, das die Bevölkerung empörte. Die Zeitungsberichte waren mit Detailangaben überladen und entsprachen keineswegs immer den Tatsachen. Frauen fürchteten sich vor Wimbledon Common und anderen Parks – und das in solchem Maße, daß ein örtlicher Frauenverein zur Unterstützung der Ermittlungen tatsächlich eine Spende von 400 000 Pfund angeboten hatte. Das

Geld hätte sich als nützlich erweisen können, aber die Polizei mußte es selbstverständlich ablehnen.

Das Ermittlungsteam hatte sich jedoch die Unterstützung von H.O.L.M.E.S. gesichert – das Home Office Large Major Enquiry System war ein Computerprogramm zum Klassifizieren, Speichern und Querverweis-Durchchecken der Zehntausende von Informationen, die bei einer solchen Ermittlung gesammelt werden. Das System war erst seit 1987 verfügbar, als die Jagd nach dem »Yorkshire-Ripper« die Gefahr offengelegt hatte, daß wichtige Informationen unter Bergen von Papierkram verschüttgehen. Es war klar, daß dieser Frauenmörder – Peter Sutcliffe – sehr viel früher starken Verdacht erregt hätte, wenn es ein Computersystem gegeben haben würde, das die zahlreichen Punkte aufzeigte, wo sein Name im Zusammenhang mit den Mordfällen auftauchte.

»Erzählen Sie mir von Wimbledon Common?« bat ich Bassett.

»Was soll ich da sagen? Wir haben Fälle von Exhibitionismus und Belästigung, aber nichts von dieser Art... bislang nicht. Wir überprüfen die üblichen Kategorien von Straftaten – sexuelle Übergriffe, Voyeurismus, Entblößungen. Außerdem sämtliche sonstige Beschwerden über Vorfälle im Park sowie alle Sittlichkeitsverbrecher, die den Park für frühere Straftaten benutzt haben und eventuell vor kurzem aus dem Gefängnis entlassen wurden.«

»Was ist mit der Umgebung?«

Wickerson hob eine Augenbraue.

»Ich brauche so viele Detailinformationen wie nur möglich – nicht nur über den Park selbst, über die ganze Region. Erkundigen Sie sich nach merkwürdigen Vorfällen oder ausgefallenen Beschwerden.«

»Machen wir«, versprach Bassett.

In der darauffolgenden Stunde ließ ich mir über den bisherigen Verlauf der Ermittlungen berichten und sammelte Kopien von Zeugenaussagen, Fotos, dem Obduktionsbericht, Landkarten und einem Heimvideo von Rachel ein. Damit würde ich mich später befassen. John Bassett war ganz offensichtlich vom Konzept des psychologischen Täterprofils fasziniert. Wie ich dann erfuhr, ging sein Interesse auf einen früheren Fall zurück, bei dem er die Suche nach einem aus dem Londoner St. Thomas' Hospital entführten Baby geleitet hatte. Er hatte den Schluß gezogen, daß der

Entführer in irgendeiner Verbindung – über eine Krankenschwester oder einen ambulanten Patienten – zum Krankenhaus stehen müsse, und diese Annahme hatte sich als korrekt erwiesen: Das Baby war gesund und wohlbehalten wiedergefunden worden.

Das war einer seiner erfreulicheren Fälle. Obschon er über drei Jahrzehnte hinweg Dutzende von Ermittlungen durchgeführt hatte, waren nur wenige Verbrechen so brutal gewesen wie der Mord an Rachel Nickell. Bassett, der jetzt ein Jahr vor seiner Pensionierung stand, wollte diesen Fall unbedingt abschließen. Er hatte keine Beförderungen mehr zu erwarten, es ging ihm nicht darum, Punkte zu sammeln – er wollte ganz einfach einem Mörder das Handwerk legen.

Er räusperte sich. »Ich bin stets optimistisch, Paul, aber diesmal muß ich den Täter unter 17,5 Millionen potentiell Verdächtigen finden – verdächtig sind alle männlichen Personen über zwölf. Wir müssen das Feld einengen.«

»In Ordnung«, sagte ich. »Da muß ich zunächst einmal alles über Rachel selbst wissen, was sich in Erfahrung bringen läßt. Was für ein Mensch war sie? War sie berufstätig? Wie sah ihr Alltagsleben aus? War sie welterfahren und scharfsichtig, oder war sie naiv? Würde sie eher zurückhaltend sein, wenn ein Fremder auf sie zukam, oder lächeln und Augenkontakt herstellen? Hätte sie im Falle einer Bedrohung oder eines Angriffs Widerstand geübt? War sie aggressiv, und neigte sie dazu, Leute zu verspotten? Was für Beziehungen unterhielt sie? Hatte sie andere Freunde oder Liebhaber? Hatten frühere Liebesgeschichten ein böses Ende genommen? Hatte sie je als Prostituierte gearbeitet, oder war sie promiskuitiv ...?«

Das waren Routinefragen.

»Sie war eine schöne Frau«, sagte Bassett etwas defensiv.

»Was sollen die Fragen?« sagte Wickerson. »Sie ist tot. Liefern uns die bereits vorliegenden Aussagen nicht genug an Informationen?«

»Nein. Ich muß Rachel so gut kennenlernen, als ob sie mir gegenübersäße. Was würde sie zu der Frage sagen? Was würde sie dazu denken? Wie würde sie in bestimmten vorgegebenen Situationen reagieren? Erst wenn ich sie kenne, kann ich im Wissen über ihren Mörder einen Schritt weiterkommen.

Nehmen wir zum Beispiel eine junge Frau, die dazu neigt, sexuell zu provozieren – nicht absichtlich, sondern unwissentlich. Da könnte sie aufgrund ihrer Erscheinung und ihrer Eigenarten sexuell Aufmerksamkeit erregen. Das mag ihr ein angenehmes Gefühl vermitteln, so daß sie beim Vorübergehen eines unbekannten Mannes, der sich für sie interessiert, anfängt zu kichern und ihn grüßt. Die Situation kann völlig anders ausgehen, wenn diese junge Frau zurückhaltend ist und alles tut, um keine Aufmerksamkeit zu erregen und jeden Kontakt zu vermeiden.

Frauen sind in unterschiedlichem Grade gefährdet. War Rachel ein Opfer mit hohem oder niedrigem Risikopotential? Wenn ich das weiß, habe ich einen ersten Hinweis, wie wählerisch der Mörder war, als er sich sie ausgesucht hat.«

»Diese Fragen können wir nicht beantworten«, sagte Bassett.

»Dann schicken Sie bitte jemanden los, der mit ihren Verwandten und Freundinnen spricht – vor allem mit ihren Eltern und ihrem Freund. Vergessen Sie nicht deren Vorurteile; alles Negative werden sie verdrängt haben. Ich möchte aber *alles* über sie erfahren, und das so genau wie möglich – ausschlaggebend sind die Details.«

»Machen Sie uns eine Liste mit den Fragen«, sagte Bassett. »Ich werde Ihnen die Antworten beschaffen.«

Draußen flimmerte die Hitze auf Beton und Asphalt. Die Fußgänger bewegten sich langsam durch Auspuffgase und die gebrochenen Schatten der Ladenmarkisen. Die Mordkommission hatte mir einen Wagen mit Chauffeur zur Verfügung gestellt – einen jungen Polizisten, der mir einige Wahrzeichen des Orts erklärte, während wir uns durch den trägen frühnachmittäglichen Verkehr voranschoben.

Als wir auf den Parkplatz hinter der Windmühle einbogen, die durch Baden Powell, den Gründer der Pfadfinderbewegung, berühmt geworden war, blickte ich über die hügeligen Wiesen und den Laubwald. Mick Wickerson übernahm die Führung. Ich hatte mir die Jacke über die Schulter geworfen und folgte ihm über einen Feldweg, der von der Hitze ausgedörrt war. Am Morgen des Mordtages war er schlammig gewesen. Wir schlurften einen flachen Abhang hinunter und kamen über eine Wiese, wo jedes Klümpchen und Loch von der Polizei untersucht worden war.

Als ich in den Schatten einer abgesperrten Waldlichtung trat, fiel mir sofort auf, daß bewußt eine falsche Fährte gelegt worden war. Die Polizei hatte den Tatort etwas dreißig Meter vom wahren entfernt verlegt, um die Presse und die trauernde Bevölkerung auf Distanz zu halten. Abgesehen von den Blumenkränzen und Kärtchen am Fuß eines nahen Baums kam man sich hier, im Halbschatten und bei einer leichten Brise, wie auf einem idealen Fleck zum Picknicken vor.

Man fühlte sich auf der Lichtung wie in einem kühlen Festzelt im eingezäunten Garten; es war hier viel isolierter und abgelegener, als ich auf Grund der Fotos erwartet hatte. Sie würde nie mehr so sein wie am Morgen des Mordes – während der Suche war Unterholz gelichtet und zusammen mit Laubwerk und abgefallenen Blättern fortgeschafft worden. Deshalb waren natürlich die Tatortaufnahmen von entscheidender Bedeutung; sie lieferten das bleibende Bild der Szene.

Ein kleiner, grasbewachsener Hügel mit Ausblick über das Umland lag näher, als ich angenommen hatte. Ich wußte nicht, ob das eine wichtiger Erkenntnis war; auf jeden Fall war der Hügel aber eine ideale Stelle, um dazusitzen, zu warten und jemanden zu beobachten, der über den Fußweg in die Waldlichtung hineinging.

Mick Wickerson machte mich auf verschiedenes aufmerksam; er zeigte mir die Stelle, wo das T-Shirt des kleinen Jungen und die Fußspur gefunden worden waren. Ich ging mehrmals zu dem Bach hinunter, wo ein Mann beim Händewaschen beobachtet worden war. Wie lange würde es dauern, bis sich jemand unter den Bäumen verlor? fragte ich mich, während ich den Polizeibeamten zuschaute, die sich durch die Lichtung bewegten.

Ich suchte die Stelle nach den Möglichkeiten ab, die sie bot; überlegte, wo Bäume und Büsche Deckung oder Gelegenheit zum Beobachten boten. Ich suchte zu verstehen, inwieweit sie, je nach Szenario, ein geeigneter oder ungeeigneter Schauplatz sein könnte – für ein unschuldiges Pärchen, das ungestört allein sein wollte, für einen Voyeur oder für jemanden, der sich heranpirschen, eine Frau vergewaltigen oder ermorden wollte. Was ich – noch – nicht vermochte: sie mit den Augen des Mörders und einer erschreckten jungen Frau zu sehen, die ihrem Tod entgegenblickte.

Auf der Heimfahrt hörte ich die Radio-4-Nachrichten, die sich hauptsächlich mit dem britischen Königshaus und dem Prozeß beschäftigten, bei dem die Journalistin Jani Allan einen Fernsehsender verklagte, der ihr eine Affäre mit dem südafrikanischen Neonaziführer Eugene Terre Blanche nachgesagt hatte.

Rachel wurde nicht einmal erwähnt. In den Zeitungen waren Neuigkeiten über ihre Ermordung auf die letzten Nachrichtenseiten verdrängt worden; vergessen war der Mord aber keineswegs. Selten hatte ein Verbrechen ein so starkes öffentliches Interesse geweckt. Eine Woche vorher war eine andere junge Frau namens Katie Ratcliffe im Hampshire erstochen worden. Zwei Frauen, zwei Erstechungen – doch die eine machte Schlagzeilen, und die andere hatte kaum Erwähnung gefunden.

Ich fand das verständlich. Rachel war bei hellem Tageslicht angegriffen worden, in einem öffentlichen Park, wo Tag für Tag Hunderte von Frauen und Kindern spazierengingen. Einziger Augenzeuge war ein unschuldiges Kind, das die seelischen Wunden wahrscheinlich sein Leben lang behalten würde. Weniger offenkundig, aber doch wirksam waren die Video-Aufnahmen, die eine freundlich lächelnde oder lachende Rachel beim Spielen mit ihrem Baby zeigten. Dadurch trat sie auf eine viel lebendigere Weise ins Bewußtsein der Menschen, als es durch ein Porträtfoto in einer Zeitung möglich gewesen wäre.

Es gab da noch etwas, das diesen Mord zu einem ganz außergewöhnlichen Verbrechen machte. Das begriff ich in dem Moment, als ich hörte, wo Rachel gestorben war. Wimbledon Common stellt im Herzen und Bewußtsein von Müttern und Kindern etwas Besonderes dar. Es ist die Heimat der Wombles. Diese lieben, fiktiven Geschöpfe aus Büchern und Fernsehverfilmungen haben den Park für Tausende von jungen und alten Menschen zu einem Symbol der Kindheit werden lassen. Rachels Mörder hatte nicht einfach eine junge Mutter umgebracht; er hatte ein für allemal die Heimat der Wombles zerstört; er hatte ein Teil von unser aller Kindheit geschändet.

Ich dachte über den kleinen Alex nach. Obwohl kaum zwei Jahre alt, würde er keine traumatische Totalamnesie erleiden, die seinen Schmerz in den Schleier des Vergessens hüllte. Ihm würden die Schreie und das plötzliche Schweigen seiner Mutter stets in Erinnerung bleiben, doch ob er jemals in der Lage sein würde, sich das alles bis zum Ende zu vergegenwärtigen und es in Worte zu fassen, stand auf einem anderen Blatt. Wer versuchte, es aus ihm herauszuholen, würde riskieren, seinem ohnehin labilen Bewußtsein weiteren Schaden zuzufügen.

Daß er nicht getötet oder verletzt worden war, bedeutete ein wichtiges Indiz. Aus dieser Tatsache war zu schließen, daß der Angriff ganz speziell Rachel gegolten hatte.

Da gab es jedoch andere, quälende Fragen. Was hatte das auf Rachels Schläfe liegende Stück Papier zu bedeuten? Warum war es dorthin gelegt worden? Und von wem? Hatte Rachel den Zettel bei sich getragen? Oder hatte ihn der Mörder mitgebracht? War es als eine Art Visitenkarte zurückgelassen worden? Als Scherz? Oder standen dahinter die Zwänge irgendeines Rituals? Das Ganze ergab einfach keinen Sinn.

Die größte Unbekannte war jedoch die Frage, ob wir es mit einem Wiederholungstäter zu tun hatten, der erneut zuschlagen würde. Die Wahrscheinlichkeit dafür war hoch. Selbst ohne detaillierte Analyse sah das Ganze weder nach einem verschleierten Mord im Familienkreis, noch nach einem außer Kontrolle geratenen Streit aus, und ein einmaliger Vorfall aufgrund einer psychotischen Störung, die sich nicht wiederholen würde, schien es auch nicht zu sein.

Im schlimmsten Fall hatten wir es mit einem gewalttätigen Sexualpsychopathen zu tun. Aber wie sah der Zyklus aus, nach dem er tätig wurde? Ein Jahr, ein Monat, ein Tag? Die Zeit verstrich, und wir mußten ihn fassen, bevor er erneut zuschlug.

Bis John Bassett die Antworten auf meine Fragen zu Rachel fand, blieb mir kaum mehr als zu warten. In der Zwischenzeit hatte ich vor Gericht in einem Fall auszusagen, bei dem eine junge Frau behauptete, in einem Wohnheim in Derby einer Reihe von sexuellen Übergriffen ausgesetzt gewesen zu sein.

Der betreffende Angestellte des Wohnheims war festgenommen, verhört und unter Anklage gestellt worden; zu seiner Verteidigung führt er als Hauptargument an, daß die 28jährige Shirley wegen einer starken geistigen Behinderung unfähig sei, vor Gericht auszusagen, und daß deshalb ein Prozeß auch nicht stattfinden könne. Ihre Eltern und das Personal des Wohnheims waren empört – sie konnten nicht akzeptieren, daß eine junge Frau, nur weil sie geistig behindert war, kein Recht haben sollte, Anklage zu erheben, daß sie vergewaltigt worden sei. Wenn dem so wäre, wandten sie ein, würde es geistig behinderte Frauen praktisch zum Freiwild für Sexualtäter machen, weil die dann wüßten, daß sie rechtlich ohnehin nicht belangt werden könnten. Man hatte sich mit der Bitte um Unterstützung an die örtliche Wahlkreisabgeordnete Edwin Currie gewandt.

Schließlich nahm die Polizei im Auftrag der Staatsanwaltschaft Kontakt mit mir auf. Ich sollte Shirley untersuchen und das Gericht über ihre Verhandlungsfähigkeit unterrichten. Dazu hatte ich drei Fragen zu beantworten: Konnte sie Recht und Unrecht unterscheiden? Hatte sie einen Begriff von Gott? (Man würde sie ja auffordern müssen, einen Eid abzulegen.) Und war sie imstande, ein Gerichtsverfahren zu verfolgen und ihren Anwalt zu instruieren?

Meine persönliche Auffassung ging dahin, daß, wie immer die Beweislage sein mochte, kein Prozeß stattfinden könnte, falls eine der drei Fragen verneint werden mußte. Es war jedoch nicht meine Aufgabe, Shirley für verhandlungsfähig zu erklären; meine Aufgabe bestand darin, den Gerichtshof zu beraten und entgegen allem Druck seitens ihrer Familie und ihrer Freunde völlig objektiv zu sein.

Die Sache erwies sich als ungemein schwierig. Zum einen wünschten die Eltern Shirley während meiner Untersuchung zu unterstützen; das widersprach jedoch meiner Arbeitsweise. Zum anderen bestand angesichts der immensen allgemeinen Wut und Empörung ein echtes Risiko, daß Shirleys Wissen von dem, was möglicherweise geschehen oder nicht geschehen war, durch andere Menschen abgeändert wurde.

Ich setzte mich mit Shirley in ein Zimmer des Wohnheims, weil ihr diese Umgebung vertraut war. Sie saß nervös und gereizt auf der Stuhlkante; ihre Hände flatterten wie Vögel im Käfig.

»Ich will meine Mutter«, sagte sie unter Tränen.

»Sie ist gar nicht weit. Sie wird ganz bald zurück sein. Ich möchte nur mit dir reden. Ich werde dir nicht weh tun.«

»Ich habe nichts getan. Ich habe nichts Verkehrtes getan.«

»Ich sage doch gar nicht, daß du etwas Unrechtes getan hast, Shirley.«

Sie war furchtsam und abweisend – eine häufige Reaktion bei Personen mit Verständnisschwierigkeiten, wenn in ihrem Umkreis etwas nicht stimmt. Sie haben das Gefühl, daß sie beschuldigt und kritisiert werden.

Ich mußte Shirley mit voller Aufmerksamkeit und Geduld begegnen und eine Atmosphäre erzeugen, in der es kein Zeitbewußtsein gab, ungeachtet der Arbeit, sie sich auf meinem Schreibtisch häufte, oder der Tatsache, daß daheim die Abflußrohre verstopft waren – in diesem Moment zählte einzig und allein diese junge Frau, die, so wie die Dinge nun einmal lagen, nie eine besondere Priorität gehabt hatte. Seien wir ehrlich: Die angebliche Vergewaltigung einer stark behinderten 28jährigen Frau sorgt in der überregionalen Presse oder in den Fernsehnachrichten nicht für Schlagzeilen. Es hätte völlig anders ausgesehen, wenn sie die lokale Schönheitskönigin gewesen wäre.

Shirleys geistige Behinderung war derart, daß ich eine besondere, ihr zugängliche verbale Kommunikation aufbauen mußte, damit sie in die Lage versetzt wurde zu verstehen und zurechtzukommen. Andererseits hatten meine Fragen aber im Ton absolut neutral und frei von Suggestion zu bleiben. Ich konnte die Antworten nur finden, wenn ihre Erinnerung an das, was vorgefallen war, unbeeinflußt blieb.

Vor allem aber mußte ich geistig für alles offen sein. Andernfalls hätte ich mir die ganze Anstrengung ersparen können.

Als Shirley sich ein wenig entspannt hatte, versuchte ich herauszufinden, ob sie eine Vorstellung von Gott hatte. Es kam darauf an, die Fragen richtig zu stellen. So durfte ich sie beispielsweise nicht einfach fragen: »Wer ist Gott?« weil das bereits suggeriert hätte, daß Gott so etwas wie ein Person ist.

»Erzähl mir bitte von Gott«, sagte ich.

»Gott lebt im Himmel«, sagte Shirley.

(Sie verstand also, daß der Himmel ein Ort und Gott ein lebendiges Wesen ist.)

»Wo ist der Himmel?«

»Dort, wo du hinkommst, wenn du stirbst.«

»Kommen alle Menschen in den Himmel?«

»Meine Oma ist in den Himmel gekommen. Sie war nicht böse.«

(Woraus folgt, daß man nicht in den Himmel kommt, wenn man böse ist.)

»Wie kann Gott wissen, ob du in den Himmel kommen sollst?«

»Er kann dich immer sehen. Er weiß, was du tust.«

(Sie hatte einen Begriff von Gott als Wesen, das das individuelle Verhalten der Menschen wahrnimmt.)

»Hör zu, Shirley, ich muß dem Richter sagen, ob du weißt, was recht und unrecht ist.«

Schweigen.

»Sag mir, was das heißt: etwas recht machen.«

»Ich bin nicht unartig.«

Die Fragen waren für sie zu abstrakt. Sie war nicht in der Lage, den Unterschied zwischen Recht und Unrecht zu definieren. Ich fing noch einmal von vorn an, vorsichtig, mit Hilfe von konkreten Beispielen.

»Hast du eine Handtasche?«

»Ja.«

»Wenn du sie dir nehmen würdest – wäre es das unrecht?«

»Das ist nicht unrecht.«

»Und was wäre, wenn jemand anderer deine Tasche nehmen würde?«

»Ja, das ist unrecht. Es ist meine Tasche. Es ist nicht recht, wenn man sie mir wegnimmt.«

»Was wäre, wenn du die Tasche von jemand anderem nehmen würdest?«

»Das ist nicht recht. Es ist nicht meine Tasche. Ich bin aber nicht böse. Ich habe niemandem die Tasche weggenommen.«

Es war eindeutig: Shirley hatte eine schlichte, aber echte Vorstellung von Gut und Böse. Es war ebenso klar, daß sie große Angst hatte und sich fürchtete, getadelt zu werden.

Im Zeugenstand der Queen Elisabeth II Law Courts in Birmingham teilte ich dem Richter und den Geschworenen mit, daß Shirley der Verhandlung zu folgen vermöge, allerdings nur unter der Bedingung, daß das Gericht bereit sei, gewisse Rücksichten auf sie zu nehmen. Die Anwälte müßten ihre Verletzlichkeit zur Kenntnis nehmen und sie in einem Ton ansprechen, der ihre Angst nicht noch vergrößerte. Außerdem würde sie nicht mitkommen, wenn die Anwälte mit der gewohnten Schnelligkeit und dem üblichen Vokabular sprächen; sie würden langsamer sprechen und einfache Worte benutzen müssen.

Shirley könne durchaus ins Kreuzverhör genommen werden, sofern sie nicht tyrannisiert oder eingeschüchtert werde. Das hieße keineswegs, daß ihre Aussagen nicht in Frage gestellt werden dürften; falls die Anwälte sie aber, wie sie es bei Zeugen manchmal zu tun pflegten, barsch anfaßten, so werde Shirley dem nicht gewachsen sein und möglicherweise psychischen Schaden nehmen.

Sie besitze eine hinlängliche Vorstellung von Gott, erklärte ich, die jedoch sehr schlicht gestrickt sei. Und sie verstehe, wie wichtig es ist, die Wahrheit zu sagen, obwohl ihr Verständnis von Recht und Unrecht eher auf konkreten Beispielen als auf abstrakten Definitionen basiere. Falls das Gericht auf höheren moralischen Kriterien bestehe, so müsse sie als nicht verhandlungsfähig betrachtet werden.

Der Richter befand trotz Widerspruchs der Verteidigung im Sinne der Staatsanwaltschaft. Da Shirley vom Gericht für verhandlungsfähig befunden wurde, durften materielle Beweismittel vorgebracht werden, darunter auch DNS-Tests, die bewiesen, daß in Shirleys Zimmer entdecktes Sperma von dem Angeklagten stammte. Er wurde der Notzucht für schuldig befunden und zu drei Jahren Gefängnis verurteilt.

Als John Bassett das nächstemal anrief, hatte er fast alle Erkenntnisse zu Rachel, die ich benötigte. Ich machte mir Notizen. Anschließend verbrachte ich längere Zeit mit dem gründlichen Betrachten der Fotos, die von ihr während eines Urlaubs an der Küste gemacht worden waren – Fotos, auf denen sie lachte und ihr langes, blondes Haar, in dem sich der Wind gefangen hatte, nach hinten warf.

Es gab überhaupt keinen Zweifel, daß Rachel ein natürliches sicheres Auftreten, Selbstbewußtsein und Charme besessen hatte. Sie war ungemein fotogen, ein ehemaliges Teilzeitmodel und sportbegeistert gewesen, mit einer besonderen Vorliebe für Tennis, Schwimmen und Wandern. Sie hatte ihr Universitätsstudium abgebrochen und sich voll auf ihr Baby und ihre Beziehung mit Andrew Hanscombe konzentriert.

Die beiden hatten sich in seiner Zeit als Bademeister in Richmond im südwestlichen London kennengelernt, sich binnen weniger Monate verliebt und eine gemeinsame Wohnung gemietet. Ein Jahr später war Alex geboren. Andrew – ein begabter, halbprofessioneller Tennisspieler – nahm einen Job als Motorradkurier an, um mehr Geld zu verdienen und seine neue Familie ernähren zu können.

Rachel war hochgewachsen, elegant, attraktiv, aber nicht sexuell provozierend. Sie prahlte nicht mit ihrer Schönheit. Obwohl sie sich ihrer Unwiderstehlichkeit durchaus bewußt schien, war ihr nach meinem Dafürhalten die volle Wirkung ihrer äußeren Erscheinung auf andere möglicherweise nicht ganz klar gewesen.

Es war etwas, das ich zunächst selbst nicht richtig einschätzte, als ich sie im Zustand des Todes sah; da war ihre persönliche Aura ausgelöscht. Als ich dann die Ferienfotos und die Videos sah, begann ich langsam zu begreifen, warum sie andere Menschen so sehr bezaubert hatte.

Nach einem leichten Abendessen knipste ich die Schreibtischlampe in meinem Arbeitszimmer an und breitete die Zeugenaussagen, Fotos, den Obduktionsbericht und Landkarten auf dem Schreibtisch und dem Fußboden aus. Ich habe ein recht kleines Arbeitszimmer. An einer Wand reichen die hölzernen Bücherregale fast bis an die Decke; in ihnen herrscht ein ziemliches Durcheinander, eine scheinbare Unordnung, doch ich finde alles, was ich brauche, vorausgesetzt, daß niemand aufzuräumen versucht. An der gegenüberliegenden Wand stehen mehrere Aktenschränke voller Fallunterlagen und Forschungsnotizen; obenauf stapeln sich die Nummern des *British Journal of Clinical Psychology.*

Ich schloß die Augen. Ich versuchte, auf die schöne Waldlichtung von Wimbledon Common zurückzukehren. Vor meinem inneren Auge formte sich ein Bild. Mit einemmal wußte ich, wie dieser Killer tickte; ich wußte, was ihn antrieb, denn dem gleichen Impuls war ich im Lauf der Zeit auch bei anderen Menschen begegnet, die ich befragt und behandelt hatte. Mir wurde klar, daß dieser Mord einen entscheidenden Schritt darstellte, den der Täter in seinen Phantasien jahrelang geprobt hatte, ehe er jemals Wirklichkeit wurde.

Nur sehr wenige Menschen sind von Geburt aus Sexualverbrecher. Die allermeisten von uns hegen den starken Wunsch, von anderen anerkannt und hochgeachtet zu werden. Wenn wir älter werden, unser Selbstvertrauen wächst und unser Geschick zunimmt, Beziehungen zu begründen, beginnen wir zu spüren, daß andere Menschen uns schätzen und hören möchten, was wir zu sagen haben, so wie umgekehrt auch wir sie kennen und schätzen lernen.

Gleichzeitig empfinden wir immer stärkere und ausgeprägtere sexuelle Bedürfnisse. Glücklicherweise entwickeln sich diese beiden Stränge normalerweise parallel, so daß die Äußerung unseres sexuellen Verlangens sich mit positiven gesellschaftlichen Werten verbindet. Die Phantasien und inneren Bilder, die sexuelle Begierde und Erregung natürlicherweise aufkommen lassen, drehen sich um ein partnerschaftlich orientiertes Geschlechtsleben, bei dem Umwerben, Verführung und der eigentliche Akt beiden Seiten Vergnügen bereiten.

Es gibt jedoch auch eine kleine Gruppe von Personen, die zwar klare und starke sexuelle Bedürfnisse haben, aber unfähig waren, sich unter Menschen sicher zu bewegen und Selbstachtung zu entwickeln. Möglicherweise sind ihre frühen Versuche, sexuelle oder auch nur erotische Beziehungen anzuknüpfen, enttäuschend verlaufen, so daß sie sich verletzt, zurückgewiesen oder verspottet fühlten.

Es muß gar nicht sein, daß sie tatsächlich fallengelassen wurden; es reicht, daß sie es glauben. So etwas kann Menschen dahin bringen, daß sie in zunehmendem Maße ein Leben sexueller Unzulänglichkeit und – gewöhnlich auch – partnerloser Einsamkeit führen.

Ein noch kleinerer Teil dieser Menschen wird darüber ein Aufkommen von Wut und Verbitterung sowie ein Bedürfnis erleben, die Schuld für diese Entwicklung anderen zu geben. Sie glauben, daß andere ihnen weh getan haben, und wollen sie dafür bestrafen.

In dem Bewußtsein, daß sie in ihrem gewöhnlichen Leben nur wenig, falls überhaupt, Kontrolle oder Einfluß über andere Menschen haben, beginnen sie eine Phantasiewelt aufzubauen – ein Märchenland, in dem sie mächtig sind und über den Gang der Dinge entscheiden.

Wenn dazu noch ein starker Sexualtrieb kommt, können sich diese Vorstellungen mit der Zeit mehr und mehr um imaginäre Beziehungen drehen, in denen sexuelle Gewalt über oder gegen andere Menschen ausgeübt wird. Die Phantasien dieser Leute werden zum Spiegelbild ihres realen Dilemmas. Sie achten andere Menschen nicht, weil sie selbst nicht geachtet werden. Sie werden von Zorn, Verbitterung und Ressentiments zerfressen, und damit sind alle Ausgangsbedingungen eines Phantasielebens gegeben, das schlußendlich zu sexueller Aggression führen kann.

Oft hat ein solcher Mensch ein enorm starkes visuelles Phantasiereich – eine Art virtueller Realität, die so unglaublich lebhaft ist, daß die Wissenschaftler und Computerprogrammierer von heute noch weit davon entfernt sind, etwas Vergleichbares schaffen zu können.

In der Alternativwelt, die solch eine Person erzeugt, verhalten Menschen sich nach ihren Weisungen und Maßgaben. Und sie erfordert mit zunehmender Entwicklung laufend mehr an Kraft und Detailbesonderheiten, damit sie so lohnend und befriedigend wie zu Beginn bleibt.

Es handelt sich um einen eskalierenden Prozeß. Wenn eine Phantasievorstellung zur Erfüllung eines sexuellen Verlangens zunächst mit der der leichten oder geringfügigen Erniedrigung einer einbezogenen Person auskam, so wird sie, um den gleichen Grad an Lust zu wahren, immer extremere Formen entwickeln müssen. Das bedeutet gewöhnlich eine Steigerung der sexuellen Gewalt und der Intensität im Detail, bis das Bewußtsein schließlich von einer Abfolge von Bildern und Szenarien von äußerster, blendender Schärfe erfüllt ist.

Im Reich der sadistischen und sadomasochistischen Phantasien gibt es eine Reihe unterschiedlicher Domänen; das Spektrum der Aktivitäten ist jedoch recht eng. Einige konzentrieren sich auf verbale Interaktion und Entwürdigung; andere erfordern Formen von Zwang und Fesselung; wieder andere nutzen Peitschen und Ruten oder Waffen wie Pistolen, Knüppel und Messer. Solche Instrumente werden jeweils in Verbindung mit einer speziellen Art von Opfer und einer Rahmensituation verwendet, die dazu entwickelt wurde, dem Erzeuger der Phantasie eine Maximierung seiner sexuelles Erleichterung und Befriedigung zu ermöglichen.

Schließlich reicht die Phantasievorstellung allein nicht mehr aus, und dann kann es dazu kommen, daß einige Aspekte davon in der realen Welt ausprobiert werden. Da kann man dann beispielsweise einen Mann vor sich haben, der davon phantasiert, eine Frau zu vergewaltigen, eine Frau bestimmten Alters mit blondem oder braunem Haar, mit blauen oder grünen Augen. Er stellt sich vor, ihr nach Hause zu folgen; sie weiß nicht, daß er da ist. Er wartet draußen, schaut durchs Fenster ins Schlafzimmer; als sie sich auszieht, fällt ihre Silhouette auf die Gardinen. Er tritt ins Haus ein, meist auf eine ganz bestimmte Art und Weise, und geht die Treppe hoch. Je nach seiner Phantasie wird er sie brutal vergewaltigen oder sie wird sich fügen. Es mag auch sein, daß sie nach anfänglichem Widerstand sexuell erregt wird und sie dann gemeinsam einen leidenschaftlichen Verkehr erleben.

Wenn das durch solche Phantasievorstellung gebotene Vergnügen abnimmt, überträgt er sie teilweise in die Realität. Er flaniert probeweise in den Straßen. Es erregt ihn sexuell; seine Adrenalinzufuhr steigt. Bald braucht er mehr als nur das; er fängt tatsächlich an, bestimmten Frauen zu folgen. Sie mögen den Frauen seiner Phantasiebilder nicht aufs Haar gleichen, sie sind vielleicht größer, kleiner, dünner oder dicker, aber sie bieten eine Gelegenheit, und er geht in gewissem Abstand hinter ihnen her. Falls sie in Begleitung eines Freundes oder eines Kindes sind, wird er die begleitende Person einfach aus seinem Bewußtsein löschen.

Es ist jedoch viel wahrscheinlicher, daß er Gelegenheitsopfer findet, die einige Züge seiner Phantasiebilder haben. Es kann Monate dauern, bis er eine solche Frau findet; daß er suchend Bushaltestellen abfährt, sich auf Innenhöfe von Häusern schleicht oder hinter Eisenbahndämmen auf und ab geht, um in Schlafzimmer hineinzublicken.

Mit der Zeit wächst seine Raffinesse und Risikobereitschaft. Er trägt etwas bei sich, um in das Haus einzubrechen oder die Frau zu fesseln; möglicherweise auch eine Maske, um sich unkenntlich zu machen. Eventuell unternimmt er sogar die ersten Schritte zu einem Einbruch, läuft dann aber doch weg.

Was er nicht vorherzusehen vermag, ist die Art ihrer Reaktion. In seiner Phantasie kann er ihr Verhalten steuern; in der wirklichen Welt jedoch nicht. Manche Frau reagiert in einer derartigen Situation mit totaler Passivität; das kann ihr – je nach der psychischen Beschaffenheit des Täters – das Leben retten. Es ist jedoch auch möglich, daß es ihn veranlaßt, sie umzubringen, weil er keinen Grund zum Einhalten sieht. Möglicherweise wehrt sich die Frau aber auch nach Leibeskräften und beschimpft ihn; das kann ebenfalls dazu führen, daß er sie ermordet. Es mag aber auch sein, daß er sie sowieso umgebracht hätte – es hängt alles ganz von der Koinzidenz der Abläufe in seiner Phantasie und im wirklichen Leben ab.

Aber wie war es bei Rachel Nickell abgelaufen?

Der Mörder war für sie ein Fremder. In diesem Punkt war ich mir fast sicher. Da gab es, erstens, die Tatsache, daß er Alex nichts angetan hatte. Falls er Rachel gut bekannt gewesen wäre, bestünde einige Wahrscheinlichkeit, daß auch das Kind ihn gekannt hätte. Darauf, daß er ihr unbekannt war, deutete aber, zweitens, auch der Sexualphantasie-Aspekt des Angriffs und, drittens, der Tatort hin. Falls er eine ihm bekannte Frau hätte umbringen wollen, hätte er doch wahrscheinlich gewußt, wo sie wohnte, zur Arbeit ging oder sich zu einer bestimmten Zeit aufhielt; dann hätte er einen Ort wählen können, wo er mehr Zeit mit ihr gehabt hätte.

Die Lichtung des Wäldchens war ein gefährlicher Platz, um jemanden anzugreifen. Sie bot zwar Schutz vor Blicken aus der Ferne, aber andererseits konnte ihn dort jederzeit jemand überraschen. Er war bereit gewesen, dieses Risiko einzugehen.

Außerdem hatte er nicht wissen können, wie Rachel auf ihn reagieren, was sie sagen oder wie sie handeln würde; das war allerdings gewissermaßen irrelevant. Wichtig war, daß sie der Rolle entsprach, die er ihr in seiner Phantasie zugeteilt hatte.

Eins mußte er am Mittwoch, dem 15. Juli, morgens um zehn aber gewußt haben – daß sich dort im Park wahrscheinlich nur Jogger, Reiter und Leute, die ihren Hund ausführten, aufhalten würden; darunter sicherlich auch junge Frauen mit Kindern, von denen er bei einigen erwarten durfte, daß sie ihn aufgeilten und erregten – Frauen, die er haben möchte, nur daß es ihm am nötigen Geschick fehlt, um mit ihnen eine ganz gewöhnliche Konversation anzufangen oder sie gesprächsweise anzumachen.

Aber das spielt eigentlich auch keine Rolle mehr. Er ist mit den Jahren zornig und verbittert geworden; aus dieser Wut haben sich seine sexuellen Phantasien gespeist. Er hat alles geprobt, indem er, mit seinen Phantasien als Schablone, Frauen angepirscht und ihr geistiges Bild wieder mit nach Hause genommen und gesammelt hat.

An diesem Tag läuft jedoch alles ganz anders; heute koinzidiert nämlich sein überwältigender Sexualdrang mit der Chance, seine Phantasie auszuleben; beides fällt in der Person von Rachel Nikkell zusammen.

Für Rachel stellt Wimbledon Common eine Stätte der Erholung und Entspannung, von Sonnenschein und weichem, grünem Rasen dar – eine Umgebung, wo sie ungefährdet mit Kind und Hund ausgehen kann. Für den Mörder ist der Wimbledon Common eine Arena – eine Stätte, wo sich Opfer finden lassen, wo er Verstecke, Beobachtungspunkte und Fluchtwege zur Verfügung hat. Vielleicht hat er Rachel bereits früher beobachtet, ist er ihr gar einmal unauffällig gefolgt; es ist allerdings wahrscheinlicher, daß er auf dem Weg zu einem seiner Warteplätze einfach durch den Park schlendert.

Plötzlich sieht er sie – eine junge Frau, blond, attraktiv, selbstbewußt, und sie ist auf eine Weise angezogen, daß es ihn erregt. Sie ist genau das, was er sich wünscht. Sie ist nicht nur unwiderstehlich, sondern hat auch Selbstvertrauen und Natürlichkeit.

Gerade die Wesenszüge, die ihr üblicherweise mitmenschliche Aufmerksamkeit und Zuneigung sichern, profilieren sie ironischerweise im Bewußtsein dieses Mannes zum Opfer. Durch sie tritt unvermittelt scharf wieder seine ganze Vergangenheit hervor; auf sie richtet sich all seine Verbitterung wegen erlebter Zurückweisungen. Als er den Schatten der Bäume verläßt und sich ihr nähert, spürt er ein Gefühl völliger Allmacht. Sie wird ihn für all diese anderen Frauen entschädigen.

Rachel schenkt ihm ein freundliches Lächeln, aber darum geht es ihm nicht; er hat überhaupt kein Interesse mehr daran, eine Freundschaft oder eine Beziehung anzufangen. Als Rachel merkt, welche Art von Gefahr ihr hier droht, ist es schon viel zu spät. Sie schaut sich hilfesuchend um, aber da ist niemand, der ihr beistehen könnte. Ihr ist klar, daß sie und ihr Kind durch diesen Mann in Gefahr schweben, und sie versteht nicht, warum. Sie hat panische Angst.

Sie läßt Alex' T-Shirt fallen – seine Fundstelle markiert den Ort des ersten Kontaktes. Er beherrscht sie mit der Stimme. Das Messer, das ihr gegen die Brust drückt, ritzt ihre Haut und schiebt sie dorthin, wo er sie haben will. Sie steht unter Schock; was sie da erlebt, entzieht sich ihrem Erfahrungshorizont; mit so etwas hatte sie nie gerechnet; darauf war sie gänzlich unvorbereitet.

Vielleicht hatte Rachel, wie viele Frauen, davon gesprochen, wie sie sich verhalten würde, falls ein Fremder sie anspräche, und erklärt: »Ich würde auf ihn einschlagen und ihm einen Fußtritt geben«, oder: »Ich würde ihn anschreien, daß er abhauen soll.« Im Augenblick des Angriffs muß sie jedoch entdecken, daß sie gänzlich ohne Kraft und Widerstand ist. Es ist nicht die Angst, die sie lähmt; es ist die Passivität, die sie völlig überwältigt.

Dem Mörder ist diese Unterwürfigkeit nicht genug. Rachel muß gedemütigt und erniedrigt werden. Er drückt sie vom Wege ab, trennt sie von ihrem Kind. Er schneidet ihr die Kehle durch; da kann sie nicht mehr schreien. Er zwingt sie auf die Knie, damit sie sich ihm in Erfüllung seiner Phantasievorstellungen als ganz und gar dominierte, entwürdigte und erniedrigte Frau darstellt. Dann sticht er unablässig auf sie ein, auch als sie sich längst nicht mehr wehrt.

Aber er will mehr als einfach nur ihren schnellen Tod. Er zieht ihr die Jeans und den Schlüpfer herunter und zwingt ihr – entweder unmittelbar bevor oder während sie stirbt – einen glatten Gegenstand in den After. Das ist kein sexueller Akt im üblichen Sinn, sondern ein Akt der Schändung. Für ihn ist Sexualität unauflöslich mit Ausbeutung, Erniedrigung, Schändung und Besudelung der Frau in seinen Phantasievorstellungen verbunden. Dieser Vorstellung hat Rachel jetzt genügt.

All das hat nur wenige – vermutlich nicht mehr als fünf oder sechs – Minuten gedauert. Rachel weist 49 Messerstiche auf; ihr Hals ist so stark durchschnitten worden, daß der Kopf fast vom Körper abgetrennt scheint. Die Leiche ist auf eine Art und Weise – mit dem deutlich herausgekehrten Gesäß – zurückgelassen worden, daß jeder, der vorbeikommt, sie in der entwürdigendsten Position sieht, die der Mörder unter den gegebenen Umständen bewerkstelligen konnte.

Er empfindet eine unglaubliche Hochstimmung. Er hatte nie gedacht, daß er so etwas außerhalb seiner Phantasie zuwege bringen würde. Das hier ist Realität; er muß sich nicht anstrengen, dieses Bild in der Vorstellung aufrechtzuerhalten, er sieht das Blut an seinen Händen, er hält das Messer in der Hand. Komme, was wolle – die Erinnerung an dieses Gefühl von Befriedigung und Erfüllung kann ihm keiner nehmen.

Als die sexuelle Erregung und das Hochgefühl nachlassen, setzt die Angst ein – das schuldige Wissen. Er weiß, daß er sich auf eine Art und Weise verändert hat, die er nicht vorhersehen konnte. Bis zu diesem Zeitpunkt war alles nur Phantasie gewesen; nun ist er unversehens über eine Schwelle getreten, die ihn vom größten Teil der Menschheit absondert. Was immer die Zukunft bringen mag – er wird für den Rest seines Lebens ein Lustmörder sein.

Was er empfindet, ist nicht Reue; es ist das Wissen um den bevorstehenden Aufschrei der Empörung; er wird zu einem Verabscheuten und Gejagten werden, der all seine geistigen Fähigkeiten und Ressourcen nutzen muß, um sich zu schützen.

Ich lehnte mich zurück und rieb mir die Augen, bis ich weiße Punkte über die Zimmerdecke flimmern sah. Ich hatte mich so stark konzentriert, daß ich Mühe hatte, meinen Blick wieder zu fokussieren. Ich hatte vergessen, die Vorhänge zu schließen; das Fenster war dunkel. Von meinem Arbeitszimmer aus blickt man auf den Garten – beziehungsweise so wäre es, wenn ich die Büsche längs des Weges stutzen würde. Ich konnte mich nicht erinnern, wann ich sie das letztemal beschnitten hatte – vielleicht im Sommer des Vorjahres.

Die Gartenarbeit liegt mir nicht. Ian und Emma behaupten, ich sei ein »Verwüstungsgärtner« – daß ich nur zufrieden sein würde, wenn im Garten alles ausgegraben und planiert wäre, damit nur braune Erde blieb. Das stimmt zwar nicht, doch sie sollen mich ruhig necken.

Vor ein paar Jahren hatten Marylin und ich beschlossen, an einem Gartenbaukurs teilzunehmen, der Anfänger einmal wöchentlich über Blumen und Büsche aufklärte. Am ersten Abend sprach die Kursleiterin, eine ältere Dame, über Lupinen.

»Entschuldigung«, sagte ich und hob leicht verlegen die Hand.

»Ja bitte?« Sie lächelte mir zu.

»Was ist eigentlich eine Lupine?«

Sie brauchte ziemlich lang, um zu begreifen, daß meine Frage ernst gemeint war. Hinterher nahm sie Marylin beiseite und fragte: »Mrs. Britton, glauben Sie wirklich, daß dieser Kurs Ihrem Mann Spaß machen wird?«

Soweit ich mich erinnern kann, habe ich den Kurs kein zweitesmal besucht, obwohl ich die erste Stunde bis heute nicht als eine Zeitverschwendung betrachtete. Denn wenn ich überhaupt eine Blume mit Sicherheit zu identifizieren vermag, dann die Lupine.

Ich stand von meinem Schreibtisch auf, begab mich in die Küche und stöpselte den Wasserkocher ein. Als ich Kaffeepulver in die Tasse löffelte, erschien Marylin im Morgenmantel an der Tür. Sie schaute auf die Wanduhr, holte sich ein Glas Wasser und tappte wortlos wieder davon. Ich hätte längst im Bett sein sollen.

»Also gut, Paul«, sagte ich und ließ mich wieder an meinem Schreibtisch nieder. »Nun weißt du, wie er tickt und wie es dazu gekommen ist. Aber was weißt du sonst noch über ihn?«

Ich klappte einen großformatigen Notizblock auf, trank einen Schluck Kaffee und schrieb: »Der Täter müßte zwischen zwanzig und dreißig Jahre alt sein.«

Sexuelle Überfälle werden meistens von jungen Männern verübt. Was sein generelles Sexualverhalten betraf, so war dieser Mörder ziemlich weit fortgeschritten; was jedoch das Morden anging, so stand er wahrscheinlich noch im Anfangsstadium. Er hatte genügend Zeit gehabt, ersteres zu entwickeln, nicht aber das zweite.

»Er dürfte über nur geringe Fähigkeiten im heterosexuellen Umfang verfügen«, notierte ich; seine Unfähigkeit, sich mit Frauen auf eine normale Konversation einzulassen, war offenkundig.

»Er müßte eine Vorgeschichte von gescheiterten oder unbefriedigenden Beziehungen haben, sofern er überhaupt Beziehungen hatte. Außer seiner sexuellen Abnormalität leidet er wahrscheinlich an irgendeiner sexuellen Funktionsstörung wie beispielsweise unter Schwierigkeiten mit der Erektion oder der Beherrschung der Ejakulation.«

Dergleichen mochte zu den frühen Ursachen seines mangelhaften Geschicks im gesellschaftlichen Verkehr mit Frauen und seiner gescheiterten Beziehungen gehört haben. Eventuell hatte er bei einem frühen Versuch zum Geschlechtsverkehr versagt, weil er keine Erektion bekommen oder vorzeitig ejakuliert hatte und war daraufhin verhöhnt worden. Falls dem so war, bestand kein Grund zu der Annahme, daß die Funktionsstörung mit der Zeit nachgelassen hatte.

»Er dürfte sich zu irgendeiner Form von Pornographie hingezogen fühlen, die in seinen sexuellen Phantasien eine Rolle spielt. Sie würde einige gewalttätige Aspekte enthalten, und er würde von ähnlichen Erfahrungen phantasieren.«

Solche Feststellungen sind nicht aus der Luft gegriffen. Seit mindestens 120 Jahren werden psychologische Experimente auf empirischer Basis durchgeführt; infolgedessen gibt es heute Zigtausende von Arbeiten zu allen Aspekten menschlicher Funktionsweisen und Motivation und eine ganze Palette von Spezialbereichen, darunter auch meine persönlichen Fachdisziplinen Forensische und Klinische Psychologie.

Diese riesige Datenbank an Wissen aus aller Welt ist für meine Arbeit unerläßlich; entscheidend ist allerdings, daß man weiß, wo man suchen muß und was für die jeweilige Aufgabe relevant ist. Rachels Mörder mochte zuvor noch keinen Mord begangen haben; er war jedoch keineswegs der erste Mann, der in einer Parkanlage eine Unbekannte umgebracht hatte, und er wird auch leider nicht der letzte sein. Mit jedem dieser Mörder, der gefaßt wird, erfahren wir mehr über ihren Lebenshintergrund, ihre Motivation und Pathologie. Man hat bei ihnen einige gemeinsame Nenner identifiziert. So ist durch Forschungen beispielsweise erwiesen, daß Mörder mit hoher Intelligenz tendenziell besser organisiert sind und systematischer vorgehen. Sie planen ihre Verbrechen bis in die Details und unterwerfen ihre Opfer einer stärkeren Beherrschung. In Rachels Fall dagegen war der Angriff brutal, hektisch und chaotisch gewesen.

Ich notierte: »Der Täter dürfte nicht über eine mehr als durchschnittliche Intelligenz und Bildung verfügen. Falls er eine Anstellung hat, wird er ein ungelernter oder manueller Arbeiter sein. Er wird ledig sein sowie eine verhaltensmäßig einsame Lebensweise haben und entweder zu Hause bei seinen Eltern oder in einer Wohnung bzw. einem möblierten Zimmer für sich allein wohnen.

Er wird einsamen Hobbys und Interessen nachgehen. Diese werden von ungewöhnlicher Art sein und eventuell ein peripheres Interesse für Kampfsport und Photographie einbeziehen.

Er wird höchstwahrscheinlich ganz in der Nähe von Wimbledon Common wohnen und die Umgebung genauestens kennen. Er wird momentan wahrscheinlich kein Auto haben.«

Das waren allesamt Schlußfolgerungen aus unseren Kenntnissen über Männer, die auf solche Weise Frauen umbringen.

Beim Studium der Ereigniskette zweifelte ich, daß Rachels Mörder zuvor bereits einmal einen Menschen umgebracht hatte. Generell gilt, daß Wiederholungstäter mit jedem Mord erfahrener werden; sie perfektionieren ihre Methoden und ihre Verhaltensformen, so daß sie bei der Tat eine zunehmend klarere Handschrift hinterlassen.

Doch selbst wenn Rachel das erste Opfer dieses Mannes gewesen war, besaß er mit hoher Wahrscheinlichkeit eine Vorgeschichte von Sexualvergehen – nicht unbedingt solche mit gerichtlichen Verurteilungen, wohl aber leichtere Vergehen wie Erregung öffentlichen Ärgernisses oder Diebstahl von Frauenunterwäsche. Ich gab diesem Punkt eine fünfzigprozentige Wahrscheinlichkeit – ich wollte vermeiden, daß John Bassett sich darauf versteifte, aber man sollte die Sache auch nicht außer Betracht lassen.

Man könnte meinen, daß es vom Exhibitionismus eines Mannes, der einer ahnungslosen Frau seinen entblößten Penis zeigt, zum Mord an einem Menschen physisch wie psychisch eines großen Sprunges bedarf; aber solch großen Sprung hatte dieser Mörder in seinem Bewußtsein längst getan, bevor er ihn in der Wirklichkeit machte. In seinen Phantasien hatte er den Mord seit langem geprobt – nur nicht in allen Einzelheiten, weil er ja an ein konkretes Opfer oder einen genauen Tatort nicht gedacht hatte. Rachel wurde durch Gelegenheit und Zufall zum Opfer gewählt und wegen der Heftigkeit seines Triebes an eben diesem Tage umgebracht. Da gab es keinerlei Vorsicht seinerseits, kein einziges Anzeichen von Selbsterhaltung, keinen Ort, der für diesen Akt vorbereitet gewesen wäre.

Anschließend wird er erregt und aufgewühlt gewesen sein; diese innere Bewegung wäre jedoch binnen weniger Tage abgeklungen. Glücklicherweise würde die Kombination von innerem sexuellem Aufruhr und Angst, entdeckt zu werden, ihn wahrscheinlich für eine Weile inaktiv bleiben lassen; am Ende würden seine Triebe sich jedoch wieder melden, und er würde von neuem umgetrieben werden.

Ich kritzelte einen letzten Punkt unten auf die Seite: »Meiner Meinung nach ist es fast unvermeidlich, daß diese Person aufgrund der schon geschilderten starken sexuellen Devianz und heftigen Antriebe ihrer Phantasievorstellungen eine weitere junge Frau umbringen wird.«

Es hatte in der Nacht geregnet, und als ich am nächsten Morgen zur Arbeit fuhr, standen die Straßengräben voller Pfützen, und auf dem Laub der Bäume glänzten Regentropfen. Bei der Fahrt durch das Dorf Kibworth warf ich einen Blick auf die Kirche, die wegen ihrer zwei Haupteingänge berühmt war, einen auf der Ost- und einen andern auf der Westseite.

Einst hatte es zwei separate Dörfer gewesen, Kibworth Beauchamp und Kibworth Harcourt, die gemeinsam die eine Kirche benutzten. Angeblich hatten es zwischen den jeweils führenden Familien der beiden Dörfer Streit darum gegeben, wer den Vortritt haben und als erste die Kirche betreten durfte, und man hatte das Problem mit dem Einrichten von zwei Haupteingängen gelöst, die es möglich machten, daß die beiden Familien die Kirche gleichzeitig betraten. Wenn doch nur alle Hindernisse im Leben auf solch einfache Art und Weise beseitigt werden könnten.

In Leicester waren die Bürgersteige von Angestellten belebt, die, mit gesenktem Kopf, unterm Schirm gebeugt, zu ihren Büros eilten und Spritzern von vorbeifahrenden Autos auswichen.

Was wußte ich sonst noch über ihn? fragte ich mich, weil mir Rachels Mörder einfach nicht aus dem Kopf wollte. Bassett hatte von 17,5 Millionen Verdächtigen gesprochen. Ein psychologisches Täterprofil würde helfen, die Zahl der Verdächtigen zu reduzieren. Aber es gibt Tausende von einsamen Männern mit ungenügenden gesellschaftlichen Umgangsformen, die unattraktiv, isoliert und unglücklich sind. Das macht sie keineswegs zu Mördern.

Rachels Mörder war aus Fleisch und Blut. Er aß, trank und schlief wie alle andern Männer auch; er hatte einen Geburtstag und ein Dach über dem Kopf. Doch genauso, wie Rachel Nickell eine reale Person mit einem Innenleben gewesen war, das ihre Beziehungen wie auch ihre Entwicklung zu dem Menschen, der sie war, geprägt hatte, so hatte eben auch ihr Mörder sein eigenes Innenleben.

An diesem Tag hatte ich einen zwölfjährigen Jungen zu interviewen, der in den Midlands Feuer legte. Als ich ihm gegenübersaß, warf ich einen Blick auf das erste Blatt seiner Akte, auf dem Name, Alter, Adresse, Familienstand und Delikt angegeben waren. Diese Details lieferten mir nur ein Kurzporträt, sie informierten mich nicht über den Inhalt des Dossiers oder darüber, wer der Junge eigentlich war. Mir war selbstverständlich klar, daß er viel mehr war als die paar Zeilen auf einem Blatt angaben, so wie Rachels Mörder viel mehr war, als siebzehn Stichpunkte eines Täterprofils auszusagen vermochten.

Doch wer war er? Was hatte dieser Mann an sich, das ihn praktisch einzigartig machte?

Eine Antwort kam mir beim Mittagessen in der Kantine des Towers Hospital in den Sinn. Es war allerdings nicht so, daß ich, wie man es in Kriminalgeschichten und Thrillern lesen kann, in den Wolken oder auf einer vom Regen gepeitschten Fensterscheibe plötzlich ein Gesicht gesehen hätte; die physischen Merkmale eines Straftäters sind für mich gewöhnlich irrelevant. Rachels Mörder hätte vor mir sitzen und mich um Salz und Pfeffer bitten können – ich würde ihn nicht kennen und nicht erkannt haben. Ich schaue den Leuten in die Seele, nicht ins Gesicht.

Wenn er zu mir ins Sprechzimmer kommen und ich alle Einzelheiten seiner Sexualität erfahren würde, so würde ich allerdings eben deshalb – ohne daß er es erwähnte – sofort wissen, daß er wahrscheinlich Rachel Nickell ermordet hatte.

Was diesen Mann auszeichnete, waren die devianten Sexualphantasien, die ihn trieben. Durch sie unterschied er sich von anderen Menschen. Als ich wieder daheim am Schreibtisch saß, brachte ich eine Analyse der Phantasien des Mörders zu Papier, von der ich hoffte, daß sie der Polizei helfen könnte, ihn zu verstehen. So etwas hatte ich bis dahin noch für keine Ermittlung gemacht; es schien mir jedoch logisch und ein positiver Schritt nach vorn.

Nach einer Prüfung des Quellenmaterials bin ich der Auffassung, daß der Straftäter eine auf sexueller Devianz begründete Persönlichkeitsstörung hat, deren Einzelmerkmale in der allgemeinen Bevölkerung äußerst selten sind und unter den Männern, die an genereller sexueller Devianz leiden, eine sehr kleine Untergruppe darstellen.

Ich würde ebenfalls damit rechnen, daß die sexuellen Phantasien des Straftäters mindestens einige der folgenden Elemente enthalten:

1. die erwachsene Frau;

2. Die Frau wird als Sexualobjekt zur Befriedigung des Straftäters benutzt;

3. Es gibt kaum Hinweise für den Aufbau von engen Beziehungen;

4. sie haben sadistische Inhalte, zu denen ein oder mehrere Messer, körperliche Beherrschung und Beschimpfungen gehören;

5. Unterwerfung des Opfers;

6. das dürfte anale und vaginale Notzucht einschließen;

7. Angstbekundungen des Opfers dürften ebenfalls dazugehören;

8. Ich würde Elemente von sexueller Raserei erwarten, die in der Ermordung des Opfers kulminiert.

Ich möchte unterstreichen, daß ich damit rechne, daß seine Phantasien einige der oben genannten Punkte, aber nicht unbedingt alle einschließen, und daß es keinen Grund gibt zu erwarten, daß seine Masturbationsphantasien einzig und allein auf diese Punkte begrenzt sind.

Während des ersten Monats nach Rachels Tod erhielt die Polizei über 2 500 Anrufe. Das enorme öffentliche Interesse dauerte an, war jedoch eine zweischneidige Sache. Es führte dazu, daß sich fast alle meldeten, die sich am 15. Juli irgendwo in der Nähe von Wimbledon Common aufgehalten hatten; infolgedessen erstickte die Polizei in Papierkram, ohne einer Identifizierung des Mörders näher zu kommen.

Was mich persönlich betraf, so endete meine Beteiligung an dem Fall mit dem Faxen des Täterprofils und der Analyse seiner Sexualphantasien nach Wimbledon. Wie ich aus der Presse erfuhr, wurden über ein Dutzend Verdächtige zum Verhör in Haft genommen und anschließend wieder entlassen, ohne daß es zu einer Anklage kam.

Besonders hart traf der ausbleibende Erfolg John Bassett, der im November in Pension gehen sollte. Er fuhr immer wieder, ungefähr einmal wöchentlich, zum Park, stellte seinen Wagen genau an der Stelle ab, wo Rachel ihren Volvo geparkt hatte, und stand schweigend auf der Waldlichtung. Für ihn war dieser Fall eine der traurigsten Mordermittlungen seiner ganzen Laufbahn. Er nahm die Sache persönlich. »Ich muß mich selbst dafür verantwortlich machen, daß bisher niemand verhaftet und unter Anklage gestellt wurde«, gestand er einem Journalisten. »Ich muß es realistisch sehen; ich weiß genau, daß meine Chancen, den Mann zu fassen, mit jedem weiteren Tag geringer werden. Ich glaube, daß es auf mich zurückfällt, wenn ich niemanden verhaften und wegen dieses ungeheuerlichen Verbrechens anklagen kann.«

Die Situation erinnerte mich an einen berühmten Fall aus den fünfziger Jahren, den »Hexenmord« in Meon Hill bei Stratford. Es war einer der beiden einzigen Mordfälle, die Fabian vom Yard im Rahmen seiner Karriere nicht gelöst hatte. Er hatte den Tatort in Meon Hill danach in der Hoffnung auf eine Inspiration, um den Fall doch noch knacken zu können, alljährlich wieder aufgesucht.

Für Bassett kam der Durchbruch am Donnerstag, dem 17. September, als *Crimewatch UK* eine Rekonstruktion der Straftat ausstrahlte und dabei auch zwei Phantombilder von Männern zeigte, die die Polizei zu vernehmen wünschte. Eins betraf den Mann, der beim Waschen seiner Hände im Bach auf Wimbledon Common gesehen worden war. Er wurde beschrieben als jemand im Alter zwischen zwanzig und dreißig Jahren, etwa 1,75 Meter groß, mit kurzgeschnittenem braunen Haar. Er war insofern auffällig gekleidet, als er einen Gürtel über seinem weißen Hemd und eine Tasche trug.

Das zweite Phantombild zeigte einen Mann, der beobachtet worden war, als er auf eine Sozialbausiedlung in der Nähe von Norstead Place, Wandsworth zurannte. Er wurde beschrieben als

1,80 Meter groß, hager, mit schulterlangem grauem oder blondem strähnigen Haar, das hinter die Ohren gesteckt war. Er trug graue oder blaue Boxershorts.

Ich war schon vorher immer wieder gefragt worden, ob Einzelheiten meiner Arbeit öffentlich genannt werden dürften, und hatte bisher stets verneint. Diesmal willigte ich – wegen des besonders hohen Risikos einer Wiederholungstat – ein, daß mein Täterprofil zum Bestandteil der Fernsehsendung wurde. Am Tage vor der Sendung sprach ich mit Nick Ross von *Crimewatch*, um ihm zu erklären, wie das Material benutzt werden sollte; es wurde dann eine knappe Zusammenfassung ausgestrahlt.

Binnen vier Stunden gingen über dreihundert Anrufe ein; zwanzig wurden vorrangig behandelt. Ein Name tauchte viermal auf – Colin Stagg, ein arbeitsloser Junggeselle, der allein in einer Wohnsiedlung lebte, die kaum anderthalb Kilometer von Wimbledon Commons entfernt lag.

Stagg war schon einmal verhört worden. Er war am Tag des Mordes um 12.30 Uhr von einem Polizisten angehalten worden, als er mit seinem Hund zum Park ging. Auf die Mitteilung, daß der Park abgesperrt sei, erwähnte Stagg, daß er sich am Morgen zwischen 8.15 Uhr und 8.50 Uhr im Park aufgehalten habe. Er habe dort, wie er dann erklärte, seinen Hund am Curling Pond ausgeführt und sei anschließend wieder nach Hause gegangen. Der Polizist hatte seinen Namen und seine Adresse notiert.

Der 29jährige hatte seit Jahren in der Alton-Siedlung gewohnt und war für die Nachbarn ein vertrautes Gesicht. Er hatte die Wohnung zunächst mit seinem Vater geteilt und lebte, nachdem dieser 1986 an Krebs gestorben war, nun allein. Lillian Avid, die ebenfalls in der Siedlung wohnte, erinnerte sich, daß sie Stagg einige Stunden nach dem Mord auf der Straße getroffen hatte und sagte, er habe einen sonderbar erregten Eindruck gemacht. Er trug ein weißes T-Shirt und weiße Shorts; sein Haar war frisch gewaschen. Colin erzählte ihr, daß er nur zehn Minuten vor Rachels Tod im Wimbledon Common gewesen sei und erklärte, daß er häufig an einer Stelle stehe, von der aus man den Tatort überblicken könne. Mrs. Avid hatte sich gefragt, wie er überhaupt wissen konnte, wo der Mord geschehen war; der Common war schließlich abgesperrt gewesen.

Nur Stunden, nachdem *Crimewatch UK* die Phantombilder

ausgestrahlt hatte, wurde Stagg in seiner Wohnung von der Polizei festgenommen. Die Medien wußten bald von dem auf die Eingangstür gemalten Paar eiskalter blauer Augen und dem Schild mit der Warnung »Christen bleibt fern, hier wohnt ein Heide« zu berichten. In der Wohnung selbst wurden diverse Pornozeitschriften und Bücher über das Okkulte gefunden.

Die Uhr begann zu ticken. Der Polizei standen drei Tage zur Verfügung, um ihren Verdächtigen zu vernehmen. Danach mußte sie ihn entweder unter Anklage stellen oder wieder freilassen.

Als ich später wieder an meinem Schreibtisch in Leicester saß, dachte ich kaum mehr an die Ermittlungen im Mordfall Rachel Nickell, weil ich annahm, daß meine Aufgabe beendet war. Unterdessen war die Frage, wo Michael Sams nach der Freilassung seiner Geisel Stephanie Slatter das Lösegeld versteckt hatte, noch immer ohne Antwort. Mehr als 155 000 Pfund in verschiedenen Nennwerten waren noch immer nicht wiedergefunden worden.

Bei der ersten Suche war die Polizei auf einem Feld in der Nähe von Sams' Cottage in Sutton-on-Trent auf ein leeres Loch gestoßen. Zur gleichen Zeit waren in seiner Werkstatt an einer roten Metallbox Spuren von Erde entdeckt worden, die darauf hindeuteten, daß das Geld zu einem bestimmten Zeitpunkt vergraben gewesen war.

Weil Sams ein solch ausgebuffter Spieler war, hatte ich in einer ersten Reaktion gemeint: »Graben Sie im gleichen Loch weiter.« Es hatte ja von Anfang an zu seiner Trickkiste gehört, sich auf die wahrscheinlichen Vermutungen anderer zu verlassen; möglicherweise hoffte er ja, die Polizei zu der Annahme zu verleiten, daß er das Geld wieder weggeschafft hätte, obwohl er es in Wirklichkeit einfach nur tiefer vergrub.

Er fand es erregend, daß das Lösegeld der Polizei solche Rätsel aufgab, und er nutzte es zur Bekräftigung seiner Behauptung von einem Komplizen, der das ganze Geld inzwischen mit vollen Händen ausgab. Es gab ausgesprochen solides Beweismaterial, das gegen seine Geschichte hätte angeführt werden können; der Polizei kam es darauf an, die letzten noch offenen Punkte dieses Falles zu klären.

Nach Monaten vergeblichen Suchens wurde in Tally Ho, dem Ausbildungszentrum der Polizei in Birmingham, eine Zusammenkunft einberufen. Ich schloß mich den vereinten Ermittlungsteams aus den West Midlands und aus West Yorkshire an, die sich in einem Hörsaal versammelten, um die neuesten Entwicklungen zu erörtern. Man hatte einen Oberst der SAS, der ein Großteil des britischen Know-how auf dem Gebiet der Suchtechniken entwickelt hatte, als Berater hinzugezogen. Man hoffte, daß sein Erfolg im Aufspüren von IRA-Waffenlagern in Nordirland jetzt uns beim Lokalisieren des verschwundenen Geldes helfen könnte.

Er hatte eine ziemlich faszinierende Theorie aufgestellt, die auf der Überzeugung basierte, daß die IRA als Verstecke für ihre Waffen keine Dauerlager oder eher offenkundige Orte wie eine Parkbucht an der Landstraße oder die Ecke eines Feldes verwendete, sondern vielmehr Örtlichkeiten wählte, die sich verlegen ließen, indem sie auf dem Lande Wahrzeichen nutzte, die eigentlich gar nicht hervorstechend waren – außer man wußte, daß man nach ihnen Ausschau halten mußte. Statt in den Ecken von Feldern wurden also »Verstecke« beispielsweise unter dem fünften Pfosten eines Zaunes eingerichtet, der als Zusatzmarkierung die dritte Straßenlampe auf der gegenüberliegenden Seite bekam.

In unserem Fall lautete die Kernfrage jedoch: Wo sollte man mit dem Suchen anfangen? Wir ließen das Leben des Michael Sams noch einmal Revue passieren, erörterten seine uns bekannten Gewohnheiten, seine kriminelle Vorgeschichte und die Buchstaben und Ziffern, die sich eventuell als wichtige Wegweiser zum Versteck erweisen könnten.

Da gab es viele Möglichkeiten; und, ganz wie erwartet, hatte Sams zahlreiche falsche Spuren gelegt; schließlich konzentrierte unsere Diskussion sich jedoch auf Stroke Summit, ein Gebiet südlich von Grantham und bloß 2,7 Kilometer vom Fundort der Leiche Julie Darts entfernt. Mit dieser Gegend verbanden Sams auch noch andere Faktoren. Ein ortsansässiger Bauer hatte gemeldet, daß er an dem Tag, als Julies Leiche dort abgeladen wurde, einen orangeroten Wagen gesehen hätte, der Sams' Metro sehr ähnlich sah. Außerdem führte eine Eisenbahnstrecke durch das Gebiet, die von einem Viadukt überquert wurde, der einen idealen Aussichtspunkt zum Beobachten von Eisenbahnzügen bot.

Sams hatte das Geld wahrscheinlich in einem Anfall von Panik umverlegt; von daher mußte es sich an einer Stelle befinden, die ihm vertraut war und wo er sich sicher fühlte – also einem Ort, wo er bereits zuvor gewesen war. Im September hatte Sams bei einem Verhör Stoke Summit erwähnt und davon gesprochen, daß er diese Gegend ziemlich oft besuchte. Dabei war ihm entschlüpft, daß er das letztemal an einen regnerischen Mittwoch im Februar dort gewesen war.

Das Geld mußte irgendwann zwischen dem 30. Januar – dem Tag der Freilassung von Stephanie Slater – und dem 21. Februar – dem Tag von Sams' Verhaftung – versteckt worden sein. Wie uns ein Meteorologe bestätigte, hatte es in der Umgebung von Grantham am 19. Februar geregnet. Der 19. Februar war auch der Tag, an dem Sams das Maklerbüro Shipways angerufen und Sylvia Baker gewarnt hatte, den Mund zu halten – es war eine Handlung, die verriet, daß er unter Druck gestanden hatte; denn er wußte ja, daß seine Stimme 24 Stunden später über Radio an Millionen von Leuten ausgestrahlt werden würde.

Der SAS-Oberst besichtigte Stoke Summit und gab Hinweise auf natürliche Verstecke. Erste Suchaktionen verliefen ergebnislos; dank der Anwendung eines Bodenradargerätes an den entsprechenden Lokationen ließen sich jedoch Anzeichen einer Erdveränderung feststellen. Schließlich wurden in zwei separaten Verstecken in einer Eisenbahnböschung insgesamt 120 000 Pfund gefunden.

Die »Komplizentheorie«, die Sams zu seiner Verteidigung aufgebaut hatte, lag damit in Trümmern. Es stand für mich jedoch außer Zweifel, daß er zur Erklärung der neuen Gegebenheiten wieder eine andere Geschichte erfinden würde. Seit seiner Verhaftung waren bereits zehn Monate verstrichen. Es sollten noch weitere sechs Monate dauern, bis er im Nottingham Crown Court einer Geschworenenjury gegenüberstand.

10

Ich war ein wenig überrascht, als John Bassett mich gegen Ende September wieder anrief. Einer seiner Beamten habe eine Bitte, erklärte er und machte mich anschließend mit Detective Inspector Keith Pedder bekannt.

Pedder wählte seine Worte mit Bedacht. »Ich habe etwa vierzehn Stunden einen Mann vernommen, von dem wir nicht ohne Grund annehmen, daß er uns im Zusammenhang mit dem Mordfall Nickell weiterhelfen könnte. Ich möchte jetzt eigentlich nicht auf Einzelheiten eingehen, denn das könnte Sie in Ihrem Urteil beeinflussen. Was ich von Ihnen wissen möchte, ist folgendes: Gibt es in diesen Verhören irgendwelche Anhaltspunkte, aus denen Sie – auf der Grundlage Ihres Täterprofils und der Analyse von sexueller Devianz, die Sie uns geliefert haben – eindeutig schließen können, daß dieser Mann Ihrer Auffassung zufolge für den Mord an Rachel Nickell *nicht* verantwortlich ist?«

»Können Sie mir die Tonbänder besorgen?« fragte ich.

»Unverzüglich.«

Noch am selben Abend begann ich mir die Bänder anzuhören, während Marylin mich mit Kaffee versorgte und sich jedesmal die Ohren zuhielt, wenn sie den Raum betrat und leise die Katzen verscheuchte, die ihr um die Füße strichen. Es macht mir nichts aus, bis spät in die Nacht hinein zu arbeiten – möglicherweise eine Folge des ewigen, nächtelangen Büffelns für meine Uniprüfungen und Hausarbeiten während des Studiums. Nach Marylins Ansicht allerdings sind diese Zeiten seit langem vorbei.

Bei den Tonbandaufzeichnungen handelte es sich um eine Reihe von Verhören mit Colin Stagg auf dem Polizeirevier von Wimbledon. Er wurde nach seinen Aktivitäten am Morgen des Mordtages wie zu seinem Lebenstil, seiner Biographie und seinen Angewohnheiten befragt. Daß er sich im Park von Wimbledon Common außerordentlich gut auskannte, stellte sich schon gleich zu Beginn heraus; er konnte die genauen Namen der verschiedenen Hügel, Wege, Teiche und Wäldchen nennen. Er ging dort täglich zwei- oder dreimal spazieren und besuchte gelegentlich auch das Grab seines Vaters auf dem angrenzenden Friedhof von Putney.

An den Tag von Rachels Ermordung erinnerte er sich, so erklärte Stagg, wegen der schlimmen Kopfschmerzen und Nackenverspannungen, die er gehabt habe. Er war angeblich um 6.30 Uhr aufgewacht, hatte anschließend im Auftrag eines örtlichen Kioskbesitzers Zeitungen zugestellt, und um 8.30 Uhr sei er mit seinem Hund Brandy zu einem Spaziergang zum Wimbledon Common aufgebrochen. Er zeigte der Polizei auf einer Landkarte die Route und erklärte, daß sein Spaziergang an diesem Tag wegen der Kopfschmerzen kürzer als üblich ausgefallen sei.

»Ich wollte wieder heim, um noch ein bißchen Schlaf zu kriegen«, sagte er. »Ich war echt schläfrig.«

Er sei angeblich nach Ibsley Gardens zurückgegangen und nach dem Verzehr einiger Knäckebrote vor einer laufenden Fernsehshow auf der Couch eingeschlafen. Er konnte sich nicht mehr erinnern, welche es gewesen war. Später sei er vom Geräusch eines kreisenden Polizeihubschraubers aufgewacht. Vom Mord im Wimbledon Common habe er durch einen Ladenbesitzer am Ort gehört und dann später die Zeitungsberichte gelesen.

Als man Stagg fragte, ob er Rachel schon einmal im Park getroffen habe, erinnerte er sich, dort vor zwei Jahren eine Frau gesehen zu haben, die sie hätte sein können. Die Frau hatte einen Kinderwagen geschoben und sich neben den Teich ins Gras gelegt.

»Die Frau war schön anzusehen. Sie zog ihr Oberteil aus und sonnte sich im Bikini. Ich blieb eine ganze Weile dort«, sagte er. In der Hoffnung, sie wiederzusehen, war er tags darauf noch einmal hingegangen.

Als Stagg gefragt wurde, ob die Polizei die Schuhe untersuchen könne, die er am Tag des Mordes an Rachel getragen hatte, antwortete er: »Ich habe sie vor zwei Tagen weggeworfen ... Sie sind in einer der Mülltonnen der Siedlung gelandet.«

Stagg gab zu, noch »jungfräulich« zu sein und mehrere Freundinnen gehabt zu haben; seine sexuellen Bemühungen seien alle gescheitert, weil er »ihn einfach nicht hochkriegte«.

Am zweiten Tag der Vernehmungen bestritt Stagg, gewußt zu haben, daß Rachel ermordet worden war. Daß das Mordopfer eine junge Frau gewesen sei, habe er vom Polizisten erfahren, den er an der Unterführung der A3 getroffen hatte. Stagg bestritt auch, der Mann gewesen zu sein, der in der Nähe des Curling Pond mit einer schwarzen Tasche oder einem Gürtel um den Bauch beobachtet worden war. Im übrigen würde er sich die Hände nie in einem Bach waschen, der, wie er sagte, verseucht sei und stinke.

Ich habe mich während der folgenden Tage, in denen ich mich durch die Tonbänder arbeitete, mehrmals mit Keith Pedder unterhalten. Wie ich erfuhr, war er an die Täterprofile stets gleichgültig bis skeptisch herangegangen, was sich jedoch änderte, als er Colin Stagg wegen der überaus großen Übereinstimmungen mit dem Täterprofil in seiner Wohnung verhaften konnte. Nun war er begierig, darüber mehr zu erfahren.

»Mit welchem Argument würde man sagen können: ›Ja, er kommt als Täter doch nicht in Frage?‹« wollte Pedder wissen.

»Also, wenn er beispielsweise erklären würde, er sei seit zwei Jahren glücklich verheiratet und Vater eines Kindes, das ließe sich ja wohl nicht mit einem Mörderdasein vereinbaren. Oder wenn er eine langjährige verantwortungsvolle berufliche Stellung nachweisen könnte beziehungsweise, daß er erfolgreiche, stabile Beziehungen mit Frauen gehabt hätte – solche Erkenntnisse würden ihn als Täter ausklammern.«

Nach sorgfältigem Anhören der Tonbänder teilte ich Keith Pedder schließlich mit, ich hätte keinerlei Anhaltspunkte gefunden, die Colin Stagg mit Bestimmtheit als Verdächtigen ausklammerten. Aber das hatte überhaupt nicht zu bedeuten, daß er schuldig war, sondern nur, daß man ihn nicht außer acht lassen durfte.

Die Tonbänder enthielten aber auch ein überraschendes Geständnis. Mr. Stagg gab zu, sich an den Tagen unmittelbar nach Rachels Ermordung im Wimbledon Common unzüchtig entblößt zu haben. Eine Frau, die ihre Hunde auf der Spielwiese des Parkgeländes trainierte, hatte ihn – bis auf die Sonnenbrille – splitterfasernackt neben seiner säuberlich gefalteten Kleidung liegen gesehen. Als sie vorbeikam, hatte er angeblich grinsend die Beine geöffnet.

Stagg wurde wegen unsittlicher Zurschaustellung angeklagt und mußte 200 Pfund Strafe bezahlen.

Während der dreitägigen Vernehmungen widersprach Stagg

durchgängig und mit Nachdruck allen Vorhaltungen. Für die Polizei blieb er jedoch trotz mangelnder konkreter Beweise eminent verdächtig.

Der Verdacht wurde bekräftigt, als der Polizei einen Monat später ein Brief ausgehändigt wurde, den Stagg einer Frau auf deren Anzeige unter der Rubrik ›Einsame Herzen‹ hin an die Zeitschrift *Loot* geschrieben hatte. Julie Pines – so hieß sie – hätte daraufhin zunächst mit Stagg korrespondiert, den Briefwechsel dann jedoch abgebrochen, weil seine Briefe ihren Angaben zufolge zu obszön geworden wären.

Seither waren zwei Jahre vergangen, aber sie hatte seinen Namen in Zeitungsberichten über seine Verhaftung wiedererkannt. Sie wandte sich an die Einsatzzentrale und übergab der Polizei einen von Staggs Briefen, die sie bislang versteckt gehalten hatte. In dem Brief stellte sich Stagg vor, wie er nackt in einem nahe gelegenen Park läge und beim Masturbieren von einer schönen Frau überrascht würde, die ihn – statt entsetzt zu sein – zum Geschlechtsverkehr im Freien auffordern würde.

Von all dem erfuhr ich nichts, bis sich Ende September 1992 John Bassett meldete, der mich dann mit Mick Wickerson und Keith Pedder in meinem Büro in Arnold Lodge in Leicester aufsuchte. Ich wurde neugierig. Warum sollten alle drei leitenden Ermittler in einem Mordfall zu einem Gespräch mit mir zwei Stunden von London herüberfahren?

Wir saßen im Seminarraum. Mir fiel auf, daß niemand Notizblock und Bleistift zückte. Bassett ergriff das Wort.

»Ich möchte Ihnen eine hypothetische Frage stellen, Paul. Ich muß in einigen Punkten Klarheit gewinnen, und dazu brauche ich Ihre Hilfe. Ließe sich auf der Grundlage Ihrer Analyse zur sexuellen Abnormität des Mörders eine verdeckte Ermittlung denken, die es uns entweder ermöglichen würde, eine Person als Täter auszuschließen oder durch die sie sich weiter belasten würde?«

Ich war erstaunt. Eine solche Frage war mir noch nie gestellt worden. Die drei Kriminalbeamten schwiegen.

»Sie meinen einen Plan, bei der die Kenntnis um eine spezielle sexuelle Abnormität des Mörders genutzt werden kann, bei dem man ihm quasi die Gelegenheit gibt, seine Beteiligung an dem Mord zu enthüllen, indem man es ihm ermöglicht, so etwas wie Beziehung mit einer Person aufzubauen, bei der er sich sicher fühlt?«

Sie nickten.

Ich dachte lange nach. »Doch, es ist möglich.«

»Fein«, sagte Bassett. »Damit wäre die erste Hürde genommen...«

Jetzt zog er sein Notizbuch hervor.

»Der Plan ließe sich auf verschiedene Weise durchführen. Es würde aber in jedem Fall bedeuten, daß jemand dem Verdächtigen nahekommen muß.«

»Ein Undercover-Agent?« fragte Pedder.

»Oder eine Undercover-Agentin. Im Prinzip geht es darum, daß diese Person mit dem Verdächtigen Kontakt aufnimmt und ihm Gelegenheit gibt, sich mit ihr anzufreunden. Die Beziehung müßte immer enger geknüpft werden, so daß er mehr und mehr von sich preisgäbe und sich am Ende sogar entschlösse, seine Sexualpraktiken zu verraten. Auf dem Weg dahin müßten eine Menge Sicherungsmechanismen eingebaut werden – verräterische Brennpunkte, an denen der Verdächtige sich für eine von mehreren Richtungen entscheiden könnte. Nur wenn er die oben erwähnte, sehr genau markierte Route wählte, würde es überhaupt eine Grundlage zur Fortsetzung der Operation geben. Sollte er irgendeinen anderen Weg einschlagen, müßte die verdeckte Ermittlung beendet werden, weil der Verdächtige sich damit aus meiner Sicht selbst als mutmaßlicher Täter selbst ausschalten würde.«

Namen wurden nicht genannt. Die waren für mich auch belanglos. Meine Analyse der starken, wilden Phantasien eines Mörders war geschrieben worden, bevor es hier einen Verdächtigen gab, und es war seither nichts eingetreten, das eine Revision meiner Auffassung erfordert hätte.

»Und wie würde so ein solcher Plan konkret aussehen?« fragte Pedder.

Ich umriß am weißen Brett hypothetisch zwei Geheimoperationen, die auf die besonderen Abnormitäten der Psychosexualität von Rachels Mörder zugeschnitten waren.

»Nehmen wir einmal an, daß eine Kommunikation hergestellt worden ist – beispielsweise durch eine Zufallsbegegnung oder auch durch einen Briefwechsel. Unter den richtigen Umständen und bei der richtigen Vertrauensperson – jemand mit einer ganz spezifischen Biographie und Persönlichkeit – würde der Straftäter allmählich die Phantasien offenlegen, die sein Bedürfnis nach extrem gewaltsamer sexueller Betätigung ohne Partnereinwilligung kennzeichnen.«

»Dazu wird auch der Gebrauch eines Messers gehören, mit der er die Frau in seiner Phantasie stimulieren, in sie eindringen und dominieren will. Ferner sind ihre systematische Entwürdigung sowie sein extremer Beherrschungswille charakteristisch – die so weit gehen, bis er sie schließlich fertiggemacht hat. Während dieses Prozesses ist er sexuell erregt, und seine Aggressivität steigert sich.«

»Je mehr er von sich selbst preisgibt, desto deutlicher wird in seinen Phantasien ein Schauplatz eine Rolle spielen, der dem Wäldchen ähnelt, wo Rachel ermordet wurde. Werden seine Phantasievorstellungen ganz intensiv, werden sich charakteristische Vorgehensweisen des Mordes wiederholen, woraus der Täter eine starke sexuelle Befriedigung ziehen wird. Denn jetzt geht es nicht nur um Bewußtmachung, sondern sein stärkstes Hilfsmittel zum Masturbieren wird ihm angeboten.«

»Und das ließe sich auch mit Briefen erreichen?« fragte Pedder unter Hinweis auf eine Variante des Plans, bei der eine Polizistin eingesetzt werden sollte.

»In den Anfangsstadien schon. Der Mörder wird jedoch bald versuchen, vom Briefwechsel zu persönlichen Beziehungen und einer Intimbeziehung zu kommen. Er wird sich seiner Vertrauten als sympathische Persönlichkeit präsentieren wollen und schon im Anfangsstadium des Verhältnisses Geschichten erzählen, warum er es für notwendig hält, eine körperliche Nähe herbeizuführen.«

»Würde er auch Geschichten erfinden?« fragte Bassett.

»Er wird sich nicht gleich selbst in den Mord verwickeln – bedenken Sie seinen ausgeprägten Sinn für Vorsicht und den natürlichen Selbstschutz. Seine deviante Sexualität wird aber mit zunehmender Erregung seine Vorsicht über Bord werfen und ihn möglicherweise veranlassen, sein Wissen über die Umstände von Rachels Tod preiszugeben, über das einzig und allein der Mörder verfügen kann.«

Ich erläuterte, wie das Verhalten des Straftäters und die Entwicklung der Beziehung durch äußere Ereignisse wie zum Beispiel die Medienberichterstattung über den Fall beeinflußt werden könnten.

»Der Mörder ist vorsichtig. Solange er glaubt, daß die Polizei mit ihren Ermittlungen nicht weiterkommt und die öffentliche Aufmerksamkeit sich mit anderen Dingen beschäftigt hat, wird er wohl kaum um seine Sicherheit besorgt sein. Er wird annehmen, daß er auch diesmal ungestraft davonkommt. Falls er jedoch Grund zu der Annahme hat, daß die Polizei ein unvermindert hohes Interesse an dem Fall hat, wird er vorsichtiger werden und allen Menschen gegenüber mißtrauisch sein.«

Bassett und Wickerson wechselten Blicke.

»So einen Plan für eine verdeckte Ermittlung hat es noch nie gegeben«, gab Wickerson zu bedenken.

»Gewiß, aber Paul hält ihn für durchführbar.«

»Würden Sie in dem Fall, daß wir die entsprechende Genehmigung bekommen«, sagte Bassett, »bereit sein, uns einen detaillierten Plan auszuarbeiten und als Berater zu fungieren?«

»Da hätte ich vorab schon noch ein paar Fragen«, meinte ich. »Sie sagen, daß es so ein Vorgehen noch nie gegeben habe. Wäre es überhaupt legal? Ich bin kein Jurist, mit den rechtlichen Aspekten solcher Dinge kenne ich mich nicht aus. Würde die Staatsanwaltschaft nicht am Ende sagen: ›Sicher, das ist sehr interessant, aber solches Beweismaterial ist vor Gericht nicht zulässig. Dies läuft auf dasselbe hinaus wie eine Vernehmung ohne vorherige Rechtsmittelbelehrung und wird vielleicht sogar in eine Falle führen.‹«

»Da sind wir uns absolut einig«, erwiderte Pedder. »Diese Frage wird von den Juristen vorher gründlich geklärt werden. Es hätte überhaupt keinen Sinn, hier weiterzumachen, wenn die Staatsanwaltschaft erklären würde, die Sache sei nicht rechtens und würde bei Gericht nicht zugelassen werden.«

Bassett pflichtete ihm bei. »Dieser Plan muß absolut sauber und unanfechtbar umgesetzt werden. Darüber sind wir uns voll im klaren. Das gilt auch für das Vorgehen der Metropolitan Police.«

Ich nickte. »Okay, wenn das gesichert ist, dann muß das Vorhaben unter strengsten Bedingungen durchgeführt werden. Ich werde einen Schlachtplan in der angesprochenen Ausrichtung entwerfen. Er wird bedingen, daß der Verdächtige aktiv eine Reihe von Hürden nehmen muß und daß er durch sein eigenes Tun entweder als Verdächtiger nicht mehr in Frage kommt oder sich vollkommen in das Verbrechen verwickelt. Ich bin nicht bereit, eine verdeckte Ermittlung zu planen, die – bildlich gesprochen – einen

Menschen an den Rand eines Abhangs bringt und ihm dann einen Stoß gibt, so daß er gar nicht mehr darüber entscheiden kann, was er als nächstes tun will.«

Alle waren einverstanden. Keiner wollte die falsche Person unter Anklage stellen und den wahren Mörder auf freiem Fuße lassen, so daß er von neuem würde morden können.

In den folgenden Tagen stellte ich die Anforderungen zusammen, die von den verdeckten Ermittlern zu erfüllen wären, und informierte dann Keith Pedder telefonisch über die Alternativen, zwischen denen er sich zu entscheiden hätte. Entweder würde ein männlicher oder ein weiblicher Undercover-Agent gesucht werden. Beide wären je für sich allein oder auch in einem gemeinsamen Einsatz denkbar.

Zur ersten Alternative bräuchte man einen Mann im Alter von 25 bis 30 Jahren und in guter körperlicher Verfassung. Er müßte ziemlich klug sein, seine Intelligenz aber ein wenig herunterspielen können, und dürfte sich nicht schwertun, mit den Besonderheiten der Sexualphantasien und -verhaltensweisen, die dem Mörder von Rachel Nickell zugeschrieben wurden, umzugehen. Er dürfte aber in keinem Fall so weit gehen, daß er in Gefahr geriete.

Es war wichtig, daß der verdeckte Ermittler mit biographischen Hintergrundgeschichten ausgerüstet wurde, die ihn als jemanden zeigten, der Polizeiverhöre erfolgreich überstehen könnte beziehungsweise als jemanden, der noch nie verhört worden war, weil es der Polizei bislang nicht gelang, nah genug an ihn heranzukommen. Der Ermittler müßte unabhängig arbeiten können, ohne fremde Hilfe auskommen, sich in den ersten Phasen der Bekanntschaft zurückhaltend verhalten und überrascht respektive beeindruckt sein, wenn der Verdächtige seine Abnormitäten offenbaren würde. Beide müßten ein exklusives Team bilden; Zulassungskriterium sei nur, ein bestimmtes Ziel zu verfolgen.

Mit wachsendem gegenseitigen Vertrauen sollte der Polizeibeamte allmählich mehr von seiner eigenen Lebensgeschichte preisgeben, zu der auch das Erwähnen von schweren sexuellen Gewaltverbrechen gehören sollte. So etwas wird eine Atmosphäre schaffen helfen, in dem der Verdächtige sich sicher fühlen kann, so daß er sogar – ohne wahrscheinlich Rachel Nickell zu erwähnen, prahlerisch seinen eigenen Taten offenbaren würde – ganz frei, ohne daß der Polizeibeamte ihn dazu genötigt hätte.

Zur Durchführung des Plans würden sie eine weiße Frau im Alter zwischen 20 und 40 Jahren mit blondem oder hellem schulterlangen oder noch längeren Haar brauchen. Sie müßte auf eine traditionelle verführerische Art anziehend sein, müßte den Eindruck erwecken, sexuell erfahren, aber nicht männergeil zu sein. Sie müßte betonen, von »interessanten« bzw. erfahrenen Männern angezogen zu werden, die nach eigenen Spielregeln zu leben wüßten.

Sie sollte dazu imstande sein, auf alle Winke und Fingerzeige des Verdächtigen einzugehen und zu bekennen, durch Zwang sexuell erregt zu werden, dem sie sich zwar am liebsten ein wenig passiv füge, den sie jedoch oft auch selbst ausübe. Sie müßte bereit sein, frühere, gemeinsame Lusterfahrungen mit Männern zu beichten, die sie in die Sexualphantasien einbringen solle. Sie müßte von romantischer Verliebtheit berichten, aber auch die Gewalt verherrlichen und ihn in ihre Heldentaten einweihen.

Ein Interesse am Okkultismus könnte auch nicht schaden. Außerdem sollte sie von Männern beeindruckt sein, die zu erkennen geben, daß sie ihre sexuellen Wünsche auch wirklich umzusetzen bereit sind – auch wenn solche Wünsche in eindeutigem Konflikt mit dem gesellschaftlich akzeptierten Verhaltenskodex stünden.

Obwohl mir bekannt war, daß Colin Stagg weiterhin zum Kreis der verdächtigen Personen zählte, habe ich damals nicht gewußt, daß diese verdeckte Ermittlung ihm gelten sollte. Es war für mich auch völlig irrelevant; mein Operationsplan basierte auf der Analyse einer abnormen Sexualität, die ich von Rachels Mörder entworfen hatte, lange bevor Mr. Stagg der Tat verdächtigt wurde.

Zwei Wochen danach bekam ich in Arnold Lodge Besuch von Pedder und Wickerson, die zwei Ermittler mitbrachten. Bei der Begrüßung am Eingangstor hätte ich schwören können, den beiden bereits begegnet zu sein. Es war Pedder und Wickerson sogar gelungen, eine blauäugige Frau, die ähnlich aussah wie Rachel, zu finden.

Lizzie James und Robert Harris (es sind nicht ihre wirklichen Namen) waren ganz allgemein instruiert worden, und sie wußten, daß die Ermittlungen sie in größte Gefahr bringen könnte. Für den Fall, daß der Verdächtige, mit dem sie sich anzufreunden hätten, sich tatsächlich als Rachel Nickells Mörder herausstellen sollte, so würden die beiden, und ganz besonders Lizzie, ein hohes Risiko eingehen.

Beide gehörten als verdeckte Ermittler Scotland Yard an, und zwar der SO 10. Sie ist eine der geheimsten Einheiten der Polizeibehörde. Dieses Kommando steht mitten im Zentrum verdeckter Verbrechensaufklärung und übernimmt einige der gefährlichsten polizeilichen Aufgaben, so etwa das Infiltrieren von Banden, den Schutz bedrohter Geschworener und die Camouflage als professionelle Killer. Die beiden besaßen viel Erfahrung und ein entspanntes, lockeres selbstbewußtes Wesen, an solcher Art von Operation hatte allerdings bisher keiner von beiden teilgenommen. Es war somit alles entscheidend herauszufinden, ob sie die dafür notwendigen Qualitäten aufwiesen.

Colin Staggs Brief an Julie Pines unter der Rubrik »Einsame Herzen« ließ sofort erkennen, auf welchem Weg die verdeckte Ermittlerin seine Bekanntschaft machen konnte. Falls tatsächlich eine Freundschaft aufkeimen würde und der Verdächtige weiterhin Interesse hätte, könnte der Briefwechsel zu Telefongesprächen und danach zum persönlichen Kontakt führen. Ich lieferte der Polizei eine detaillierte Schilderung der Art von Phantasien und deviantem Verhalten, mit denen sie nach meiner Überzeugung zu rechnen hatten, falls sie es hier tatsächlich mit dem Mörder von Rachel Nickells zu tun haben sollten.

»Sie wollen mir doch wohl nicht erzählen, daß es solche Menschen gibt«, meinte Lizzie kopfschüttelnd.

»Genau darauf will ich ja hinaus. Rachels Mörder wird zunächst keineswegs als Ungeheuer erscheinen. Sie werden nicht zu erkennen vermögen, was hinter seiner Stirn vor sich geht. Er könnte sich durchaus als ein einsamer junger Kerl auf der Suche nach Freundschaft zeigen. Sie müssen sich aber darüber im klaren sein, daß der wahre Killer in ihm Sie die ganze Zeit über ausnutzen und manipulieren wird. Das, was sich in seinem Inneren abspielt, können Sie sich nicht vorstellen, weil Sie einem solchen Menschen noch nie begegnet sind.«

Nach mehreren Sitzungen in Arnold Lodge beschloß das Einsatzkommando, die Operation nur mit einem Undercover-Agenten durchzuführen, nämlich mit Lizzie James, und ich konzentrierte mich voll darauf, sie auf ihre Aufgabe vorzubereiten. Da man unmöglich jeden Satz vorhersagen konnte, den sie von ihm hören würde, hing sehr viel von Lizzies Fähigkeit ab, blitzschnell richtig zu reagieren. Sie würde es eventuell für längere Zeit von Angesicht zu Angesicht mit einem potentiellen Mörder zu tun haben. Besaß sie den Mut, die Intelligenz und die Geistesgegenwart, um damit fertig zu werden? War sie imstande, sich zurückhaltend und passiv zu geben, aber sich gleichzeitig im Sexuellen für abnorme Praktiken und Phantasien offen zu zeigen?

Ich saß im Konferenzzimmer sehr nah bei ihr und versuchte mir ihre Privatsphäre zu erschließen, als ich flüsterte: »Sie haben wunderschöne blaue Augen.«

Ich beobachtete ihre Körpersprache. Würde sie zurückzucken oder ausweichen? Lizzie war völlig unvorbereitet, kapierte aber rasch, lächelte und lachte leise. Das war der erste von vielen Tests, die sie bestand.

Sie mußte ihre Tarnungsbiographie auswendig lernen – nicht nur in groben Zügen, sondern bis in die kleinsten Details und Nuancen, die jeder Mensch im Laufe seines Lebens erfährt. Ihre Kindheit, Schulzeit, Familienverhältnisse und Freundschaften mußten genauestens ausgedacht werden, damit sie jede Frage ohne Zögern oder Verpatzer beantworten könnte.

Ein wichtiger Aspekt dieser Lebensgeschichte, den Lizzie ihm schließlich enthüllen müßte, betraf den okkulten oder Hexenkreis, in den sie zwischen dem zwölften und achtzehnten Lebensjahr hineingeriet und durch den sie systematisch in die Praxis rituellen Sexualmißbrauchs eingeführt wurde, die ihren Gipfel in dem Mord an einer jungen Frau erreichte, an dem sie passiv, aber als Komplizin teilnahm. Aus diesem Kreis war sie in ihrer Verwirrung und Ambivalenz über diesen Vorfall ausgetreten, glaubte aber, ein intimes sexuelles Verhältnis nur mit einem Mann haben zu können, der auf Grund von ähnlichen Erfahrungen die daraus resultierenden außergewöhnlichen psychosexuellen Empfindungen zu verstehen und teilen vermochte.

Alle seitherigen Bemühungen um eine Beziehung waren jedoch in dem Bewußtsein gescheitert, daß sie nicht so stark und zwingend sein konnten wie die Beziehungen, die sie in diesem Kreise erlebt hatte. Solches Scheitern verursachte ihr beträchtlichen emotionalen Schmerz, so daß sie das Eintreten in eine intime, sexuelle Beziehung nur mit großer Vorsicht erwägen könnte.

Der Geheimplan war so aufgebaut, daß ein Verdächtiger die

Gelegenheit hatte, zu offenbaren, ob er die gleiche sexuelle Devianz aufweise wie Rachels Mörder und sich damit – je nach dem – in die Mordtat verwickeln oder aber von dem Verdacht befreien konnte. Falls dies der Fall sein würde und er Rachel ermordet hätte, würde er vielleicht seine Schuld preisgeben. Die Operation konnte nur auf der Basis gelingen, daß der Verdächtige immer den ersten Schritt tat. Ihm durften keine Worte in den Mund gelegt oder Gedanken suggeriert werden. Lizzie dürfte also nur auf Hinweise und Stichworte von ihm reagieren.

Deshalb müßte Lizzie hinsichtlich wichtiger Details aus ihrer eigenen Vergangenheit zunächst vorsichtige Zurückhaltung üben und Angst erkennen lassen, daß ein Aufdecken sie in Gefahr brächte. Wenn sie dann über ihre Erlebnisse mit dem okkulten Kreis spräche, müßte sie Einzelheiten allmählich preisgeben und damit den Eindruck erwecken, als ob sie sich ihrer Beziehung mit dem Mann sicherer würde. Trotzdem gäbe es da etwas, das sie noch zurückhält – eine Hürde, die sie hindert, sich ihm total zu öffnen.

»Sie sehen sich selbst völlig anders als gewöhnliche Menschen«, sagte ich zu Lizzie, »haben aber Mühe, das zu erklären. Sie versuchen herauszufinden, ob dieser Mann ebenso empfindet.«

Es war absolut notwendig, daß sie in den frühen Stadien ihrer Beziehung kein Interesse an und Wissen über Rachels Mord verriet. Sollte der Verdächtige ihn erwähnen, müßte Lizzie bloß flüchtige Neugier zeigen und das Thema wechseln. Sollte es ein zweites Mal vorkommen, müßte Lizzie alles wiederum von sich weisen. Sie dürfte sich erst nach drei oder vier Andeutungen auf ein Gespräch über Rachel einlassen und ihm dann sagen: »Na schön, erzählen Sie mir davon.«

Es war gleichermaßen wichtig, daß Lizzie nicht von sich aus keines der besonders aggressiven und sadistischen Themen wie körperliche Unterwerfung, Beschimpfungen, Bedrohung durch Messer oder Demütigung von Frauen anschnitt, die nach meiner Vorhersage die Phantasie des Mörders beflügeln würden. Durch das Einführen fremder Aspekte und neuer Gesprächsstränge würde sie ihn nicht auf den richtigen Weg bringen können. Sie dürfte nur Themen weiter verfolgen, die vom Verdächtigen selbst aufgebracht worden waren.

Das war eine Sicherungsmaßnahme, um das Risiko zu verringern, daß ein unschuldiger Mann – in dem Bemühen um Lizzies Gunst und Zuneigung – mit falschen Angaben auftrumpfte.

Ich warnte: »Er wird hinterhältig sein. Falls er tatsächlich der Mörder von Rachel ist, wird er versuchen, eine sexuelle Intimität zu erreichen, ohne ein Risiko einzugehen. Er wird versuchen, alles über Lizzie James, ihre Wünsche und Bedürfnisse herauszukriegen, um eine Situation schaffen zu können, mit der er sie zu befriedigen hofft.«

»Er wird Dinge vortäuschen?« fragte sie.

»Schon möglich«, erwiderte ich, »aber am Ende wird seine sexuelle Devianz einen Punkt erreichen, an dem sie stärker ist als sein Hang zu Vorsicht und Selbsterhaltung, und dann mag es sein, daß er Detailkenntnisse von Rachels Ermordung offenbart. Falls es dazu kommt, sollten Sie bereit sein zuzuhören, aber auch zu erkennen geben, daß Sie Beweise dafür brauchen, daß er die Geschichte nicht einfach erfindet, um Sie zu beeindrucken und ins Bett zu kriegen.«

Nachdem ich Lizzie mit ihrer Lebensgeschichte als verdeckte Ermittlerin bekanntgemacht hatte, mußte ich sichergehen, daß sie ihre neue Persönlichkeit gut im Griff hatte. Denn wenn sie dem Verdächtigen erst einmal gegenüberstand, hatte sie keine Zeit zu verlieren.

»Wie sind Sie mißhandelt worden, Lizzie? Erzählen Sie mir, was geschehen ist, als Sie siebzehn waren.«

»Na ja, Sie...ähem... Sie wissen doch...«

»Nein, ich weiß gar nichts. Erzählen Sie, was man Ihnen angetan hat. Ich muß erfahren, was da geschehen ist. Wozu hat man Sie gezwungen?«

Nach unsicheren ersten Versuchen wurde Lizzie beim Erarbeiten ihrer Rolle zunehmend selbstbewußter. Wenn der Verdächtige im Laufe der Ermittlungen selbst etwas von sich selbst preisgab und Lizzie zur entsprechenden Erwiderung aufforderte, mußte sie – auch angesichts der Möglichkeit, daß der Mann ihr gegenüber ein Mörder war – imstande sein, problemlos über bestimmte eigene sexuelle Erfahrungen mit Männern zu sprechen. Der Punkt erforderte eine ganze Menge Übung.

Wir simulierten Telefonanrufe, bei denen ich den Verdächtigen spielte und Lizzie Anweisung gab, Briefe so formulieren, daß keine Informationen, Themen oder Vorstellungen erwähnt wurden, die vom Verdächtigen nicht bereits verwendet worden waren.

»Wie lang wird die Operation dauern?« fragte Pedder im Bewußtsein der Kosten und des zeitlichen Drucks.

Ich zeichnete ein Diagramm, das den wahrscheinlichen Reaktionsradius umriß. »Sie sehen eine Reise vor sich, die vom Start bis zum Ziel 24 bis 26 Wochen dauert. Lizzie dürfte zwei bis 16 Wochen brauchen, um eine Beziehung aufzubauen, die eine gewisse Verständigung möglich macht. Wenn sie bis dahin nicht zustande gekommen ist, können Sie die Sache sowieso abbrechen. Wenn der Austausch über die Phantasievorstellungen einmal begonnen hat, sollte der weitere Weg innerhalb der folgenden zwei Monate geschafft sein.«

»Und wenn er bis dahin kein Wissen über den Mord offenbart hat?«

»Dann brechen Sie die verdeckte Ermittlung ab und gestehen sich ein, daß der Betreffende vom Verdacht befreit ist. Dann hat er entweder nichts zu enthüllen, oder er wird es nie preisgeben.«

Als alle Vorbereitungen getroffen waren, blieb uns nichts übrig, als auf grünes Licht von oben zu warten.

11

In der polizeilichen Einsatzzentrale in Eltham – im Südosten Londons, zwanzig Kilometer von Wimbledon Common Park entfernt – war die Jagd nach einem Serientäter im Gange, der mindestens vier Vergewaltigungen verübt hatte, die mit jedem Mal brutaler geworden waren. Für den Zusammenhang zwischen den vier Verbrechen gab es überzeugendes DNS-Beweismaterial. Die Ermittlungen waren einer Sondereinheit der Polizei übertragen worden.

Die verdeckte Ermittlung mit dem Decknamen »Ecclestone« lief bereits zwei Wochen, als Detective Inspector John Pearse Anfang September bei mir anrief. Nach mehreren Terminverschiebungen und einer gräßlichen Fahrt über die Autobahn trafen wir uns endlich an einem Mittwochnachmittag Mitte September.

»Er ist ein elender Kerl«, sagte Pearse, als er mich durch die Einsatzzentrale führte. »Der Grad seiner Gewaltbereitschaft ist unglaublich; eins seiner Opfer hat ausgesehen wie eine Flickenpuppe.« Er hatte einen schnellen Gang, sprach ebenso schnell und wirkte ruhig und selbstsicher, als er mich mit den verschiedenen Mitgliedern des Teams bekanntmachte.

»Es gibt zwei Vergewaltigungen und zwei versuchte Vergewaltigungen, die durch DNS-Profile auf einen Täter deuten. Demselben Mann werden auch noch andere Übergriffe zugeschrieben. Wir haben glaubwürdige Zeugenaussagen und ein verläßliches Phantombild. Was mir fehlt, ist eine verdächtige Person.«

»Was kann ich für Sie tun?«

»Sagen Sie uns etwas über diesen Kerl. Übersehen wir da vielleicht etwas? Wie findet er seine Opfer? Wir sind dankbar für alle Informationen, die Sie uns liefern können.«

Er berichtete mir zunächst von den sicher bewiesenen Angriffen. Der erste fand am 10. August 1989 statt. Jenny, eine 31jährige ledige Mutter, hatte gerade die übliche Morgenroutine erledigt, die Katze nach draußen gelassen, das Frühstück für die Kinder vorbereitet und Ordnung in den Schlafzimmern gemacht.

Sie wohnte in der Nähe vom Winns Park in Plumstead in einem freistehenden Haus, das nach hinten an Weiden grenzte. Um 8.30 Uhr trocknete sie sich oben im Schlafzimmer die Haare. Als sie aufschaute, sah sie einen Mann in der Zimmertür stehen. Mund und Nase waren durch ein Tuch verdeckt. Er hielt ein Stanley-Messer mit schwarzem Griff in der Hand.

Er befahl ihr, sich auf das Bett zu legen, zog ihr das T-Shirt über den Kopf und band es mit einem Gürtel oder einer Schnur über den Augen fest. Da sie um die Kinder Angst hatte, die sich im Erdgeschoß befanden, überredete sie ihn, die Tür zu schließen und sagte ihm, er solle sich beeilen. Sie lag mit dem Gesicht nach oben, als er sie ohne volle Erektion vergewaltigte. Hinterher sah sie ihn durch den kaputten hinteren Zaun aufs offene Feld verschwinden.

»Wie ist er ins Haus hineingekommen?« fragte ich.

»Sie hatte den Hintereingang des Hauses offengelassen, als sie die Katze nach draußen ließ. Er schlich direkt an den Kindern vorbei, die unten spielten, schnitt die Telefonleitung durch und fand Jenny.«

»Ist etwas gestohlen worden?«

»Nichts.«

Da das Gesicht des Vergewaltigers teilweise verdeckt war, konnte Jenny beim Anfertigen des Phantombildes nicht helfen. Sie gab jedoch an, der Täter sei 1,75 Meter groß und ungefähr 19 Jahre alt, habe einen normal kräftigen Körperbau und mausgraues Haar. Er habe billige, ausgebleichte Jeans und eine braune Jacke getragen.

»Es ist die einzige Vergewaltigung, die *im* Haus passierte. Wir wären gar nicht drauf gekommen, sie mit den späteren Übergriffen in Verbindung zu bringen, wenn da nicht das DNS-Profil gewesen wäre.«

Der nächste polizeilich bekannte Überfall fand fast drei Jahre später und sieben Kilometer entfernt statt. Die 17jährige Susan, die südwestlich von Plumstead in Lewisham lebte, bestieg am 10. März 1992, um 8.40 Uhr einen Bus, um in einer nahe gelegenen Wohnsiedlung eine Freundin zu besuchen. Sie stieg an der Lee High Road in der Nähe der Kreuzung Abernathy Road aus und ging zu Fuß weiter. Kurz vor der Cordwell-Siedlung fiel ihr auf dem Bürgersteig der anderen Straßenseite ein junger Mann auf.

Als sie nach links in die Siedlung bog, stand sie in einem offenen Hof, während der junge Mann auf ein paar Garagen zulief. Als Susan einen zweiten Fußweg betrat, wurde sie von hinten angegriffen. Der Täter packte ihren rechten Arm, stellte sich mit einem gezückten Messer vor ihr auf und drohte: »Keinen Ton, wenn du noch weiterleben willst!«

Er zerrte Susan hinter die Garagen, schob ihren Pulli und BH hoch und streichelte ihre Brüste, während er sie aufs Gesicht und auf den Mund zu küssen versuchte. Als sie sich wehrte, drückte er ihr zur Erinnerung das Messer gegen den Bauch und sagte: »Halt's Maul, wenn du am Leben bleiben willst.« Dann schlug er ihr aus unerklärlichen Gründen mit der Faust ins Gesicht, zog ihr Jeans und Schlüpfer herunter, stieß sie zu Boden, drückte ihre Handgelenke über dem Kopf am Boden fest, begann seine Hüften gegen ihre zu pressen und probierte, erfolglos, in sie einzudringen.

Schließlich stand er auf, zog sich die Hose hoch und trat Susan sechs- bis achtmal gegen den Kopf, bevor er sich seelenruhig davonmachte.

»Eine verdammt hirnlose Gewalttat«, stieß Pearse hervor.

Acht Tage später schlug der Sexualverbrecher erneut zu, diesmal dreieinhalb Kilometer östlich von Lewisham, nahe von Schloß Eltham, auf offenem Feld, und wieder galt der Angriff einem 17jährigen Mädchen. Leanne hatte das Elternhaus nach einem Familienkrach um 19.30 Uhr verlassen und war spazierengegangen. Ihr Weg führte sie von der Eltham Palace Road auf einen Pfad, der durch Wiesen und Wäldchen nach Schloß Eltham geht. Ungefähr um 20.15 Uhr blieb sie auf eine Anhöhe stehen, um zu den Lichtern von Canary Wharf und Crystal Palace Tower hinüberzusehen.

Als Leanne sich wieder in Bewegung setzte, bemerkte sie ganz in der Nähe einen Mann. Er schien sich von ihr zu entfernen. Als sie sich dann auf den Heimweg machte, tauchte er jedoch plötzlich vor ihr auf, mit einem Messer in der rechten Hand. Er nahm die Kapuzenmütze ab, so daß sie sein Gesicht sah, und befahl: »Runter auf die Knie. Sonst werd ich dies hier benutzen.«

Er zwang Leanne auf den Rücken und drückte ihr das Messer in die linken Brust, so daß es einen kleinen Einschnitt verursachte, der blutete und den BH befleckte. Im Schutz des hohen Grases schob er ihr das Oberteil und den BH hoch und streichelte ihre

Brüste, bevor er ihre Unterwäsche auszog und sie anwies, die Knie mit den Armen zu umspannen und nach oben zu ziehen. Er versuchte, in sie einzudringen, doch sein Penis war zu schlaff. Dann simulierte er Geschlechtsverkehr, indem er sich auf und ab bewegte und Dinge sagte wie: »Ist das schön?« »Bist du noch Jungfrau?« »Fühlst du mich in dir?«

Als Leanne aus Versehen ihre Beine losließ, wurde er wütend und drohte, sie bewußtlos zu schlagen. Am Ende des Überfalls schaffte er eine Erektion und versuchte erneut, in sie einzudringen. Anschließend steckte er ihr das Messer an den Eingang ihrer Vagina und sagte: »Du hättest auch das haben können.« Anschließend führte er das Messer zwischen ihrem Busen und ihrem Kinn hin und her.

»Braves Mädchen«, sagte er beim Aufstehen.

»Soll ich hier warten, bis Sie fort sind?« fragte sie.

»Mach, was du willst. Aber sei ein braves Mädchen, und mach keinen Ärger.«

Zwei Schuljungen sahen Leanne vom Tatort wegrennen und begleiteten sie zu einer Reihe von Geschäften in der Nähe, von wo sie die Polizei anrief. Spermaflecken auf ihrer Kleidung lieferten ein gutes DNS-Profil, und sie vermochte Einzelheiten für ein Phantombild des Täters anzugeben, das laut Pearce eine ziemliche Genauigkeit erreiche. Und die Bedeutung von solcher Präzision kann gar nicht genug hervorgehoben werden. Phantomzeichnungen vermögen großen Schaden anzurichten. Eine zu geringe Übereinstimmung kann schuld daran sein, daß sich ein wichtiger Zeuge möglicherweise nicht meldet.

Bei diesem, dem dritten Überfall spielt der King John's Walk eine Rolle, ein öffentlicher Fußweg durch freies Feld und Wald, auf dem Leanne spazierengegangen war. Er ist Teil eines größeren Netzes von Wegen, das eine Reihe von Parks und Gemeindeangern im Südosten von London verbindet und den sogenannten Green Chain Walk bildet. Man kann ihn an zwei Stellen im Londoner Stadtteil Bromley und Crystal Palace Park betreten, und er schlängelt sich dann in nördlicher Richtung bis zur Themse.

Der Garten des Hauses, in dem die erste Vergewaltigung stattgefunden hatte, grenzt rückwärts an den Winns-Park – ein Gemeindeanger, der zum Rundweg des Green Chain Walk gehört, der auch im vierten Überfall eine wichtige Rolle spielt.

Am Sonntag, dem 24. Mai 1992, schob die 22jährige Cathy

kurz vor 14 Uhr ihre zweijährige Tochter im Kinderwagen über den King John's Walk. Cathy bemerkte, daß hinter einigen grauen Wellblechtüren neben verfallenen Umkleidekabinen ein Mann hervorlugte. Wenig später wurde der Fußweg vorübergehend von Geländern und Büschen eingegrenzt und wesentlich enger. Cathy hörte hinter sich Schritte, und ihr Kopf wurde plötzlich von einer Bandage gewaltsam nach hinten gedrückt. Sie ließ den Kinderwagen los. Sie wurde mit vielen Schlägen auf Kopf und Oberkörper zu Fall gebracht.

Der Gewalttäter zog ihr die Shorts und den Schlüpfer aus. Er muß auch den Tampon herausgenommen haben, und es gelang ihm, ihr Oberteil bis unter die Achsenhöhlen hochzuschieben. Dann drückte er ihr die Knie auseinander und zog sich selbst die Shorts aus, wodurch eine altmodische Unterhose zum Vorschein kam. Er masturbierte zwischen ihren Beinen in der Nähe ihrer Vagina und mußte seinen Penis beim Eindringen mit der Hand führen, weil er noch schlaff war.

Noch während des Geschlechtsakts sprang er plötzlich auf, zog sich die Shorts an und rannte fort, und zwar in dieselbe Richtung, aus der er auch gekommen war. Cathy, die blutüberströmt war, hob ihre Kleidungstücke auf und schaffte es mit ihrem kleinen Kind gerade bis zum Haus der Schwiegermutter, bevor sie zusammenbrach.

»Ich habe ihn angefleht, mich nicht umzubringen«, erklärte sie später der Polizei. »Er hörte einfach nicht auf, mich zu schlagen. Er legte mir einen Strick um den Hals und haute pausenlos auf meinen Kopf ein.«

Pearse trank einen Schluck Kaffee und murmelte: »Was für eine Schweinerei. Bei hellem Tageslicht und auf einem vielbenutzten Fußweg. Da hätte doch jeden Moment wer kommen können.«

»Er ist ein Mensch, der alle Risiken eingeht – zumindestens bis jetzt«, sagte ich, während ich eine Luftaufnahme des Tatorts studierte.

Cathy war ebenfalls imstande gewesen, bei der Erstellung des Phantombildes zu helfen, das von anderen Opfern als gut oder ordentlich bezeichnet wurde. Nach ihrer Beschreibung war der Angreifer jedoch weit über 1,80 Meter groß, was die Angaben der anderen Opfer bei weitem überstieg.

Pearse schilderte noch ein paar weitere Angriffe, die nach seiner Auffassung zu dem gleichen Komplex gehörten; sie standen sämtlich in Zusammenhang mit dem Green Chain Walk. Das galt insbesondere für einen Vorfall vom 30. August in Elmstead Woods, nur anderthalb Kilometer südlich von den Übergriffen in Eltham. Eine 47jährige Lehrerin war nach dem Frühstück beim Ausführen der Hunde vom Hauptweg abgekommen und hatte sich umgedreht, als ihr Corgi anfing zu bellen.

Ein Jugendlicher überholte sie und stellte sich ihr dann in den Weg. Er rieb sich seinen steifen Penis in der Hose, bevor er plötzlich eine Hundekette, die ihr um den Hals lag, packte und sie zu sich hinzog. Er preßte sie fest an den Boden gegen einen nahe gelegenen Baum, und dann mußte, wie die Lehrerin meinte, ihr Corgi ihn in den Knöchel gebissen haben, weil der Mann sich plötzlich hochrappelte und zur Lichtung rannte.

Ihre Beschreibung des Täters stimmte nahezu mit den Angaben der anderen Opfer überein. Als ihr das Phantombild gezeigt wurde, sagte sie: »Das ist der Mann.« Sie bezeichnete ihn im übrigen mit einem altmodischen Ausdruck, den Lehrer oft zur Klassifizierung von Schülern mit leichten Lernschwierigkeiten benutzten.

Pearse umriß noch zwei weitere Vorfälle, die sich seit Beginn der Operation ereignet hatten. Eine Verwaltungsangestellte, die bei der Polizei in der örtlichen Einsatzzentrale für »Ecclestone« arbeitete, hatte die Elthamer Wache am 1. September um 19 Uhr verlassen, um ihren Wagen aus einer Nebenstraße umzuparken. Sie merkte, daß ihr ein Mann nachging, dem eine gestreifte Plastiktüte über die Schulter hing, in der sich etwas Langes befand. Als sie den Motor anließ, lief er weg. Ihr fiel aber auf, wie exakt die Beschreibung des Verdächtigen auf ihn paßte.

Da man annahm, daß er es tatsächlich gewesen war, kam die Befürchtung auf, den Vergewaltiger hätte möglicherweise die Medienaufmerksamkeit, die der Fall erregte, so beunruhigt, daß er sich deshalb für die Polizeiwache Eltham interessierte. Diese Annahme wurde eine Woche später bekräftigt, als ein 14jähriger Junge beim Rollschuhlaufen mit Freunden in einem Park der Umgebung von einem Unbekannten angesprochen wurde, der der Beschreibung des Verdächtigen entsprach. Der Mann hatte seine schwarze Lederjacke geöffnet und auf ein Plakat gedeutet, auf dem ein Aufruf zu lesen war, sich vor dem Vergewaltiger vorzusehen. »Siehst du. Das bin ich«, sagte er, bevor er weiterging.

Pearse hatte unentwegt gesprochen, als er mich durch die örtliche Einsatzzentrale der Polizei führte, um mich mit den Mitgliedern des Ermittlungsteams bekanntzumachen. »Ich sollte Ihnen jetzt wohl noch den zuständigen Polizeibeamten vorstellen«, meinte er und gab mir ein Zeichen, ihm durch die Drehtür voranzugehen.

Ein so untypischer Polizeibeamter wie Detective Superintendent Steve Landeryou war mir noch nie untergekommen. Ich wollte meinen Augen kaum trauen. Er trug einen makellosen, maßgefertigten Dreiteiler, aus dessen zugeknöpfter Weste eine goldene Uhrkette heraushing. Die Brusttasche zierte ein perfekt gefaltetes Taschentuch.

Landeryou blieb für ein kurzes Gespräch über den Fall im Raum, entschuldigte sich dann aber und ging. Ich gewann den Eindruck, daß er meine Anwesenheit als ein Zugeständnis ansah, um keine Chance auszulassen, den Täter zu fassen, daß er sich aber bei polizeilichen Methoden wohler fühlte, die keine psychologischen Berater nötig hatten. Pearse dagegen war sehr an der Psychologie der Menschen interessiert. Er hatte sich als Student schon mit diesem Fach intensiv beschäftigt.

Pearse hatte mit mir vereinbart, mich nach der Lektüre der wichtigsten Zeugenaussagen und medizinischen Berichte auf einer Besichtigungstour der Tatorte zu begleiten. Sie beanspruchte den größten Teil des Nachmittags. Der Wagen war in der Hitze kurz nach Mittag wie ein Backofen. Da war es wohltuend anzuhalten und etwas herumzulaufen.

Mich interessierte besonders die erste der bekanntgewordenen Vergewaltigungen. Sie gab mir zu denken, weil sie gänzlich anders schien, so sehr, daß das Ermittlerteam sie fast als Abweichung von der Regel betrachtete. Pearse hatte sie bei seiner Einsatzbesprechung eher nebenbei erwähnt und sich rasch den Übergriffen zugewandt, die im Freien stattgefunden hatten und nach seiner Auffassung die Methodik des Vergewaltigers belegten.

Aus meiner Sicht enthielt der Angriff auf Jenny jedoch mehr verwertbare Spuren als die übrigen Fälle. Die restlichen Opfer, die im Freien überfallen worden waren, waren möglicherweie zufällig oder aus Gelegenheit attackiert worden, zu Jenny jedoch war er aus irgendeinem Grund geführt worden. Wieso hatte er gewußt, daß sie daheim war? Hatte er sie beobachtet oder heimlich verfolgt?

Entscheidender war noch – die beiden mußten eine Art Gespräch geführt haben, und dieser Austausch würde mir etwas über seine

Bildung, Motive und Kenntnisse von Jenny vermitteln, vermutete ich.

»Kann Jenny noch einmal vernommen werden?« fragte ich.

»Ich glaube schon«, sagte Pearse.

»Und die Nachbarn ebenfalls. Ich würde gerne erfahren, ob in den Wochen unmittelbar vor dem Überfall Spanner oder komische Männer in der Umgebung beobachtet worden sind.«

»Der Vorfall liegt aber doch etwa drei Jahre zurück.« Pearse wirkte ratlos.

»Genau. Das gehört ja gerade zu den Umständen, die mir zu denken geben.«

»Was soll das heißen?«

»Ich frage mich, ob er die Gegend nach dem ersten Überfall verlassen haben könnte. Eine dreijährige Pause zwischen solchen Angriffen ist nicht logisch. Bei Männern wie ihm gibt es keine Verminderung des geschlechtlichen Drangs und der Sexbesessenheit, eine Tatsache, die Täter für ein paar Monate, aber normalerweise nie über Jahre inaktiv sein läßt. Vielleicht hat aber die erste Vergewaltigung eine so große Verwirrung in der Bevölkerung ausgelöst, daß er sich eine Weile abgesetzt hat.«

»Er ist überhaupt nicht an die Öffentlichkeit gekommen«, sagte Pearse.

»Wo ist er gewesen?« fragte ich mich. Im Gefängnis? Oder im Krankenhaus? Waren seine Eltern umgezogen? War eine Beziehung gescheitert? »Wir müssen eine Erklärung für die Zeitlücke finden«, sagte ich.

Auf den Schauplätzen der Verbrechen erläuterte Pearse genau, wo die Opfer den Mann erstmals bemerkt und die Überfälle dann stattgefunden hatten. Bei den späteren Angriffen war das Gesicht des Täters zu sehen gewesen. Er hatte kaum Angst verraten, gestört zu werden. Das galt besonders für die Attacke auf Cathy auf einem belebten Fußweg, der kontinuierlich von Kindern, Hundehaltern, Radfahrern und Joggern benutzt wird. Ungeachtet des Risikos, entdeckt zu werden, und der Anwesenheit der kleinen Tochter hatte er den Grad der Gewalttätigkeit massiv gesteigert und Cathy am Kopf mit Fäusten und Füßen malträtiert.

Pearse hatte mir Fotos von Jenny, Susan, Leanne und Cathy gezeigt. Sie alle waren jung und attraktiv. Daraus hatte die Polizei geschlossen, daß sie exakt dem Bild von einer Frau im Kopf des Täters entsprachen. Ich machte den Vorschlag, daß die Polizei, statt nach objektiven physischen Ähnlichkeiten unter den Frauen zu suchen, herauszufinden versuchen sollte, welchen Eindruck die Opfer auf den Vergewaltiger gemacht haben könnten. Waren sie ihm womöglich verletzlich oder nervös erschienen, weil sie seinen Blick nicht erwiderten und wegschauten, und so weiter?

Im übrigen war mir auch bei der Geschichte mit dem Überfall in Elmstead Wood auf die Lehrerin, die ihre Hunde ausführte, nicht ganz wohl. Da gab es einige erklärungsbedürftige Dinge. Nicht nur, daß die Lehrerin viel älter war als die übrigen Opfer. Bei dem Angriff war auch kein Messer gezückt worden, und die Lehrerin hatte einen Täter geschildert, der seinen steifen Penis am Hosenstoff gerieben hatte. Von den übrigen Fällen war uns bekannt, daß der Vergewaltiger Schwierigkeiten mit der Erektion hatte.

Außerdem hatte die Lehrerin einen Täter beschrieben, den sie als geistig unterdurchschnittlich erlebte. Das hielt ich bei dem Green-Chain-Vergewaltiger für unwahrscheinlich, dessen Beherrschung und intellektuelle Fähigkeiten in den übrigen Angriffen ja bereits offenkundig geworden waren. Es mochte ja zutreffen, daß er keine ausgeklügelten Täuschungsmanöver angewandt und versucht hatte, seine Opfer zu ihm genehmeren Orten zu führen. Er hatte jedoch *bewiesen*, daß er intelligent genug war, um tun zu können, was er wollte.

Die Berichterstattung der Lokalpresse hatte im Süden von London etliche Hinweise auf den Green-Chain-Vergewaltiger geliefert. Die Kriminalpolizei verfolgte alle Bewegungen von bekanntgewordenen Sexualverbrechern sowie sämtliche Meldungen über Männer, die sich verdächtig verhielten. Zwei Vorfälle lösten besondere Aufmerksamkeit aus. Am Montag, dem 12. Oktober, meldete eine Frau, daß ihr im Winns Common – ganz in der Nähe des Schauplatzes der ersten Vergewaltigung – ein Mann nachgegangen sei. Sie schob ihr Baby im Kinderwagen. Es war zehn Uhr abends, als sie im Park auf einer Bank einen Mann bemerkte, der ihr irgendwie Angst einflößte, so daß sie das junge Liebespärchen in einem parkenden Wagen bat, sie im Auge zu behalten. Als sie an der Parkbank vorbeikam, stand der Mann auf und folgte ihr. Er ging erst in eine andere Richtung, als die Autoscheinwerfer eingeschaltet und auf ihn gerichtet wurden.

In einem anderen Fall hatte ein Mann sich ins Haus einer jungen Frau Eintritt verschaffen wollen, die zum Glück aber die

Sicherheitskette an der Haustür eingehängt hatte, so daß er nicht hineinkam. Der Fall lief anders ab als die übrigen, die im Freien stattgefunden hatten. Alles deutete aber darauf hin, daß es den Vergewaltiger eventuell wieder zurück in den Schutz eines Hauses drängte.

Man geht davon aus, daß die meisten Vergewaltiger sich einmal entweder für einen Tatort im Haus *oder* im Freien entscheiden. Das hat in starkem Maße damit zu tun, auf was ihre Phantasien ausgerichtet sind und was sie ursprünglich dazu gebracht hat. Vergewaltigungen, die in Wohnungen verübt werden, werden häufig von einem Täter begangen, der anfänglich Einbrecher oder Voyeur war. Dagegen lassen sich Vergewaltigungen im Freien oftmals auf frühere exhibitionistische Vergehen und öffentliches Masturbieren zurückführen. Falls es den Täter in diesem Fall wirklich wieder in Wohnungen trieb, so hatte das zu bedeuten, daß die erste Vergewaltigungstat für die Suche nach Anhaltspunkten noch wichtiger geworden war.

Ich hatte mittlerweile ein Persönlichkeitsprofil des Vergewaltigers entworfen und es auf dem Polizeirevier in Eltham einem Kreis von Kriminalbeamten und uniformierten Polizisten vorgetragen. Als Pearse mich ihnen vorstellte, spürte ich eher ihre Neugier als ihre Sympathie. Einige Teilnehmer waren verhältnismäßig jung bzw. von den unteren Rängen, sie hatten noch nie mit einem Psychologen zusammengearbeitet.

Ich hob an: »Es ist ziemlich unwahrscheinlich, daß der Täter mehr als 28 Jahre alt ist, und es ist sehr gut möglich, daß er zur Altersgruppe zwischen 20 und 25 Jahren gehört.«

Um das für sein Vorgehen notwendige Selbstvertrauen zu entwickeln, mußte dieser Straftäter einerseits eine gewisse Welterfahrung gesammelt haben, andererseits war er aber nicht so alt, daß er die Dinge bei seiner Tat wirklich unter Kontrolle hatte. Die erfolglosen Vergewaltigungsversuche bestätigten seine mangelnde sexuelle Erfahrung und Reife. Ich wußte natürlich auch, daß sich Vorlieben für bestimmte Orte mit der Zeit verändern können und daß Menschen mit dem Älterwerden normalerweise auch ihre Lebensgewohnheiten umstellen: Sie gehen beispielsweise weniger zu Fuß und fahren mehr mit dem Wagen. Dieser Mann war aber mit dem, was sich ringsum tat, noch immer in engem Kontakt. Er kannte sich mit den umliegenden Parkanlagen, Fußwegen und Buslinien hervorragend aus.

»Intelligenzmäßig wird er zwischen Durchschnitt und unterem Durchschnitt anzusiedeln sein«, sagte ich. »Schulisch wird er es nicht sehr weit gebracht haben. Er hat eventuell in manchen Fächern Nachhilfeunterricht bekommen.« Diese Erkenntnisse zog ich aus dem Geschick, mit dem er sich der Polizei zu entziehen wußte. Ich konnte an der Methodik seiner Überfälle nichts erkennen, was auf eine Geisteskrankheit hingedeutet hätte.

»Falls er eine Anstellung hat, so wird seine Tätigkeit keine hohen geistigen Anforderungen an ihn stellen, und möglicherweise wird er eine handwerkliche Arbeit verrichten. Es besteht kein Grund zu der Annahme, daß er einer einsamen Tätigkeit nachgeht oder von Kollegen gemieden wird.«

Diese Schlüsse zog ich wiederum aus meinen Kenntnissen über seine Intelligenz. Den Zeugenaussagen zufolge fehlte es ihm eindeutig an der ausgeglichenen Überlegtheit, die man normalerweise für eine irgendwie leitende Tätigkeit oder für spezielle berufliche Aufgaben als Mindestvoraussetzung braucht. Eine handwerkliche Arbeit paßte wohl eher zu ihm.

Seine Beziehungen zu Kollegen habe ich aus einem ganz besonderen Grund erwähnt. Ich stoße nämlich oft auf folgende Erwartung: »Ach, das ist bestimmt wieder so ein komischer Einzelgänger.« Stereotype Vorstellungen und Vorurteile können gefährlich sein. Deshalb wollte ich die Polizei veranlassen, sich für alles offen zu zeigen. Sie hielten so Ausschau nach einem Mann, der zwar für unsere Welt intellektuell und emotional schlecht gerüstet erscheinen mochte, damit aber nicht unbedingt wie ein Osterei unterm Weihnachtsbaum auffallen mußte. Und wenngleich einerseits kein direktes Indiz von Geisteskrankheit vorlag, durfte man andererseits nicht damit rechnen, daß sie gegebenenfalls offen zutage treten würde.

Falls die Polizei also auf einen Verdächtigen stoßen sollte, der sich unter den Menschen auf seiner Arbeitsstelle oder in einem geselligen Rahmen wohl fühlte, so dürfte sie keineswegs den Schluß ziehen, daß er deshalb nicht der Serientäter sein könnte. Ebenso sei es durchaus möglich, erklärte ich, daß der Straftäter auf seiner Arbeit mit Frauen zusammenkomme, wenngleich ich nicht damit rechne, daß er eng mit ihnen zusammenarbeiten würde.

»Die Gesellschaft junger Mädchen mag ihm gefallen, weil sie nämlich in oberflächlichen Beziehungen weniger bedrohlich und leichter zu beeindrucken sind.« Ich erklärte, warum Männer, die entweder jünger als zwanzig oder etwas älter sind und die allem Anschein nach keine Probleme mit Frauen haben, manchmal nicht in der Lage sein können, feste Beziehungen herzustellen. Sie brauchen das Gefühl, wichtig zu sein und bewundert zu werden, und solche Bewunderung finden sie eher bei jungen Mädchen, die ja häufig zu älteren Männern aufschauen. Das erklärt auch, warum 13- bis 17jährige Mädchen oft im Bett von Männern Mitte Zwanzig landen.

»Es gibt klare Hinweise auf sexuelle Funktionsstörungen bei ihm – wie zum Beispiel Erektionsprobleme und vorzeitiger Samenerguß«, fuhr ich fort. »Ich würde auch mit einer mangelnden Fähigkeit zu angemessenen heterosexuellen Beziehungen auf Grund von Kommunikationsschwäche und *eventuellem* Alkoholmißbrauch rechnen.

Er geht leichtsinnig Risiken ein und scheint relativ unbekümmert zu sein, was seine mögliche Identifizierung oder Festnahme angeht«, sagte ich, obwohl sich das, wie ich sehr wohl wußte, mit der Zeit wahrscheinlich ändern würde. Junge Straftäter neigen zu größerem Leichtsinn, weil sie sich der Konsequenzen einer Festnahme nicht bewußt sind. Je reifer sie werden, desto klüger und vorsichtiger verhalten sie sich. Wenngleich dieser Mann beim Überfall auf Cathy am hellichten Tag ein enormes Risiko eingegangen war, würde er nach meinem Empfinden mit der Zeit wahrscheinlich vorsichtiger werden.

»Obschon ihm die Wirkungen, die die Angst bei seinen Opfern hervorruft, Befriedigung verschafft, erfüllt er im Grunde nicht die Kriterien eines Sadisten«, sagte ich, wie ich aus der Fachliteratur wie aufgrund meiner klinischen Tätigkeit wußte. Dieser Mann genoß es, Frauen seinen Willen aufzuzwingen. Er hätte jedoch, wenn er gewollt hätte, seinem Opfer weitaus mehr Schmerzen zufügen und größere Dominanz gewinnen können. Statt dessen machte seine Gewalttätigkeit vor sadistischen Handlungen halt.

Doch waren sein Zorn und seine Wut beträchtlich. Und der Annäherungsversuch an die Polizeiangestellten, die sich gerade außerhalb der Wache von Eltham aufhielten, ließ erkennen, daß er die Polizei möglicherweise bewußt reizte und herausforderte, ihn zu fangen.

»Höchstwahrscheinlich ist er der Kriminalpolizei in dieser Region bekannt – denn eventuell ist er bereits wegen Eigentumsdelikten mit Hausfriedensbruch aufgefallen«, sagte ich. Damit bezog ich mich wieder auf die erste Vergewaltigung, die nach meinem Dafürhalten vom zuständigen Ermittlerteam fast als etwas Nebensächliches behandelt wurde, als Ausreißer, dem nicht dieselbe Bedeutung wie den anderen Überfällen zugebilligt werden sollte. Ich sah das völlig anders. Der Täter war in ein fremdes Haus eingedrungen, hatte eine Telefonleitung durchgeschnitten und eine Frau vergewaltigt, während ihre Kinder unten spielten. Sein Vorgehen deutete auf jemanden hin, der schon früher in fremde Häuser eingedrungen war.

Er verriet seine Kenntnis der Umgebung, die alles andere als oberflächlich oder wie erst vor kurzem erworben wirkte. Sie ließ auf eindeutige, durch Wohnsitz, Schule und Arbeit begründete Beziehungen zur Umgebung schließen. Obwohl es sich hier wahrscheinlich um eine Neuentwicklung handelte, erwähnte ich die Möglichkeit, daß er für die Phase zwischen der ersten und der zweiten Straftat auch weggezogen sein konnte.

Wie bei Rachel Nickells Mörder rechnete ich auch bei dem Vergewaltiger damit, daß er seine Attacken in Gedanken schon durchlebt hatte, bevor er sie in die Tat umsetzte. Diese Erkenntnis ging auf meine klinische Arbeit mit Straftätern zurück, die mir berichtet hatten, wie sie sexuelle Befriedigung allein daraus zogen, Frauen beim Ausziehen oder beim Liebesakt durchs Fenster zuzuschauen. Und wie sich das dann meist dazu gesteigert hatte, sich an Frauen heranzupirschen, ihre Unterwäsche zu stehlen und schließlich zu ihnen in die Wohnung einzudringen.

»Bei diesem Mann könnte es sehr wohl eine Vorgeschichte mit weniger gravierenden Sexualdelikten einschließlich der Erregung öffentlichen Ärgernisses und besonders von Voyeurismus geben«, führte ich aus. »Insofern sollten Sie vielleicht Ihre Aufmerksamkeit auf die Anzeigen von Pärchen, denen im Wald etwas aufgefallen ist, und vor allem auf Meldungen von Voyeurismus, lenken. Besonders wenn dabei Frauen bei Tag und bei Nacht in ihrer Wohnung beobachtet wurden, und zwar während der zwei bis vier Monate vor der ersten Straftat. Außerdem könnten Diebstahlfälle von Damenunterwäsche von Wäscheleinen Hinweise liefern.«

Ich hatte das Täterprofil bis zu diesem Punkt ohne jede Rückmeldung von den anwesenden Polizisten vorgetragen. Ich hatte normalerweise nur mit dem für die direkten Ermittlungen zuständigen Polizisten, eventuell noch einigen wenigen leitenden Beamten, zu tun. Diesmal machte der wesentlich größere Kreis von Zuhörern es schwieriger zu erkennen, ob die Botschaft auch ankam – ein Problem, das besonders akut wurde, als ich davon sprach, wie dieser Mann gefaßt werden könnte.

»Nach meiner Auffassung wird er schließlich auf eine von den genannten Weisen in Ihren Gesichtskreis treten«, sagte ich und zählte die Alternativen auf.

»*Erstens:* Aufgrund von Informationen, die Ihnen durch die Öffentlichkeit oder die Polizei zugehen. Das wird sich dadurch ergeben, daß er aus Besorgnis oder wegen eines unbekümmerten Betragens zum Ärgernis wird und bei den Anwohnern – früher oder später – wegen seiner aggressiven bzw. sexuellen Anspielungen Unbehagen verursachen wird.

Zweitens: Indem er bei einer Straftat gefaßt wird.

Drittens: Durch eine negative Auslese, die auf einer Untersuchung der Akten erreicht werden kann. Er befindet sich auf die eine oder andere Weise bereits in Ihrem Netz. Wenn Sie in Ihren Akten suchen und, noch wichtiger, mit den Bezirkswachtmeistern sprechen, werden Sie zwangsläufig auf ihn stoßen. Er ist Ihnen bereits bekannt.«

Ich schloß mit der Warnung, daß sie einem sehr gefährlichen jungen Mann auf der Spur sind, der mit Sicherheit weiterhin Frauen angreifen werde. »Er wird seine Gewalttätigkeit möglicherweise noch steigern. Das hängt von der Reaktion seines Opfers ab und könnte auch den Tod eines dieser Menschen bedeuten.

Ich hoffe, Ihnen damit gedient zu haben. Ich möchte aber noch einmal die relevanten, wahrscheinlichen Tatsachen unterstreichen und will Sie nicht mit den Versprechen verlassen, daß ich Ihnen bald ein Foto dieses Mannes liefern kann.«

Als ich mich erkundigte, ob es sonst noch Fragen gebe, sah ich mich einem Heer von versteinerten Gesichtern gegenüber. Wie ich merkte, waren meine Schlußfolgerungen nicht rundum positiv aufgenommen worden. Niemand schien interessiert, weiter über das Täterprofil zu diskutieren. Ich fuhr nach Hause, tippte meine handschriftlichen Notizen ins reine und schickte eine Kopie an John Pearse. Ich war keineswegs überrascht, als ich von ihm daraufhin nichts mehr hörte. Weil ich schon an Dutzenden von Fällen mitgearbeitet hatte – viele von ihnen waren noch immer nicht abgeschlossen –, war ich es gewohnt, keinen Ergebnisbericht zu erhalten. Sofern mich die Polizei nicht für die Ausarbeitung einer Vernehmungsstrategie oder weiterführende Tips brauchte, gab es für sie meist keinen Grund, mich anzurufen. Im Fall von »Operation Ecclestone« hatte ich abgeliefert, worum ich gebeten worden war, und ich nahm einfach mal an, daß die Polizei den Green-Chain-Vergewaltiger bald zu fassen bekäme und unter Anklage stellen würde.

12

Lizzie James schrieb Colin Stagg zum erstenmal am 19. Januar 1993 einen Brief, in dem sie sich als eine alte Freundin von Julie Pines bezeichnete, die sie »ein bißchen altmodisch« nannte. Sie gab vor, durch einen Zufall auf einen Brief von Stagg an Julie gestoßen zu sein. Sie schrieb:

Dieser Brief läßt mich nicht mehr los. Er fasziniert mich. Ich ertappe mich oft dabei, wie ich an Sie denke. Ich würde Sie gern besser kennenlernen und Ihnen wieder schreiben.

Ich werde Ihnen etwas von mir erzählen. Ich bin (wie Julie) geschieden und, ehrlich gesagt, bin ich die sinnlosen einseitigen Beziehungen satt, weil ich mir schon zu oft die Finger verbrannt habe. Ich bin 1,70 Meter groß, blond und dreißig Jahre alt. Man hat mich früher immer als attraktiv bezeichnet. Meine Interessen mögen vielleicht langweilig erscheinen, denn ich komme nicht viel unter Menschen. Mir ist meine eigene Gesellschaft lieber. Ich lese sehr viel und habe oft überlegt, ob ich nicht ein Buch schreiben soll.

In der Musik habe ich einen merkwürdigen Geschmack. Meine Lieblingsschallplatte ist »Walk on the Wild Side« von Lou Reed. Ich bin ein bißchen mißtrauisch, aber nicht verrückt. Ich wäre froh, wenn Sie Julie nichts von diesem Brief sagen würden, weil unsere Freundschaft nämlich nicht mehr so eng wie früher ist. Ich habe mir in London eine Postadresse besorgt, an die können Sie mir schreiben. Ich ziehe gerade um und möchte nicht, daß Briefe verlorengehen. Ich bin wöchentlich ungefähr zweimal in der Londoner Innenstadt. Ich hoffe, daß dieser Brief Ihnen nicht unangenehm ist und würde mich freuen, bald von Ihnen zu hören.

Lizzie

PS. Mein voller Name ist Lizzie James.

Stagg antwortete prompt und legte große Vorsicht an den Tag. Er gab vor, sich nicht erinnern zu können, mit einer Julie korrespondiert zu haben, und erklärt anschließend, daß er mit Lizzie gern Briefe austauschen würde, weil er das Gefühl habe, daß sie sich ähnlich seien. Er komme ebenfalls nicht viel unter Leute. Er führe ein ruhiges, bequemes Leben. In der Freizeit mache er regelmäßig Spaziergänge in den Parks der Umgebung, entspanne sich vor dem Fernseher und höre Musik. Im Sommer sonne er sich außerdem gern nackt im Park. Es gebe da aber ein paar kleinkarierte Leute, die das jedoch nicht so angebracht fänden.

Er bezeichnete sich als einen, der manchmal »furchtbar einsam« sei und »engstirnige Menschen« nicht ausstehen könne. Das Leben sei zu kurz, schrieb er, als daß man sich von anderen vorschreiben lassen dürfe, wie man zu leben hätte.

Er bat Lizzie um ein Foto und sprach seine Hoffnung aus, daß sie ihm bald wieder schreiben würde, damit sie sich besser kennenlernten.

Keith Pedder zeigte mir den Brief. Ich gab den Rat, daß Lizzie in ihrer Antwort den typisch warmen Ton eines einsamen Herzens anschlagen sollte, und umriß, worauf der Brief inhaltlich eingehen müsse. Das konkrete Ausformulieren war Sache der Polizei.

Im nächsten Brief, der Anfang Februar eintraf, erinnerte sich Stagg plötzlich an seine Korrespondenz mit Julie. Er gab zu, daß es sich um einen ziemlich eindeutigen Brief gehandelt habe und kündigte Lizzie ähnliche Briefe an, in denen er seine Phantasien über ihr Zusammensein äußern wolle. Er ermunterte Lizzie, Gleiches zu tun und ihre geheimen Sehnsüchte und Vorstellungen offen auszusprechen.

Dem Brief hatte Stagg eine Geschichte angehängt, in der er von einem Geschlechtsakt im Garten hinter seinem Haus erzählte: Er lag nackt da, während Lizzie sich vor seinen Augen auszog und in jeder nur möglichen Form Verkehr haben wollte. Anschließend nahm er sie an der Hand und führte sie auf den Rasen, wo sie sich ins feuchte Gras legten und er langsam onanierte, während er ihr das Haar streichelte. Ihn erregte der Gedanke, daß ihnen dabei die Nachbarn zuschauen könnten.

Diesen Brief bekam ich erst am 15. Februar zu lesen, als Pedder mich das nächstemal in Arnold Lodge aufsuchte. Er schien über den Gang der Dinge sehr zufrieden zu sein.

»Das kommt alles so schnell!« meinte er. »Der zweite Brief, und er schreibt ihr bereits von seinen sexuellen Phantasien.«

»Eine ziemlich gewöhnliche Vorstellung«, gab ich zu bedenken. »Sie zeigt doch noch längst kein Verwickeltsein in ein Verbrechen.«

»Sie schließt es aber auch nicht aus«, hielt Pedder dagegen.

»Nein.«

Da Stagg sich offenbar an den Inhalt seines Briefes an Julie Pines erinnerte, hatte er mit seinem ersten Antwortschreiben an Lizzie deren Vertrauenswürdigkeit testen wollen. Er war rasch dazu übergegangen, ihr sexuelle Phantasien zu entlocken, ohne daß Lizzie ihn dazu veranlassen mußte. Die anderen interessanten Punkte betraf seine Vorliebe für Sex im Freien, die Erregung bei dem Gedanken, beobachtet zu werden und ein leiser Hinweis auf eine dominierende sexuelle Position gegenüber dem weiblichen Partner.

Mittlerweile hatten Lizzie und Stagg Grüße zum Valentinstag gewechselt, und von Stagg war ein weiterer Brief mit sexuellen Phantasien eingetroffen, in dem er noch ein wenig mehr von sich preisgab. Er gestand, »sehr geil« zu sein, weil er allein wohne und daher beim Lesen von Männermagazinen oft masturbiere. Er gab seiner Hoffnung Ausdruck, daß Lizzie deswegen nicht beleidigt sein würde und daß er sie bald kennenlernen und mit ihr eine aufregende Beziehung beginnen werde.

Die Phantasien, die er jetzt preisgab, entsprachen ganz der Art seiner pornographischen Lektüre, unterstrichen zudem den eindeutig sexuellen Charakter seiner Briefe und seiner Erwartungen bezüglich der Beziehung mit Lizzie.

Ich empfahl, daß Lizzie in ihrer Antwort die Intensität der sexuellen Äußerung nicht weiter steigern und auch keine neuen, von Stagg nicht bereits angesprochenen Themen einführen solle. Lizzie durfte ihn auf keinen Fall auffordern; die Führung mußte ganz bei ihm liegen.

Lizzie antwortete, indem sie Stagg als »brillanten Geschichtenerzähler« lobte, ihm jedoch mitteilte, daß er sich mit derartigen Briefen ihrerseits gedulden müsse, weil sich ihrer Natur gemäß alles ein wenig langsamer entwickle. Sie schilderte ihr Leben am Stadtrand von Slough und ihren Plan, in ein paar Wochen umzuziehen.

Unterdessen kamen bei der Durchführung des Plans unerwartete Schwierigkeiten auf: Das Fernsehen plante einen Dokumentarfilm über Täterprofile, an dem David Canter mitwirkte, und die Produzenten wollten den Schwerpunkt auf die Ermittlungen im Fall Rachel Nickell legen. Canter hatte der Presse bereits erklärt, er sei überzeugt, den Ermittlern helfen zu können; man habe ihn aber nicht gefragt. Für die verdeckte Ermittlung war der Dokumentarfilm deshalb möglicherweise eine Katastrophe, weil ihr Erfolg wesentlich davon abhing, daß Colin Stagg der Meinung war, die Ermittlungen wären abgeflaut und im Sande verlaufen.

Pedder tat, was er nur konnte, um die Fernsehsendung abzublocken. Als ihm das schließlich nicht gelang, bewegte er mich dazu, mit den Produzenten zu kooperieren, um zu verhindern, daß lediglich Canter über die Ermittlungen befragt wurde, von denen er keine unmittelbare Kenntnis besaß. Es ging darum, die Öffentlich vom Fall selbst abzulenken und statt dessen generell über das Thema »Täterprofile« zu sprechen.

Ich erklärte mich nur sehr widerstrebend dazu bereit. Am Ende habe ich bei dieser Gelegenheit das größte allgemeine, irreführende Geschwafel produziert, dessen ich fähig war. Mir tun heute noch alle leid, die der Sendung zugeschaut haben.

Am 25. Februar berichtete mir Pedder vom nächsten Brief, der wiederum aus zwei Teilen bestand. Der erste sollte die Beziehung vertiefen, und der zweite enthielt auch diesmal sexuelle Phantasien. Sie hatten die Überschrift »Ein besonderes Geschenk für meine schöne Lizzie«.

Er schilderte ein gemeinsames Picknick an einem Sonnentag in einem Park der Umgebung: Sie stießen auf eine kleine Lichtung, wo sie durch einige wenige Bäume vor neugierigen Blicken geschützt waren. Sie suchten sich eine Stelle unter einem gestürzten Baum.

Während er die mitgebrachten Speisen ausbreitete und die Weinflasche zum Kühlen in einen nahe gelegenen Bach stellte, entkleidete Lizzie sich bis auf den Bikini. Dann nahmen die beiden nebeneinander auf einer Decke Platz. Sie begannen zu schmusen und sich gegenseitig auszuziehen, bis Lizzie splitternackt auf dem Rücken lag.

Stagg führte sie zu dem gestürzten Baum und beugte sie über dem Stamm, damit er von hinten in sie eindringen konnte. Sie ließ ein unterdrücktes Stöhnen hören. Er fragte, ob alles in Ordnung sei. »Ja, so ist's wunderbar«, sagte sie.

Stagg beendete seinen Brief mit der Ankündigung, daß er seine Phantasien das nächste Mal fortsetzen werde. Pedder empfand den Brief als eine Offenbarung. Er marschierte mit der Fotokopie des Briefes in der Hand in seinem Büro herum und blieb nur gelegentlich stehen, um eine Stelle noch einmal laut vorzulesen.

»Sehen Sie doch, er ist da – hier, in der Waldung, und alles ist ganz so wie bei der Tat – der gestürzte Baum, der Bach, er spricht davon, von hinten in sie einzudringen. Er stellt die Szene noch einmal nach.«

Ich versuchte, seinen Enthusiasmus zu dämpfen. »Ja, aber auch nicht mehr. Da gibt es nichts, was ihn direkt in einen Zusammenhang mit dem Mord bringt, und genau betrachtet bedeuten diese Phantasien nicht mehr als die Wiedergabe einer normalen Geschichte aus einem Männermagazin.«

Die Übereinstimmung der geographischen Charakteristika und des maskulinen Dominanzverhaltens konnten einen allzuleicht überzeugen. Wenn die verdeckte Ermittlung aber wirklich von Erfolg gekrönt sein sollte, müßten sich über einen gewissen Zeitraum Aspekte, die sich allgemein mit meinen Vorstellungen von dem Mörder deckten, zusammenfassen lassen zu einer genauen Vorhersage seines Verhaltens.

»Sie sollten ihm nicht gleich antworten«, sagte ich.

»Warum?«

»Geben Sie ihm Zeit, damit er nachdenken und sich aus der Beziehung zurückzuziehen kann«, sagte ich. »Es liegt bei ihm, die Richtung der Operation zu bestimmen.«

»Und wenn er nicht weiterhin mitmacht? Was dann?«

»Dann schließt er sich selbst als Verdächtiger aus.«

Es ging hier nicht darum, Colin Stagg um jeden Preis für schuldig zu befinden oder brauchbare Schuldhinweise in seinen Briefen herabzumindern. Ich beurteilte jeden seiner Zeilen vielmehr nach seinem wirklichen Aussagewert. So wies ich die Polizei darauf hin, wenn ich in seinen Phantasien Belege für ein stärkeres weibliches Aktivwerden in der sexuellen Beziehung erkannte – das war ein Faktor, mit dem bei dem Mörder nicht zu rechnen war.

Als Lizzie Stagg schließlich antwortete, war sie nicht abweisend. Sie machte nur eine Andeutung, daß ihr Ehrlichkeit wichtiger sei als irgendwelche Phantasien. Gleichzeitig mußte sie aber zu erkennen geben, daß sie für männliches Dominanzverhalten offen sei, ohne dabei irgendwelche Vorstellungen von extremer Gewalttätigkeit oder sonstige Merkmale zu suggerieren, die vom Mordfall Rachel Nickell bekannt waren. Sie schrieb:

Dein schöner Brief voller Phantasien hat mich gefesselt. Ich hoffe nur, daß Du das ausgesprochen hast, was Du wirklich denkst und ehrlich meinst, soweit es uns beide betrifft. Ich wünsche mir, daß alles auf mich gemünzt und aufrichtig gemeint ist und nichts mit dem üblichen Zeugs zu tun hat, das jeder in einschlägigen Zeitschriften nachlesen kann. Meine eigenen Phantasien kennen keine Grenzen, sie gehen oft mit mir durch. Das macht mir manchmal angst, und es wäre schön, wenn Du öfters auch ähnlich ungewöhnliche Träume hättest.

Sie korrespondierten während der folgenden zwei Wochen regelmäßig. Stagg schrieb von seiner Einsamkeit und über seine bisherigen, schlechten Beziehungen zu Frauen. Er könne sein Glück gar nicht fassen, eine schöne Frau gefunden zu haben, die für ihn Interesse und die gleiche aufregende Einstellung zum Geschlechtsleben habe. Die Frauen, denen er normalerweise begegne, betrachteten ihn mit einem Ausdruck, als ob er Dreck wäre, den sie gerade von den Schuhsohlen abgetreten hätten.

In seinen Phantasieschilderungen verwendete er inzwischen Ausdrücke wie »in Ekstase schreien« oder »wild in Dir zucken«. Das war bemerkenswert, doch ich wußte, daß man versucht war, zu viel in solche Dinge hineinzulesen. Immerhin hielt er in seinen Phantasien aber das dominante maskuline Verhalten bei, und ich gab Lizzie den Rat, in ihrem nächsten Brief genau im Ton seiner Darstellung fortzufahren und Wünsche nach Herrschaft und Erniedrigung deutlich zu machen. Es war allerdings wichtig, daß kein konkretes Beispiel für solche Vorstellungen angeboten wurde. Man mußte Stagg absolut die Freiheit seiner ganz persönlichen Reaktionen lassen. Für den Fall, daß die Polizei diesem Rat folgen würde, sagte ich eine von folgenden drei Reaktionen vorher:

1. Er wird von der Beziehung Abstand nehmen, weil ihn die Aussicht auf eine sexuelle Liaison auf der Basis solcher Phantasien nicht interessiert;

2. Er wird seinen Spaß an solchen Dingen im Rahmen einer persönlichen Beziehung bekunden, dabei jedoch auf einer Stufe ver-

harren, die sich nicht sehr von der Praxis vieler normaler verliebter Leute unterscheidet, deren Geschlechtsleben mit symbolischen Verknüpfungen von sexueller Herrschaft und Unterwerfung und manchmal sogar von sexueller Gewalt geprägt ist;

3. Er wird versuchen, eine Beziehung zu Lizzie aufzubauen, die mehr und mehr von aggressiven Sexualphantasien geprägt wird und schließlich schwerste sexuelle Gewalttätigkeiten möglich werden läßt.

Ich war mir sicher, daß jemand, der sich für die letzte Option entscheiden würde *und* für den Mord an Rachel Nickell verantwortlich *wäre*, die aus solchen wilden Phantasien resultierende sexuelle Erregung und Spannung so aufwühlend finden würde, daß er seine Vorsicht zu gegebener Zeit aufgeben müßte. Schlußendlich stand zu erwarten, daß er einer Person, die er als Vertraute betrachtete, seine Verantwortung für die Tat offenbaren würde – vor allem, wenn er den Eindruck hatte, daß eine solche Enthüllung ihm nochmals sexuelle Befriedigung verschaffen würde.

Das war der zentrale Gedanke, auf welchem die gesamte verdeckte Aktion basierte.

Falls Stagg eine der ersten zwei Möglichkeiten wählen würde, käme er automatisch als Verdächtiger nicht mehr in Frage. Die verdeckte Ermittlung würde auch nur fortgesetzt werden, falls er die dritte Option wählte und deutlich erkennen ließe, daß sein eigenes und das für den Mörder typische sexuelle Verhalten übereinstimmten. Damit wäre aber noch nicht bewiesen, daß er des Mordes wirklich schuldig wäre.

Lizzie schrieb:

Du bittest mich, Dir zu erklären, was ich empfinde, wenn Du mir Deine ganz speziellen Briefe schreibst. Also, erstens erregen sie mich sehr, aber ich werde den Gedanken nicht los, daß Du große Zurückhaltung übst, daß Du auch dann die Kontrolle bewahrst, wenn Du am liebsten platzen würdest: Ich will, daß Du platzt. Ich will Dich ganz heftig und überwältigend spüren, damit ich ganz Deiner Macht erlegen bin, mich hilflos fühle und erniedrigt werde. Schon der Gedanke daran versetzt mich ins Paradies ...

Die konkrete Ausformulierung der Briefe oblag nicht mir. Ich gab nur Ratschläge hinsichtlich des einzuschlagenden Tons und der prinzipiellen Richtung aller ausgehenden Mitteilungen sowie Interpretationshilfen bei allen eingehenden Schreiben. Im obigen Brief hätte ich persönlich den Ausdruck »erniedrigt« nicht benutzt, weil Stagg selbst ihn bisher nirgends gebraucht hatte. Der Brief hielt sich meiner Auffassung nach aber trotzdem in dem Rahmen, den ich für die verdeckte Ermittlung festgelegt hatte.

Staggs nächster Brief ließ eindeutig erkennen, daß er keineswegs die Absicht hatte, die Beziehung abzubrechen. Im übrigen ging seine Phantasie weit über ein Verhältnis von »Herrschaft« und »Knechtschaft« hinaus. Er führte den Begriff »Schmerz« in die Beziehung ein.

Nach dem Geständnis, daß er sich tatsächlich »zurückhalte«, beschrieb er, wie er Lizzies Körper mißhandeln und sie beschimpfen wollte, bis sie sich »erniedrigt und schmutzig« fühlte. Gleichzeitig bat er sie eindringlich, ihn nicht für einen gewalttätigen Menschen zu halten. Er versprach ihr, Liebe und Lust in ihr zu wecken:

Du brauchst einen verdammt guten Fick von einem echten Mann, und der bin ich, ich besorge ihn Dir ... Ich bin der einzige Mann auf Erden, der ihn Dir geben wird. Ich werde dafür sorgen, daß Du vor Qualen schreist, wenn ich Dich mißbrauche. Ich werde Deine Selbstachtung zerstören, Du wirst nie wieder einem anderen Menschen in die Augen schauen können ...

Das Prüfende, vorsichtig Zurückhaltende, Auslotende seines Verhaltens war offenkundig – ganz als ob er einen Schritt nach vorn machte und sofort wieder zurückträte, um sich zu vergewissern, daß alles in Ordnung sei. Zugleich war er jedoch deutlich vorgeprescht. In diesem Brief erkannte ich erstmals klare Anzeichen von Sadismus.

Im nächsten Schreiben machte er prompt einen Rückzieher; er sprach wieder von Einsamkeit und seinem Gefühl von Leere beim Anblick verliebter Pärchen. Er schien darauf bedacht zu sein, Lizzie vom Inhalt seines vorausgegangenen Briefes nicht abzuschrecken.

In ihrer Antwort wies Lizzie Stagg weder zurück noch zeigte sie sich verletzt; sie ermutigte ihn aber auch nicht, seine Gedanken weiterzuführen. Für sie war jetzt der Zeitpunkt gekommen, ihm Einzelheiten ihrer eigenen Geschichte zu enthüllen, dabei müßte sie aber den Eindruck erwecken, daß sie übermäßig vorsichtig vorging. Sie sollte ein dunkles Geheimnis aus ihrer Vergangenheit andeuten, über das sie nicht sprechen wollte.

Daraufhin flehte er Lizzie in seinem folgenden Brief an, ihm ihr Geheimnis preiszugeben. Er betonte, daß ihn nichts, was sie getan hätte – und sei es sogar ein Mord –, schockieren würde. Der Brief enthielt keine Hinweise auf extreme sexuelle Gewalt, verriet jedoch seine Bereitschaft, die Beziehung mit Lizzie um jeden Preis und ohne Rücksicht auf gesellschaftliche Regeln und Vorschriften fortzusetzen.

Staggs neue sexuelle Phantasien ließ er wiederum an einem sonnigen Tag im Freien spielen. Diesmal wurde Lizzie unter Beschimpfungen und, ohne ihr Einverständnis gegeben zu haben, von mehr als einem Mann penetriert. Außerdem schenkte Stagg ihr ein Amulett, das sie vor »korrupten, bösen, engstirnigen« Leuten schützen und, wenn sie es trüge, sexuell erregen würde.

Lizzie begann ihre eigene Geschichte weiterzuerzählen, ohne irgend etwas Neues in die Korrespondenz einzuführen. Am 14. April schrieb sie:

Ich habe in meinem Leben bislang nur einen einzigen Mann kennengelernt, bei dem ich ganz ich selbst sein durfte. Unsere Zuneigung resultierte aus unseren gemeinsamen Erfahrungen. Diese Erfahrungen haben mich zu der Frau gemacht, die ich heute bin ... Ich glaube, ich fände in der Liebe überhaupt nur dann wieder Erfüllung, wenn ich einem Mann begegnete, der eine ähnliche Geschichte erlebt hätte wie ich. Was ich mit diesem Mann gemeinsam erlebt habe, sind keine Sachen, die normale Menschen tolerieren würden. Zu solcher Art Erfahrungen gehörte es, andere gegen sich aufzubringen und ihnen oft weh zu tun. Und obwohl das schlimm ist und ich deswegen Schuldgefühle habe, kann ich doch nie vergessen, in welche Hochstimmung mich diese Situation versetzt. Ich bin scharf darauf, wieder so etwas zu fühlen, jetzt aber, ohne andern weh zu tun ...

Stagg äußerte den Wunsch, die Beziehung rasch zu intensivieren. Am 28. April sprachen sie zum ersten Mal am Telefon miteinander. Dieser neue engere Form persönlichen Kontakts löste – ganz wie erwartet – vorsichtiges Taktieren beider aus.

Im Laufe des Gesprächs erwähnte Stagg auch, daß Leute in seiner Nachbarschaft über ihn Gerüchte verbreiteten.

»Wieso?« frage Lizzie.

»Nun ja, das kann ich dir nicht am Telefon sagen, ich werde es im nächsten Brief erklären.«

»O ja.«

»Es betrifft hauptsächlich ein Ereignis des letzten Jahres.«

»Ach so. Na schön, lassen wir das.«

»Ja.«

»Die Leute kümmern sich einfach nicht um die eigenen Angelegenheiten. Sie können's nicht lassen. Da kenne ich mich aus. Ich meine...«

»Ja.«

»Im Norden ist es noch schlimmer. Man weiß ja, wie die im Norden sind, die klatschen wahnsinnig gern.«

»Genau. So ist es. Na ja, das ist eigentlich schon kein Klatsch mehr, weißt du.«

»Wirklich nicht?«

»Das geht schon mehr in Richtung Rufmord, nicht wahr?«

Stagg versprach noch einmal, die Sache in seinem nächsten Brief zu erläutern. Wie vorher mit mir abgesprochen, zeigte Lizzie jedoch für dieses Thema nur wenig Interesse, sie konzentrierte sich vielmehr auf das eigene Leben und die eigene Geschichte.

»Glaubst du... Wäre dir das so lieber?« fragt sie.

»Ja, das wäre wohl das beste, doch«, antwortet er.

»Also gut.«

»Es ist eben so, daß hier in der Gegend etwas Schreckliches passiert ist, weißt du.«

»Mmm.«

»Du hast davon wahrscheinlich in den Zeitungen gelesen.«

»Ich gebe wirklich nicht viel auf Zeitungen. Ich habe nicht mal einen richtigen Fernseher.«

»Ich bin... Ich meine... Die Sache ist so: Ich wurde verdächtigt, es getan zu haben.«

»Hm.«

»Ich möchte es dir aber sagen, so wie ich es allen gesagt habe, weißt du, ich habe nämlich nichts getan, weißt du.«

»Mmm.«

Auf seine erneute Frage, was sie von seinen Briefen halte, erwiderte sie zurückhaltend: »Ich finde sie nicht beleidigend, es macht mir überhaupt nichts aus.« Auf diese Weise vermied sie es, ihm sagen zu müssen, daß ihr die Briefe gut gefielen.

Beim zweiten Anruf, einen Tag später, macht Lizzie den Vorschlag, einander endlich von Angesicht zu Angesicht kennenzulernen, und sie erwähnt die Möglichkeit eines Picknicks im Hyde Park. Im selben Gespräch kommt Stagg auf eine Phantasie zu sprechen, von der er ihr am selben Tag schon brieflich erzählt hat und in deren Verlauf Lizzie geschlagen und ihr Kopf mit einem Gürtel nach hinten gerissen wurde, während er sie von hinten penetrierte und ihr große Schmerzen verursachte.

Der hier geschilderte Gewaltakt spiegelte, wie ich Pedder erklärte, einen viel konkreteren Wunsch wider als das in den Phantasien von Herrschaft und Unterwerfung der Fall war, die auch ganz normale Pärchen gelegentlich zur sexuellen Erregung benutzten. Hier liege ein klares positives Zeichen der sexuellen Abnormität vor, die für Rachels Mörder typisch sei.

Im selben Brief schrieb Stagg über eine Geschichte aus seiner Vergangenheit; wie er sich, als Siebzehnjähriger, einen pornographischen Film angesehen und im Common einige Tage später nackt in der Sonne gelegen und, vom Liegen im hohen Gras erregt, masturbiert hätte, als plötzlich ein Mann aus dem Gebüsch und trat und bat, ihm zu folgen.

Stagg gestand die homosexuelle Begegnung, beteuerte aber, nicht schwul zu sein. Ihn mache, so schrieb er, Sex in jeder Form geil, doch sei er inzwischen nur mehr an Frauen interessiert. Er wollte Lizzie »den Arsch wegficken«, bis sie hilflos und voller Schmerzen daniederläge. Er lud sie ein, ihn im Sommer in Roehampton zu besuchen, damit sie im Common zusammen lange Spaziergänge machen und »sich alle fünf Minuten den fleischlichen Gelüsten hingeben könnten«.

Die verdeckte Operation lief bereits mehr als dreieinhalb Monate, als Pedder mich am 7. Mai zu einer Besprechung auf dem Polizeirevier von Norbury bat. Es sei wichtig, betonte er, ohne Genaueres zu verraten. Bei meiner Ankunft wurde mir sofort klar, was er meinte, als ich in dem Raum eine Schar ranghoher Scotland-Yard-Leute erkannte, darunter den Deputy Assistant Commissioner und Leiter der Geheimeinheit SO 10. Der Fortgang der verdeckten Ermittlung wurde überprüft. Es stand in der Macht dieser Herren, sie fortführen zu lassen oder sie sofort zu beenden.

Pedder und Wickerson machten eine Präsentation, und zwar unter Verwendung von Dias, Interviews, Briefen und Protokollen von den einzelnen Schritten der Ermittlungen. Mir kam nur die unbedeutende Rolle zu, durch Anwesenheit zu glänzen und gelegentlich auf Fragen zu antworten.

Hinsichtlich der Legalität der verdeckten Ermittlung gab es weder Fragen noch Ungewißheiten – sie wurde von allen als selbstverständlich angenommen. Was die hohen Polizeibeamten beschäftigte, waren praktische Vorgehensweisen und Probleme der Machbarkeit, die auch das Risiko für die Bevölkerung bei einem zu frühen Abbruch der Operation ausmachten. Und natürlich die Kosten.

Um das »Wie lange« und »Wie teuer?« kreisten die Fragen, die immer wieder und am energischsten gestellt wurden. Pedder teilte mir schließlich mit, daß er für die Weiterführung der verdeckten Ermittlung grünes Licht bekommen hatte.

Im nächsten Brief erzählte Stagg, wie er wegen des Mordes an Rachel festgenommen worden war. Er beteuerte, nicht dafür verantwortlich zu sein. Man habe einfach nur alleinlebende Männer zu den Verhören vorgeladen. Nachbarn und andere Ortsansässige hätten der Polizei eine Menge Quatsch erzählt, und die Polizei habe diesen Leuten geglaubt.

»Ich bin kein Mörder, weil ich nämlich daran glaube, daß alles Leben vom kleinsten Insekt bis zur Pflanze, Tier und Mensch heilig und einmalig ist...«

Stagg erwähnte auch, daß er wegen Erregung öffentlichen Ärgernisses angeklagt worden wäre, aber zu Unrecht und nur deshalb, so behauptete er, weil Nachbarn seinen Namen in der Zeitung gelesen hätten. Er sei auch auf offener Straße beschimpft worden, und Kinder hätten mit Eiern auf sein Küchenfenster geworfen. Neuerdings kursierte ein Gerücht, daß er nachts nackt im Garten hinter seinem Haus herumlaufe und masturbiere.

Bei Lizzies nächstem Anruf, am 13. Mai, war bereits geklärt, daß die Operation in das nächste Stadium eintreten sollte – der erste persönliche Kontakt, von Angesicht zu Angesicht, sollte stattfinden. Sie hatte ihm bis dahin nur sehr wenig von ihrer eigenen Geschichte enthüllt, versprach jedoch nun, daß sie fast soweit sei, ihm ihr dunkelstes Geheimnis aufzudecken. Sie begann, die Fundamente für ihre Geschichte zu legen, in der sie als Teenager in einen okkultistischen Kreis geriet und erzählte, wie sie in die Sexualmorde an einer jungen Frau und einem Kind hineingezogen wurde. Sie hatte die Hoffnung, durch ihre Offenheit bei ihm das gleiche zu erreichen.

»Weißt du«, hatte ihm Lizzie gesagt, »in einem deiner Briefe hast du mir ja erzählt, daß du mit siebzehn im Park diesem Mann begegnet bist und ...«

»Ja«, sagte Stagg.

»... ich weiß ja, wie das ist, wenn man so was bekennt, aber ...«

»Ja.«

»... aber mach dir deswegen nur keine Sorgen. Ich glaube nicht, daß du schwul oder irgendwie sonst unnormal bist, ich meine bloß ...«

»Nein. Ich weiß.«

»... daß du einfach einsam bist. Das war alles.«

»Ja, da hast du recht. Doch.«

»Ich würde mir also überhaupt keine Gedanken machen.«

»Nein, tu ich auch nicht. Das ist sowieso schon sehr lange her, weißt du.«

»Ja. Aber darüber würde ich mir gar keine Gedanken machen und, hör zu, was du wegen dieser Frau da erzählt hast, ehrlich, Colin, es würde mir nichts ausmachen, wenn du sie ermordet hättest. Das interessiert mich überhaupt nicht, in gewisser Hinsicht würde es mir sogar helfen, weil ich dir nämlich etwas zu sagen habe. Ich werde dir's Donnerstag sagen, weißt du. Denn ich habe das Gefühl, daß uns das Schicksal zusammengeführt hat.«

»Ja, das glaube ich auch.«

»Ich möchte jetzt nicht darüber sprechen. Ich sag's dir aber am Donnerstag.«

»In Ordnung. Du weißt ja, daß ich an allem unschuldig bin. Ich habe überhaupt nichts getan, weißt du.«

»Ja, schön, davon möchte ich jetzt nicht sprechen, aber es gibt da etwas, das ich dir sagen will ...«

Sie verabredeten sich für den 20. Mai, um 14 Uhr im Hyde Park zum Picknick, es war Staggs 30. Geburtstag, und Lizzie hatte ihm ein Geburtstagsgeschenk versprochen.

Einen Tag zuvor saß ich mit Lizzie im Anbau von Arnold Lodge, um sie für diese Begegnung vorzubereiten. Wir waren uns beide stets im klaren gewesen, daß die Operation diesen Punkt erreichen könnte, falls der Verdächtige sich nicht selbst vom Kreis der potentiellen Mörder ausschließen würde.

Lizzie schenkte mir ein begeistertes Lächeln, als sie Platz nahm. Sie trug Jeans und eine Bluse und machte einen völlig entspannten Eindruck. Ihre strahlende, überschäumende Persönlichkeit ließ nicht gleich vermuten, über welch große Lebenserfahrung sie verfügte und daß sie auch zu Härte fähig war. Man konnte sich kaum vorstellen, daß sie einen gar nicht geringen Teil ihres berufstätigen Lebens damit verbracht hatte, ihre femininen Reize für äußerst gefährliche verdeckte Ermittlungen zur Verfügung zu stellen. Sie hatte schon häufig ihr Leben riskiert und dank ihrer Geistesgegenwart, ihres Aussehens und ihrer Intelligenz immer überlebt.

Und nach dem Ende jeder Geheimoperation mußte sie erneut geschult werden, um ihre Persönlichkeit wieder in einer anderen Rolle aufgehen zu lassen. Es war das Höchste an schauspielerischer Darstellungskunst, was ihr dabei abverlangt wurde.

Diesmal nun sollte Lizzie eine verstörte und zutiefst erschütterte junge Frau spielen, die ein dunkles Geheimnis in sich trug und einen Mann suchte, der ähnliche Erfahrungen wie sie durchgemacht hatte. Sie mußte lernen, wie diese Frau zu empfinden, zu handeln und zu reden – es war etwas völlig anderes, als die Gangsterbraut oder eine Nutte zu mimen. So etwas hatte sie noch nie gemacht, sie konnte auf keinerlei Erfahrung zurückgreifen. Statt dessen mußte sie alle neuen Anweisungen aufsaugen wie ein Schwamm und entsprechend umsetzen.

»Er wird versuchen, Ihnen nahezukommen und Sie anzufassen«, erklärte ich ihr. »Sie müssen mit solcher körperlichen Nähe zu Rande kommen und ihn auf Distanz halten, ohne ihn abzuweisen und ohne ihn jegliche Verachtung spüren zu lassen. Falls er merkt, daß Sie nicht die sind, die Sie vorgeben zu sein, oder falls er aus Ihrem Verhalten nur ein Fünkchen Ablehnung liest, wird er in Ihnen nur eine Frau sehen, die nein zu ihm sagt. Das wäre weder für die Operation noch für Sie von Vorteil.«

»Wie kann ich solche Distanz erzeugen?« fragte sie.

»Weisen Sie auf Ihre eigene verzweifelte Situation hin. Sie erzählen ihm, was Ihnen als Teenager widerfahren ist, berichten Sie von den rituellen Morden und den Empfindungen, die sie in Ihnen auslösten. Das sind ja aufwühlende Gefühle, die hier erzeugt werden, und Sie können diesen Schmerz, diese Verletzung nutzen, um ihn auf Distanz zu halten.

Eine unechte Entschuldigung wird er sofort entlarven, die

kennt er von Frauen. Was Sie ihm sagen, muß absolut glaubwürdig klingen.«

Wir hatten für das Zusammentreffen mit Bedacht den Hyde Park ausgewählt. Lizzie würde nicht nur Funkverbindung haben, sie würde auch Schritt für Schritt von einem Team von zivilen Polizisten beschattet werden, das sich unter die Menge der Menschen mischen sollte, die dort ihre Mittagspause verbrachten. Es durfte nicht einem Moment lang vergessen werden, daß sie mit einem potentiellen Verdächtigen zusammentraf und sich im Falle einer Entlarvung in ernster Gefahr befinden würde.

Nach meinem Dafürhalten sollte Lizzie eine Kleidung tragen, die verriet, daß sie sich ihrer Wirkung sehr wohl bewußt, aber nicht männergeil war. Pedder hatte abweichende Vorstellungen. Er stellte die Frage einer messersicheren Weste.

»So etwas will ich nicht«, sagte Lizzie. »Es würde sich auf die Wirkung meiner Kleidung und auf meine Bewegungen auswirken.«

»Mir wäre es aber lieber«, betonte Pedder, »wenn Sie eine trügen.«

»Falls er sie bemerkt, wird damit die ganze verdeckte Ermittlung gefährdet werden.«

Lizzie setzte sich durch und entschied sich für ein geblümtes Kleid, das schön, aber nicht aufreizend war.

Am Donnerstag kurz vor 14 Uhr schaltete Lizzie das Tonbandgerät ein, das um ihren Körper geschnallt war. Sie wich geschickt allen Pfützen auf den asphaltierten Parkwegen aus, postierte sich selbstbewußt neben einem Laternenpfahl vor dem Café Dell und wartete auf ihre Verabredung.

Colin Stagg hielt sich schon seit langem im Hyde Park auf und beobachtete sie nun von weitem. Da ja nun alles wieder ganz anders sein würde, irgendwie fremd, war er vorsichtig. Er erkannte Lizzie aufgrund des Fotos sofort. Außerdem hatte sie vereinbarungsgemäß eine Einkaufstüte von Marks & Spencer in der Hand.

Er näherte sich ihr in strömendem Regen von der Südseite des Sees.

»Lizzie.«

»Du mußt Colin sein.«

»Ja.«

»Das ist ja wie im Film ›Brief Encounter‹, Colin.«

»Ja, ich weiß.«

»Du mußt ja patschnaß sein. Stell dich unter (meinen Schirm). Herrje, bist du naß. Wie geht's?«

»Ach, ich war ein bißchen früh da.«

»Echt?«

»Ja, ich hab' dahinten gewartet.«

»Aha. Ich war auch ein bißchen früh, aber nicht zu früh. Es ist echt ein Jammer. Wir hätten so ein schönes Picknick machen können.«

»Ich weiß. Typisch.«

»Ach ja, alles Gute zum Geburtstag.«

»Ja. Danke.«

Wegen des Regens mußten sie sich ins Café setzen. Hauptsächlich sprachen sie von sich selbst. Lizzie erzählte ihm die Geschichte von den rituellen Morden und von der tiefen Auswirkung dieses Erlebnisses auf ihr ganzes Leben. Sie erklärte, daß sie glaube, deshalb nie wieder ganz intim mit einem Mann werden zu können, der nicht Ähnliches erlebt hätte und ihre Empfindungen verstehen könne.

Wie ich vorhergesehen hatte, leugnete Stagg, derartige Erfahrungen gemacht zu haben. Er betonte jedoch, daß er gern an ihrem Leben teilnehmen würde, weil sie einander so ähnlich seien. Er beteuerte noch einmal, nichts mit dem Mord an Rachel Nickell zu tun zu haben.

Das Treffen dauerte eine Stunde. Zum Abschied zog Stagg ein braunes Kuvert aus dem Jackett, das er Lizzie überreichte. Als er im Taxi davonfuhr, schaute sie auf die Uhr. Es war 15.03 Uhr, als sie das Tonbandgerät abschaltete.

Als Pedder mich am Nachmittag anrief, konnte er seine Erregung kaum zu verbergen. »Er hat das Messer erwähnt«, sagte er, »beim Abschied hat er das Messer erwähnt.«

»Er hat davon gesprochen?« fragte ich.

»Nein, nein. In einem Brief. Er hatte Lizzie einen Brief geschrieben, den er ihr dort überreichte.«

»Und was steht darin?«

»Ich werde ihn faxen.«

Der Brief beinhaltete eine Art Warnung, die irgendwie Gefahr bedeutete. Stagg erzählte darin, wie er Lizzie zu einer entlegenen

Ecke des ihm wohlvertrauten Common führte, wo die beiden sich auszogen und in der warmen Sonne auf ein Handtuch legten. Sie merkten, daß hinter einem Baum ein Mann steht, der sie beobachtet. Stagg schlägt Lizzie vor, für diesen Voyeur eine Extraschau abzuziehen. »Lutsch mir einen«, sagt er so laut, daß der Mann es hört, und Lizzie sinkt auf die Knie und gehorcht. Dann beugt er sie rückwärts über einen Baumstamm, hält sie fest und dringt in sie ein. Heimlich winkt er den Mann heran, zieht seinen Penis heraus und bietet Lizzie dem Mann an. Dann greift der in ihre Haare, drückt ihren Kopf nach hinten und stößt ihr seinen Penis in den Mund.

Plötzlich macht der Fremde den Vorschlag, daß sie gemeinsam etwas Gefährliches tun sollten. Lizzie ist einverstanden. Er läuft zu seiner abgelegten Kleidung und holt ein Stück Seil und ein Messer. Die beiden Männer packen Lizzie an den Armen und fesseln sie, mit dem Gesicht nach oben, und mit ausgestreckten Armen liegt sie am Boden.

Der Mann setzt sich rittlings auf Dich, wobei von seinem Penis noch Saft auf Deinen Bauch tropft. Er nimmt die Klinge des Messers in die Hand und führt sie sachte von Deinen Brüsten bis zu Deiner Möse, ohne Dich zu schneiden, nur um Dich zu reizen. Dann schiebe ich die Klinge unter seinen Schwanz und quetsche ein paar Tropfen Saft auf die Klinge, die er Dir dann an den Mund hält. Er fordert Dich auf, sie abzulecken, was Du auch tust, jetzt bist Du so heiß und rot, daß Du vor lauter Erregung ins Keuchen kommst. Dann schneidet der Mann sich in den Arm, tief genug, damit Blut hervortritt, und er träufelt Dir das Blut auf die Brustnippel. Du massierst es Dir in den Busen, und dabei geht Dein Kopf ständig zurück und zur Seite, während Du einen gewaltigen Orgasmus erreichst.

Im weiteren erzählt Stagg in seinen Phantasien, wie beide Männer in Lizzie eindringen und das Messer ihre Brustwarzen reizt und wie es ihr schließlich an die Backe gehalten wird. Zum Schluß des Briefes äußert Stagg die Hoffnung, daß das alles Lizzie gefallen und sie überzeugt habe, daß ihr kein Leid zustoßen werde.

Überraschenderweise behauptet er, diese Geschichte genauso geschrieben zu haben, wie er glaube, daß Lizzie Sex wollte, wie sie seines Wissens »drauf sei«. Sie hatte ihm gegenüber jedoch in keinem Stadium je Messer, körperliche Schmerzen, Beschimpfungen, tropfendes Blut, umgestürzte Bäume, Bäche oder Wald erwähnt. Und auf irgendwelche Vorkommnisse beim Treffen im Hyde Park konnte der Brief auch nicht zurückgehen, weil Stagg ihn ja vorher geschrieben und mitgebracht hatte.

»Genauso, wie Sie gesagt haben. Erstaunlich«, meinte Pedder.

»Was soll daran erstaunlich sein?« konterte ich.

»Ich wollte Sie doch nicht beleidigen, Paul. Es war nicht so gemeint, daß ich Ihnen nicht geglaubt hätte. Erstaunlich ist, daß Sie offenbar so viel über Stagg wissen.«

»Nein. Überhaupt nicht. Ich weiß nur etwas über sexuelle Abnormitäten.«

»Okay. Was sagen uns also diese sexuellen Phantasien über Stagg?«

»Sie entsprechen dem, was ich vom Repertoire an Masturbationspraktiken des Mörders auch erwarten würde. Sie enthalten aber auch mehrere Elemente, die bekanntermaßen für den Mord an Rachel Nickell relevant sind ...«

»Sagen Sie's mir in einem Satz.«

»Sie haben da jemanden mit einer höchst devianten Sexualität vor sich, die in der Bevölkerung nur sehr selten anzutreffen ist.«

»Wie klein ist die Zahl der in Frage kommenden Männer?«

»Also, es ist absolut unwahrscheinlich, daß sich zum Zeitpunkt der Ermordung von Rachel auch nur zwei solcher Typen im Wimbledon-Common-Park aufhielten.«

Colin Stagg hatte sich klar und deutlich als ein sehr einsamer junger Mann zu erkennen gegeben, der unbedingt eine Frau brauchte. Mir war schon klar, daß er alles sagen würde, nur um sie bumsen zu können. Das war aber noch keine Erklärung dafür, warum er sich zur Preisgabe von solchen Gewaltphantasien entschlossen hatte. Es gab unendlich viele andere Formen sexueller Praktiken, über die er hätte schreiben können, doch er hatte, ganz von sich aus, diese ungewöhnliche spezielle Variante gewählt.

Es existieren ziemlich viele Menschen auf dieser Welt mit einem Geschlechtsleben, das von Zwang, Sadomaso oder reinem Sadismus geprägt ist. Wenn Mr. Stagg in seiner Phantasie nur das und nicht mehr enthüllt hätte, wäre er damit als Täter nicht mehr in Frage gekommen. Statt dessen war er aber weit darüber hinausgegangen. Er hatte seine sexuelle Erregung durch eine ganz seltene, sehr besondere Form von Gewaltphantasie enthüllt, in der Vergewaltigung und Schmerz eine Rolle spielten. Und genau das war von mir als besondere Eigentümlichkeit des Mörders definiert worden, lange bevor Stagg der Tat verdächtigt wurde.

Eine gleichgelagerte Devianz wäre selbstverständlich noch kein Beweis für die Mordtat; ein Gericht würde wahrscheinlich als Beweis nur zufriedenstellen, wenn der Verdächtige Tatdetails enthüllte, die nur dem Mörder bekannt sein konnten. Und falls Stagg nicht der Mörder war, so hatte er natürlich nichts zu befürchten, da er in diesem Fall ja auch über kein Wissen verfügen könnte, das ihn verdächtig machen würde.

Als sich im Juni der Sommer ankündigte, gingen die verdeckten Ermittlungen Schritt für Schritt in einem sorgsam überwachten Tempo weiter. In der Zwischenzeit war ich mit einigen anderen Fällen beschäftigt gewesen.

In Nottingham hatte der Prozeß gegen Michael Sams begonnen, in dem Sams sich der Entführung von Stephanie Slaters sowie der versuchten Erpressung der Maklerfirma Shipways schuldig bekannte. Den Mord an Julie Dart und die in diesem Zusammenhang versuchte Erpressung sowohl der Polizei von West Yorkshire als auch der British Rail leugnete er jedoch ab.

Staatsanwalt Richard Wakerley erklärte, es gebe keinen Zweifel, daß Michael Sams alle anhängigen Straftaten begangen hätte, und er zählte über zwanzig relevante Übereinstimmungen zwischen dem Entführer von Stephanie Slater und dem Mörder von Julie Dart auf.

»Das Spiel ist aus, Mr. Sams«, erklärte Mr. Wakerley mit einem Blick zur Anklagebank.

Ich folgte der Prozeßberichterstattung der Presse nicht und war überrascht, als Bob Taylor anrief.

»Morgen oder übermorgen soll Sams in den Zeugenstand treten«, sagte er. »Das wird den Ausschlag geben.«

Man hatte den Eindruck, daß der Prozeß sich ganz im Sinne der Anklage entwickelte, doch hing viel davon ab, wie überzeugend Sams im Zeugenstand auftat. »Sie kennen ihn, Paul. Ich wäre Ihnen sehr dankbar, wenn Sie ihn beobachten und unseren Anwälten Ihre Meinung darüber sagen könnten, wie Sams sich im Zeugenstand geschlagen hat.«

Am nächsten Morgen – es war der 1. Juli – traf ich mich mit

Richard Wakerley und Taylor. Der Staatsanwalt wollte wissen, ob ich der Meinung sei, daß man Sams zu einem Geständnis des Mordes an Julie Dart bewegen könne. Ich schüttelte den Kopf.

»Nur wenn er das Gefühl hat, damit das Bild des eigenen Wagemuts aufzupolieren, oder wenn er zu dem Schluß kommt, sowieso für schuldig erklärt zu werden. Die Wahrscheinlichkeit ist äußerst gering.«

»Er spielt immer noch sein Spiel?«

»Ja – ein Spiel, in das er alles investiert hat. Ein Geständnis wird er erst ablegen, nachdem er bereits verurteilt ist.«

Obwohl ich auch anderartigen Argumenten zugänglich war, gewann ich den Eindruck, daß Wakerley sich dort einen Erfolg zutraute, wo andere vor ihm gescheitert waren. Er glaubte offenbar, Sams im Kreuzverhör mit Leichtigkeit zur Strecke zu bringen.

Taylor mußte mir im überfüllten Gerichtssaal einen Platz suchen, von wo aus ich Sams deutlich sehen und hören konnte. Die Zuschauergalerie war bereits voll und bot außerdem nicht die richtige Blickrichtung. Die Presseloge war ebenfalls besetzt, und im übrigen spürte ich keine Lust, in die Nähe der Journalisten zu kommen, denn da bestand immer das Risiko, erkannt zu werden.

Man beschaffte mir schließlich einen Stuhl, der neben der Presseloge aufgestellt wurde. Niemand schien aufmerksam zu werden, als ich Platz nahm und Notizen zu machen begann. Um 11.45 Uhr trat Michael Sams – im blauen Anzug und mit goldener Brille – in den Zeugenstand.

Ich kritzelte auf meinen Block: »Ruhig. Einstudierte Geschichte. Entspannt. Lehnt sich an die Brüstung. Mit wohlwollenden Fragen kommt er gut zurecht. Er scheint sich ein gutes Fundament aufgebaut zu haben, auf das er zurückgreifen kann, so daß der Eindruck entsteht, als ob er sich gut erinnert. Dafür muß er auch den chronologischen Ablauf der Tat außer acht lassen ... Ein paar seiner Argumente sind schwach – die hat er sich wohl nach seiner Verhaftung überlegt, sie waren nicht Teil seines ursprünglichen Plans –, so daß er dann improvisiert.«

Sams gab zu, die Entführung bereits im Februar 1991 geplant zu haben, als er aus vier 1,20 mal 1,20 Meter großen Spanplatten eine Kiste baute, die dann später dazu benützt worden war, Stephanie Slater einzusperren, aber nicht Julie Dart.

Ursprünglich hatte er den Plan gehabt, einen Immobilienmakler aus Crewe zu entführen, in der Hoffnung, genug Geld herauszupressen, um seiner Frau Tena ein Haus in Birmingham zu kaufen. Er hatte sich zu diesem Zweck angeblich schon zu einer Hausbesichtigung verabredet und sein Aussehen durch zwei Warzen an der Nasenseite verstellt. Dieser Plan wurde dann jedoch fallengelassen, weil ihn ein Bauarbeiter aus dem Nachbarhaus angesprochen hatte, und er das Bekanntwerden seiner Kaufabsichten als zu riskant bewertete.

Zwei Wochen danach, so erzählte er, habe er in seiner Werkstatt mit einem Freund zusammen die Mittagsnachrichten im Fernsehen angeschaut, als der Fund einer Leiche in Lincolnshire bekanntgegeben wurde, woraufhin der Freund meinte: »Es war keine Absicht. Sie ist weggelaufen, da habe ich sie geschlagen.«

Der Freund veranlaßte ihn, zwei Briefe zu schreiben, um die Polizei von seiner Fährte abzubringen. »Er sagte mir, daß er einen Brief mit einer fremden Handschrift bräuchte.« Sams erklärte, wegen des besorgniserregenden Zustands seiner Ehe habe er eingewilligt und weil ihm zum damaligen Zeitpunkt »sowieso alles völlig egal war«.

Ich schrieb so eifrig mit, daß der Herr, der in der Presseloge gleich neben mir saß, mich ebenfalls für einen Journalisten hielt. »Kennen wir uns nicht von irgendwoher?« erkundigte er sich in einer Verfahrenspause und stellte sich vor: »Ich bin Soundso von Radio BBC Birmingham.«

Ich war in der Einsatzzentrale des Polizeireviers in Nechel Green eine Zeitlang ein und aus gegangen. Wahrscheinlich hatte er mich dort bemerkt.

»Sie arbeiten viel in den Midlands?« fragte er.

»Ich komme ziemlich viel herum.«

Ich wollte unter keinen Umständen erkannt werden oder weitere Fragen beantworten müssen. Und dieses Zusammentreffen habe ich auch deshalb nicht vergessen, weil mich derselbe Rundfunkreporter gleich nach Prozeßende mit der Bitte um eine Stellungnahme anrief und meine Stimme erkannte, worauf in der Leitung nur ein »O Gott« und ein Seufzer zu hören war.

Mir wurde während Sams' Zeugenaussage völlig klar, daß er noch immer alles versuchte, um den Geschworenen ein positives Bild von sich zu vermitteln. Ich notierte: »Was die Sache mit Stephanie angeht, so stellt er sich als einen netten Entführer dar –

ganz im Gegensatz zu dem gemeinen, brutalen Mörder von Julie Dart und dem Möchtegernkiller von Stephanie Slater.«

Ich schlug dem Staatsanwalt vor, die Vorstellung, die Sams von sich selber hatte, und das Bild, das er von seinem Freund gab, unter die Lupe zu nehmen. Wie erklärte er sich eigentlich, daß nette Leute Böses tun? Wie erklärte er absolut inakzeptables Verhalten von Menschen?

Es sei wichtig, sagte ich, Sams jede zentrale Frage in einem sanften Ton zu stellen. Mit einer feindseligen Konfrontation kam Sams klar, sie stärkte sogar seine Widerstandskraft, weil sie ihn zwang, sich zu seiner Verteidigung stärker ins Zeug zu legen.

Es war brillant, wie Richard Wakerley Sams durch alle Stadien des Verhörs führte, indem er es dem Angeklagten möglich machte, mit seinen strategischen Überlegungen und seiner Cleverneß zu glänzen. Er beanspruchte für sich persönlich nur die guten Ideen, von den banalen Tricks der Intrigen bzw. tatsächlich begangenen Fehler wollte er nichts wissen.

Wakerley hatte ihm aber eine Falle gelegt. »Können wir zustimmen, daß der Mann, der Julie Dart tötete, und der Mann, der British Rail erpreßte, ein und derselbe Mann waren?«

»Ja«, sagte Sams.

Das war ein wichtiger Punkt.

»Wie ist es dann zu erklären«, fragte Wakerley weiter, »daß die Fasern unter dem Tesafilm im Brief an die British Rail und die Fasern Ihrer blauen Hose identisch sind?«

Jetzt wurde es für Sams schwerer. Mit jedem weiteren Vorlegen von forensischen Beweisstücken – den Blutflecken, Teppichfasern sowie Seilfasern – wuchs sein Unbehagen. Es war offenkundig, daß er sich vor solchen Beweisen fürchtete und nicht wußte, was er ihnen entgegenhalten sollte. So wie man auch merkte, wie verwundbar er war, wenn er spontan im Stehen etwas überlegen mußte, ohne vorher die Möglichkeit zu haben, sich hinzusetzen und etwas in Ruhe zu planen.

Wakerley schlug eine etwas andere Richtung ein. Er wandte meine Ausdrücke »gefühllos, brutal, Mörder und Versager« auf Sams an. Er zog sämtliche stimmlichen Register – von leise, gedämpft bis laut – und nutzte das schwindende Selbstvertrauen des Angeklagten aus.

Als er an den Augenblick, in dem er sich Stephanie Slater geschnappt hatte, erinnert wurde, fing Sams an zu schluchzen.

Doch seine Tränen galten keineswegs der verängstigten Geisel, sondern waren vielmehr Ausdruck seines verletzten Selbstwertgefühls. Er habe nie beabsichtigt, Stephanie weh zu tun, behauptete er, wenn sie nicht ihre Augenbinde abnehmen würde.

»Und was hätten Sie gemacht, wenn sie sie abgenommen hätte?« fragte Wakerley.

Weinend beteuerte Sams, daß er noch nie einer Frau weh getan habe. Daraufhin hielt Wakerley ein mit Nägeln bestücktes Brett hoch, mit dem Sams Stephanie von einem Fluchtversuch abgehalten hatte – »andernfalls würde er sie zum Krüppel machen«, so hatte er damals gedroht. Sams wand sich. Mit leiser Stimme wiederholte Wakerley immer wieder die Bezeichnung »...der Mörder von Julie Darts« und behielt den Angeklagten, der dann im Zeugenstand jedesmal zusammenzuckte, fest im Blick.

Für mich fiel die wichtigste Bemerkung seines Eingeständnisses in dem Augenblick, als Sams sagte: »Ich könnte es nicht verkraften, wenn ich Julie Dart ermordet hätte.«

Damit hatte er unbewußt eingestanden, warum er so hart dagegen ankämpfte zuzugeben, ein kaltblütiger, brutaler Killer zu sein.

Sams wurde gefragt, ob er den Mann, der seiner Behauptung zufolge Julie Dart ermordet hätte, noch immer als Freund betrachtete.

»Das habe ich noch nicht entschieden«, sagte er.

Dann gab er vor, angenommen zu haben, daß Julies Tod unbeabsichtigt geschehen war, also ein Unfall gewesen sei. Wakerley machte ein skeptisches Gesicht. »Unbeabsichtigt? Ein Unfall? Dieses Mädchen ist auf den Kopf geschlagen und dann erwürgt worden. Wie kann man das als Unglücksfall bezeichnen?«

»Also, ich hatte es jedenfalls so gedeutet«, sagte er.

Wakerley forderte ihn daraufhin mehrmals auf, den Namen des Freundes zu nennen.

Sams lehnte es jedesmal ab und meinte, er werde es vielleicht tun, wenn er seinen eigenen Namen reingewaschen hätte.

Am 8. Juli zogen die Geschworenen sich zu ihren Beratungen zurück. Nach zwei Stunden hatten sie ihren Spruch gefällt. Richter Igor Judge verurteilte Sams zu viermal lebenslänglich und erklärte: »Sie sind ein ausgesprochen schlechter Mensch. Die Geschworenen haben Sie des Mordes an Julie Dart für schuldig befunden. Es war ein kaltblütiger Mord, weil Sie sie mit voller

Absicht zu Tode gewürgt haben, als sie ohne Bewußtsein war. Es handelte sich um eine Entführung, die nicht planmäßig verlief, weil das Opfer mehr sah, als es hätte sehen dürfen.«

Der abschließende Kommentar des Richters lautete: »Ich habe nicht den leisesten Zweifel daran, daß sie sich während der ersten zwei oder drei Tage ihrer Gefangenschaft in verzweifelter Todesangst befand. Falls Sie es für notwendig gehalten hätten, wäre sie – jederzeit – wie Julie Dart kaltblütig ermordet worden. Sie hat nur auf Grund ihres bemerkenswerten Mutes und ihrer besonderen Charaktereigenschaften überlebt...«

Vier Tage später schickte Michael Sams aus seiner Zelle im Full-Sutton-Gefängnis in Yorkshire eine Mitteilung, daß er einen Vertreter der Polizei von West Yorkshire zu sprechen wünsche. Bob Taylor reiste an und fragte sich, ob es sich da wohl nur wieder um eine neue Würfelrunde dieses Spielers handeln würde.

Sams saß ihm an einem Tisch gegenüber und gab zu, daß es nie einen »Freund« gegeben habe. Er hatte Julie Dart am 10. Juli 1991 um 18 Uhr ermordet. Er würde sie immer wieder töten, erklärte er, wohingegen er Stephanie immer wieder heimzukehren erlauben würde.

13

Lizzie James hatte Colin Stagg ihre innersten Geheimnisse anvertraut und ihre Teilnahme an einem Ritualmord an einer Frau und einem jungen Kind offenbart. Nun wartete sie auf seine Reaktion.

Selbst wenn die Polizei mit ihrem Verdacht recht hatte, rechnete ich nicht damit, daß er den Mord an Rachel bereits zu diesem Zeitpunkt gestehen würde. Ich teilte Pedder mit, daß Stagg wahrscheinlich eine Mordgeschichte erfinden würde, wenn er der Meinung wäre, daß er Lizzie auf diese Weise ins Bett kriegte. Eine solche Geschichte würde ihm gleichzeitig als Test dienen. Mit ihr würde er nämlich kein echtes Risiko eingehen, sollte Lizzie jedoch damit zur Polizei gehen, so hätte er den Beweis, daß er ihr nicht vertrauen konnte.

Wenige Tage nach ihrer ersten persönlichen Begegnung enthüllte Stagg Lizzie während eines Telefongesprächs, wie er als Teenager eine junge Cousine ermordet und ihre Leiche an der englischen Südküste im New Forest in Hampshire versteckt hatte.

Pedder rief bei mir an und witzelte, Stagg und ich hätten uns wohl verbündet, um die Polizei zu »verarschen«.

Wir verabredeten uns in Arnold Lodge, um den weiteren Fortgang der Dinge zu besprechen und Lizzie für ihr nächstes Rendezvous mit Stagg zu beraten, das für den 4. Juni im Hyde Park vorgesehen war.

»Sie müssen alle Andeutungen auf den Nickell-Mord aufs Minimum reduzieren«, riet ich ihr, »und immer wieder hervorheben, wie verletzbar Sie sich fühlen, weil Sie ihm Ihre Vergangenheit gestanden hätten. Sie hätten ihm somit das Geschenk eines kostbaren Geheimnisses gemacht.«

»Und was ist mit seiner Geschichte – daß er eine Frau in New Forest ermordet hat?«

Ich schaute Pedder an. Er schüttelte den Kopf.

»Wir haben die Story überprüft. Sie ist erfunden.«

»Okay. Also, Lizzie, dieser Geschichte müssen Sie mit Skepsis begegnen. Aber werfen Sie ihm nicht vor, daß er lügt. Gehen Sie eher so vor: Selbst wenn der von ihm geschilderte Vorfall der Wahrheit entspricht, kommt er nicht der Erfahrung gleich, die Sie durchgemacht haben. Damit ist also noch keineswegs bewiesen, daß er für Sie der Mann ist, dem Sie sich hingeben würden oder der ihre geheimsten Wünsche erfüllen könnte.

Gleichzeitig sollten Sie ihm Fragen zu dem Mord stellen. Fragen Sie ihn, was er bei der Tat empfand. Geben Sie ihm zu verstehen, daß er dafür Verständnis haben muß, wie wichtig es für Sie ist zu wissen, ob seine Erfahrung sich wirklich mit der Ihrigen vergleichen läßt. Sorgen Sie dafür, daß er sich daran gewöhnt, von Einzelheiten zu reden.«

»Warum?« fragte Pedder ganz verblüfft.

»Weil er sich auf diese Weise an Lizzies Fragerei gewöhnt. Falls er sich am Ende als Rachels Mörder enthüllen sollte, wird er dann nicht überrascht sein, wenn Lizzie – auf der Suche nach dem handfesten Beweis – ihn nach jeder Menge Einzelheiten ausfragt.«

Lizzie entlockte ihm, wie geplant, Details über den früheren »Mord«. Sie wünsche absolute Ehrlichkeit, sagte sie ihm. Sie wolle nicht, daß Colin ihr einfach nur aus Gefälligkeit Dinge erzähle. Und das wiederholte sie während der nächsten drei Wochen in Briefen und Telefongesprächen.

Stagg hatte Lizzie von Anfang an gebeten, ihm ihre eigenen Phantasien zu schildern. Bislang hatte sie das vermieden, um ihm den Vortritt zu lassen. Nun forderte er sie jedoch immer häufiger dazu auf. Sie trage nichts zur Beziehung bei, kritisierte Stagg, nicht genug jedenfalls. Er machte Andeutungen, daß er ihre ehrliche Absicht anzweifele.

Während einer Besprechung am 23. Juni bezeichnete ich es Pedder gegenüber als ratsam, daß Lizzie jetzt über ihre geheimen Wünsche schreibe, sie dürfe allerdings nur Dinge weiterführen, die in der Beziehung mit Stagg bereits von ihm angesprochen worden seien. Wichtiger noch: Lizzie sollte weder den Grad der Verderbtheit noch die bisher erreichte Stufe an physischer oder sexueller Gewalttätigkeit erhöhen. Ihre Phantasien sollten die schon von Stagg verwendeten Ausdrücke und Beschreibungen aufgreifen und womöglich eine konkrete Fortführung der Geschichte darstellen, die er ihr schon geschickt hatte.

Nachdem ich die Richtlinie definiert hatte, überließ ich den Entwurf des Textes Pedder und seinem Team.

Lizzie schrieb schließlich davon, wie sie an einem Sommertag mit Stagg Hand in Hand durch einen Wald ging. Sie waren sexuell erregt und küßten sich:

Jetzt zerren Deine Hände an meinem Oberteil. Meine Brüste spannen sich, ich will sie entblößen. Wegen Deiner Hast, sie aus der Kleidung zu befreien, zerreißt du mir das Oberteil. Das erregt mich noch mehr, und ich spüre eine wohltuende, warme Nässe zwischen den Beinen. Ich kralle mich in dein T-Shirt, ziehe es auf deinem Rücken hoch. Ich will Deinen festen muskulösen Rücken spüren, ihn zerkratzen. Ich bin von einer tierischen Leidenschaft erfaßt und flehe Dich an, in mich einzudringen. Du sagst mir, ich solle die Klappe halten und warten, Du hättest andere Dinge im Kopf.

Des weiteren schildert der Brief, wie das Liebesspiel der beiden von einer jungen Frau mit kurzgeschnittenem blonden Haar unterbrochen wird, die sexuell erregt ist und Staggs Einladung zum Mitmachen annimmt. Dann zieht er ein Messer aus der Gesäßtasche seiner Jeans:

Das jagt mir einen Schreck ein. Du hältst ein Messer in der Hand. Da komme ich wirklich ins Keuchen, als ich Deine Hände auf zwei unterschiedlich dicken Schwertern liegen sehe. Nach Deiner erstaunten Miene zu urteilen, mußt du es bemerkt haben ...

Du kommst zu uns herüber und sagst dem Mädchen: »Leck mich.« Sie schaut zuerst mich und dann Dich an, und dann braucht sie gar nicht weiter zu fragen. Sie liegt auf den Knien und leckt deinen Schwanz hoch. Du hältst das Messer an ihre leuchtenden steifen Nippel und umkreist eine Warze zart mit dem Messer. Dort ist jetzt halbmondförmig ein dünner Kratzer zu sehen. Er färbt sich dunkler, ein dünnes Rinnsal Blut fließt herunter. Sie merkt es kaum, weil sie sich an Deinem Schwanz gütlich tut ...

Diese Gedankenspiele stellten – ganz im Sinne der Anweisungen – geradezu eine Spiegelung seiner eigenen Phantasien dar. Der Schauplatz, das Messer, die dritte Person und das tropfende Blut waren bereits durch Stagg eingeführt worden. Die sprachlichen Mittel entsprachen ganz den seinen.

Aufgrund von Lizzies Aufrichtigkeit beruhigt und sichtlich sexuell erregt, traf Stagg rasch eine weitere Verabredung mit ihr, für den 29. Juni im Hyde Park. Als sie im Café Dell zusammensaßen, las Lizzie seinen jüngsten Brief vor. Er wurde beim Gedanken, daß jemand mithören könnte, ganz verlegen.

Er bat sie, das Wochenende mit ihm zu verbringen und schlug vor, einige Stellen im Wimbledon Common aufzusuchen. Lizzie tat so, als ob sie endlich den Zusammenhang erkannte.

»Also, das ist die Sache, von der du gesprochen hast, als du sagtest, daß du wegen eines Mordes im Common festgenommen wurdest? Es war diese Sache, die im Wimbledon Common passiert ist, nicht wahr?«

»Ja. Das war im letzten Jahr.«

»Oh, ich konnte mich gar nicht mehr erinnern, daß du in deinen Briefen *davon* etwas geschrieben hast. Ich dachte damals, wie kann das sein, davon habe ich ja gar nichts gehört?«

»Es hat aber in den Zeitungen gestanden, okay?«

»Oh, ich weiß. Jetzt erinnere ich mich auch, wann das war, weißt du. Ja, jetzt kommt es mir irgendwie bekannt vor. Aber, oje...«

»Ja.«

»Du wohnst also gar nicht weit von dort entfernt?«

»Nein.«

»Aha. Hast du sie gekannt?«

»Nein, ich habe sie nie gesehen, weißt du. Angeblich ist sie regelmäßig dorthin gekommen, aber ich habe sie nie gesehen.«

»Das ist alles sehr interessant, nicht wahr?«

»Einmal habe ich da eine Frau beobachtet, die wie sie war. Sie hat dort am großen Teich ein Sonnenbad genommen.«

»Ach ja.«

»Es gibt dort einen großen See, weißt du. Na ja, das ist aber auch schon ein paar Jahre her.«

»Ja.«

»Ich habe der Polizei davon erzählt, daß sie es gewesen sein könnte. Ich war mir aber nicht sicher, weißt du, sie war groß, ziemlich schlank und blond und hatte ein kleines Kind bei sich.«

»Oh, das ist aber interessant. Weißt du, wer's getan hat? Hast du eine Idee?«

»Nein, weiß ich nicht.«

»Komm, das müßtest du doch wissen. Wenn du immer dort gewesen bist.«

»Das waren ja viele andere auch.«

»Ich würde ihn gern kennenlernen. Ich würde wirklich gern hören, was er darüber zu sagen hat. Du vielleicht nicht? Er sitzt jetzt zu Hause im Trockenen, nehm ich an. Und lacht sich eins ins Fäustchen.«

»Mmmm.«

»Was haben sie dich für Sachen gefragt?«

»Wer? Die Polizei?«

»Ja.«

»Ach, eine Menge Sachen. Sie waren sehr nett, weißt du, und haben mich gefragt, wie ich so lebe, solche Sachen, und dann, na ja, dann wurde es etwas unangenehm, weißt du, und sie wollten wissen, warum ich sie ermordet hatte, so 'n Zeugs, und ich sagte: ›Ich hab' sie nicht ermordet‹, weißt du, ich sagte ihnen: ›Ich habe sie dort sogar nie gesehen.‹ Ich habe die Frau beschrieben, die ich dir auch beschrieben habe und sagte, es könnte sein, daß sie es war, aber ich bin mir nicht sicher, weißt du.

Und, weißt du, nur damit du's weißt: Sie glauben sogar heute noch, daß ich es getan habe. Ich wurde an einem Feiertag von der Polizei festgenommen. Es war Montag, der 31. Mai.«

»Ich wünsche mir aber, daß du es getan hättest – ich weiß ja, daß du ungeschoren davongekommen bist, das finde ich auch wunderbar. Ich wünsche mir, daß du es getan hättest.«

»Die Sache ist die, daß ich ja auch wirklich dort war, als die Sache passierte.«

»Du warst dort?«

»Ja. Es war letztes Jahr, ich erholte mich von meiner Krankheit, weißt du, ich hatte endlich wieder ein bißchen zugenommen und das...«

»Ja. Hast du etwas beobachtet, als du da warst. Wenn du doch zu dem Zeitpunkt dagewesen bist.«

»Nein, das ist es ja, weißt du, da gibt es nämlich ziemlich hohe Hügel...«

»Ja.«

»Und passiert ist's auf der andern Seite des Hügels, und ich war auf dieser Seite, weißt du, es war sehr...«

»Was! Zu genau derselben Zeit?«

»Ja.«

»O mein Gott.«

»Die Sache war die, daß ich diese rasenden Kopfschmerzen hatte, und darum konnte ich meinen Hund nicht zu weit ausführen, sonst wären wir nämlich genau in die Richtung gegangen, weißt du.«

»Ja.«

»Ich wollte einfach bloß heim und schlafen.«

»Mein Gott. Und du hättest es sehen können, nicht wahr?«

»Ja, dann hätte ich gesehen, wie er's tat und wie er dann weggerannt ist...«

Später fragt Lizzie ihn: »Ich frage mich, ob du ihn hättest sehen können, oder ihn bei der Tat gesehen hast?«

»Das ist richtig. Ja.«

»Sag mal, er hat sie vergewaltigt, und das alles, oder?«

»Doch, er hat all das gemacht. Ja.«

»Das Schwein.«

»Außerdem hat er sie sogar fast geköpft.«

»Wirklich?«

»Ja, er hat ihr 49 Stiche versetzt, haben sie gesagt.«

»O mein Gott.«

»Beim Verhör hat die Polizei mir nämlich ein Foto von ihr gezeigt.«

»Und du hast sie gesehen?«

»Ja. Weißt du, es war so, weißt du, sie war nackt und so, weißt du, und, ach, auf der Erde war überall Blut, weißt du, auf dem ganzen Rasen.«

»Mein Gott, da mußtest du aber sehr aufpassen, um nichts zu verraten.«

»Sie haben sich nämlich gedacht, daß ich plötzlich einen Schreck kriege, wenn sie mir das Foto zeigen, und ihnen dann sage, genau, ich war's, ich hab's getan, weißt du.«

»Sie haben überhaupt nicht kapiert, was für ein kluges Köpfchen du bist.«

»Ja, ich meine, als sie mich verhafteten, haben sie meine Wohnung durchsucht. Ich habe nämlich eine Wohnung mit drei Schlafzimmern und so weiter, weißt du.«

»Ach ja.«

»Und ein Schlafzimmer habe ich ganz in Schwarz angestrichen und die Wände ganz mit Hexenzeichen in Kreide vollgemalt, weißt du, und als sie das gesehen haben, weißt du, da stand es für sie fest, da war ich für sie der Täter, weißt du, da waren sie sich absolut sicher, weißt du.«

»Als du sie auf den Fotos gesehen hast – wie sah sie aus?«

»Also, auf dem Foto, das sie mir zeigten, lag sie auf dem Gras, weißt du, so wie wenn sie ein Baby wäre, irgendwie zusammengerollt.«

»Ja ja.«

»Sie war wie ... ja, aber das Foto war aus einem Blickwinkel von ihrem Rücken aufwärts geschossen worden, und ihr Kopf war irgendwie ganz rund, und auf dem Rasen war überall Blut. Sie war ganz nackt und, ach ja, aus diesem Blickwinkel konnte ich ihre Möse sehen, weißt du, und, ach ja, sie war ganz weit offen, weißt du, er muß sie also richtig gezwungen haben, sich zu öffnen, weißt du. Zu dem Zeitpunkt war er offensichtlich dabei, sie umzubringen, und, ähem, ich verstehe nichts von den Muskeln und Leichen, weißt du, und wieso sie geöffnet geblieben ist. Die Sache war so, weißt du, daß ich beim Anblick der Fotos einen Steifen bekam, also ...«

»Echt? O Gott, hoffentlich haben sie es nicht bemerkt.«

»Nein, nein, weißt du, weil es da so was wie einen Tisch und all das gab, weil sie ja alles auf Band aufnehmen, weißt du, wie die Polizei das immer macht, die sieht Zweideutiges in allem, was du sagst, weißt du ...«

Nun hatten Pedder und sein Team endlich die erste Aussage, mit nach ihrer Meinung eventuell etwas anzufangen war. Man hatte Stagg beim ersten Verhör tatsächlich ein Foto gezeigt – ein einziges Bild, das sehr mit Bedacht ausgewählt worden war, um ihm zwar Rachels Leiche zu zeigen, aber eben so, daß nur sehr wenige Spuren vom Mord zu erkennen waren.

Das Foto war eine Aufnahme der Tatortermittlung, die Rachel auf dem Rasen zeigte, nackt, in sich zusammengerollt und mit dem unteren Teil ihres Körpers der Kamera am nächsten. Das Foto zeigte weder den Hals, die Hände und das Gesicht noch die Genitalien. Stagg hatte Lizzie gegenüber Verletzungen und andere Einzelheiten geschildert, die er nach Auffassung der Polizei eigentlich nicht von dem ihm gezeigten Foto erfahren haben konnte.

Obwohl er auf dem Foto Rachels Hals gar nicht gesehen haben konnte, hatte er Lizzie gegenüber erwähnt, daß Rachel beinahe enthauptet worden wäre. Und er hatte erklärt, Rachel sei zusammengerollt gewesen wie ein Baby, und er habe ihre Genitalien sehen können, die waren »ganz weit offen, weißt du, er muß sie also richtig gezwungen haben, sich zu öffnen«.

Diese Beschreibung entsprach von den Bildern her und ganz präzise dem Zustand von Rachels Anus, doch durch die Betrachtung des Fotos mit dem Schildchen KP27 – des einzigen, das ihm gezeigt worden war – hatte Stagg diese Dinge nicht erfahren können, außer er hätte sie erraten. Er hatte eher von ihrer Vagina als von ihrem Anus gesprochen, doch Vagina und Anus werden oft verwechselt und als ein und dasselbe angesehen. Er beschrieb Rachel außerdem als »sehr weit geöffnet«, eine interessante Feststellung, insofern da nicht eben viele Menschen merken würden, daß Muskeln nach dem Eintreten des Todes nicht mehr kontrahieren. Darin lag nämlich der Grund, warum Rachels Anus noch gedehnt war.

Staggs Feststellung, daß der Anblick des Fotos ihn sexuell erregte, paßte genau zu der äußerst seltenen, gravierenden sexuellen Devianz, die er bereits gezeigt hatte.

Pedders Reaktion war eine Mischung aus Begeisterung und Erleichterung. Von seiner Seite aus war immer eine verdeckte Ermittlung gewünscht worden – und auf diese Weise würden Zeit und Geld gespart – , bei der der Verdächtige sich entweder sehr früh selbst entlastete oder bei der zumindest sich der Verdacht gegen ihn bald erhärtete. Und obwohl Pedder es nie ausgesprochen hatte, spürte ich doch, daß er sich sehr weit aus dem Fenster gelehnt hatte, um seine Vorgesetzten für den Plan zu gewinnen. Die Entscheidung war, wie er mir versicherte, bei der Metropolitan Police auf höchster Ebene getroffen worden, also wohl vom Commissioner persönlich.

Die Fortführung der Operation stand jetzt nicht mehr zur Debatte. Nach diesem Durchbruch hoffte Pedder allerdings immer noch, daß Stagg Lizzie gegenüber weiteres Wissen von der Tat preisgeben oder die Polizei direkt zur Mordwaffe führen würde.

Eine Woche später wurde seine Position durch den Bericht einer überregionalen Zeitung jedoch dramatisch erschüttert. Der *Star* brachte – mit großer Aufmachung auf dem Titelblatt und über zwei Innenseiten – ein Interview mit Colin Stagg unter der Schlagzeile: »ICH HABE RACHEL NICKELL NICHT ER-

MORDET». Er behauptete darin, unschuldig zu sein und erklärte, daß die Polizei ihm den Mord anzuhängen versuchte.

Wickerson, Pedder und Lizzie waren gerade auf dem Weg von London zu mir, als sie zum Tanken an einer Autobahnraststätte hielten und Pedder einen Blick auf den Zeitungsstand warf, wo ihm diese Schlagzeile ins Auge sprang.

Es war eine Katastrophe. Ich hatte die ermittelnden Beamten von Anfang an gewarnt, daß die namentliche Nennung eines Verdächtigten, falls er wirklich der Mörder war, die Ermittlungen sehr beeinträchtigen würde. Nicht nur, daß eine solche Öffentlichkeit ihn von Selbstenthüllungen abhalten würden, er könnte so auch das sexuelle Interesse anderer Frauen auf sich lenken, was selbstverständlich die Effizienz der verdeckten Operation schmälern würde.

Pedder machte ganz den Eindruck, als ob er am liebsten jemanden erdrosselt hätte. »Zum Teufel – was können wir jetzt tun?«

»Schadensbegrenzung versuchen.«

»Da wäre ich für jeden Vorschlag dankbar.«

Ich wandte mich an Lizzie. »Sie sollten ihn sofort anrufen. Ihm zeigen, daß Sie wegen dieser Geschichte aufgebracht sind. Er hat sich fahrlässig verhalten. Sie haben ihm Ihr Herz geöffnet und ihm ihre finstersten Geheimnisse erzählt, und er hat Sie in Gefahr gebracht, indem er mit der Presse gesprochen hat. Lassen Sie sich von ihm versichern, daß, was euch beide betrifft, nach wie vor alles in Ordnung ist.«

In den wenigen folgenden Telefonaten ließ Lizzie ihn wissen, wie erschüttert sie war. Stagg gab sich alle Mühe, wieder von ihr angenommen zu werden. Er schrieb auch einen Brief, in dem er sich dafür entschuldigte, daß er sie beunruhigt hatte. Er schloß diesen mit einer weiteren Phantasie, »um Dich wieder aufzumuntern«.

Er verlegte die Geschichte auf einen warmen Samstag in den Common: Er sitzt in der Nähe eines Baums im Gras und entspannt sich. Er merkt, daß sich jemand nähert, eine große sexy Blondine (Lizzie). Und sie beginnen, an einen Baum gelehnt, mit dem Geschlechtsverkehr.

Da stößt ein anderer Mann zu ihnen und zwingt Lizzie seinen Penis in den Mund. Unterdessen erklärt Stagg, er wolle etwas experimentieren, und zieht ein Messer hervor:

Ich komme zwischen Deine Beine und ficke Dich wieder ganz steif und fest. Jetzt bist Du an beiden Enden von zwei angeschwollenen Penissen aufgespießt. Während ich Dich ficke, fahre ich Dir mit dem Messer über den Hals. Auf die nackten Beine des anderen Manns spritzen Blutstropfen. Du schreist auf vor Ekstase. Sein Glied springt dir aus dem Mund, Du leckst das Blut, gleichzeitig wischt er Dir Saft ins Haar und ins Gesicht.

Nach dem Brief rief Stagg an und sagte, er wünsche, daß die Lustträume baldmöglichst Realität würden. Das war ein erneuter Beweis von starker sexueller Devianz und meines Erachtens ein noch deutlicheres Indiz für akute sexuelle Aggression als vieles in dem bisherigen Material.

Am 20. Juli fand eine der letzten gemeinsamen Besprechungen mit Pedder und Lizzie statt. Lizzie war für den nächsten Tag mit Stagg in Hyde Park verabredet. Wir mußte unsere Strategie durchdiskutieren. Nachdem Lizzie nach dem erwähnten Zeitungsbericht die alte Situation wiederhergestellt hatte, mußte sie es jetzt mit einer Kombination aus unzweideutigen Reizen und angemessener Zurückhaltung versuchen.

Es war das vierte Zusammentreffen. Mir war bewußt, daß sie es schwer haben würde, Stagg auf Distanz zu halten, vor allem bei einer zu erwartenden erhöhten sexuellen Erregung seinerseits.

Am nächsten Morgen um 11.35 Uhr, schaltete Lizzie heimlich das Tonband an, denn sie saß mit Stagg zusammen im Café Dell. Sie brachte das Gespräch schließlich auf Rachel Nickell, worauf Stagg seine dreitägige Haft schilderte, als die Polizei »einfach bloß versuchte, meinen Willen zu brechen«. Die Hauptindizien gegen ihn stammten nach seiner Darstellung von verschiedenen Frauen, die sich um die Tatzeit im Common aufgehalten hatten.

Während des Erzählens ließ er seine Hände unter den Tisch gleiten, um sich an Lizzies Schenkeln hochzuarbeiten. Sie wechselte ihre Stellung und ermunterte ihn zum Weiterreden, fühlte seine Hände aber bald schon wieder, so daß sie erneut wegschieben mußte.

Lizzie gestand ihm, daß sie der Mörder faszinierte.

»Ich denke oft an die Geschichte. Ich versuche, sie mir vorzustellen und finde den Gedanken an ihn sehr aufregend.«

»Ich wünschte, daß ich's getan hätte, weißt du, weil, ich meine, ich fühle mich wegen meiner Gedanken schuldig, weißt du. Sie machen mich ganz scharf, das war schon von Anfang so, weißt du.«

»Aber was genau macht dich dabei so scharf? Was waren das denn für Sachen, die dich angetörnt haben? War es der Anblick der Leiche? Oder die Vorstellung von ihr? Was war es eigentlich?«

»Dinge, die er getan hat. Daß er eigentlich zur selben Zeit Verkehr mit ihr hatte, die Gewalt, mit der er in sie eindrang. So was.«

»Hat er das wirklich getan?«

»Das muß er wohl getan haben. Doch. Ich meine, er konnte einfach nicht anders. Er ist wahrscheinlich einfach durchgedreht, als er sie, na du weißt schon, als er sie fickte, weißt du, weil sie nämlich 49 Messerstiche abgekommen hat, so ähnlich muß es gewesen sein ...«

Sie verließen das Café und gingen im Hyde Park spazieren.

»Hat die Polizei dir nicht gesagt, wo er zuerst hingestochen hat?« fragte Lizzie.

»Nein, nein, ich weiß nur, daß er 49mal auf sie eingestochen hat, weißt du, ihr Kopf war nahezu abgehackt.«

»Wirklich?«

»Ja.«

»Warum? Warum hat er das versucht?«

»Vermutlich bloß ein Versuch, den Kopf abzuschneiden.«

»Du sagst aber doch, alles wäre ganz weit aufgeklafft gewesen.«

»Ja.«

»Ja?«

»Ja. So war es ... also, ach ja, das Foto hat sie so gezeigt, äh« – er veränderte ihre Körperstellung, bis sie auf der linken Seite am Boden lag, mit hochgezogenen Knien, mit nach hinten geneigtem Kopf und wie zum Gebet gefalteten Händen – »so. So ist sie dagelegen.«

»Sie hat auf der Seite gelegen?«

»Ja. Und ihr Kopf lag irgendwie so« – er neigt den Kopf ganz nach hinten – »weißt du, so, der Kopf muß halb abgetrennt gewesen sein. Aber das Foto wurde von dieser Seite aufgenommen, weißt du.« (Er deutete auf seinen Rücken.)

Er hatte erneut Detailkenntnisse von Rachels Leiche offenbart, die mit dem einzigen, ihm gezeigten Foto nicht zu erklären waren.

Das betraf insbesondere die Stellung der Hände – Handteller an Handteller. Auf dem Foto KP27 waren nämlich die Hände gar nicht zu sehen.

Stagg wiederholte, daß er um die fragliche Zeit im Common gewesen war, bestritt aber erneut die Täterschaft.

Inzwischen hatte die verdeckte Ermittlung den von mir zu Beginn angekündigten Zeitrahmen ausgeschöpft, und ich nahm an, daß sie bald beendet werden würde. Auf einer Sitzung von Staatsanwaltschaft und Polizei, an der auch ich teilnahm, wurde es als unwahrscheinlich angesehen, daß Stagg, selbst wenn er tatsächlich der Mörder wäre, den Mord Lizzie jetzt noch gestehen würde, weil er nach Erscheinen des Artikels im *Star* wahrscheinlich etliche Frauen finden würde, die mit ihm zu korrespondieren bereit wären.

Statt das schon gesammelte Material falsch auszuwerten, hielten wir es für besser, die Geheimaktion gänzlich zu beenden und Lizzie James zurückzubeordern. Das mußte mit Bedacht geschehen. Für die Polizei, die zunehmend davon überzeugt war, daß Stagg des Mordes angeklagt werden sollte, war es sehr wichtig, daß Lizzie den Kontakt zu ihm in einer Form abbrach, die das Risiko, daß er, in die Enge getrieben, aus Wut einer weiteren Frau Schaden zufügte, minimierte.

Der letzte Brief wurde am 10. August 1993 abgeschickt. Tags drauf erfuhr ich in der Einsatzzentrale der Polizei von Pedder, die Entscheidung, Colin Stagg zu verhaften und vor Gericht zu bringen, sei gefallen, nachdem hochrangige Beamte der Staatsanwaltschaft nach Prüfung aller Unterlagen zu dem Schluß gekommen waren, das Beweismaterial reiche für eine Anklage.

Pedder diskutierte mit mir noch einmal die einzelnen Verhöre durch, und wir gingen beide davon aus, daß Stagg sofort nach einem Anwalt verlangen und jede Aussage verweigern würde. Es war jedoch trotzdem wichtig, alle seine »Kein-Kommentar«-Aussagen vorzulegen, und Pedder bat mich daher, mir die früheren Verhöre anzuhören.

Als Stagg am 17. August verhaftet wurde, befand sich das gesamte Polizeirevier in Wimbledon in Hochstimmung. Viele Polizisten dort hatten in diesen einen Fall über zwölf Monate ihres Lebens investiert und bekamen nun das Gefühl, daß sich ihre Arbeit auch gelohnt hatte. Der Deputy Chief Commissioner erschien persönlich zum Gratulieren. Er trat mit der ganzen

Pracht seiner Uniform ein und wandte sich mit den Worten an Pedder: »Wir werden deshalb doch nicht mit Tomaten beschmissen werden, nicht wahr?«

»Darauf können Sie sich verlassen«, sagte Keith, der nicht einmal bereit war, an ein Scheitern zu denken.

Bruce Butler, der bei der Staatsanwaltschaft zuständige Jurist für Sonderfälle, bat mich um ein Statement zur Darlegung aller guten Gründe für die verdeckte Ermittlung. Außerdem sollte ich erläutern, wie sie aufgebaut gewesen sei, um die Verwicklung des Verdächtigen in die Tat entweder zu belegen oder zu entkräften. Er machte mich auf das besonders Heikle an dieser Sache, die als Präzedenzfall zu gelten habe, aufmerksam. Das hieß nichts anderes, als daß das Dossier sämtliche Details berücksichtigen müsse.

Da ich kein Jurist bin, war ich mir der Probleme, mit denen man rechnete, nicht vollends bewußt. Das galt insbesondere für die wahrscheinliche Tatsache, daß ein Antrag der Verteidigung gestellt würde, das im Rahmen der verdeckten Ermittlungen gesammelte Beweismaterial für gerichtlich unzulässig zu erklären, weil es durch eine Falle bzw. durch ein Verhör ohne vorherige Rechtsmittelbelehrung zustande gekommen war. Mir war gleich zu Beginn allerdings versichert worden, der Punkt stelle kein Problem dar.

»Da geht es um höchste strategische Erörterungen«, erklärte Butler jetzt. »Diese Sache geht gleich nach ganz oben.«

»Und wer sitzt dort oben?« fragte ich.

»Dieser Fall wird an oberster Stelle von der Sektion ›Sonderfälle‹ bei der Generalstaatsanwalt bearbeitet. Die Sitzungen finden einmal wöchentlich statt.«

Ich erinnere mich, Pedder gleich zu Anfang die Frage gestellt zu haben, was denn geschehen würde, falls das Beweismaterial für bei Gericht unzulässig befunden würde.

»Das ist absolut unmöglich«, erwiderte er damals. »Wir haben die besten Juristen auf unserer Seite. Glauben Sie mir.«

Daraufhin hatte ich nicht mehr über die Frage nachgedacht. Diese Sache ging mich ja nichts an. Dafür war ich schließlich nicht zuständig. Die Entscheidung, die verdeckten Ermittlungen durchzuführen und Colin Stagg am Ende anzuklagen, hatten diese Herren getroffen – das war ihre Domäne.

In den folgenden Wochen und Monaten nahm ich an mehreren Sitzungen mit Juristen der Staatsanwaltschaft und des Schatzamtes teil, die die Krone vertraten. Da Stagg sich in Untersuchungshaft befand, würde er bis zur Voruntersuchung vor einem Magistratsgericht im neuen Jahr in einem entsprechenden Gefängnis einsitzen.

Alle Träume von einem ruhigeren, normaleren Leben waren bald ausgeträumt. Selbst als ich für die Hochzeit meines Sohnes im Oktober ein paar Wochen Urlaub nahm, wurde meine gesamte Zeit von neuen Fällen in Anspruch genommen. Ich wurde sehr stark in die Ermittlungen zum Mord an der siebenjährigen Nikki Allen hineingezogen, die in Sunderland in der Wear-Garth-Siedlung erstochen und erschlagen worden war. Außerdem hatte ich mich mit einigen Fällen von Vergewaltigungen im nördlichen Londoner Stadtteil Islington zu beschäftigen, und ich beriet die Kriminalpolizei von Cumbria im Zusammenhang mit einer Serie von obszönen Telefonanrufen.

14

Manche Verbrechen erregen das Interesse der Öffentlichkeit, andere gehen in der Fülle aktueller Ereignisse unter. Es ist normal und leicht verständlich, daß beispielsweise ein Fall die Bevölkerung erregt, wenn das Opfer des Verbrechens jung und hübsch und die Untat ungewöhnlich grausam und erschreckend verlaufen ist. Daß die Ermordung von Samantha Bissett und ihrer vierjährigen Tochter Jazmine in den letzten Monaten des Jahres 1993 so wenig Anteilnahme gefunden hatte, war unbegreiflich.

Warum das wohl so sei, wollte der Einsatzleiter Mickey Banks, ein Detective Superintendent von der Metropolitan Police, von mir wissen, als wir uns eine Woche nach den Mordfällen im Südosten Londons trafen. Öffentliches Interesse kann das A und O einer Ermittlung sein, vor allem in Fällen eines außergewöhnlichen Verbrechens, für das kein Verdächtiger in Sicht ist. Banks mochte vielleicht gefühllos und abgebrüht klingen, als er klagte: »Was wollen die Mistkerle [die Journalisten] denn noch mehr? Da ist eine schöne Mutter mit ihrem Kind, die beide auf schrecklichste Weise ermordet wurden, und die Kerle packen den Fall nicht an. Der Fall müßte überall Schlagzeilen machen.«

Ich konnte seine Ratlosigkeit verstehen. Ich verwende das Wort »grauenvoll« nur selten, weil es heutzutage so oft benutzt wird, daß es mittlerweile banal und nichtssagend geworden ist, aber Samanthas und Jazmines Tod war nun wahrhaftig »grauenvoll«, und der Mörder mußte rasch gefaßt werden.

Banks war mit Keith Pedder befreundet und von ihm über meine Mitarbeit im Fall Rachel Nickell informiert worden. Daraufhin rief er am 9. November – Emmas Geburtstag – bei mir an. Wir verabredeten uns für den Tag drauf. Trotz seiner Wegbeschreibung schaffte ich es, mich auf dem Weg zum Polizeirevier Thamesmead zu verfahren.

So ein Polizeirevier hatte ich noch nie gesehen. Es sah ganz nach einer Bauarbeiterbude aus. Das Ganze machte den Eindruck, als ob hier alles nur wild durcheinander abgeladen und durch einen hohen Maschendraht zusammengehalten würde. Jetzt verstand ich, warum Banks mir dringend geraten hatte, meinen Wagen auf dem Polizeigelände zu parken. Ich hätte ihn sonst vielleicht nicht mehr wiedergefunden.

»Hallo, Paul. Sie haben sich verspätet«, sagte er, aber er klang überhaupt nicht vorwurfsvoll. »Hatten Sie Probleme, uns zu finden? War die Fahrt angenehm? Ich bin froh, daß Sie hergefunden haben. Wo haben Sie den Wagen geparkt? Eine Tasse Tee? Zukker? Milch?«

Er plauderte in einem fort, bis wir die Tür zu seinem Büro erreichten. Banks, Mitte Fünfzig, mit zerfurchtem Gesicht und tiefen Stirnfalten, hatte nichts für Förmlichkeiten übrig, legte sofort die Jacke ab, krempelte die Hemdsärmel hoch und steckte sich eine Zigarette an. Er machte auf mich ganz den Eindruck eines Kriminalisten an der Front, der für bürokratische Regeln und Spitzfindigkeiten keine Zeit hat; er war »einer von den Jungs«, der den Respekt seines Teams gewann, weil er mit ihnen verkehrte, mit ihnen gemeinsam trinken ging und noch schwerer arbeitete als sie.

In seinem Zimmer war dicke Luft – alles voller Zigarettenqualm. Aus Rücksicht auf mich öffnete er jedoch das Fenster und rauchte zumindest jetzt nicht mehrere Zigaretten gleichzeitig.

»Was wollen Sie wissen?« fragte er.

»Alles, was Sie mir sagen können.«

»Es geht um eine Frau und ihre vierjährige Tochter, die auf verdammt absurde Art ermordet wurden«, sagte er in einem bemüht sachlichen Ton. »So etwas kriegt man nicht oft zu sehen, und ich hoffe, daß ich es nie wieder sehen muß. Samantha Bissett lebte mit ihrer Tochter Jazmine in einer Wohnung in Plumstead. Die beiden Leichen wurden am vergangenen Donnerstag, dem 4. November, morgens von Samanthas Freund gefunden. Über den zeitlichen Verlauf sind wir uns nicht völlig im klaren, weil der Freund noch nicht als Tatverdächtiger ausgeklammert worden ist.«

Banks zog ein Album mit Fotos vom Tatort hervor und übersprang die ermittlungstechnisch wichtigen Abbildungen. »Es war so furchtbar, daß der Fotograf seither arbeitsunfähig ist. Sam wurde erstochen und verstümmelt. Hier, *so* haben wir sie vorgefunden.«

Das Bild war fast surrealistisch. Auf dem Fußboden lag der nackte Körper einer jungen Frau mit total aufgeschnittenem Rumpf und nach hinten aufgedrückten Brustkorb, so daß die inneren Organe frei lagen. Mir schossen tausenderlei Gedanken durch den Kopf. Ich spürte Entsetzen, Trauer und Fassungslosigkeit. Ich hatte bereits Fotos von Dutzenden von Verbrechen gesehen – sie alle sind in mein Bewußtsein eingeätzt, ich kann sie nicht mehr vergessen –, doch dieses Foto war völlig anders. Es war fast wie ein Schaubild, so als ob der Täter die Frau abgeschlachtet und die Leiche in einer perversen Demonstration, die er für Kunst hielt, geöffnet hätte.

Auf diese Arbeit wäre sogar Jack the Ripper stolz gewesen, dachte ich. Ich kannte die Fotos von seinen Opfern. Mir war insbesondere das letzte ihm zugeschriebene Mordopfer im Gedächtnis geblieben, Mary Jane Kelly, die auf ähnliche Weise wie Samantha zurückgelassen worden war. Dennoch gab es da einen großen Unterschied: Der Mann, der sich vor einem Jahrhundert an die Prostituierten von Whitechapel heranpirschte, hatte die Leichen schnell und grobschlächtig aufgeschnitten, bevor er geflüchtet war. Samanthas Mörder dagegen hatte sich Zeit gelassen und seine Arbeit genüßlich zu Ende geführt.

Der Eindruck theatralischer Zurschaustellung wurde durch das fast vollständige Fehlen von Blut im Umfeld der Leiche noch unterstrichen. Diese Tatsache führte mich zu meiner ersten Frage.

»Wo ist das Blut?« wollte ich wissen.

»Die meisten Verletzungen sind dem Opfer erst nach dem Tod zugefügt worden«, sagte Banks und blätterte zum nächsten Foto um. Der Teppich im Hauseingang war durch eine große Blutlache verfärbt. »Wir nehmen an, daß er sie in der Nähe der Haustür ermordet und anschließend ins Wohnzimmer geschleppt hat. Es gibt anscheinend keine Hinweise auf einen Einbruch, und das Haus verfügte über solide Schlösser. Die Wohnung ist nicht ausgeplündert worden, wir haben auch keine Indizien entdeckt, daß etwas gestohlen wurde.«

Banks wollte schildern, was vorgefallen war, doch er fand keine Worte. Er blätterte die Fotos durch, um mir zu zeigen, wie die Leiche gefunden wurde. Er deutete mit dem Finger auf einen blutigen Schuhabdruck, der in der Küche entdeckt worden war – dem einzigen Zimmer der Wohnung, wo man Spuren einer Durchsuchung und von Veränderung gefunden hatte –, und blätterte um. Das Foto zeigte eine Gesamtaufnahme des Schlafzimmers.

Ich mußte sehr genau hinschauen, bis ich den Kopf eines ganz kleinen Kindes erkannte, der aus dem Plumeau eines Etagenbetts in der linken Ecke des Zimmers hervorlugte. Es lag mit dem Gesicht zur Wand auf dem Bauch und sah aus, als ob es schlief und ruhig seine Kinderträume träumte.

Doch leider war das hier nicht der Fall. Jazmine war ausgezogen, sexuell mißbraucht, wieder angezogen und ins Bett gelegt und dann mit einem Kopfkissen erstickt worden. Was war das für ein Mensch, der zu so etwas fähig war?

Auf solche Fragen suchte Mickey Banks Antworten. Außerdem wollte er von mir wissen, was der Mörder als nächstes tun würde. Banks begleitete mich durch die Einsatzzentrale, stellte mich einigen Mitgliedern seines Teams vor und erklärte mir verschiedene, bereits eingeleitete Maßnahmen. In der ganzen Gegend gingen Polizisten von Tür zu Tür, andere suchten Samanthas Freundinnen und ehemalige Freunde auf und verlangten Aufklärung über jeden ihrer Schritte während der Tage vor ihrem Tod.

Zum letzten Mal war Samantha am Mittwoch, dem 3. November, gesehen worden, als sie Jazmine vom Kindergarten abholte. Sie hatte sich beeilt und war dort gerade noch rechtzeitig um 15.30 Uhr angekommen. Daraufhin waren die beiden die zweieinhalb Kilometer bis zur Wohnung in Heathfield Terrace in Plumstead mit einem Taxi gefahren.

Richard Ellam war seit Anfang 1991 ihr fester Freund gewesen. Er hatte, wie er der Polizei mitteilte, während der Wochenenden und gelegentlich auch während der Woche bei Samantha gewohnt. Seine feste Adresse war jedoch das Haus seines Vaters in der Nähe von Sidcup in Kent. Er hatte Samantha zum letzten Mal am Mittwoch um 12.45 Uhr gesehen, als er bei ihr vorbeigeschaut hatte. Die beiden waren ganz aufgeregt, weil sie am 11. November mit Jazmine Ferien machen wollten und die Reise besprachen. Er verließ die Wohnung eine Stunde später und ging zur Arbeit in einer chemischen Fabrik.

Am Donnerstag wachte Ellam um 8.30 Uhr auf, ging zur Bank und zur Apotheke und fuhr dann mit der Buslinie 51 zu Samanthas Wohnung. Als auf sein Klingeln nicht geöffnet wurde, benutzte er den eigenen Schlüssel, trat ein und rief »Hallo.« Auf dem Teppich fiel ihm ein dunkler Fleck auf, und er dachte sich, daß da etwas verschüttet worden war. Beim Betreten des Wohnzimmers sah er die halb zugedeckte Samantha vor dem Gaskamin liegen. Er ging zum Schlafzimmer, glaubte zuerst, daß Jazmine vielleicht schliefe, wurde dann aber mißtrauisch, weil sie allzu still dalag.

»Wir haben ihn als möglichen Täter nicht ausgeschlossen«, sagte Banks, während er die nächste Zigarette ausdrückte.

»Ist er der Vater des Kindes?«

»Nein. Die Ehre gebührt einem New-Age-Anhänger aus Hampshire. Wir haben Kontakt mit ihm und überprüfen gerade sein Alibi.«

Die polizeilichen Ermittlungen in der Nachbarschaft der Ermordeten hatten auch Hinweise auf etliche unbekannte Fahrzeuge und unbekannte männliche Personen erbracht, die in den vorausgegangenen Wochen gesehen worden waren. Nachbarn berichteten von einer lauten Auseinandersetzung zwischen einem Mann und einer Frau, die sie am Mittwoch zwischen 22.30 und 23 Uhr gehört hatten. Zwei weitere Zeugen erzählten von einem Streit zwischen einem Mann und einer Frau »in der Nähe« der Wohnung.

Ellam hatte der Polizei mitgeteilt, daß Samantha ihm eine Woche vor ihrer Ermordung von einem Mann erzählt hatte, der durchs Fenster hineinschaute, als sie abends zu Bett ging. Er rannte weg, bevor sie ihn richtig zu Gesicht bekam.

Susan Dewar, die von ihrem Haus aus einen guten Einblick in die Wohnung im Erdgeschoß hatte, erinnerte sich, am 4. November um 3 Uhr morgens plötzlich einen kurzen Schrei gehört zu haben. Sie hatte daraufhin aus dem Fenster geschaut und Licht in Samanthas Wohnung entdeckt. Zwei Wochen zuvor hatte sie beim Bügeln einen Mann bemerkt, der in Samanthas Fenster starrte. Sie beschrieb ihn als furchterregenden Typ mit stechendem Blick.

»Außerdem haben wir zwei Zeugen, die am Mittwoch zwischen 22 und 23 Uhr in der Nachbarschaft der Wohnung einen Streit zwischen einem Mann und einer Frau hörten. Es könnte sich da um Sam gehandelt haben, die mit dem Mörder stritt«, sagte Banks.

Es war mir zu diesem Zeitpunkt praktisch unmöglich zu entscheiden, welche Details wichtig und welche weniger wichtig waren. Ich sammelte erst einmal einfach alles, um später die Spreu vom Weizen zu trennen. Zwischenzeitlich wollte ich auch die Wohnung des Opfers in Augenschein nehmen. Wir fuhren hin und parkten den Wagen in einer ruhigen Sackgasse vor einem Gebäudekomplex mit Sozialwohnungen. Von der Straße führte eine steile Betontreppe, die seitlich an den Häusern angebracht war, zur Haustür der Nummer 1a. Dahinter fiel der Hang steil ab zu den Gärten einiger Häuser und stieg dann wieder zu einem grasbewachsenen Kamm an, von wo aus man aus einem halben Dutzend Wohnblocks auf Samanthas Wohnung und Heathfield Terrace herabblicken konnte.

Die Polizei hatte dort zwischenzeitlich eine große Tür aus Holz und Stahl eingebaut. Zum Öffnen bedurfte es des Drucks einer kräftigen Schulter. Das einfallende Licht wies sofort in der Diele auf einen großen Blutfleck auf dem Teppich, der zwischen der Schlafzimmertür zur Linken und der Küchentür zur Rechten lag. Die Tür des Dielenschrankes war mit Blutspritzern übersäht; die Tropfen waren jedoch ziemlich dünn und durchsichtig, so daß es mir vorkam, als ob sie von nassen Händen geschüttelt worden wären.

Es war eine kleine, ziemlich vollgestopfte Wohnung, in der es an Abstellräumen und -schränken fehlte. Obwohl aber vieles in Ecken und hinter Türen gestapelt war, wirkte alles ordentlich und zweckmäßig eingerichtet. Über den Heizkörpern hingen noch Kleidungsstücke. Es gab nirgends Anzeichen eines Kampfes, kaum Hinweise auf das gewaltsame Eindringen und Durchwühlen durch einen Fremden.

Bei meinem Rundgang machte ich mir eine Skizze der Räume und notierte, welche Fenster abgeschlossen waren und wo die Dinge wohl ursprünglich ihren Platz hatten. War auf dem Fenstersims etwas in Unordnung gebracht worden? Stand irgendwo etwas nicht an Ort und Stelle, und sei es ein so scheinbar unwichtiger Gegenstand wie der Stöpsel, der im Badezimmer an einer Kette herunterhing?

Im Schlafzimmer sah ich in der linken Ecke ein Etagenbett für Kinder. Darunter lag, quer im rechten Winkel, eine große Matratze für Erwachsene mit einem zurückgeworfenen Plumeau, so als ob da gerade jemand aufgestanden wäre. Hier hatte Samantha geschlafen. Überall lag Spielzeug von Jazmine herum, auf den Fensterbänken, in den Ecken, sie quollen förmlich aus den Schränken, und ihre Last bog die Regalbretter nach unten.

An den Spuren im Flur ließ sich ablesen, daß Samanthas Leiche an den Knöcheln weggeschleift und mit einem großen Kissen unter den Hüften vor das Gasheizgerät im Wohnzimmer gelegt worden war. Die Matratze in einer Zimmerecke war vermutlich ein Gästebett. Die große Bambusjalousie vor dem Fenster und der Balkontür war heruntergelassen – das hatte Samantha, den Nachbarn zufolge, sonst nie für nötig befunden.

In der Küche waren Kleidungsstücke und Wäsche aus den Schränken herausgenommen und auf dem Fußboden verstreut worden. Hier waren die Fußabdrücke entdeckt worden sowie Blutspuren im Spülbecken zu sehen, wo der Mörder sich möglicherweise gereinigt hatte. Die Tür des Mikrowellenherds stand offen, auf einem Brett befanden sich Tassen. Im Messerblock fehlte ein Stück, ein anderes war falsch hineingestellt worden.

»Wie ist er nach Ihrer Meinung hereingekommen?« fragte ich.

Banks hatte die Wohnung bereits vor mir besichtigt und wäre am liebsten gleich wieder gegangen, um eine rauchen zu können. »So wie wir hineingekommen sind«, sagte er. »Ich nehme an, daß er sich mit irgendeinem Trick Einlaß verschafft hat. Oder jemand war, den sie kannte. Es gibt kein Indiz dafür, daß er mit Gewalt eindrang. Er hat sie schon in der Diele angegriffen. Das macht Sinn.«

Ich ging nach draußen und schaute zum Balkon empor, um die Höhe zu schätzen. Dann drehte ich mich um und musterte den grasbewachsenen Hang, von dem aus man auf die Rückseite von Heathfield Terrace herunterschauen konnte. Ich wog alle Möglichkeiten ab.

Banks zündete sich eine Zigarette an. »Warum glauben Sie denn nicht, daß sie ihn hereingelassen hat?«

»Vielleicht hat sie es ja getan. Ich denke mir nur, daß diese Sorte Mensch sich eher auf sich selbst verläßt.«

Nach unserer Rückkehr zum Polizeirevier sammelte ich Kopien von Zeugenaussagen, Fotos und Obduktionsberichten. Wie sich bald herausstellte, hatte Banks einen weiteren Grund für seine Annahme, daß Samantha ihren Mörder gekannt, ihn vielleicht sogar erwartet hatte. Ein Nachbar, der einen Stock über ihr wohnte, hatte sie schon einmal wegen Männerbesuchs zu ungewöhnlichen Tageszeiten beim Sozialamt angezeigt.

»Wir vermuten, daß sie als Prostituierte gearbeitet hat«, erklärte Banks beim Sichten eines Papierbergs auf seinem Schreibtisch. »Nicht hauptberuflich. Nebenher – und daß sie damit gerade erst angefangen hatte.«

»Wie kommen Sie darauf?«

»Wir haben unter ihren Papieren Briefe und Zeitungsannoncen gefunden. Einige der frühesten lassen vermuten, daß sie einsam war und Freunde suchte.« Er reichte mir die Fotokopie einer Kleinanzeigenseite des *Greenwich and Eltham Mercury.* Eine eingekringelte Anzeige lautete: »Alleinerziehende Mutter, 27, braucht Freunde. Ich bin eine ehrliche, zuverlässige, künstlerisch begabte Ex-Hippie-Frau, die selbstgedrehte Zigaretten raucht und kein Fleisch ißt.«

»Das war Anfang 1993«, erläuterte Banks. »Im Laufe des Jahres haben die Anzeigen sich verändert. Könnte sein, daß sie knapp bei Kasse war. Einige ihrer Annoncen sind abgedruckt, andere für eine Veröffentlichung abgelehnt worden. Wir haben die Rohfassungen der Texte gefunden.«

Er zeigte mir eine Anzeige im *London Weekly Advertiser* vom 4. bis 14. September.

»Anspruchsvolle große 27jährige erotische blonde Hosteß sehnt sich nach großzügigen Männern. Sagt mir einfach, was ihr wollt. Alle Briefe werden beantwortet.«

Eine andere Annonce, diesmal in einer Kontaktzeitschrift, lautete: »Junge sexy Blondine mit langen Beinen sucht einen netten Herrn mit genug Geld, um das Schulgeld für ein kleines Mädchen zu zahlen. Gegen regelmäßigen, diskreten, unverbindlichen Spaß. Keine Untermieter. Sehr aufrichtig.«

Sie hatte auch einem Foto- und Videomagazin geschrieben: »Heißes und sinnliches blondes Model, 26, steht Hobby- und Profifotografen für gutbezahlte Arbeit zur Verfügung. Nur ernstgemeinte Zuschriften.«

Die Anzeigen erschienen in mehreren kostenlos verteilten Londoner Werbeblättchen und Zeitungen. Freundinnen zufolge mit dem Ergebnis, daß Samantha einige merkwürdige Telefonanrufe erhielt. Im Bemühen, irgendwelche Männer aufzuspüren, die sie kontaktiert hatten, ließ Banks alle Telefonunterlagen und -adressen überprüfen. Samantha hatte nachweislich auch manchmal auf Annoncen von Männern, die auf Partnersuche waren, geantwortet.

Allmählich begann ich gewisse Dinge zu verstehen, die mir in der Wohnung vorher aufgefallen waren. Bevor ich mir jedoch sicher sein konnte, mußte ich mehr über Samantha und ihre Lebensweise erfahren. Banks gab mir einiges an Informationen und versprach, mir eine Aussage ihrer Mutter, Margaret Morrison, zu schicken, die noch unter Schock stand und mit Beruhigungsmitteln behandelt wurde.

Samantha war die Tochter eines Künstlers und gebürtig aus Dundee in Schottland, hatte aber die Kindheit weitgehend in London und im nahegelegenen Hemel Hempstead in der Grafschaft Hertfordshire verbracht. Als Samantha vierzehn Jahre alt war, starb der Vater an Lungenkrebs. Danach zog sie mit der Mutter wieder nach Schottland. Sie konnte sich sprachlich bestens ausdrücken, hatte eine gute Schulbildung und die künstlerische Ader des Vaters. Sie träumte von einem Kunststudium. Das Leben in Schottland fand sie nach ihrem Aufenthalt in London recht beengend. Ihr typisch Londoner Akzent half auch nicht gerade, sich hier einzugewöhnen. Sie hatte Mühe, Freundinnen zu finden.

Sie verließ die Schule desillusioniert und unglücklich, rebellierte gegen das konventionelle bürgerliche Milieu, schloß sich der New-Age-Bewegung an und verbrachte einige Zeit in Hippiekommunen und war in der Friedensbewegung aktiv. Sie war ein unruhiger, ungebundener Geist ähnlich den Blumenkindern der sechziger Jahre, experimentierte mit verschiedenen Arten von Rauschgift, trug wallende Gewänder und ließ sich das Haar lang wachsen.

Als Samantha von einem New-Age-Genossen schwanger wurde, beschrieb sie ihn ihrer Mutter einmal folgendermaßen: guterzogen, Vater Rechtsanwalt, Mutter Lehrerin. Es war, als ob sie sagen wollte, daß er genau der Vater war, den sie sich für ihr Kind wünschte, daß jedoch nicht zu erwarten stand, daß er und sie je ein Paar würden.

Jazmine wurde in London geboren. Margaret kam aus Schottland gereist, um für ihre Tochter eine Bleibe zu finden. Samantha wurde in Plumstead seßhaft. Das Baby veränderte ihr Leben. Sie ging ganz in ihrer Aufgabe auf, scheute keine Kosten und Mühen und verbrachte die Tage damit, Jazmine in der frischen Luft herumzufahren und mit ihr auf dem kleinen Rasen vor dem Haus zu spielen. Außer einer Fülle von Spielzeug, das in der Wohnung herumlag, gab es auf fast allen Türen und Wänden Zeichnungen von Jazmine.

Mit der Mutterschaft hatte Samanthas unbekümmertes Leben sich verändert, obwohl sie nach wie vor wallende Kleider trug, sich im Garten hinterm Haus oben ohne in die Sonne legte und oft auch halb nackt in der Wohnung herumlief, ohne die Rollos herunterzulassen oder die Balkontür zu verschließen.

Sie telefonierte Sonntag für Sonntag mit ihrer Mutter und fuhr manchmal mit Jazmine nach Schottland in Ferien. Mrs. Morrison, die wieder geheiratet hatte, schickte ihr 1000 Pfund für ihre Ferien, weil sie spürte, daß Samantha dringend Abwechslung brauchte.

Warum aber sollte eine Frau, die so um ihr Kind besorgt war, einen festen Freund hatte und in der Vergangenheit schon in freien, offenen Beziehungen gelebt hatte, sich für Geld mit Männern treffen? Und wo war der Beweis dafür, daß sie das wirklich getan hatte? Die Antwort fand sich in Jazmines Zimmer: Während die Sozialwohnung ansonsten äußerst bescheiden eingerichtet war und dringend einen Anstrich und Tapeten gebraucht hätte, quollen in Jazmines Zimmer wie im Zimmer des Weihnachtsmannes das Spielzeug und die Spiele nur so über. Dem Freund zufolge war Samantha um Jazmines willen immer zu allen Opfern bereit gewesen, sie hätte sogar gehungert, nur um Jazmine noch mehr Spielzeug kaufen zu können.

Sie machte sich Gedanken wegen der Ausbildung ihrer Tochter und sprach von einem Umzug in eine Gegend mit besseren Schulen. Sie lebte von Unterstützungsgeldern für alleinerziehende Mütter und von Zuwendungen ihrer Mutter. Manchmal überfielen sie Depressionen wegen ihrer finanziellen Lage. Anfangs hatte sie überlegt, als Model zu arbeiten, und hatte dazu auch eine Mappe mit Porträtaufnahmen angelegt. Sie antwortete auch auf Zeitschriftenannoncen von Fotografen, die nach neuen Talenten Ausschau hielten. Als das alles ohne Erfolg blieb, versuchte sie es mit Kleinanzeigen in der Rubrik »Persönliches«.

Da war eine naive junge Frau, dachte ich, die sich wahrscheinlich gar nicht im klaren war über die brutale Habgier des Umfelds, das sie sondierte. Jemand wie sie war eine leichte Beute für die schmutzigen Geschäfte der Fotografen, und sie hatte nicht die geringste Ahnung, auf welch gefährliches Spiel sie sich dabei einließ.

Ich hatte den Eindruck, daß sie keineswegs ernsthaft als Prostituierte gearbeitet hatte. Sonst hätte man irgendwie in ihrer Wohnung die Auswirkungen höherer Einnahmen ablesen können. Samantha war mehr als ausreichend schön gewesen, um einen Mann zu finden, der für sie und Jazmine gesorgt hätte, doch sie wohnte weiterhin in einer bescheidenen Wohnung ohne eigenes Schlafzimmer. Sie hatte normale Freundinnen und trug keine teuren Kleider. Für die Ferien, die sie plante, hatte ihre Mutter ihr Geld geschickt.

Aus allem schloß ich, daß sie nicht als Prostituierte eingestuft werden konnte. Ihr fehlte einfach die Skrupellosigkeit, um aus ihrer Schönheit Kapital zu schlagen. Ich hielt sie für eine Idealistin mit recht romantischen Zukunftsvorstellungen, die davon träumte, sich irgendwann in einen erfolgreichen Mann zu verlieben, zu heiraten und so Jazmine die beste Erziehung zuteil werden zu lassen.

Es gibt keinen einzigen Tatort, den ich in meinem Leben gesehen habe, der mir nicht mit allen bedrückenden Einzelheiten im Gedächtnis geblieben wäre. Es ist, als ob alles sich in mein Bewußtsein eingraviert hätte, und in manchen Momenten habe ich wieder jedes Detail in voller Schärfe vor Augen. So erging es mir auch mit Samantha und Jazmine. Ich wurde die Bilder von diesem Fall nicht los, sosehr ich mich auch bemühte.

Wenn ich in meinem Arbeitszimmer zu nächtlicher Stunde die Einzelheiten des Falls untersuche, machen mir all die Dinge, die mir dabei auch wieder durch den Kopf gehen, nichts aus. Schwieriger ist es, wenn sie mich während einer Sitzung in Arnold Lodge oder bei einem Gespräch im Gefängnis überfallen. Manchmal kann ein schwer zu begreifendes Verbrechen mein eigenes privates Leben ganz in den Hintergrund drängen. Dann kommt es vor, daß wir daheim gerade einen Geburtstag feiern und mir inmitten des fröhlichen Lachens die grausigen Details eines Mordes wieder durch den Kopf schießen und mir die Freude am Zusammensein mit den anderen rauben.

Meine Arbeit während der letzten anderthalb Jahrzehnte hat mich geprägt, und Freunde und Verwandte registrieren diese Veränderungen. Manchmal frage ich mich allerdings, inwiefern es nicht einfach mit dem Älterwerden zu tun hat, daß ich mich verändert habe. Wer mich heute kennenlernt, sieht einen relativ stillen Menschen vor sich. Ich bin zwar schon immer zurückhaltend gewesen, doch ich vermute, daß ich vor zehn Jahren kontaktfreudiger und eher dazu in der Lage war, Freundschaft zu schließen. Wer mich noch von früher kennt, würde sicher behaupten, daß ich damals mehr lachte und geselliger war.

Emma und Ian zum Beispiel necken mich wegen meiner mangelnden Unternehmungslust. Wir wohnen jetzt seit zehn Jahren im selben Dorf südlich von Leicester, und ich kenne die Namen der Nachbarn auf der einen, aber nicht die der Nachbarn von der andern Seite. Der Dorfpub liegt keine hundert Meter von unserem Haus entfernt, und ich bin vielleicht ein dutzendmal dort gewesen. Meist hat Ian mich dann hingeschleppt. Emma witzelt gerne, daß ich mich schon auf dem Weg zum nächsten Briefkasten verlaufe.

Ich sehe mich nicht als absoluten Einzelgänger. Aber es bleibt nicht ohne Folgen, daß ich mich den größten Teil meines Lebens mit den Abgründen menschlicher Existenz beschäftige. Wenn ich dann abends nach Hause komme und im Sessel sitze, wünsche ich mir nur noch, eine Weile abzuschalten, meine Familie um mich zu versammeln und alle Schrecken zu vergessen.

Zweifellos fließt mir große Kraft aus meinem Glauben zu. Natürlich werden jetzt viele Menschen denken: Wie, zum Teufel, kannst du, nachdem du so furchtbare Dinge gesehen hast, überhaupt noch an Gott glauben? Auf solche Fragen zu antworten fällt mir nicht leicht, aber der Glaube muß nicht erklären.

Es hat eine Zeit gegeben, da ich an meiner Berufswahl gezweifelt habe. Ich bin keineswegs sicher, ob ich – falls ich mich noch einmal entscheiden könnte – dieselbe Wahl treffen und Kriminalpsychologe werden würde. Ich hätte es damals gewiß nicht getan, wenn ich mir schon der damit verbundenen Leiden und Qualen bewußt gewesen wäre. Wenn das nach Selbstmitleid klingt, so ist das jedoch nicht beabsichtigt. Es ist einfach so, daß mir solche Gedanken um ein Uhr früh in den Sinn kommen, wenn ich an meinem Schreibtisch sitze und Obduktionsfotos von einem vierjährigen Mädchen betrachte.

Neben meinem Schmerz spüre ich aber auch puren Zorn, der mir bedeutet: »Tu alles, was nötig ist, damit der Kerl, der das angestellt hat, nicht mehr länger frei herumläuft.« Und irgendwo in der Mitte zwischen diesen zwei Gefühlen finde ich mein inneres Gleichgewicht.

Neue Fragen werden durch die bläulich verfärbten Hautflecken auf Jazmines Leiche aufgeworfen, die anzeigen, wo sich – gemäß der Schwerkraft – nach Eintreten des Todes das Blut im Körper angesammelt hatte. Sie war auf dem Gesicht liegend gefunden worden, weitere bläuliche Stellen zeigten aber, daß sie nach dem Tode eine Weile in einer etwas anderen Körperhaltung gelegen hatte. Warum war sie bewegt worden?

Diesbezüglich gab es andere aufschlußreiche Faktoren. Ihre Unterhose war durch die Mißhandlung auf eine Art und Weise mit Blut befleckt, die zeigte, daß sie nach der Tat gewechselt worden war. Es fanden sich auch Urinflecken; die Fließrichtung des Urins war aber nicht mit der Körperlage zu vereinbaren, in der Jazmine gefunden wurde. Höchstwahrscheinlich hatte sie während der Tat die Blasenkontrolle verloren. Die Flecken ließen vermuten, daß es geschehen war, als sie gerade saß – ein klarer Hinweis darauf, daß es eine komplexere Interaktion mit dem Mörder gegeben hatte; er hatte sie nicht einfach angegriffen, als sie im Bett lag, und sie dann mit einem Kopfkissen erstickt.

Die Fotoserie, in der sich Abbildungen von der Eingangsdiele bis zum Wohnzimmer befanden, zeigte schließlich Samantha, die Arme nach hinten gestreckt und mit einem großen Kissen unter den Hüften. Sie trug einen blutbefleckten Morgenmantel, der an der rechten Schulter von drei Messerstichen zerfetzt war, dunkelblaue Socken und einen BH. Oberkörper und Gesicht waren von dem Morgenmantel und verschiedenen Wäsche- und Kleidungsstücken verdeckt, die aus der Küche geholt worden waren.

Diese waren eins nach dem andern entfernt worden, und die Leiche war dann jedesmal von neuem fotografiert worden. Vom Halsansatz bis zum Schambein hatte der Mörder die Leiche völlig zerfranst und anschließend quer durch den Rumpf geschnitten, bevor die Brusthöhle mit soviel Kraft offengelegt worden war, daß der Brustkorb aufbrach.

Mickey Banks und seine Kollegen hatten davon gesprochen, daß der Messerstecher »durchgedreht« sei und »die Beherrschung verloren« habe. Das war aber nicht richtig. Anders als bei dem Mord an Rachel Nickell hatte es kein wildes Herumstoßen und -stechen mit dem Messer gegeben. Hier handelte es sich vielmehr um eine präzise chirurgische oder anatomische Zergliederung. Mit dem Wort Erstechen war das, was Samantha angetan worden war, noch lange nicht erfaßt – sie war geradezu filetiert worden.

An einem bestimmten Punkt war auch der Versuch unternommen worden, ihre Beine abzuschneiden. Da hatte das Messer jedoch vermutlich gestreikt, und dem Mörder fehlten wohl die anatomischen Kenntnisse, um zu wissen, wie ein Gelenk sich am besten voll abtrennen läßt.

Weil Samantha in der Eingangsdiele gestorben und verblutet war, fand sich im Wohnzimmer nur wenig Blut. Ein einziger, isolierter Blutfleck auf der Couch fiel mir daher besonders auf. »Hatte der Mörder dort Platz genommen, um seiner Hände Werk zu betrachten, um sein Machwerk zu begutachten und so den Fleck verursacht?« rätselte ich. Oder hatte er Samantha gegen die Couch gelehnt, während er das Zimmer vorbereitete? Mir kam noch eine dritte Möglichkeit in den Sinn. Ich würde Mickey Banks fragen, ob Samanthas verstümmelter Körper im Leichenschauhaus wieder zusammengefügt worden war.

Abgesehen von geringfügigen Abschürfungen an einigen Fingern hatte der von der Staatsanwaltschaft beauftragte Pathologe nur wenige Verletzungen gefunden, die auf einen Kampf hindeuteten. Er stellte fest, daß Samantha durch vier Stichwunden ins Herz gestorben war. Die übrigen Verletzungen hatte sie nach Eintreten des Todes erlitten. Die Stiche gingen möglicherweise auf zwei besonders scharfe Messer mit dünnen, etwa zwanzig Zentimeter langen Klingen zurück.

Die Abfolge der Ereignisse war mir zu diesem Zeitpunkt noch schleierhaft. Ich notierte mir Fragen, die ich Mickey Banks stellen wollte. Zum Beispiel: Konnte er bestätigen, daß das Spielzeug auf der Fensterbank nicht angerührt worden war? Lag Jazmines Kopf auf der rechten Bettseite? Auf Samanthas Matratze war das Plumeau zurückgeschlagen – machte sie jeden Morgen ihr Bett? Gab es außer in der Küche noch andere blutige Fußspuren des Mörders in der Wohnung? Wann waren die Kaffeetassen auf der Arbeitsplatte in der Küche zuletzt benutzt worden? Das Telefonbuch war aufgeschlagen – war dort irgendeine Nummer angekreuzt oder sonstwie hervorgehoben? An der Küchenwand gab es blaue Farbstreifen – konnte Jazmine so hoch greifen? Auf dem Balkongeländer fanden sich Farbsplitter – wie frisch waren sie, wo kamen sie her? Könnten die Kratzer auf der Backsteinmauer unter dem Balkon von Schuhabsätzen stammen?

Ich schrieb auch Fragen auf, auf die ich keine Antworten erwarten konnte, über die aber nachgedacht werden mußte. Zum Beispiel: Warum hatte Jazmine kein Kuscheltier bei sich im Bett?

Warum gab es auf der Matratze unter ihrem Bett keine Fußabdrücke? An der Wand fehlt eins von Jazmines Bildern – wer hatte es weggenommen? Die Klappe des Kassettenrecorders stand offen, und auf dem Kaminsims lag eine Kassettenhülle – hatte der Täter Musik gehört?

Solche Details mögen unwichtig erscheinen, doch wenn man es mit Personen zu tun hat, die absurde Dinge tun, muß jedes Einzelheit hinterfragt werden. Farbklekse etwa an der Wand einer Wohnung, in der ein Kind lebt, müssen nicht unbedingt von diesem stammen.

Anfang Dezember traf ich mich mit Mickey Banks. Zuvor hatten wir mehrmals telefonisch miteinander gesprochen, und er hatte mir weiteres Material zukommen lassen. Ich wollte ihn vor allem zum Obduktionsbericht befragen. Als wir, umgeben von Zigarettenqualm, in seinem Büro saßen, erläuterte ich ihm das pathologische Profil unterschiedlicher Typen von Mördern. In diesem Fall schien mir die bewußt lustvoll, fast euphorisch durchgeführte Verstümmelung einer jungen Frau und ein eher zufälliger Mord an einem Kind vorzuliegen.

»Aber ich benötige mehr Details. Ich möchte wissen, wo er mit dem Aufschneiden der Leiche angefangen hat und in welcher Reihenfolge er vorging. Er hat die Tat genossen, und um ihn zu verstehen, muß ich ganz genau wissen, was er getan hat. Hat er beispielsweise etwas mitgenommen?«

»Was wollen Sie damit sagen?« fragte Banks.

»Auf den Fotos ist nicht zu erkennen, ob Organe fehlen. Wenn ja, hätten Sie es mit einem Trophäenjäger zu tun.«

Banks machte ein entsetztes Gesicht. »Aber der Pathologe hätte uns doch bestimmt darüber informiert, wenn etwas fehlen würde.«

»Ich weiß ja nicht, ob man alle Körperteile wieder zusammengefügt oder einfach angenommen hat, daß alles komplett da sei.«

Es war offensichtlich, daß Banks die Vorstellung nicht behagte, die Pathologie bitten zu müssen, Samanthas Körper wieder zusammenzusetzen. Er suchte nach weiteren Argumenten für eine plausible Begründung.

»Sie erinnern sich an den Blutfleck auf der Couch?« fragte ich. »Haben Sie einmal überlegt, wie der dort wohl hingekommen ist?«

Banks nickte.

»Ich halte drei Versionen für möglich. Der Täter hat Samanthas Leiche irgendwann womöglich gegen die Couch gelehnt, oder vielleicht hat er sich hingesetzt, um sein Werk zu bewundern. Ich glaube aber, es ist so gewesen, daß er etwas auf die Couch gelegt hat – ein Körperteil von ihr.«

Der Ekel stand dem Kriminalbeamten im Gesicht. Er wollte es nicht glauben, erklärte jedoch: »Ich werde veranlassen, daß die Pathologen es überprüfen.«

Ein ergänzender Obduktionsbericht wurde am 14. Dezember erstellt, also fast sechs Wochen nach der ersten Autopsie. Der Pathologe schrieb: »Ich habe die Schnittverletzungen an Brust und Unterleib wieder zusammengesetzt und festgestellt, daß ein zirka 12 mal 10 Zentimeter großes Stück der Bauchwand auf der rechten Seite fehlte.«

Banks war konsterniert. Er sagte, es sei unbegreiflich, wie dieser Tatbestand bei der ersten Obduktion übersehen werden konnte.

Mich überraschte das nicht, denn Verstümmelung bei sexuellem Mißbrauch und das Mitnehmen von Körperteilen – sozusagen als Trophäe – ist ein seltenes Phänomen, das außerhalb des Erfahrungshorizontes der meisten Mordermittler und Pathologen liegt. Eine solche Möglichkeit kommt ihnen nicht einmal in den Sinn. Für sie ist normalerweise die Priorität, die Todesursache festzustellen, wie viele Messer verwendet worden und welche Maße die Klingen hatten.

Daß der Täter in diesem Fall Körperteile mitgenommen hatte, hatte meine schlimmsten Befürchtungen bestätigt. Die letzten Puzzleteile fügten sich zu einem Ganzen. Ich konnte Mickey Banks jetzt über den Täter und den wahrscheinlichen Tathergang informieren.

»Geht es bei dieser Geschichte um einen oder zwei Pokale?« fragte Banks, während er uns Tee bestellte. Er war ein kluger Mensch mit leiser Stimme, der seinen Beruf ganz pragmatisch und praktisch anging. Er wollte über alle Zusammenhänge Bescheid wissen und alles über den Täter, den er jagte, erfahren. In gewisser Hinsicht tat er mir leid. Im Unterschied zu anderen Ermittlungen, in die ich eingeschaltet worden war – insbesondere bei komplizierten Fällen wie der im Rampenlicht der Öffentlichkeit stehenden Aufklärung des Mordes an Rachel Nickell –, arbeitete Banks hier im Londoner Südosten quasi in stiller Abgeschiedenheit außerhalb des Blickfelds seiner Vorgesetzten von der Metropolitan Police.

Völlig anders waren die Ermittlungen im Fall Nickell verlaufen, für den die höchsten Stellen bei New Scotland Yard gleich von Anfang an ziemlich großes Interesse zeigten. Das Vorgehen der Polizei stand damals unter dem massiven Druck intensiver Medienberichterstattung und einflußreicher Leute. Es mochte dabei, wie hier und da angedeutet, auch eine Rolle gespielt haben, daß die Ehefrau des Londoner Polizeipräsidenten sich zum Zeitpunkt des Mordes im Wimbledon-Common-Park aufhielt.

Banks hörte aufmerksam zu, als ich die Charakteristika devianten Sexualverhaltens und seine verschiedenen Ausprägungen erläuterte. Auch in diesem Fall gingen die Ursachen für die Tat wahrscheinlich bis auf die früheste Kindheit und Jugend des Mannes zurück.

»Wahrscheinlich gab es in seinen ersten Lebensjahren eine Reihe familiärer Probleme«, erklärte ich. »Irgendwann ist er selbst zum Problem und wahrscheinlich das Opfer der Schwierigkeiten von anderen geworden.«

Er wurde mit anderen Wertvorstellungen als die meisten von uns groß, wodurch möglicherweise die Polizei oder das Sozialamt auf ihn aufmerksam wurden, doch alle eventuellen Bemühungen, damals vielleicht schon aufgetretene psychische Schäden wiedergutzumachen, mußten wohl gescheitert sein.

»In seiner Kindheit war er vermutlich sowohl Opfer als auch Verursacher von Gewalt«, erklärte ich. Er lernte, Aggression zur Lösung von Problemen einzusetzen – Gewalt wurde zum Ersatz für Kommunikation. Es ist wesentlich leichter, um sich zu schlagen und jemandem seinen Willen aufzuzwingen, als die erforderlichen sozialen Fähigkeiten zu erwerben, um mit den Mitmenschen gemeinsam konstruktive Lösungen zu finden.

Patienten, die an einer ausgeprägten Neigung zu Gewaltausbrüchen leiden, schildern, wie sich in ihrem Kopf ein Druck aufbaut, so als ob ihr Schädel mit einer Stahlschraubzwinge zusammengepreßt würde. Der Druck wächst und wächst, bis er am Ende in einem Gewaltakt explodiert. Danach ist der Druck sofort verschwunden, und für kurze Zeit beflügelt sie ein unglaubliches Gefühl von Erleichterung, als ob die Schraubzwinge gelöst worden wäre.

Der Mörder von Samantha und Jazmine wuchs wahrscheinlich mit dem Gefühl auf, daß er von niemandem geachtet und geschätzt würde, und seine feindselige Haltung basiert auf der Annahme, daß es viel besser ist, anderen wehzutun, bevor sie ihm wehtun. Dieselbe Einstellung zeigt sich auch in seiner Auffassung von Sex und in seinen Beziehungen zu Frauen ganz allgemein.

Bei solch einem Menschen entwickeln sich Zorn und Verbitterung, die wiederum Phantasien von eigener Macht anheizen: Er stellt sich vor, Frauen zu bestrafen, im Griff zu haben und zu dominieren, damit sie tun, was er will. Falls dieser Prozeß eskaliert, werden Phantasien auf die wirkliche Welt übertragen und in Taten umgesetzt. Solch eine Entwicklung muß nicht unbedingt in Form einer klaren, geraden, aufsteigenden Linie erfolgen, die von unsittlicher Selbstentblößung über sexuelle Belästigung bis zu Vergewaltigung und schließlich Mord führt. Die Täter sind ebensosehr Opportunisten wie Planer und tun, was sich gerade ergibt: Am einen Tag mag das Vergewaltigung und am nächsten schamlose Zurschaustellung bedeuten.

Insofern muß man das heikle Zusammenspiel von Gelegenheit, sexuellem Trieb und sonstigen Faktoren im Leben des Täters verstehen lernen. Denn sein persönliches Alltagsleben ist genauso speziell, wie das anderer Täter oder wie das der übrigen Menschen auch. Er wird manchmal gern ins Kino und ins Restaurant gehen, sich eine Erkältung holen und bestimmte Kleidermoden und Frisuren bevorzugen. Es ist die Verpflichtung all dieser Dinge, die seine Identität und sein Handeln prägen.

»Die übrigen Menschen finden aber keinen Spaß daran, einen Frauenkörper aufzuschneiden«, meinte Banks skeptisch.

Ich führte aus, daß Männer ganz unterschiedlich auf sexuelle Reize reagieren, wie schon ein flüchtiger Blick auf das reichhaltige Angebot an pornographischer Literatur deutlich macht. Man nimmt gern an, daß Pornographie sich in dem erschöpft, was in den Heften auf dem oberen Regal im Zeitschriftenkiosk zu finden ist – Fotos von nackten Frauen und schlüpfrige Geschichten über Ehebruch und sexbesessene Hausfrauen.

Leider gibt es jedoch Publikationen, die ganz spezifische Neigungen bedienen, darunter Pornographie, die Sadismus, Mißhandlung und Vergewaltigung und selbst die gräßlichsten Kindersexfilme einschließt. Das Spektrum reicht hierbei vom Spiel mit einem Kind, das als scheinbar williger Liebespartner eingeführt und verführt wird, bis zu dem Extrem, bei dem ein Kind durch krasse sexuelle Mißhandlung furchtbare Qualen erleidet. Für Menschen, die durch letzteres sexuell erregt werden, sind die Ängste des Kindes das Entscheidende.

In anderen Schriften wiederum geht es um den Kauf von Frauen, die als Sklavinnen gehalten, gefoltert und erniedrigt werden, bevor sie schließlich ermordet und verstümmelt werden. Die devianten Persönlichkeiten reagieren auf unterschiedliche Reize. Für manche ist das Gesamtszenario stimulierend, für andere der Tod des Opfers. Für Samanthas Mörder war es vermutlich die Verstümmelung.

»Das hier ist in mehrerer Hinsicht ein Superlativ an Sexualverbrechen«, erklärte ich Banks. »Es sieht vielleicht nicht nach einem sexuellen Motiv aus. Wenn Sie aber Samanthas Verletzungen betrachten, werden Sie sehen, daß sich die meisten grausamen Beschädigungen im Bereich von Vulva und Vagina finden, und der Täter hat auch seine Trophäe aus dem unteren Körperbereich genommen. Die Verstümmelung war Teil einer komplexen Sexualphantasie, die sich über Jahre ausgebildet hat. Dem Mörder kam es auf die totale Beherrschung einer Frau an, und die intimste Form der Beherrschung bestand für ihn darin, Samanthas Körper genau so zuzurichten – selbst ihre Folterung oder sexuelle Versklavung hätte ihm nicht dieses Bewußtsein von absoluter Herrschaft vermittelt.

Dieser Mann handelte nicht sadistisch, sonst hätte er Samantha länger am Leben gelassen und sich an ihren Qualen, ihrer Angst und seiner Gewalt über sie ergötzt. Nein, er hat sie schnell getötet und sich dann dem Quell seiner größten Lust gewidmet – dem Spiel mit ihrer Leiche.«

Von Anfang an stellte sich die Frage, ob dieser Täter und der Mörder von Rachel Nickell im Wimbledon-Common-Park ein und dieselbe Person sein könnten. Beide Opfer waren blonde, schöne, junge Mütter, die auf brutale Weise ermordet worden waren. In beiden Fällen war ein Kind anwesend gewesen. Beide Male waren ein bzw. zwei Messer die Tatwaffen.

Nach meinem Verständnis war jedoch gerade die Gegenwart eines Kindes in beiden Fällen kein Bindeglied, sondern der Faktor, durch den der Unterschied zwischen beiden am deutlichsten wurde. Rachels Mörder zeigte nicht das mindeste Interesse an Alex; dagegen war im zweiten Fall Jazmine für den Mörder ein wichtiges Objekt sexueller Befriedigung. Im übrigen gehörte zu den Morden in Plumstead ein viel raffinierteres Szenario, in dem der Lustgewinn aus den Verletzungen, die dem Opfer nach Eintreten des Todes zugefügt wurden, größer war als die Lust am Mord selbst. Hier waren offensichtlich das Auseinandernehmen der Leiche und der Prickel der Entdeckung von Bedeutung. Rachels Mord dagegen machte den Eindruck einer Wahnsinnstat, die binnen sechs Minuten, während derer der Mörder seine Wut und Verbitterung ablud, erledigt war. Es war ein völlig andersartiger Tathergang.

»Seine Phantasien hätten sich über Jahre ›ausgebildet‹, um Ihre Formulierung aufzugreifen«, sagte Banks. »Wie alt ist der Mörder?«

»Fünfundzwanzig oder älter. Und es ist nicht sein erstes Verbrechen oder sein erstes Sexualdelikt. Seine Sexualität hat sich über Jahre hinweg in diese extreme Richtung entwickelt. Er wird jedoch früher auch schon mit weniger auffälligen Sexualdelikten zu tun gehabt haben.«

»Welchen zum Beispiel?«

»Voyeurismus, unsittliche Zurschaustellung, Notzucht, Vergewaltigung. Möglicherweise hat er mit Prostituierten verkehrt und sie mit einem Messer verletzt, statt mit ihnen Verkehr zu haben. Es wäre auch möglich, daß er über Kontaktanzeigen versucht hat, sich mit Frauen zu treffen.«

»Ich dachte, Sie hielten den Balkon für den wahrscheinlichsten Weg, über den der Mörder in die Wohnung gekommen ist?«

»Das tue ich immer noch. Nur ist ungeklärt, wie er auf Samantha aufmerksam geworden ist. Vielleicht hat er sie über eine Kontaktanzeige kennengelernt und anschließend beobachtet oder verfolgt. Ausschließen kann man so etwas nicht. Und falls er Kontaktanzeigen benutzt, ist es noch wahrscheinlicher, daß er in der Vergangenheit mit Prostituierten verkehrte.«

Ich ging zum nächsten Punkt über. »Es gibt keinen Grund anzunehmen, daß er überdurchschnittlich intelligent ist. Aber wir haben es mit einem Mann zu tun, der zur Zeit seinen Fähigkeiten und seinen Handlungsmotiven vertraut. Die Art und Weise, wie es ihm gelungen ist, sich Zutritt zu der Wohnung zu verschaffen, sich dort über eine Stunde lang aufzuhalten und dabei verhältnismäßig wenige Spuren zu seiner Identifizierung zu hinterlassen, deutet auf einen Mann hin, der sich und die Situation im Griff hat. In ihm arbeitet es ununterbrochen.«

Wie intelligent war der Mörder? Meine Aufmerksamkeit richtete sich weniger auf seinen geistigen Zustand oder eventuelle Persönlichkeitsstörungen als auf die Funktionsweise seines Denkens. Oft wird der Fehler gemacht anzunehmen, daß jemand geisteskrank sein muß, um so eine Tat zu begehen. Doch Geisteskrankheit allein macht einen Menschen weder einer solchen Tat verdächtig noch schließt sie ihn vom Verdacht aus – es sei denn, daß sie seine Funktionsfähigkeit dermaßen einschränkt, daß die Ausführung der Tat unmöglich wird. Auch muß nicht jedes Verbrechen eines geisteskranken Menschen eine Folge dieser Krankheit sein. Es ist durchaus möglich, daß solch eine Person ein Verbrechen begeht, das nicht in Zusammenhang mit ihrer Krankheit steht. Wir dürfen auch nicht vergessen, daß eine Geisteskrankheit kein Dauerzustand darstellen muß, sondern unter Umständen nur periodisch auftritt. Daher ist es ja so schwierig, nachzuvollziehen, was im Kopf eines Menschen vorging, als er den Abzug drückte oder mit dem Messer zustach.

»Unser Täter geht nur genau kalkulierte Risiken ein. Sein Selbsterhaltungstrieb ist stark ausgeprägt«, erklärte ich Banks. Darauf deutete die Tatsache, daß der Mörder nur wenige Spuren in der Wohnung hinterlassen hatte. »So schlau war er jedoch nicht immer. Er ist zu solch einem umsichtigen Sexualmörder nach und nach erst herangereift. Bei seinen früheren Verbrechen mag er sehr wohl unvorsichtiger vorgegangen sein.

Es liegt ebenfalls auf der Hand, daß sein sexuelles Interesse nicht auf erwachsene Frauen beschränkt ist. Es hat eine ziemliche Bandbreite.«

Diesen Punkt zu begreifen war den Ermittlern schwergefallen. Falls dieser Mann den Plan gehabt hatte, Samantha zu ermorden und zu verstümmeln, warum hatte er sich dann auch noch an Jazmine vergriffen? Ein Grund war natürlich der, daß ihm Jazmine im Wege war. Doch falls das sein einziges Problem war, hätte er sie einfach nur mit dem Kopfkissen erstickt. Statt dessen hatte er sie penetriert, eine Tatsache, die eine weitaus breitere Skala devianten Sexualverhaltens anzeigte. Es hieß, daß die Suche der Polizei nach möglichen Zusammenhängen mit anderen Verbrechen Delikte gegen Kinder wie gegen erwachsene Frauen einzubeziehen hatte.

Ich setzte die Skizzierung des Täterprofils fort: »Er wird stets nach neuen Opfern suchen und kurzfristig aktiv werden, wenn sich eine passende Gelegenheit bietet. Das kann alles bedeuten – unsittliches Entblößen, sexuelle Belästigung oder Vergewaltigung, während das Abendessen auf dem Herd bruzzelt. Von Zeit zu Zeit wird er jedoch viel stärkere Triebe verspüren, die mit solchen Phantasien zusammenhängen, die auch Samanthas Tod verursacht haben. Er wird das Bedürfnis haben, sich neue weibliche Opfer zu suchen, und in solchen Phasen werden ihn eine hochgradige Wut und Lust wie auch Gefühle von persönlicher Unzulänglichkeit antreiben. Er wird eine ganz bestimmte Frau haben wollen, die ihm nicht mehr aus dem Sinn geht. Er ist sich jedoch darüber im klaren, daß sie nie zu ihm sagen würde: »Ich hab dich gern, schlafe mit mir.« Er weiß genau, daß er sie nicht haben kann, und das macht ihn wütend. Er wird sich von ihr und von Frauen im allgemeinen abgelehnt fühlen.«

»Ist er ein verheirateter Mann«, fragte Banks, »oder hat er eine feste Freundin?«

»Das bezweifle ich sehr. Ich glaube nicht, daß dieser Mensch für eine Ehe oder eine dauerhafte Beziehung das nötige Einfühlungsvermögen besitzt. Nur seine deviante Sexualität ist ausgereift, nicht aber seine Persönlichkeit, und natürlich leidet er an einer Art von psychologischer Dysfunktion, obwohl ich noch nicht weiß, welche es genau ist. Sie würde ihn jedoch an einer dauerhaften Beziehung hindern. Abgesehen davon gibt es keinen Grund für die Annahme, daß er Probleme hat Menschen kennenzulernen oder sich auffällig verhält. Ich glaube, daß er, was seine Handlungen und Wünsche betrifft, mit sich selbst zurechtkommt. Ich bezweifle jedoch, daß er mit einer Frau zusammensein könnte, die eigene sexuelle Bedürfnisse hat und eher als gleichwertige Partnerin auftritt, statt sich ihm zu unterwerfen.«

»Und wie sieht es beruflich aus?« wollte Banks wissen.

»In Anbetracht seiner Intelligenz und seiner sozialen Fähigkeiten sehe ich keinen Grund, warum er keine feste Anstellung haben sollte. Es dürfte sich da aber um einen wohl unterdurchschnittlichen Job und höchstwahrscheinlich um eine Stellung als Hilfsarbeiter handeln.«

Ich wies darauf hin, daß im Leben dieses Mannes Pornographie vermutlich eine wichtige Rolle spiele, insbesondere alles, was mit der Verstümmelung von Frauen zu tun habe. Falls die Kriminalbeamten im Zuge ihrer Ermittlungen auf einschlägige Organisationen oder kriminelle Vereinigungen stoßen sollten, wäre ein gründliches Studium der Adressenkarteien ratsam.

»Diesem Menschen kommt es nicht darauf an, Aufmerksamkeit oder Berühmtheit zu erlangen. Ihm geht es nicht darum, im Fernsehnachrichtenmagazin *News at Ten* zu erscheinen. Zum gegenwärtigen Zeitpunkt liegt sein Hauptinteresse vielmehr an der Befriedigung, die ihm ein Post-mortem-Rendezvouz mit der Leiche verschafft. Wie sich an der Zurschaustellung der Leiche erkennen läßt, hat er jedoch einen Sinn für Dramaturgie. Eine Präsentation wie diese zielt allerdings mehr darauf ab, diejenigen zu beeindrucken, die die Leiche finden, als die gesamte Öffentlichkeit.

Die Tatsache, daß dieser Mann die Welt haßt und die Welt ihn, könnte ihn zu weiteren Morden veranlassen. Entweder, weil er sich selbst für ein Monster hält oder von allen dafür gehalten wird.«

Das war ein wichtiger Punkt, den Mickey Banks bei seinen Erklärungen gegenüber der Presse nicht vergessen durfte. Den Mörder trieben Wut und das Gefühl von persönlicher Minderwertigkeit. Wenn er sich durch die Darstellung in der Presse in seiner Selbstverachtung noch bestätigt fühlte, würde sich dadurch das Bewußtsein seiner eigenen Unzulänglichkeit und seine mangelnde Selbstachtung noch mehr steigern.

Gleichzeitig würde er sich aber auch innerlich dagegen wehren, sich selbst in einem so schlechten Licht zu sehen und die Schuld nach außen projizieren. Ich sagte zu Banks: »Dieser Kerl wird nicht nach Hause gehen, sich an die Brust schlagen, sich die Haare raufen und ausrufen: ›Oh, mein Gott, was habe ich getan? Wie kann ich dem ein Ende machen?‹ Er will nicht erklären, verhandeln oder sich entschuldigen. Er glaubt sich im Recht, wenn er mit seinem Opfer ganz nach seinem Willen verfährt, denn ›sie gehört mir, und sie gehört mir zu meinen Bedingungen‹. Er empfindet keine Reue.

Es wird bei ihm eine Vorgeschichte von aggressiven Vergehen an Frauen und *eventuell* auch eine Vorgeschichte von Tierverstümmelungen geben.« Diese Möglichkeit wird durch eine wachsende Fachliteratur belegt, die einen Zusammenhang zwischen Verstümmelungsmorden und einer Faszination für Tierquälereien als Kind oder Teenager entdeckt hat. Motiv für beides ist das Verlangen nach Macht und Herrschaft.

Nachdem ich das Täterprofil entwickelt hatte, versuchte ich den Tathergang zu rekonstruieren. Dieser Mann ist ein Beobachter, überlegte ich. Er wird sich vermutlich an eine Frau heranpirschen, wenn sie ihn anmacht und er sie haben will. Samantha war solch eine Frau. Das heißt keineswegs, daß er nicht auf Zufallsbekanntschaften, mit einem hohen Risiko lebende Prostituierte oder auf Frauen ansprechen wird, die ihn in ihre Wohnung lassen; dabei müssen allerdings die richtigen Voraussetzungen betreffend Selbsterhaltung und Heimlichkeit gegeben sein.

Dieser Mann kennt viele versteckte Orte, von wo er Frauen beim Entkleiden oder Beischlaf beobachten kann. Ein solcher Beobachtungspunkt ist zum Beispiel die Hügelkuppe mit Blick auf die Rückseiten der Häuser und Wohnungen in Heathfield Terrace. Der Hügel weist einige unglückliche Besonderheiten auf: Nur selten verirren sich Fußgänger dorthin, nachts ist er ohnehin menschenleer – also ein idealer Ort zum Beobachten einer hübschen jungen Mutter mit Tochter, die in einer gut einsehbaren Wohnung leben. Samantha machte sich nie die Mühe, die Vorhänge oder Rollos herunterzulassen. Der Täter konnte ungehindert in ihr Wohnzimmer und Schlafzimmer hineinschauen und ihre Lebenseigenheiten in seine Phantasien aufnehmen.

Vielleicht hatte er beobachtet, wie sie im Wohnzimmer vor dem Gasofen mit einem Kissen unter den Hüften mit ihrem Freund schlief. Er wird solch reale Vorkommnisse in seine Phantasien einbauen, das alles wird für ihn den Lustgewinn steigern.

Am Mittwoch, dem 3. November, beobachtete er Samantha vermutlich beim Zubettgehen. Dann drang er über den Balkon in die Wohnung ein, indem er sich am Geländer hochzog und mit seinen Turnschuhen Moos und Dreckspuren hinterließ. Balkon und Grundriß der Wohnung waren ihm durch seine Beobachtungen vertraut. Sonst hätte er in einer fremden Umgebung noch mehr Spuren hinterlassen.

Die genaue Reihenfolge der folgenden Ereignisse war nicht eindeutig zu klären; jedes mögliche Szenario hatte seine Schwachpunkte. Nun könnten Sie fragen: Was spielt es schon für eine Rolle, wen von beiden er zuerst ermordete? Und doch sind diese Informationen von großer Bedeutung für die Aufdeckung der Motive des Täters.

Ich glaube nicht, daß ein Eindringling sich an Jazmine hätte vergehen können, wenn Samantha noch gelebt hätte. Nach allem, was ich über Samantha in Erfahrung gebracht habe, hätte sie bis zum Tode gekämpft, um ihre Tochter zu retten. Wahrscheinlich hörte sie ein Geräusch, warf das Plumeau zurück, zog den Bademantel an und ging nachschauen. In der Diele griff der Täter sie an, versetzte ihr acht Stiche in den Hals und ließ sie dann dort liegen, bis sie verblutet war.

Die Tatsache, daß im Schlafzimmer keine Blutspuren gefunden wurden, ließ darauf schließen, daß der Mörder sich vor dem Eintreten, möglicherweise mit Küchentüchern, die Hände gereinigt hatte. Das Blut an Jazmines Leiche stammte nur von ihr selbst. Es ist auch unwahrscheinlich, daß Jazmine durch den Angriff auf ihre Mutter geweckt wurde und dem Mörder entgegentrat. In dem Fall hätte er nicht genug Zeit zum Händewaschen gehabt. Vermutlich schlief sie noch, als er das Zimmer betrat. Nachdem er sie vergewaltigt und erstickt hatte, kehrte er zur Eingangsdiele zurück und zerrte Samantha an den Füßen ins Wohnzimmer, bis sie mit dem Gesicht nach oben vor der Gasheizung lag. Er schob ein großes Kissen unter ihre Hüften, so daß sich ihm die Vulva entgegenstreckte und sein Vorhaben noch verschönerte.

Mittlerweile hatte sich die Erregung bei ihm aufgebaut und ein für ihn kontrollierbares Niveau erreicht. Er begann mit der Verstümmelung, was ihm das Gefühl eines so intimen, lustvollen Kennenlernens von Samantha vermittelte, daß es über normalen Sex weit hinausging. Viele Frauen hatten ihn zurückgewiesen, und er konnte den Grund nicht verstehen; doch jetzt, auf diese gräßliche Weise, lernte er sie endlich kennen – in grenzenloser Intimität, über Bestrafung und seine Rachegelüste.

Stellen Sie sich einen Menschen vor, der sein Lebensziel im Sammeln von Gemälden sieht. Bei ihm gibt es zwei Bedürfnisebenen – einmal den Drang, Kunstwerke aufzuspüren und zu erwerben, und zum anderen die immense Befriedigung, sie dann in Muße zu betrachten und sagen zu können: »Sie gehören mir.« Der Mörder schuf sich sein Kunstwerk selbst an einem Ort, der ihm stilles Vergnügen und tiefe Erfüllung bot.

Anschließend durchwühlte er in der Küche Schränke und Schubladen, um Tischdecken, Geschirrtücher und ungebügelte Kleidungsstücke herauszuziehen. Er brauchte Material zum Bedecken von Samanthas Leiche und um auf diese Weise ein kleines Tableau zu schaffen, das irgend jemand wie ein Geschenk in Geschenkpapier finden sollte. Wer immer die Leiche entdecken würde, würde gänzlich unvorbereitet auf sie stoßen und die Erinnerung an sein Werk danach nie mehr abschütteln können.

Das Tableau des Grauens setzte sich im Schlafzimmer fort. Die bläulichen Verfärbungen auf der Leiche Jazmines verrieten, daß sie einige Zeit nach ihrem Tod noch einmal bewegt worden war, und das bedeutet: Der Mörder muß noch einmal ins Zimmer zurückgekehrt sein und die Szene neu arrangiert haben. Es machte fast den Eindruck, als ob er es darauf abgesehen hätte, daß jemand die Tür öffnete und dachte, ach, wie schön ist doch dies schlafende Kind dort auf dem Plumeau, und dann die furchtbare Wahrheit entdecken mußte.

Solch prägnante Bilder würden im Bewußtsein des Täters weiterwirken, auch wenn alles vorbei wäre. So wie andere Männer und Frauen eine besondere Liebeserfahrung für immer im Gedächtnis bewahren, würde er in seinen Masturbationsphantasien diese Bilder immer wieder von neuem genießen.

»Wenn diese Erinnerungen unschärfer werden – und das wird geschehen –, wird er sich sagen: ›Ich hätte es besser machen können‹«, warnte ich Banks. »Dann wird er sich seine Trophäe anschauen und sich sagen: ›Das nächste Mal mache ich es so und so ...‹ Sie dürfen nie vergessen: Es handelt sich um die herausstechendste, lustvollste und aufregendste Erfahrung im Leben dieses Mannes, und wenn der Trieb stark genug ist, wird er es wieder tun wollen.«

15

Weihnachten konnte ich in diesem Jahr gar nicht abwarten. Für ein paar Wochen wollte ich die Arbeit vergessen, mich ganz auf meine Familie konzentrieren und mich von keinen größeren Sorgen plagen lassen als von der Frage, ob ich auch Reservebirnen für die Christbaumbeleuchtung gekauft hätte. Marylin wußte, wie müde und erschöpft ich war. Es war ein hektisches Jahr gewesen, und sie begann sich zu fragen, ob ich wohl eine so lange, anstrengende und anspruchsvolle Ausbildung auf mich genommen hätte, um den Rest meines Lebens von Horror und Verderbtheit umgeben zu sein. Und ich begann mir sofort, dieselbe Frage zu stellen.

Das war bis dahin noch nie ein Thema gewesen. Gerade weil ich gesehen hatte, was Mörder und Vergewaltiger anzurichten imstande waren und weil ich auch die Opfer von Gewaltverbrechen behandelt hatte, konnte ich mich nicht entziehen, wenn ich um Hilfe gebeten wurde. Ähnlich erging es mir mit meiner klinischen Arbeit: Die ganze Mühe lohnte sich doch, wenn ich auch nur eine einzige Person davon abhalten konnte, weiterhin dergleichen Verbrechen zu verüben, und es anderen Menschen erspart blieb, deren Opfer zu werden. Dennoch: Trotz all dieser Überlegungen blieb es eine Tatsache, daß diese Arbeit mich auslaugte.

Ein Kriminalpsychologe kann nur dann erfolgreich mit einem Täter arbeiten, wenn er eine stabile Beziehung zu ihm aufbaut. Wenn er dem Mörder helfen will, sich zu ändern, muß er ihn zunächst einmal bedingungslos als potentiell wertvollen Menschen akzeptieren. Verachtung und moralische Vorhaltungen bringen ihn hier nicht weiter. Arzt und Patient müssen sich auf einer Ebene von Mensch zu Mensch begegnen.

Um eine Beziehung zum Täter aufzubauen, hilft es, wenn man seine Gedanken von dem Schrecklichen ablenkt, was der Täter seinem Opfer angetan hat, und sich auf die klinischen Bedürfnisse des Menschen konzentriert, den man da vor sich hat. Das Erarbeiten von Täterprofilen war nicht möglich, ohne daß ich die Umstände furchtbarer Verbrechen untersuchen und mir stundenlang die Überreste von gräßlich verunstalteten jungen Frauen und Kindern ansehen mußte. Solche blutigen Erinnerungen lassen sich nicht einfach wegschieben, wenn man einem Mann gegenübersitzt und in die Augen schaut, der ein ähnliches Verbrechen begangen hat oder bei dem Gedanken an solch ein Verbrechen erregt wird.

Meine beiden Arbeitsgebiete sind gleichermaßen aufwühlend wie schwer zu bewältigen. Den Schauplatz eines blutigen Verbrechens zu begehen oder Fotos davon zu betrachten, ist schrecklich. Nicht weniger beklemmend ist es aber auch, im Sprechzimmer einem Menschen zuzuhören, der die finstersten Taten oder Phantasien bekennt, und erkennen zu müssen, wie sehr er sich an ihnen erfreut.

Manche Patienten sind imstande, sich solch extreme und sadistische Geschehnisse in Erinnerung zu rufen oder im Bewußtsein zu erzeugen, wie man sie im wirklichen Leben Gott sei Dank nur selten sieht. Erschreckend ist, daß sich diese Personen keineswegs immer in sicherem Gewahrsam befinden. Solange sie keine Straftat begangen haben, können sie frei herumlaufen; das einzige, was sie von einer Umsetzung ihrer Phantasien abhält, ist vielleicht der Einfluß, den einer von uns Psychologen auf sie ausübt. Ich kann sie nicht zwingen, zu mir in die Praxis zu kommen. Ich kann sie nur dazu einladen und dann meine ganze berufliche Erfahrung nutzen, damit sie sich unter Kontrolle halten.

In manchen Fällen muß man Entscheidungen treffen, die die Zukunft anderer Menschen prägen. Da mag es sich um eine Risikobeurteilung für das Sozialamt handeln oder um ein psychologisches Gutachten für die Staatsanwaltschaft respektive die Verteidigung. Auf der Grundlage meiner Beurteilung wird ein Gericht vielleicht entscheiden, daß jemand eine Gefahr für sich oder die Öffentlichkeit darstellt und inhaftiert wird. Ich denke da etwa an den Fall eines Mannes, der Frauen nachstellte und schon zwei Frauen gedroht hatte, sie umzubringen. Ich mußte darüber befinden, ob die Drohungen ernst gemeint waren und ob er als Krimineller oder als psychisch Kranker eingestuft werden mußte; und wenn letzteres der Fall war, beurteilen, wie groß die Gefahr für seine Opfer war.

Solche Entscheidungen haben enorme Konsequenzen. Irre ich mich, muß vielleicht ein Mensch sterben; oder jemand wird ins

Gefängnis oder in eine geschlossene Abteilung gesteckt und verliert alles, was ihm teuer ist – Haus, Beruf, Frau, Kinder.

Sehr schwer fällt es mir auch, darüber zu befinden, ob es gefährlich ist, wenn ein Vater – angezeigt wegen Mißbrauchs – mit der Tochter weiter im selben Haus lebt. Wenn ich der Auffassung bin, daß er eine Gefahr bedeutet, und die Mutter sie nicht vor ihm schützen kann, kommt sie vielleicht in ein Heim oder wird zur Adoption freigegeben. Nicht nur der Vater sieht sie dann nie wieder, er wird auch immer als unheilbarer Sexualstraftäter gelten. Wenn aber die Tochter daheim bleibt, und er auf Behandlung nicht anspricht, kann es sein, daß sie sexuell mißbraucht und ihr Leben zerstört wird. Ich darf keine Fehler machen.

Das alles bringt enorme Belastungen mit sich. Marylin hatte die feinen Veränderungen bemerkt, die bei mir eingetreten waren. Seit mehr als drei Jahren waren wir nicht mehr in Urlaub gefahren, und die Wochenenden und Feiertage schienen von Arbeit aufgefressen zu werden. Gleichzeitig trat bei mir ein Sehproblem auf.

Als ich 1986 Vierzig wurde, hatte eine routinemäßige Prüfung meiner Augen ergeben, daß ich an grünem Star litt, einer Krankheit, die zur Erblindung führen kann.

Als mein Augenarzt mir diese Diagnose stellte, sagte er voraus, daß wir uns noch oft sehen würden. Er sollte recht behalten. Ich habe über die Jahre eine ganze Palette Medikamente eingenommen, um den Augendruck unter Kontrolle zu halten. Keine der verschiedenen Kombinationen hat aber länger als ein paar Monate geholfen.

Der Arzt hat mich immer wieder darauf aufmerksam gemacht, daß die Lebensweise sich auf den Augeninnendruck auswirkt. Zuviel Nachtarbeit, unregelmäßiger Schlaf, beruflicher Streß und finanzielle Sorgen konnten meine Gesundheit beeinträchtigen. Genau davor hatte Marylin Angst, wenn sie Müdigkeit und Erschöpfung bei mir feststellte. Sie fragte sich, wie lange ich eigentlich noch so viele Dinge gleichzeitig leisten wolle.

Zu einer Zeit hatte mich die Polizei um Mithilfe bei 23 Ermittlungsfällen gebeten. Da ich nicht an allen Tatorten gleichzeitig sein konnte, reagierte ich nur auf die dringendsten Fälle. Um die übrigen habe ich mich gar nicht gekümmert; manchmal war mein Rat nicht mehr nötig oder relevant, als ich endlich eintraf. Es machte also gar keinen Sinn, wenn sich Einsatzleiter mit ihren

Ermittlungen nach meinem Terminkalender richteten. Es müßte doch eine bessere Vorgehensweise geben.

Obwohl der Innenminister all meine Empfehlungen für eine weitere Entwicklung der Arbeit mit Täterprofilen in Großbritannien akzeptiert hatte, mahlten die Mühlen der Bürokratie in Whitehall äußerst langsam. Mittlerweile erhielt ich in wachsendem Maße Einladungen zu Vorlesungen und Seminaren über das Persönlichkeitsprofil von Straftätern. Davon erwiesen sich einige als ungemein lohnend. Das galt insbesondere für die Veranstaltungen, welche meinen Empfehlungen folgten. Das ist bestimmt ein Schritt in die richtige Richtung, sagte ich mir.

»Willst du vielleicht dein halbes Leben auf Schauplätzen von Verbrechen zubringen?« fragte Marylin am Weihnachtsabend. Sie hatte mir diese Frage vorher schon oft gestellt. Sie wollte wissen, wann unser Leben endlich zur Ruhe kommen und wir, wie alle anderen Menschen, Wochenenden haben und unseren Urlaub genießen würden.

Natürlich waren das völlig berechtigte Erwartungen. Unsere Kinder hatten geheiratet und das Haus verlassen, und Marylin erinnerte mich an all die Dinge, die wir uns vor Jahren für die Zeit, wenn wir wieder allein sein würden, vorgenommen hatten.

»Es wird auch wieder anders werden«, versprach ich.

»Wann?«

»Vielleicht im kommenden Jahr. Laß uns abwarten, was sich nach dem Mordprozeß Rachel Nickell tut.«

Wir überlegten, wie meine berufliche Zukunft aussehen könnte. Es würde wohl auf eine Kündigung beim National Health Service hinauslaufen. Eine realistische Möglichkeit bestand darin, mich als Krisenberater für Verhandlungen mit Geiselnehmern und Entführern oder für Straftatenanalysen, psychologische Beratungsdienste und Ausbildung anzubieten. Außerdem hätte ich meine forensischen und organisatorischen Kenntnisse gern genutzt, um Einzelpersonen, Unternehmen und Behörden in Fragen zur Verbrechensverhütung zu beraten. Ich war überzeugt, daß sich viele Verbrechen von vornherein verhindern ließen. War es nicht besser vorzubeugen, als hinterher die Trümmer eines Tatorts durchkämmen zu müssen? Auf der Basis solcher, wenngleich noch vager Pläne glaubte ich für uns ein normaleres Leben einrichten zu können.

Am zweiten Weihnachtstag flog ich mit Keith Pedder nach Washington. Marylin begleitete mich als meine Sekretärin. Mit dieser Reise verfolgten wir ein doppeltes Ziel. Zum einen suchten wir in den USA nach Beispielen von Strafprozessen, in denen Täterprofile als Beweismaterial verwendet worden waren. Und zum zweiten wollten wir unsere Art der verdeckten Ermittlung einer unabhängigen Überprüfung durch Spezialisten vom FBI unterziehen.

Die Vorverhandlungen für Colin Stagg sollten im Februar beginnen. Die Staatsanwaltschaft hatte beschlossen, sich nicht nur in starkem Maße auf das Beweismaterial von Lizzie James zu verlassen, sondern auch auf den Beweiswert meines Materials betreffend der äußerst seltenen Sexualdevianz zu stützen, das ich bei dem Mörder Rachel Nickells vermutete.

In britischen Gerichten waren bisher weder Täterprofile noch psychologische Verbrechensanalyse als Beweismaterial verwendet worden. Dagegen gab es in den USA Prozesse, in denen »FBI-Profilers«, Spezialisten für die Erstellung von Täterprofilen, als Zeugen ausgesagt hatten, und die Staatsanwaltschaft brauchte Informationen aus erster Hand darüber, welche Probleme sie gehabt hatten und ob vergleichbare Fälle existierten.

Davon abgesehen, hatte Bruce Butler uns auch gebeten, die methodischen Unterschiede bei der Analyse des Täterprofils in beiden Ländern zu eruieren. Ich sollte mich vergewissern, daß wir mit dem neuesten Stand der amerikanischen Methodik vertraut und gegebenenfalls imstande waren, sie mit der britischen Praxis zu vergleichen.

In Washington wurden wir am Flugplatz von Judd Ray abgeholt, von einem FBI-Agenten mit dem Aussehen eines jungen Sammy Davis jr. Ich hatte Judd in England während seiner Zeit als Stipendiat der Polizeiakademie Bramshill kennengelernt. Er war ein faszinierender Mensch, der elf Jahre lang in einem New Yorker Morddezernat gearbeitet hatte. Auf ihn war bereits ein Killer angesetzt worden, und Judd bekam damals drei Kugeln ab. Er überlebte, seine Ehe dagegen nicht. Seine Frau konnte nicht mit der täglichen Angst um sein Leben fertig werden. Während des Vietnamkriegs gehörte er einem Kommando an, das bis weit hinter die feindlichen Linien vorstieß. Er war der einzige Soldat seiner Truppe, der den Krieg überstand. Solche Erfahrungen waren dem Mann anzumerken. Er hatte etwas Stilles an sich, das sehr beeindruckend war.

Die FBI-Akademie in Quantico, Virginia, zeichnet schon fast ein mythischer Nimbus aus, seit Filme wie *Das Schweigen der Lämmer* die Praxis der Analyse von Täterprofilen unter die Lupe nahmen. Der Bereich »Verhaltenslehre« ist in dem sogenannten Bunker untergebracht, einem atomaren Luftschutzraum für das Personal des Weißen Hauses. Es gibt dort keine Fenster und kein natürliches Licht. Man lebt dort ständig mit dem leisen Summen der Klimaanlage.

In der Weihnachtszeit war das Personal größtenteils in Urlaub. Ein paar Pioniere auf dem Feld der Analyse von Täterprofilen hatten jedoch auf ihre freien Tage verzichtet, um mit uns zusammenzutreffen. Zu ihnen gehörte auch Roy Hazelwood, der am Tag darauf in Pension gehen wollte. Er sollte eigentlich nur für ein paar Minuten an unserer Sitzung teilnehmen, blieb dann aber für den größten Teil des Tages.

Neben Hazlewood saß der ebenfalls hochrangige FBI-Agent Greg Cooper. Nach ihm stellte Ray Judd uns Janna Monroe vor. Die umwerfende Blondine war die einzige Frau dieser Spezialabteilung. Im Laufe der Jahre war eine Reihe weiblicher Agenten dazugestoßen; Janna war als einzige geblieben. Die Arbeit hatte sich für die anderen vermutlich als zu belastend erwiesen. Obwohl ich den Film *Das Schweigen der Lämmer* nicht gesehen hatte, stellte ich mir Janna unwillkürlich aus der Sicht eines Regisseurs vor.

Ich empfand diese Konferenz als äußerst wichtig. Es war das erste Mal, daß meine Mordanalyse und die Durchführung unserer verdeckten Ermittlungen von einer unabhängigen Expertengruppe kritisch durchleuchtet wurden.

Pedder hatte kaum begonnen, das Verbrechen zu schildern, als Roy Hazelwood ihn mit der Bemerkung unterbrach: »Aha, es handelt sich also um ein spontanes Verbrechen eines Einzeltäters.«

Das ist eine der Kategorien, die das FBI zur Unterscheidung von Straftätern verwendet – der Begriff »spontan« bezieht sich auf die Wahl der Verbrechensschauplätze, auch auf impulsive Gewalttaten mit wenigen Hinweisen auf eine vorher exakt geplante Tat oder das Bemühen, der Entdeckung oder Aufklärung bewußt und systematisch vorzubeugen.

Ich widersprach und wies darauf hin, wie kalkuliert Rachel attackiert worden war, wie ihr Körper zur Schau gestellt wurde und wie schnell und unbemerkt der Mörder vom Tatort verschwand und nur wenige Spuren hinterließ. »Das sind keine typischen Anzeichen für die Tat eines ›spontanen‹ Verbrechers, um Ihren Begriff wiederaufzunehmen.«

»Nein, da haben Sie recht«, stimmte Roy zu.

Die verdeckten Ermittlungen stießen bei unseren amerikanischen Kollegen auf brennendes Interesse, da sie so etwas noch nie kennengelernt hatten. Wir verbrachten die meiste Zeit des Tages damit, den Fall durchzudiskutieren. Die Sitzung nahm unmerklich eine andere Wendung; nicht die Suche nach juristischen Präzedenzfällen stand im Vordergrund, sondern ein Austausch von Wissen um solche Fälle. Ich konnte von dem immensen Erfahrungsreichtum dieser Ermittler und Kriminalbeamten profitieren, während sie von den psychologischen Prinzipien fasziniert waren, die meiner Arbeit zugrunde lagen.

Die Amerikaner haben zwei verschiedene Versionen für die Erarbeitung von Täterprofilen entwickelt. Die erste ist computergestützt: Details von Hunderten früherer Straftaten werden in den Rechner eingegeben und nach Merkmalgruppen geordnet, damit sie mit den Besonderheiten eines aktuellen Verbrechens verglichen werden können. Wenn sich Übereinstimmungen zeigen, lassen sich die Spuren von Serientätern verfolgen.

Die zweite Version befaßt sich mit der Entwicklung individueller Täterprofile, die in der Psychologie des Kriminellen und seines Verbrechens verwurzelt sind. Die FBI-Agenten analysieren spezielle Fälle und entwerfen Täterprofile, für die sie ihre persönlichen Erfahrungen als Ermittler benutzen. Übergreifendes Wissen erwerben sie darüber hinaus durch Vorlesungen und Kurse, von Psychologen und Justiz- oder Polizeibeamten mit Spezialkenntnissen geleitet.

In England wird die Computermethode des FBI von einigen Institutionen für Täter- und Persönlichkeitsprofile angewandt. Sie stützen ihre Ergebnisse im wesentlichen auf eine arithmetische Methode. Nehmen wir beispielsweise einmal an, daß 80 Prozent der Seriensexualmorde von männlichen Personen im Alter von 20 bis 25 Jahren begangen werden, von denen 25 Prozent wegen leichter Sexualdelikte schon einmal verurteilt worden sind. Diese Zahlen – aus Gerichtsurteilen von früheren Fällen abgeleitet – werden dann benutzt, um Vermutungen über Alter, Bildungsniveau, Vorstrafenregister, Aufenthaltsort etc. eines gesuchten Sexualmörders zu untermauern.

Doch wenn das die *einzige* Basis eines Täterprofils darstellt, was ist dann mit dem Fünftel der Serienmörder, auf die diese Kriterien nicht zutreffen?

Als Psychologe betrachte ich jeden Fall als einmalig. Es gibt keinen überzeugenden Grund, warum ein Verbrechen sich in solch abgrenzbare Kategorien fügen sollte, noch viel weniger der Täter, der es verübte. Falls sich nicht am Tatort Indizien ergeben, die eindeutig dem Datenmaterial entsprechen, halte ich es für äußerst gefährlich, Aussagen zu machen, die sich allein auf gerichtliche Verurteilungsquoten und frühere Verbrechen stützen und die in keinem spezifischen Zusammenhang mit dem laufenden Ermittlungsfall stehen.

Die FBI-Methode zur Erstellung individueller Täterprofile ist auf ein großes Land mit einem hohen Grad an unterschiedlichen gewaltsamen Verbrechen zugeschnitten. Sie einfach auf Europa zu übertragen, erwies sich allerdings als problematisch. Die Holländer machten diese Erfahrung, als sie die FBI-Methode zur Überführung von Sexualverbrechern übernahmen und dann feststellten, daß die Profile in 90 Prozent ihrer Vergewaltigungsfälle nur einer einzigen FBI-Kategorie entsprachen. Damit aber wurde eine Täterdifferenzierung – und genau darin besteht ja der Sinn der Übung – extrem schwierig. Dank der Zusammenarbeit in Quantico war unsere Amerikareise ein Erfolg. Es gab wirklich sehr viel, was wir voneinander lernen konnten. Zum Schluß sprachen wir über Möglichkeiten einer künftigen Kooperation.

Während der nächsten Tage wohnten wir im Gästetrakt der Akademie im ersten Stock des Hauptgebäudes mit Blick auf ein Atrium mit einer Riesenwand aus leicht getöntem Glas. Zu dieser Jahreszeit wirkte der Komplex einfach riesengroß und menschenleer. Ich glaube, die meisten von uns sehnten sich nach ihren Familien daheim. Als Marylin und ich eines Abends unser Zimmer verließen, hörten wir im Atrium unten Klavierklänge. Wir traten ans Geländer und schauten hinab. In einer Ecke saß Pedder im gedämpften Licht an einem Flügel und spielte in die Leere hinein. Wir lauschten den wunderbaren weihnachtlichen Melodien, der Musik eines Mannes voller Heimweh nach seiner Frau und seinen zwei jungen Söhnen. Der Augenblick schien uns zu persönlich, um zu stören, und so kehrten wir in unser Zimmer zurück, bis sich der Rhythmus seines Spiels änderte und die Titelmelodie des Films *The Sting* das Atrium füllte.

Keith und ich waren über die Monate der Zusammenarbeit Freunde geworden. Er war ein bulliger Mann, der ganz so wie ein Polizist aussah und sich auch so anhörte. Er hatte einen trockenen, sardonischen Humor, der manchmal den Eindruck von Weltschmerz vermittelte, als wäre er kurz davor, alles aufzugeben. Er hatte schon eine lange, erfolgreiche Karriere hinter sich und sich persönlich besonders stark im Fall Nickell engagiert.

Als wir nach England zurückflogen, war ich glücklich, daß sich die FBI-Experten meinen Überlegungen zu diesem Fall angeschlossen hatten. Auch Pedder war zufrieden, weil wir reichlich Informationen über die Erfahrungen der amerikanischen Justiz im Umgang mit Täterprofilen vor Gericht mitbrachten. Diese konnten jedoch nie für sich allein zur Identifizierung von Tätern dienen, sondern waren vielmehr ein Glied in einer langen Beweiskette.

Die Mitglieder der Staatsanwaltschaft für das Vorverfahren waren Bill Boyce und Nigel Sweeny, zwei brillante Juristen, die die psychologischen Grundlagen der verdeckten Ermittlungen rasch begriffen.

Boyce war besonders an der Frage interessiert, inwiefern die Position von Rachels Leiche als Indiz bewertet werden konnte. Stagg zufolge hatte sie gekrümmt und mit wie zum Gebet gefalteten Händen dagelegen. Auf den Fotos jedoch sah man, daß nicht die Innenflächen der Hände aneinanderlagen, sondern die Handgelenke gekreuzt waren.

»Dafür gibt es eine gute Erklärung«, sagte ich. »Als Alex von einem Passanten gefunden wurde, schüttelte der Kleine seine Mutter und rief, sie solle ›aufwachen‹. Wenn der Mörder die Handflächen aneinandergelegt hätte, wären Rachels Hände natürlich auseinandergeglitten, als Alex sie schüttelte. Sie müssen also mit den Gelenken über Kreuz gelegen haben.«

Die Ankläger waren schon darauf vorbereitet, daß Colin Staggs Anwälte sich darauf konzentrieren würden, das von Lizzie James beigebrachte Beweismaterial vom Gericht für unzulässig erklären zu lassen. Boyce erkundigte sich darum bei mir nach der Beweiskraft meiner Erkenntnisse.

»Wenn nun Miss James' Material nicht zugelassen wird, Mr. Britton – bietet Ihr Beweismaterial dann eine hinreichende Grundlage für eine Verurteilung von Mr. Stagg? Denken Sie gut nach, bevor Sie darauf antworten. Denn Ihre Antwort entscheidet über das weitere Leben dieses Mannes. Von Ihrer Antwort hängt alles ab.«

»Dafür wird die Beweislage selbstverständlich nicht ausreichen«, erwiderte ich. »Ich vermag nicht zu behaupten, daß Colin Stagg Rachel Nickell umgebracht hat. Ich kann lediglich feststellen, daß die Wahrscheinlichkeit einer gleichzeitigen Anwesenheit von zwei Personen mit der gleichen extremen, gewaltfixierten Sexualdevianz im Wimbledon-Common-Park an diesem Morgen unglaublich gering ist.«

»Ich bin froh, das zu hören«, erklärte ein merklich zuversichtlicherer Boyce.

Die Vorverfahren begannen am 17. Februar 1994 unter Vorsitz des höchst erfahrenen und hochgeachteten Untersuchungsrichters Terry English. Er hatte darüber zu entscheiden, ob die Staatsanwaltschaft genug Material für eine Mordanklage gegen Colin Stagg beigebracht hatte und würde, wenn ja, den Angeklagten bis zum Geschworenenprozeß in Gewahrsam nehmen lassen.

Stagg hatte im Wandsworth-Gefängnis in Untersuchungshaft eingesessen. Seine äußere Erscheinung war merklich verändert. Er hatte abgenommen und sein stacheliges Haar wachsen lassen. Außerdem hatte er bereits die Muskelmasse verloren, die er sich im selbstgemachten Fitneßraum antrainiert hatte.

Trotz einer Nachrichtensperre, was die Details des Beweismaterials anging, trafen die Journalisten bereits früh im Gerichtsgebäude ein, um wenigstens Stagg bei seiner Ankunft zu sehen zu bekommen. Der Fall war sehr wichtig geworden, und man wollte ihn verfolgen. Als Bill Boyce seine Eröffnungsrede hielt, waren die reservierten Plätze für die Presse übervoll. Das neue Gerichtsgebäude in Wimbledon erlebte seinen bisher bedeutendsten Fall.

Die ersten Zeugen der Anklage waren Personen, die sich zur Zeit des Mordes im Wimbledon-Common-Park befunden hatten, sowie Nachbarn und Bekannte von Mr. Stagg. Die Anklage machte geltend, daß Staggs Alibi, in seiner Wohnung auf dem Sofa geschlafen zu haben, keinen Pfifferling wert war. Die Nachbarin, Susan Gale, erinnerte sich, ihn um 8.50 Uhr gesehen zu haben, als sie vom Spaziergang mit ihren beiden Hunden heimgekehrt war. Sie entdeckte ihn in der Nähe der Unterführung der A3, nicht weit entfernt von der Stelle, wo Stagg später mit dem Polizisten sprach. Und sie erinnerte sich, daß er eine Art von Gürteltasche um die Taille trug.

Jane Harriman, die Ehefrau eines Rechtsanwalts, war an diesem Morgen mit ihren vier Kindern und den Hunden im Common spazierengegangen. Sie nahm dieselbe Strecke wie Rachel, nur ein paar Minuten früher. In der Nähe eines kleinen Dickichts sah sie einen Mann auf sich zukommen, der nach ihrer Beschreibung in den späten Zwanzigern oder frühen Dreißigern und ungefähr 1,75 Meter groß war, kurzgeschnittenes dunkelbraunes Haar hatte, ein weißes T-Shirt und eine dunkle Hose trug sowie eine dunkle Sporttasche umklammerte. Sie gingen in entgegengesetzter Richtung aneinander vorbei, und der Mann hatte anscheinend sein Gesicht abgewendet und dadurch seine Züge versteckt.

Mrs. Harriman ging mit ihren Kindern bis zum Curling Pond weiter, wo sie sich ein Weilchen hinsetzten. Sie bemerkte auf der anderen Seite des Teiches eine Frau, die mit einem Hund unter den Bäumen verschwand, und wenige Minuten nahm der Mann, der ihr zuvor entgegengekommen war, denselben Weg, so als ob er der Frau folgte.

Das Verhalten des Mannes hatte etwas an sich, das Mrs. Harriman beunruhigte. Nach mehreren Minuten tauchte er wieder auf und ging denselben Weg zurück. Jetzt schien er über dem T-Shirt einen schmalen Gürtel um die Taille zu tragen.

Als Mrs. Harriman ihre Kinder zum Windmill-Parkplatz zurückbrachte, kam sie wahrscheinlich in einer Entfernung von maximal acht Metern an der Stelle vorbei, wo die bereits tote Rachel Nickell auf dem Rasen lag. Sie war imstande, der Polizei eine sehr klare Beschreibung des Mannes zu liefern, den sie am Curling Pond gesehen hatte. Und sie hatte bei der Erarbeitung des Phantombilds mitgeholfen, das in der Fernsehsendung *Crimewatch UK* gezeigt wurde.

Bei einer Gegenüberstellung nach Staggs erster Verhaftung hatte sie ihn unter zehn Personen als den Mann identifiziert, den sie an dem fraglichen Morgen um 10.10 Uhr im Common gesehen hatte. Das stand für sie zweifelsfrei fest.

Eine andere Zeugin namens Amanda Phelan hatte ebenfalls eine Beschreibung geliefert. Sie hatte kurz nach 10.30 Uhr einen Mann gesehen, der sich die Hände in einem Bach wusch und sich ihrer Aussage nach verdächtig benahm. Sie gab an, daß er eventuell ein cremefarbenes oder ein weißes Sweatshirt und blaue Jeans getragen hätte. Bei einer Gegenüberstellung erkannte Mrs. Phelan Stagg nicht wieder, genausowenig wie Pauline Fleming, die vor Gericht aussagte, sie habe um ungefähr 10.30 Uhr in der Nähe von Curling Pond einen Mann mit einer dunklen Tasche in der rechten Hand spazierengehen sehen.

Verschiedene Geschäftsleute am Ort, darunter ein Metzger und ein Zeitungshändler, erinnerten sich, Stagg an diesem Tage gesehen zu haben. Nach ihrer Darstellung war er sichtlich aufgeregt, als er von der Entdeckung einer Leiche im Common erzählte. Sie kannten ihn seit Jahren und bezeichneten ihn als einen Einzelgänger. Er schien sich eher in der Gesellschaft von Tieren als unter Menschen wohlzufühlen.

Cheryl Lewis, eine Freundin und Nachbarin von Stagg aus Ibsley Gardens, erinnerte sich an ein Gespräch, das sie nach seiner ersten Verhaftung mit ihm geführt hatte. Er hatte ihr erzählt, daß man ihm Fotos von Rachel gezeigt habe. Darauf sah es so aus, als ob ihr der Kopf vom Rumpf abgetrennt und anschließend wieder auf die Schultern gesetzt worden wäre. Er beschrieb die fötale Körperhaltung der Leiche. Dann gab er zu, Rachel zuvor neben dem Teich im Common-Park in der Sonne liegend gesehen zu haben.

Dann war ich an der Reihe. Wenn ich meinen Psychologiestudenten erklären will, worauf es bei einer Aussage vor Gericht ankommt, versuche ich ihnen klarzumachen, daß die Anwälte immer versuchen werden, sie in eine bestimmte Richtung zu lenken. Jeder gute Anwalt erweckt zunächst den Eindruck, als ob er einfach herumtaste und seine Fragen ohne eine logische Zielrichtung stelle. In Wirklichkeit hat er jedoch einen Plan, und es kommt darauf an, ihn frühzeitig zu erkennen, damit einem nicht Antworten in den Mund gelegt werden, die weit von dem entfernt sind, was man ursprünglich sagen wollte.

Jim Sturman, der die Verteidigung übernommen hatte, war ein ausgezeichneter Anwalt. Er legte seine Netze beizeiten aus. Er wollte mich unglaubwürdig machen und damit, wie er hoffte, auch die gesamten verdeckten Ermittlungen diskreditieren. Falls er meine persönliche berufliche Qualifikation nicht in Zweifel ziehen könnte, würde er die Beweissicherung durch Täterprofile und notfalls auch die gesamte Arbeit von Kriminalpsychologen massiv in Frage stellen. Unter diesen Umständen war es nicht überraschend, daß ich zwei hoch spannende Tage im Zeugenstand erlebte.

Mein Beweismaterial war im Grunde dazu da, die Unantastbarkeit und Exaktheit von verdeckten Ermittlungen, was die Planung wie auch die Durchführung anging, zu belegen. Ich wollte meine Erkenntnis darlegen, daß Colin Staggs Abart von Sexualität nicht von dem devianten Geschlechtsleben zu unterscheiden sei, das ich für den noch unidentifizierten Mörder von Rachel Nickell analysiert hatte. Es handelte sich um eine so seltene Art sexueller Devianz, daß es sehr unwahrscheinlich war, daß sich außerhalb einer Spezialklinik oder eines Gefängnisses zwei Personen mit diesen Charakteristika zur selben Zeit am selben Ort befunden hätten. Wichtiger noch war die Tatsache, daß das Verhalten des Täters während der verdeckten Ermittlungen *exakt* dem von mir vorhergesagten Verhalten entsprochen hatte, das für diese äußerst ungewöhnliche Person so typisch war.

Mr. Sturman sprach sehr zynisch über meine Ergebnisse und bezeichnete sie als Spekulationen, die, abgesehen von meinen instinktiven Annahmen, durch gar nichts abgestützt seien.

Er fragte mich, ob Colin Stagg geisteskrank sei.

»Ich weiß es nicht, ich habe ihn nie untersucht«, antwortete ich.

Wie könne ich denn, wollte Mr. Sturman wissen, solche Schlüsse ziehen, obwohl ich Mr. Stagg niemals untersucht hätte? Ob Mr. Stagg abnorm sei gemäß der Bestimmungen des Gesetzes zur geistigen Gesundheit von 1974, fragte er weiter.

»Ich weiß es nicht.«

Er versuchte mich zur Stellungnahme zu klinischen Untersuchungsergebnissen zu veranlassen, die ich, wie er sehr wohl wußte, nur im Falle einer tatsächlichen Behandlung von Stagg hätte geben können. Vermutlich hat er auch gehofft, daß ich den Fehler machen würde, meine Aussage ein bißchen aufzuplustern und damit die Grenzen des Vertretbaren überschreiten würde.

»Wie viele Morde, die am hellichten Tag an jungen Müttern mit einem kleinen Kind begangen wurden, haben Sie in Ihrer Laufbahn analysiert, Mr. Britton?«

»Keinen«, antwortete ich. Die Frage war albern. Genausogut hätte ich ihn fragen können, wie viele Angeklagte er verteidigt hatte, die angeblich eine Frau mit 49 Messerstichen umgebracht hatten. Meine Schlußfolgerungen basieren auf meinem Wissen vom menschlichen Verhalten und auf meiner beruflichen Erfahrung mit psychischen Funktionsstörungen verschiedenster Art.

Die Befragung verlief scharf und aggressiv. Gelegentlich ging Mr. Sturman in seinem Vorpreschen jedoch ein bißchen zu weit. So fragte er mich während eines Wortwechsels: »Handelt es sich in diesem Fall um einen sogenannten Overkill-Mord, Mr. Britton?«

(Er hegte offenbar die Hoffnung, daß mir dieser Terminus unbekannt wäre oder aber, daß ich ihm zustimmte.)

»Meinen Sie ›Overkill‹ in dem Sinn, wie der Begriff vom FBI verwendet wird?« fragte ich zurück.

»Ja«, sagte er.

»Sie beziehen sich auf die Feststellung, in der behauptet wird, daß der Angreifer sein Opfer stets persönlich gekannt haben muß, wenn er ihm eine hohe Zahl von Stichwunden, ich glaube, es sind mindestens zwanzig, zugefügt hat?«

»Korrekt«, sagte Sturman. »Bei zwanzig oder mehr Stichwunden geht man davon aus, daß das Opfer den Täter gekannt hat.« (Auf Rachel wurde 49mal eingestochen, und man meinte trotzdem, daß Stagg ihr fremd gewesen sei.)

»Die Annahme, daß eine Person ihren Mörder gekannt haben müsse, wenn diese zwanzig Stichwunden aufweist«, entgegnete ich, »ihn aber nicht gekannt haben kann, wenn es nur 19 waren, gilt bei uns in Großbritannien nicht eben als besonders sachdienlich.«

Daß Sturman jetzt seine Fragen etwas anders stellte, schien nicht eben verwunderlich.

Ich wurde ausführlich zu den Vor- und Nachteilen von verdeckten Ermittlungen vernommen und erläuterte, inwiefern sie spezifisch zu dem Zweck entwickelt wurden, dem Täter eine Reihe von Brücken zu bauen, die ihm helfen sollten, zu einer Tat zu stehen. Man will ihn damit nicht an einen Abhang stellen, den eine so instabile Person auch gleich in den Abgrund brächte, falls er nur leicht gestoßen würde.

Sturman fragte, ob ich wisse, daß Stagg Lizzie James gegenüber konkret seine Hoffnung geäußert hätte, mit ihr schlafen zu können.

Ich erwiderte, daß ich weder in ihrer Korrespondenz noch in den Gesprächsprotokollen und auch in keinen sonstigen Mr. Stagg betreffenden Materialien Hinweise bemerkt hätte, die einen anderen Schluß zuließen, als daß Mr. Staggs Phantasien auf eine konkrete Umsetzung in der Realität abzielten.

Wie viele Personen hätten wohl auf Lizzie James in der selben Art und Weise reagiert?

»Meines Erachtens ist der Prozentsatz von Menschen, die solche Phantasien mit exakt diesen Details, dieser Intensität und Aggressivität sowie mit diesem genauen Wissen um die Position von Rachel Nickells Leiche haben können, unendlich gering.«

Sein Bohren und Forschen ging weiter. Sturman wollte wissen, wieso ich solche Urteile abgeben könne. Ich erklärte ihm meine Erfahrungen aus der klinischen Arbeit und im Behandeln von sexuellen Funktionsstörungen. Ich gab ihm recht, daß in Staggs Briefen keine Phantasien vorkamen, in denen von analem Geschlechtsverkehr oder der Ermordung von irgendwem die Rede war. Doch die sexuelle Gewalt war in allem, was er schrieb, präsent. Und ich äußerte meine Meinung, daß solche Aktivitäten durchaus zum Mord führen könnten. Ferner hatte Stagg in seiner sexuellen Erregung beim Gedanken an eine Gewaltanwendung sich genauso geäußert, wie Rachel Nickell auch umgebracht worden war.

Ich war völlig erschöpft, als ich den Zeugenstand endlich verließ. Das gerichtliche Vorverfahren wurde fortgesetzt mit der Zeugenvernehmung von Dr. Richard Shepherd, dem zuständigen Pathologen. Des weiteren wurden Lizzie James, die aufgrund des Schutzes ihrer Person hinter einer Holzwand versteckt blieb, und Keith Pedder befragt.

Ihre Aussage erregte kein besonderes Aufsehen – wider allen Erwartungen. Möglicherweise hatte Jim Sturman inzwischen beschlossen, sein Pulver nicht zu verschießen, bevor es zum Prozeß käme. Er befragte Pedder zu den übrigen Fährten, denen die Ermittlung gefolgt sei, wobei er unterstellte, daß Stagg gleich von Anfang an ins Visier genommen worden sei, und die Polizei gar nicht mehr nach weiteren Verdächtigen Ausschau gehalten habe. Pedder gab Auskunft darüber, wie alle möglichen Spuren zur Aufklärung des Verbrechens verfolgt worden waren. Dazu gehörte auch eine Reise nach Italien zur Vernehmung eines Totengräbers, der zur Zeit des Mordes im nahegelegenen Friedhof von Putney arbeitete.

In seinem Schlußplädoyer unternahm Sturman einen vernichtenden Generalangriff auf die ganze verdeckte Ermittlung und warf uns vor, Colin Staggs sexuelle Unreife und seinen verzweifelten Wunsch, mit einer Frau zu schlafen, ausgenutzt zu haben. Stagg sei so frustriert gewesen, daß er sich in seinen Briefen an Lizzie alles von der Seele geschrieben hätte, weil er damit glaubte, sie so ins Bett zu kriegen.

Sturman zufolge hätten Lizzies Briefe Stagg zum Erfinden von immer wilderen Phantasien provoziert. Sie hätte sich ihm als Frau präsentiert, die dominiert und gedemütigt werden wollte, und so er das einfach aufgegriffen und ihr geboten, was sie wünschte. Meine Beweisführung, so argumentierte Sturman, sei rein spekulativ und durch nichts außer meiner persönlichen Intuition begründet. Er sagte, ich habe keine medizinische Ausbildung und nur Mutmaßungen über Staggs Sexualverhalten angestellt.

»Uns ist einfach nicht bekannt, welcher Wahnsinnige an jenem Tag im Common-Park frei herumlief. Mr. Britton versucht die Schuld eines Täters zu beweisen, indem er eine Meinung abgibt. Die Staatsanwaltschaft ist außerstande, auch nur einen einzigen Fall zu nennen, in dem ein Psychologe je einen Angeklagten schuldig gesprochen hätte. Man müßte also dafür die Rechtsgeschichte neu schreiben.«

Ich hatte Colin Stagg keineswegs schuldig gesprochen. Ich hatte lediglich ausgeführt, daß seine Verhaltensmuster und Phantasien sich in nichts von denen unterschieden, die ich von dem Mörder vorausgesehen hatte. Bill Boyce argumentierte damit, daß ich ein angesehener klinischer und forensischer Psychologe mit vielen Jahren Berufserfahrung sei. Er plädierte dafür, den Geschworenen Gelegenheit zu geben, das *ganze* Beweismaterial zu studieren und anschließend darüber zu befinden, ob Colin Stagg ein Mörder oder ein Opfer der eigenen Phantasien sei.

Nach elf Tagen mit zahllosen Zeugenaussagen und der Vorlage von allen Beweisen schloß Mr. Terry English die Vorverhandlung mit der Entscheidung, daß die Argumente der Verteidigung zwar teilweise nachzuvollziehen seien, daß diese jedoch nicht ausreichten, um als überzeugender Beleg seiner Unschuld zu gelten. Er überantwortete die Verhandlung und Aburteilung von Colin Stagg einem Gericht. Mr. Sturman stellte sofort einen neuen Antrag auf Freilassung gegen Kaution mit der Begründung, daß der Standpunkt der Staatsanwaltschaft nicht ausreichend untermauert sei. Mr. English lehnte den Antrag und die Freilassung gegen Kaution ab.

16

Am Morgen goß es wie aus Kübeln; das Wasser trommelte auf die Jacken und Kapuzen der grabenden Männer, denen die Nachbarn zunächst kaum Beachtung schenkten, weil sie annahmen, daß da vielleicht eine Rohrleitung geplatzt war oder ein Abwasserrohr verstopft sei. Sie hielten die Männer einfach für Arbeiter vom Wasserwerk, die auf dem Grundstück Cromwell Street 25 in Gloucester etwas reparierten.

Es waren Polizisten in Gummistiefeln und dunklen Overalls, die langsam Schicht um Schicht des aufgeweichten Bodens im hinteren Garten entfernten. Fichten und die rote Backsteinmauer der benachbarten Adventistenkirche verdeckten den Blick auf sie, als sie den schweren schwarzen Lehm zuerst mit einem kleinen Bagger, dann mit Schaufeln hoben. Sie arbeiteten noch abends spät, als die Bogenlampen seltsame Schatten über die Erdhügel warfen.

Der erste Knochen, den sie fanden, war nur siebeneinhalb Zentimeter lang und stammte, wie sich später erwies, von einem kleinen Tier.

Drei Absätze in der *Daily Mail* von Samstag, dem 26. Februar 1994, machten den Grund der Suche schließlich publik.

GARTEN NACH VERMISSTER TOCHTER DURCHSUCHT

Gestern abend wurde ein Ehepaar verhaftet, nachdem die Polizei auf der Suche nach dessen vermißter Tochter den Garten umgegraben hatte.

Heather West verschwand vor ungefähr sieben Jahren, damals war sie 16. Ihre Eltern, der 52jährige Frederick West und die 40jährige Rosemary West, haben sie jedoch nie als vermißt gemeldet. Laut Aussage der Eltern verließ sie das Haus aus freiem Willen.

Das Ehepaar wurde zum Verhör auf das Polizeirevier gebracht.

Die Durchsuchung des Reihenhauses an der Cromwell Street in Gloucester soll heute fortgesetzt werden.

Die Stadt Gloucester wirkt ein wenig fehl am Platz, fast als wäre sie ein Stück vom englischen Industriegebiet, das wie ein Eisberg aus den Midlands wegtrieb und sich inmitten der schönen Hügellandschaft des West Country festsetzte. Sie macht einen betont proletarischen Eindruck, die Bevölkerung ist zu einem großen Teil motorisiert, und so weist Gloucester manche Merkmale einer ländlichen Stadt auf. Andere hingegen erinnern an eine Industriestadt, die darum kämpft, ihren längst verblaßten Glanz zurückzugewinnen.

Cromwell Street liegt mitten in einem Viertel, das vor allem aus möblierten Einzimmerwohnungen besteht; die engen Straßen werden von Häuserfronten vom Anfang des Jahrhunderts gesäumt. Viele Gebäude sind zu Miethäusern umfunktioniert worden; an den Fenstern und in den offenen Torbögen stehen Mütter, die ihre Kinder beim Spiel auf den Bürgersteigen beobachten.

Nummer 25 ist ein schlichtes Reiheneckhaus mit Rauhputzfassade und frisch gestrichenen grünen Fensterrahmen. Den Tüll der Gardinen schmückt ein verblaßtes Gänseblümchenmuster, und über der Haustür hängt ein Hufeisen als Glücksbringer. Eine Spruchtafel an der nahegelegenen Kirche aus Backstein beginnt mit den Worten: »Gibt es Hoffnung für unsere Welt?«

Nach drei Tage dauernden Grabungen hatten die Polizisten noch immer nichts gefunden; sie machten dennoch weiter. Meistens arbeiteten sie auf Händen und Knien, um den Boden aufzukratzen; sie waren müde, und die Rücken schmerzten. Da schlug eine Kelle auf einen harten Gegenstand – es war ein Schädel, der in den Lehmboden eingebettet war.

Detective Superintendent John Bennett war für die Nachforschungen verantwortlich und fast schon ein alter Freund. Wir trafen uns im Polizeirevier von Gloucester. Er machte mir sogleich Vorwürfe, weil ich mit meinem Gutachten für den Coroner spät dran war; es handelte sich um eine männliche Leiche, die in Newton bei Stroud mit einem Messer im Brustkorb aufgefunden worden war. Die Polizei hatte zunächst ein großes Ermittlungsverfahren in Gang gebracht und eine Belohnung von 10 000 Pfund ausgesetzt. Nach eingehender Untersuchung bestimmter biographischer und psychologischer Aspekte des Opfers gab ich Bennett jedoch den Hinweis, daß die Fahndung nach einem Mörder unnötig sei – er hatte sich die Wunde selbst zugefügt.

»Ich bin froh, daß Sie das Gutachten mitgebracht haben«, sagte er, »sonst hätte ich nämlich Terry angewiesen, Ihnen Handschellen anzulegen und Sie bis zur Ablieferung unten in einer Zelle einzusperren.« Er grinste und stellte mich seinem Stellvertreter Detective Chief Inspector Terry Moore vor.

Der alte Fahrstuhl klapperte und rüttelte auf der Fahrt in den zweiten Stock. Moore muß meinen Gesichtsausdruck bemerkt haben. »Seien Sie unbesorgt«, sagte er, »manchmal schafft er's bis nach oben und manchmal eben nicht.«

Das Büro des Ermittlungsleiters lag direkt neben der Einsatzzentrale, aus der mir das vertraute Läuten von Telefonen und Klappern von Tastaturen entgegenkam. Und doch herrschte hier eine völlig andere Atmosphäre als in allen Einsatzzentralen, die ich bis dahin kennengelernt hatte. Bei einer normalen Mordermittlung werden alle Energien auf die Fahndung nach einem Täter konzentriert. Da entsteht beinahe der Eindruck, daß an der Wand ein leerer Bilderrahmen hinge und alle angewiesen seien, das fehlende Gesicht zu malen. In diesem Fall gab es bereits ein Bild – Frederick West saß unten in einem spartanisch ausgestatteten Vernehmungsraum, wo er zahllose Tassen Tee schlürfte und Schokoladenplätzchen verspeiste.

»Schön, Sie wiederzusehen, Paul«, sagte Bennett und lehnte sich auf seinem Stuhl zurück. »Obwohl ich bedaure, daß es unter solchen Umständen sein muß. Sie müssen ja mittlerweile einen schlechten Eindruck von Gloucester gewonnen haben – wenn Sie kommen, hat's jedesmal ein gräßliches Verbrechen gegeben. Nehmen Sie es uns nicht übel.«

Mit halbgeschlossenen Augen begann er, mich zu informieren. »Im rückwärtigen Garten der Cromwell Street 25 – das Haus steht nicht weit von hier entfernt – haben wir die Überreste von drei Menschen gefunden«, sagte Bennett. »Das Haus ist Eigentum des 52jährigen Mr. Frederick West und seiner 40jährigen Ehefrau Rosemary. Wir glauben, daß es sich um die Leichen von zwei jungen Frauen und von der ältesten Tochter Heather Ann West handelt, die lebend zum letztenmal im Mai 1987 gesehen wurde.

Wir sehen uns hier einer äußerst ungewöhnlichen Situation

gegenüber«, fuhr Bennett fort. »Wir haben einen Verdächtigen, der ein fröhlicher, liebenswürdiger, aufrichtiger und tüchtiger Mann zu sein scheint. Die meisten Leute reden nur gut über ihn. Er und seine Frau wohnen seit mehr als 23 Jahren an derselben Adresse. Sie gelten durchweg als freundliche Menschen und gute Nachbarn. Gleichzeitig haben wir drei Leichen – von denen der Pathologe keine definitiv identifizieren kann. Was ich Ihnen mitteile, ist zum großen Teil vorläufiger Natur, ich kann Ihnen jedoch versichern, daß die Leichen sich keineswegs in einem Zustand befinden, wie wir ihn normalerweise erwarten würden.«

»Was wollen Sie damit sagen?« fragte ich.

»Sie waren zerstückelt und enthauptet.«

In meinem Kopf begann eine Alarmglocke zu läuten.

Bennett zeigte auf einige dicke Akten auf seinem Schreibtisch und gab einen kurzen Abriß der Familiengeschichte der Wests; gelegentlich ergänzte Moore etwas. Frederick Walter Stephen West wurde am 29. September 1941 geboren; er war der älteste Sohn eines Landarbeiters und Fuhrmann aus Much Marcle bei Ladbury an der Grenze von Herefordshire und Gloucestershire. Die Eltern hatten sieben Kinder, vier Jungen und drei Mädchen.

Der junge Fred wuchs in Much Marcle auf und hatte nach dem Schulabschluß verschiedene Jobs, unter anderem als Landarbeiter und Lastwagenfahrer. Am 7. November 1962 heiratete er die 18jährige Kellnerin Catherine »Rena« Costello, die in Ledbury in einem Café arbeitete. Die beiden hatten zwei Töchter; Charmaine kam 1963 zur Welt, Anne Marie ein Jahr später.

Die Familie wohnte eine Zeitlang in Renas Heimatstadt Glasgow, wo West Eiskremverkäufer war, und kehrte dann in die Umgebung zurück. Sie lebte 36 Kilometer von Gloucester entfernt auf einem Wohnwagen-Campingplatz in Bishop's Cleeve, Cheltenham.

Das Dossier ließ erkennen, daß die Ehe ziemlich stürmisch gewesen war; die Kinder waren Mitte der 60er Jahre mehrmals in Fürsorge gegeben und einige Wochen später dann wieder den Eltern zurückgebracht worden. Im Januar 1969 erklärte Fred gegenüber Freunden, Rena habe ihn verlassen und sei mit einem Techniker nach Schottland verzogen.

Im selben Jahr freundete er sich mit der 15jährigen Rosemary Pauline Letts an, die in Bishop's Cleeve wohnte. Ihre Eltern, die wegen der zwölf Jahre Altersunterschied besorgt waren, wandten sich ans Sozialamt, das sich bereit erklärte, Rosemary in Fürsorge zu nehmen; als sie 16 wurde, waren die Behörden nicht mehr befugt, sich einzumischen.

Rosemary zog zu West und seinen zwei Töchtern in den Wohnwagen, bald darauf wurde sie schwanger. Am 17. Oktober 1970 brachte sie in der Entbindungsklinik der Stadt Gloucester Heather zur Welt. Das Paar heiratete fünfzehn Monate später, wohnte zunächst in einem Reihenhaus an der Midland Street 25, Gloucester, und zog bald darauf zur Cromwell Street 25 um. Mae June wurde im Juni 1972 geboren; Stephen kam ein Jahr später zur Welt. Fünf weitere Kinder folgten, von denen drei Mischlinge waren.

Unterdessen arbeitete Fred in verschiedenen Jobs als Bauarbeiter und Handwerker. Er war vorbestraft und hatte sich insgesamt elfmal vor Gericht verantworten müssen, meistens wegen Bagatelldiebstahls, Hehlerei und Verkehrsdelikten. 1970 wurde er zu drei Monaten Gefängnis verurteilt.

Bis dahin gab es in seinem Dossier keinerlei Hinweise auf eine gefährliche Abnormität. Es machte mich aber stutzig, daß die Polizei soviel von einem Menschen wußte, der nur geringe Vorstrafen hatte.

»Es gibt bei dieser Ermittlung eine Reihe von peinlichen Aspekten«, erwiderte Bennett und räusperte sich.

»Was wollen Sie damit sagen?«

»Nun ja, da ist einmal die Geschichte, daß Heather erst sechzehn Jahre alt war, als sie verschwand. Es gab einige Leute, die Fragen gestellt haben, auf die Fred antwortete, Heather sei mit einem Mann fortgezogen. Das wäre im Grunde das Ende der Geschichte gewesen.«

Mir war jedoch klar, daß da noch mehr kam.

Bennett erläuterte, daß die Polizei sich bereits seit einiger Zeit für das Ehepaar interessierte. Ihre schulpflichtigen Kinder waren nach mehreren Anzeigen wegen Mißhandlung über ein Jahr in der Obhut des Sozialamts. Mr. West wurde angeklagt, auf Anregung und mit Unterstützung von Rosemary mit einer oder mehreren seiner Töchter Geschlechtsverkehr gehabt zu haben.

»Sie hat die Penetration beaufsichtigt«, erklärte Moore. »Hat ihm gesagt, wann das Mädchen soweit war. Angeblich diente das alles der Weiterentwicklung verschiedener genetischer Theorien von West.«

»Genetischer Theorien?«

»Fragen Sie mich nicht – das kann ich Ihnen auch nicht erklären«, erwiderte Bennett, der dann berichtete, wie das Ehepaar zwölf Monate zuvor wegen dieser Anschuldigungen vor Gericht hatte stehen sollen und der Hauptzeuge in letzter Minute seine Aussage zurückgezogen hatte. »Wir hatten keine niet- und nagelfesten Beweise. Die Staatsanwaltschaft mußte einen Rückzieher machen.«

Während der folgenden Monate hielt die Polizei Kontakt zu den Kindern, die in ein Heim gekommen waren. Schließlich machten sie Andeutungen, daß Heather unter der Terrasse begraben sei. Die Polizei stellte Nachforschungen nach Heather an, ohne Erfolg.

Als ich den zeitlichen Ablauf notierte, fiel mir der Abstand zwischen dem Eingehen der Information und den entsprechenden Maßnahmen auf. Vielleicht war das der Punkt, der Bennett Sorgen machte, überlegte ich. Andererseits wiederum konnte die Polizei nur auf vage Erzählungen von Kindern hin nicht einfach einen Garten aufgraben. Da mußte noch etwas anderes dahinterstecken, um einen sonst so selbstsicheren Menschen wie Bennett zu solcher Vorsicht zu veranlassen.

Er schob mir eine Mappe über den Tisch, die zahlreiche Protokolle und Papiere der Fürsorge enthielten. Auf den ersten fünf Seiten stand eine Aussage von Caroline Owens, die als Siebzehnjährige für kurze Zeit als Kindermädchen bei den Wests gearbeitet hatte. Sie war damals mit Zustimmung ihrer Eltern in das Haus Cromwell Street 25 gezogen, um sich um Anne, Heather und die neugeborene May June zu kümmern.

Caroline begann sich in dem Haushalt bald unwohl zu fühlen, insbesondere als ihre neuen Arbeitgeber ein unnormales Interesse an ihr zeigten, anzügliche Bemerkungen machten und über ihre Genitalien sprachen. Frederick West behauptete, von Operationen zu wissen, die die sexuelle Lust einer Frau steigerten. Eines Tages traf sich Caroline mit einer Vorgängerin, die sich erkundigte, ob Mrs. West schon versucht habe, sie zu verführen. Die schockierte Caroline beschloß daraufhin, zu kündigen.

Einige Monate später – es war der 6. Dezember 1972 um 23 Uhr – ließ ihr Freund sie an der Peripherie von Tewkesbury auf der Straßenseite gegenüber einem Pub stehen; sie wollte per Anhalter heim nach Cinderford, das zwanzig Kilometer von Gloucester entfernt ist. Ein grauer Ford Popular hielt an. In dem Wagen saßen Mr. und Mrs. West, die anboten, sie mitzunehmen, und weil es kalt und schon spät war, akzeptierte Caroline trotz ihrer Bedenken das Angebot.

Rosemary kippte den Beifahrersitz nach vorn, damit Caroline hinten einsteigen konnte, und nahm dann neben ihr Platz. Fred fuhr los und schlug die Straße nach Cinderford ein. Carolines schriftlicher Aussage zufolge fragte Fred, ob sie mit ihrem Freund Geschlechtsverkehr gehabt habe und was sie zusammen so machten. Dann begann Rosemary, Carolines Brüste unter dem Kleid anzufassen und ihr die Hand zwischen die Beine zu stecken. Caroline begann zu schreien, worauf Rosemary nur lachte und sie verspottete, während Fred fragte: »Wie fühlt sie sich an?«

Als Caroline sich weiterhin wehrte, hielt er an, beugte sich über den Sitz nach hinten und schlug sie, bis sie das Bewußtsein verlor. Als sie wieder zu sich kam, waren ihr die Hände auf dem Rücken zusammengebunden, und ihr Kopf war mit einem breiten Pflaster umwickelt, das eine Art Maske bildete, die Mund, Nase und Ohren bedeckte.

Sie fuhren zur Cromwell Street, trugen Caroline ins Schlafzimmer im ersten Stock. Fred kochte Tee und schnitt ihr dann mit einem scharfen Messer das Pflaster vom Gesicht. Die Klinge verletzte ihr die Haut hinter dem linken Ohr; als er das Pflaster herunterzerrte, riß er große Büschel von ihrem Haar mit heraus.

Sie zogen ihr die Kleider aus und warnten sie, sich zu wehren, da es sonst weh tun würde. Geknebelt und mit verbundenen Augen mußte sie sich auf ein niedriges Bett oder eine Matratze legen, dann drückten sie ihre Beine mit Gewalt auseinander. Das Ehepaar begann, ihre Vagina zu untersuchen und über die Größe ihrer Schamlippen und die Frage zu diskutieren, ob sie ihre sexuelle Lust beeinträchtigen könnten. Fred gab vor zu wissen, wie sie sich operativ verbessern ließen.

Rosemary packte Caroline an den Fersen, hob ihre Beine hoch und spreizte sie auseinander. Fred begann, mit einem fünf Zentimeter breiten Ledergürtel mit schwerer Schnalle auf Carolines Vulva zu schlagen. Danach zogen sie ihr die Augenbinde ab, und die mittlerweile nackte Rosemary fing an, das Mädchen zu küssen und oralen Sex mit ihr zu treiben, während Fred sich entkleidete und seine Frau von hinten nahm. Als Rosemary ins Badezimmer verschwand, erklärte Fred Caroline, er habe vor, sie im Keller des Hauses zu behalten, damit auch seine Freunde sie benutzen könnten. Wenn die mit ihr fertig seien, würde sie getötet und ihre Leiche unter dem Straßenpflaster von Gloucester begraben werden, wo bereits Hunderte von Mädchen lägen, die die Polizei nie finden würde.

Caroline erinnerte sich, daß die Wests sie gefesselt und geknebelt hatten, bevor sie schlafen gingen; am Morgen habe jemand an der Tür geklopft, und sie hatte versucht, durch Geräusche auf sich aufmerksam zu machen. Rosemary habe ihr daraufhin so lange ein Kopfkissen aufs Gesicht gepreßt, bis sie, halb erstickt, ihren Widerstand aufgab. Als der Besucher das Haus wieder verließ, ging Rosemary nach oben, um nach den Kindern zu schauen; währenddessen legte sich Fred auf Caroline und vergewaltigte sie einige Minuten lang, ohne zu ejakulieren.

Caroline zufolge beschwor er sie, seiner Frau nichts davon zu sagen, weil sie sonst sehr böse würde. Er behauptete, die Entführung sei zu Rosemarys Vergnügen geschehen, weil sich ihre lesbischen Neigungen verstärkten, wenn sie schwanger sei; außerdem habe sie unbedingt Caroline gewollt.

Als Rosemary zurückkam, ließ sie Caroline ein Bad nehmen und brachte sie dann wieder ins Schlafzimmer. Die Wests verlangten, daß sie versprach zurückzukommen und bei ihnen zu wohnen, wenn sie sie gehen ließen. Wenn sie es nicht täte, würden sie sie finden und töten. Als Caroline einwilligte, forderten sie, daß sie den jüngeren Kindern beim Anziehen helfen solle; anschließend begleitete sie Rose zum Waschsalon. Und in dem Gedränge dort gelang es Caroline zu fliehen.

Sie hatte einen schweren Schock und ging zu einer Freundin, statt gleich zur Polizei. Zunächst brachte sie es nicht über sich, ihrer Mutter und ihrem Stiefvater zu erzählen, was geschehen war. Endlich wurde die Polizei doch noch verständigt; die Aufschürfungen durch das Seil an ihren Handgelenken, die Striemen an den Beinen und die Schnittwunden und Prellungen im Gesicht wurden fotografiert.

Nachdem ich die Aussage gelesen hatte, blätterte ich auf der Suche nach dem Ende des Falles durch die Aktenmappe, während Bennett und Moore schweigend dasaßen und auf meine Reaktion warteten. Die Alarmglocken in meinem Kopf klingelten nun infernalisch laut.

Die beiden Wests waren damals verhaftet und verhört worden,

hatten jedoch alles abgestritten. Am Ende waren sie einverstanden, sich unzüchtiger Handlungen und Körperverletzung schuldig zu bekennen, wenn Caroline die Klage wegen Vergewaltigung fallenließ. Damit würde sie auch der Notwendigkeit entgehen, vor Gericht über ihre Tortur auszusagen.

Es war unglaublich, doch dieser Fall war am 12. Januar 1973 in der ersten Instanz vom Gericht von Gloucester als geringfügiges Delikt abgehandelt worden. Fred und Rosemary bekannten sich in den unwichtigeren Anklagepunkten schuldig und erhielten eine Geldstrafe von je 25 Pfund pro Anklagepunkt. Rosemary erklärte, daß sie schwanger sei. Was das sexuelle Gewaltverbrechen betraf, so bemerkte sie: »Ich weiß nicht, warum ich's getan habe, es ist einfach so passiert.«

Meine ungläubige Miene entging Bennett nicht.

»Fragen Sie mich nicht nach einer Erklärung«, sagte er. »Ich bezweifle, daß es jemanden gibt, der das erklären könnte.«

Ein Stockwerk tiefer wurde Frederick West weiterhin verhört. Er war ein kleiner Mann mit lockigem Haar und Koteletten; er trug einen blauen Cardigan, ein Hemd mit offenem Kragen, ein T-Shirt und eine graue Hose. Es war dieselbe Kleidung, die er getragen hatte, als ihn die Polizei in der Woche zuvor in der Cromwell Street abgeholt hatte. Beim Verhör erwies er sich als schwieriger Zeitgenosse. Bennett bat mich, die Vernehmungsbeamten zu beraten und Strategien mit ihnen zu erörtern, wie sie die Wahrheit ans Licht bringen könnten.

Unmittelbar nach seiner Verhaftung hatte er behauptet, daß die Polizei bei der Hausdurchsuchung nichts finden würde. Als man ihm dann klarmachte, daß Polizisten seine Terrasse aufrissen – und die Aufdeckung seiner Lügen somit bevorstand –, gab er es schließlich zu. »Nein, sie [Heather] liegt nicht unter der Terrasse, sie liegt im Garten.« Kurz danach wurde er wieder zu seinem Haus gefahren, wo er auf zwei Stellen im Garten zeigte, an denen weitere Leichen lägen.

Der Tod sei in beiden Fällen ein unglücklicher Zufall gewesen. Er hatte sich mit Heather gestritten, weil sie sich dumm benahm. Deshalb habe er auf väterliche Art versucht, sie zur Vernunft zu bringen. Doch plötzlich entdeckte er, daß sie vor seinen Augen gestorben war. Rosemary wäre deshalb außer sich geraten, daher habe er Heather nach oben ins Badezimmer getragen, um sie zu zerstückeln. Er bewahrte die Teile im Keller auf und begrub sie später im Garten.

Die übrigen Todesfälle waren genauso unglücklich verlaufen. Ihre 18jährige Untermieterin Shirley Robinson war von Fred geschwängert worden und machte Ärger. Als er sie zur Vernunft bringen wollte, hatte er plötzlich wieder eine tote Frau am Hals. Das dritte Mädchen war anscheinend eine Freundin von Shirley, die nach Shirley gesucht hatte. West habe nach eigener Aussage wirklich keine andere Wahl gehabt, als sie zu töten.

»Natürlich«, kommentierte Moore, »er ist wirklich ein Pechvogel, dieser Fred. Ihm sterben die Frauen einfach so weg, und da hat er die Idee, die Leichen in Stücke zu schneiden und zu begraben, anstatt jemandem was davon zu sagen.«

Bei Durchsicht der Vernehmungsprotokolle wurde mir klar, daß Moore die Sache ziemlich genau auf den Punkt gebracht hatte. West war ständig bemüht, seine Verantwortung auf ein Minimum zu reduzieren. Nicht ungewöhnlich. Schließlich versuchen die meisten Mörder, ihren Anteil an einem Mord eher zu vertuschen, als ihr Verbrechen voll und ganz zuzugeben.

Für die Polizei stellte sich der Sachverhalt relativ unkompliziert dar. Drei junge Frauen waren von Mr. West ermordet worden, der behauptete, allein gehandelt zu haben. Seine Ehefrau war nur gegen Kaution freigelassen worden, weil die Polizei überzeugt war, daß Rosemary höchstens eine Komplizin war oder ihren Mann deckte. Die Frage lautete nicht, ob es noch weitere Opfer gab – die Ermittlungen galten voll und ganz Fred und den Leichen der drei Mädchen in seinem Garten.

Spätabends lernte ich Detective Constable Hazel Savage und Detective Sergeant Phil Onions kennen, die die Vernehmungen führten. Bennett und Moore machten uns miteinander bekannt; wir zogen uns in einer großen, leeren Polizeikantine Stühle an einen Tisch mit Resopalplatten. Nur zwei der zwölf Neonröhren brannten; sie warfen fahle Flecken in die Dunkelheit.

Hazel Savage war Ende Vierzig, hatte kurzes, dunkles Haar und trug eine dicke Brille. Sie wirkte ungemein ernsthaft; ich sah eine Frau vor mir, die wahrscheinlich ihr gesamtes berufliches Leben dem Polizeidienst gewidmet hatte.

Wie Bennett mir auf dem Weg zur Kantine erklärt hatte, war es in erster Linie Hazel zu verdanken, daß es überhaupt zu den Grabungen gekommen war. Sie hatte daran mitgewirkt, die Anklage gegen die Wests wegen Mißbrauchs der eigenen Kinder aufzubauen, und danach die Familie weiter im Auge behalten. Sie hatte als erste Fragen nach Heathers Verbleib gestellt und die Suche nach dem Teenager aufgenommen. Sie hatte in Datenbanken geforscht, mit Freundinnen und Freunden gesprochen und sich mit Heathers Geschwistern angefreundet. Als einer die Vermutung äußerte, daß Heather im Garten begraben lag, verstärkte Hazel die Nachforschungen und überzeugte ihre Vorgesetzten von der Notwendigkeit eines Durchsuchungsbefehls.

Als wir beisammensaßen und die Einzelheiten durchgingen, war ich von Hazels detaillierten Kenntnissen beeindruckt. Das überstieg das Engagement, das ich normalerweise von Polizisten kannte, bei weitem; so etwas erwartete ich eher bei einer Sozialarbeiterin, die sich wochen- oder monatelang um die Familie kümmert. Nun wußte ich, warum die Dossiers so viele Informationen über die Familie enthielten.

Hazel griff häufig in Gespräche ein und kommentierte nicht nur die Fakten, sondern erläuterte auch, wie die Kinder auf die Geschehnisse reagierten und ob sie sich vor den Eltern fürchteten. Solche Einschätzungen findet man bei Polizistinnen und Polizisten selten; sie verrieten Hazels außerordentliche persönliche Anteilnahme. Ich merkte ihr allerdings auch eine gewisse Unsicherheit an, über deren Ursprung ich mir nur nicht ganz klar wurde. Doch selbst wenn ein solches persönliches Engagement für diesen Fall nicht unbedingt falsch war, konnte es doch Probleme aufwerfen.

»Was können Sie mir noch über Mr. und Mrs. West sagen?« fragte ich, da es mir auf feine Nuancen und subtile Schattierungen ankam, die mehr enthüllen würden.

»Er ist ein komischer Typ«, sagte Moore.

»Was soll das heißen?«

»Er ist mehr als glücklich, wenn Rose mit anderen Männern Verkehr hat.«

»Im obersten Stock gibt es ein Schlafzimmer, das wie eine Hochzeitssuite eingerichtet ist«, ergänzte Hazel, »und dort steht ein eigens geschnitztes Himmelbett. In das Zimmer nahm Rose ihre Männer mit. Alle, die Fred heimgebracht hat.«

»Heimgebracht hat?«

»Es handelt sich quasi um Prostitution«, sagte Bennett.

Hazel erläuterte: »Fred hat hier in den Pubs Männer aufgegabelt und sie nach Hause mitgenommen. Im ersten Stock befindet sich ein Zimmer, das sieht aus wie der Salon eines Bordells. Alles ist mit rotem Samt ausstaffiert, und es gibt eine maßgeschreinerte Bar. Fred bringt den Typ herein, schenkt ihm einen Drink ein, man kommt ins Plaudern, und dann holt Rose sich den Kerl nach oben ins Himmelbett.«

»Und Fred«, ergänzte Moore, »hört im Nebenraum alles mit. Wir haben Videos, Abhörgeräte und selbstgedrehte Pornobänder gefunden.«

»Das ist noch nicht alles«, sagte Hazel und warf John Bennett einen Blick zu. »Rose verlangte, daß die Männer Kondome benutzten. Das Sperma hat sie aufbewahrt und dann gemeinsam mit Fred ihren Töchtern eingeführt, um sie zu schwängern.«

»Wieder diese genetischen Theorien«, kommentierte Bennett und zog die Augenbrauen hoch.

Im weiteren schilderten sie, wie in den siebziger Jahren im Haus Cromwell Street 25 eine Pension entstand. Die beiden oberen Stockwerke wurden in billige möblierte Zimmer umgewandelt; West annoncierte in Lokalzeitungen und im Aushang des Sozialamts. Man ging davon aus, daß hier Dutzende von Teenagern und jungen Leute für jeweils kurze Zeit gewohnt haben.

Zur selben Zeit begann auch Rosemary West, für ihre Dienste zu werben. Bei Anzeigen in Sexkontaktzeitschriften verwendete sie den Namen »Mandy Mouse«.

Begreiflicherweise war die Polizei angesichts der Todesfälle auf der einen und auf den sexuellen Gewaltakten auf der anderen Seite der Ansicht, daß sie da zwei völlig getrennte Aktivitäten und Verhaltensweisen der Wests schilderten; ich betrachtete sie jedoch als durchaus zusammenhängend. Ich erkannte durchgehend tiefe Verderbtheit und sexuelle Abweichungen, und mir war klar: So fürchterlich die Situation im Moment auch aussehen mochte, die Realität würde noch viel schlimmer sein.

Die drei Frauen, deren Leichen im Garten lagen, waren vielleicht aus praktischen Gründen umgebracht worden – weil sie den Wests im Wege gestanden oder Probleme verursacht hatten. Aber eine Leiche zu zerstückeln, um Fleisch und Sehnen durchzuschneiden und die Gelenke zu überdehnen, bis sie brechen und sich vom Körper trennen – das war das Werk einer ganz und gar anomalen Person.

Wir hatten es hier mit einem Mann zu tun, der einen entspannten, ja sogar leicht blasierten Eindruck machte, als er zugab, daß eben diese Dinge geschehen waren. Es war ein Mann, der zusammen mit seiner Frau eine lange Geschichte sexueller Gewalttätigkeiten hinter sich hatte – unter anderem gab es im Jahre 1972 Beschuldigungen wegen Entführung und Vergewaltigung, Sadismus, Fesselung, sexueller Folter, körperlichen Mißbrauchs und Morddrohungen. Zwanzig Jahre später hatten wir Beweise von schwerer Sexualdevianz, bei der systematisch die eigenen Kinder mißbraucht wurden. In der Zwischenzeit waren zwei Frauen umgebracht und zerstückelt worden.

Mir wurde flau im Magen, wie jedesmal, wenn ich einer Geschichte mit derartigen Merkmalen gegenüberstehe, weil ich weiß, daß es böse Neuigkeiten für Familien und sehr viel Arbeit für die Polizei geben wird.

»Womit haben wir es zu tun?« fragte Bennett. Alle Augen richteten sich auf mich.

»Was Sie da vor sich sehen, sind Indizien einer unersättlichen, sadistischen sexuellen Psychopathie«, sagte ich. »Ich erlebe das nicht zum erstenmal und habe schon oft klinisch damit zu tun gehabt, doch dieser Fall hat ein besonders furchtbares Merkmal. Hier liegt eine doppelte, eine vereinte Verderbtheit vor – die Energien von Ehemann und Ehefrau laden einander wechselseitig auf, einer rechtfertigt die Taten des anderen. Es sind hier beide beteiligt, und zwar als gleichwertige Partner. Sie haben nicht einfach nur getötet, um einem Menschen das Leben zu nehmen, für sie waren die Opfer Spielzeuge, die gefoltert und mißbraucht wurden.«

Ich fuhr fort und erklärte die fortschreitende Entwicklung, die 1972 zunächst mit dem Angriff auf Caroline Owens deutlich wurde und nun, zwanzig Jahre später, als noch viel raffiniertere sexuelle Verderbtheit im Mißbrauch der eigenen Kinder auftrat. Es war ausgeschlossen, daß in der Zwischenzeit alles ruhig und still geblieben war; so läuft das in solchen Fällen nicht. Frederick West war ja nicht eines Morgens aufgewacht, um plötzlich zu entdecken, daß er ein sexueller Psychopath war. So etwas fängt früh in einem Leben an, und es hört nicht auf, bis es am Ende des vierten oder fünften Lebensjahrzehnts ausbrennt – falls es überhaupt ausbrennt –, oder bis der Psychopath erwischt ist.

»Was hat das nun genau zu bedeuten?« fragte Bennett.

»Ich meine damit, daß Sie es mit mehrfachen Mördern zu tun

haben – mit Personen, die heutzutage Serienkiller genannt werden. Sie haben bisher erst drei ihrer Opfer gefunden.«

Bennett ergriff als erster das Wort, nachdem allen klargeworden war, was das bedeutete.

»Ich will es unmißverständlich ausdrücken. Es gibt im ganzen Land Mädchen, die vermißt werden; Familien, die ihre Kinder seit Jahren nicht mehr gesehen haben. Wenn diese Sache an die Öffentlichkeit dringt, werden all diese Familien sich fragen . . .«

Ich war mir der Konsequenzen nur zu schmerzlich bewußt. Da würden Wunden der betroffenen Eltern und Angehörigen von neuem geöffnet, die nie mehr geheilt würden. Wenn einer Familie offiziell erklärt und bestätigt wird, daß ihre Tochter einem Mord zum Opfer gefallen ist, dann ist die Ungewißheit zu Ende. Wenn das aber nicht erklärt werden kann, dann enden die Qualen nie, und die Familien beginnen darüber zu spekulieren, was eventuell geschehen sein könnte. In diesem einen Fall aber hätten sie sich die grausige Realität nie und nimmer vorstellen können.

»Aber wo sind sie?« fragte Moore. »Wo sind diese anderen Opfer?«

»Überall, wo er gelebt hat. Überall, wo er gearbeitet hat«, antwortete ich. »Manchmal machen sexualpsychopathische Mörder es sich leicht mit der Beseitigung der Leichen – manche lassen sie in Straßengräben liegen, andere werfen sie in Flüsse, wieder andere begraben sie. Die beiden Wests kümmerten sich um sie – sie behielten sie ganz in ihrer Nähe.«

»Deshalb hat er also den Garten hinterm Haus ausgesucht?«

»Nicht unbedingt«, erwiderte ich. »Den Garten hat er deshalb benutzt, weil das Haus schon voll war. Sie sollten das Haus auseinandernehmen, Zentimeter für Zentimeter, die Fußböden, die Mauern, das Dach. Ich bin sicher, daß Sie dort noch mehr Leichen entdecken werden.«

Sie stellten mir immer neue Fragen, und ich bemühte mich, ihnen eine Erklärung zu liefern; ich war mir jedoch bewußt, daß sie nicht erschöpfend sein konnte, bis ich mehr über Rosemary und Frederick West und das Wesen ihrer Beziehung erfuhr. Ich erläuterte, daß sich ihre Sexualität auf eine Art und Weise entwickelt haben mußte, die eine starke sexuelle Begierde mit Aggression und Herrschaftswünschen vermischte. »Sie beziehen Lust aus dem Schmerz und aus der panischen Angst, die sie ihren Opfern einflößen. Das bedeutet ihnen viel mehr als jeder Geschlechtsakt und jede sexuelle Vereinigung, die übrigens zwischen ihnen vielleicht nie vorkommt. Sie ist nicht essentiell«, sagte ich.

»Sind die Opfer gequält worden?« wollte Bennett wissen.

»Mit ziemlicher Sicherheit.«

Er atmete aus, schloß – fast – die Augen zu und lehnte sich zurück.

»Wieso wollen Sie das so genau wissen?«

»Sie haben es mit Leuten zu tun, für die die Grenzen des von Ihnen und mir als üblich empfundenen Geschlechtslebens seit langem aufgelöst sind. Für sie ist genug nie genug. Diesen Menschen bereitet sogar die Zerstückelung von Leichen Vergnügen.«

»Da wird die Presse sich aber freuen«, meinte Moore.

»Nein, wird sie nicht«, korrigierte Bennett. »Diese Sache bleibt unterm Deckel.«

Als erstes mußte eine Vernehmungsstrategie entwickelt werden, die Frederick West dazu brachte, frei zu reden und, hoffentlich, zu enthüllen, wie es zu alldem gekommen war. Ich erkundigte mich beim Ermittlungsteam, wie West bisher reagiert hatte – kämpfte er gegen sie an, weigerte er sich zu reden, oder gab er nur dann etwas zu, wenn er wußte, daß die Wahrheit herauskommen würde? Prahlte er mit seinen Heldentaten und betrachtete er sich als einen einmaligen Menschen, wie sie noch keinem begegnet waren?

»Eigentlich ist er recht freundlich«, sagte Hazel. »Er möchte, daß man ihn gern hat. Wenn er glaubt, daß es für ihn gut läuft, scheint er sich zu amüsieren.«

»Die physische Seite scheint ihm wenig anzuhaben«, ergänzte Phil Onions, »er ist nicht sehr betroffen von den grausigen Details, die er hört. Er möchte nicht darüber reden.«

»Er gibt nichts zu«, unterbrach Hazel, »obwohl er immer behauptet, daß er uns keine Lügen erzählt – nicht direkt jedenfalls. Als wir ihn z. B. fragten, ob Heather unter der Terrasse liege, stritt er es immer wieder ab. Als ihm dann aber aufging, daß wir weitergraben würden, bis wir ihre Leiche fanden, da hat er gesagt: ›O.k., wenn das so ist. Sie liegt nicht unter der Terrasse, sondern im Garten.‹ Weil er nicht wollte, daß wir ihn beim Lügen erwischen.«

Das ist eines der typischen Merkmale, mit denen ich gerechnet hatte.

»Sie müssen verstehen, daß Frederick West ein Mensch ist, der gar nicht wünscht, sich von der Sache zu befreien«, erklärte ich. »Es ist ihm gelungen, mit der Polizei fertigzuwerden und sie über all die vielen Jahre von sich fernzuhalten. Er gilt als angenehmer, fast onkelhafter Typ, der ein bißchen verloren und verwirrt ist. Er redet offenbar mühelos und gern und genießt es, Zuhörer zu haben. Er möchte geachtet und geschätzt werden. Er würde nie von sich sagen: ›Ich bin ein verderbter, sadistischer Sexualmörder. Es gibt nichts, was mir mehr Freude macht, als Frauen zu fangen und sie zu quälen.‹

West ist kein intelligenter Mensch. Er ist aber auch nicht dumm. Er hat jahrelang gemordet und bereits mit der Justiz Erfahrungen gemacht. Er weiß genau, was er getan hat; aber er weiß auch, daß die Leute, die ihn verhören, es nicht wissen und nie wissen werden.«

Ich gab den Ermittlern den Rat, ihn einfach reden zu lassen. Wenn er einmal anfinge, würde er weitersprechen, und selbst wenn er sich im Griff hätte und bestimmte Themen miede, würde er auf diese Weise Einzelheiten verraten, die für die Vorbereitung späterer Verhöre nützlich sein könnten.

Ich riet ihnen, sich auf offene Fragen zu konzentrieren, die West zu ausschweifenden Ergüssen veranlassen würden. Sie sollten sich nicht angeekelt oder schockiert zeigen und ihn auf keinen Fall moralisch verurteilen. »Sie dürfen ihm Ihre Zweifel zu erkennen geben, allerdings nicht auf abschätzige Art und Weise. Er muß begreifen und akzeptieren, daß Sie an ihm persönlich interessiert sind und ihn gern verstehen möchten.«

Daß es sich dabei um einen langen Prozeß handeln würde, war mir völlig klar. Da gab es Schichten, die freigelegt werden mußten und dann hoffentlich nicht nur offenbarten, was im Haus Cromwell Street 25 passiert war, sondern auch ganz woanders, was über all die Jahre in Freds Leben vorgegangen war und ihn soweit gebracht hatte.

Es war schon nach 22 Uhr, als ich die Polizeistation in Gloucester mit meinen Notizen und weiterem Material unter dem Arm verließ. Sicherlich, da gab es immer noch sehr viel, was wir über Rosemary und Frederick West in Erfahrung bringen mußten, doch eins war mir nur allzu klar: Großbritannien war zufällig auf ein neues Paar von Serienkillern gestoßen, und die wichtigste Frage war nicht, warum oder wo sie wen umgebracht hatten, sondern – wie viele?

17

Mickey Banks brachte die Fahndungsmeldung auch ins Fernsehen, um die Morde von Plumstead bekannt zu machen und einen Durchbruch zu erzielen. Die Ermittlungen waren auch deshalb besonders schwierig, weil Samantha einen großen Freundes- und Bekanntenkreis hatte, dessen Mitglieder ein ziemlich unkonventionelles Leben führten und daher nicht leicht aufgespürt werden konnten.

Obwohl Banks und sein Team überzeugt waren, daß sie nach einem Mörder und Seriensexualverbrecher fahndeten, der Samantha unbekannt war, durften sie sich nicht einfach auf das psychologische Täterprofil verlassen und die herkömmlichen Methoden außer acht lassen, wie beispielsweise das Forschen nach Liebhabern, die den Laufpaß bekommen hatten, nach früheren Freunden oder Familienfehden. Alle üblichen Ermittlungswege und Mordmotive mußten berücksichtigt werden, um eventuelle Vorwürfe zu parieren, die Polizei habe sich auf einen ganz bestimmten Verdächtigen oder Typ von Verdächtigen fixiert und andere wichtige Spuren vernachlässigt.

Die meisten ihrer Freundinnen und Freunde kannte Samantha über den Kindergarten und kirchliche Gruppen; sie hatte aber auch nach wie vor Kontakt zu Menschen aus ihrer Vergangenheit, die nicht so seßhaft waren und in leerstehenden Häusern, möblierten Zimmern oder in Wohnwagen lebten. Nur schwer waren auch die Männer aufzuspüren, die sie über Kontaktadressen in Zeitschriften kennengelernt hatte, die häufig mit Anrufbeantworter arbeiteten, dessen Standardbotschaft die Leute aufforderte, eine andere Nummer anzuwählen und dort ihre Angaben zu hinterlassen. Diese Nummern wurden ständig geändert und die Kassetten nie aufbewahrt. Trotzdem gelang es der Polizei, Zeugenaussagen von mehr als hundert Personen dieser Kategorie zu bekommen und damit tausend andere als unverdächtig auszuschließen.

Samantha hatte Kontakte geknüpft, die wohl in Richtung Prostitution deuteten, und das hieß, daß jeder dieser Männer verdächtig sein konnte. Aufgrund ihrer unbekümmerten Lebensweise und ihrer Vergangenheit war sie mit Sicherheit von vielen Männern als Frau betrachtet worden, die leicht aufzureißen war.

Banks hatte wegen einer Rekonstruktion des Falles mit *Crimewatch UK* gesprochen. Die erste Reaktion der BBC war zurückhaltend gewesen. Die Produzenten der Sendung waren der Meinung, daß es nicht genügend Details gab, um ein konkretes Bild von den Ereignissen zu erstellen. Das ist der Nachteil bei einem so erfolgreichen Programm – am Anfang waren die Redakteure von *Crimewatch UK* für jeden Fall dankbar, den die Polizei ihnen vorschlug; inzwischen konnten sie sich aus einem reichen Angebot aussuchen, über welches Verbrechen sie berichten wollten.

Die Vorteile einer guten Fernsehrekonstruktion des Falles lagen jedoch auf der Hand, vor allem um Aufmerksamkeit bei der Bevölkerung im Südosten Londons und der Presse zu wecken. In diesem Stadtteil – der näheren Umgebung des Tatorts – mußte der Mörder wohnen. Mickey Banks ließ den Produzenten der Sendung keine Ruhe; er zeigte ihnen mein Täterprofil, das schließlich ihr Interesse weckte. Sie entschlossen sich zu einer umfassenden Darstellung, allerdings unter der Bedingung, daß ich mich bereit erklärte, in der Sendung aufzutreten.

»Mir ist nie wohl bei solchen Dingen«, sagte ich.

»Wenn Sie ablehnen«, sagte Banks, »ist die Sendung gestorben.«

»Die Fernsehleute stellen sich das vermutlich so vor, daß ich direkt an den Mörder appelliere, aber ich sehe nicht, was das bringen soll. Wir können doch gar nicht wissen, ob er sich das Programm anschauen wird. Ehrlich gesagt, halte ich die Wahrscheinlichkeit, daß so etwas zur Aufdeckung führt, für ziemlich gering.«

»Für wie gering?« fragte Banks.

»Höchstens zehn oder fünfzehn Prozent.«

»Das sind immerhin fünfzehn Prozent mehr, als wir zur Zeit haben. Was mich persönlich angeht, so bin ich zu allem bereit, um den Mistkerl zu fangen. Ich kann Sie natürlich nicht zwingen, aber ich möchte Sie sehr ernsthaft bitten, zuzustimmen.«

Wie hätte ich da ablehnen können?

Ich hatte in der Vergangenheit an Drehbuchvorlagen für *Crimewatch* mitgearbeitet – auch im Mordfall Julie Dart –, es aber immer geschafft, daß ich nicht persönlich in Erscheinung treten mußte. Nicht, daß ich etwas gegen das Programm hätte – es leistet gute, sachgemäße Arbeit, und die Darstellungen glorifizieren weder das Verbrechen noch geben sie Kriminellen praktische Anleitungen – es ist nur so, daß ich mich in der Rolle eines sprechenden Kopfes auf dem Bildschirm nicht wohl fühle.

Die Produzenten wünschten, daß ich in der Sendung eine Aufschlüsselung meines Täterprofils lieferte; dagegen machte ich erfolgreich geltend, daß die Information durch Mickey Banks als dem Einsatzleiter bekanntgemacht werden sollte. Dabei sollten gewisse Einzelheiten unerwähnt bleiben, insbesondere alles, was darauf hindeutete, daß Samantha im Randbereich zur Prostitution gearbeitet oder gelebt hatte. So etwas hätte Mitgefühl und Mitleid der Öffentlichkeit für Samantha mindern und die Leute davon abhalten können, in der Einsatzzentrale der Polizei oder bei den extra eingerichteten Telefonnummern des Fernsehstudios anzurufen. Gleichzeitig mußten wir jedoch darauf achten, die Öffentlichkeit nicht auf die falsche Fährte zu führen und wichtige Aspekte anzugeben, die zur Ergreifung des Mörders beitragen könnten.

Mir war auch klar, daß ich ihn eventuell zu weiteren Taten provozierte, wenn ich ihn als eine Art Ungeheuer darstellen würde. Es war essentiell, weder Wut noch Ekel zu zeigen und keine abschätzigen Bemerkungen zu machen. Denn das würde seine Auffassung stärken, daß die Welt ihn nicht anerkennt, und zudem verhindern, daß Leute mit wichtigen Informationen anriefen. Die Menschen aus der Umgebung des Mörders – Arbeitskollegen, Hausmitbewohner usw. – würden ihn nämlich nicht als Ungeheuer betrachten. Stellte man ihn als Monster dar, würden sie sich sagen, daß die Polizei nach jemand anderem fahndete.

Die Sendung wurde am Dienstag, dem 8. Februar 1994, ausgestrahlt. Sehr ähnlich aussehende Schauspielerinnen und Schauspieler stellten den letzten Abschnitt im Leben von Samantha und Jazmine nach, und es wurde ein Videofilm mit Mutter und Tochter am Strand gezeigt.

Ein Taxifahrer, der sie in der Woche der Morde vom Kindergarten nach Hause gefahren hatte, berichtete von Samanthas Sorge, als sie vor den Wohnblocks in Heathfield Terrace einen geparkten gelben Kombi sah. An diesen Kombi erinnerten sich auch einige andere Zeugen. Sie erwähnten, zwei Männer und ein Hund seien in dem Wagen gewesen; nach Meinung der Polizei standen sie mit Samantha in Verbindung, wenngleich Samantha sie gegenüber niemandem erwähnt hatte.

Zwei Personen, die in der Mordnacht beobachtet worden waren, hatten in der filmischen Rekonstruktion nicht mehr berücksichtigt werden können. Es handelte sich um einen Mann, der die Straße überquerte und um 22.15 Uhr auf Samanthas Haus zuging; der andere, dessen Anwesenheit erst kurz zuvor ans Licht gekommen war, lungerte um 19.30 Uhr in der Gegend herum und war auch am Mittwochabend der Woche zuvor dort gesehen worden.

Mickey Banks gab eine Beschreibung der beiden Männer und fragte anschließend die Zuschauer: »Haben Sie Samantha gekannt? Oder haben Sie auf eine ihrer Annoncen geantwortet? Wissen Sie, wer die Männer im Kombi sind? Erkennen Sie das Phantombild des Freundes vom Sommer? Haben Sie einen der beiden beschriebenen Männer in der Mordnacht gesehen?«

Er gab – erstmals öffentlich – bekannt, daß Jazmine vergewaltigt worden war. »Ich appelliere an alle, die die dafür verantwortliche Person eventuell zu kennen meinen, uns bei dieser Mordermittlung zu unterstützen. Ich hoffe, daß sie sich mit uns in Verbindung setzen, wenn ihnen einmal bewußt geworden ist, was diesem armen Kind, einem wehrlosen kleinen Mädchen von vier Jahren, passiert ist.«

Danach kam Nick Ross, der Moderator der Sendung, auf das Täterprofil zu sprechen und fragte mich, was ich von dem für die Tat verantwortlichen Mann wußte.

Ich antwortete: »Was ihm während der Morde durch den Kopf ging, wissen wir meines Erachtens ziemlich gut. Ich würde jedoch gern von ihm erfahren, wie er auf den Weg gekommen ist, der schließlich dazu führte, Samantha umzubringen. Und ich würde auch gern wissen, warum es notwendig war, auch dem Kind Schaden zuzufügen.»

Crimewatch UK wird in zwei Teilen gesendet, zuerst die Rekonstruktion der Tat am früheren Abend und ein paar Stunden später dann die Fortsetzung, um die Zuschauer über die eingegangenen Telefonanrufe zu informieren. Während der Pause notierte ich auf einem Stück Papier ein paar Sätze, mit denen ich mich unmittelbar an den Mörder wenden wollte. Die Kameras liefen; Mickey Banks appellierte ein zweites Mal an die Personen, die Informationen beizutragen hatten, sich zu melden. Dann richtete man die Kamera auf mich.

»Seinen Namen kenne ich nicht. Ich weiß nicht, wo er wohnt. Ich verstehe jedoch zum Teil, was er empfindet. Ich verstehe die Befriedigung und die Aufregung, die er aus dem Zustand bezog, in dem er Samantha und Jazmine zurückgelassen hatte. Und manchmal mag ihm bewußt werden, daß das, was er da getan hat, so nicht für immer weitergehen kann, und ich wäre froh, wenn er mich anriefe und mir davon erzählte.«

Wie erwartet, meldete er sich nicht; es meldeten sich aber Leute, die auf Samanthas Kontaktanzeigen geantwortet hatten. Jeder neue Hinweis mußte überprüft, jedes Alibi durchleuchtet werden. Die Presse begann, wie erhofft, die Geschichte aufzugreifen, Banks gab ihr weitere Details des Täterprofils.

Am 23. Februar erklärte er dem *London Evening Standard*: »Wir suchen jemanden, der unser aller Nachbar sein könnte. Er ist wahrscheinlich selbstbewußt, und er hat Arbeit. Unseres Wissens geht es ihm nicht darum, Aufmerksamkeit zu erregen oder berühmt zu werden, obwohl es ihn interessiert, welchen Eindruck er auf andere Menschen macht. Er bereut seine Taten nicht. Wahrscheinlich gibt es bei ihm eine Vorgeschichte von aggressivem Verhalten gegenüber Frauen. Falls er eine Beziehung hat, so ist sie vermutlich kein Erfolg. Er wird Probleme mit Frauen von starker Persönlichkeit haben.«

Banks, der bereits viele Mordfälle erlebt hatte, bekannte, daß dieser Fall menschlich schwer zu verkraften sei. »Was mich anwidert, ist der sexuelle Mißbrauch des kleinen Mädchens. Ob auch Samantha sexuell mißhandelt wurde, ist uns wegen der besonderen Art ihrer Verstümmelung nicht bekannt; wir setzen unsere Untersuchungen fort.«

Vom Ermittlungsteam hörte ich nach der Sendung von *Crimewatch UK* drei Monate lang nichts mehr; ich war glücklich, mich wieder meiner Arbeit beim National Health Service zuwenden zu können, und war ja außerdem noch mit der Suche nach weiteren Leichen an der Cromwell Street sowie den Vorbereitungen für den Nickell-Prozeß befaßt.

»Ich glaube, wir haben ihn«, meldete sich dann Mickey Banks, und ich konnte mir vorstellen, wie er triumphierend mit den Fäusten in die Luft boxte.

»Wirklich?«

»Seine Fingerabdrücke in der Wohnung – wir hatten gedacht, daß es dort keine gebe, aber dann haben wir doch Abdrücke entdeckt, und sie stimmen überein. Robert Clive Napper, 28 Jahre alt. Arbeitet in einer Kunststoffabrik am Ort und ist in der Gegend aufgewachsen. Das ist vielleicht eine Nummer.«

»Was für eine Nummer?« fragte ich.

»Genau darüber möchte ich mich mit Ihnen unterhalten. Wir haben ihn auch mit einer Serie von Vergewaltigungen in Verbindung gebracht, und da gibt es ein paar Sachen, die ich Ihnen zeigen möchte, bevor wir ihn verhaften.«

Am nächsten Abend saß ich erneut im verrauchten, überfüllten Polizeirevier Thamesmead. Die Papierberge schienen noch höher geworden zu sein; neben den Schreibtischen im Einsatzraum lagen haufenweise Akten und Aussagen. Anscheinend hatte am Morgen der Fotokopierer den Geist aufgegeben.

Als sich die Bürotür hinter Banks schloß, zündete er sich eine Zigarette an und legte sofort los.

»Paul, Sie haben ihn genau getroffen. Er entspricht dem Täterprofil. Einschließlich der Vorgeschichte. Wir denken, daß er außerdem für eine Serie von Vergewaltigungen verantwortlich ist. Die Vergewaltigungen von Ecclestone. Die kennen Sie doch, nicht wahr?«

»Die Green-Chain-Vergewaltigungen? Sind Sie sicher?«

»Wir werden verdammt sicher sein, wenn wir die DNS-Tests durchführen.«

Damit war es für mich noch wichtiger geworden, soviel wie eben möglich über Robert Napper in Erfahrung zu bringen. Falls er für die Green-Chain-Vergewaltigungen verantwortlich war, dann wollte ich unbedingt herausfinden, warum man so lange gebraucht hatte, um ihn zu identifizieren. Diese Vergewaltigungen waren nämlich mehr als zwölf Monate vor den Morden am Samantha und Jazmine geschehen, und der Täter hatte sich wenig um die eigene Sicherheit geschert.

Napper war aufgrund von mehreren Finger- und Handballenabdrücken identifiziert worden, die am Tatort gefunden, ursprünglich jedoch Samantha zugeschrieben worden waren. Zu dieser Verwechslung war es gekommen, weil die ersten Fingerabdrücke von Samantha, die der Leiche abgenommen worden waren, nicht sehr gut waren, und im übrigen wiesen ihre Abdrükke ganz außergewöhnliche Merkmale auf, die denen Nappers sehr ähnlich waren.

So hatte man Abdrücke am Türrahmen des Schlafzimmers, am Geländer des Balkons und am Pfosten von Jazmines Bett zunächst für Abdrücke von Samantha gehalten. Daß diese Abdrücke statt dessen Robert Nappers waren, stellte sich erst später heraus, als dem Opfer zur Überprüfung eine zweite Serie von Abdrücken abgenommen wurde.

»Er ist offenbar kein Freund oder Bekannter Samanthas gewesen«, sagte Banks. »Und die Abdrücke auf dem Balkon deuten darauf hin, daß da jemand in die Wohnung eingestiegen ist.«

Während er noch sprach, kamen mir Ähnlichkeiten mit dem Täterprofil in den Sinn, das ich für die »Operation Ecclestone«, und mit dem Persönlichkeitsprofil, das ich für die Ermittlungen in den Mordfällen von Plumstead erstellt hatte. Es gab Details, die übereinstimmten. Samanthas Wohnung lag fast am Südrand von Winns-Park; und nördlich davon, auf der anderen Seite des Parks, stand das Haus, in dem die erste Vergewaltigung stattgefunden hatte. Von beiden Frauen, Samantha und Jenny, war bekannt, daß sie sich zum Sonnenbaden in den Garten legten; Samantha lief halbnackt in ihrer Wohnung herum, ohne die Rollos herunterzuziehen. Beide Frauen ließen die Türen unverschlossen und wohnten in Häusern, wo man sie beobachten konnte, ohne damit Aufmerksamkeit zu erregen.

Was Napper anging, so hatten die Ermittler ihre Hausaufgaben gemacht. Banks hatte alle bekannten Fakten und Informationen über den Verdächtigen vor sich auf dem Schreibtisch – die sollte ich mir ansehen. Daß man Nappers Anwesenheit in der Wohnung in Heathfield Terrace belegen konnte, war kein Beweis, daß er Samantha und Jazmine ermordet hatte. Er könnte geltend machen, er sei ein Freund gewesen, und behaupten, in den Tagen vor dem Mord auf einen Besuch vorbeigekommen zu sein.

Napper wohnte in einem Zimmer in der Plumstead High Street zur Miete und war bei der Kunststoffabrik Glyndon Plastics in Thamesmead beschäftigt. Er war in dieser Gegend aufgewachsen und hatte die Gesamtschule Abbey Wood besucht, um nach seinem Abschluß auf eine Fachschule für das Gaststättengewerbe zu gehen.

Er hatte seither fast ununterbrochen Arbeit gehabt, die allerdings eher niedriger Art war; zur Zeit der früheren Vergewaltigungen war er Lagerarbeiter in einem Lager für Publikationen und Formulare des Verteidigungsministeriums. Er war pünktlich und tat seine Arbeit den Kollegen zufolge recht ordentlich, hielt sich jedoch abseits.

Der Polizei fiel er erstmals im August 1986 auf, weil er eine geladene Schußwaffe in der Öffentlichkeit trug. Er bekam eine Bewährungsstrafe und mußte 10 Pfund zahlen.

Das nächste Datum – der 29. Oktober 1997 – kam mir bekannt vor; es war der Tag, an dem ich das Persönlichkeitsprofil für die Ermittlungen im Fall der Ecclestone-Vergewaltigungen abschloß. Napper war in Plumstead verhaftet worden, nachdem er bei einem Drucker 50 Blatt von einem nachgemachten Briefbogen der Metropolitan Police (Greenwich) in Auftrag gegeben hatte. Der Drucker rief die Polizei an. Sie erwartete Napper, als er seine Bestellung abholen wollte. Bei der Durchsuchung seiner Wohnung wurden eine .22 Pistole, 244 Schuß Munition, zwei Messer, eine Standarmbrust und sechs Bolzen gefunden.

Napper bekannte sich schuldig, eine Feuerwaffe nebst Munition ohne Waffenschein zu besitzen, und wurde zu einer Gesamtstrafe von acht Wochen Freiheitsentzug verurteilt. Die Gerichtsakte enthielt mehrere Vermerke über seinen gestörten psychischen Zustand, und ein vor der Verurteilung angefordertes psychiatrisches Gutachten kam zu dem Schluß, daß Napper »zweifellos eine akute Gefahr sowohl für sich selbst als auch für die Öffentlichkeit« darstellte. Das war ein Jahr vor den Morden an Samantha und Jazmine Bissett gewesen!

»Wir haben noch Fotokopien von den Unterlagen der damaligen Ermittlungen«, sagte Banks. »Da haben die Kollegen aus seiner Wohnung wirklich sehr interessantes Zeug herausgeholt – Tagebücher, Briefe, Landkarten.«

Ich sah ihn an und versuchte, seine Gedanken zu lesen. Sollte Napper etwa auf diese Weise mit den Vergewaltigungsfällen in Zusammenhang gebracht worden sein, überlegte ich.

»Schauen Sie sich doch bitte die Unterlagen daraufhin an, ob sie zusätzliche Informationen über unseren Verdächtigen enthalten«, sagte Banks. »Ich lasse gern Kopien anfertigen, die Sie mit nach Hause nehmen können. Ich brauche aber sofort eine grobe Einschätzung.«

Es waren Fotokopien aus Taschenkalendern, handgezeichneten Landkarten, handschriftlichen Notizen auf alten Briefumschlägen und Zeitungsrändern sowie, noch viel wichtiger, ein Exemplar des Stadtführers *London von A bis Z*. Nappers Notizen schienen mir zuerst unverständlich; sie enthielten allerdings klare Hinweise auf seine dunklen Gedanken.

Auf den handgezeichneten Karten standen seltsame Ausdrücke und Wendungen, inklusive dem Hinweis »kleb Zellophan über die Beine«, der eine Form der Fesselung andeutete. Napper nannte außerdem Straßen und Koordinaten, die aus *London von A bis Z* stammten. In den Eintragungen seiner Taschenkalender erwähnte er mehrere Frauen; es gab jedoch keine Hinweise, daß es sich um feste Freundinnen oder überhaupt um Freundinnen handelte. Bei einem Namen standen eine Adresse und darunter die Worte »blöde, dreckige Hexe«.

Ich konnte auch Anzeichen von Verfolgungswahn entdecken. Zwischen Alltagsnotizen über Zahnarzttermine und Steuererklärungen erwähnte Napper Auseinandersetzungen mit anderen Leuten und seine Angst, daß seinem Essen etwas beigemischt worden sein könnte. Er glaubte, daß die Leute hinter seinem Rücken über ihn redeten und daß ihm immer alles schiefging.

Das faszinierendste und zugleich beunruhigendste Material waren jedoch die Stadtpläne. In dem Führer *London von A bis Z* waren manche Seiten mit dicken schwarzen Punkten markiert, die wichtige Sehenswürdigkeiten betonten; andere waren unterstrichen. Diese Zeichen waren größtenteils im Londoner Südosten auf die Stadtteile Plumstead, Woolwich, Bexley Heath, Eltham und Ecclestone konzentriert.

»Das stellt den Zusammenhang mit den Vergewaltigungen her, oder?« meinte ich zu Banks.

»Einige Zeichen decken sich mit den Tatorten, aber nicht alle«, gab er zu bedenken. »Die Zahl der Zeichen ist offensichtlich viel größer als die Zahl der Vergewaltigungen.«

Er berichtete mir, daß in dem Stadtplan die Mitgliedskarte eines Fitneßklubs in Eltham gelegen hatte, die einer hübschen jungen Blondine gehörte, die damals an der Grange Hill Road in Eltham wohnte; irgendwie hatte Napper die Mitgliedskarte in seinen Besitz gebracht und dann in die entsprechende Seite gesteckt, auf der die Grange Hill Road eingekringelt war.

»Wir haben mit ihr gesprochen. Hat noch nie von Napper gehört«, kommentierte Banks.

»Da hat sie aber großes Glück gehabt.«

Unter Nappers Papieren befanden sich auch selbstgezeichnete Karten, und die waren wesentlich detailreicher. Es waren Vergrößerungen bestimmter Parkanlagen oder Straßen, die winzige Einzelheiten wie Gullys, Fuchsbauten, Entwässerungsgräben, Sandkisten und Luftschutzkeller aus der Zeit des Zweiten Weltkrieges angaben. Manche Pfade und Fußgängerwege waren in Beziehung zu Waldgegenden und Zufahrten gesetzt worden.

»Da hat er nicht nur die Schauplätze der Vergewaltigungen markiert«, sagte ich. »Einige Zeichen bedeuten vermutlich Aussichtspunkte, von wo aus er, ohne selbst gesehen zu werden, Frauen beobachten kann. Wieder andere Punkte kennzeichnen höchstwahrscheinlich Verstecke, wo er seine Souvenirs und Gerätschaften verwahrt.«

»Erzählen Sie mir etwas über diese ›Verstecke‹?«

»Sie müssen sich fragen: Wo befindet sich sein Lieblingsplatz? Und dann schauen Sie sich seine Skizzen und die Angaben über die Tiefe der Löcher und Abflußrohre an. Er ist mit der Umgebung bestens vertraut und hätte gar keine Mühe, seine Messer, Trophäen und Souvenirs zu verstecken.«

Banks beugte sich zu mir herüber. »Wie oft würde er wohl hingehen?«

»Das weiß ich nicht. Er wird sie aber bestimmt nicht vernachlässigen.«

»Würde es lohnen, ihn zu überwachen? Würde er uns dann zu seinem Versteck führen?«

»Sehr wahrscheinlich ja.«

Es war ein schwer durchzuführender Plan, wie Banks sehr wohl wußte. Napper auf freiem Fuß zu lassen erforderte eine Überwachung, bei der wir ihn nie aus den Augen verlieren durften; falls er nämlich der Mörder von Samantha und von Jazmine war, stellte er eine große, akute Gefahr dar. Gleichzeitig mußten die Kriminalbeamten jedoch schlüssiges Beweismaterial sammeln; sie brauchten mehr als Fingerabdrücke. Die Tatwaffe oder Trophäen, wie beispielsweise das fehlende Stück von Samanthas Bauch, würden jeglichen Zweifel entkräften.

Als die Überwachungsaktion einsetzte, fuhr ich mit Kopien von Nappers Papieren und mit Informationen über sein Leben nach

Hause. Hervorstechendes Merkmal der britischen Polizei ist, daß alle nur denkbaren Informationsmöglichkeiten systematisch genutzt werden, wenn sie erst einmal eine verdächtige Person im Visier haben.

In den erkennungsdienstlichen Akten der Polizei von Plumstead war Nappers Name bereits verzeichnet, weil er seit seiner Verhaftung im Oktober 1992 zweimal aufgefallen war; vor allem im Juli 1993 – vier Monate vor den Mordfällen in Plumstead –, als Napper um 21.30 Uhr im Garten eines Hauses an der Rutherglen Road in Plumstead gesehen wurde. Ein Ehepaar meldete, es habe einen Mann auf der Mauer ihres Anwesens bemerkt, der ins Nachbarhaus spähte, wo eine hübsche 24jährige Frau bei offenen Vorhängen halbnackt herumzulaufen pflege.

Während die Ehefrau die Polizei anrief, folgte der Mann dem Eindringling, identifizierte ihn dann gegenüber der Polizei als Robert Napper. Napper nannte bereitwillig Namen und Adresse. Auf die Frage, was er hier treibe, zuckte er mit den Schultern und antwortete, er habe einen »Spaziergang gemacht«.

Laut Aussage des Zeugen hatte Napper, als er von der Mauer heruntersprang, etwas fallenlassen; die Suche danach brachte dann aber nichts zutage.

Ein Polizeibeamter hatte in seinen Notizen vermerkt: »Fragliche Person seltsam, anomal. Sollte als potentieller Vergewaltiger in Betracht gezogen werden. Vom Typ her Verdacht auf Sittlichkeitsdelikte.«

Der Ort war gleichermaßen bedeutsam. Die Häuser an der Rutherglen Road liegen oberhalb eines freien Feldes in Richtung Bostall Woods, das zum Green Chain Walk gehört.

Das alles hätte auf Napper im Rahmen der Serie von Vergewaltigungen sofort als potentiell stark verdächtige Person hinweisen müssen. Ganz abgesehen davon, daß er bei der Polizei bekannt war, entsprach er in vielen Punkten dem Täterprofil, unter anderem, weil er wahrscheinlich Eigentumsdelikte begangen hatte und eine ausgezeichnete Ortskenntnis besaß.

In meinem Täterprofil war ausdrücklich vermerkt, daß der Tatverdächtige durch eine von drei Möglichkeiten in den Gesichtskreis der Ermittler geraten würde:

1) durch Informationen, die aus der Bevölkerung kommen oder von der örtlichen Polizei geliefert werden;

2) durch eine Festnahme *in flagranti*;

3) durch einen negativen Ausleseprozeß aufgrund der Überprüfung der Strafregister.

Er befand sich auf jeden Fall, so oder so, bereits im polizeilichen Informationssystem; man hätte dort nur nach ihm suchen müssen.

Meine ersten Reaktionen waren Zorn und Trauer. Andererseits konnte ich natürlich nicht wissen, mit welchen Schwierigkeiten das Ermittlerteam im Fall der Ecclestone-Vergewaltigungen zu kämpfen hatte und welche Gesichtspunkte zu ihrer Entscheidung geführt hatten. Mir war nur klar, daß zwölf Monate später eine Frau und ihre Tochter ermordet wurden und daß es jetzt so aussah, als ob ihr Mörder der Green-Chain-Vergewaltiger war.

Die Überwachungsaktion dauerte zehn Tage, während derer Napper sich an einen gleichförmigen Tagesablauf hielt: Er verließ das Haus um 7.30 Uhr, ging zu Fuß zur Kunststoffabrik, wo er zwölf Stunden arbeitete, und kehrte anschließend wieder heim. Am Wochenende fuhr er ins Londoner Westend, wo er beobachtet wurde, als er verschiedene Softpornoläden besuchte und die Schaufenster von Geschäften anschaute, die Ausrüstungen für Extremsportarten verkauften.

Auf der Heimfahrt nahm er nicht den Zug nach Plumstead, sondern fuhr statt dessen nach Sidcup, wo er in strömendem Regen durch Seitengassen ging und dann in einen Bus stieg, der ihn nach Plumstead zurückbrachte. Dieser Spaziergang schien ohne Sinn und Zweck, berührte jedoch vermutlich einige seiner bevorzugten Stellen, von wo aus er Frauen in ihren Wohnungen beobachtete.

Da nichts darauf hindeutete, daß Napper seine »Verstecke« verraten würde, traf Banks die Entscheidung, ihn vor den Pfingstfeiertagen, am Freitag, dem 27. Mai, zu verhaften. Er bat mich um Mithilfe bei der Entwicklung einer Strategie für die Vernehmungen und um meine Teilnahme an den ersten Sitzungen.

Am Freitagmorgen sammelten sich Polizisten vor dem Haus Plumstead High Road 135, einem großen viktorianischen Gebäude, das in möblierte Einzimmerwohnungen aufgeteilt war. Um 9.40 Uhr gingen sie hinein und nahmen Napper wegen der Morde an Samantha und Jazmine Bisset sowie wegen einer Reihe von schwerwiegenden Sexualdelikten fest.

Als er abgeführt und in einen Polizeiwagen gebracht wurde, erklärte Napper: »Von den Morden weiß ich nur aus der Zeitung.

Ich kenne Samantha Bisset nicht. Ich bin nie dort gewesen, wo ich Ihrer Ansicht nach gewesen sein soll.«

Der Polizist, der ihn verhaftete, hielt diese Worte in seinem Notizbuch fest.

Nach der polizeilichen Durchsuchung der Wohnung im Erdgeschoß wurde ich gebeten, hineinzukommen und sie mir anzusehen für den Fall, daß sie noch irgendeinen Hinweis enthielt, der sich für das Verhör als nützlich erweisen könnte. Es war ein kleiner, sauberer, ordentlicher Raum mit einem Kleiderschrank, zwei Stühlen, einem Tisch, aber ohne Bett – letzteres überraschte den Eigentümer, der den Raum mit einem Eisenbett vermietet hatte. Nappers Hab und Gut bestand aus Kleidung, Koffern, Schuhen, einem Fernseher, einer Musikanlage und, besonders auffällig, einem roten Metallwerkzeugkasten mit Vorhängeschloß.

Er wurde geöffnet. Am Innendeckel war mit Tesafilm eine Karte mit dem Text geklebt:

»Einsam? Gelangweilt? Aufregung gesucht? Sie möchten bemerkt werden? Sie möchten fremde, neue Menschen kennenlernen? Dann lassen Sie einfach Ihren Sicherheitscontainer offen.«

Auf der Rückseite der Karte fand man den Fußabdruck eines Adidas-Basketballschuhs, eine Form, von der in England nur sehr wenige Paare verkauft worden waren. Er stimmte mit dem blutigen Schuhabdruck in Samanthas Küche überein.

Im oberen Fach des Werkzeugkastens lag ein weiteres Exemplar von *London von A bis Z*, in dem noch mehr Markierungen und merkwürdige Anmerkungen entdeckt wurden, darunter auch ein mit Tinte gemalter Punkt neben dem Haus Heathfield Terrace 1a. Das untere Fach enthielt fotokopierte Seiten aus einem Kampfsportbuch, handschriftliche Notizen und Zeichnungen. Das Kampfsportbuch gab Anweisungen, wie man einen Gegner in den Griff bekommt und kampfunfähig macht. Mir fiel vor allem eine Darstellung der Halsregion auf, die Funktionsweise und Zusammenspiel der verschiedenen Muskeln zeigte; eine weitere illustrierte die innere Anatomie des Körpers; in vielem entsprach sie dem Bild der toten Samantha mit dem aufgeschnittenen Brustkorb und den herausgetrennten Organen.

Zwischen seine Notizen hatte Napper großformatige Skizzen mit scheinbar zusammenhanglosen Worten gemalt, die durch Pfeile verbunden oder über eine ganze Seite verstreut waren. Darunter befand sich auch eine Liste von Begriffen samt Definitionen, die aus einem Lexikon abgeschrieben worden waren und zu einem großen Teil den Themenkreisen Tod, Beherrschung, Raubverhalten und perversen Beziehungen entstammten.

Die Bemerkungen über Frauen waren abschätzig, mit dem Tenor, daß sie zwar schnelle Befriedigung böten, ihn aber nur ausnutzen wollten. An einer Stelle verwendete er den Ausdruck »Mengeles Methode«, der sich offenbar auf den NS-Arzt bezog, der chirurgische und andere medizinische Experimente an lebenden und toten KZ-Häftlingen durchführte.

Ich hatte die Korrespondenz und die Karten studiert, die bei der Hausdurchsuchung im Oktober 1992 – im Zusammenhang mit seiner ersten Festnahme und Verurteilung – sichergestellt worden waren, daher interessierte mich jetzt ein Vergleich mit dem Material aus jüngerer Zeit. Es bestärkte mich in der Überzeugung, daß Napper seine wertvolleren Besitztümer in Verstecken aufbewahrte. Ich vermochte keinerlei Indizien einer Persönlichkeit zu entdecken, die die Kontrolle über sich verloren hatte; ganz im Gegenteil, ich sah einen Menschen, der systematisch plante und sich kontrollierte, um sich Zeit lassen zu können.

Napper machte einen ruhigen und gelassenen Eindruck, als er zum Polizeirevier Bexley Heath gebracht wurde, wo die ersten Vernehmungen stattfinden sollten. Mickey Banks rauchte eine Zigarette nach der anderen und schien ganz in seinem Element, war sich jedoch darüber im klaren, daß der Fall noch lange nicht abgeschlossen war. Ich warnte ihn vor der falschen Erwartung, daß Napper aufgrund von Nervosität und Angst zu einem raschen Geständnis bewegt werden könnte.

»Ich weiß, daß man versucht ist, ihn für verrückt zu halten – aber dieser Mann ist im Vollbesitz seiner geistigen Kräfte«, erklärte ich. »Er ist intelligent genug, um zu erkennen, worauf bestimmte Fragen in seiner Vernehmung hinauslaufen, und er wird vermeiden, sich selbst zu belasten. Mag sein, daß er anfangs kooperiert, solange ihm allgemeine, harmlose Fragen gestellt werden, doch sobald Sie ihn mit dem härteren Beweismaterial konfrontieren, wird er wahrscheinlich nur noch mit ›kein Kommentar‹ antworten.«

Da ein früheres psychiatrisches Gutachten deutlich gemacht hatte, daß Napper eventuell gefährlich werden könnte, hatte ich bereits empfohlen, bei den Vernehmungen eine weitere »geeignete erwachsene Person« hinzuzuziehen.

Nappers Aussage bei seiner Verhaftung – daß er Samantha nicht gekannt habe und nie in ihrer Wohnung gewesen sei – gewann nunmehr große Bedeutung. Falls er sie bei der Vernehmung wiederholte, so würde er damit eine nachweisbare Lüge bestätigen, weil am Tatort ja seine Fingerabdrücke gefunden worden waren. Das ließ sich jedoch nur erreichen, indem ihm die entscheidende Bedeutung dieser Aussage für die Ermittlung verborgen blieb, er aber gleichzeitig nicht ausgetrickst oder in eine Falle gelockt wurde, die später als unfair betrachtet werden könnte.

Die Vernehmungsbeamten mußten zugleich freundlich und entschieden wirken, weil Napper sonst bei ihnen nach einer negativen Einstellung suchen und eine Abwehrhaltung einnehmen würde, wie ich Banks erläuterte. Sie mußten ihn zur Aussage über seinen Alltag, seine Arbeitszeiten, seine Freizeit und seinen Umgang bewegen. Das könnte dann weiterführen zu seinen Erfahrungen mit Frauen.

»Am Ende lenken Sie das Gespräch dann auf das Thema seiner Sexualität. Geben Sie ihm Gelegenheit zu erklären, welche Ereignisse in seiner Vergangenheit sein aggressives Verhalten in Gang gesetzt haben könnten. Und wer ist daran schuld? Geben Sie ihm psychologisch eine Möglichkeit, sein Gesicht zu wahren, indem er anderen, etwa den Eltern oder seiner Kindheit oder irgendeinem Verführer Schuld geben kann. Anschließend fragen Sie ihn, was seine Aufmerksamkeit für Samantha geweckt hat. Was hat sie getan oder gesagt, welche Eigenschaft hat ihm keine andere Wahl gelassen, als sie zu töten und zu zerstückeln? In diesem Stadium muß Jazmine überhaupt nicht erwähnt werden.«

Ich gab den Rat, dann zu den Waffen überzugehen und Napper zu fragen, wie er dazu gekommen ist, Messer zu sammeln; was ihn an ihnen faszinierte. Falls er daraufhin auf das Übernatürliche oder Dämonen oder sonstige psychotische Phänomene zu sprechen käme, sollten sie ihn daran nicht hindern oder mit Zweifel reagieren, sondern die Informationen sammeln und fortfahren. Zu guter Letzt sollten sie ihn mit den Fingerabdrücken konfrontieren, die in der Wohnung gefunden worden waren, und ihn fragen, was danach geschehen sei.

Das erste Gespräch begann um 16.01 Uhr. Ich verfolgte es auf einem Videomonitor im Nebenraum. Napper – 1,85 Meter groß, braunes Haar mit zurückweichendem Haaransatz – saß bequem auf seinem Stuhl und machte während der Präliminarien einen ganz intelligenten und selbstsicheren Eindruck. Er gab höflich seinen Namen und seinen Wohnsitz an.

Auf die Bitte, die – essentiell wichtigen – Aufzeichnungen von Detective Sergeant Alan Jackman über die Festnahme zu bestätigen, gab er bereitwillig seine Unterschrift. Damit war eine nachweisbare Lüge dokumentiert. Anschließend bat er um ein Gespräch unter vier Augen mit seinem Anwalt; danach begann er auf Fragen der Polizei zu antworten: »Kein Kommentar.«

Am nächsten Tag wurde er zu den Green-Chain-Vergewaltigungen befragt, und er legte wiederum eine ruhige Sicherheit an den Tag, als er den Fragen über mehrere Stunden auswich. Seine Kartenskizzen, Zeichen und Anmerkungen in *London von A bis Z* gab er als »Kritzeleien«, als Verweise auf sein Lauftraining und als Entfernungsangaben aus. Als die Fragen direkter auf seine möglichen Verbrechen eingingen, hielt er den Mund und blieb dann im wesentlichen beim stereotypen »Kein Kommentar«.

Am Sonntag, dem 29. Mai, wurde er der Morde an Samantha und Jazmine Bisset beschuldigt und erneut in Untersuchungshaft genommen.

Am Montag, dem 4. Juli, wurde die Vernehmung zu den Vergewaltigungen fortgesetzt und in der Polizeistation Southwalk eine Gegenüberstellung zum Zwecke der Identifizierung vorgenommen. Die Vergewaltigungsopfer Leanne und Cathy entschieden sich ohne Zögern für Napper; Susan glaubte, daß Napper wie der Täter aussah. Nur Jenny konnte ihn in der Reihe nicht identifizieren. Ihr Täter hatte eine Maske getragen. Die Lehrerin, die beim Ausführen ihrer Hunde in Elmstead Wood von einem Mann überfallen wurde, den sie als geistig minderbemittelt beschrieben hatte, erkannte ihn interessanterweise nicht; was mich in meiner Überzeugung bestätigte, daß sie von einem anderen Mann angegriffen worden war.

Auf der Grundlage eindeutiger Identifizierungen und beweiskräftigen DNS-Materials stellte die Polizei Napper wegen der Vergewaltigungen unter Anklage. Mittlerweile liefen die Nachforschungen über seine Lebensweise und sein Normalverhalten weiter. Man holte Aussagen von Verwandten, Arbeitskollegen, früheren Vermietern und flüchtigen Bekanntschaften ein, die es ermöglichten, sich ein Bild von Napper zu machen. Die meisten beschrieben ihn als merkwürdigen, stillen Typen. Er zahlte regelmäßig die Miete, unternahm lange nächtliche Spaziergänge und putzte sich bei der Heimkehr penibel die Schuhe ab.

Er war das älteste von vier Kindern. Seine Kindheit war geprägt durch gewaltsame Auseinandersetzungen und die Scheidung seiner Eltern und verschiedene Heimaufenthalte. Er wuchs bei seiner Mutter Pauline in der Abbey-Wood-Siedlung unweit von Plumstead auf und fiel bald mit Schuleschwänzen und Ladendiebstählen auf.

Wegen schwerer psychischer Störung wurde er zur Therapie ans Maudsley Hospital in Camberwell überwiesen und über sechs Jahre ambulant behandelt. Seine Schwierigkeiten verschlimmerten sich im Alter von zwölf Jahren, als eine Cousine einen älteren Mann heiratete, der die Jungen zum Campen mitnahm. Robert wurde sexuell mißbraucht; der Mann kam später ins Gefängnis.

Als er in die Pubertät kam, war Robert sehr introvertiert; mit anderen Menschen sprach er nur, wenn es sich nicht vermeiden ließ. Er war zwanghaft sauber, verbrachte seine Zeit meist allein auf seinem Zimmer, aus dem er eigentlich nur hervorkam, um seinen jüngeren Bruder zu tyrannisieren und seiner Schwester heimlich beim Ausziehen zuzuschauen.

Nachdem er die Schule und den Lehrgang für das Gaststättengewerbe absolviert hatte, hatte er verschiedene Jobs. Das Elternhaus verließ er erst mit 21 Jahren, um in eine möblierte Einzimmerwohnung in Plumstead einzuziehen. Seine Mutter erinnerte sich an einen Vorfall Anfang September 1989, als Napper für mehrere Tage vermißt wurde; er hatte versucht, sich mit einer Überdosis das Leben zu nehmen. Später erklärte er, daß ein paar Männer hinter ihm her seien, weil er im Plumstead-Park eine Frau vergewaltigt hätte.

Pauline behauptete, mit diesen Angaben zur Polizei gegangen zu sein; für die fragliche Nacht sei jedoch keine Vergewaltigung gemeldet worden. Es ist erwähnenswert, daß sich der erste Vergewaltigungsfall innerhalb eines Hauses vier Wochen vor diesem Selbstmordversuch ereignete und Jennys Haus rückwärts an Winns-Park grenzte; von den Einheimischen wurde die Gegend von Winns-Park häufig Plumstead-Park genannt.

In der dreijährigen »Pause« zwischen den Überfällen auf Jenny und Susan gab es noch andere Nachforschungen und Gegenüberstellungen zur Identifizierung. Eine ganze Reihe von Frauen zeigte auf Napper als den Mann, der sie vergewaltigte, vor ihnen den Penis entblößte, ins Fenster ihrer Wohnung hineinschaute, ihnen nach Hause folgte oder sich hinter Büsche duckte, wenn sie näherkamen. Diese Vorkommnisse hatten bereits 1988 eingesetzt und zogen sich über die folgenden Jahre hin.

Die Ermittlungsteams schlugen vor, daß ich im Prozeß gegen Robert Napper eine Stellungnahme zu meiner Rolle und zu den von mir erarbeiteten Ähnlichkeiten der Täterprofile bei den Vergewaltigungen von Ecclestone und den Plumstead-Morden abgeben sollte. Am Ende war es nicht nötig, daß ich vor Gericht aussagte; später habe ich aber doch erfahren, was bei der Ermittlung zu den Vergewaltigungen vorgefallen war.

Wie sich herausstellte, war Napper damals von Polizisten sogar als Verdächtiger vernommen worden. Aufgrund eines Hinweises von einem Nachbarn wurde er am 28. August 1992 auf dem Weg zur Arbeit angehalten. Mit seinen 1,85 Metern war Napper erheblich größer als die 1,65 Meter große Person, auf die sich die Polizei als Verdächtigen fixiert hatte. Außerdem war er nicht wegen sexueller Delikte vorbestraft, und er hatte sogar freiwillig einen DNS-Test angeboten – was die Polizei als Widerspruch zum Verhalten eines Schuldigen wertete. Infolgedessen wurde er aus den Ermittlungen aussortiert.

Der Hinweis auf seine Größe ist hier sehr wichtig. Zwei Wochen nach Ablieferung meines Täterprofils für die Ecclestone-Ermittlungen brachte *Crimewatch UK* die Rekonstruktion einer dieser Vergewaltigungen, woraufhin aus der Bevölkerung fast tausend Anrufe eingingen – so viele wie noch nie. Angesichts einer solchen Fülle von Spuren und Tatverdächtigen entschloß sich das Ermittlungsteam, ein Raster zu entwickeln, das den Polizisten die negative Auslese erleichtern würde.

Im Fall von Ecclestone implizierte dieses Raster einige offensichtliche Ausscheidungsparameter wie beispielsweise eine falsche DNS oder einen Gefängnisaufenthalt zur Tatzeit. Es verließ sich aber auch in starkem Maße auf Täterbeschreibungen von Opfern und Zeugen. Er setzte das Alter des Täters auf 19 bis 30 Jahre und seine Größe auf mindestens 1,60 Meter und maximal 1,80 Meter. Und das trotz der Tatsache, daß das Opfer der letzten Vergewaltigung die Größe des Angreifers mit deutlich über 1,80 Meter angegeben hatte.

Nach Maßgabe dieses Rasters wurde Napper sofort als potentiell Verdächtiger ausgeschieden, als sein Name im Laufe der Ermittlungen auftauchte. Aus diesem Grund wurde er dann auch nicht aufgefordert, im Polizeirevier Eltham zu erscheinen, um sich fotografieren sowie eine Blutprobe und einen Handballenabdruck abnehmen zu lassen.

Bei Überprüfung des Rasters wurde mir klar, daß das Täterprofil bei seiner Erstellung nicht berücksichtigt worden war. Das war bedauerlich, weil der Hauptnutzen eines solchen Persönlichkeitsprofils oft gerade darin besteht, die Zahl von potentiell Verdächtigen zu reduzieren und der Polizei eine Konzentration auf die besonders Verdächtigen zu ermöglichen.

Als keine weiteren Überfälle mehr geschahen, wurde im März 1993 die Einstellung der »Operation Ecclestone« beschlossen; bis dahin waren insgesamt fast 900 verdächtige Personen überprüft und als unverdächtig ausgeschieden worden. Zu diesem Zeitpunkt liefen noch weitere 390 Ermittlungen, die nicht mehr abgeschlossen wurden.

Wie war das nur möglich gewesen, fragte ich mich. Gewiß, im nachhinein läßt sich leicht urteilen, und niemand kennt den Druck, unter den die Polizei bei der Ermittlung von Gewaltverbrechen gerät, besser als ich; andererseits hatte es aber erstaunlich viele Warnungen und Hinweise gegeben, die falsch gedeutet oder gar nicht beachtet wurden. Es hätte nicht zu den Morden an Samantha und Jazmine Bissett kommen müssen.

Ein Teil von mir wird immer glauben, daß ich noch mehr hätte tun können. Ich hätte drängender und sturer sein sollen, als ich der Ermittlungskommission mein Profil des Vergewaltigers lieferte. Ich weiß, daß manche meiner Schlußfolgerungen nicht positiv aufgenommen wurden, und ich hätte damals sagen sollen: »Hören Sie, *da* ist die Stelle, wo Sie ihn finden werden. Überprüfen Sie Ihre Unterlagen über frühere Vergehen, sprechen Sie mit der Ortspolizei.« Ich hätte drängen sollen »weiterzusuchen, oder ich werde keine Ruhe geben, bis Sie es tun«.

Robert Clive Napper beteuerte seine Unschuld bis zum Prozeß im Old Bailey im Oktober, wo zunächst einige Tage mit juristischen Debatten zur Klärung der Frage vergingen, ob er für den Prozeß in der erforderlichen geistigen Verfassung sei. Fünf Psychiater waren zu dem Schluß gekommen, daß er an Schizophrenie oder einer ähnlichen Geisteskrankheit litt, die Napper sich selbst mit verzweifelter Anstrengung zu verheimlichen suche.

Wenige Minuten, bevor am 9. Oktober 1995 die Geschworenen darüber entscheiden sollten, ob Napper dem Prozeß gewachsen sei, faßte der Beklagte den Entschluß, sich der Morde an Samantha und Jazmine nicht schuldig zu bekennen, wohl aber, unter Berufung auf verminderte Zurechnungsfähigkeit, des Totschlags. Außerdem gestand er eine Vergewaltigung und zwei versuchte Vergewaltigungen im Jahr 1992.

Richter Hooper nahm die Einlassung an und erklärte, Napper sei für Delikte »ungeheuren Ausmaßes« verantwortlich und »eine schwere und akute Gefahr für die Öffentlichkeit«. Er ordnete an, ihn »ohne zeitliche Einschränkung in Gewahrsam zu nehmen«.

Für Maggie Morrison, Samanthas Mutter, kam die Verurteilung leider zu spät; sie war drei Tage zuvor in ihrem Haus südlich von Aberdeen gestorben. Ihrem Mann Jack Morrison zufolge, einem Bauunternehmer im Ruhestand, hatte sie sich von der »Hölle«, Tochter und Enkelin auf derartige Weise verloren zu haben, nicht mehr erholt.

Jack Morrison lobte die Polizei; das System aber, so sagte er, habe versagt. »Die Polizei hat während der ganzen Ermittlungen hervorragende Arbeit geleistet, doch ein Mensch wie Napper hätte nie frei herumlaufen und töten dürfen.«

18

Acht Tage nach Beginn der Suche waren in der Cromwell Street 25 sieben Leichen gefunden worden, und das Haus wurde inzwischen als »Haus des Grauens« tituliert. Tag für Tag schloß ich nach dem Abendessen meine Bürotür hinter mir zu und ging das Protokoll der Verhöre von Frederick und Rosemary West noch einmal durch für den Fall, daß ich etwas übersehen hatte. Was konnte ich John Bennett noch mitteilen?

Als er am 7. März anrief, beschäftigte ihn ein neues Problem. Trotz umfangreicher Nachforschungen war es der Polizei nicht gelungen, Rena Costello, Wests erste Frau, und Charmaine, seine älteste Tochter aus der Ehe mit Rena, aufzuspüren. Niemand hatte etwas von ihr gesehen oder gehört seit 1969, als sie mit West in einem Wohnwagen in der Nähe von Kempley, ungefähr 24 Kilometer von Gloucester entfernt, wohnte.

Charmaine und ihre Schwester Anne Marie waren beim Vater geblieben und 1971 mit ihm zur Midland Road 25 umgezogen. Dort war die damals achtjährige Charmaine zuletzt gesehen worden.

»Was hat Mr. West dazu zu sagen?« fragte ich.

»Er behauptet, Rena sei noch einmal zurückgekommen, um Charmaine zu sich zu holen.«

»Ich glaube, daß beide tot sind«, meinte ich betrübt.

»Ja«, sagte Bennett.

Uns war klar, daß es nur eine Möglichkeit gab, um Gewißheit zu bekommen. Die Polizei würde einfach überall suchen müssen, wo West früher gearbeitet und gewohnt hatte. Logistik und Kosten eines solchen Unterfangens waren praktisch nicht kalkulierbar. Wo würde das enden? Wie viele Häuser müßten da aufgerissen werden? Wie viele Werkstätten? Und was würde aus den armen Leuten, die jetzt dort wohnen?

Während der nächsten zwei Tage wurden zwei weitere Leichen

in der Cromwell Street gefunden – die erste war unter dem Boden des Badezimmers im Anbau verborgen, die zweite im Keller. Mittlerweile gab es jetzt neun Opfer, die man entdeckt hatte; fünf von ihnen glaubte die Polizei identifiziert zu haben. Es war eine enorme Aufgabe gewesen, Berichte über vermißte Personen, die zum Teil sogar aus Holland und Deutschland kamen, zu überprüfen.

Eine Woche später rief Bennett erneut an; ich sollte unbedingt noch einmal nach Gloucester kommen. Die pathologischen Gutachten waren eingetroffen, und außerdem wollte er mich auf den neuesten Stand über die Vernehmungen von Frederick West bringen.

»Donnerstag könnte ich's wahrscheinlich schaffen.«

»Prima«, sagte er, machte dann aber eine Pause, als ob er noch etwas sagen wollte.

»Gibt's irgend etwas Besonderes, das ich erfahren müßte?«

»Na ja ... ähm ... bei den Skeletten werden gewisse Knochen vermißt.«

»Fehlen sie? Oder sind sie noch nicht gefunden worden?«

»Sie fehlen. Wir sind verdammt gründlich vorgegangen«, erwiderte er irgendwie gekränkt. »Hauptsächlich Kniescheiben und Nackenknochen, aber auch ein Schulterblatt und Teile des Brustbeins.«

Dafür gebe es mehrere Erklärungen, sagte ich. Die Knochen waren möglicherweise als Trophäen entfernt oder während der Gewaltanwendung und Folter zerstört worden. »Es gibt noch eine andere Möglichkeit, aber darüber möchte ich jetzt wirklich nicht sprechen. Lassen Sie uns damit bis Donnerstag warten.«

Bennett hatte die Ärmel über die Ellbogen hochgerollt. Er machte den Eindruck eines Menschen, der die ganze Nacht im Büro durchgearbeitet hatte. Die Bürowände waren mit Computerausdrucken und Diagrammen bedeckt. Er war damit beschäftigt, Hunderte von Dossiers von vermißten Personen zum zweiten und dritten Mal zu überprüfen und, soweit bekannt, mit den Adressen und Reisen von Frederick und Rosemary West zu vergleichen. In den Listen waren die Leichen, ihr Fundort und ihre Position chronologisch aufgeführt.

Bennett – ein altmodischer Polizist, der in Stroud geboren und dort ins Gymnasium gegangen war – hatte die moderne Technik schneller in den Griff bekommen als viele jüngere Kollegen. Für diesen Fall hatte er sich einen Computerspezialisten in die Einsatzzentrale geholt; er erzählte mir, wie es ihm gelungen war, seine Wünsche durchzusetzen.

»Ich habe ihm erzählt, daß ich einen Traum hatte«, begann er und machte ein Auge auf, um sich zu vergewissern, daß ich aufmerksam zuhörte. »Ich träumte, daß wir die Daten und Orte aller vermißten Personen mit allen Informationen, die wir über West besitzen, vergleichen könnten. Das könnte uns sehr weiterhelfen. Ob er das schaffe.«

Der Softwarefachmann ihm gegenüber sei ganz nervös geworden und habe gemeint: »Na ja, dafür gibt es eigentlich kein Programm. So etwas ist nämlich noch nie gemacht worden.«

Bennett hatte gelächelt und freundlich die Anweisung gegeben: »Fein, dann gehen Sie mal los, und schaun Sie, was Sie tun können. Dann reden wir weiter.«

Ein paar Tage später war der Spezialist zurückgekommen und hatte stolz gemeldet: »Ich hab's geschafft.«

»Gut«, hatte Bennett gesagt. »Das ist genau, was ich brauche. Aber ich hatte noch einen Traum ...«

Dann verlangte er, daß für jedes Opfer – ob bekannt oder noch nicht identifiziert – eine Datei eingerichtet und mit der Datenbank verbunden werden sollte, in der die Computergrafiken von Cromwell Street 25 und die chronologische Reihenfolge der Leichenfunde gespeichert wurden.

Mit dieser Methode, so viele Informationen wie möglich zu speichern und miteinander zu verbinden und abzugleichen, konnte Bennett sich ein Gesamtbild und einen Überblick über die umfangreiche Ermittlung verschaffen. Außerdem konnte er sich so besser auf Widerstand seitens West und auf Schwierigkeiten im Prozeß vorbereiten.

»Das ist unmöglich«, hatte der Softwarespezialist mit einem Ausdruck der Entschuldigung gemeint. »Es gibt ein Programm für das erste und ein anderes Programm für das zweite, die beiden stammen aber von zwei verschiedenen Softwarefirmen und sind nach unterschiedlichen Regeln entwickelt worden.«

»Dann finden Sie einen Weg, um sie zusammenzuschrauben«, sagte Bennett.

»Das ist aber nicht erlaubt – den Firmen gehört das Copyright für die Programme.«

»Na, dann bringen Sie die beiden Firmen unter einen Hut, um das Problem zu lösen.«

Der Computerspezialist hatte einigermaßen skeptisch dreingeschaut.

»Hören Sie«, hatte Bennett jetzt in einem schärferen Ton gesagt. »Diese Sache ist für meine Mordermittlung wichtig. Falls Mars-Riegel für meine Ermittlungen wichtig werden sollten, werde ich dafür sorgen, daß es im Automaten draußen Mars-Riegel gibt. Nun gehen Sie schon, und fangen Sie an.«

Und der Mann hatte das Problem tatsächlich gelöst. Durch ihre Zusammenarbeit haben die beiden damals den Grundstein für die Entwicklung eines neuen Computerprogramms gelegt, das sich bei der Aufklärung von Schwerverbrechen später als enorme Hilfe erweisen sollte.

Bennett schlug eine Akte auf und las mir die Daten über die bereits identifizierten Opfer vor. Vier der Frauen, darunter auch die 21jährige Studentin Lucy Partington, waren zuletzt an oder in der unmittelbaren Nähe von Bushaltestellen beobachtet worden; eine fünfte war angeblich per Anhalter gefahren.

Die 15jährige Carol Cooper wurde zuletzt von einem Busfahrer am 10. November 1973 um 21.30 Uhr nach einem Kinobesuch mit ihrem Freund in Worcester gesehen, als sie in der Nähe des Hauses ihrer Großmutter aus einem Bus stieg. Die 17jährige Juanita Mott aus Newent war seit dem 11. April 1975 unauffindbar; sie hatte ihren Eltern gesagt, daß sie mit dem Bus in das 17 Kilometer entfernte Gloucester fahren wollte. Die 15jährige Shirley Hubbard wurde zuletzt im November 1974 auf dem Heimweg vom Kaufhaus Debenhams in Worcester an einer Bushaltestelle gesehen. Die 21jährige Soziologiestudentin Therese Siegenthaler aus Trub in der Schweiz arbeitete 1974 als Kindermädchen in London; sie hatte ihrem Bruder geschrieben, sie wolle die Osterferien in Irland verbringen und per Anhalter zum Hafen Holyhead in Wales fahren, um dort mit einer Fähre überzusetzen.

Zum Schluß wandte sich Bennett dem pathologischen Gutachten zu. Er reichte mir eine Kopie. Sechs der Gruben, in denen die Leichen gefunden wurden, enthielten, was ich befürchtet hatte: Hinweise darauf, daß die Opfer auf verschiedene Art gefesselt und geknebelt worden waren, unter anderem mittels einer »Maske« aus braunem Paketband, das ihnen um den Kopf geklebt war.

Durch eine dieser Masken war ein dünner Plastikschlauch gelegt, der in ein Nasenloch führte.

Bei der Betrachtung des Fotos erfüllte mich eine tiefe Traurigkeit. Für mich stand sofort fest, daß der Schlauch dazu diente, das Opfer am Leben zu halten, damit sie es noch länger quälen konnten. Da es weder sehen noch schreien konnte, hatten die Wests es völlig in ihrer Gewalt.

Bennett blätterte um und erklärte unter Bezug auf die fehlenden Knochen: »Da gibt es noch etwas, das sehr merkwürdig ist. Auf einigen der großen Knochen sind Einschnitte zu erkennen. Nach Meinung des Pathologen können sie eigentlich nicht von der Zerstückelung der Leichen herrühren. Er kann sie nicht recht deuten.«

»Ich wüßte sie schon zu erklären«, sagte ich und hob den Blick von den Fotos. »Beim Tranchieren des Fleisches hinterläßt man auf den Knochen oft Kerben.«

Bennett schaute betroffen auf.

»Aus dem Grund wollte ich am Telefon nicht reden. Ich habe den Verdacht, daß Kannibalismus Teil des Rituals war. Es würde die fehlenden Knochen erklären.«

»Nein!« rief er entsetzt.

Mit jeder neuen Information wurde meine ursprüngliche Annahme über die Vorfälle bestätigt; wenn ich jedoch wirklich verstehen wollte, was in den Köpfen von Fred und Rosemary West vorging, dann müßte ich den Ort besichtigen, der ihnen am meisten bedeutete – das »Haus des Grauens«.

Terry Moore schlug vor, daß wir vom Bahnhof aus zu Fuß gingen. Wir schlenderten in der Sonne Seite an Seite über die ruhigeren Straßen und Plätze, unter Bäumen, die gerade begannen auszuschlagen. Als wir uns der Rückseite des Hauses näherten, fiel mir ein großer Fernsehwagen mit himmelwärts gerichteter Parabolantenne ins Auge. Zwei Männer standen dabei, der eine hob den Blick und ließ ihn nachdenklich auf mir ruhen, als ob mein Gesicht ihm vertraut vorkäme. Es war mir unangenehm, so daß ich rasch weiterschritt, um nicht erkannt zu werden.

Wir bogen nach links und folgten einem kurzen Weg, der hinter einigen Häusern verlief. In einem Garten, von dem aus man auf den rückwärtigen Teil des Grundstücks Nummer 25 sehen konnte, bemerkte ich ein Gerüst und eine Art Tribüne aus Holzbohlen. Moore erklärte mir, daß ein findiger Nachbar sie errichtet hatte, damit die Kameraleute und Fotografen Aufnahmen von den Grabungen machen konnten.

Im Garten waren über dreihundert Tonnen Erde ausgehoben worden; es sah aus wie ein Schlachtfeld im Ersten Weltkrieg. Inzwischen hatte man die Erde wieder zugeschüttet, und über dem Schlamm lagen kreuz und quer Lattenroste. Zur einen Seite war er durch Fichten verdeckt und auf der andern durch die rote Backsteinmauer der Adventistenkirche.

»Hier ist Heathers Leiche gefunden worden«, sagte Moore und zeigte auf eine Stelle zu seinen Füßen, »eine andere da und das dritte Opfer dort drüben.«

Der einstöckige Anbau, den West Anfang der 70er Jahre errichtet hatte, sah innen wie eine Baustelle aus. Die Polizei hatte den Bodenbelag, die Fußleisten, die Möbel und alle beweglichen und unbeweglichen Einrichtungsgegenstände weggebracht. Wenn ein Haus zum Tatort wird und sich die Wissenschaftler darüber hermachen, hört es auf, ein Heim zu sein. Die vielen Kleinigkeiten, die es gemütlich und persönlich machen, sind plötzlich weg. Selbst die Dinge, die bleiben – das Rasierzeug im Badezimmer, ein Fotoalbum, ein Schrank voller Kleidung –, vermitteln eine melancholische Stimmung.

Durch ein Schlafzimmer im hinteren Teil des Hauses gelangten wir in die Küche – einen großen Raum mit Betonfußboden.

»Was denken Sie?« fragte Moore.

»Ich denke, daß Fred ein schlechter Bauunternehmer ist. Murks von vorne bis hinten. Wie hat er sich damit bloß seinen Lebensunterhalt verdient?«

Moore lächelte.

Arbeitsplatten und Spülbecken waren noch da. Ich konnte mir vorstellen, wo die Familie sich zum Abendbrot niedergelassen hatte, während das Essen auf dem Herd brutzelte und die Teller gefüllt wurden – ganz wie in einem normalen Haushalt. Hier hatte West aber nach eigenen Angaben auch die Laken ausgebreitet und die Leichen zerstückelt.

Neben der Küche, im hintersten Teil des Hauses, lag ein kleines Badezimmer. Hier war die unter der Wanne vergrabene Leiche von Lynda Gough entdeckt worden. Sie war im April 1973 vermißt worden, zwei Wochen vor ihrem zwanzigsten Geburtstag; sie arbeitete als Näherin im Genossenschaftsladen an der Barton Street in Gloucester.

Ich trat über Trümmer und heruntergefallenen Putz in das Wohnzimmer, aus dem die Möbel geräumt waren. Im Fußboden und dem unteren Teil der Wand gab es ein großes, sauber geschnittenes Loch; die Falltür stand offen. Mit eingezogenem Kopf kletterte ich vorsichtig die rutschigen Stufen hinab und gelangte in einen Keller, der nur teilweise unter der Erde lag.

Er war ungefähr zwei Meter hoch, vier Meter lang und knapp sieben Meter breit und sah etwa so aus, als ob hier jemand eine Billigversion von Madame Tussauds Schreckenskammer zusammengebaut hätte, allerdings ohne die Wachsfiguren. Die Oberflächen waren fast ausnahmslos von einer dünnen Schicht grauen Staubs überzogen; an den Wänden klebten wellige, halb abgerissene Kinderzimmertapeten.

Der Keller war anscheinend zuerst als Vorratsraum und dann als Schlafzimmer für die Kinder genutzt worden. Fenster gab es keine; jetzt war der Raum durch starke Lampen erhellt, die an Haken hingen oder an Säulen befestigt waren. Auf dem Fußboden hatte man Lattenroste gelegt; er bestand eigentlich nur noch aus tiefen Löchern und Haufen aus dickem, schwarzen Matsch – er war so dunkel, daß er das Licht zu absorbieren schien. In jedem der fünf Löcher hatte man die Überreste einer jungen Frau gefunden.

Unter der Tapete sah man unschuldige Kinderkritzeleien, Comicfiguren und Spiele mit Nullen und Kreuzen. Es gab allerdings auch noch seltsame Zeichnungen, für die man bislang keine Erklärung gefunden hatte. An einigen Stellen waren Schädel aufgemalt oder mit Schablonen gezeichnet. Beim genaueren Hinsehen erkannte ich, daß sie, wenn man Linien zwischen ihnen zog, exakt die Lage der Leichengruben abbildeten. Vielleicht war es den beiden Wests wichtig gewesen, sich zu erinnern, wo genau ihre »Schätze« lagen, und diese Zeichnungen waren ihre Gedächtnisstützen.

Dann fiel mir ein in die Decke eingelassener Haken auf, dessen Funktion unklar war; er hätte jedoch problemlos das Gewicht einer Person auszuhalten vermocht – einer gefesselten, aufgehängten Person. Der Keller selbst war ideal, um jemanden gefangen zu halten: Niemand konnte hineinsehen, es drang kein Geräusch heraus; hier konnte man einen Menschen vollkommen in seine Gewalt bringen.

Nachdem ich wieder nach oben geklettert war, trat ich durch

eine Tür in den älteren Teil des Hauses. Eine enge Treppe führte in den ersten Stock. Als ich mich auf halber Höhe umdrehte, bemerkte ich etwas, das ich sofort als bedeutsam einschätzte. Die Rückseite der Tür zeigte ein farbiges Poster mit einer überlebensgroßen Frau im durchsichtigen Negligé, den Arm provozierend am Türrahmen aufgestützt. Sie war vollschlank und hatte langes Haar. Wie Rosemary West.

Der Gesichtsausdruck und die Pose besagten: »Hier gibt es großartige Vergnügungen.« Sie lockte Betrachter in ihre Welt hinein. Hier war die Grenze. Wenn sie durch diese Tür gingen, wußten die Wests jedesmal genau, was auf der anderen Seite lag. Sie bedeutete vollkommene Erfüllung, ein anderes Leben.

»Wir befinden uns hier in Rosemarys Empfangssalon«, erklärte Moor, als wir den ersten Stock erreichten.

Die Fotos wurden dem Ambiente nicht gerecht. Die Sessel, die Couch aus Samt und das große Wandbild mit Meer und Palmen waren wie aus einem alten Bordell. Dem Wandbild gegenüber stand die Bar aus Holz, bis oben voll mit Spirituosen, Aschenbechern, Eiskübeln und Cocktailmixern. Ein Schild über der Bar trug die Aufschrift »Schwarze Magie«.

»Gar nicht ohne, was?« meinte Moore.

Ich wanderte in dem Zimmer umher und sah mir mehrere Vitrinen mit Regalen und Holzschubladen an.

»Darf ich hier etwas berühren?« fragte ich.

»Klar. Wir sind hier fertig.«

In den Vitrinen waren gewöhnliche Schmuckstücke, wie man sie im Urlaub oder auf einem kirchlichen Wohltätigkeitsbazar kauft. Auf einem Regal standen einige Behälter aus Glas mit Krimskrams – Münzen, Zigarettenanzünder, Haarspangen und ein paar Armbanduhren.

»Wissen Sie, woher all das stammt?« fragte ich.

»Warum?« gab Moore zurück. »Ist das wichtig?«

»Jetzt nicht mehr, für diesen Fall spielt es keine Rolle mehr.«

Ich wußte, daß Rosemary und Frederick West das, was sie ihren Opfern antaten, genossen hatten. Sie hatten ihnen bestimmt Andenken abgenommen; Souvenirs, um sich immer daran zu erinnern. Für diesen Fall waren sie bedeutungslos; falls die Mörder oder die Opfer uns unbekannt gewesen wären, wäre solcher Kram jedoch Gold wert gewesen.

Ich zog eine Schublade auf und fand einen Stapel von Familienpapieren – eine typische Sammlung von alten Rechnungen, Broschüren, Schulzeugnissen und Fotos, wie sie in allen Familien zu finden ist. Manchmal verraten sie uns das Wesen einer Persönlichkeit und ihre Lebensweise.

Ein normales Familienalbum zeigt den Kern einer Familie und wie sie sich entwickelt. Man erkennt die Personen, die von Bedeutung sind, ihre Beziehungen, die wechselnden Freundschaften; man verfolgt das Heranwachsen der Kinder. Es wird deutlich, wie sie sich kleiden und ihre Zimmer einrichten; welche Zahl auf dem Geburtstagskuchen steht. Wer sitzt neben wem? Wer gibt sich eher zurückhaltend? Wie ist das Foto komponiert? Wem gehört die Aufmerksamkeit des Fotografen? Wie reagiert die fotografierte Person darauf? In welcher Beziehung stehen die beiden zueinander? Mit alldem erfährt man noch ein bißchen mehr.

Im Album der Wests war das von Bedeutung, was ich nicht sah. Hier fehlten viele der üblichen Motive. Es gab große Lücken und keinerlei Anzeichen von einer in Liebe und Harmonie verbundenen Familie. Der Grund lag darin, daß das Leben von Frederick und Rosemary West auf etwas ganz anderes ausgerichtet war. Sie hielten die Chronik ihres Zeitvertreibs nicht im Familienalbum, sondern auf selbstgedrehten pornographischen Videos fest.

Im selben Stockwerk, direkt gegenüber, befand sich ein kleines, einfaches, eher trostloses Badezimmer. Hier wollte Mr. West nach eigenen Aussagen Heathers Leiche zerstückelt haben; es war jedoch absolut klar, daß der Raum zu klein war, um die Dinge auszuführen, die er getan zu haben behauptete.

Eine letzte Treppe führte einen Flur hoch, der durch einen Vorhang abgetrennt war. Ich betrat ein Schlafzimmer und war überrascht von der Größe eines kunstvoll geschnitzten Himmelbetts mit Baldachin und erotischen Motiven an Bettpfosten und Balken.

»Hierher hat Rose die Männer mitgenommen«, sagte Moore.

Ich gab keine Antwort, sondern wanderte in dem Raum auf und ab und schaute durch das schmutzige Fenster nach unten auf die Straße.

In dem kleineren Schlafzimmer am anderen Ende des Flurs stand ein gewöhnliches Doppelbett; die leichte Unordnung deutete darauf hin, daß es durchsucht worden war. In der Wand hinter dem Kopfende befand sich ein Loch, aus dem mehrere Kabel hervorquollen, sich nach unten schlängelten und irgendwo endeten.

Es waren Anschlüsse für die Abhörgeräte und für die Videokamera, mit der die Geschehnisse nebenan aufgezeichnet wurden.

Was immer hier im einzelnen vorgefallen sein mochte, war sehr viel komplexer als gewöhnliche Prostitution. Hier waren Leute ins Haus eingeladen worden, man hatte ihnen Getränke gereicht und höflich Konversation gemacht, und danach waren sie zum Geschlechtsverkehr nach oben gebracht worden. Für Rosemary West war das keine gewerbsmäßige Angelegenheit – es war ihr Lebensinhalt.

Es gibt einen Terminus – »Gipfelerfahrung« –, der die Periode im Leben eines Menschen bezeichnet, in der alles zusammenkommt und er auf der Stufe seiner äußersten Möglichkeiten lebt und handelt. Alles wird schärfer; die sinnlichen Wahrnehmungen sind reichhaltiger, das Leben ist erfüllter, die Probleme werden mit Engagement und Tatkraft in Angriff genommen. Ein Trainer erzielt diesen Effekt, wenn der Athlet genau im richtigen Moment für den entscheidenden Wettkampf seine Höchstleistung erreicht hat.

Ich nahm an, daß es für Fred und Rosemary West zur »Gipfelerfahrung« kam, wenn sie sich ihren sexuellen und sadistischen Vergnügungen widmeten. Alles übrige verblaßte im Vergleich zu diesem ungeheuren Kick, den ihnen diese Spiele verschafften. Das ganze Haus war ein Tummelplatz für ihre Phantasien, die sie hier verwirklichten.

Als ich wieder in den Sonnenschein hinaustrat, kam es mir vor wie das Emportauchen aus der schwärzesten Kloake.

Wir gingen schweigend die Cromwell Street hinunter, Terry Moore und ich, bis ich plötzlich stehenblieb und mich umschaute. Es war eine Straße, die sich durch nichts von irgendwelchen anderen Straßen unterschied; falls man von oben herabschaute, würde man eine Straße nach der andern erblicken, die ebenso aussahen. Das einzige, was die Cromwell Street von den übrigen Straßen unterschied, war das, was die Polizei im Haus Nummer 25 entdeckt hatte.

Einkaufsbummler plauderten im Schatten von Markisen und sahen sich die Schaufenster an. Kinder jagten hintereinander her, lachten, wenn sie gefangen wurden, und rannten wieder los. Mir kam es vor, als ob ich meilenweit von solch einem glücklichen, unbekümmerten Leben entfernt wäre. Wenn man durch den Beruf tagtäglich Tod und Trauer erlebt, so kann man dieser Erfahrung nie mehr entkommen. Jedesmal, wenn ich mich ganz darauf einlasse, mindert das meine Fähigkeit, mich des Lebens zu erfreuen. Ich finde die Farben noch immer leuchtend, die Sonne scheint nach wie vor warm, und Leute lächeln immer noch, doch irgendwie betrete ich einen Bereich, der mich daran hindert, diese Dinge wirklich zu genießen.

Ich ließ alle Einzelheiten nochmals vor meinem inneren Auge Revue passieren und versuchte, alle Nuancen von Frederick und Rosemary West zu verstehen. Wie war es möglich, daß ein äußerlich so freundliches und umgängliches Ehepaar zu solch perversen, sadistischen sexuellen Psychopathen geworden war? Was gab es in ihrem Leben, das in ihnen das Bedürfnis weckte, zu entführen, zu foltern, zu vergewaltigen und zu morden und ihnen auch die Kraft dazu gab?

In vieler Hinsicht unterscheiden sich Rosemary und Frederick West nicht von uns. Die Entwicklungsprozesse, die sie und mich prägten, haben die beiden zu dem gemacht, was sie nun waren; lediglich der Inhalt dieser Prozesse war ein anderer. Dessen bin ich mir sicher, weil ich Menschen untersucht und behandelt habe, die die gleichen Motive und die gleiche Krankheit hatten. Es mögen Personen gewesen sein, die weniger Menschen mißhandelt und umgebracht haben; aber Sexualpsychopathen waren auch sie.

Bei Frederick hatte alles früh begonnen – in der Kindheit, während derer die meisten von uns jene moralischen Regeln und Anleitungen erhalten, die uns an die Gesellschaft binden und uns lehren, was gut und was böse ist. Bei ihm war das nicht der Fall. Ich weiß nicht, warum – es ist nicht meine Aufgabe, das herauszufinden. Es ist jedoch nicht unbedingt darauf zurückzuführen, daß seine Eltern ihn vernachlässigt haben. Es gibt viele Kinder, denen das Leben übel mitspielt oder die unter schwierigen Umständen aufwachsen, und aus ihnen werden trotzdem keine sadistischen Mörder. Sie holen auf, weil es wirksamere Einflüsse wie die Schule oder wichtige Freundschaften gibt, die sie sozialisieren und ihnen eine Vorstellung von Gut und Böse geben.

Als Frederick West größer wurde und seine Sexualität entdeckte, richtete sich seine Aufmerksamkeit ausschließlich auf die eigenen Bedürfnisse und Wünsche. Er lernte nicht, andere Menschen als unabhängige, einzigartige Individuen zu sehen, die die gleichen Rechte, Bedürfnisse und Wünsche hatten wie er selbst. Er benutzte die richtigen Wörter; doch er wußte nicht, was sie wirklich bedeuteten.

Es ist wie bei Leuten, die farbenblind sind. Sie kommen gut durch die Welt, sie können Formen erkennen, und sie wissen, was eine Ampel ist; man kann ihnen vom Grün des Grases und von den roten Rosen erzählen, und sie können es wiedergeben. Nur haben sie keinen Begriff davon, was Grün und Rot wirklich ist.

Für Frederick bedeuteten Gefühle – insoweit er welche hatte – nur »meine Gefühle«. Die Vorstellung, daß andere Menschen Gefühle hatten und diese genauso wichtig waren wie seine, konnte er im Grunde nicht begreifen. Es war ein Problem, das keineswegs alle Lebensbereiche erfaßte – sonst hätte er nicht überlebt; sonst hätte er keine Stellung gehabt oder nicht gewußt, daß man Einkäufe an der Kasse bezahlen muß. Er hätte die Arbeit einfach liegengelassen oder sich Sachen aus den Regalen geholt. Es gibt bestimmte Psychopathen, die das tun.

Fredericks Problem manifestierte sich in seinen Beziehungen mit Frauen. Ihm fehlte jede Aufrichtigkeit, Integrität oder Achtung, die wir erwarten, wenn wir einen Partner kennenlernen, um ihn werben und intimen Kontakt mit ihm haben. Für ihn waren Frauen Sexualobjekte, die er glaubte ausbeuten zu können, so wie es ihm gerade paßte.

In seiner späten Kindheit und Jugend hatte er permanent einen starken sexuellen Appetit. Er brauchte viele Partnerinnen, und er erwartete, daß ihm ständig Frauen zur Verfügung standen. Dieses Verlangen war jedoch viel zu groß, als daß er es aufgrund seiner sozialen Fähigkeiten je befriedigen konnte. Ihm fehlte es an den nötigen Fertigkeiten, um an die anspruchsvollen Frauen heranzukommen, zu denen er sich hingezogen fühlte; ebensowenig war er imstande, die Frauen zu überzeugen, freiwillig bei allem mitzumachen, was er sich vorstellte. Manche waren gewiß soweit gegangen, mit ihm zu schlafen, zogen sich aber zurück, als er experimentieren und weitergehen wollte.

Vor allem hatte er ein wachsendes Bedürfnis, Frauen zu dominieren und ihnen Zwang anzutun – nicht aus Verbitterung oder Verachtung, wie es bei Sexualtätern so oft der Fall ist, sondern als Mittel der persönlichen Befriedigung und aus purem Vergnügen. Umfangreiche Forschungen lassen vermuten, daß die Wurzeln dieser Einstellung in seinen ersten sexuellen Erfahrungen liegen.

Die meisten Männer und Frauen haben Sexualphantasien und

masturbieren. Inhaltlich sind die Phantasien häufig durch die ersten sexuellen Erfahrungen – mit Verwandten, mit Freunden bzw. Freundinnen in der Schule oder durch pornographisches Material – beeinflußt und manchmal auch geprägt.

Es werden viel mehr Menschen, als wir denken, innerhalb einer familiären Konstellation ins Geschlechtsleben eingeführt – sei es durch Sex mit den Eltern, einem Bruder oder einer Schwester, einem Onkel oder einem Cousin. Leider werden sie häufig zu irgendeiner Art sexueller Erniedrigung verführt oder gezwungen. Ich habe viele Fälle erlebt, in denen die Patienten mir offenbarten, daß sie ihre ersten sexuellen Erfahrungen in ihrer Kindheit machten, als ein Mann aus der Verwandtschaft oder dem engeren Freundeskreis sie zunächst an intimen Stellen berührte und irgendwann Analverkehr mit ihnen trieb. Andere haben berichtet, wie ihre Schwestern oder Cousinen von Männern aus der Verwandtschaft häufig zum Geschlechtsverkehr gezwungen und sie selbst dazu genötigt wurden, sie sexuell zu benutzen. Das kann sich jahrelang fortsetzen, so daß es ihre Einstellung zum Geschlechtsleben und zu Beziehungen verzerrt.

Ähnliches gilt für Konstellationen innerhalb der Schule oder in einer Peer-Group, obwohl hier die Einschränkungen viel stärker sind. Junge Ehepaare, die sexuell einiges ausprobieren, wissen, daß sie bestimmte Grenzen nicht überschreiten können, ohne Gefahr zu laufen, daß ein Partner sich beschwert, wenn etwas getan wird, was ihm unangenehm ist.

Kinder werden nur allzu häufig unter Zwang an Pornographie, insbesondere an Bilder und Literatur herangeführt. Vielleicht spüren sie beim Anblick gefesselter oder mißhandelter Frauen eine sexuelle Erregung und assoziieren dann die Ausübung von Herrschaft und Zwang mit Lust.

In Fred Wests Entwicklung sind einer oder alle dieser Faktoren vertreten; er ist jedoch nicht der einzige, der sie erlebt hat. Viele Menschen erleben sie, doch bei den meisten von ihnen genügen die weiteren sozialen Erlebnisse von Verwandtschaft, wichtigen Freundschaften, Schule und sonstige Kontakte, um solche Entwicklungsdefizite zu kompensieren und das heranwachsende Kind wieder zu sozialisieren. Auf diese Weise lernen sie die Konsequenzen von ernsthaftem Fehlverhalten fürchten.

In einer sehr geringen Anzahl von Fällen geschieht das jedoch nicht, mit dem Ergebnis, daß der junge Mensch nicht an die Gesellschaft bzw. ihre Regeln gebunden ist. Er spürt weder die Wärme echter emotionaler Empathie noch die Abscheu davor, Schmerz zuzufügen. Er hat ein starkes sexuelles Verlangen, und zur gleichen Zeit wird die Kluft immer größer zwischen dem Sexualkontakt, den er sich verschaffen kann, und seinem zunehmenden Drang nach Kontrolle und Dominanz über seine Partnerinnen.

Mit der Zeit setzt er seine Forderungen gegenüber Frauen eindringlicher durch. Er selbst würde da nicht von Zwang sprechen oder es als Vergewaltigung betrachten, weil er nur seine eigenen Gefühle kennt; die Gefühle anderer existieren für ihn nicht. Was die Frau denkt oder sagt, spielt für ihn keine Rolle. »Ich will es jetzt, und sie wird mitmachen«, denkt er. Das ist ihm jedoch schon bald nicht mehr genug; er braucht noch mehr Macht über sie.

In den meisten Beziehungen stellen Männer und Frauen Ansprüche wie beispielsweise Treue und daß die Partnerschaft nicht selbstverständlich hingenommen wird. Frederick West ist außerstande, solche Verantwortung zu übernehmen, und wird ärgerlich, wenn eine Frau das von ihm erwartet.

An irgendeinem Zeitpunkt bringt er eine Frau um – vielleicht, weil sie zu viele Forderungen stellt und ihn irritiert. Sie ist vielleicht schwanger und fragt: »Und was machen wir nun?«

»Was soll das heißen – ›wir‹?« will er wissen.

»Na ja, *du* hast mich doch geschwängert.«

»Hör mal, wir haben miteinander geschlafen. Das hat mir Spaß gemacht, und dir hat's nicht geschadet. Also, wo liegt das Problem?«

Es ist aber ein Problem, und deshalb bringt er sie um, weil es, soweit es ihn angeht, keinen Grund gibt, warum er sie nicht umbringen sollte. Für ihn bedeutet es nichts anderes als das Töten eines streunenden Hundes. Er weiß natürlich, daß er ins Gefängnis kommt, falls es herauskäme; also vergräbt er die Leiche und erfindet eine Geschichte, um das Verschwinden der Frau zu erklären.

Auf diese Art erklärte Frederick West der Polizei gegenüber schließlich seine sämtlichen Morde, und nach allem, was ich über ihn wußte, hat er wahrscheinlich am Anfang aus einem pragmatischen Motiv getötet. Im Lichte dessen, was er den späteren Opfern an der Cromwell Street antat, muß bei einem der pragmatisch motivierten Morde eine Wende eingetreten sein ... er wurde sexuell erregt.

Als er sich der Frau bemächtigte, indem er ihr vielleicht die Hände um den Hals legte, merkte er plötzlich, wie ihr Gesicht sich verzerrte und eine furchtbare Angst in ihren Blick trat. Und während er ihre Luftröhre zudrückte, wurde ihm bewußt, daß er eine Erektion hatte, und seine Erregung wurde stärker und stärker, während die Frau sich unter seinen Händen wand und starb. Was ihn erregt, ist nicht sosehr der Tötungsakt, als vielmehr ihre Reaktion. Es ist der entsetzte Ausdruck auf ihrem Gesicht in dem Bewußtsein, daß sie absolut nichts dagegen tun kann, getötet zu werden; sie ist ihm total ausgeliefert.

Selbst wenn Frederick nicht unbedingt eine detaillierte Phantasievorstellung von solchem Geschehen hat, ist er sich bewußt, daß es in sexueller Hinsicht wundervoll war – so wunderbar, daß er den Wunsch nach Wiederholung hat. Selbst die Beseitigung der Leiche bereitet Genuß, weil er mit ihr machen kann, was er will. Er kann mit der total passiven Leiche Geschlechtsverkehr haben – nicht unbedingt deswegen, weil es etwas anderes oder besonders angenehm ist, sondern weil er damit wiederum seine Macht demonstriert. Das gleiche gilt für das Zerstückeln und Verstecken der Leiche. Das war eine neuartige Erfahrung für ihn, und dieses Bild wird ihm immer wieder von neuem vor Augen stehen, wenn er später masturbiert.

Unterdessen geht sein Leben weiter – er arbeitet, geht mit Freunden zusammen trinken, bietet seine Hilfe an, wenn sie beim Bau einer Terrasse eine helfende Hand brauchen oder ihr Haus neu streichen. Er empfindet keine Reue – dieser Begriff bedeutet ihm gar nichts. Und keiner hegt einen Verdacht oder stellt ihn zur Rede, weil er ein äußerst lockeres Netz von Freunden und Bekannten hat, die in seinem Leben kommen und gehen. Er lebt in einem Wohnwagen und hat genügend Raum, um zu agieren, ohne unerwünschte Fragen auf sich zu ziehen. Aus diesem Grund schlägt niemand Alarm, als 1969 Rena Costello, seine erste Frau, von der Bildfläche verschwindet. Warum sollten sie auch Alarm schlagen? Fred ist schließlich ein netter Kerl.

Dann geht er mit einem Mädchen, Rosemary Letts, die erst fünfzehn Jahre alt ist, aber bereits sexuelle Erfahrungen hat. Ihre Persönlichkeit ist noch nicht so tiefgehend geformt wie seine; binnen zwei Jahren jedoch wird sie ebenfalls zur Sexualsadistin.

Dazu könnte es auf zweierlei Weise gekommen sein. Eine Möglichkeit ist die, daß sie in sexueller Hinsicht eine leere Leinwand ist, auf die er, nachdem sie in seine Gewalt geraten ist, das Bild der Persönlichkeit aufträgt, die er sich wünscht. Die andere Möglichkeit ist die, daß sie schon eine sadistische Veranlagung hatte, die sich in ihrer frühen Lebensphase eventuell in Grausamkeit gegen Tiere und Menschen ihrer Umgebung äußerte.

Viele Faktoren, die Frederick auf seinen Weg zum sadistischen Sexualmörder führten, werden auch in Rosemarys Kindheit präsent gewesen sein. Sie war ebenfalls großgeworden, ohne klare moralische Maßstäbe zu verinnerlichen oder anzuerkennen, aufgrund derer Sadismus für die meisten von uns widerlich und inhuman ist. Höchstwahrscheinlich hatte sie nie die Empfindungen von Wärme und Beglückung erlebt, die aus einer beiderseits gewünschten und liebevollen sexuellen Intimität erwächst, und war daher formbar geblieben.

Mag uns der konkrete Grund auch unbekannt sein – an der späteren Entwicklung ändert sich dadurch nichts. Rosemary ist zu Fred gezogen und war am Anfang wahrscheinlich ziemlich passiv – eine »tolle« Sache für einen Mann, der vor allem dominieren will. Sie ist für all seine Vorschläge offen und macht die Erfahrung, daß sie darauf ohne Abscheu reagiert. Vielleicht spielen die beiden zunächst Szenen von Herrschaft und Erniedrigung durch, nicht echt, sondern auf die gleiche Weise wie viele normale Pärchen auch, die sich provozierend auftakeln und sexuelle Spiele spielen.

Und so, wie ein Mann seine Freundin oder Ehefrau zu seinem Hobby – zum Beispiel Gesellschaftstanz – mitnimmt, macht Fred Rose mit seinem Zeitvertreib bekannt. Er öffnet ihr den Zugang zum Sadismus und entdeckt, daß sie die gleiche »Musik« und den gleichen »Tanz« mögen; nur daß in diesem besonderen Fall die »Musik«, die sie hören, aus dem Schreien und Flehen von sterbenden jungen Frauen und Mädchen besteht.

Der Schlüssel zum Verständnis alles folgenden ist die Freude und sexuelle Erregung, mit der Rose reagiert. Sie macht die Entdeckung, daß Fred ihr sadistisches Potential freizulegen und zu genießen versteht. Mit dieser Form von sexueller Äußerung kompensiert sie die ganze Leere ihres früheren Lebens.

Unter seiner Führung lernt Rosemary rasch, so daß sie bald ebenso gut »tanzt« wie er; wahrscheinlich sogar noch besser. Sie hört noch viel subtilere Takte und Rhythmen aus der »Musik«

heraus und beginnt, neue Ideen und Schritte einzubringen. Was zuvor einmal ziemlich grob und ungeschlacht war, wird feiner, und die beiden widmen ihrem devianten Tanz mehr und mehr Zeit ihres Lebens, bis er das Zentrum ihres Daseins bildet.

Als 1972 Caroline Owens entführt wird, da ist es anscheinend schon Rosemary, die die Choreographie des Folterns und Mißhandelns bestimmt, an dem sie auch unmittelbar beteiligt ist. Sie hat von sich aus, ohne Anleitung oder Drängen ihres Mannes, im Fond des Wagens angefangen, Caroline zu küssen.

Frederick hat eine Seelenfreundin gefunden – eine Frau, die all seine Bedürfnisse, Hoffnungen und Phantasien teilt. Es wird die wichtigste Beziehung seines Lebens.

Rosemarys Sexualität wächst, erblüht und wird immer gieriger. Sie ist durchaus zu einer orgasmischen Beziehung mit ihrem Ehemann imstande, aber das ist ihr nicht genug; sie verlangt neue Speisen und Würze. Sie nimmt sich eine Reihe von Partnern, möglicherweise männlichen wie weiblichen Geschlechts; doch selbst wenn sie einen Liebhaber in den Armen hält, ist ihr Mann Teilhaber des Akts, weil der Sex beide bereichert. Er schafft ihre Liebhaber heran, führt sie ein, billigt sie; er hört bei dem Geschehen mit und schaut zu.

Sie verwandeln ihr Haus in einen Spielplatz – für sie ist es keine Folterkammer und kein Kerker, für sie ist es ein von der übrigen Welt abgetrennter Spielplatz, wo sie in aller Ruhe experimentieren können. Mittlerweile ist keiner der beiden mehr passiv, haben beide ein quälendes Bedürfnis zu zwingen, zu dominieren und Schmerz zuzufügen. Darin sehen sie ihren Lebenssinn.

Sie erörtern, wie sie Menschen fangen und gefangenhalten können. Sie handeln, und sie entwickeln eine Methode. Und eines schönen Tages gabeln sie dann ein junges Mädchen auf. Wir werden wohl nie genau erfahren, wie das Mädchen in Frederick Wests Auto gelockt wurde; die Krankheitsgeschichte liefert uns jedoch einige Hinweise.

West weiß, wo potentielle Opfer zu finden sind, und er hat eine Vorstellung von der Person, die er sucht. Sie muß jung sein, vielleicht mit langem Haar oder vollen Brüsten oder in bestimmtem Stil gekleidet. Oder vielleicht hat sie auch etwas an sich, das er nicht leicht erklären kann, doch wenn er sie sieht, spielen seine Hormone verrückt, und die sexuell ambivalente Rosemary West zieht es zu dem Mädchen hin.

Wenn das Mädchen einen passiven Eindruck macht, ist den beiden klar, daß sie mit ihrer Angst spielen und in ihrem Entsetzen Töne erreichen können, die sie noch nie gehört haben. Falls die Frau jedoch stolz ist und Widerstand leistet, werden sie in dem Wissen jubilieren, daß sie sie zu einem flehenden, willigen Bündel und am Ende buchstäblich zu einem Haufen Fleisch und Knochen reduzieren können.

Wie bekommt er sie in sein Auto? Wenn Rosemary mitfährt, ist das eine einfache Sache. Da sieht die junge Frau, daß eine Frau im Wagen sitzt, und das Mißtrauen löst sich auf. Sexualverbrecher haben schließlich nicht ihre Ehefrauen dabei, oder?

»Hören Sie, meine Frau ist krank, könnten Sie helfen?«

»Sie bekommt ein Baby, und wir haben uns verfahren.«

»Es ist nachts gefährlich, allein unterwegs zu sein. Können wir Sie mitnehmen?«

Es gibt unzählige Tricks. Entscheidend ist nur, daß sie in Reichweite kommt. Frederick ist stark und brutal; er kann sie mühelos in seinen Wagen zerren und rasch Paketband über ihren Kopf und die Hände kleben.

Oder vielleicht verlegt er sich auf die Methode, das Mädchen, das er mitgenommen hat, erst einmal in ein Gespräch zu verwikkeln, um Vertrauen zu schaffen. Die ungezwungene Konversation steigert sein Vergnügen, weil er auf diese Weise etwas über ihr vergangenes Leben erfährt.

Und dann sind blitzschnell die Klebestreifen auf ihrem Kopf und die Hände gefesselt. Sie wird zur Cromwell Street gebracht und bereits unterwegs mißbraucht, weil die Versuchung zu groß ist, um ihr zu widerstehen.

Die Vorfreude ist groß: Frederick und Rosemary haben es geschafft, eine Person zu fangen. Allein das versetzt sie in eine enorme sexuelle Erregung. Sie geraten in solch eine Hochstimmung, daß bei den frühen Morden das Foltern und der Mißbrauch möglicherweise rasch zu Ende waren. Sie mordeten schnell und hatten tagelang einen Nachgeschmack des Vergnügens.

Mit der Zeit dehnen sie diesen Prozeß in die Länge, um sich an jedem Opfer zu delektieren, solange es eben ging. Sie begreifen, daß es nicht nötig ist, das Opfer sofort zu töten – das Töten läßt sich hinausschieben, quälend verzögern und das Vergnügen steigern.

Durch die Entführung von Caroline Owens wissen wir, daß sie

von einem chirurgischen Eingriff und einer Operation an den Genitalien gesprochen haben. So fürchterlich der Gedanke auch ist: Ich gehe davon aus, daß sie irgendwann tatsächlich damit begonnen haben, an ihren Opfern zu »operieren« und dabei ihr Tun erläutert und diskutiert haben.

Bei sechs der aufgefundenen Leichen gab es Hinweise auf Knebelung oder einen totalen Kopfverband mit Klebestreifen. Bei einer dieser »Masken« war vorn ein dünner Plastikschlauch eingesetzt, der zur Nase führte und das Atmen ermöglichte. Damit wurde das Mädchen nicht nur am Leben erhalten; der Schlauch gab den Wests auch die Möglichkeit, dem Körper Flüssigkeiten einzuträufeln. Es ist außerdem bekannt, daß ihre Opfer nackt, zerstückelt und mit Klebebändern in ihren Gruben gefunden wurden. Zieht man das übrige Beweismaterial hinzu, heißt das, daß sie höchstwahrscheinlich aufgehängt, geschlagen, verstümmelt und von beiden Wests sexuell mißbraucht worden waren.

An einem bestimmten Punkt ist vermutlich in die Haut gebissen worden; da floß Blut. Wahrscheinlich ist vor und nach dem Tod Fleisch abgeschnitten worden. Eine Mahlzeit kann ein ganz besonderes Erlebnis sein. Man zieht schöne Kleider an, trinkt ein Glas Wein, setzt sich an einen schön gedeckten Tisch und genießt ein gut zubereitetes Mahl. Es ist ein Gemeinschaftserlebnis. Ich vermag natürlich nicht mit absoluter Gewißheit zu beweisen, daß hier Kannibalismus getrieben wurde; die ungewöhnlichen Einschnitte an den Oberschenkelknochen machen es zumindest sehr wahrscheinlich.

Meine Behauptung stützt sich auf unser Wissen über Sexualpsychopathen und ihre Verbrechen. Manche hören auf, wenn sie eine Stufe der sexuellen Lust erreicht haben, die aus einer bestimmten Sorte von Reizen gewonnen wird. Bei den Wests gibt es dafür keinen Beleg – sie scheinen nur ein ständig steigendes Bedürfnis gekannt zu haben. Wenn Menschen einen permanenten Wunsch nach neuer Aufregung haben und immer neue Höhen erreichen wollen, erweitern sie ihr Repertoire um neue Elemente. Wenn man mit einem Fall konfrontiert ist, in dem ein Ehepaar von der Demütigung zu sadistischen Quälereien zur totalen Beherrschung bis hin zur Ermordung ihrer Opfer gekommen ist, dann fehlt bis zum Kannibalismus nur noch ein kleiner Schritt.

Frederick und Rosemary begruben ihre »Schätze« ganz in ihrer Nähe – im Keller des Hauses und im Garten. Wie andere große

Sorgfalt darauf verwenden, die passenden Bilder für einen Raum auszusuchen und sie dort richtig zu hängen, so gaben sie sich große Mühe mit der Unterbringung der Leichen. Das masturbatorische Nachspiel ist für sie wichtig; es ist das beruhigende Wissen, in den Keller gehen zu können und sich in dem Bewußtsein dessen, was zweieinhalb Meter darunter liegt, auf ein Kinderbett zu legen.

Was die Leute am wenigsten verstehen können, ist die Frage, wie dieses Ehepaar im normalen Alltag als gute Nachbarn gelten konnten, die vielleicht ihre Eigenheiten hatten, alles in allem aber nicht anders zu sein schienen als die anderen; und gleichzeitig in einer Dimension lebten, die nur von ganz wenigen Leuten überhaupt für möglich gehalten wird. Was diesen jungen Frauen widerfahren war, bewegt sich wahrscheinlich jenseits der Vorstellungskraft der meisten Autoren von Horrorgeschichten; von ihren deskriptiven Fähigkeiten ganz zu schweigen.

Genau das macht es den Leuten so schwer, es zu verstehen. Sie können es nicht fassen, daß Frederick und Rosemary aus dem panischen Schrecken und dem Sterben ihrer Opfer Freude und Hochstimmung bezogen. Für einen sadistischen Sexualpsychopathen aber ist genug nie genug. Der Drang nach neuen Entdeckungen und Dimensionen wächst und wächst; er hört nie auf.

Das zeigte sich an ihren Beziehungen zu den eigenen Kindern. Es waren menschliche Wesen, die sie selbst gezeugt und aufgezogen, die sie völlig in der Hand hatten; wertvolle Größen, die für sie von Gewinn sein konnten. Und während die Wests bei ihren Entführungsaktionen umsichtig vorgingen, wurden sie im Verhalten gegenüber ihren Kindern immer leichtsinniger, so daß Außenstehende wie Lehrer oder Sozialarbeiter letztendlich gar nicht umhin konnten einzugreifen.

Ich kehrte zum Bahnhof zurück und brauchte über eine Stunde, um John Bennett und Terry Moore meine Schlußfolgerungen zu erläutern. Anschließend setzte ich mich in einem ruhigen Eckchen des Gemeinschaftsraums der Polizei mit dem Team zusammen, um mich über den neuesten Stand der Dinge informieren zu lassen.

West hatte inzwischen weitere Aspekte seiner Verbrechen zugegeben – er hatte eingeräumt, daß die Opfer gefesselt worden waren –, bestritt aber nach wie vor, daß die Opfer aufgehängt oder gefoltert wurden. Gleichermaßen weigerte er sich noch immer entschieden, seine Frau zu belasten.

»Wie ist das nur möglich?« fragte Bennett. »Wenn er so ein Psychopath ist, warum sagt er dann nicht, nein, das habe nicht ich getan, es war meine Frau? So macht es seine Frau – sie hat immer wieder gesagt: ›Wenn irgend etwas passiert ist, dann ist es Fred gewesen.‹ Warum schützt er sie bloß?«

»Sie müssen die Eigenart der Beziehung der beiden bedenken. Seine Bindung an seine Frau ist enorm. Betrachten Sie es einmal so: Viele Männer schauen sich Pornozeitschriften an und phantasieren davon, einer sexuell hemmungslosen Frau zu begegnen; einer Frau, die nicht nur willig ist, sondern die sie auch anstachelt und mit Praktiken bekanntmacht, auf die die liebe Ehefrau daheim sich niemals einlassen würde. So einen Wunsch hatte Mr. West gar nicht nötig. Das hatte er schon. Er hatte eine Gefährtin, die in der Lage war, seine Phantasien fast schon über den Vorstellungshorizont eines Normalmenschen hinaus zu verstärken, zu entwickeln, zu erweitern und auszuschmücken – und das keineswegs nur einmal, sondern immer und immer wieder. Seine Frau war nicht bloß passiv dabei; sie teilte seine Gedanken und Gefühle und führte die gemeinsamen Sexspiele zu neuen Höhepunkten. Das macht sie für ihn zu einem unvorstellbar wertvollen Lebensbestandteil, und er würde nie etwas tun, um solch einen Vorteil zu gefährden. Er wird sie niemals aufgeben.«

»Und was ist mit Rose?« fragte Moore. »Wird sie reden?«

»Das bezweifle ich. Nach meinem Dafürhalten ist sie intelligenter und psychisch stärker als er. Was Sie mir von ihr berichtet haben, ergibt das Bild einer Frau, die glaubt, daß sie es durchsteht, wenn sie nur die Nerven behält. Sie ist nicht im gleichen Maße auf Unterstützung und Zustimmung angewiesen wie Mr. West. Das heißt nicht, daß sie böser ist als er; es bedeutet lediglich, daß sie ohne Zuwendung von außen länger durchhalten kann.«

»Weiß sie denn, daß Fred sie nicht verraten wird?« fragte Hazel.

»Ganz sicher. Ich glaube, daß sie Fred viel besser kennt als er sie. Sie haben gemeinsam die Tiefen menschlicher Verderbtheit ausgelotet, und sie weiß, was ihm das bedeutet. Sie weiß genau, daß er sie nie aufgeben wird.«

»Sie wird also einfach versuchen durchzuhalten?« fragte Moore.

»Ich sehe nur eine Möglichkeit, sie zum Geständnis zu bewegen – wenn man Fred West dazu bringt zuzugeben, daß sie beteiligt war. Wenn er erst einmal anfängt, Details über das Mitwirken von Rosemary preiszugeben, dann wird sie eventuell auspacken. Sie wird kein Geständnis ablegen. Sie wird ihm die Schuld geben und behaupten, daß sie eine unfreiwillige, passive Komplizin war, die eingeschüchtert wurde. Ich bezweifle, daß sie je irgendeine Verantwortung dafür übernehmen wird – ganz bestimmt nicht, bevor sie verurteilt worden ist.«

Das ist einer der Gründe, warum ich mir um sie weniger Sorgen machte, als Bennett wissen wollte, ob bei einem von beiden Selbstmordgefahr bestehe. Ich sagte ihm, daß Rosemary höchstwahrscheinlich bis zum Schluß durchhalten würde, weil sie überzeugt sei, daß sie die Anklagepunkte entkräften könne. Bei Frederick West lagen die Dinge jedoch anders. Solange er in Haft blieb und es genoß, im Mittelpunkt der Untersuchung zu stehen, war mit ihm alles in Ordnung; vor allem, wenn er glaubte, daß Rosemary weiterhin zu ihm hielt. Wenn aber die Verhöre erst einmal vorbei waren und er in Untersuchungshaft kam, würde er sich mehr und mehr isoliert fühlen; die Isolation würde ihn noch schlimmer treffen, wenn er glaubte, daß seine Frau sich von ihm abwandte und ihn womöglich als unmenschliches Monster darstellte.

Da ich seine Persönlichkeit und sein Verhalten bei Vernehmungen kannte – insbesondere sein völlig unglaubwürdiges, aber leidenschaftliches Insistieren, daß Rosemary nicht an den Morden beteiligt gewesen sei –, wußte ich, wieviel sie ihm bedeutete. Ich erklärte, das Selbstmordrisiko würde dramatisch steigen, wenn er erfuhr, daß sie ihn verstieß, und er begriff, daß sie nie mehr zusammenkommen würden.

Obwohl Rosemary West ihre Unschuld beteuert hatte, gab es für mich keinen Zweifel daran, daß sie tief in die Verbrechen verstrickt war, schon aus rein logistischen Überlegungen: Unter ihrem Dach waren neun Leichen – wahrscheinlich in der Küche – zerstückelt, eine Zeitlang gelagert und später im Garten begraben worden. Alle Gruben im Haus waren knapp zweieinhalb Meter tief und per Hand aus dem schweren, schwarzen Lehm geschaufelt worden. Wo war sie denn gewesen, als das alles geschehen war? Sie mußte davon wissen – alles andere wäre undenkbar.

Im übrigen gab es – was noch wichtiger war – überzeugende Beweise dafür, daß sie die gleiche krankhafte Sexualdevianz wie ihr Mann hatte. Sie hatte einen enormen Sexualtrieb, schlief mit Dutzenden von Männern und genoß es, daß ihr Ehemann dabei zuhörte. Sie traf die Entscheidung, wann ihre Töchter für die sexuelle Initiation reif waren; sie beaufsichtigte deren Penetration. Und für die Entführung von Caroline Owens hatte die Verantwortung offenbar bei Rosemary gelegen – die Choreographie des Folterns und Mißhandelns stammte von ihr.

Am 20. April – zwei Tage nach meiner letzten Fahrt nach Gloucester – wurde Rosemary West verhaftet und wegen zweifacher Vergewaltigung eines 13jährigen Mädchens sowie der Vergewaltigung eines achtjährigen Jungen angeklagt. Sie sollte schließlich als Mittäterin bei neun Morden unter Anklage gestellt werden – einschließlich des Mordes an Charmaine West, deren Leiche im ehemaligen Kohlenkeller in der Midland Road 25 gefunden wurde.

Drei Wochen zuvor waren die sterblichen Überreste von Charmaines Mutter Rena Costello in einem Weizenfeld entdeckt worden; 1969 hatte die Familie ganz in der Nähe in einem Wohnwagen gewohnt. Für die Suche wurde modernste Radartechnik verwendet.

Bei meinem letzten Besuch in Gloucester am 18. Mai unterrichtete mich das Ermittlungsteam über Rosemarys Vernehmungen. Sie gab, wie erwartet, wenig preis; sie gab zu, viele Liebhaber gehabt zu haben, lehnte es aber ab, für die Geschehnisse im Haus irgendeine Verantwortung zu übernehmen. Sie war in der Lage, das Verhalten einer normalen, liebenden Mutter zu beschreiben, und erhob den Anspruch, genau das immer gewesen zu sein.

Als sie mit den Aussagen ihrer Stieftochter Anne Marie konfrontiert wurde, sie sei seit ihrem achten Lebensjahr von ihrem Vater vergewaltigt und von ihrer Stiefmutter sexuell mißbraucht worden, bestritt Rosemary jegliches Wissen darüber und erklärte, daß Fred möglicherweise damit zu tun gehabt habe. Auf weiteres Drängen gab sie zu Protokoll: »Ich habe nur das getan, wozu ich gezwungen wurde. Fred hat alles organisiert. Vielleicht hat Fred Anne Marie dazu gezwungen. Ich habe es nicht getan.«

Dann beschränkte sie ihre Antworten auf »Kein Kommentar« und wiederholte das bei der Vernehmung stundenlang. Die Ermittler fragten trotzdem weiter, ohne sie einschüchtern oder unter

Druck zu setzen; sie trugen einfach ihre Anliegen vor und bauten systematisch die Beweisführung gegen sie auf.

Inzwischen hatte Frederick begonnen, weitere Taten zuzugeben. Er schilderte, wie er Mädchen aufgegabelt und in seinem Kombi mit nach Hause genommen hatte. Er behauptete jedoch, daß es auf ihren Wunsch zum Geschlechtsverkehr gekommen sei und sie manchmal hart angefaßt werden wollten; die Mädchen seien dann unglücklicherweise gestorben. Rosemary habe von all dem keine Ahnung.

Anfang Juni wurde am Rande einer großen Ausgrabungsstelle in Fingerpost Field, Kempley – nicht weit entfernt vom Fundort der Leiche von Wests erster Ehefrau – die zwölfte Leiche gefunden. Es war die Leiche der 22jährigen Anna McFall. Sie stammte aus Coatbridge in Lanarkshire und hatte 1967, gleich nachdem sie nach Gloucester kam, kurze Zeit als Kindermädchen bei den Wests gearbeitet. Die Obduktion ergab, daß sie zum Zeitpunkt ihres Todes im achten Monat schwanger war.

Damit waren die Grabungen endlich abgeschlossen – nach vier Monaten.

19

Drei Wochen nach dem Vorverfahren im Gericht von Wimbledon sollte der Prozeß im Mordfall Rachel Nickell durch einen anderen, davon völlig losgelösten Prozeß im 320 Kilometer entfernten Leeds eine grundlegende Wendung erfahren. Der Lebensmittelhändler Keith Hall wurde des Mordes an seiner Frau für nicht schuldig befunden, weil ein Richter befand, daß die Verwendung von Beweismaterial, das von einer verdeckten Ermittlerin stammte, die sich mit ihm angefreundet hatte, unzulässig sei.

Nachbarn zufolge war Halls Frau nach einem heftigen Ehestreit im Frühling 1992 verschwunden. Hall behauptete, sie habe ihn verlassen und das Familienauto, einen Ford Sierra, mitgenommen, der später verlassen aufgefunden wurde. Der Fahrersitz befand sich relativ weit vorn in einer Position, die eher für sie als für ihn passend war. Ein Milchmann erinnerte sich jedoch, einen Mann am Steuer des Wagens gesehen zu haben.

Da die Polizei keine Spur von ihr fand, war sie überzeugt, daß Patricia Hall ermordet worden war, konnte aber nichts entdekken, das ihren Mann direkt belastet hätte. Auf Rat eines Anwalts weigerte er sich, Fragen zu beantworten, und er beobachtete spöttisch, wie die Polizei den Garten seiner Doppelhaushälfte in Pudsey am Stadtrand von Leeds aufgrub – ohne Erfolg. Die Polizei riß sogar die Teerdecke eines Kreisverkehrs in der Nähe des Hauses auf.

Im Oktober 1992 erhielten die Untersuchungsbeamten schließlich den Anruf einer Frau aus dem Ort; Eliza hatte in der Lokalzeitung, der *Wharfe Valley Times*, eine Kontaktanzeige aufgegeben, auf die sich zu ihrer Überraschung Keith Hall meldete. Sie erkannte seinen Namen sofort, weil sie über den Fall gelesen hatte, und wußte daher auch, daß seine Frau erst seit sechs Monaten vermißt wurde. Auf Wunsch der Polizei schrieb sie Hall zurück, um zu sehen, ob sich etwas daraus ergeben würde.

Als die Korrespondenz weiterging, ersetzte die Polizei die echte Eliza durch eine verdeckte Ermittlerin von der West-Yorkshire-Sonderkommission. In den folgenden vier Monaten entwickelte sich die Beziehung vom Briefschreiben zu langen Telefongesprächen über Leben, Liebe und Ehrgeiz. Die beiden trafen sich schließlich auf dem Parkplatz des George-and-Dragon-Pub, wo jedes Wort und verlegene Räuspern von einem Mikrophon aufgenommen wurde, das »Eliza« bei sich trug.

Im Laufe der nächsten fünf Monate trafen sie sich noch fünfmal, meistens auf einen ruhigen Drink im selben Hotel. Unerwarteterweise verliebte Hall sich in Eliza und kaufte ihr einen Ehering. Auf seine Bitte, zu ihm zu ziehen, entgegnete sie, das sei doch unmöglich, weil seine vermißte Ehefrau jederzeit zurückkehren könne.

Als sie am Abend – es war der 26. Februar 1993 – im Wagen auf dem Hotelparkplatz saßen, erzählte ihr Hall, daß eine Rückkehr Patricias ausgeschlossen sei, weil er sie umgebracht und ihre Leiche in einer Verbrennungsanlage verbrannt habe.

Er wurde festgenommen und wegen Mordes angeklagt; am 12. März 1994 stand er in Leeds vor Gericht. Nach tagelangen juristischen Debatten über das Verfahren urteilte Richter Waterhouse, das von der verdeckten Ermittlerin erbrachte Beweismaterial – einschließlich des auf Tonband aufgenommenen Geständnisses von Hall – werde für das Verfahren nicht zugelassen. Keith Hall wurde für »nicht schuldig« befunden, ohne daß der Jury überhaupt Beweismaterial vorgetragen wurde. Er verließ den Gerichtssaal als freier Mensch.

Ich hörte davon nachmittags in den Radionachrichten auf der Rückfahrt von einer Klinik nach Leicester. Ich erinnere mich daran, wie schockiert ich war – die Beweise aus einer Operation, die nach derselben Methode wie die Ermittlung im Fall Nickell lief, waren von einem Gericht zurückgewiesen worden. Ich fragte mich, ob damit die Anklage gegen Colin Stagg erledigt war? Hatten die Richter alles falsch verstanden?

Ich rief Pedder an, sobald ich ein Telefon fand.

»Sie haben es gehört«, sagte er nur.

»Ja. Soll das heißen, daß es mit unserem Fall zu Ende ist?«

»Nein, selbstverständlich nicht.« Die Staatsanwaltschaft, so berichtete er, habe den Fall Hall bereits gründlich unter die Lupe genommen und sei der Auffassung, daß die verdeckte Operation im Ermittlungsfall Nickell völlig anders konzipiert und durchgeführt worden sei, so daß sie in einem anderen Licht gesehen werden müsse. Sie sei makellos, »weißer als weiß« gewesen, ohne die Spur einer Falle.

»Sie wissen doch selbst, Paul«, sagte Pedder, »daß unsere Operation nicht darauf angelegt war, einen Menschen zu manipulieren, damit er ein Geständnis ablegt. Sie war so konzipiert, daß er die Möglichkeit hatte, sich selbst von dem Verdacht zu befreien oder sich selbst, und das nur aufgrund eigener Entscheidung, weiter zu belasten.«

»Ja, ich weiß.«

»Und deshalb müssen Sie sich keine Sorgen machen. Die Sache liegt in den Händen von Spitzenjuristen.«

Er hatte recht. Das waren Entscheidungen, die von erfahrenen Juristen getroffen werden mußten, deren Beurteilung der Lage ich kritiklos akzeptierte. Als der Prozeß näherrückte, wurde mir jedoch klar, daß ich nicht mehr so optimistisch und zuversichtlich wie vorher war. Bis dahin waren wir mit Riesenschritten dem Verfahren entgegengeeilt; inzwischen hatten sich unsere Chancen jedoch verringert.

Bei der Staatsanwaltschaft gab es einen neuen leitenden Juristen, John Nutting. Am Freitag, dem 2. September, kamen wir zu einer abschließenden Besprechung des Falls in seinem Büro zusammen. Am darauffolgenden Montag sollte das Gerichtsverfahren im Old Bailey beginnen. Pedder, Mick Wickerson, Bruce Butler, John Nutting, einige jüngere Anwälte und ich sowie weitere Personen saßen um einen langen, mit grünem Billardtuch bezogenen Tisch.

Nach einigen einleitenden Bemerkungen erläuterte Nutting, daß die Verteidigung höchstwahrscheinlich versuchen würde, dem Lizzie-James-Material die Beweiskraft abzusprechen und das Verfahren niederzuschlagen. Er ließ mich wissen, daß ich am Montag eventuell vor Gericht geladen würde.

Er bat mich um eine Stellungnahme. »Sind Sie der Meinung, daß Ihre Aussage als Grundlage für einen Schuldspruch ausreichen könnte, falls das Beweismaterial von Lizzie James für unzulässig erklärt wird?«

»Natürlich nicht«, erwiderte ich.

»Ich bin froh, daß Sie das sagen. Genau das ist nämlich auch meine Meinung.«

Er begann, mich zu bestimmten Einschätzungen zu befragen, die ich abgegeben hatte, und setzte mich sowohl bei Details wie bei Interpretationen zunehmend unter Druck. Ich kam mir vor den anderen wie im Kreuzverhör vor; es wurde mir allmählich unangenehm, bis ich begriff, daß Nutting mich nur auf die Probe stellte. Er wollte sehen, wie ich mich vor Gericht gegen einen besonders offensiven Anwalt der Verteidigung schlagen würde.

Am Ende sahen wir unseren Weg klar vor uns: Falls das Gericht das Beweismaterial aus der verdeckten Operation ablehnen sollte, würde die Staatsanwaltschaft einpacken, nach Hause gehen und die Anklage gegen Colin Stagg fallenlassen. Im Fortgehen meinte ich zu Nutting: »Ich habe den Eindruck, daß Sie den Fall ziemlich pessimistisch beurteilen.«

»Nun ja«, erwiderte er ironisch, »sagen wir mal, daß ich nicht gerade optimistisch bin.«

»Ich möchte Sie ja nicht in Verlegenheit bringen, aber eins würde ich doch gern wissen – für wie wahrscheinlich halten Sie einen Erfolg der Staatsanwaltschaft?«

Er überlegte eine ganze Weile, bevor er antwortete: »Ich denke, daß es 50 : 50 steht.«

Ich wartete die ganze nächste Woche, nachdem ich meine Termine so geändert hatte, daß ich kurzfristig nach London reisen könnte. Unterdessen stritten die Anwälte vor Richter Ognall darum, ob Anklage gegen Colin Stagg erhoben werden konnte oder nicht. Schließlich erfuhr ich, daß der Richter es für unnötig hielt, mich anzuhören, und seine Entscheidung aufgrund der Unterlagen treffen wollte. Die Verteidigung unter Leitung von William Clegg, assistiert von Jim Sturman, reichte dem Richter eine Zusammenfassung ihrer Einwände ein und verwies erwartungsgemäß auf das Urteil im Verfahren Keith Hall in Leeds als Präzedenzfall.

Bevor es zur Anhörung kam, mußte der Richter sich mit rund 700 Seiten Korrespondenz, Protokollen von Telefonaten und mitgeschnittenen Gesprächen zwischen Colin Stagg und Lizzie James vertraut machen.

In der Anhörung behauptete der Verteidiger, der Angeklagte sei Opfer einer raffinierten »Nepp«-Aktion geworden, die es darauf angelegt habe, die Einsamkeit und Verletzlichkeit eines jungen Mannes auszunutzen, der sich sehnlichst wünschte, seine sexuelle

Unerfahrenheit abzulegen. Die Operation habe nur bezweckt, ihn in die Falle zu locken und zu einem Geständnis zu verleiten; Mr. Stagg habe jedoch eine Verstrickung in den Mord an Rachel Nikkell stets bestritten.

Clegg, der zur Veranschaulichung seiner Argumente immer wieder kurz auf Lizzies Material zurückgriff, machte geltend, daß Lizzie James als Köder die Aussicht auf Geschlechtsverkehr verwendet und damit die Beziehung geprägt habe; die Reaktionen von Mr. Stagg seien nicht über das hinausgegangen, was man in solch einer Situation von einem sehr schüchternen, sexuell unerfahrenen jungen Mann erwarten konnte. Er sprach sich außerdem dafür aus, meine Aussage nicht zuzulassen, da meine Beurteilung eine der Grundlagen für die Vorgehensweise in der verdeckten Ermittlung gewesen sei.

John Nutting konterte: Die Möglichkeit des Geschlechtsverkehrs sei in der Beziehung tatsächlich vorhanden gewesen, doch habe Lizzie Stagg in keiner Weise zu verstehen gegeben, was er in seinen Phantasien schreiben sollte – das seien einzig und allein seine Vorstellungen gewesen. Es sei Stagg gewesen, der zuerst Dinge wie Wald, Bäume, Fluß, Messer, äußerste Gewaltanwendung, Vergewaltigung und Folter erwähnt hatte.

Er machte geltend, daß Stagg nach dem einen Foto, das ihm die Polizei während seines Verhörs gezeigt habe, unmöglich eine so genaue Beschreibung der toten Rachel hätte liefern können, wie er es gegenüber Lizzie getan habe. Das gelte insbesondere für seine Darstellung ihrer Hände, die zusammengelegt waren. Nutting behauptete, diese Einzelheit habe nur dem Täter selbst bekannt sein können; das sei gleichbedeutend mit einem Geständnis.

Clegg war absolut anderer Meinung und wies darauf hin, daß Rachels Hände an den Gelenken über Kreuz lagen und keineswegs zusammengefaltet, was eine bedeutende Diskrepanz sei.

Am 14. September trat Richter Ognall in seinem 80minütigen Urteilsspruch die Anklage gegen Colin Stagg in Grund und Boden und schockierte viele Beobachter wegen seiner extrem scharfen Kritik an der Polizei. Er stellte dar, daß die verdeckte Operation von falschen Voraussetzungen ausgegangen und daher von vornherein zum Mißerfolg verdammt war, und fuhr fort: »Ich wäre als erster bereit einzuräumen, daß die Polizei bei der Durchführung dieser schwierigen Ermittlung unter sehr großem Druck stand; aber ich befürchte, daß dieses Verhalten nicht bloß übertriebenen

Eifer verrät, sondern auch den massiven Versuch darstellt, eine verdächtige Person durch ein eindeutig täuschendes Verhalten anstößigster Art zu inkriminieren.«

Er räumte ein, daß Colin Stagg in den Briefen an Lizzie das Messer zuerst erwähnt und davon gesprochen hatte, sexuell erregt worden zu sein, als er Details über den Mord an Rachel Nikkell erfuhr. Aber, so erklärte er, jeder Versuch, das mittels der verdeckten Ermittlung gesammelte Material aufzubereiten und zu verwenden, sei »zum Scheitern verurteilt«.

»Die Anklage versuchte mich zu überzeugen, daß der Zweck der Übung darin bestand, den Beklagten dazu zu bringen, sich entweder selbst zu entlasten oder weiter zu belasten. Ich sehe mich zu der Feststellung genötigt, daß ich diese Darstellung der Aktion als in hohem Maße unaufrichtig betrachte.«

Hinsichtlich Staggs Beschreibung von Rachels Leiche erklärte der Richter, dies sei der einzige Teil einer ansonsten unzweifelhaften Akte, der durch nichts verifiziert werden könne außer durch Lizzies Erinnerung. Es gebe keine Videoaufnahme davon; lediglich Lizzie habe Stagg gesehen, wie er angeblich auf dem Boden gelegen und Rachels Position demonstriert habe.

Die Tatsache, daß Rachels Hände an den Gelenken übereinander und nicht zusammengelegt gewesen seien, sei keine geringfügige, sondern eine substantielle Diskrepanz. »Nachdem ich beide Parteien angehört habe, bin ich weder davon überzeugt, daß dieses eine, eher unwichtige Beweisstück einem Geständnis gleichkommt noch anständigerweise als solches betrachtet werden kann.

Ich möchte hinzufügen: Selbst wenn Sie versuchen sollten, mich davon zu überzeugen, daß dieses Material mit Fug und Recht wie ein Geständnis zu werten sei, halte ich es für extrem dürftig und den Schaden für wesentlich größer als den Nutzen. Das Beste, was die Anklage tun könnte, ist, mich davon zu überzeugen, daß das durch die verdeckte Ermittlung gewonnene Material insgesamt nicht auf unlautere Weise zustandegekommen ist. Diesen Nachweis ist sie schuldig geblieben.«

Er entschied, daß die Briefe, Telefonate und mitgeschnittenen Gespräche unzulässige Beweismittel darstellten, und die Staatsanwaltschaft zog die Anklage zurück.

Nach mehr als zwölfmonatiger Haft wurde Colin Stagg für nicht schuldig befunden. Er verließ das Old Bailey, umringt von Fernsehkameras und Fotografen, als freier Mann.

Ich arbeitete gerade in Nottingham auf der Entbindungsstation im Krankenhaus von West Bridgeford, als mich meine Sekretärin Diane anrief. »Die Telefonleitung glüht. Hier geht's drunter und drüber.«

Ich rief Pedder an. Er teilte mir die richterliche Entscheidung mit. Er wirkte völlig ausgepumpt. Ich versuchte, mir die Konsequenzen vorzustellen, während er die Worte des Richters vorlas. Das Konzept der verdeckten Ermittlung war von Anfang an von den höchsten Beamten der Polizei geprüft und die Durchführung genauestens beobachtet worden. Sie waren von hohen Juristen beraten worden. Die Operation stand beim Kronanwalt auf der Liste der besonders heiklen Fälle ganz obenan. Von all diesen Beamten, Juristen und Politikern hatte nicht ein einziger, zumindest nicht in meiner Anwesenheit, die Legalität der Aktion je in Frage gestellt.

»Er hat Ihre Beweisführung ausdrücklich erwähnt«, sagte Pedder.

»Er hat sich doch nicht einmal juristische Stellungnahmen zu meinem Beweismaterial angehört«, meinte ich erstaunt.

»Ich weiß.«

»Was hat er gesagt?«

»Er hat gesagt, daß die Staatsanwaltschaft einen ›noch höheren Berg überwinden müßte‹, um ihn zu überreden, dieses Material zu akzeptieren. Und der Gedanke, daß ein psychologisches Täterprofil zur Identifizierung ausreichen solle, scheine ihm sowieso ›sehr gefährlich zu sein‹.«

Das ärgerte mich am allermeisten. Ich hatte nie behauptet, daß ein psychologisches Persönlichkeitsprofil bzw. die Analyse einer Sexualdevianz ein Schuldbeweis sei – ganz im Gegenteil. Entscheidend war, daß Colin Stagg aus freien Stücken sein Sexualleben offenbart hatte. Obwohl das genau mit der Analyse übereinstimmte, die ich von dem noch nicht identifizierten Täter entworfen hatte, so bedeutete *das* keineswegs, daß Stagg der Mörder war. In den Augen der Polizei hatte er sich erst dann belastet, als er sich im Besitz von Informationen über das tatsächliche Verbrechen zeigte. Außerdem war ich bestürzt, daß Richter Ognall sich zu einer Kommentierung meiner Beweisführung entschlossen hatte, ohne eine Stellungnahme einzuholen oder mich anzuhören.

»Und was nun?« fragte ich Pedder. »In meinem Büro läutet ununterbrochen das Telefon. Anscheinend sind bereits Journalisten unterwegs.«

Ein wenig zögernd sagte er: »Geben Sie bitte keine Kommentare. Es besteht die Möglichkeit, daß das Verfahren fortgesetzt wird. Das Polizeipräsidium und die Staatsanwaltschaft bereiten eine gemeinsame Erklärung vor.«

Den Nachmittag und Abend über wehrte ich Dutzende von Journalistenanfragen ab und verwies sie an die Polizei in London. Einige Anrufer reagierten sehr rüde. Der Redakteur einer Nachrichtensendung stellte mir das Ultimatum: »Entweder Sie erscheinen heute abend in unserer Sendung, oder wir lassen Sie ziemlich schlecht aussehen.« Er hielt sein Versprechen und präsentierte mich als den widerwärtigen Kopf einer Polizeiaktion, die nur den Zweck hatte, einem unschuldigen Menschen auf hinterlistige Weise etwas anzuhängen.

Als ich heimkam, saß die ganze Familie im Wohnzimmer vor dem Fernseher und sah sich die Sendung an. Es war wirklich gespenstisch, einer Runde in einem Londoner Fernsehstudio zuzusehen, in der nur über mich diskutiert wurde. Auf die Studiowand hatten sie ein riesiges Foto von mir projiziert. Tenor des Gesprächs war, daß ich an der verdeckten Ermittlung der Verhaftung von Colin Stagg und der Niederschlagung des Prozesses schuld sei.

Ein Sturm brach über mich herein; die Schlagzeilen in der Presse fuhren schwere Kaliber auf. RACHEL-VERFAHREN BRICHT ZUSAMMEN. SPINNER IN DER JUSTIZ. WER SITZT JETZT AUF DER ANKLAGEBANK?

Ich traf kurz vor 9.30 Uhr in meinem Büro ein. Die Telefonleitungen waren bereits blockiert. Die Zentrale war so überlastet, daß überhaupt kein Anrufer mehr durchkam. Am Empfang erschienen Journalisten, die mich sprechen wollten; andere Reporter warteten draußen darauf, daß ich auftauchte.

Unterdessen wartete ich auf die Presseerklärung des Präsidiums und der Staatsanwaltschaft, die ja die Darstellung in den Medien korrigieren würde. Geschrieben wurde, ich hätte die Polizei zu der verdeckten Ermittlung und anschließend »skeptische Staatsanwälte« zur Mordanklage gegen Colin Stagg »überredet«. Das war natürlich völlig absurd, und ich rechnete damit, daß der Commissioner vor die Öffentlichkeit trat und erklärte: »Moment mal, da habt ihr was falsch verstanden. Das hat Paul Britton doch gar nicht getan.«

Ich dachte daran, eine eigene Presseerklärung herauszugeben;

ich verfaßte sogar ein Papier, in dem ich Punkt für Punkt die Behauptungen der Presse widerlegte, entschied mich dann aber dagegen, die Erklärung zu veröffentlichen, weil ich mein Versprechen gegenüber Keith Pedder nicht brechen wollte. Schließlich veröffentlichten der Commissioner und der Leiter der Staatsanwaltschaft eine Erklärung, die allerdings die Höllenhunde vor meiner Tür nicht vertrieb. Ich war nicht konsultiert worden und wurde auch nicht zur Pressekonferenz eingeladen, obwohl die Medien sich anscheinend hauptsächlich auf meine Person eingeschossen hatten.

Inzwischen weiß ich natürlich, daß die verschiedenen Ebenen der Polizei unterschiedliche Anliegen hatten. Die Ermittler, die vor Ort tätig waren – Keith Pedder, John Bassett und Mick Wikkerson – konzentrierten sich auf die unmittelbar anstehende Arbeit; auf einer höheren Ebene dagegen waren Strategen und Manager um das Image der Polizei besorgt, und wenn die Kritik sich dann hauptsächlich auf jemand anderen entlud, konnten sie damit, ganz pragmatisch, leichter umgehen.

Die Medien suchten nach einem Schuldigen, als der Prozeß scheiterte, der den Steuerzahler bereits eine Menge Geld gekostet hatte. Die Kommentare des Richters ermöglichten ihnen, eine Zielscheibe für ihre Kritik zu finden und boten drei Alternativen – den kompakten Polizeiapparat, die gesichtslose Staatsanwaltschaft und mich, Paul Britton. Ich hatte ein Gesicht und einen Namen und war die Zielscheibe, die am leichtesten getroffen werden konnte. Als ich dann auch noch jede Stellungnahme verweigerte, muß ich sie über die Maßen gereizt haben.

Mir schienen die anderen ziemlich erleichtert darüber, daß Empörung und Schärfe mir galten. Sie dachten bestimmt: Also, das ist zwar nicht richtig, aber ich bin doch froh, daß es nicht mich trifft.

Das wurde mir ungefähr ein Jahr später so richtig klar, als ich von New Scotland Yard erneut gebeten wurde, den Plan für eine verdeckte Ermittlung zu erarbeiten, diesmal ging es um Sabotage an Einrichtungen der Gesundheitsbehörde. Zum Leiter des Teams sagte ich: »Ich bin nicht zum erstenmal dabei, wissen Sie. Und das letztemal erklärten sich in diesem Stadium hier ausnahmslos alle sehr zufrieden über den Gang der Dinge und waren voll des Lobes. Als dann der Prozeß kam und alles in die Binsen ging, stand ich plötzlich allein auf weiter Flur. Da ließ sich niemand blicken.«

Der Polizist lachte. »Ja, das war verdammt ungerecht. Aber Sie sind ein großer Junge, und Sie haben breite Schultern. Sie können schon auf sich aufpassen.«

Ich verteidige das Justizsystem nicht, das eine unter Mordverdacht stehende Person länger als ein Jahr in Untersuchungshaft hält. Die Polizei und die Juristen waren der Ansicht, daß sie genug gegen Colin Stagg in der Hand hatten, und diese Auffassung teilte auch ein Untersuchungsrichter.

In jeder Ermittlung gibt es Material, das als Beweis nicht zugelassen wird. Der Untersuchungsrichter hatte das Material geprüft und das Verfahren in Gang gesetzt; danach jedoch entschied Richter Ognall, daß das von Lizzie James beigebrachte Beweismaterial den Geschworenen nicht vorgelegt werden durfte. Die Staatsanwaltschaft zog die Anklage zurück, und Colin Stagg wurde freigelassen.

Die Menschen, die mir besonders leid taten, waren Andrew Hanscombe, der kleine Alex und Rachels Eltern Andrew und Monica Nickell. Mr. und Mrs. Nickell hatten allen Verhandlungen im Gericht beigewohnt. Als ich mir am Abend nach der Urteilsverkündung die Nachrichten ansah, gab Mr. Nickell auf den Stufen von Old Bailey eine ungemein würdevolle und zu Herzen gehende Erklärung ab.

»Wir sind die ganze letzte Woche über hergekommen, weil Colin Stagg im August 1993 angeklagt wurde, nach einer lang andauernden verdeckten Ermittlung, die die Polizei unter der Anleitung eines führenden Psychologen durchgeführt hat. Die Polizei unternahm diese Aktion, weil sie sie für die einzige Möglichkeit hielt, ihren Verdacht, daß Colin Stagg der Mörder gewesen ist, zu beweisen oder ihn zu entkräften.

Es gab keinen direkten Beweis, nur einen starken Indizienbeweis. Was sollte die Polizei da machen? Sollten sie den Mann, den sie verdächtigten und den sie eines grausigen Mordes für schuldig hielten, auf freiem Fuß lassen? Hatte die Polizei denn eine andere Wahl? Sie muß für Frieden sorgen und die Gesellschaft schützen.«

20

Als am Donnerstagmorgen der Sturm über meinem Kopf losbrach, kam ein Anrufer telefonisch zu mir durch, der die Schlagzeilen des Tages nicht einmal erwähnte. Detective Chief Superintendent Colin Port, Chef der Kriminalpolizei von Warwickshire, hatte einen Mordfall zu lösen.

Drei Tage zuvor war die stellvertretende Filialleiterin einer Bausparkasse aus Nuneaton an einer belebten Straße tot aufgefunden worden. In ihrem Büro war eingebrochen worden. Und als die Polizisten zu ihrer Wohnung kamen, entdeckten sie ihren Mann gefesselt und geknebelt im Wohnzimmer.

»Der Fall wirft ein paar interessante Fragen auf«, sagte Port ohne nähere Erläuterung. »Wenn Sie Zeit haben, werde ich veranlassen, daß sich Tony Bayliss, der Einsatzleiter, mit Ihnen in Verbindung setzt.«

»Haben Sie die Morgenzeitungen gelesen?« fragte ich.

»Warum?«

»Ich werde wegen des Rachel-Nickell-Prozesses offensichtlich ein wenig kritisiert.«

Er lachte. »Klar weiß ich davon.«

»Ich wäre nicht beleidigt, wenn Sie deshalb ein ungutes Gefühl bekommen oder nervös werden und jemand anderen um Unterstützung bitten.«

»Ganz und gar nicht. Ich bitte *Sie*.«

Erleichtert legte ich auf. Mit Problemen werde ich unter anderem dadurch fertig, daß ich meinen Alltag soweit wie möglich weiterführe. Es hilft mir, gelassen zu bleiben.

An jenem Nachmittag fuhr ich nach Nuneaton – einem Marktstädtchen unmittelbar südlich der A5 zwischen Coventry und Leicester. Die Innenstadt ist dicht bebaut und von einer stark befahrenen Umgehungsstraße umgeben. Das Polizeirevier, genau in der Mitte, sieht aus wie ein umgekippter Schuhkarton.

Als ich auf den Parkplatz fuhr, bemerkte ich einen Lieferwagen mit schwarz verdecktem Rückfenster, der plötzlich hielt und zurücksetzte. Es war ein Fernsehteam, das mich erkannt hatte; es gelang mir jedoch, ins Gebäude zu schlüpfen, bevor sie mich ansprechen konnten.

Detective Inspector Tony Bayliss sprach mit einem breiten Midlands-Akzent; er gab sich locker und redselig, hinter seinem jovialen Benehmen verbarg sich jedoch ein wacher Verstand. Bayliss war ein Familienmensch, der als altmodisch galt. Er hatte einige Jahre in Leamington Spa gelebt, wo ich aufgewachsen war.

»Was gewisse Leute nicht alles tun, um in die Zeitung zu kommen«, witzelte er über den Nickell-Prozeß.

»Und dabei wünsche ich mir nur ein ruhiges Leben«, gab ich zurück.

Er brachte mich in den zweiten Stock zu einer Reihe von Büros; der größte Raum diente als Einsatzzentrale. Zahlreiche Computer waren installiert, und die bereits produzierte Papierflut war beachtlich. Polizisten wie sonstige Angestellte strahlten trotz offenkundiger Müdigkeit eine ungebrochene Zuversicht aus.

Was den Aufbau dieses Teams hier von vielen anderen, die ich kennengelernt hatte, unterschied, war die Nachrichtenzelle, die Bayliss unmittelbar neben dem Einsatzraum untergebracht hatte. Die hier arbeitenden Polizisten hatten zwei spezielle Aufgaben: Sie sollten die eingegangenen Mitteilungen sammeln, auswerten und brauchbare »nachrichtendienstliche Information« daraus machen sowie Schlußfolgerungen entwickeln.

Ein anderer Raum war für vertrauliche Sitzungen vorgesehen; dort nahmen wir Platz. Bayliss warf einen Blick zur Tür und gab Gino Vagliari, seinem Stellvertreter, ein Zeichen, sich zu uns zu setzen. »Ich werde Sie zuerst über den Ablauf informieren, die Einzelheiten schauen wir uns dann anschließend an«, sagte er. »Die Tat scheint alle Merkmale einer gründlich vorbereiteten Entführung mit Raubüberfall zu haben, die – mit tragischen Folgen – schiefgelaufen ist.«

Am Montagmorgen um 8.35 Uhr war sechs Kilometer von Nuneaton entfernt neben einem Parkplatz an der A444 – Weddington Lane – die Leiche einer Frau in mittleren Jahren gefunden worden. Die Polizei leitete sofort eine Untersuchung ein und begann, die Vermißtenmeldungen zu überprüfen.

Eine gute Stunde später meldeten Angestellte, die in der Filiale der Woolwich-Sparkasse in Nuneaton zur Arbeit eintrafen, einen Banküberfall. Der Tresor war geöffnet worden; auf dem Boden waren Dokumente verstreut. Ganz in der Nähe lag eine weggeworfene Sandale. Sie paßte zu der Sandale, die neben der Leiche der Frau in der Weddington Lane gefunden worden war. Damit war eine Verbindung zwischen den beiden Tatorten gegeben, und die Polizei hatte einen Namen – die Tote war Carol Wardell, die stellvertretende Leiterin der Sparkassenfiliale.

Die Polizei fuhr zu ihrem Haus in Bonneville Close, Meriden, zwanzig Kilometer von Nuneaton entfernt, wo die Vorhänge zugezogen waren und die Milch vor der Tür stand, aber keinerlei Anzeichen eines gewaltsamen Eindringens zu sehen waren. Es war kurz vor 14 Uhr, als zwei Polizisten sich der Haustür näherten und erstickte Rufe hörten. Auf dem Boden des Wohnzimmers entdeckten sie Gordon Wardell, lediglich mit Unterhose bekleidet. Er war mit einem Stück Stoff geknebelt, das ihm um den Kopf gebunden war, und mit den Beinen an einem Gestell für Müllbeutel festgebunden; die Handgelenke waren mit einer Plastikschnur gefesselt.

Er wurde, sichtlich verstört und mit Anzeichen von Schlägen, ins Krankenhaus eingeliefert und dort wegen eines Schocks und oberflächlicher Verletzungen behandelt. Wardell fragte ständig nach seiner Frau, bis ihm sein Vater sagte, daß Carol ermordet worden sei. Über Gordons Wange lief eine Träne.

»Wir haben 24 Stunden gewartet, bis wir ihn vernehmen konnten«, erklärte Bayliss. »Er sagt, eine Bande habe sie überfallen, als er am Sonntagabend heimkam, nachdem er einen Brief in den Postkasten geworfen hatte. Die Bande habe ihn betäubt und seiner Frau ein Messer an den Hals gehalten. Danach kann er sich nur noch daran erinnern, daß er am folgenden Morgen aufgewacht ist.«

»Und in der Zwischenzeit«, bemerkte Gino, »hat irgend jemand Carols persönlichen Zugangscode benutzt und in der Bank eingebrochen.«

»Wieviel fehlt?« fragte ich.

»Ungefähr 14 000 Pfund, wenn man die Schecks mitrechnet.«

Bayliss fügte hinzu: »Das ist bei der Planung und bei dem Risiko keine große Summe. Profis hätten es auf viel mehr abgesehen ...« Er dachte laut nach, als er fortfuhr: »Und warum würden Profis Carol umbringen? Das scheucht doch nur die Polizei auf.

Da muß ein Mitglied der Bande aus der Reihe getanzt sein, oder er war unvorsichtig, so daß sie sein Gesicht gesehen hat.«

»Oder vielleicht ist es ohne Absicht geschehen. Ein Unfall«, schlug ich vor.

»Was ist mit dem Sicherheitscode?« fragte Gino. »Ein Computer der Filiale hat registriert, daß Carols Zutrittscode um 5.23 Uhr am Morgen des Einbruchs eingegeben wurde. Nun haben aber alle Mitarbeiter, die einen Schlüssel für die Filiale haben, auch einen ›Notfallcode‹, der sich nur durch eine Ziffer von der normalen Ziffernfolge unterscheidet. Der ist gerade für eine solche Form von Überfall gedacht. Carol hätte ihn also eingeben und uns verständigen können, ohne die Alarmanlage auszulösen, und wir wären binnen weniger Minuten dagewesen.«

»Ich würde da nicht zuviel hineininterpretieren«, warnte Bayliss. »Nach meiner Erfahrung verhalten sich die Menschen im wirklichen Leben ganz anders, als sie vorher meinen.«

Ich gab ihm recht. »Daß man einen Notfallcode hat, heißt noch lange nicht, daß man zum gegebenen Zeitpunkt den Mut und die Geistesgegenwart besitzt, ihn zu benutzen. Carol hat sicher schreckliche Angst gehabt: Ihr Mann wurde zu Hause als Geisel gehalten; vielleicht hat sie gedacht, daß sie kein Risiko eingehen dürfe.«

Bayliss hatte für die Aufgabe, die er mir zudachte, bereits grünes Licht bekommen. Ich sollte eine unabhängige Verbrechensanalyse liefern, d. h. alle Fakten, Gutachten und Beobachtungen auswerten, ohne irgendwelche Theorien der Polizei zu berücksichtigen. Falls ich auf diese Art zu den gleichen Schlußfolgerungen kommen würde, wäre das eine Bestätigung, daß die Polizei auf der richtigen Spur war. Wenn nicht, würde sie andere Möglichkeiten in Erwägung ziehen.

Bei diesem Fall gab es schon zu diesem frühen Zeitpunkt einige Aspekte, die mir auffielen. Die ganze Sache machte den Eindruck eines sorgsam zusammengestellten Puzzles, und das Bild, das sich daraus ergab, stellte eine Entführung und einen Raubüberfall dar, bei denen etwas schiefgegangen war. Ich konnte aber den Verdacht nicht loswerden, daß die Teilchen hier allzu perfekt zueinander paßten.

Bayliss bemerkte meine Unruhe. »Sie glauben, daß da etwas nicht ganz stimmt?«

»Genau.«

»Sehr interessant, daß Sie das sagen.«

Er erklärte, daß er die reinen Fakten und Aussagen über die Schauplätze des Verbrechens dargestellt habe, ohne die Dinge zu erwähnen, die ihm zu schaffen machten, weil er mich nicht in meiner Meinung hatte beeinflussen wollen.

»Da gibt es etwas in Wardells Vergangenheit, nicht wahr?«

Bayliss nickte.

»Er hat vor 24 Jahren eine Frau vor den Augen ihrer kleinen Söhne angegriffen. Hat sie beinahe umgebracht. Er bekam vier Jahre Gefängnis wegen schwerer Körperverletzung.«

»Wer war die Frau?«

Die Antwort kam von Gino: »Die Frau seines Geologielehrers.«

Ich wurde sofort nervös. Normalerweise greifen Jungen im Teenageralter keine Frauen an, die sie nicht kennen, es sei denn, sie leiden an einer Form von Persönlichkeitsstörung, an einer pathologischen Sexualität oder Geisteskrankheit.

»Sie bekommen die Protokolle«, sagte Bayliss. Gino machte sich eine Notiz.

Mir reichte das jedoch nicht aus – solche formellen Aussagen enthalten häufig nicht die feinen Hinweise, die Motivation und Geisteszustand anzeigen können.

»Kann das Opfer noch einmal vernommen werden?« fragte ich.

Bayliss hob eine Augenbraue. »Die Sache liegt über zwanzig Jahre zurück.«

»Das weiß ich. Ich muß aber erfahren, was er sagte, was er tat, welchen Eindruck er machte – in allen Einzelheiten.«

Ein Blick zu Gino, ein bestätigendes Kopfnicken – er würde es arrangieren.

Ich wollte keineswegs behaupten, daß Gordon Wardell etwas anderes als ein trauernder Witwer war, der eine furchtbare Prüfung durchmachte. Er hatte gar nicht versucht, die frühere Verurteilung zu verheimlichen; er hatte es der Polizei noch im Krankenhaus erzählt. Außerdem hatte er auf der Pressekonferenz entsprechende Fragen beantwortet und sein Bedauern geäußert, daß der Vorfall von neuem erwähnt wurde. »Ich empfinde es fast als Ungerechtigkeit gegenüber meiner Frau«, sagte er.

Der bärtige 41jährige war im Rollstuhl erschienen, trug eine Sonnenbrille und erklärte, daß Carol sein ein und alles gewesen sei und er sich ein Leben ohne sie nicht vorstellen könne. Er appellierte an alle, die im Besitz von Informationen seien, die bei der Ergreifung des Mörders helfen könnten, sich mit der Polizei in Verbindung zu setzen.

Bayliss reichte mir eine Akte.

Wardell war zwei Tage lang vernommen worden und hatte schließlich ein umfangreiches Protokoll unterzeichnet. Er bezeichnete sich als Lagerverwalter bei Veng UK, einer Vertriebsfirma für Motorteile mit Sitz in Hinckley, Leicestershire. Er war im Juni 1994 mit der Aussicht auf baldige Beförderung und Aufstieg in die Geschäftsführung in die Firma eingetreten.

Den Sonntag hatten Carol und er auf die übliche Weise zusammen verbracht; sie hatten verschiedene Hausarbeiten erledigt und ferngesehen. Nach dem Abendessen hatte Carol eine Videokassette eingelegt und sich den Film *Delta Force* angeschaut; bei dem Film fehlte das Ende, weil sie ihn nicht bis zum Schluß aufgenommen hatte.

Sie bat Gordon, einen Brief für sie einzuwerfen. Er war an einen gewissen Mr. Taylor in Exhall adressiert; Gordon dachte, daß der Brief mit ihrer Arbeit zu tun habe, und weil er annahm, er sei wichtig, fuhr er zum nächsten Briefkasten, der jedoch erst um 7.30 Uhr am nächsten Morgen geleert wurde; also fuhr er elf Kilometer weiter bis zur Post an der Bishop Street in Coventry, die eine große Verteilanlage hatte, so daß der Brief gleich Montag früh zugestellt würde. Der Briefkasten der Post an der Bishop Street, sagte er, werde von einer Videokamera überwacht.

Danach fuhr er heimwärts und hielt am Brookland Pub für einen Drink. Er erinnerte sich daran, daß der Wirt Paul Witze erzählte und im Fernsehen ein Motorradrennen lief.

Nach zwei Glas Bier fuhr Gordon heim, wo er gegen 22 Uhr ankam.

»Als ich die Haustür hinter mir zumachte, kam mir ein Hauch Zigarettenrauch entgegen. Das war merkwürdig, weil meine Frau und ich gar nicht rauchen. Die Tür zum Wohnzimmer stand einen Spalt offen. In der Küche war Licht. Das Wohnzimmer lag im dunkeln. Ich drückte die Tür auf und ging einen Schritt hinein, worauf ich von beiden Seiten an den Armen gepackt wurde. Ich konnte noch erkennen, daß mich an jedem Arm zwei Hände festhielten, dann wurde mir ein Tuch auf den Mund und über die Nase gedrückt.

Ich erinnere mich noch, wie ich sagte: ›Was soll das, verdammt noch mal.‹

Das Tuch roch bitter und trocknete meine Kehle aus. Die Arme wurden mir nach hinten gerissen, dann wurde das Wandlicht hinter mir angeknipst. Der Dimmer war heruntergedreht worden.

Als das Licht anging, erkannte ich einen Mann mit Clownmaske in einem dunkelblauen Overall, der Carol mit der rechten Hand am Kinn festhielt. Ihr Kopf klemmte in einer Art Schwitzkasten unter seinem rechten Arm fest. Mit der linken Hand hielt er ein Messer, die Klinge lag an ihrem Hals. Carol war irgendwie geknebelt, sie war wie versteinert...

Dieser Mann drohte: ›Bleib still, tu, was dir gesagt wird, knie dich hin.‹ Er hatte einen leichten irischen Akzent, aber wegen der Maske war alles ein wenig gedämpft. Ich habe mich gewehrt, wollte mich befreien... Ich wurde gestoßen, ging in die Knie, und bekam gleichzeitig einen Schlag in den Magen. Ich weiß nicht, von wem. Ich war benommen. Sie haben meinen Kopf nach vorne gedrückt. Ich spürte, wie mir von hinten etwas gegen die Beine gehalten wurde, ganz fest, und dann kann ich mich nur noch erinnern, daß mein Blick auf die Schuhe der Person fiel, die mich festhielt. Es waren schwarze Schuhe mit Schnürsenkeln und dicken schwarzen Gummisohlen. Sie waren blankgeputzt. Ich erinnere mich noch, daß er eine schwarze Hose trug...«

Nach Gordons Schätzung mußten von seinem Eintreten ins Wohnzimmer bis zum Beginn seiner Bewußtlosigkeit drei oder vier Minuten vergangen sein. Als er am nächsten Morgen aufwachte, war er am Müllsackständer festgebunden. Er hörte, wie der Anrufbeantworter mehrmals einen Anruf aufnahm und gegen 8 Uhr der Briefträger kam. Er versuchte verzweifelt und unter Schmerzen, sich zu befreien, bis ihn um 14 Uhr die Polizei fand.

Die lange, komplizierte Aussage von Wardell erzählte eine furchtbare Geschichte, die mich aber in manchen Aspekten erstaunte. Es wird allgemein angenommen, daß wir in Zeiten von großem Streß ein verblüffend aufnahmefähiges Gedächtnis für einzelne Details besitzen; die Wirklichkeit sieht allerdings völlig anders aus. Es ist ungeheuer schwierig, Leuten zu helfen, sich zu erinnern; doch Gordon erinnerte sich an kleine Details wie Schuhe und Lichtschalter.

So hatte er auch behauptet, daß vom ersten Moment des Überfalls bis zum Verlust des Bewußtseins drei oder vier Minuten verstrichen seien. Das ist eigentlich eine recht lange Zeit; die von ihm berichtete Folge von Ereignissen beanspruchte jedoch wahrscheinlich nicht mehr als dreißig Sekunden. Was war mit den restlichen Minuten?

Vielleicht erwartete ich zuviel von ihm. Schließlich hatte Wardell seine Frau verloren, und er war durch einen brutalen Angriff schwer traumatisiert; war es da nicht verständlich, daß seine Darstellung ein paar Seltsamkeiten aufwies?

Der Einsatzleiter hatte ebenfalls Bedenken. Der am Sonntagabend eingeworfene Brief informierte »Mr. Taylor in Exhall« davon, daß seine Karte für den Bankautomaten abholbereit war. »Das hätte doch bestimmt bis zum nächsten Tag Zeit gehabt«, meinte Bayliss. »Warum mußte er da also am Sonntagabend noch aus dem Haus und bis Coventry fahren?« Noch rätselhafter schien ihm die Tatsache, daß anscheinend das einzige Kuvert, das in der Filiale der Sparkasse geöffnet worden war, ebenfalls an Mr. Taylor in Exhall gerichtet war.

Schweigend ließen wir uns das alles durch den Kopf gehen und versuchten, eine Erklärung zu finden. Da waren Dinge vorgefallen, die sehr viel komplizierter waren, als die vorliegenden Aussagen zu erkennen gaben, wenngleich ich sie noch nicht zu deuten vermochte.

»Ich muß mehr über den Zustand ihrer Ehe wissen«, sagte ich und machte mir Notizen. »Ebenso über seinen Beruf. Finden Sie heraus, was er während der letzten zwanzig Jahre alles gemacht hat. Wie lange waren sie schon verheiratet?«

»Zwölf Jahre«, sagte Bayliss.

»Und keine Kinder?«

»Angeblich haben sie alles versucht, und als Carol nicht schwanger werde konnte, begann sie sich auf ihre Karriere zu konzentrieren.«

»Die Art von Eheproblem löst sich nicht einfach in Luft auf«, gab ich zu bedenken.

Es war recht spät geworden und würde bald dunkel werden. Ich schaute in meinem Terminkalender nach und vereinbarte, bei Tageslicht zur Besichtigung der Tatorte wiederzukommen. Dann packte ich Kopien der Aussagen und Fotos ein.

»Unten warten Reporter von Sky-TV«, sagte Bayliss.

»Ich kann ihnen doch gar nichts sagen. Ich weiß ja selber noch nicht genug.«

»Nein, sie wollen mit Ihnen über den Fall Nickell reden.«

Ich stöhnte auf.

»Ich gebe Ihnen eine Begleitung mit«, schlug Bayliss vor.

»Es wird schon so gehen.«

»Nein, jemand kann Ihnen helfen, die Taschen zu tragen.«

Als ich durch die Drehtür trat, erschien vor mir eine Kamera.

»Mr. Britton«, sagte eine Stimme, »was können Sie zu diesem Fall beitragen?«

»Das werden Sie Mr. Bayliss fragen müssen«, erwiderte ich.

»Was empfinden Sie angesichts des Urteils im Prozeß Rachel Nickell?«

»Tut mir furchtbar leid, aber die Frage sollten Sie an den Commissioner richten.«

»Ach, kommen Sie schon, Mr. Britton, sprechen Sie für sich selbst. Sie haben dazu doch bestimmt eine persönliche Meinung.«

Ich ging einfach weiter, und der Kameramann drehte, bis ich in meinen Wagen stieg und davonfuhr.

Da gab es kein Entkommen. Die Wochenendausgaben der Zeitungen brachten ausführliche Beschreibungen des Falls Nickell, womit sie die Debatten noch weiter anheizten. Leitartikler warfen die Frage auf, ob dem Konzept des Täterprofils ein vernichtender Schlag versetzt worden sei. Ich konnte das alles noch immer nicht fassen, und meine Empörung ließ nicht nach; doch für Marylin muß es noch viel schlimmer gewesen sein. Sie fand es unbegreiflich, daß all diese Geschichten so falsch waren und daß ich nun völlig isoliert war. Warum hatte die Polizei die Sache nicht richtiggestellt?

»Wie können sie das nur tun?« fragte sie fast weinend. »Und das nach allem, was du für sie getan hast. Wenn ich an all die vielen Stunden denke, in denen du der Polizei geholfen hast – all die Wochenenden, an denen du arbeiten mußtest, und die Ferien, in die wir nie fahren konnten. Du hast nie einen Penny verlangt, und das hast du nun davon. Diese, diese, diese ...« Sie wußte nicht, mit welchem Schimpfwort sie sie belegen sollte, und sagte schließlich nur: »Das ist einfach nicht fair.«

Ich versuchte, ihr zu helfen. »Hat es vielleicht einmal einen Fall gegeben, an dem ich mitgearbeitet habe, über den korrekt berichtet wurde?«

»Nein«, sagte sie.

»Na also. Warum sollten wir erwarten, daß es jetzt anders ist?«

Sie zuckte mit den Schultern. »Es gibt keinen Grund.«

Als meine sorgfältig gewahrte Anonymität im Zusammenhang mit der Entführung von Stephanie Slater erstmals aufgedeckt wurde, hatte die Presse ziemlich positiv über mich berichtet. Mir war aber klar, daß es mich irgendwann einmal erwischen würde. Die Australier nennen es das »Tall Poppy Syndrome« [Große-Mohnblume-Syndrom, A. d. Ü.]: Wenn die Leute meinen, daß jemand zu groß geworden ist, wird er niedergemacht.

Marylin wäre wohl glücklich gewesen, wenn ich der Polizei Ade gesagt und nie wieder einen Verbrechensschauplatz untersucht oder ein Täterprofil erarbeitet hätte. Wir hatten schon seit einiger Zeit Pläne geschmiedet, die aber nicht vorsahen, daß ich der Polizei meine Freizeit opferte. Ich hatte sogar schon entschieden, die Polizei nach Abschluß dieses Prozesses nicht mehr bei Mordfällen zu beraten.

Das alles war nun auf den Kopf gestellt worden. Wenn ich jetzt aufhörte, würden die Leute die falschen Schlüsse ziehen und meinen, ich hätte den Schwanz eingekniffen. Falls das Urteil im Nikkell-Prozeß als Rückschlag für den Einsatz von Täterprofilen bei Ermittlungen gewertet würde, dann wollte ich weitermachen, um den Leuten klarzumachen, daß dem nicht so war. Da gab es zu viele positive Punkte, um zuzulassen, daß das Ergebnis eines einzigen Falles ein wichtiges Ermittlungsinstrument beschädigte.

Das erläuterte ich Marylin und fand, daß unser »normales« Leben noch warten müsse. Obwohl sie enttäuscht war, verstand sie es. Ich glaube, daß sie damit schon gerechnet hatte, als ich zustimmte, im Fall Wardell zu helfen.

Ich hatte mich bereits ein paar Tage in die Zeugenaussagen und in die Fotos von den Schauplätzen der Entführung, des Raubüberfalls und des Mordes vertieft und insgesamt den Eindruck gewonnen, daß es sich, als Werk einer Profigang betrachtet, um ein hoffnungslos ungeschicktes Verbrechen handelte. Als Tat eines einzelnen gesehen, war es jedoch sehr kompliziert und schwierig. Ich sagte mir, daß ich nach einer Besichtigung der Tatorte wahrscheinlich sehr viel mehr wissen würde.

Bayliss und ich verließen das Polizeirevier durch die Hintertür, um eventuell wartenden Journalisten aus dem Weg zu gehen. Als erstes schauten wir uns die Sparkassen-Filiale an, die nur einen Katzensprung weit weg war. Vor dem Fenster lag ein Berg von Blumen; gelegentlich blieben Fußgänger einen Moment lang andächtig stehen. Carol Wardell war beliebt gewesen.

Anschließend fuhren wir über malerische Landstraßen durch Warwickshire, an Bauernhöfen und Obstgärten vorbei, bis wir Meriden erreichten, ein kleines Dorf, zwanzig Kilometer hinter Nuneaton. Der Frühherbst ist meine Lieblingsjahreszeit; auf dieser Fahrt gab es jedoch nichts, was Freude machte.

Bonneville Close gehört zu einer relativ neuen Siedlung mit Reihen von sehr ähnlichen Häusern an ruhigen Straßen. Die Wardells wohnten in einem zweistöckigen Backstein-Cottage mit hübschen, in Blei gefaßten Fenstern und einem ordentlich gepflegten Garten. Auf einem Holzbalken neben der Haustür saß ein Keramikschmetterling.

Beim Aussteigen fiel mir auf, daß wir wie auf dem Präsentierteller waren; der Aufmerksamkeit der Nachbarn würde nicht viel entgehen. Die Alarmanlage auf der Stirnseite und die vielen Lampen verrieten, daß die Bewohner äußerst sicherheitsbewußt waren. Carols Freundinnen hatten der Polizei berichtet, daß sie große Angst hatte, auf dem Heimweg verfolgt zu werden und bei einem Raub die Schlüssel der Sparkasse zu verlieren. Sie hatte sogar davon gesprochen, vielleicht auf einen eigenen Schlüssel zu verzichten.

Das alles ließ das Eindringen der Bande ins Haus noch rätselhafter erscheinen. Carol hätte mit Sicherheit keinem Fremden geöffnet; es gab aber keine Anzeichen eines gewaltsamen Eindringens und auch keine Hinweise, daß die Glasscheiben aus den Fenstern entfernt worden waren.

Auf dem Weg zur Hintertür schritten wir in der Garage über Lattenroste, die die Polizei auf dem Boden ausgelegt hatte. Dort sah alles erstaunlich sauber und ordentlich aus. Alles befand sich an seinem Platz: Werkzeuge, Klebstoffe, Dichtungsmaterial, Schnüre, Sandpapier, Kabel und Seile; nirgends ein Hinweis, daß da jemand herumgewühlt oder etwas verändert hätte.

Ebenso im Haus. Die Küche war tadellos sauber. Nicht einmal ein Anzeichen, daß sich jemand ein Glas Wasser eingegossen hätte. Im Eßzimmer stand – unangetastet – eine Schale mit Obst auf dem Tisch. Alle Schranktüren waren geschlossen, alle Gegenstände ordentlich weggeräumt.

Beim Betreten des Wohnzimmers fiel mir auf, daß die Couch an die gegenüberliegende Wand geschoben worden war und falschherum stand. Ein Sessel war umgekehrt auf einen anderen gestellt worden.

Manche Dinge machten einfach keinen Sinn. Wardell hatte gesagt, daß ihn, als er ins Wohnzimmer kam, zwei Männer angesprungen hätten – einer von rechts, der andere von links. Hinter der Wohnzimmertür hätte aber niemand stehen können; dafür war gar kein Platz. Und warum waren die Möbel bloß auf diese Weise umgestellt worden?

Der Metallständer des Müllsacks befand sich immer noch in der Mitte des Zimmers, und direkt daneben lagen gelbe Plastikschnüre. Eine ungewöhnliche Methode zur Fesselung eines Menschen, dachte ich. An anderer Stelle des Zimmers war ein fortgeschleuderter Kaminvorleger; der Inhalt von Carols Handtasche war über den Teppich verstreut. Nicht weit davon entfernt lagen Gordons Sachen und Schuhe auf dem Boden. Irgend etwas an dieser Szene war nicht ganz in Ordnung. Die Handtasche war nicht heftig durchwühlt worden; es hatte fast den Eindruck, als ob ihr Inhalt auf dem Teppich ausgebreitet worden wäre. Und auch Gordons Kleidungsstücke sahen eher so aus, als ob er sich vor dem Duschen ordentlich ausgezogen hätte – und gar nicht so, als ob sie von Einbrechern herumgeworfen waren, die einen bewußtlosen Mann fesselten. Und seine Schuhe wie auch Carols Pantoffeln standen paarweise zusammen.

Krimskrams und Nippes befanden sich unangerührt auf dem Kaminsims und auf der Fensterbank. Die Blumen steckten in den Vasen. Eine Blumenbank mit schönem Fuß war etwa einen Meter weit in den vollgestellten Teil des Zimmers gerückt, aber eben nicht zertrümmert worden; sie zeigte nicht einmal eine leichte Beschädigung. Da war absolut gar nichts gewaltsam zerschmettert, beschmutzt oder befleckt worden.

Meine Aufgabe bestand darin, den Zustand des Hauses mit Wardells Aussagen zu vergleichen. Eine brutale Gang von vier Männern hatte eine Frau überwältigt und ihren Mann zusammengeschlagen, betäubt, entkleidet und dann an einem Metallgestell festgebunden, das die Gangster in Wardells Garage gefunden hatten. Die Bande war die ganze Nacht über im Hause geblieben – und offenbar nicht einmal der Versuchung erlegen, ein Glas Wasser zu trinken, ein Stück Obst zu essen oder die Bar zu öffnen.

Wo waren die Spuren von Gewalttätigkeit und Gegenwehr, fragte ich mich. Im Flur fanden sich keine Indizien, daß da jemand eine Frau überwältigt hatte, und im Wohnzimmer sah es eher nach einem Umräumen als nach einer Durchsuchung aus – als ob da jemand Sorge getragen hätte, nur keine Unordnung zu verursachen. Unterdessen hatte Gordon Wardell fast sechzehn Stunden lang auf dem Fußboden gelegen – und es gab nichts, was darauf hinwies, daß er die Beherrschung über seine Blase verloren hätte!

Im oberen Stockwerk stand eine Schachtel mit Damenbinden auf dem Treppenaufsatz. Das machte mich stutzig, weil Carol allem Anschein nach doch so ordentlich gewesen war. Woher kam diese Schachtel? Vielleicht hatte das gar nichts zu bedeuten; aber wenn man zu verstehen sucht, was vorgefallen ist, kommt es auf jedes kleine Detail an.

Plötzlich kam mir eine Flut von Fragen. Warum würden Einbrecher nichts aus dem Haus mitnehmen? Sie hatten sich nicht einmal die Mühe gemacht, es zu durchsuchen. Warum würden sie einen Müllsackständer aus der Garage hereinschleppen? Und warum eigentlich Wardell ausziehen?

Im zweiten Schlafzimmer im oberen Stockwerk entdeckte ich einen Computer und einen kleinen Drucker. Daneben lag ein Bewerbungsschreiben mit Lebenslauf. Für die Polizei gab es keinen Grund, sich für solche Dinge zu interessieren; mir konnte ein Lebenslauf jedoch viel mehr über die Person verraten als nur den beruflichen Werdegang. Ich konnte das, was über sie bekannt war, mit ihrer Selbstdarstellung vergleichen. Man bekommt so eine Ahnung von dem Maß, in dem sie andere täuscht, und eventuell auch vom Grad ihrer Selbstüberschätzung.

In der Rubrik »Persönliche Eigenschaften« bot Wardell auf der ersten Seite folgende Selbstdarstellung: »Hervorragende Führungspersönlichkeit mit ausgezeichneten kommunikativen Fähigkeiten. Hochmotivierter, tatkräftiger Charakter mit praxisorientiertem Managementstil; kreativer, phantasievoller, vielseitiger Macher mit systematischer, strategischer, analytischer Denkweise und nachweislich erfolgreicher Tätigkeit in Lagerhaltung und Vertrieb.«

Auf eine Auflistung seiner früheren Arbeitgeber folgte die Rubrik »Berufliche Qualifikationen« und gleich darunter die Zeile: *Mitglied des Instituts für Logistik*. Bayliss bemerkte meine Reaktion und erkundigte sich, was ich da entdeckt hatte.

»Ich habe den Schlüssel«, sagte ich und zeigte ihm den Eintrag. »Falls Wardell tatsächlich der Mörder seiner Frau ist, dann ist das der Schlüssel zum Verständnis seiner Vorgehensweise. Er liegt in Wardells Biographie.«

»Was wollen Sie damit sagen?«

»Wir haben uns mit dem Tathergang beschäftigt und Wardells Darstellung der Ereignisse angesehen, und wir sind uns doch einig, daß Tathergang und Aussage sich nicht decken«, sagte ich.

Auf Bayliss' zustimmendes Nicken fuhr ich fort: »Gleichzeitig scheint die Sache für einen Täter zu groß – da mußten zu viele Kilometer zurückgelegt und Hürden genommen werden. In Wirklichkeit handelte es sich jedoch um ein logistisches Problem – wie er in einer bestimmten Zeit von Punkt A zu Punkt B, zu Punkt C und wieder zurück gelangen und auf dem Wege mit verschiedenen körperlichen und technischen Schwierigkeiten fertigwerden könnte. Das Ganze stellt sich wie eine Projektübung im Managementkurs dar, wo es um die Fähigkeit geht, eine Serie von einfachen Aktionen zu planen, mit denen man ein komplexes Ziel erreichen kann, wenn sie geschickt miteinander verknüpft werden.«

Bayliss nahm die Information auf und dachte über die Bedeutung meiner Ausführungen für die weiteren Ermittlungen nach.

Auf der Rückfahrt nach Nuneaton begann ich über die Riesenmenge an Fakten, Berichten und Beobachtungen der Nachbarn, Freunde und Kollegen Carols und Gordons nachzudenken. Mir war klargeworden, daß vieles davon für die Erklärung von Carols Tod ziemlich bedeutungslos war; zu Beginn waren jedoch alle Steinchen von gleicher Gewichtigkeit. Jetzt sollte ich jedes Teilchen nach Kategorien ordnen und darüber entscheiden, welche Teilchen zuverlässig waren und sich bestätigen ließen und welches Licht das auf die unterschiedlichen Aussagen warf.

Bayliss bot mir an, Mitglied im Expertenteam zu werden; damit wäre ich am gesamten Verlauf der Ermittlungen beteiligt und für die Strategie offiziell mitverantwortlich. In solche Nähe zum Herz einer Ermittlung kommen Außenstehende nur selten; ich empfand diese Einladung als bedeutendes Kompliment. Vorteilhaft wäre, daß ich das Ganze gleichzeitig aus einem gewissen Abstand betrachten konnte – anders als Polizisten, die möglicherweise schon Hunderte von Stunden an einer Ermittlung arbeiteten und unter dem Druck von Zeit, Geld und Medien standen.

Eine der Fallen, in die Polizisten am leichtesten tappen, besteht darin, sich eine Vorstellung oder eine Hypothese von den Ereignissen zu machen und sich dann zu bemühen, die Fakten zu finden, die dazu passen. Informationen bewerten sie danach, ob sie ins Bild passen oder nicht; das Problem verstärkt sich noch, wenn etliche Polizisten ein gemeinsames Ziel verfolgen und mit hohem Einsatz an Zeit und Kräften arbeiten. Wenn dann plötzlich eine Information auftaucht, die sich nicht in die Arbeitshypothese fügt, besteht die Neigung, diese Information einfach nicht zu berücksichtigen. Man findet Gründe, die Quelle von vornherein nur unter Vorbehalt anzusehen oder sich selbst davon zu überzeugen, daß der Hinweis falsch sein muß.

Große Ermittlungen können auch dadurch beeinträchtigt werden, daß einzelne Polizisten glauben, ihre eigenen Nachforschungen seien von höchster Bedeutung – hierin liegt ihre persönliche Motivation. Ich erinnere mich an eine Beobachtung, die ich während der Entführung von Stephanie Slater in der Einsatzzentrale des Polizeireviers Nechels Green machte, wo mehrere Beamte unterschiedlichen Möglichkeiten nachgehen sollten, zum Beispiel überprüften einige die Entlassungsakten des Gefängnisses, andere beschafften Informationen im Ort, und wieder andere zogen Erkundigungen bei anderen Immobilienmaklern ein. Damals waren mindestens drei von diesen Ermittlern, jeder für sich, überzeugt, daß die Aufklärung des Falles wesentlich ihrer Arbeit zu verdanken sei.

Tony Bayliss wußte, daß es am einfachsten wäre, sich aufgrund der Vorstrafe und der Ungereimtheiten in der Aussage ausschließlich auf Gordon Wardell zu konzentrieren. Trotzdem stimmte ich ihm und seiner Strategie zu, sich ganz bewußt nicht nur auf ihn zu fixieren. Die Ermittlung sollte in alle Richtungen weitergehen, weil sonst Gefahr bestand, potentiell wichtige Informationen zu übersehen. Daß Wardell in der Vergangenheit ein Gewaltverbrechen begangen hatte, machte ihn noch nicht zum Mörder, genausowenig wie es ihn gegen eigenes Unglück schützte. Straftäter werden ebenso beraubt, überfallen und zusammengeschlagen oder vom Omnibus überfahren wie die übrige Menschheit.

Carol Wardell war in Coventry geboren und aufgewachsen; sie arbeitete sich bei der Woolwich-Sparkasse von der Kassiererin bis zur stellvertretenden Filialleiterin in Nuneaton hoch. Sie war früher Sonntagsschullehrerin gewesen und galt als ziemlich schüchterne, nervöse Person, wenig energisch, die insbesondere zu Hause sehr auf Sicherheitsvorkehrungen bedacht war.

Sie hatte Gordon im Bowlingverein kennengelernt, als er 25 und sie 23 war und am 17. April 1982 – vier Jahre später – in der Kirche Holy Trinity im Zentrum von Coventry geheiratet. Die beiden galten als stilles, einander liebendes Ehepaar, das regelmäßig Gäste hatte.

Laut Gordon war Carol die einzige Frau in seinem Leben, und Untreue oder tätliche Auseinandersetzungen hatte es in der Ehe nie gegeben. Nach seiner Aussage hatte Carol gewußt, daß er vorbestraft war und seine Strafgefangenennummer (522537) als Kombination für seine Aktentasche benutzt, damit er nie vergessen würde, was er getan hatte.

An dem Montag vor Carols Tod war er zur Arbeit gegangen, hatte über Unwohlsein und Durchfall geklagt, war wieder nach Hause zurückgekehrt und hatte sich ins Bett gelegt. Am nächsten Tag ging es ihm noch immer nicht gut; er blieb warm eingemummt daheim, während Carol in ihrem grauen Peugeot 106 zur Arbeit fuhr. Am Mittwoch stand er gegen Mittag auf und fuhr zu einem Vorstellungsgespräch ins Gewerbegebiet von Coventry. Er behauptete, bei Veng UK unzufrieden zu sein wegen der Haltung der Firma »hinsichtlich ihrer gesetzlichen Verantwortung für die Sicherheit ihrer Arbeiter«.

Am Donnerstag hatte er ein weiteres Bewerbungsgespräch; er verließ das Haus um 10 Uhr und fuhr nach Keighley in Yorkshire – eine Entfernung von 230 Kilometern – und hinterließ zu Hause eine Nachricht: »An Carol, bin rasch weg und bis 18 Uhr wieder zurück.« Das war merkwürdig. Aus welchem Grund würde ein Mann in einer anderen Gegend eine Stelle suchen und seiner Frau nichts davon erzählen?

Zum letztenmal war Carol lebend von ihrer Arbeitskollegin June O'Connell und deren Mann gesehen worden, die bei den Wardells am Samstagabend zum Essen eingeladen gewesen waren. Sie hatten keine Anzeichen von Spannungen zwischen Carol und Gordon bemerkt, und die beiden hatten sie Arm in Arm an der Haustür verabschiedet.

Als ich mir die Tatortfotos gründlich ansah, stolperte ich über weitere Unstimmigkeiten in Wardells Darstellung. Einerseits nannte er Merkmale, die auf ein sorgfältig geplantes Verbrechen hindeuteten – die Masken, Handschuhe, Overalls und zackige Befehle der Gangster; andererseits sollte die Polizei glauben, daß die Bande ohne Utensilien gekommen war, um ihn zu fesseln – die mußten sie sich vielmehr an Ort und Stelle besorgen, und sie suchten sie in der Garage. Sie fanden die gelben Plastikschnüre, die Gordon für die Gartenarbeit benutzte. Das schien mir eine sehr ungewöhnliche Art, einen Menschen zu fesseln.

Ein Foto von der Garage zeigte eine oder zwei von diesen Schnüren, die, kaum zu sehen, auf einem Kunststoffregal lagen. Dabei gab es in der Garage viele augenfällige, leichter erreichbare Dinge, die außerdem zum Fesseln besser geeignet waren. Auffällig war nicht nur, daß die Bande diese Materialien ignoriert haben sollte; sie mußte die Schnüre auch gefunden haben, ohne in der Garage etwas durcheinanderzubringen oder eine Spur zu hinterlassen.

Ich hätte außerdem erwartet, daß auch nur halbwegs professionelle Einbrecher einen Menschen wirkungsvoller, nämlich mit den Händen auf dem Rücken statt auf dem Bauch gefesselt und ihn so geknebelt hätten, daß er keinen Laut mehr herausbekäme. Statt dessen hatte man Wardell nur ein Tuch um den Kopf gebunden und den Müllsackhalter aus der Garage geholt. Das gab keinen Sinn. Sie hätten ihn ja am Tisch oder an den Stühlen festbinden oder auch seine Handgelenke und Füße zusammenbinden können.

All diese Widersprüche warfen die Frage auf – könnte Wardell den Überfall fingiert und die gelben Plastikschnüre verwendet haben, um sich selbst zu fesseln?

Dann machte ich mich an die Begutachtung der Fotos vom Fundort der Leiche. Carol war in legerer Freizeitkleidung mit dem Gesicht nach oben im Gras liegend gefunden worden; neben dem linken Fuß lag eine blaue Sandalette mit geschlossenem Riemen, genau wie bei der Sandale, die in der Woolwich-Filiale gefunden wurde. Eine Sandalette im Handgemenge zu verlieren war natürlich möglich; doch beide zu verlieren, noch dazu an verschiedenen Stellen, überforderte schon fast die Phantasie. In der Nähe von Carols Leiche gab es weder auf der Straße noch auf dem Rasen Scharr- oder Schleifspuren. Ebensowenig zeigte die Sandale Kratzer, die darauf deuteten, daß sie gewaltsam vom Fuß abgestreift oder über den Boden geschleift worden war. Anhand der Leichenflecken ließ sich erkennen, daß Carol die Sandale bei ihrem Tod überhaupt nicht angehabt hatte.

Ich notierte mir eine Frage für den Pathologen: »Könnten Sie der Leiche die Sandale mit geschlossenem Riemen wieder anziehen? Passen ihr die Sandalen gut? Sind sie leicht abzustreifen?«

Mir kam eine Bemerkung aus Wardells Aussage in den Sinn – daß Carol daheim normalerweise Pantoffeln getragen und deshalb immer ein Paar oben im Schlafzimmer und ein zweites Paar neben ihrem Wohnzimmersessel gestanden habe. Sicherlich trug sie an einem Sonntagabend, gemütlich vor dem Fernseher, ihre Hausschuhe. Aus welchem Grunde hätten brutale Gangster sie noch das Schuhwerk wechseln lassen, bevor sie sie zum Einbruch in die Sparkasse verschleppten?

Schließlich studierte ich den dritten »Tatort« – die Sparkassenfiliale – und begriff rasch, daß die Gangster sich gut mit dem Sicherheitssystem der Sparkasse ausgekannt haben mußten. Sie waren hineingekommen, hatten die Überwachungskamera ausgeschaltet, mußten einen Schreibtisch verschieben, um an den Videorecorder mit der Filmkassette zu gelangen und hatten dann den Safe geöffnet – und das alles höchstwahrscheinlich im Dunkeln. Die dafür erforderlichen Informationen waren viel zu kompliziert, als daß man sie durch ein Verhör Carols hätte gewinnen können. Sie hätte entweder dabeisein müssen, oder die Bande wußte schon vorher genau Bescheid.

Am Montag, dem 19. September – eine Woche nach dem Mord –, hielt die Polizei in einem Versuch, Informationen zur Rekonstruktion der letzten Lebensstunden von Carol Wardell zu erfragen, an drei Stellen Autos und Passanten an. Um 4.30 Uhr wurden bei der Parkbucht auf der Landstraße, im Zentrum von Nuneaton und in der Nähe des Wohnhauses Straßensperren errichtet. Als ich am späteren Morgen in die Einsatzzentrale zurückkehrte, hatte ein Witzbold dort ein großes Foto von mir aus einer Sonntagszeitung an die Wand geheftet.

Das Expertenteam setzte sich aus Bayliss, Gino Vagliari, meiner Wenigkeit und dem Verbindungsbeamten zusammen; gelegentlich nahm auch der stellvertretende Leiter der Kriminalpolizei an unseren Sitzungen teil.

Wie ich rasch feststellte, war Gino der für die Ermittlung wichtigste Beamte, denn er sorgte für einen reibungslosen Ablauf. Als Einsatzleiter war Bayliss verantwortlich für die Strategie, und er gab die Befehle; doch es war Gino, der sicherstellte, daß sie auch ausgeführt wurden.

Unsere Besprechung der aktuellen Situation begann mit einer Prüfung aller möglichen Interpretationen. Es war kaum etwas gefunden worden, was Wardells Aussage abstützte; abgesehen von zwei Hinweisen, die bisher unbestätigt waren. Sarah Harper, eine Nachbarin, hatte zu Protokoll gegeben, daß sie in den zwei Wochen vor Carols Tod einen weißen Lieferwagen auf der Zufahrtsstraße nach Bonneville Close beobachtet hatte. Sie sah ihn zweimal am Rande der Straße parken und meinte, zwei Männer darin gesehen zu haben. Ein anderer Zeuge berichtete von einem metallic-silbernen oder blaßgrünen Austin Montego mit mehreren Männern, den er am Montag in der Frühe in der Nähe der Sparkasse gesehen hatte.

Diese Aussagen konnten wichtig sein oder auch völlig bedeutungslos. Ich fragte mich: Wie lange würden uns diese Informationen beschäftigen, bevor sich ihr tatsächlicher Stellenwert herausstellte?

»Was seine angeblich vollkommene Ehe betrifft, so ist Gordon da nicht ganz ehrlich gewesen«, warf Bayliss ein.

Ich war ganz Ohr.

»Er hatte eine Reihe von Affären.«

»Ein Verhältnis?«

»Er ist zu Prostituierten gegangen. Zwei haben schon ausgesagt, und wir haben außerdem die Namen von zwei weiteren.«

Christine, Mutter von drei Kindern, hatte sich sechs oder sieben Jahre lang regelmäßig mit Wardell getroffen, nachdem die beiden sich im Hillfields-Rotlichtbezirk von Coventry kennengelernt hatten. Wardell zahlte pro Besuch bis zu 50 Pfund. Er ließ sich – mit einem Seil aus dem Kofferraum seines Wagens gefesselt – gern aufs Land hinausfahren, wo sie seinen Penis auf äußerst rauhe Art behandelte. Sie hatte ihn zuletzt vor drei Monaten gesehen, als Wardell einen kleinen Peugeot – möglicherweise Carols Wagen – fuhr, in dessen Fond Stofftiere lagen. Er hatte nur 15 Pfund bei sich; sie akzeptierte den niedrigen Betrag jedoch »aus Nettigkeit«, masturbierte ihn und traktierte ihn anschließend ungefähr fünf Minuten lang mit Schweinereien.

Eine andere Prostituierte namens Jenny hatte erzählt, daß Wardell sie während des Tages zu seinem Haus »irgendwo in Richtung Nuneaton« mitgenommen hatte. Gordon hatte von seiner Frau nur als von »der« gesprochen und gesagt, sie sei auf der Arbeit.

Als die Polizei sich eingehender mit Wardells Vergangenheit befaßte, kam heraus, daß sieben Jahre zuvor eine Freundin Carol berichtet hatte, sie habe Gordon in Coventry beim Betreten eines übelbeleumdeten Pubs gesehen. Carol hatte ihr nicht glauben wollen und Gordon zur Rede gestellt, der jedoch alles abstritt. Der Vorfall war anscheinend längst vergessen.

Es war Bayliss gelungen, die Details des Überfalls in Erfahrung zu bringen, der Wardell als Teenager eine Gefängnisstrafe eingebracht hatte. »Das Opfer hieß Brenda Jane Hayes – sie war die Ehefrau von Wardells Geologielehrer an der Woodlands School in Coventry«, berichtete er.

»Wann war das?«

»Im Juni 1970. Er war 17 Jahre alt.«

Ich begann in den Unterlagen zu lesen. Wardell hatte Mrs. Hayes am Wochenende daheim angerufen und sich als Schüler ihres Mannes vorgestellt. Brenda war erstaunt, daß ein Schüler ihre Privatnummer besaß; es war eine neue Nummer, und sie hatten sie erst eine Woche. Ihr Mann war auf einer Schulexkursion in Derbyshire; sie war mit den kleinen Söhnen zu Hause geblieben.

Wardell erklärte, er habe eine Pflanze entdeckt, die Mr. Hayes gern hätte, und bat Brenda, die Pflanze abzuholen, da er mit dem Fahrrad unterwegs sei und es ohne Hilfe nicht schaffe. Sie erklärte sich einverstanden und traf den Jungen auf einer kleinen Landstraße gar nicht weit vom Haus der Hayes entfernt. Sie ließ ihre beiden Söhne – einer war vier, der andere fünf Jahre alt – im Fond des Wagens, holte eine Schaufel und ein Saatbrett aus dem Kofferraum und folgte Wardell eine kleine Strecke von der Straße weg in ein Wäldchen. Er gab ihr ein Zeichen, voranzugehen, dann packte er sie von hinten und setzte ihr ein Messer an den Hals.

»Was willst du?« fragte sie.

Er behauptete, Paul Newman zu sein, und verlangte Geld. Dann befahl er ihr, sich auf den Boden zu legen, damit er ihre Hände fesseln könnte. Sie weigerte sich, woraufhin er sie im Stehen fesselte. In der Hoffnung, Wardell wegzulocken, sagte Brenda, sie habe Geld zu Hause. Er brachte sie zum Wagen, blieb unterwegs noch einmal stehen und versuchte, sie in die Knie zu zwingen. Als sie sich wehrte, riß er ihre Arme hoch und stieß ihr ein Knie in den Rücken.

Er zwang Brenda auf den Beifahrersitz und fuhr los; die Kinder im Fond ignorierte er. Sie flehte Wardell an, sie nach Hause fahren zu lassen, und versprach, daß sie niemandem etwas sagen würde, doch ein Stückchen weiter bog er in eine Toreinfahrt und schlug ihr ins Gesicht. Danach spritzte er ihr Defroster in die Augen, griff ihr unter den Rock und zerriß ihren Schlüpfer. Als der älteste Junge seine Mutter zu beschützen versuchte, schlug Wardell ihn.

Er fuhr weiter und hielt in einer anderen Einfahrt. Diesmal stieg er aus und stach mit seinem Messer ein Loch in den Hinterreifen. Anschließend zwang er Brenda, auf den Fahrersitz zu rutschen, und stach ihr dann einmal in die Kehle und zweimal in den Nakken.

Als er vor dem spritzenden Blut zurückwich, schlug die Wagentür zu. Er wollte sie wieder aufreißen, doch es gelang Brenda wegzufahren und einen vorbeikommenden Autofahrer auf sich aufmerksam zu machen. Binnen sechs Minuten war eine Ambulanz da, und Brenda hatte großes Glück, daß sie überlebte; sie brauchte Transfusionen von mehr als fünf Litern Blut.

Der ganze Vorfall hatte 45 Minuten gedauert. Wardell flüchtete auf seinem Fahrrad und wurde aufgrund der Beschreibung des älteren Jungen festgenommen. Er wurde zunächst des versuchten Mordes beschuldigt; dann aber wurde ihm doch nur schwere Körperverletzung vorgeworfen. Das Gericht in Warwick befand, daß der Überfall gänzlich sexuell motiviert gewesen sei; es hieß auch, daß Wardell von einer überhitzten Phantasie und einer »Paul-Newman-Schwärmerei« erfaßt worden sei.

Bei mir läuteten die Alarmglocken. Es war klar, daß Gordon Wardell in der Vergangenheit einmal ein schweres Problem gehabt hatte, das ohne Therapie mit Sicherheit nicht einfach verschwunden war. Obwohl ich seine sexuellen Phantasien, die zum Überfall auf Brenda Hayes geführt hatten, nicht genau kannte – ich wußte nicht, was er von ihr wollte, ob er das Messer eher mitgebracht hatte, um sie unter seine Kontrolle zu bringen oder um sie niederzustechen –, verriet er unmißverständlich eine Bereitschaft zu mörderischer Gewaltanwendung sowie ein recht hohes Maß an planvoller Vorbereitung. Er hatte sich immerhin Mrs.

Hayes' Telefonnummer beschafft, sie angerufen, sie in den Wald gelockt sowie ein Messer und ein Seil mitgebracht.

Seither waren 24 Jahre vergangen; Wardells Vorliebe für Prostituierte und seine ungewöhnlichen sexuellen Vorlieben zeigten, daß seine sexuell devianten Interessen noch immer existent waren und er sie heimlich befriedigte. Andererseits hatte Wardell aber seine Ehe als etwas fast Heiliges präsentiert und tiefe Verzweiflung wegen ihrer Kinderlosigkeit geäußert. In ähnlicher Weise hatte er sich als erfolgreicher Manager dargestellt; doch seine »Karriere« bestand hauptsächlich aus befristeten Arbeitsverträgen und Entlassungen. Für ihn schien immer alles vielversprechend zu beginnen und erfüllte sich dann nie. Er gab die Schuld dafür den schlechten wirtschaftlichen Verhältnissen; dagegen sah ich in ihm einen Menschen, der seinen Wert und seine Fähigkeiten überschätzte.

Seine Vorgesetzten bei Veng UK hatten das jedenfalls auch schon erkannt und charakterisierten ihn als inkompetent und faul. Als er sich eine Woche vor Carols Ermordung krank meldete und daheim blieb, hätte er sich auf einer Sitzung eigentlich dafür verantworten müssen, daß einige seiner Projekte keine Fortschritte machten. Es war völlig klar, daß er sich vor der Sitzung drückte und lieber für die restliche Woche krankfeierte und sich anderswo bewarb.

Sein Hang zur Täuschung war auch in vertraulichen Gesprächen mit Ärzten und anderen Personen ans Licht gekommen, die Wardell seit dem Mord gesprochen hatte. Den Sanitätern zufolge, die ihn in seinem Haus als erste behandelt hatten, zeigte er keinerlei Anzeichen eines Schocks wie erhöhten Blutdruck oder Pulsrasen, die für gewöhnlich bei solchen extremen Streßsituationen auftreten. Während des anschließenden Krankenhausaufenthalts hatte er einen normalen Appetit und kühle Gelassenheit gezeigt.

Das Pflegepersonal bezeichnete ihn als kalt und teilnahmslos, außer wenn er über die eigenen Verletzungen sprach. Die Schmerzen, über die er dabei klagte, standen in keinem Verhältnis zu seinen tatsächlichen Verletzungen, und er benutzte beim Laufen weiterhin Krücken, obwohl die Ärzte dafür keinen Anlaß sahen.

Als man ihm Carols Ermordung mitteilte, hatte Wardell gefragt, ob sie schwer verletzt oder sexuell mißbraucht worden sei;

seither hatte er sich jedoch mit keiner Silbe nach dem Fortgang der polizeilichen Ermittlungen erkundigt.

Für solch ein Verhalten gab es mehrere Deutungsmöglichkeiten. Es kommt vor, daß sich Menschen unter Streß zurückziehen und nur noch mit sich selbst beschäftigen; was keineswegs heißt, daß sie Mörder sind.

»Können Sie mir sonst noch etwas über sein Verhalten sagen?« fragte ich.

»Er ist äußerst vorsichtig«, sagte Gino. »Bei verfänglichen Gesprächsthemen redet er schnell und selbstbewußt; wenn er jedoch sonst auf Fragen antworten soll, hält er inne und läßt sich Zeit. Als seine Verletzungen fotografiert wurden, fragte ein Sergeant ihn beiläufig: ›Wo waren eigentlich Ihre Sandalen?‹ ›Im hinteren Schlafzimmer‹, sagte Wardell, schweigt und fragt dann ganz schnell: ›Welche Sandalen meinen Sie?‹«

Gino zog die Augenbrauen hoch. »Das gibt doch zu denken, nicht wahr? Wie hätte er das mit den Sandalen wissen können – er war ja angeblich die ganze Nacht bewußtlos.«

»Was sagt er zu seiner früheren Straftat?« fragte ich.

»Er schiebt alle Schuld auf den Prüfungsstreß und seine dominierende Mutter«, sagte Bayliss mit unverhohlener Skepsis.

»Hat er zu irgend jemandem einen engen Kontakt?«

»Seine Mutter und sein Vater haben ihn täglich im Krankenhaus besucht«, sagte Gino. »Sie beschwerte sich bei uns wegen der Vernehmungen. Sagte, dafür sei er noch zu schwach. Sein Vater scheint da realistischer zu sein.«

Gordon erweckte den Eindruck eines egozentrischen und narzißtischen Menschen, den das Schicksal seiner Frau seltsam kalt zu lassen schien. Hingegen schilderte er jedem, der es hören wollte, seine eigenen Verletzungen in allen Einzelheiten; auf seine Ehe oder auf Carol kam er nie zu sprechen. Er machte sich Gedanken darüber, ob er seinen Job noch hatte und was jetzt, nachdem seine Vergangenheit ans Licht gekommen war, seine Arbeitskollegen wohl von ihm hielten.

Ganz als ob er wußte, daß sein Benehmen als merkwürdig empfunden werden könnte, sprach Wardell von »Verdrängungen«; er gebrauchte Begriffe und Wendungen, die er während seiner Jahre zurückliegenden Haft bei seiner Behandlung im Grendon-Underwood-Krankenhaus aufgeschnappt haben mochte.

Nach meinem Dafürhalten, so erklärte ich Bayliss, verfügte

Gordon über eine große Fähigkeit, unangenehmen Gesprächen und psychischem Druck standzuhalten. Er war ganz offensichtlich darin geübt, sein Image aufzupolieren, und würde negative Charakterzüge nur ungern zugeben. Er war stolz auf seine logistischen Fähigkeiten und behauptete, auch Erfahrungen im kommunikativen und im audiovisuellen Bereich zu haben – was vermuten ließ, daß er bei Bedarf Szenen und Handlungsabläufe darstellen konnte. Außerdem war er selbstbewußt, intelligent, ein tüchtiger Heimwerker und jemand, der Streß durch Turnübungen und Jogging abbaute.

Als ich eine weitere Liste von Fragen auftischte, die berücksichtigt werden sollten, war niemand im Kreis überrascht.

Besaß Wardell einen blauen Overall für seine Heimwerkerarbeiten?

Hatte er die Kleidungsstücke auf dem Fußboden im Wohnzimmer tatsächlich getragen? Oder waren sie ein Täuschungsmanöver, um die Gerichtsmediziner von der wirklich getragenen Kleidung abzulenken?

Warum war seine Brille völlig kaputt – obwohl er überhaupt keine Prellungen oder Verletzungen im Gesicht hatte?

Warum war eigentlich – wenn Carol von einer Bande entführt worden war – keiner als Wache im Haus zurückgeblieben für den Fall, daß Wardell sich befreien und Alarm schlagen würde? Wie hätten die Einbrecher Carol denn überzeugen können, daß Gordon in Lebensgefahr schwebte, falls sie nicht mit ihnen kooperierte – wenn niemand bei ihm im Haus geblieben war?

Welche Rolle hatte die Betäubung gespielt? Wie lange würde sie einen Menschen bewußtlos machen?

Nachdem wir alle neuen Aspekte geprüft hatten, nahmen wir die Richtung unserer Ermittlungsarbeiten unter die Lupe. Die Polizei schüttelte jeden Baum, um herauszukriegen, ob es eine Beziehung zwischen dem Raubüberfall und der Unterwelt gab. Wir waren uns einig, daß die ausgesetzte Belohnung von 50 000 Pfund die relevanten Details zutage bringen würde, falls eine solche Beziehung tatsächlich existierte. Zur selben Zeit wurden Nachbarn, Freunde und Arbeitskollegen ein weiteres Mal befragt.

»Ich halte den Zeitpunkt für gekommen, Wardell zu beschatten«, sagte Bayliss. »Was meinen Sie dazu?«

»Ich halte das für gerechtfertigt. Und Sie sollten ihm auch noch ein paar Fragen zu seiner Ehe stellen.«

»Nein, von nun an betrachten wir ihn als verdächtige Person«, widersprach Bayliss. »Diese Art Fragen dürfen wir ihm nicht ohne vorherige Rechtsmittelbelehrung stellen. Wir wollen mal sehen, ob seine Beschattung uns weiterhilft.«

Am folgenden Morgen – seit dem Mord waren acht Tage vergangen – wurde Gordon Wardell beobachtet, als er zu einem Termin mit den Chefs seiner Frau nach Birmingham fuhr. Es ging um die Ansprüche aus Carols Pensions- und Lebensversicherung bei der Woolwich-Bezirksdirektion.

Weil er zu früh eintraf, machte er einen Spaziergang durch das Pallisades-Einkaufszentrum und sah sich die Schaufenster an; sein Gang war völlig normal. Dann kehrte er zu seinem Wagen zurück, nahm einen Spazierstock heraus und näherte sich nach seiner Verwandlung in eine humpelnde, gebeugte Gestalt der Sparkasse.

In der Besprechung teilte der Bezirksdirektor Wardell mit, daß seine Hypothek zusammen mit allen sonstigen Schulden bezahlt würde. Er hatte auch Anspruch auf eine jährliche Pension und eine einmalige Kapitalauszahlung von mehr als 56 000 Pfund. Er schien überrascht; erklärte, überhaupt nicht gewußt zu haben, daß seine Frau eine Versicherung für den Fall ihres Todes im Dienst abgeschlossen hätte – wie die Polizei allerdings später herausfand, hatte er selbst einige der Papiere unterschrieben.

In der Zwischenzeit äußerten die Mediziner ernsthafte Zweifel an seiner Aussage, daß er durch ein chemikaliengetränktes Tuch, das man ihm auf Mund und Nase gehalten habe, für mehr als acht Stunden das Bewußtsein verloren hatte. Man hatte Experten konsultiert; keiner wußte von einer Chemikalie oder einem Arzneimittel, das einen Menschen länger als ein paar Minuten bewußtlos machte. Es war einfach nicht möglich.

Selbst wenn man ihm ein Mittel injiziert hätte, wären dafür sehr hohe Dosen nötig gewesen, die wahrscheinlich Nebenwirkungen – beispielsweise Gedächtnisverlust – gehabt hätten. Wardell hatte aber keine Injektionsstiche, und außerdem konnte er sich an alle Details der Geschehnisse erinnern.

Am Donnerstag befand ich mich wieder in Nuneaton, wo die Polizei inzwischen 340 Spuren verfolgt und über tausend Anrufe aus der Bevölkerung erhalten hatte. Es hatten sich mehrere neue Perspektiven aufgetan – so waren am Mordtag um 5.20 Uhr in der Frühe am Woolwich-Geldautomaten ein Mann und ein Auto gesehen worden, bei dem ein Scheinwerfer eingeschaltet war und das Radio spielte. Beiden Hinweisen ging man nach.

Doch die mit Abstand interessanteste Entwicklung betraf die Entdeckung, daß vier Tage vor dem Mord eine Frau, die sich als »Carol in Nuneaton« ausgab, bei der Kundendienstabteilung der Woolwich-Zentrale in London angerufen hatte. Der für Kundenbeschwerden zuständige David Smith nahm den Anruf zwischen 13 und 15 Uhr an, der über die interne Filialleitung hereinkam. Die Frau hatte zunächst nach Charles Crouch gefragt. Er war der Vorgänger von Smith gewesen, und das Firmentelefonbuch führte unter dieser Nummer noch immer den Namen von Crouch.

Die Frau sagte: »Hier spricht Carol in Nuneaton. Ich hätte gern einen Rat wegen eines Mannes, der draußen vor der Filiale steht.« Der Mann benehme sich verdächtig, doch sie sei besorgt, daß es dem Ruf von Woolwich schade, wenn sie die Polizei anriefe und Lärm schlagen würde.

An welche Stelle des Puzzles gehörte dieses Informationsteilchen?

David Smith hatte »Carol« den Rat gegeben, die Polizei anzurufen; es gab aber für den 8. September keine Aufzeichnungen eines solchen Anrufs aus der Sparkassenfiliale in Nuneaton. Bezeichnenderweise wäre das für eine derartige Anfrage auch der falsche Weg gewesen; und Carol Wardell war für ihre Pingeligkeit in solchen Dingen bekannt. Was noch wichtiger schien: Ihr Büro lag nicht zur Straße hin, also konnte sie dort auch keinen Mann beobachten; im übrigen hatte kein Mitarbeiter der Filiale gemeldet, daß sich jemand verdächtig benommen habe. Doch wer immer die Anruferin gewesen sein mochte – sie verriet eine erstaunlich gute Ortskenntnis, weil sie erwähnt hatte, daß die Filiale »sich früher im T&G-Gebäude« befunden hatte – was bis vor drei Jahren tatsächlich der Fall gewesen war.

Auf einem Videofilm, der für Ausbildungszwecke gedreht worden war, konnte man Carol Wardells Stimme herausfiltern und sie David Smith vorspielen. Er erklärte, das sei mit Sicherheit nicht die Stimme der Anruferin. Doch warum sollte sich eine andere Person als Carol ausgegeben haben? Auf jeden Fall kannte die Person sich gut in Nuneaton aus und hatte Zugang zum internen Telefonbuch der Sparkasse. Auf Gordon Wardell traf beides zu;

und falls er einen Mord *plante*, dann hätte dieser Anruf bei der Zentrale dazu beigetragen, eine falsche Fährte zu legen.

Aber wer war die Frau? Der Gedanke, daß Wardell unter Umständen eine Komplizin gehabt hatte, war Bayliss bereits in den Sinn gekommen; er suchte aber noch immer einen Zeugen, der sich erinnerte, Wardell an diesem Sonntagabend im Brookland Pub gesehen zu haben. Damit wäre auch geklärt, wieso Gordon sich so genau daran erinnern konnte, welche Sendung er in der Bar im Fernsehen angesehen hatte.

Mitarbeiter von Veng UK teilten uns ebenfalls neue Informationen mit, die mehrere Deutungen erlaubten. Kollegen berichteten von Unterhaltungen mit Gordon, in denen er Carols Angst vor einem Raubüberfall erwähnte, weil sie die Schlüssel der Sparkasse immer mit nach Hause nahm. Der Vertriebsleiter Michael Russell gab zu Protokoll, Gordon habe ihm zwei oder drei Wochen zuvor erzählt, daß der Ersatzreifen von Carols Peugeot 106 gestohlen worden sei. Gordon berichtete, daß er den Diebstahl gemeldet habe und es dann für nötig gehalten hätte, den Anruf der Polizei zu bestätigen, aus Angst, daß jemand seine Adresse herauszufinden versuchte.

War dies nun ein Indiz für eine Profibande, die Carols Tagesablauf auskundschaftete, oder ein weiteres Beispiel dafür, daß ihr Ehemann falsche Fährten legte? An die Wand der Einsatzzentrale hatte jemand einen Spruch geheftet, der alle diese offenen Fragen auf einen Nenner brachte. Er lautete: »Es ist eine Sache, eine Meinung zu haben. Eine andere Sache ist es, die Fakten zu besitzen, die diese Meinung stützen.«

Zwei Wochen nach dem Mord kamen wir einen großen Schritt voran. In einer ungewöhnlichen Rekonstruktion des Geschehens wurde ein Polizist von gleicher Größe und dem gleichen Körperbau wie Wardell gebeten, sich auszuziehen und möglichst genau in die Lage zu bringen, in der der gefesselte und geknebelte Wardell aufgefunden worden war. Das Ergebnis war bemerkenswert. In weniger als einer Minute hatte der Polizist sich am Müllsackständer festgebunden. Anschließend vermochte er sich durchs ganze Erdgeschoß im Haus der Wardells zu bewegen und selbst mit Knebel so laut zu schreien, daß man ihn auf der gegenüberliegenden Straßenseite hören konnte. Im übrigen befreite er sich dann ohne fremde Hilfe binnen weniger Minuten.

Es gab weitere Teilchen, die sich rasch an ihre Stelle im Puzzle einfügten. Der Gerichtsbeamte Graham Smith nannte das Haus in der Bonneville Close 18 »das sauberste Haus, das er seit zwanzig Jahren begutachtet« hatte. Er bestritt, daß es dort auch nur die winzigste Spur einer Einbrecherbande gab, nicht einmal einen Handschuhabdruck oder einen Hauch von Zigarettenasche; Wardell hatte aber behauptet, die Angreifer hätten Handschuhe getragen, und er habe Zigarrenrauch riechen können.

Nun traf auch das Gutachten der Polizeiärzte ein, in dem festgestellt wurde, daß die blauen Flecken auf Wardells Armen sich nicht in Übereinstimmung mit einem Angriff von hinten bringen ließen und daß Wardell sich die Prellung auf der Brust mit einem harten Schlag auch selbst beigebracht haben könnte. Sie äußerten außerdem Zweifel daran, daß ein Mensch sechzehn Stunden lang gefesselt auf dem Boden lag, ohne seine Blase zu leeren.

Anfang Oktober warteten Bayliss und seine Mitarbeiter auf zwei unerläßliche Beweisstücke; danach wollten sie entscheiden, ob Wardell einem Verhör unterzogen werden sollte. Die Pathologen hatten Carols Leiche noch einmal untersucht, um den Zeitpunkt ihres Todes genauer zu bestimmen.

Als der Befund eintraf, war klar, daß wir damit den Klebstoff hatten, der eine Menge der Indizienbeweise gegen Gordon Wardell zusammenhalten würde. Carols Magen enthielt die Reste einer Mahlzeit, die sie angeblich am Sonntag zu Mittag gegessen hatte. Anhand des Verdauungsgrades ließ sich feststellen, daß sie binnen drei Stunden nach der Mahlzeit gestorben war; das bedeutete, daß sie nicht am Montagmorgen, sondern am Sonntagnachmittag gestorben war.

»Wir haben den Mistkerl am Schlafittchen«, rief Bayliss triumphierend.

»Passen Sie auf«, warnte ich.

»Was wollen Sie damit sagen?«

»Stellen Sie mir die Frage. So als ob ich Wardell wäre.«

Er überlegte kurz. »Also, Mr. Wardell, das pathologische Gutachten zeigt, daß sich am Montagmorgen das Mittagessen Ihrer Frau vom Sonntag noch immer in ihrem Magen befand, und das sagt mir, daß Sie lügen. Sie ist am Sonntagnachmittag gestorben.«

»Ach, das kann ich erklären. Wir haben abends Reste gegessen«, antwortete ich.

»In Ihrer Aussage steht aber doch, daß es abends bei Ihnen Schinken und Salat gegeben hat.«

»Jawohl, das habe ich gegessen. Aber Carol aß die Reste.«

»Warum haben Sie das nicht früher erwähnt?«

»Nun ja, es schien mir nicht so wichtig.«

Der Enthusiasmus auf dem Gesicht von Bayliss verschwand. Ich konnte ihm den Obduktionsbefund durch zwei oder drei plausible Antworten erklären. Diese letzte Information war tatsächlich entscheidend; doch wenn man Wardell direkte Fragen zum Mageninhalt stellte, würde er merken, was sich hinter der Frage verbarg, und in Deckung gehen.

In einer Ehe kann es viele Motive für Mord geben; es war noch unklar, was der Beweggrund für diesen Mord gewesen war, wenngleich ich Habgier nicht zu den besonders wahrscheinlichen Motiven zählte – Carols Pension und die beim Einbruch erbeuteten 14 000 Pfund rechtfertigten einen solch komplizierten Plan und das große Risiko nicht.

In bezug auf seine beruflichen Erfolge und Fähigkeiten hatte Gordon Wardell sich etwas vorgemacht. Er sah sich als kreative und visionäre Führungskraft, die für große Dinge bestimmt war. Doch in Wahrheit war er ein Mensch, der nicht imstande war, eine Aufgabe zu lösen, und deshalb Krankheiten vortäuschte, Projekte fingierte und Stellen wechselte, um nicht aufzufliegen und sein Selbstbild zu bewahren.

Carol war sehr glücklich über seine neue Stellung bei Veng UK gewesen: Man hatte ihm einen Geschäftsführerposten in Aussicht gestellt, wenn er sich bewährte. Aber wie lange würde er die Fassade aufrechterhalten können? Wie würde er sein Versagen sich selbst eingestehen, geschweige denn es seiner Frau gegenüber zugeben können?

Daheim hatte Gordon sich als den findigen Macher präsentiert; daß dieses Bild nicht ewig bestehen konnte, war ihm klar. Carol war über viele Jahre bereit gewesen, ihn durch eine rosarote Brille zu sehen; inzwischen kannte sie die Gerüchte, denen zufolge er Prostituierte besuchte. Dazu kam, daß er nicht mit ihr schlief, keine Kinder haben wollte und sich trotz ihres sehnlichen Wunsches nach Kindern weigerte, sich auf seine Zeugungsfähigkeit testen zu lassen. Und Geldprobleme gab es vermutlich auch.

Ein Mensch, der zur Wahrung seines Gesichts in der Öffentlichkeit Illusionen erzeugt und ständig deren Aufdeckung fürchtet, kann am Ende so sehr mit der eigenen Not beschäftigt sein, daß er bereit ist, einen anderen zu opfern, um den Druck zu mildern und das Problem ein für allemal aus der Welt zu schaffen.

Wardell wußte, daß er als trauernder Witwer mit Mitleid und Sympathie rechnen konnte; damit wären seine Schwierigkeiten am Arbeitsplatz ausgeräumt und sein heimliches Leben mit Prostituierten sicher. Bis zum Mord an Carol war es für ihn kein gewaltiger Sprung – seine Bereitschaft zu extremer Gewalttätigkeit hatte er bereits einmal bewiesen.

Was hatte die Mordtat am Sonntag ausgelöst? Hatte Carol ihn vielleicht auf die Prostituierten angesprochen oder ihm vorgeworfen, ein Blender und beruflicher Versager zu sein? Möglicherweise hatte er sich ein Weilchen vorher für diesen Tag entschieden; dafür würde der Vorfall mit dem »gestohlenen« Reservereifen sprechen. Doch was immer der Auslöser gewesen sein mochte – er faßte den Entschluß: »Heute ist der Tag.« Er saß ihr den ganzen Morgen gegenüber und stellte sich vor, daß sie – vorausgesetzt, ihm selbst fiele kein Stein auf den Kopf – am Abend tot sein würde. Nach allem, was ich von dem Mann wußte, hat er sich Carol gegenüber wahrscheinlich äußerst nett und liebevoll benommen und sie keineswegs mit Gift und Galle überschüttet.

Ich wußte nicht, wo sie ermordet worden und wie scheußlich es dabei zugegangen war, obwohl ich annahm, daß es bei Verwendung von Chloroform nicht zu einer heftigen Auseinandersetzung gekommen war. Der Karton für Damenbinden auf dem oberen Flur gab mir nach wie vor zu denken – er gehörte einfach nicht dorthin, und das paßte überhaupt nicht zu der Frau. Könnte Wut über die simple Sache, daß ihr die Binden ausgegangen waren, zu bitteren Vorwürfen gegen sein Sexualverhalten oder wegen ihrer Kinderlosigkeit geführt haben? Ich zweifelte, daß diese Frage je beantwortet würde.

Anschließend hatte Wardell vermutlich aufgeräumt, die Lage aber mit Carols Leiche im Haus als äußerst heikel eingeschätzt – wenn nun irgend jemand an der Haustür klopfte und mit seiner Frau reden wollte? Oder jemand anriefe?

Wahrscheinlich hat er sie dann eingewickelt und bis zum Abend in der Garage aufbewahrt; es gab nämlich keinerlei Anzeichen von Urinverlust oder Exkrementen im Haus. Als Gordon unter ihren Sachen einen Brief entdeckte, kam er auf die Idee, sich durch die Fahrt zum Briefkasten in Coventry ein Alibi zu beschaffen. Ihm war bekannt, daß dieser Briefkasten durch eine Überwachungskamera beobachtet wurde; daß sie an diesem Abend nicht funktionierte, konnte er nicht wissen.

Letztendlich können wir nicht klären, ob er auf der Heimfahrt im Pub einkehrte oder nicht. Von den anderen Gästen konnte sich keiner erinnern, ihn gesehen zu haben; die Kassenbons enthielten keinen Hinweis, daß er das übliche Bier bestellt hatte; doch er erinnerte sich an die Witze, die der Barkeeper erzählt hatte, und was im Fernsehen lief. Unbestätigt ist auch die Aussage der rotblonden Prostituierten Tina, daß Wardell an diesem Abend Gast in ihrem Appartment gewesen sei, wo sie ihm angeblich die Puppen ihrer Tochter gezeigt hatte.

Wieder daheim, mußte Gordon die Leiche seiner Frau aus der Garage schaffen und in seinen Wagen laden. Carol war eine ziemlich große Frau; im übrigen ist es äußerst schwierig, einen toten Körper hochzuheben und wegzutragen. Ich weiß das, weil ich auf einer Autofahrt einmal das Pech hatte, mit einem ausgewachsenen Rothirsch zusammenzustoßen, den ich dann von der Straße schaffen mußte. Es war, als ob ich einen riesigen Sack mit bleischwerem Gelee hochheben mußte; wenn ich ein Ende packte, glitt mir das andere Ende aus der Hand.

Ich vermute, daß Gordon einen Rollwagen oder Traggurt benutzte, obwohl er ein kräftiger Mann ist. Der Transport der Leiche zu seinem Wagen war eine hochriskante Angelegenheit; und während der zwanzig Kilometer langen Fahrt nach Nuneaton in den frühen Morgenstunden bekam er sicher immer mehr Angst. Im Bewußtsein der besonderen Situation wird er vorsichtig gefahren sein. Carols Sicherheitscode war ihm bekannt, weil er sie samstags morgens manchmal zu ihrem Büro begleitet hatte, wenn sie Hilfe brauchte. Er wußte auch über die Überwachungskamera und den versteckten Videorecorder Bescheid. Trotzdem brauchte er eine ganze Weile, um in die Sparkasse zu kommen, weil es ja wahrscheinlich dunkel war. Er mußte den Safe öffnen und den Raum so herrichten, wie er seiner Meinung zufolge nach einem Einbruch ausgesehen hätte.

Anschließend mußte Gordon die Schecks, die Schlüssel, seine Handschuhe und die Kleider von Carol verschwinden lassen. Das wird er vermutlich getan haben, bevor er Carols Leiche ablud; das Risiko wäre für ihn ungleich höher geworden, wenn sie erst einmal draußen läge – da konnte die Leiche jederzeit entdeckt werden. Er mußte sie an einer Stelle verstecken, die für ihn problemlos zu erreichen war, so daß weder seine Kleidung noch sein Auto schmutzig würden. Sie durfte also nicht allzu weit von der für ihn sichersten Zufahrt zur Parkbucht entfernt sein.

Er arbeitete rasch; denn jede Minute seiner Abwesenheit daheim erhöhte das Risiko, von irgendwem gesehen zu werden, was wiederum das Alibi seiner Fesselung und Gefangenschaft im Hause untergrub. Außerdem lief er Gefahr, daß die Nachbarn früh aufwachten und ihn bei seiner Rückkehr durchs Fenster beobachteten. Hier machte sich erneut seine logistische Berufserfahrung bemerkbar; er wird sehr genau überlegt und abgewogen haben, was das größere oder das kleinere Risiko war. Er wußte, was er dem Zufall überlassen konnte und was besser nicht.

Das Wohnzimmer hatte er vermutlich bereits vor seiner Fahrt nach Nuneaton umgeräumt. Wardell legte seine Kleidungsstücke ab, die eventuell bereits angefeuchtet worden waren, um zu verheimlichen, daß er etwas darüber getragen hatte. Dann brachte er sich selbst mit seinen Fäusten und Werkzeugen aus der Garage Verletzungen an den Handgelenken bei, die später dann angeblich von den Einbrechern stammten, bevor er sich am Müllsackhalter festband.

Das Expertenteam trat in der Polizeistation Nuneaton zusammen, um den Zeitplan für Wardells Festnahme und Vernehmung zu besprechen. Keiner rechnete mit einem problemlosen Geständnis; es galt, die Vernehmung so vorzubereiten, daß seine Darstellung der Geschehnisse bis in die kleinsten Details ausgeleuchtet wurde, um seine Lügen zu entlarven und ihn festnageln zu können. Wenn wir ein engmaschiges Indiziennetz um ihn knüpfen konnten, bestand die Chance, daß er aus Unachtsamkeit eine falsche Bewegung machte und sich selbst belastete.

Da es keinen zwingenden Grund zur schnellen Festnahme des Verdächtigen gab, hatte die Polizei Bayliss zufolge die seltene Gelegenheit, sich gründlich auf die Verhöre vorzubereiten – bis hin zur Auswahl der besten Vernehmungsbeamten und ihrer Einarbeitung.

»Werden Sie das übernehmen?« fragte mich Bayliss.

»Wenn Sie es wünschen, ja«, antwortete ich, warnte ihn allerdings, daß Wardells Vernehmung sich als äußerst schwierig erweisen könnte. Die Vernehmungsbeamten mußten sich darauf einstellen, daß Wardell auf Anraten seines Anwalts plötzlich die Taktik einschlug, auf alle Fragen nur mehr mit »Kein Kommentar« zu antworten; in dem Fall käme es darauf an, daß die Beamten ihm weiterhin Fragen stellten und Indizien vortrugen, ohne verärgert oder frustriert zu werden.

Die Wahl fiel auf sechs mögliche Interviewer, darunter eine Frau; ich kam mit ihnen morgens in einem Raum der Polizeistation Nuneaton zusammen, wo es mit den Stunden sehr heiß und unangenehm wurde. Zunächst ließ ich mir von allen erläutern, wie sie das Verhör mit Gordon Wardell führen würden. In der Entwicklung der Generallinie waren sie ziemlich gut. Plötzlich unterbrach ich sie. »Stellen Sie mir eine Frage.«

Zunächst Schweigen.

»Was meinen Sie damit?«

»Ich habe Ihre Strategie für das Verhör gehört, aber nichts an konkreten Fragen. Stellen Sie mir spezifische Fragen.«

Da zeigte sich dann rasch, daß sie ihren Plan nicht bis in die notwendigen feinen Details ausgearbeitet hatten – unabdingbar für die Vernehmung. Ich erklärte ihnen, daß sie alle Fragen im voraus genau überlegen und für jede seiner möglichen Antworten weitere Fragen in petto haben mußten. Und außerdem mußten sie sich für den Umgang mit Wardells Art der Beantwortung von Fragen rüsten.

Eine Woche später fuhr ich wieder zum Polizeirevier und wurde zu einem Vernehmungsraum gebracht – es war derselbe Raum, in dem bald Gordon Wardell Platz nehmen sollte. Während der folgenden Stunden sollte ich an seine Stelle treten und mir ansehen, wie die Vernehmungsteams zurechtkamen.

Ich saß an einem Tisch und wartete ... und wartete, daß die ersten zwei Beamten hereinkamen.

Schließlich steckte Tony Bayliss den Kopf durch die Tür. »Paul, ich weiß gar nicht, wie ich es Ihnen sagen soll.«

»Was?«

»Sie werden nicht kommen.«

»Was wollen Sie damit sagen?«

»Sie finden das Ganze nicht fair. Sie befürchten, daß es sich hier um so etwas wie eine Prüfung handelt, verstehen Sie.., daß sie beurteilt werden und daß es ihrer Karriere schaden könnte, wenn sie hier mit dem Verhör nicht zurandekommen.«

»Das ist doch lächerlich«, protestierte ich.

»Es ist mir wirklich peinlich. Ich habe keine Ahnung, was für ein Spiel sie da spielen. Ich werde noch mal mit ihnen reden.«

Es stand mir nicht zu, mich dazu zu äußern; doch ich war überrascht. Diese Leute waren schließlich erfahrene Kriminalpolizisten. Ich vergesse jedoch manchmal, unter welch großem Druck die Ermittlungsbeamten stehen. Und hier bereiteten sie sich auf das Verhör eines gefährlichen und hinterhältigen Mannes vor, der nur dann wegen Mordes angeklagt werden würde, wenn es ihnen gelang, auf einem unsichtbaren Brett ein Schachspiel zu gewinnen. Die Frage nach dem Erfolg der ganzen kostspieligen und von der Öffentlichkeit aufmerksam verfolgten Ermittlung verdichtete sich in diesem Raum zur Frage nach ihrer Kompetenz.

In dem Gespräch, das Bayliss mit ihnen führte, ging es offenbar recht heftig zu. Es dauerte eine ganze Weile, bis dann die ersten zwei eintraten und unser Rollenspiel begann. Zwei Beamte erwiesen sich als besonders gut. Ich versuchte, sie in ihrer Befragung mit allen möglichen Störmanövern zu behindern; in einem bestimmten Moment bin ich vor Wut geplatzt, so daß einer einen großen Schrecken bekam.

Ich erklärte ihnen: »Alles, was Wardell an Ihnen beobachtet, kann ihm nutzen. Wenn Sie nicht zusammenhalten – er wird es merken. Wie Sie sitzen, sprechen und einander ansehen, ist für ihn wie ein offenes Buch. Dieser Mann wird überhaupt nichts gestehen. Er ist äußerst gefährlich und verlogen. Sie müssen seine Geschichte in Stein meißeln und Ihre Beweisführung auf seine nachweisbaren Lügen aufbauen.«

Das wichtigste Moment war in diesem Zusammenhang Wardells Darstellung von Carols letzter Mahlzeit. In ihrem Magen waren Spuren des sonntäglichen Mittagessens gefunden worden; der Obduktionsbericht folgerte, daß Carol drei Stunden nach dieser Mahlzeit gestorben war. Von dem Schinken und dem Salat, den seine Frau laut Wardells Darstellung um 19 Uhr zu Abend gegessen hatte, fand sich im Magen keine Spur.

Die Vernehmungsbeamten mußten erreichen, daß Wardell seine Aussagen über die Mahlzeiten festklopfte, und sie mußten aufpassen, daß er seine Erinnerung daran nicht zurücknahm oder inhaltlich veränderte. Der Mann, mit dem sie es zu tun hatten, war schließlich nicht dumm; bei direkten Fragen über das Mittagessen an dem Sonntag würde er bestimmt sofort Verdacht schöpfen. Deshalb mußten sie solche Fragen in einer Fülle sonstiger Erkundigungen nach den Ereignissen dieses Tages verstecken.

»Sagen Sie ihm, daß Sie seine täglichen Gewohnheiten verstehen möchten, weil die Einbrecher über seine üblichen Bewegungen und die seiner Frau Bescheid wissen mußten. Erkundigen Sie sich nach dem Aufwachen, wer von den beiden ist zuerst aufgestanden? Hat er geduscht? Was aßen sie zum Frühstück? Wer hat den Tisch abgeräumt? Wer hat die Teller saubergekratzt? Wer hat abgewaschen? Und auf die gleiche, gründliche Art erkundigen Sie sich nach dem Verlauf des ganzen Morgens, damit es völlig normal und plausibel klingt, wenn Sie schließlich Ihre Fragen zum Mittagessen stellen. Dann wird er Ihnen auch die essentiell wichtige Schilderung dieses Moments liefern, ohne deren Bedeutsamkeit zu merken.«

Die zweite wichtige Grundlinie bestand darin, Wardell einen vernünftigen Grund zu liefern, anderen die Schuld zu geben – sie sollten ihn beispielsweise erzählen lassen, daß Carol durch einen unglücklichen Zufall ums Leben kam und daß er es nur um ihrer Eltern willen vertuscht hätte. Oder möglicherweise auch, daß er das Opfer einer Erpressung oder eines Zwanges durch Gangster gewesen wäre, die ihm ihr Wort gegeben hätten, daß seiner Frau, falls er kooperierte, nichts zustoßen würde, und er sei am Boden zerstört gewesen, als dann die Wahrheit ans Licht kam.

Die Verhörenden müßten auch hervorheben, daß es keine brutale Gewaltanwendung gegeben hatte – daß Carol nicht vergewaltigt oder gequält worden war. So würden sie Wardell das Gefühl geben, daß seine intelligente Planung und seine gelassene Reaktionsweise ihren Respekt hervorriefen. Das würde seinem Wunsch nach Bedeutung und seiner Eitelkeit entgegenkommen.

Solch ein in die Tiefe gehendes Training vor einer Operation hatte es meines Wissens noch nie gegeben; es gab keinen Grund, sich darauf etwas einzubilden. Der Erfolg ließ sich nur an den Reaktionen des wirklichen Verdächtigen auf die Fragen beurteilen.

Am Donnerstag, dem 20. Oktober, um 7.00 früh wurde Gordon Wardell in seinem Haus verhaftet. Er wurde drei Tage lang vernommen und am Montagmorgen dem Untersuchungsrichter in Nuneaton vorgeführt und beschuldigt, seine Frau ermordet und die Woolwich-Sparkasse beraubt zu haben.

Am Nachmittag rief Tony Bayliss an und lud mich zu einem Drink in den Polizeiclub ein. Wie er berichtete, waren die Vernehmungen gut gelaufen. Wardell hatte immer mehr an Details geliefert, mit denen sich nachweisen ließ, daß er log. Als ich später auf ein Bier mit den Ermittlern zusammensaß, erfuhr ich den Grund für ihre Zufriedenheit. Sie hatten unter ganzen Schichten von Lug und Trug nicht nur die Wahrheit entdeckt; sie waren überzeugt, auch die nötigen Indizien gefunden zu haben, um das zu beweisen.

Aus meiner Sicht war der Fall damit aber noch nicht abgeschlossen. Wardell war ein äußerst gefährlicher Mann mit einer Vorgeschichte von deviantem Sexualverhalten und Gewalttätigkeit in der Jugendzeit; und wie sich an seinen sexuellen Vorlieben bei Prostituierten zeigte, war diese Sexualdevianz keineswegs verschwunden. Außerdem konnte ich an seiner früheren Straftat viele Elemente erkennen, die sich in seiner Vorbereitung und Planung des Mordes an Carol niedergeschlagen hatten. War es so, daß Wardell seine devianten Phantasien in seinen Beziehungen mit Prostituierten abreagiert hatte? Oder gab es andere Vorkommnisse von sexueller Gewalttätigkeit, die nicht gemeldet oder unentdeckt geblieben sind?

Es gab nur eine Möglichkeit, sicherzugehen. Die Polizei mußte wieder an die Arbeit und Wardells Vergangenheit Punkt für Punkt durchleuchten, seine Bewegungen verfolgen und frühere Wohnorte aufspüren, um zu prüfen, ob es Verbindungslinien zu bislang unaufgeklärten Morden oder Sexualverbrechen gab. Es gab über Gordon Wardell immer noch sehr viel zu erfahren.

21

Als Ian am Neujahrstag den Fernseher einschaltete, erkannte ich das Gesicht auf dem Bildschirm sofort. Es war Frederick West. Auf diesem Foto sah er jünger aus als 52 Jahre. Er lächelte. Die leichte seitliche Neigung des Kopfes brachte seine Koteletten zur Geltung.

Der Nachrichtensprecher gab bekannt: »Der Bauunternehmer Frederick West aus Gloucester wurde heute nachmittag in seiner Zelle im Hochsicherheitsgefängnis erhängt aufgefunden. Er sollte in einem Monat wegen des Mordes an zwölf jungen Frauen angeklagt werden. Das Gefängnispersonal von Winson Green in Birmingham versuchte vergeblich, ihn wiederzubeleben. Er wurde um 13.22 Uhr für tot erklärt.«

Dann kam ein Anruf aus Arnold Lodge. »Haben Sie die Nachrichten gehört? Ein Journalist hat Sie schon telefonisch zu erreichen versucht.«

»Ich werde ihn zurückrufen. Aber allen anderen teilen Sie bitte mit, daß ich nicht zu sprechen bin«, sagte ich. Ich war nicht bereit, mich in diese Geschichte hineinziehen zu lassen.

Meine Gedanken waren bei den Angehörigen der Opfer und den Kindern der Wests – den vergessenen Opfern aus der Cromwell Street. Wie würden sie die Nachricht aufnehmen? Mir kam mein Gespräch mit John Bennett in den Sinn; es lag Monate zurück. Er hatte mich gefragt, ob bei Fred und Rosemary Selbstmordgefahr bestehe.

Meine Befürchtungen hinsichtlich der Reaktion Frederick Wests auf sein Gefühl der Vereinsamung und Verlassenheit hatten sich leider bewahrheitet. Als die Verhöre erst einmal vorbei waren und ihm bewußt wurde, daß seine geliebte Frau und Seelenfreundin sich von ihm abgewandt hatte, entschloß er sich zum Selbstmord. Die Briefe, die er seinen Kindern aus dem Gefängnis schrieb, offenbarten seinen Gemütszustand. Er nahm es Rosemary übel, daß sie nicht zu ihm gehalten hatte, und warf ihr vor, die Leute gegen ihn aufzubringen.

Der Selbstmord sei für ihn kein Problem. Das Leben bedeute ihm nichts. Er habe genug Leute ermordet, um zu wissen, daß der Mensch leicht oder schwer sterbe, und er habe beobachtet, wie rasch der Übergang von Schmerz und Qualen zum Tod sein kann. Trotz seiner Enttäuschung über Rosemarys Verhalten könne aber nichts seine Liebe zu ihr mindern. Ich glaube, daß Frederick Angst davor hatte, selber schwach zu werden und seinerseits der Gefährtin und Seelenfreundin die Schuld zuzuweisen. Als Toter konnte er Rosemary nicht mehr beschuldigen oder belasten.

Rosemary, die ebenfalls in Untersuchungshaft saß, nahm keine Stellung zu dem Selbstmord. Ihr Rechtsanwalt jedoch ging zum Angriff über und forderte, daß die Anklage gegen seine Mandantin aus Mangel an Beweisen und wegen der permanenten Berichterstattung in den Medien fallengelassen werden sollte, deretwegen es unmöglich geworden sei, daß Mrs. West einen gerechten Prozeß bekäme.

»Warum auf eine ziemlich naive und manipulierte junge Frau losgehen, die zufällig mit einem älteren Mann zu tun hatte, der seine dunkle Seite vor allen, die ihm begegneten, zu verbergen verstand?« Er schrieb den Wests eine »alternative Lebensweise« zu und behauptete: Die »abscheulichen, ungewöhnlichen und unglaublichen Dinge, die er [Frederick] angeblich verübte, waren für Mrs. West ein Geheimnis und ihr gänzlich unbekannt«.

Am 6. Oktober 1992 – zehn Monate später – wurden im Gericht in Winchester die Geschworenen aufgefordert zu entscheiden, ob dem tatsächlich so gewesen war. Rosemary stand wegen Mordes in zehn Fällen, darunter dem Mord an ihrer eigenen Tochter Heather und an ihrer Stieftochter Charmaine, unter Anklage.

Unter dem Beweismaterial, das während des acht Wochen dauernden Prozesses vorgelegt wurde, befanden sich Briefe, die Rosemary 1971 an Frederick geschrieben hatte, als er im Gefängnis saß. Im ersten, vom 4. Mai datierten Brief schrieb sie: »Liebling, wegen Charm: Ich glaube, sie hat es gern, hart angefaßt zu werden. Nur, Liebling, warum muß denn ich es tun? Ich würde sie behalten, um ihretwillen, wenn da nicht die anderen Kinder wären. Man sieht doch, daß Anna [eine andere Stieftochter] genau wie Charm wird.«

Ein Brief vom 22. Mai begann mit den Worten: »Von jetzt an für immer.

An meinen liebsten Geliebten, Darling, es tut mir leid, daß meine Briefe Dich unglücklich gemacht haben. Das war keine Absicht, ehrlich. Ich weiß, daß Du mich liebst, Darling. Es scheint nur unglaublich, daß jemand soviel von mir hält ... Wir haben in den nächsten Jahren eine Menge zu tun. Wir werden es schaffen, wenn wir uns nur lieben. Ich sollte besser nicht zuviel schreiben, sonst wird man mir noch einen Strick daraus drehen, hahaha!«

Shirley Ann Giles, die damals gleich nebenan wohnte, sagte aus, daß ihre Tochter eines Tages von einem Besuch bei den Wests völlig verstört nach Hause gekommen sei. Sie hatte gesehen, daß Charmaine – die Hände hinter den Rücken gebunden – auf einem Stuhl oder Hocker stand und sich Rosemary mit einem Holzlöffel in der Hand drohend vor ihr aufgebaut hatte, so als ob sie Charmaine schlagen wollte. Spätere Zeugenaussagen von Mrs. Giles wurden von der Anklage als Beweis für die These gewertet, daß Charmaine höchstwahrscheinlich von Rosemary ermordet wurde, während Frederick seine zehnmonatige Haftstrafe absaß.

Eine andere Nachbarin, Elizabeth Agius, berichtete, wie Frederick West mit seinen Fahrten von Gloucester nach London, auf denen er Teenager aufzureißen pflegte, geprahlt hatte. Er hatte in Gegenwart von Rosemary erklärt, daß ihm Ausreißerinnen am liebsten seien und daß es leichter sei, sie rumzukriegen, wenn Rosemary mit im Auto saß, weil die jungen Mädchen die Lage dann für sicherer hielten.

Besonders erschütternd war die Aussage von Rosemarys Stieftochter Anne Marie Davis, die schilderte, wie sie seit ihrem achten Lebensjahr von ihrem Vater vergewaltigt und von ihrer Stiefmutter sexuell mißbraucht wurde. Sie hatte gelernt, die Spuren der Mißhandlungen zu verbergen, und in ihrem vorletzten Schuljahr über sechzigmal gefehlt. Seit ihrem dreizehnten Lebensjahr hatte sie mit Rosemarys Liebhabern schlafen müssen, wobei ihr Vater zuschaute und sie hinterher manchmal mit einer Schachtel Pralinen belohnte.

Als Rosemary West am 31. Oktober in den Zeugenstand trat, beschrieb sie ihre qualvolle Kindheit. Sie behauptete, vor ihrem fünfzehnten Lebensjahr zweimal vergewaltigt worden zu sein; das erstemal sei sie von einem Fremden im Auto aufgegabelt worden, das zweitemal habe man sie von einer Bushaltestelle verschleppt. Beide Straftaten waren nie zur Anzeige gebracht worden. Auffällig war die Ähnlichkeit mit den Entführungen mehrerer Mädchen, die später Opfer der Wests wurden. Entweder bestand zwischen diesen Überfällen durch Zufall eine schreckliche Übereinstimmung, oder – was ich persönlich eher annehme – Rosemary nutzte ihre eigenen Verbrechen als Vorlage für erfundene Geschichten von Vergewaltigungen, um die Sympathie der Geschworenen zu gewinnen.

Unter gelegentlichem Schluchzen stellte sie sich als das nach Zuneigung und Liebe hungernde Opfer ihres gewalttätigen, tyrannischen Mannes dar; am Ende habe jeder sein eigenes Leben geführt. Sie bestritt, Freds »willige Helferin« gewesen zu sein, und beteuerte, von den Morden nichts gewußt zu haben.

Im Kreuzverhör durch Brian Leveson sagte Rosemary, an die Vergewaltigung von Caroline Owens im Jahre 1972 könne sie sich nur vage erinnern. Schließlich räumte sie ein: »Ja, da hat es einen Vorfall gegeben... es war ein Fehler in meinem Leben, den ich heute natürlich sehr bedaure ... Ich wurde damals wegen Notzucht angeklagt. Aber hier stehe ich wegen versuchten Mordes vor Gericht, nicht wegen sexuellen Mißbrauchs.«

Leveson bohrte weiter: »Erlauben Sie, daß ich es unmißverständlich klarstelle: Das war der Beginn Ihres regelmäßigen sexuellen Mißbrauchs von jungen Mädchen, nicht wahr?«

Rosemary bestritt den Vorwurf: »Nein, Sir.«

Leveson fragte: »Von Mädchen, die Sie auf die eine oder andere Weise aufgabelten?«

Die Angeklagte antwortete: »Nein, Sir. Das ist nicht wahr.«

In seinem Plädoyer gab der Verteidiger Richard Ferguson Frederick West die alleinige Schuld an den Mordfällen in der Cromwell Street, indem er betonte, daß es für einen Zusammenhang zwischen Rosemary und den Morden keine hieb- und stichfesten Beweise gebe. »Er war ein Mann ohne jedes Mitleid, sich in sexueller Begierde selbst verzehrend, ein sadistischer Mörder, ein Mensch, den man als Inbegriff des Bösen betrachten kann.« Er führte aus, daß West schon Menschen umgebracht hatte, bevor er seine Frau kennenlernte, und nicht von ihrem »Wissen, ihrer Zustimmung oder Mitwirkung« abhängig gewesen sei, »um das Morden fortzusetzen«. Er wies darauf hin, daß Rosemary sich zwar, was »sexuelle Übergriffe« anging, als eine »grausame Täterin« gezeigt hatte; aber, so sagte er: »Das beweist keineswegs, daß sie auch einen dieser Morde begangen hat... Dieses Verfahren ist nicht mit dem Prozeß gegen O. J. Simpson zu vergleichen. Es gibt keine Fußabdrücke, keine Handschuhe, keinen DNS-Nachweis. Wir verlangen von Ihnen nicht, eine Person freizusprechen, gegen die eindeutige Beweise vorliegen – wir bitten Sie lediglich um einen Freispruch, weil es keine Beweise für eine Schuld gibt.«

Nach dreizehnstündiger Beratung befanden die Geschworenen am 22. Oktober gegen 13.00 Uhr Rosemary West in sämtlichen Punkten der Anklage für schuldig. Richter Mantell wandte sich an Rosemary West mit den Worten: »Sie sind von den Geschworenen in allen zehn Anklagepunkten einstimmig für schuldig erklärt worden. Sie werden zu lebenslänglicher Haft verurteilt und werden, falls ich meinen Einfluß geltend machen kann, niemals wieder freikommen. Führen Sie sie ab.«

Das Urteil wurde mit großem Beifall aufgenommen. In der Besuchergalerie, wo dichtgedrängt vor allem Angehörige der Opfer saßen, schrien viele Zuschauer ihre Zustimmung heraus.

In den folgenden Tagen wurde viel von der Möglichkeit gesprochen und geschrieben, daß es noch weitere Opfer gegen könnte. Man diskutierte auch darüber, ob die Warnsignale nicht hätten früher erkannt werden müssen. Polizei und Sozialämter verteidigten plötzlich fragwürdig erscheinende Entscheidungen, die im Laufe der vergangenen dreißig Jahre getroffen worden waren. Schließlich, so argumentierten sie, habe man keine eindeutigen Hinweise auf eine Mordserie gehabt.

Die Frage, die mir am häufigsten gestellt wurde, lautete: Wie war es möglich gewesen, daß so viele vermißte Personen so lange nicht mit den Wests in Zusammenhang gebracht worden waren? Denn obgleich einige der Opfer herumstreunende junge Menschen und Ausreißerinnen gewesen waren, hatten doch die meisten liebevolle Eltern, sie hatten Jobs und Arbeitskolleginnen – es mußte doch irgendwer etwas gewußt oder wenigstens geahnt haben.

Wir sollten uns jedoch nicht allzusehr darüber wundern, daß die Wests ein Vierteljahrhundert lang morden konnten, ohne gefaßt zu werden. Wir leben heute in einer Gesellschaft, in der alles ständig in Bewegung ist. Frauen verlassen ihre Ehemänner, Teenager laufen von zu Hause weg, Tramperinnen kommen nicht mehr zurück – die Liste scheint gar kein Ende zu haben. Freunde und Angehörige wissen nichts über das Schicksal dieser Menschen. Oft werden Polizei oder Privatdetektive eingeschaltet und ganze Pressekampagnen in Gang gesetzt.

Einige dieser vermißten Personen gehen einfach ihren eigenen Weg. Sie wollen, befreit von den Fesseln ihrer Vergangenheit, ein neues Leben anfangen. Andere dagegen sind Opfer von Gewaltverbrechen. Doch ohne Leiche, ohne einen eindeutigen Hinweis auf ein Verbrechen, hat die Polizei keine Handhabe zu ermitteln. Es handelt sich bloß um »vermißte Personen«.

Von den uns bekannten Opfern der Wests hatten fünf keinerlei bekannte Beziehungen zu dem Ehepaar: Sie wurden schamlos auf offener Straße entführt oder als Anhalterinnen mitgenommen. Drei der Opfer waren Herumtreiberinnen oder Ausreißerinnen, die für kurze Zeit ins Haus kamen. Selbst das Verschwinden von Heather und Charmaine, der zwei Kinder von Frederick West, konnte zufriedenstellend erklärt werden, als sich Leute nach ihnen erkundigten. Die eine Tochter war angeblich von zu Hause weggelaufen, die andere war mit ihrer leiblichen Mutter fortgezogen.

Heute, im nachhinein, und in Kenntnis der sorgsam aufgebauten Ausführungen der Anklage im Prozeß, scheint alles klar auf der Hand zu liegen. Jawohl, es hat Warnzeichen gegeben, und sie hätten eigentlich beachtet werden müssen – doch obwohl die Polizei mittlerweile über hochentwickelte Methoden zur Verbrechensbekämpfung verfügt, kommt die Anklage noch immer oft zu Fall. Ein Grund dafür ist, daß Verbrechen von dieser Grausamkeit manchmal das Vorstellungsvermögen der Untersuchungsbeamten übersteigen.

Wie hätte es im Fall West anders sein können? Die Polizei hatte sich durch langjährige Erfahrung daran gewöhnt, in Mordfällen zu ermitteln, die durch elementare, triebhafte Gier, durch Rache oder impulsive Wutausbrüche bedingt waren. Hier hatten sie es nun mit einem Mann und einer Frau von solch schockierender Verderbtheit zu tun, daß es schwer, ja fast unmöglich war, das ganze Ausmaß ihrer Taten zu verstehen.

Frederick und Rosemary West stand nicht auf der Stirn geschrieben, daß sie Ungeheuer waren. Die beiden waren ein angenehmes, freundliches Ehepaar, das allem Anschein nach ein gutes Verhältnis zu seinen Kindern hatte. Heute, in Anbetracht unseres Wissens von ihren Verbrechen, ist es leicht, beim Blick auf ihre Fotos sofort das Böse in ihnen zu »erkennen«.

Für mich ist es nicht erstaunlich, daß sie so lange ungeschoren davonkamen. Denn ich weiß – und das ist nicht nur eine vage Vermutung –, daß es Dutzende von Menschen wie sie gibt, die noch immer frei herumlaufen, Serienmörder, die möglicherweise nie entlarvt werden und deren Geheimnis im Garten, im Keller oder am Rande eines Wanderweges in einem entlegenen Wald begraben bleibt.

Ich gehe davon aus, daß die Akte Frederick und Rosemary West niemals geschlossen werden kann, denn es wird noch weitere Opfer gegeben haben. Natürlich läßt sich die genaue Zahl unmöglich angeben; es könnten leicht noch einmal so viele sein. Immerhin weiß man, daß dieses Ehepaar mehr als fünfundzwanzig Jahre lang gemordet hat und daß ihr Selbstvertrauen und ihre Raffinesse stetig wuchsen. Von April 1973 bis April 1975 wurden sechs Mädchen gefoltert und ermordet. Es folgte eine dreijährige Pause, bis Shirley Robinson verschwand, dann ein einjähriger Intervall bis zum Verschwinden von Alison Chamber im Jahre 1979 und eine weitere Pause, diesmal von acht Jahren, bis 1987 Heather verschwand.

Nach allem, was wir heute über die Wests und ihresgleichen wissen, kann es jedoch während dieser Pausen oder auch seit 1987 keine »Ruhe« gegeben haben. Bedenken Sie, daß Frederick Wests erstes uns bekanntes Opfer Anna McFall war, das 22jährige Kindermädchen des Hauses, das 1967 spurlos verschwand. Wie ich bereits ausgeführt habe, muß Wests gefährliche Abnormität sich bereits in jungen Jahren, vielleicht gegen Ende des Teenageralters, manifestiert haben. Es kann durchaus sein, daß es noch frühere Morde gegeben hat, die entweder aus reinem Zweckdenken oder von seinem Verlangen nach Macht über Frauen motiviert gewesen sein mögen.

Mir ist bewußt, daß wegen solcher Überlegungen Hunderte von Familien mit vermißten Töchtern das Schlimmste befürchten werden. Andere Familien, bei denen Frederick West einmal gearbeitet oder gewohnt hat, werden plötzlich denken: »Er hat in unserem Innenhof Bauarbeiten durchgeführt. Könnte es sein ...?«

Was ist zu tun? Vieles spricht dafür, auch jetzt noch weiterzusuchen, und in gewissem Umfang ist das auch geschehen. Natürlich erfordert dies einen enormen finanziellen und auch emotionalen Aufwand. Doch es gibt nur zwei Menschen, die uns hätten sagen können, wo die übrigen sterblichen Überreste begraben sind; und einer der beiden, Frederick West nämlich, wird für immer schweigen. Seine Frau aber, die nun als einzige Bescheid weiß, hat keinen Grund, es zu sagen. Sie verfügt zwar über genügend Selbstmitleid, aber sie empfindet nicht das geringste Bedauern für die Opfer oder ihre Angehörigen – es liegt nicht in ihrer Natur.

Es gibt nur eine Möglichkeit, Gewißheit zu erlangen, nämlich jeden Aufenthaltsort des Ehepaares noch einmal gründlich zu untersuchen – und, wenn nötig, wieder zu graben.

Während Rosemary West im Zeugenstand mit ihrer Vorstellung für Aufsehen sorgte, entschied 85 Kilometer weiter, in Oxford, eine andere Jury über das Schicksal von Gordon Wardell. Inmitten des Medienrummels um das »Haus des Grauens« in Gloucester war er fast in Vergessenheit geraten.

Beschuldigt des Mordes an seiner Frau sowie des Einbruchs und Diebstahls von 14 130,92 Pfund Sterling bei der Woolwich-Sparkasse, hatte Wardell seit Oktober 1994 in Untersuchungshaft gesessen; er beteuerte weiterhin seine Unschuld. Staatsanwalt Richard Wakerley erklärte den Geschworenen, er habe nicht zu beweisen, *warum* Wardell seine Frau ermordet hatte. »Im Laufe einer Ehe mögen sich viele Gründe für solch eine Tat ansammeln. Die Anklage hat nicht die Absicht und auch nicht die Verpflichtung, ein Motiv nachzuweisen. Wir haben einzig und allein den Beweis zu führen, daß seine Darstellung falsch ist.«

Am 7. Dezember trat Wardell in den Zeugenstand. Er kämpfte mit den Tränen, als er von seinem letzten Zusammensein mit Carol vor ihrem Tode berichtete. Er hielt nach wie vor an seiner Version fest, nach der er überfallen und gefesselt worden sei; bei der Nachricht von Carols Tod, sagte er, »war mir, als ob meine Welt zusammenbräche«.

Es gab eine ganze Reihe von Zeugen für die Anklage, deren Aussagen nachweisen sollten, daß Wardell seine Verletzungen vorgetäuscht hatte. Die Verteidigung konterte mit eigenen Gutachtern, die geltend machten, daß seine Verletzungen durchaus mit seiner Darstellung des Überfalls übereinstimmten. Ein Anästhesist erklärte auch für möglich, daß Wardell ein Mittel injiziert worden sei, das ihm vielleicht über sieben Stunden lang das Bewußtsein raubte; das setze allerdings voraus, daß die Angreifer gewisse medizinische Kenntnisse besaßen. Als einzig mögliche Erklärung dafür, daß Wardell 16 Stunden lang kein Wasser gelassen hatte, wurde eine äußerst seltene Erscheinung namens Myoglobinuria angeführt, die auch bei Opfern von Erdbeben und Autounfällen beobachtet worden war.

Zum Schluß eines sechs Wochen dauernden Prozesses, in dem 128 Zeugen aufgetreten waren, kamen die Geschworenen nach neuneinhalbstündiger Beratung zu dem Ergebnis, daß Wardell des Mordes an seiner Frau schuldig sei. Richter Cresswell lobte die Kriminalpolizei für ihre Ermittlungsarbeit. Zu Wardell sagte er: »Sie sind ein äußerst gefährlicher, böser und hinterhältiger Mensch. Sie haben Ihre Frau auf brutale Weise ermordet und anschließend voller Zynismus versucht, den Eindruck zu erwekken, daß Ihr Verbrechen das Werk von Gangstern gewesen sei. Dieser Mord war ein Verbrechen an Ihrer Frau, ihren Angehörigen und allen Menschen, die ihr nahestanden.«

22

Seit mein Name zum erstenmal öffentlich mit den polizeilichen Ermittlungen in Verbindung gebracht wurde, bin ich mir bewußt, daß die Menschen meine Arbeit auf ganz unterschiedliche Weise aufnehmen. Filme wie *Das Schweigen der Lämmer* oder Fernsehspiele wie *Craker* waren dem richtigen Verständnis von der Arbeit der Kriminalpsychologen nicht sehr zuträglich. Selbst meine engen Freunde machten öfters Kommentare des Inhalts, wie interessant und aufregend meine Arbeit doch sein müsse. Ich habe lange gebraucht, solche Reaktionen zu verstehen.

Manche haben auch die Vorstellung, daß ein Kriminalkommissar oder ein Kriminalpsychologe sich ganz unbeschwert und leichtfüßig über den Schauplatz eines Mordes bewegen, den sich die Leute so reinlich und ordentlich wie in den Geschichten Agatha Christies vorstellen. In Wirklichkeit kann aber ein Mord auf einem noblen Landsitz noch gemeiner, niederträchtiger und schmutziger oder auch durch noch verabscheuungswürdigere Triebkräfte herbeigeführt worden sein als der Tod einer Prostituierten in einer heruntergekommenen Siedlung des sozialen Wohnungsbaus. Andere wieder betrachten einen Kriminalpsychologen irgendwie als Mittelding zwischen Hellseher und Medizinmann. Entweder man mißtraut dem, was man nicht versteht, oder man akzeptiert alles fraglos und schreibt seiner Tätigkeit übertriebene Möglichkeiten zu.

Ich kann mich sogar an einen besonders unerquicklichen und erschütternden Kommentar eines anderen Psychologen erinnern, der als Berater an Mordermittlungen beteiligt war und diese beschrieb als »die begeisterndste, erregendste und lohnendste Erfahrung meines ganzen Lebens. Es war sogar noch besser als Sex.«

Ich fand diese Bemerkung vollkommen unpassend. Mir selbst graut vor allen Anrufen der Polizei, die nichts Gutes verheißen, und ich hasse jeden Augenblick der Phase, in denen versucht wird, einen Tathergang zu rekonstruieren.

Aber warum mache ich es dann? Also, das läßt sich leicht erklären.

Während der vergangenen 15 Jahre ist praktisch keine Woche vergangen, ohne daß ich nicht die durch Verbrechen verursachten Traumata und Trauer mitansehen mußte. Ich höre den Opfern von Vergewaltigungen und den Angehörigen zu, die durch den Verlust eines geliebten Menschen völlig am Boden zerstört sind. Und ich muß auch erfahren, was Sexualstraftäter und Mörder getan haben. Ich weiß, was sie dazu getrieben hat. Könnte es einen stärkeren Beweggrund geben, einen Beruf auszuüben, als den Wunsch, diesen Verbrechen ein Ende zu machen?

Begeisternd oder heroisch ist an solcher Arbeit allerdings gar nichts. Wenn ich herangezogen werde, ist gewöhnlich bereits ein Mensch tot, und ich muß ständig daran denken, daß ein weiterer sterben könnte, falls ich einen Fehler mache oder die Ermittlung in die falsche Richtung lenke. Es ist ganz so, als stünde man immer am äußersten Rand des Abgrunds. Das einzig Gute daran ist, daß es vorbeigeht.

Als man Anfang der achtziger Jahre in England begann, mit Persönlichkeitsprofilen von Straftätern zu arbeiten, wurde erst einmal gar nicht gefragt, wie zuverlässig diese seien oder welches Gewicht die Polizei solchen Ergebnissen beimessen könne. Die Frage lautete viel pragmatischer: »Was fangen wir überhaupt damit an?«

Ich habe manchmal vielleicht herausfinden können, warum ein Delikt begangen wurde, daß der Straftäter Ende Vierzig oder Anfang Fünfzig war, eine bestimmte Art von Beruf, Ausbildung und Lebensweise hatte, in welcher Gegend er möglicherweise wohnte und wie er auf die polizeilichen Unternehmungen reagieren würde. Setzte die Kriminalpolizei diese Informationen nicht ein, so hätten diese für sich genommen kaum einen praktischen Nutzen. Die Informationen zu nutzen aber hieß für die Polizei auch, sich festzulegen und Zeit, Geld und Personal dafür zu verwenden. Wie konnten sie aber sicher sein, daß ich recht hatte? Und welche Konsequenzen würde es für sie haben, wenn ich mich irrte?

Die meisten Einsatzleiter haben meine Ratschläge angenommen, ein paar haben sie nicht beachtet. Manche haben abgewartet, bis sich eine meiner Vorhersagen als korrekt erwies, und sind dann wieder auf mich zurückgekommen und haben sich meine gesamten Arbeitsergebnisse dann genauer angesehen.

Das alles hat sich mit den Jahren, in denen sich die psychologische Verbrechensanalyse weiterentwickelt hat, verändert. Der Kreis derer, bei denen die Arbeit der Kriminalpsychologen geschätzt wird, hat sich erweitert. Die DNS-Analyse des Mörders von Naomi Smith etwa bietet ein eindrucksvolles Beispiel dafür, in welch hohem Maße sich die Ermittlungsarbeit inzwischen auf Täterprofile stützt.

Ich weiß nicht, wie lange ich mich noch mit Mordfällen und sexueller Gewalt befassen werde. Denn mir ist schon seit Jahren klar, daß ich auf jedem Schauplatz eines Verbrechens ein Stück von mir selbst zurücklasse. Ich frage mich, was sein wird, wenn es einmal nichts mehr gibt, was ich zurücklassen kann.

Ich habe mich in meinem Leben bis jetzt mit über hundert Schwerverbrechen befaßt – das sind mehr Fälle, als viele höhere Kriminalbeamte im Verlauf ihrer ganzen Karriere bearbeiten. Vielleicht könnte ich es auch noch ein paar Jahre weitermachen, aber es scheint mir heute wichtiger zu sein, die Polizei dahingehend zu unterstützen, daß sie mich – außer in ganz besonders schwierigen Fällen – gar nicht mehr braucht, und Kurse und Seminare zu geben, damit Kriminalbeamte die psychologischen Grundmerkmale und die Prinzipien verstehen lernen, die in den verschiedenen Verbrechenskategorien von Bedeutung sind.

Noch wichtiger scheint es mir, mich verstärkt in Sachen Risikoeinschätzung für Straftaten und Verbrechensverhütung zu engagieren. Dazu muß ich meine Arbeit auf anderen Gebieten verstärken. Ich will zu diesem Zweck Aufklärungsarbeit leisten, um Wege zu finden, daß Menschen wachsamer und vorsichtiger werden, damit sie selbst die Gefahr möglichst gering halten, einem Verbrechen zum Opfer zu fallen.

Ich werde auch weiterhin Unternehmen und Behörden dahingehend beraten, wie sie im Falle von Drohungen zu reagieren haben und wie optimale Sicherheitsvorkehrungen aussehen können.

Ich werde nie die Entführung von Abbie Humphries vergessen. Im Queens Medical Centre waren die Überwachungskameras so dilettantisch plaziert, daß sie zwar ein Foto lieferten, aber ein so schlechtes, daß dadurch die gesamten Ermittlungen behindert wurden. Die Aufnahme war dermaßen ungünstig geschossen worden, daß sie eigentlich unbrauchbar war. Das Foto wurde somit Gegenstand hitziger Debatten über die Frage, ob man es der Öffentlichkeit zeigen oder nicht zeigen solle. Und es war bezeichnend, daß von dem Teil des Krankenhauses, wo das Risiko solcher Verbrechen am höchsten war, nicht einmal Fotos der verdächtigen *Krankenschwester* zur Verfügung standen.

An dieser Stelle muß ich auch an den Erpressungsfall Heinz, einem Hersteller von Babynahrung, denken, bei dem die psychologische Beratung die Arbeit der Ermittler kompetent unterstützen konnte.

Aus der Forschung ist mittlerweile bekannt, was Menschen zum Morden bringt. Man muß daher Wege zur optimalen Nutzung dieses Wissens finden, um gefährdete Menschen auch davon abzuhalten. Die schrecklichen Todesschüsse in der Grundschule von Dunblane haben gezeigt, wie wichtig eine solche Aufgabe ist. Selbst aus den wenigen Unterlagen, die zum Täter Thomas Hamilton vorhanden waren und die ich alle gelesen habe, gab es ausreichend Frühwarnsignale, um eigentlich zu dem Schluß zu kommen: »Wir müssen dafür sorgen, daß dieser Kerl auf keinen Fall an Schußwaffen kommt.«

Ich will damit nicht sagen, daß die Morde von Dunblane auf jeden Fall hätten verhindert werden können, es wäre ja auch durchaus möglich gewesen, daß Mr. Hamilton ohne seine Schußwaffen einen anderen Weg gefunden hätte, um die Kinder zu töten, aber daß er die entsprechenden Instrumente zur Tat zur Verfügung hatte, machte es ihm leichter. Wenn man ihm die Waffen abgenommen hätte, so wäre damit zumindest ein Signal gesetzt worden.

Als ich im Juni 1992 meine vom Innenministerium in Auftrag gegebene Studie über Täterprofile ablieferte, wurden die Empfehlungen angenommen. Sie hatten das Ziel, England auf diesem Gebiet innerhalb von zwei bis drei Jahren in Europa eine führende Position zu verschaffen. Die Entwicklung ist leider sehr viel langsamer verlaufen als ehemals gewünscht.

Ein Problem liegt darin, daß hierzulande zu viele private Interessen und rein persönliche Eitelkeiten das klare Ziel verwässern. Eifersüchteleien gibt es in allen Berufen immer wieder, aber aufgrund der öffentlichen Aufmerksamkeit, die die Publikation von Täterprofilen stets erregt, scheint es solche Dinge auf diesem Sektor mehr als anderswo zu geben. Ich habe so zum Beispiel von den Klagen eines Fernsehproduzenten der BBC gehört, der eine Sendung über die Ermittlung mit Hilfe von Persönlichkeitsprofilen von Straftätern machen wollte: »Ich mache nun schon seit Jahren Dokumentarfilme und habe in meiner ganzen beruflichen Karriere noch keinen Bereich kennengelernt, der so stark durch feindselige Intrigen und zwischenmenschliche Probleme lahmgelegt wurde wie dieser.«

Es ist an der Zeit, daß hier neue Leute auf den Plan treten, Menschen, die weniger Lebensenergie darauf verwenden wollen, in einem bestimmten Punkt recht gehabt zu haben oder nachzuweisen, daß jemand anderer unrecht hatte. Und die Wissenschaftler sollten erklären: »Okay, schauen wir uns die Persönlichkeitsprofile mal gründlich an. Wir etablieren sie als Forschungsinstrumente – so, wie wir es auch schon mit anderen Rastern zu Fragen zum Gedächtnis, zur Sprache und zum menschlichen Denken allgemein getan haben. Das Erstellen von Täterprofilen sollte zu einem Arbeits- und Forschungsgegenstand der Psychologie werden, damit sich nicht mehr nur ein halbes Dutzend Leute damit beschäftigt und sie Teilbereich eines wissenschaftlichen Faches werden, das man lernen und stetig verbessern kann, um so fundiert zur Verbrechensaufklärung beitragen zu können.«

Das könnte Aufgabe von Experimentalpsychologen werden, die über allem stehen und die daran interessiert sind, alles zu prüfen, durchzuschütteln und in Frage zu stellen, so daß die Spreu vom Weizen getrennt wird und nur das, was an gesichertem Wissen da ist, übrigbleibt.

Ich habe das Glück gehabt, mit einigen der besten Kriminalbeamten zusammenarbeiten zu dürfen – intelligente, ehrliche, pragmatische Männer und Frauen, die außergewöhnliches Verständnis für komplexe Details haben und über einen reichen Erfahrungsschatz verfügen. Sie waren alle der Auffassung, daß jeder Hinweis, den es gibt, ihren Ermittlungen nützen kann, und daß jeder auch genutzt werden sollte.

Leider ist es so, daß das Auftauchen eines Psychologen in einer Einsatzzentrale der Kriminalpolizei häufig von den Medien an die große Glocke gehängt wird. Das kann dazu führen, daß sich einige Leute vor den Kopf gestoßen fühlen – nicht unbedingt immer die Mitglieder des Ermittlungsteams selbst, sondern oft auch die hohen Tiere bei der Polizei, die die strategischen Entscheidungen treffen. Sie sorgen sich, in ihrer Kompetenz eingeschränkt zu werden oder nicht die gebührende Anerkennung zu bekommen.

Aber auch das wird sich bestimmt ändern. Vor einigen Jahren noch waren es die forensischen Wissenschaftler, die Schlagzeilen machten und die Phantasie der Öffentlichkeit anregten und Kriminalromane, Fernsehspiele und Kinofilme inspirierten. Heute sind es die forensische Psychologie und allgemein Täterprofile. Es wird nicht lange dauern, bis diese Spezialisten nur mehr als weitere Berater angesehen werden, die der Polizei bei Bedarf zur Verfügung stehen.

Was die persönlichen Auswirkungen dieser Arbeit auf mich selbst angeht, so muß ich gestehen, daß ich die Welt jetzt mit anderen Augen sehe als vorher. Ich betrachte alles im Hinblick auf mögliche Risikofaktoren. Es fällt mir einfach auf, wenn Frauen die Post im Morgenmantel aus dem Briefkasten holen und nachts die Vorhänge nicht zuziehen. So etwas kann das entscheidende, auslösende Moment sein, das einem Voyeur zum Begehen einer Gewalttat noch fehlte. Es läßt sich nicht sagen, daß Samantha und Jazmine noch am Leben wären, wenn sie im zweiten Stock gewohnt hätten. Man könnte sich aber genauso gut vorstellen, daß Robert Napper sie möglicherweise nie zur Zielscheibe seines Verbrechens gemacht hätte, wenn Samantha nachts die Balkontür abgeschlossen und die Jalousien heruntergezogen hätte.

Ich sehe Frauen zum Beispiel aus einem Hotel kommen, Arm in Arm und lachend über die Straße gehen. Ich beobachte sie und kann sie nach dem Wahrscheinlichkeitsgrad ihrer Gefährdung einstufen. Jeder von uns wird aufgrund seiner Kleidung, der Art seines Verhaltens und durch das, was er sagt, zu einem bestimmten Täter passen. Das Bild, das wir so abgeben, macht es somit möglich, Gefahren einzuschätzen. Das alles hat Einfluß auf den Grad, mit dem wir dem Risiko eines Überfalls ausgesetzt sind.

Wenn ich heute über die Straße gehe, fallen mir Dinge auf, die ich vor 15 Jahren niemals bemerkt hätte. Ich beobachte, wie die Menschen ihren Körper, ihr Gesicht und ihre Stimme einsetzen, was sie tragen, wie sie Auto fahren und zueinander stehen. Das klingt schrecklich, wenn ich mich aber heutzutage in Gesprächen eher reserviert verhalte, so ist das meines Erachtens auch deswegen, weil ich – ohne es bewußt zu tun – inzwischen nicht nur kleine Besonderheiten ihres Verhaltens registriere, sondern sämtliche Eigenarten ihrer Persönlichkeit und ihres Denkens erkenne. Ich stelle fest, daß ich mehr über sie weiß, als ich je über sie zu wissen wünschte oder als mich auch an ihnen interessiert.

Mein Sohn Ian, der heute mein Assistent ist, und meine Tochter Emma haben dieses Phänomen eines Tages treffend beschrieben, als ich eine Scheibe Brot aus dem Korb nahm, an der eine andere Scheibe klebte. Ian sagte: »Ich wette, wenn du ein Werkstoffingenieur wärst, könntest du nicht anders als Brotscheiben automatisch in bezug auf ihre Anziehungskraft, ihren Reibungskoeffizienten und so weiter wahrzunehmen.«

Und Emma fügte hinzu: »Du brauchst zwar einfach bloß eine Scheibe, weil du ein Butterbrot machen willst, aber wegen deiner speziellen Ausbildung und Erfahrung bekommst du gleich all diese Zusatzinformationen gratis hinzu.«

Wenn ich zurückblicke, kann ich mich an keines der Gesichter der Opfer erinnern. Denn die Fotos, die ich stets von ihnen zu sehen bekommen habe, waren nach dem Tod aufgenommen worden, so daß die Augen ihr Leuchten verloren hatten. Was mir jedoch immer im Gedächtnis bleibt, sind andere Dinge, weil meine Arbeit es mit sich bringt, daß ich intime Details über das Leben der Opfer und ihren Lebensstil erfahre. Solche Kenntnisse über ihre Persönlichkeit und das Wissen um ihr schlimmes Ende machen das Leid und die Trauer noch schmerzhafter. Freude macht diese Arbeit bestimmt nicht.

Die Erinnerungen werden immer ein Teil von mir sein. Sie sind auch der Grund dafür, warum ich nicht nein sagen kann, wenn die Polizei mich erneut ruft. Dann sehe ich jedesmal das ganze Heer der Menschen vor mir, die vergewaltigt, ermordet, sexuell mißbraucht und gequält wurden. Und irgendwo ist da auch ein Mann, der wahrscheinlich weiteres Leid verursachen wird. Dieser sitzt jetzt womöglich da, erinnert sich genüßlich an seine Tat und bezieht aus dieser Erinnerung auch noch sexuelle Lust. Er ist auch Teil der Realität, und er ist auf freiem Fuß, und irgendwann einmal wird sein Trieb sich von neuem bemerkbar machen und vielleicht auch noch bestialischer steigern. Ich vermag nicht immer vorauszusehen, wann es geschehen wird. Ich weiß aber: Wenn man ihn nicht davon abhält, wird er wieder und wieder töten.

Nachwort

von *Werner Mathes*

Seit Anfang der 80er Jahre arbeitet die amerikanische Bundespolizei FBI mit dem Fahndungsinstrument des psychologischen Täterprofils. Wichtigste Arbeitshilfe ist dabei ein von Spezialisten des National Center for the Analysis of Violent Crime an der FBI-Akademie in Quantico, Virginia, entwickelter umfangreicher Fragebogen, den die Ermittlungsbeamten vor Ort penibel ausfüllen und zurückschicken müssen. Die angeforderten Daten – Tatortbefundbericht mit Lichtbildmappe, soziologische Beschreibung des Tatortes, Obduktionsbericht, Infos über Opfer, Auffälligkeiten – werden in einer zentralen Computerdatei erfaßt. In diesem Programm sind vor allem Taten sexuell motivierter Ritualmörder gespeichert, die über einen längeren Zeitraum mehr als drei Menschen getötet haben.

Speziell ausgebildete FBI-Fahnder führen zudem immer wieder lange Interviews mit einsitzenden Serienkillern. In diesen Gesprächen versuchen die Beamten, hinter die Fassade des Täters zu blicken, zu erfahren, wie einer, der Menschen brutal zu Tode foltert, denkt und tickt.

Mit diesen Erfahrungen und den Daten aus dem zentralen Computerprogramm sind die FBI-Beamten in der Lage, für die Jagd nach unbekannten Serienmördern psychologische Täterprofile der Gesuchten zu erarbeiten. Die FBI-Profiler wissen dann in der Regel genau, nach wem sie fahnden müssen – ob der Killer weiß ist oder schwarz, jung oder alt, was er von Beruf ist, wo er sich vorzugsweise aufhält, ob er einen Wagen fährt oder nicht, ob er allein wohnt oder in einer Familie, wie seine künftigen Opfer aussehen und wo er sie findet.

Die Trefferquote ist enorm hoch: In knapp 80 Prozent aller Fälle stimmt das psychologische Täterprofil des FBI bis in Details mit dem Profil des schließlich gefaßten Serienkillers überein.

Seit Jonathan Demmes Kinofilm *Das Schweigen der Lämmer*

hat die Arbeit mit psychologischen Täterprofilen auch bei uns das Interesse einer breiten Öffentlichkeit geweckt. Regisseur Demme hatte wochenlang in Quantico recherchieren dürfen und ausführlich die FBI-Profiler-Stars John Douglas und Robert »Bob« Ressler befragt.

Schon 1983 war der Wiesbadener Kriminalhauptkommissar Jürgen Reinwarth für drei Monate nach Quantico geflogen, um die Arbeit seiner US-Kollegen zu studieren. Ein Jahr später machte Reinwarth die Probe aufs Exempel. Am 28. Juni 1984 war mittags eine 47jährige Hausfrau mit neun Messerstichen getötet worden, das Tatwerkzeug, ein zum Haushalt des Opfers gehörendes Küchenmesser mit einer 16 Zentimeter langen Klinge, steckte in der Scheide der Ermordeten.

Akribisch sammelte Reinwarth alle Ermittlungsergebnisse, bereitete sie auf und schickte sie nach Quantico. Die FBI-Kollegen vermuteten in ihrem Profil als Killer einen 17 bis 22 Jahre alten Mann: »Er hat eine durchschnittliche Intelligenz, ist aber unerfahren im Hinblick auf kriminelles Vorgehen bei ernsthaften und gewalttätigen Taten.« In der Schule sei der Gesuchte mittelmäßig bis schlecht gewesen, vom Charakter her »unreif, unberechenbar und aufbrausend«. Wahrscheinlich, so die FBI-Profiler in ihrer Expertise, habe der Täter sein Opfer gekannt, lebe in der Nähe, womöglich bei seinen Eltern, von denen er zumindest teilweise finanziell abhängig sein könnte.

Die deutsche Premiere schlug fehl, das psychologische Täterprofil brachte keinen Erfolg: Der Messer-Mörder wurde nicht gefaßt.

Das deutsche Bundeskriminalamt (BKA) in Wiesbaden konnte sich nie so recht mit den Profiling-Methoden der Amerikaner anfreunden. Die Skepsis der Wiesbadener Kriminaler war begründet. Das föderale System der Bundesrepublik und ihre nach Bundesländern geordnete Polizei-Hoheiten erlaubte es nicht, ein zentrales Computerprogramm einzuführen, das Arbeitsgrundlage für das FBI ist; zudem ist hierzulande die psychologische und psychiatrische Prävention weit höher entwickelt als in den Vereinigten Staaten. Psychisch Auffällige werden, weil sie in der Regel unter sozialer Kontrolle stehen, schneller erkannt und entsprechend behandelt.

Seit 1945 konnten in Deutschland (bis 1990 in den alten Ländern der Bundesrepublik) knapp zwei Dutzend sexuell motivierte Serienmörder geschnappt werden. In lediglich 45,5 Prozent der Fälle war das unmittelbar dem Ermittlungserfolg der Polizei zu verdanken. In der Mehrzahl jedoch wurden die Täter durch Hinweise aus der Bevölkerung oder durch pure Zufälle ermittelt. Durch einen solchen Zufall geriet auch der Hamburger Prostituierten-Mörder Fritz Honka ins Fadenkreuz der Fahnder: Bei Löscharbeiten nach einem Hausbrand fand die Feuerwehr in einem Dachbodenverschlag Leichenteile weiblicher Opfer.

Bei der Hälfte aller ermittelten Serienmordfälle konnten Tatzusammenhänge zu weiteren Tötungsdelikten mit kriminalistischen Mitteln nachgewiesen werden. Nur durch eine ausgesprochene Geständnisfreudigkeit der festgenommenen Verdächtigen wurde eine Vielzahl unbekannt gebliebener Tötungsfälle aufgedeckt. Daß die »Probanden« durchschnittlich über einen Zeitraum von 4,6 Jahren unbehelligt morden konnten, ist für Stephan Harbort vom Polizeifortbildungsinstitut in Neuss ein Alarmsignal: Diese Erkenntnisse dokumentierten »einen dringenden Handlungsbedarf für die gesamte kriminalistische Wissenschaft und Praxis«.

Der Diplom-Verwaltungswirt aus Neuss weiß, daß die 1:1-Übertragung der amerikanischen Profiling-Methoden auf die deutschen Verhältnisse nicht machbar ist. Harbort arbeitet deshalb an der Entwicklung eines sogenannten empirischen Täterprofils. Er hat dieses Profil an 33 sexuell motivierten Mehrfach- und jenen 22 Serienmördern evaluiert, die seit 1945 ermittelt wurden. Bei der Erstellung des empirischen Täterprofils erhob er rund 4900 täter- und tatspezifische Daten und klassifizierte sie nach 56 Kategorien.

Mit diesem Fahndungsraster ist es zwar nicht möglich, einen Gesuchten detailliert zu beschreiben. Es kann jedoch zu einer sinnvollen und vertretbaren Eingrenzung des Kreises potentiell tatverdächtiger Personen führen. Stimmen täter- und tatspezifische Indikatoren, die nach einer vorgegebenen Formel berechnet werden, über 70 Prozent mit dem Profil eines Verdächtigen überein, muß die Person in jedem Fall intensiv in die Polizeiermittlungen einbezogen werden. Harbort in der Fachzeitschrift *Kriminalistik:* »Für das empirische Täterprofil ergibt sich eine durchschnittliche Erfolgswahrscheinlichkeit von 81,8 Prozent.«

Auch im BKA untersucht eine kleine Gruppe von Psychologen die Möglichkeiten, das amerikanische FBI-System zu modifizieren, um es auf die hiesigen Verhältnisse anwenden zu können.

Michael Baurmann, Leiter des Fachbereichs Kriminologie, und seine Kollegen Jens Vick und Bernd Roßbach haben 1993 das Forschungsprojekt KKF – Kriminalistisch-Kriminologische Fallanalyse – gegründet, das seitdem auch offiziell unterstützt wird. Für die öffentlichkeitsscheuen BKAler spielt weniger die Psyche der Täter eine Rolle als die objektiven Falldaten. Das insgesamt fünfköpfige Team arbeitet vor allem bereits abgeschlossene Fälle empirisch auf, um Parallelen und Übereinstimmungen zu noch unaufgeklärten Verbrechen zu finden.

Dabei ziehen Baurmann und seine Leute die Grenzen weiter als ihre amerikanischen Kollegen. Im Projekt KKF werden nicht nur die Daten von sexuell motivierten Morden gesammelt, sondern auch von Serienvergewaltigungen, Erpressungen und Geiselnahmen. Die Erstellung von Täterpsychogrammen befindet sich noch in der Probephase, wird aber bei Bedarf, zum Beispiel auf Anforderung einer Länderpolizei, schon vereinzelt praktiziert. Auch die Einrichtung eines Computerprogramms, in das sämtliche Täter-, Opfer- und Tatortdaten eingespeist werden sollen, ist vorbereitet – wobei das BKA-System an keine großen Netze angeschlossen wird und der Zugang eng begrenzt bleibt. Deutsche Datenschutzbeauftragte prüfen derzeit die juristische Praktikabilität des EDV-Systems.

Auf derlei Beschränkungen muß der Österreicher Thomas Müller kaum Rücksicht nehmen. Müller, Kriminalpsychologe im Wiener Innenministerium, sammelte seine ersten Meriten, als er kurz nach dem Psychologiestudium den Fall des mehrfachen Frauenmörders Jack Unterweger für das FBI aufbereitete. US-Altmeister »Bob« Ressler nahm den jungen Österreicher fortan unter seine Fittiche und unterstützte ihn, wo er nur konnte. Müllers spektakulärster Fall: der österreichische Briefbomber, der im Namen einer »Bajuwarischen Befreiungsarmee« mörderische Sprengsätze per Post verschickte. 1995 erstellte er ein 15seitiges psychologisches Täterprofil, das relativ genau den im vorigen Jahr festgenommenen mutmaßlichen Bomber Franz Fuchs beschreibt.

Heute gilt Müller, auch wenn er umstritten ist, als Koryphäe, wird international um Hilfe gebeten, wenn die örtliche Polizei nicht weiterkommt. Er half mit psychologischen Täterprofilen in Polen und in Südafrika, unterweist Kollegen in zahlreichen Ländern. Auch zwei Kripobeamte des Münchner Morddezernats gingen bei dem Wiener Müller in die Lehre. Die Bayern konsultierten den Profiler, nachdem sie den Serienmörder Horst David überführt hatten. David gestand zwar sieben Frauenmorde, die Kriminaler gingen jedoch davon aus, daß der Verbrecher noch mehr getötet haben mußte. Dieser Auffassung schloß sich auch Müller an. Vergebens. Horst David waren partout nicht mehr Tötungen nachzuweisen.

Seit das Phänomen des Serien- und Ritualmörders von der Unterhaltungsindustrie zu klingender Münze gemacht wird, sind Profiler wie Robert Ressler, John Douglas oder Thomas Müller selbst zu Medienstars geworden. Mit diesem Buch gehört nun auch der englische Kriminalpsychologe Paul Britton dazu. Und in Deutschland? Keiner da auf weiter Flur?

Falsch. Schnell wird vergessen, daß die deutschen Sicherheitsbehörden schon immer auf die Arbeit bestens ausgebildeter Polizeipsychologen zurückgreifen konnten. Der Münchner Georg Sieber zum Beispiel beriet die Einsatzkräfte, die während des Anschlags der palästinensischen Freischärler vom »Schwarzen September« auf die Olympischen Spiele 1972 vor Ort waren. Wolfgang Salewski flog mit der GSG 9 nach Mogadischu, wo die entführte Lufthansa-Maschine *Landshut* erfolgreich gekapert wurde. Und Claudia Brockmann unterstützte während der Entführung des Hamburger Multimillionärs Jan-Philipp Reemtsma hinter den Kulissen ihre Kripokollegen, die mit den Geiselnehmern verhandelten.

Daß die deutschen Polizeipsychologen nur selten ins Scheinwerferlicht der TV-Teams geraten, ist ihnen womöglich nur recht.

Reporter beim *Stern*

Anmerkung des Verfassers

Ich habe die in diesem Buch dargestellten Fälle ausgewählt, weil sie Anfänge und Entwicklung eines speziellen Psychologiezweiges zeigen, dessen Ergebnisse bei der Verbrechensermittlung verwendet werden, jedoch auch, weil meine Mitarbeit hierbei der Öffentlichkeit ebenso bekannt ist wie das Ergebnis der gerichtlichen Verfahren. Ich würde niemals von den Fällen etwas preisgeben, wo Geheimhaltung weiterhin von Bedeutung ist.

Gelegentlich habe ich in diesem Buch Details von Straftaten oder vom Ermittlungsprozeß unkenntlich gemacht, um Zeugen, Opfer oder eine noch nicht abgeschlossene Ermittlung zu schützen und um zu vermeiden, daß potentielle Straftäter Hinweise bekommen, was sie machen können, um nicht gefaßt zu werden.

Besonderheiten, über die sich die im Zusammenhang mit klinischen Fällen erwähnten Personen identifizieren ließen, sind durchweg verändert worden, ausgenommen solche, die sowieso der Öffentlichkeit zugänglich sind.

Danksagung

In vielen kriminalistischen und anderen heiklen Fällen habe ich mit den kompetentesten und umsichtigsten Ermittlungsbeamten zusammengearbeitet. Sie alle haben zur Verbesserung der Methoden beigetragen, mit denen Informationen gesammelt, analysiert und als Handlungsgrundlage genutzt werden. Ich zolle besonderen Dank und Hochachtung:

Detective Chief Superintendent David Baker, Commander John Grieve, Commander David Tucker, Detective Superintendent Bob Taylor, Assistant Chief Constable Tom Cook, Detective Chief Superintendent Mick Jenkins, Detective Superintendent Harry Shepherd, Detective Superintendent Ian Johnston, Superintendent Ian Gordon, Detective Chief Superintendent Duncan Bailey, Detective Chief Superintendent Brendon Gibb-Grey, Chief Constable John Stevens, Detective Inspector Keith Pedder, Lizzie James, Detective Superintendent Mickey Banks, Detective Inspector John Pearse, Detective Superintendent Albert Kirby, Detective Superintendent John Bennett, Detective Chief Superintendent Colin Port, Detective Superintendent Tony Bayliss und Detective Inspector Gino Vagliari. Beim FBI: Judd Ray, Greg Cooper, »Roy« Hazelwood und John Douglas.

In schwierigen Situationen haben sich Paul Jackson, Julian Boon und Sarah Lewis als gute Freunde und tüchtige Kollegen erwiesen.

Ursula Mackenzie, Bill Scott-Kerr, Garry Prior, Patrick Janson-Smith, Larry Finlay und Alison Barrow bei Transworld und Michael Robotham und Mark Lucas bei LAW haben mir genau das richtige Maß an Ermutigung und Druck zuteil werden lassen, das notwendig war, damit ich das Buch schreiben konnte.

Meine Sekretärin beim National Health Service, Diane Purves, hat dazu beigetragen, daß meine klinische Arbeit weiterging, wenn ich mit Kriminalfällen befaßt war.

Es ist wahrscheinlich unmöglich, sich in derartige Fälle zu vertiefen, ohne irgendwie persönlich Schaden zu nehmen. Ich habe in meiner Familie, bei Mal und Emma und Rufus wie bei Ian und Catherine eine nie ermüdende Liebe gefunden; sie haben mein emotionales und geistiges Leben immer wieder erneuert.

Schließlich bekunde ich meinen Dank und meine Anerkennung all jenen Männern und Frauen, die ich aus Gründen der Vertraulichkeit und Sicherheit nicht namentlich nennen kann. Ihr wißt, wen ich meine – viel Glück. Gebt nie auf, sonst wird die Finsternis uns alle einholen.